정통관상대백과

정통관상대백과

오현리 編

동학사

■ 책머리에

　오성과 한음 이야기로 유명한 백사(白沙) 이항복(李恒福, 1556~1618)이 일곱 살쯤 되었을 무렵의 어느 날, 그가 사는 동네에 유명한 관상가가 찾아왔다. 그 소문을 들은 어린 항복은 관상가가 묵고 있는 주막을 찾았다.
　"나도 관상 좀 봐주시우."
　아무리 양반집 자제라지만 머리에 피도 마르지 않은 것이 다짜고짜 관상을 봐달라니 나이가 지긋한 관상가는 속이 뒤틀릴 수밖에.
　"나는 과거를 보아 재상이 되고자 하는데…… 어떻소? 재상이 되겠소?"
　"……."
　관상가는 항복의 얼굴은 쳐다보지도 않고 그저 고개만 저을 뿐이었다.
　그러자 항복은 손바닥을 펴보이며 다시 물었다.
　"손금은 어떻소?"
　손바닥을 힐끔 쳐다본 관상가는 역시 고개를 저었다.
　그러자 항복은 황급히 버선을 벗더니 발바닥을 내보이며 다시 물었다.

"그럼 발금을 좀 봐주시오. 재상이 될 수 있겠는지?"

비록 나이는 어리지만 하는 모양을 보니 당찬 구석이 있는지라, 그제야 관상가는 항복의 발을 한번 살펴보았다. 그러곤 또다시 고개를 저었다.

이를 본 항복은 버선을 신을 생각도 않은 채 그대로 주저앉아 혼자 중얼거렸다.

"어떡하지? 나는 꼭 재상이 되어야 하는데……."

항복의 말을 들은 관상가는 다시 그의 얼굴을 자세히 살펴본 후 입을 열었다.

"그토록 마음이 굳으니, 도령은 다음에 반드시 재상이 되겠소."

과연 관상가의 말처럼 항복은 후대에까지 이름이 빛나는 명재상이 되었다.

예로부터 관상(觀相)보다는 수상(手相)이요, 수상보다는 족상(足相)이며, 족상보다는 심상(心相)이라고 했다. 다시 말해서 얼굴을 보는 관상보다는 손금을 보는 수상이 더 정확하고, 족상을 보면 더욱 많은 것을 알 수 있으며, 그보다 심상 즉 마음에 가장 많은 것이 나타난다는 말이다.

그러나 마음은 눈에 보이지 않는 법, 심상의 대부분은 결국 면상에도 나타난다. 이항복의 이야기가 정말로 사실인지는 확인할 길 없지만 모든 것은 마음이 가장 중요하고, 마음먹은 바는 대개 얼굴에 나타나므로 관상 중에서도 면상을 중시하는 것이다.

하지만 상이란 타고나는 것만이 전부는 아니다. 아무리 뛰어난 용모와 좋은 체격을 가졌다 해도 스스로 노력하여 자신을 가꾸지 않으면 비천해지고, 체격조건이 나쁘고 얼굴이 다소 못생겼다고 해도 교양을 쌓고 바른 마음가짐을 가지면 인상이 좋아진다.

"나이가 들면 자신의 얼굴에 책임을 져야 한다"는 말이 뜻하는 바가 바로 이것으로, 관상뿐 아니라 그러한 관상을 갖게 되기까지의 과정으로 그 사람을 알 수 있다는 것이다.

하지만 단순한 관상술과 인상학(人相學)은 엄연한 차이가 있다. 관상은 단순히 표면에 나타난 것을 보고 길흉을 판단하는 것이지만, 인상학 즉 상학이란 "안에 있는 것은 모두 겉으로 드러난다"는 이치에 입각하여, 우생학·생리학·유전적 요소 등을 합쳐 미래를 유추하는 학문이다.

따라서 인상학이 연구하는 분야는 얼굴에만 그치지 않고 머리·얼굴·신체·팔·다리의 다섯 부위와 골격·정신·기색·음성·도량과 식견·내외 오행의 연계 등 모든 것을 포함한다.

예를 들어 일반적인 수상론(手相論)에 의하면, 손가락 사이가 벌어지면 재물을 모으지 못한다고 하지만, 실제로는 손가락 사이가 벌어졌어도 재물을 모으는 사람이 있고 손가락 사이가 벌어지지 않았는데도 재물을 모으지 못하는 사람이 있다.

이를 다시 상학적으로 분석하면, 목형인(木形人)이 목형(木形)의 손을 가진 경우 손가락 사이가 벌어졌더라도 재물을 모을 수 있으며, 목형인이 금형(金形)의 손을 가진 경우라면 손가락 사이가 벌어지지 않았더라도 재물을 모으지 못한다고 풀이할 수 있는데, 이는 오행의 상생(相生)과 상극(相剋)에 의해 추론한 것이므로 확률이 훨씬 높다.

이처럼 올바른 상학이란 우주 운행의 이치와 과학을 근거로 하여 한 사람의 지혜와 성격을 추론하고 일생의 길흉을 판단하는 것으로, 단순한 통계나 성향에만 의존하는 소술(小術)과는 큰 차이가 있는 것이다.

이 책은 고래로부터 전하는 여러 상법 서적과 근대에 들어 발달한 우생학 및 생리학에 입각한 분석을 종합하여 엮은 것으로, 용모와 체격이 과거에 비해 상당히 변모한 오늘날에도 비교적 정확한 근거를 제시할 것으로 믿는다.

다만, 본인의 짧은 실력이 선현들의 오의(奧義)가 담긴 행간(行間)을 미처 읽지 못해 부족한 부분이 적지 않을 것 같아 못내 아쉬운 감이 든다.

2001년 1월
오현리

정통관상대백과 차례

책머리에 4

제1장 두상과 면상

두면골상의 중요성 17
1. 두면골격의 특성 17
2. 전산 38골 21
3. 후산 34골 26
4. 12기골 30
   천정골이 우뚝 솟은 상
   미수골이 솟은 상
   좌관골각이 솟은 상
   태양혈선이 솟은 상
   비골이 봉긋 솟은 상
   광대뼈가 불룩 솟은 상
   정수리뼈가 고르게 솟은 상
   침골이 강하게 솟은 상
   목덜미뼈가 평평하고 넓게 솟은 상
   인당뼈가 널찍하게 솟은 상
   이근골이 둥글게 솟은 상
   옆머리뼈가 불룩 솟은 상

5. 기타 골격 40
전산 38골 44
후산 34골 54
12기골 63

상학 기본 65위 66
1. 삼정상법의 특징 66
   상정/중정/하정
2. 삼관과 사애 72
   부위의 특성/상의 표준과 길흉
3. 사독 74
   부위의 특성/상의 표준과 길흉
4. 오악 75
   부위의 특성/상의 표준과 길흉
5. 오성 76
   부위의 특성/상의 표준과 길흉
6. 육부 78
   부위의 특성/상의 표준과 길흉
7. 육요 79
   부위의 특성/상의 표준과 길흉
8. 사학당과 팔학당 81
   부위의 특성
   사학당의 표준과 길흉
   팔학당의 표준과 길흉
9. 팔괘와 구주 83
   부위의 특성
   팔괘와 구주의 표준과 길흉

얼굴삼정육부도 84
얼굴오악사독도 85
얼굴오성육요도 86
얼굴사학당팔학당도 87
얼굴팔괘구주도 88
얼굴오관도 89

12궁과 13부위 90
1. 12궁 90
   명궁/재백궁/형제궁/전택궁
   남녀궁/노복궁/처첩궁/질액궁
   천이궁/관록궁/복덕궁/부모궁
2. 13부위 112
   천중/천정/사공/중정/인당
   산근/연상/수상/준두/인중
   수성/승장/지각
얼굴 12궁 119
얼굴 13부위 122

오형상법 123
1. 목형 125
   목형정국/목형겸화국
   목형겸토국/목형겸금국
   목형겸수국/목형잡국
2. 화형 129
   화형정국/화형겸목국
   화형겸토국/화형겸금국
   화형겸수국/화형잡국

3. 토형 133
   토형정국/토형목국
   토형화국/토형금국
   토형수국/토형잡국
4. 금형 136
   금형정국/금형목국
   금형화국/금형토국
   금형수국/금형잡국
5. 수형 141
   수형정국/수형겸목국
   수형겸화국/수형겸토국
   수형겸금국/수형잡국

형, 신, 목소리, 기식 145
1. 형과 신의 상법 145
2. 목소리의 표준과 길흉 151
3. 기식 155
4. 형, 신, 소리, 기의 길흉관계 157

제2장 얼굴 오관의 상법

귀 163
1. 부위의 특성 163
2. 사업성패 및 시기 165
3. 가족관계 및 혼인과 자녀 170
4. 건강과 성격 174
5. 여성의 귀 179

귀 각 부분의 명칭 182
귀의 종류 183

눈썹 191
1. 부위의 특성 191
2. 사업성패 및 시기 194
3. 가족관계 및 혼인과 자녀 198
4. 건강과 성격 206
5. 여성의 눈썹 214

눈썹 각 부분의 명칭 218
눈썹의 종류 219

눈 224
1. 부위의 특성 224
2. 사업성패 및 시기 227
3. 가족관계 및 혼인과 자녀 235
4. 건강과 성격 242
5. 여성의 눈 258

눈 각 부분의 명칭 267
눈의 종류 268

코 276
1. 부위의 특성 276
2. 사업성패 및 시기 279
3. 가족관계 및 혼인과 자녀 287
4. 건강과 성격 291
5. 여성의 코 298

코 각 부분의 명칭 304
코의 종류 305

입, 입술, 혀, 이 312
1. 부위의 특성 312
2. 사업성패 및 시기 314
3. 가족관계 및 혼인과 자녀 316
4. 건강과 성격 318
5. 여성의 입 321
6. 입술 324
7. 혀 327
8. 이 329
입 각 부분의 명칭과 종류 333
입의 종류 334
이의 종류 337

제3장 면상과 유년

관골 341
1. 부위의 특성 341
2. 사업성패 및 시기 343
3. 가족관계 및 혼인과 자녀 345
4. 건강과 성격 346
5. 여성의 관골 349
관골 각 부분의 명칭 352

인중 353
1. 부위의 특성 353
2. 사업성패 및 시기 356
3. 가족관계 및 혼인과 자녀 358
4. 건강과 성격 360
5. 여성의 인중 363
인중의 종류 366

법령 367
1. 부위의 특성 367
2. 사업성패 및 시기 369
3. 가족관계 및 혼인과 자녀 370
4. 건강과 성격 371
5. 여성의 법령 373
법령의 종류 375

턱과 턱뼈 378
1. 부위의 특성 378
2. 사업성패 및 시기 380
3. 가족관계 및 혼인과 자녀 383
4. 건강과 성격 384
5. 여성의 턱 387
턱의 종류 388

이마 391
1. 부위의 특성 391
2. 사업성패 및 시기 392
3. 가족관계 및 혼인과 자녀 398
4. 건강과 성격 402
5. 여성의 이마 407
이마의 종류 411
이마의 주름 414

인당 417
1. 부위의 특성 417
2. 사업성패 및 시기 419
3. 가족관계 및 혼인과 자녀 421
4. 건강과 성격 423
5. 여성의 인당 425
인당의 주름 427

유년법 430
1. 유년법의 종류 430
   정위유년법/구집유년법
   업무유년법/삼정유년법
   이비유년법/팔창이고유년법
2. 팔창이고유년법 435
   외창운―외창운유년부위도 435
   인창운―인창운유년부위도 439
   미창운―미창운유년부위도 444
   안창운―안창운유년부위도 450
   천창운―천창운유년부위도 454
   화창운―화창운유년부위도 457
   돈창운―돈창운유년부위도 460
   식록창운―식록창운유년부위도 463
   가고운―가고운유년부위도 466
   지고운―지고운유년부위도 472
   지지운 477
   표, 팔창이고유년법 481

영아와 소년의 관상 488
1. 영아, 소년상관법 488
면상13부위총도명칭 495
면상75부위유년도 496
면상내외오행연속도 498
면상36궁도 499

부록, 마의상법

십삼부위총요도(十三部位總要圖) 503
유년운기부위도(流年運氣部位圖) 504
십이궁분지도(十二宮分之圖) 505
오성육요오악사독지도(五星六曜五嶽四瀆之圖) 506
육부삼재삼정지도(六府三才三停之圖) 507
구주팔괘간지지도(九州八卦干支之圖) 508
사학당팔학당지도(四學堂八學堂之圖) 509
오관지도(五官之圖) 510
논인면지지도(論人面痣之圖) 511
남인면지지도(男人面痣之圖) 512
논흔문(論痕紋) 513·514
옥침지도(玉枕之圖) 515
여인면지지도(女人面痣之圖) 516
팔법도(八法圖) 517

신간교정증석합병마의선생신상편권지일(新刊校正增釋合倂麻衣先生神相編卷之一) 521
십삼부위총도가(十三部位總圖歌) 521
유년운기부위가(流年運氣部位歌) 523
운기구결(運氣口訣) 525
식한가(識限歌) 526
십이궁(十二宮) 526

오관(五官) 533
오악(五嶽) 534
사독(四瀆) 535
삼주삼주(三主三柱) 535
오성육요(五星六曜) 536
오성육요결단(五星六曜決斷) 538
육부(六府)·삼재(三才)·삼정(三停) 540
사학당(四學堂) 541
팔학당(八學堂) 542
인면총론人面總論) 543
오행형(五行形) 543
오행색(五行色) 544
오행상설(五行象說) 544
논형(論形) 545
논신(論神) 546
논형유여(論形有餘) 548
논신유여(論神有餘) 548
논형부족(論形不足) 549
논신부족(論神不足) 550
논성(論聲) 550
논기(論氣) 553

신간교정증석합병마의선생신상편권지이(新刊校正增釋合倂麻衣先生神相編卷之二) 555

상골(相骨) 555
상육(相肉) 557
상두(相頭) 558
상액(相額) 559
논면(論面) 560
논미(論眉) 561
상목(相目) 567
상비(相鼻) 576
상인중(相人中) 582

상구(相口) 583
상순(相脣) 588
상설(相舌) 589
논치(論齒) 590
상이(相耳) 591
달마조사상결비전(達磨祖師相訣秘傳) 596
달마상법총결(達磨相法總訣) 599
십이궁극응결(十二宮剋應訣) 615

신간교정증석합병마의선생신상편권지삼(新刊校正增釋合倂麻衣先生神相編卷之三) 620

논사지(論四肢) 620
논수(論手) 621
논장문(論掌紋) 624
논족(論足) 635
논족문(論足紋) 636
마의선생석실신이부(麻衣先生石室神異賦) 637

신간교정증석합병마의선생신상편권지사(新刊校正增釋合倂麻衣先生神相編卷之四) 666

금쇄부(金鎖賦) 674
은시가(銀匙歌) 676
상형기색부(相形氣色賦) 681
논상정길기(論上停吉氣) 683
논중정길기(論中停吉氣) 688
논하정길기(論下停吉氣) 694
논상정흉기(論上停凶氣) 696
논중하이정흉기(論中下二停凶氣) 701

제1장 두상과 면상

두면골상의 중요성

상학 기본 65위

12궁과 13부위

오형상법

형, 신, 목소리, 기식

두면골상의 중요성

1. 두면골격의 특성

상법(相法)의 거장 마의(麻衣)는 "머리는 백 가지 뼈의 주인이요, 얼굴은 모든 부위의 영혼이다"라고 했다. 이 말은 관상에서 머리와 얼굴의 골격이 얼마나 중요한가를 잘 나타내준다.

두개골이 뇌조직을 감싸고 있기 때문에 서로의 관계는 마치 달걀과 달걀껍질의 관계와 같다고 할 수 있다. 껍질이 큰 달걀은 그 안의 내용물도 크고 많을 것이다. 그리고 이렇게 큰 달걀은 건강한 닭이 낳았을 것이 분명하다.

이와 마찬가지로 어떤 사람의 유전자가 우수하다면 뇌수의 발육 역시 우수할 것이고 두상도 아름다울 것이다. 이런 사람은 일반인보다 훨씬 총명하다. 실제로 뛰어난 천재의 뇌는 일반인에 비해 훨씬 더 무거운 반면, 지능이 낮은 동물의 뇌는 인간에 비해 작고 무게도 덜 나간다.

물론 두뇌는 큰데 지능이 낮은 사람도 있다. 이것은 뇌조직의 각 부위별 발육상태가 고르지 못하기 때문이다. 예를 들어 머리가 크기는 하지만 둥글지 않은 사람, 이마가 넓지만 각지지 않은 사람, 뒤통수는 아주 큰데 앞이마가 좁거나 앞이마는 높고 크지만 뒤통수가 납작한 사람, 혹은 머리는 커도 목이 짧고 체구가 유난히 작은 사람처럼 특별한 경우는 예외로 해야 한다.

"안에 있는 것은 반드시 밖으로 드러난다"는 것은 관상의 가장 기본적인 원리이다. 일반적으로 사람들은 삼정(三停), 사독(四瀆), 오관(五官), 육부(六府), 오성(五星), 육요(六曜), 십이궁(十二宮) 등의 상(相)만을 보는 것이 관상의 표준이라고 생각한다. 그러나 이것은 잘못된 생각이다. 관상에는 사람의 뇌조직을 비롯하여 몸 안의 골격구조 및 오장육부가 다 간접적으로 표현되어 있다. 이렇게 관상이란 표면적으로는 사람의 면상과 수상만을 관찰하는 것 같지만, 실제로는 그 사람의 뇌조직과 골격구조·오장육부의 우열을 검사하는 것이라고 할 수 있다.

예를 들어 '관골(顴骨) 상이 나쁘다'고 하는 것은 두상과 면상이 나쁘고, 또 그것과 관련된 골격들이 두루 나쁘기 때문에 관골 자체가 '솟아오르지 않은 상태'에 있는 것을 말한다. 옛사람들이 얘기한 "용모는 골격의 여분"이라는 말의 의미가 바로 여기에 있다.

또 "뼈는 정기가 만든 것이고, 살은 피가 이룬 것"이라는 말이 있다. 이는 부모의 정혈(精血)이 우리 신체의 뼈와 살을 형성한다는 말이지만, 이때 사람마다 유전자의 우열이 다르기 때문에 각각 그 골육에 차이가 생기게 된다. 이것은 마치 건물을 지을 때 어떤 것은 철근과 대리석을 재료로 사용하고, 어떤 것은 철근과 시멘트를, 또 어떤 것은 대나무와 진흙을 사용해서 각각 그 강도와 가치 등에 차이가 생기는 것과 같다.

이 밖에 "뼈는 주(主)가 되며 살은 부(副)가 되고, 뼈는 형(形)이 되며 살은 용(容)이 된다"는 말이 있다. 뼈의 우열은 살의 좋고 나쁨에 영향을 미칠 수 있지만 살의 좋고 나쁨은 뼈의 우열을 좌우할 수 없음을 말하는 것으로, 다시 한 번 두면(頭面) 골상의 중요성을 설명하고 있는 것이다.

그러면 뼈는 살의 안쪽에 있는데 과연 어떻게 골격의 우열을 알아낼 수 있을까?

"골상이 푸른빛을 띠면 그 기(氣)가 밝고, 골상이 자줏빛을 띠면 그 기색이 아름답다. 뼈 속이 실한 자는 살에 윤기가 돌고, 뼈 속이 메마른 자는 푸석한 기운이 나며, 뼈가 약한 자는 그 氣 또한 흐리고, 뼈 속이 타들어간 자는 냉기가 있다. 뼈가 맑고 투명한 자는 氣가 밝으며, 氣가 밝은 자는 살에 윤이 나고, 살에 윤이 나는 자는 살갗이 풍성하며, 살갗이 풍성한 자는 혈색이 화사하니, 혈색이 화사한 자가 곧 氣가 아름다운 것이다."

옛사람들의 이 말은 푸른빛과 자줏빛의 출원을 설명하는 것 외에 신체 내부의 골격이 우량한 사람이 표면의 육질과 기색 또한 아름답다는 것을 설명하고 있다. 범속한 인물은 틀림없이 뼈가 열등할 것이므로 골수가 푸른빛과 자줏빛을 띨 수 없다. 그러므로 일생 동안 푸른빛 혹은 자줏빛의 기색을 발할 수 없게 된다. 여기에서도 관상을 볼 때 먼저 두면의 골격을 보아야 한다는 이치가 한층 더 깊게 드러난다.

관상술에서는 대개 오부상법(五部相法)을 중요하게 여긴다. 오부상법이란 머리·얼굴·몸체·손·발 등의 다섯 부위를 모두 살펴보아야 한다는 것인데, 그 중에서도 두개골 상의 우열을 가려보는 것이 가장 중요하다.

사람의 신체는 크게 사유조직(思惟組織)과 운동조직(運動組織)으로 구분된다. 두개골이 덮고 있는 것은 사유조직으로서 운동조직의 사령탑이라고 할 수 있다. 운동조직에서 일어나는 손상은 사람의 생명이나 작업기능에 그다지 큰 영향을 끼치지 않지만, 일단 사유조직이 손상되면 운동기능의 상실은 말할 것도 없고 심할 경우 생명까지 위험해진다. 예를 들어 어떤 사람의 양손과 발이 잘려 나갔다거나 장기의 일부를 베어냈다거나 또는 두 귀나 두 눈·코·혀 등이 떨어져 나갔다 해도 그 사람의 생명 자체에는 지장이 없겠지만, 뇌수조직의 일부를 잘라내면 그 사람은 틀림없이 죽을 것이다. 그래서 중국의 인상학에서는 두개골의 상을 특히 중시해서 그 이치를 깊게 파헤치고 있다.

그러나 두개골에 관한 상법은 전해지는 것이 많지 않고 그나마도 비전(秘傳)으로 전해지고 있어 그 이치에 접근하기가 쉽지 않다. 게다가 두개골의 상을 보는 것은 면상이나 수상을 보는 것에 비해 배우기가 쉽지 않고, 더욱이 머리와 얼굴 부위에 기골(奇骨)이 있는 사람은 전체의 1,000분의 1도 안 되기 때문에 실례를 구하기가 매우 힘들다. 이러한 여러 가지 이유 때문에 두개골격의 상법은 점점 쇠퇴하고 있는 실정이다.

보통 머리와 얼굴 부위에 하나 또는 몇 개의 기골이 있는 사람은 뇌수의 양도 일반인들보다 훨씬 많으며, 지혜도 당연히 일반인들에 비해 훨씬 뛰어나다. 따라서 이런 사람은 일생의 성취 또한 일반인들에 비해 훨씬 빠르고 높을 것이다.

생리학과 해부학의 설명에 의하면, 인간의 머리와 얼굴에는 모두 29개의 뼈가 있는데, 두개골 8개, 면골(面骨) 14개, 설골(舌骨) 1개, 청골(聽骨) 6개로 구성되어 있다. 동양인·서양인 할 것 없이 모든 인종의 두면골격구조는 이와 같으며, 많고 적거나 좋고 나쁨의 차이가 없다.

중국의 인상학에는 '머리에는 기골이 있다'는 설과 '머리에는 악골(惡骨)이 없다'는 설이 있다. 여기에서 기골이란 두개골, 면골, 청골 위에 별도로 튀어나온 부분을 말한다. 만약 두개골, 면골, 청골 위에 튀어나온 골격이 없다면 인상학에서 말하는 기골이라는 것도 없고, 어떻게 생겼더라도 악골 즉 나쁘다고 할 수 없다.

그럼 이제부터는 본격적으로 두면골법(頭面骨法)에 대해 설명하기로 한다. 이는 상학의 고전이라 일컬어지는 『태청신감(太淸神鑑)』, 『마의상법(麻衣相法)』, 『수경집(水鏡集)』, 『월파동중기(月波洞中記)』, 『석실신이부(石室神異賦)』, 『인륜대통부(人倫大統賦)』, 『상문정의(相門精義)』, 『신상철관도(神相鐵關刀)』, 『빙감(冰鑑)』, 『공독상법(公篤相法)』 등의 서적에 따른 것이다.

2. 전산 38골

두개골은 전산(前山) 즉 면부(面部) 38개, 후산(後山) 즉 뇌침(腦枕) 34개, 도합 72개의 뼈로 구분된다. 먼저 전산 38골을 설명하면 다음과 같다.

오주골(五柱骨) : 서골(犀骨)과 좌우 용령골(龍翎骨), 좌우 무고골(武庫骨)이 위로 우뚝 솟아 정수리로 모여든 것을 오주골이 솟았다고 한다. 이런 사람은 일국을 다스릴 수 있는 지위까지 오를 수 있다.

용각골(龍角骨) : 중정(中正) 양쪽의 뼈가 좌우로 뻗어나와 후뇌로 들어간 것이다. 이런 사람은 옛날에는 천자의 보좌역, 지금은 국무총리까지 오를 수 있다.

조천서(朝天犀) : 인당의 복서골(伏犀骨)이 정수리까지 뚫고 들어간 것으로, 장관급에 해당하는 상당히 높은 지위까지 오를 수 있다. 단 콧구멍에 손상이 있고 위로 드러나면 좋지 않은데, 그런 경우에는 횡사한다.

　거오골(巨鰲骨): 양쪽 귀 옆으로 뼈가 솟아 아래로는 호이(虎耳)까지 이어지고 위로는 옥당(玉堂)의 위치를 관통해서 정수리로 들어가는 것으로, 관운이 좋다.

　금성골(金城骨): 조천서, 무고서골(武庫犀骨), 일월각(日月角)의 총칭이다. 옛날 같으면 왕후(王侯)의 지위까지 오를 수 있고, 지금은 국가원수나 수상까지 오를 수 있다.

　무고서골(武庫犀骨): 코끝에서 위쪽으로 인당을 관통해서 두 갈래로 비스듬하게 좌우 무고까지 이어지는 뼈가 있는 것이다. 무관으로 대성하게 된다.

　보서골(輔犀骨): 보각(輔角)에 뼈가 솟아 정수리까지 이어진 것이다. 귀하게 되어 지금의 시장이나 장관급 이상의 관직을 얻는다. 만약 보각이 솟기만 하고 정수리까지 이어져 있지 않으면 중간 정도의 관직에 오른다.

　단서골(單犀骨): 코끝에서 뼈가 솟아 정수리를 관통하여 침골(枕骨)까지 이어지는 것이다. 단 콧구멍은 반드시 둥글게 안쪽으로 다소곳해야 하고, 눈썹은 길고 넓게 벌어져야 하며, 이마는 넓고 턱은 각이 져야 하고, 정수리가 높게 솟아 길다란 머리통에 네모난 얼굴이 잘 어우러져야만 크게 귀해질 수 있다. 단서골만 있는 경우 청렴한 선비에 그치게 되며, 콧구멍에 손상이 있고 위로 들리면 비명횡사한다.

　조천서골(朝天犀骨): 일월각이 양쪽으로 솟아 정수리까지 이어지는 것이다. 중간 이상의 관직에 오르게 된다.

　쌍봉골(雙蜂骨): 뼈가 산근(山根)에서 시작해서 좌우 양갈래로 뻗어 천창(天倉) 자리까지 이어지는 것으로, 귀인으로 인해 지위를 얻으며 중간 이상의 관직에 오른다.

삼치골(三峙骨) : 뼈가 산근에서 시작해서 위로 천정(天庭), 천창, 역마(驛馬)의 세 자리까지 우뚝 솟은 것이다. 옛날이면 삼공(三公)의 지위까지 오를 수 있고, 지금은 수상 자리까지 오를 수 있다.

용령골(龍翎骨) : 내치역마골(內馳驛馬骨)이라고도 한다. 양쪽의 광대뼈가 위로 천창·역마·전당(戰堂)의 세 자리까지 우뚝 솟은 것이다. 옛날 같으면 임금 측근의 지위까지 오를 수 있다.

팔방골(八方骨) : 코에 복서(伏犀)가 솟고 일월각이 솟아 있으며, 변지(邊地)가 불룩하게 솟고, 복당(福堂)에 살이 올라 있고, 인당의 뼈가 미골(眉骨)까지 이어져 있는 것이다. 옛날이면 변경의 영주 자리에, 지금은 시장이나 지방관의 지위까지 오를 수 있다.

현서골(懸犀骨) : 관자놀이 부근에 뼈가 솟아 옆으로 산림 자리까지 이어진 것이다. 옛날 같으면 국사(國師), 지금은 대학총장 이상의 직위에 오를 수 있다.

장군골(將軍骨) : 보골 혹은 일월각이 옆으로 귀 위쪽까지 이어지는 것이다. 천군(千軍)을 거느리는 무장과 같은 대단한 지위에까지 오를 수 있다.

익서골(匿犀骨) : 명문골(命門骨)이 불룩하게 솟아 감춰진 것이다. 옛날이면 공을 세워 왕후에 봉해지고, 지금은 시장이나 지방관의 지위까지 오를 수 있다.

천성골(天成骨) : 앞이마의 모든 뼈가 널찍하고 둥근 것이다. 이런 사람은 천복을 타고나서 일찍 출세하고, 재앙을 만나도 길한 것으로 돌아선다.

봉미골(鳳尾骨) : 외치역마골(外馳驛馬骨)이라고도 하며, 양쪽 광대뼈가 수염 속으로 파고든 것이다. 이런 사람은 권력도 있고 장수하게 된다.

인수골(印綬骨) : 귓바퀴의 아래쪽으로 뺨·턱과 인접해서 뼈가 솟은 것으로, 형태는 삼각형과 흡사하다. 이것이 있는 사람은 매우 총명하고 지혜가 뛰어나 고금(古今)의 학문에 두루 통달하며, 예술방면에도 재능이 많고 말재주가 있다. 큰 뜻을 품어 재주가 겉으로 드러나지만 중년에는 좌절을 많이 겪는다.

현담골(懸膽骨) : 코의 연수(年壽) 밑으로 준두(準頭)·난대(蘭臺)·정위(廷尉)가 모두 크고 둥글며, 콧구멍까지 안쪽으로 다소곳한 것이 현담골이다. 이런 사람은 맨손으로 흥성하며 부귀하게 된다. 만약 산근이 작고 가늘면 초년에 순조롭지 못하다.

천주골(天柱骨) : 정수리와 침골 사이에 뼈가 계란처럼 둥글고 크게 솟은 것이다. 이런 사람은 젊은 시절에 크게 출세하게 된다.

현고골(懸鼓骨) : 이마에 북처럼 크고 둥글게 뼈가 솟은 것이다. 여기에 코까지 크고 곧으면 중간 이상의 관직에 오를 수 있으며, 코만 곧아도 작은 부귀는 누릴 수 있다.

선색골(先色骨) : 연수가 우뚝 솟아 위로 산근을 관통한 것을 말하는데, 준두까지 둥글고 풍성하게 솟아 있으면 중년에 사업이 순조롭고 성공을 거둔다. 단 코의 기색은 반드시 누렇고 윤기가 흐르며 밝게 빛나야 한다.

복음골(福蔭骨) : 정수리 부분의 뼈가 거북이 모양으로 평평하게 기복이 있으면 부모의 덕을 입어 일찍 출세하고, 30세 이전이 대부분 순조롭다.

신우골(神佑骨) : 정수리뼈가 우뚝 솟았거나 뾰족하게 솟으면 일생동안 위험이 닥쳐도 수월하게 넘어가고 어려움에 봉착해도 구원받는다. 특히 이것이 높게 솟은 사람은 사업에서 크게 성공하나, 뾰족하게 솟은 사람은 항상 소인 때문에 걱정하며 성공을 거두기가 쉽지 않다.

원토골(圓兎骨) : 정수리 한가운데에 작은 뼈가 둥글게 솟아 있으면 물렁하든 딱딱하든 일생 동안 의식(衣食)에 부족함이 없게 된다.

좌관골(佐串骨) : 이마 양쪽 구릉(丘陵)·총묘(塚墓) 부위에 뼈가 솟은 것으로 인창골(人創骨)이라고도 한다. 이 뼈가 크면 클수록 총명하고 복과 장수를 누리며 자손이 번창한다.

옥탁골(玉琢骨) : 정수리에 베틀 북 모양으로 뼈가 튀어나와 있으면 외롭고 가난하며, 만년에 처량하게 된다. 전산 38개의 뼈 중에 유일한 악골(惡骨)이다.

옥량골(玉梁骨) : 귀 위쪽으로 뼈가 옆으로 솟아 산근과 나란히 놓여 있으면 고귀하게 되며, 문장으로 세상에 이름을 떨친다.

옥루골(玉樓骨) : 귀 뒤쪽으로 높게 솟은 뼈를 가리키며, 수근골(壽根骨)·근령골(根靈骨)·영양기(靈陽氣)라고도 한다. 이것이 있으면 장수할 뿐만 아니라 노년의 운도 매우 좋다. 그러나 지나치게 높게 드러난 사람은 만년에 장수는 누리되 외로움을 겪는다.

옥계골(玉階骨) : 귀 위쪽으로 높고 평평하게 솟은 뼈를 가리키며, 수근골(壽根骨)이라고도 한다. 이것이 있는 사람은 장수를 누린다.

은일골(隱逸骨) : 산림(山林)에 뼈가 솟아 있으면 욕심이 없고 명리를 추구하지 않는다. 은사(隱士)의 상이다.

선교골(仙橋骨) : 산림에서 솟은 뼈가 옆으로 뻗어 머리털이 난 가장자리까지 이어지면 빈한하게 된다. 이런 사람은 대부분 독실한 종교 신자이다.

금궐옥산골(金闕玉山骨) : 산림에서 솟은 뼈가 비스듬하게 천중(天中)을 거쳐 정수리까지 이어지면 외롭게 천수를 누린다. 성직자들이 대부분이다.

만복골(晩福骨) : 턱뼈가 둥글게 솟으면 만년에 영화를 누리거나 자식복이 있다.

천록골(天祿骨) : 천창에 불룩하게 뼈가 솟아 있으면 일생 동안 궁색하지 않고 의식 걱정이 없다.

　부상골(扶桑骨) : 후뇌 쪽에 뼈가 솟아 천창 부위와 서로 닿아 있으면 벼슬이 오래 지속되며, 현모양처와 효성스런 자식을 얻는다.

　나한골(羅漢骨) : 머리는 둥글지 않지만 귀 뒤쪽으로 여러 개의 뼈가 솟아 있으면 빈한하게 된다. 대부분 승려나 비구니가 된다.

3. 후산 34골

　연산침(連山枕) : 뼈 세 개가 붓걸이 모양으로 서로 이어져 있는 것으로, 삼산침(三山枕)이라고도 한다. 총명하고 부귀하게 될 상이다.

　일자침(一字枕) : 일양침(一陽枕)이라고도 한다. 뒤통수 정중앙에 뼈가 크고 길게 가로질러 솟아 있으면 성격도 좋고 학문에서도 대성한다. 특히 이 뼈가 크면 큰 부와 장수를 누리고, 뼈가 작으면 작은 부를 누리며, 뼈가 툭 튀어나와 있으면 외롭고 가난하다.

　쌍룡침(雙龍枕) : 뒤통수에 두 개의 뼈가 솟은 것이다. 뼈가 큰 사람은 문(文)과 무(武)에서 모두 대귀(大貴)하게 되고, 뼈가 작은 사람도 차장급 지위까지는 오를 수 있다.

　천자침(川字枕) : 뒤통수에 뼈 세 개가 나란히 솟은 것이다. 뼈가 큰 사람은 지위가 최고위까지 오르고, 뼈가 작은 사람도 옛날의 관리 개념으로 2등급 관직까지 오를 수 있다.

　숭방침(崇方枕) : 뒤통수 사방에 뾰족한 뼈가 솟아 있는 것이다. 옛날이면 조정의 한직을 벼슬로 얻을 수 있고, 지금은 지방자치단체 위원·고문 등의 직책에 오를 수 있다.

　대품자침(大品字枕) : 뒤통수에 뾰족한 뼈 여섯 개가 겹쳐서 솟은 것이다. 옛날이면 왕후의 지위까지 오르고, 지금은 국무총리 이상의 직위에 오를 수 있다.

소품자침(小品字枕) : 뒤통수에 세 개의 뼈가 뾰족하게 솟아 있는 것으로, 삼태침(三台枕)이라고도 한다. 학문으로 명성이 높아지고, 옛날이면 문장으로 벼슬을 얻는다.

칠성침(七星枕) : 뒤통수에 일곱 개의 뼈가 둥글게 솟아 별 모양으로 배열되어 있는 것이다. 옛날로 치면 문관으로 지위가 높아진다.

오화침(五花枕) : 오악침(五岳枕)이라고도 한다. 뒤통수 사방에 각각 한 개씩의 둥근 뼈가 솟아 있고, 그 정중앙에 솟은 뼈가 약간 뾰족하고 높은 모양이다. 옛날에는 왕후의 벼슬에, 지금은 국무총리 이상의 직위에 오를 수 있다.

삼재침(三才枕) : 뒤통수에 위아래로 세 개의 뼈가 한 줄로 겹겹이 솟아 있는 것이다. 뼈가 큰 사람은 장군과 재상의 지위에 오르고, 뼈가 작은 사람 역시 중간 정도로 귀해진다.

회환침(回環枕) : 차축침(車軸枕)이라고도 한다. 뒤통수가 중앙은 움푹 패이고 주위는 높은 모양이다. 옛날에는 왕후의 벼슬이요, 지금은 국무총리 이상의 직위에 오를 수 있으며, 4대가 모두 귀하게 된다.

삼성침(三星枕) : 뒤통수에 위로 한 개, 밑으로 두 개의 뼈가 둥글게 솟은 것이다. 옛날로 치면 문관으로 지위가 높아진다.

호경침(虎頸枕) : 뒷목 척추뼈 위쪽으로 연결된 침골이 사각형으로 생긴 것을 호경(虎頸)이라 한다. 이런 경우 무관으로 대성하게 된다.

연광침(連光枕) : 뒤통수에 세 개의 뼈가 가로로 겹겹이 솟아 있는 모양이다. 뼈가 큰 사람은 옛날 같으면 재상의 지위까지 오를 수 있고, 뼈가 작은 사람도 관찰사에 오를 수 있으며, 일가(一家)가 귀하게 될 상이다. 오늘날에는 부장급 직위까지 오를 수 있다.

쌍환침(雙環枕) : 뒤통수에 쌍가락지가 나란히 놓인 형태로 뼈가 솟아 있고, 그 주변의 뼈들이 높아 중앙이 비어 있는 모양이다. 이런 사람은 문관으로 명성을 얻게 되는데, 가락지 사이가 멀수록 지위가 낮아진다.

연환침(連環枕): 연주침(連珠枕)이라고도 한다. 뒤통수에 세 개의 뼈가 나란히 솟은 모양이다. 뼈가 큰 사람은 지위가 높고, 뼈가 작은 사람은 지위를 얻어도 실권은 잡지 못한다.

주준침(酒樽枕): 뒤통수에 솟은 뼈가 위쪽은 크고 아래쪽은 작아서 술잔처럼 가운데가 비어 있는 것이다. 복록은 있으되 지위가 없다. 예를 들면 오늘날의 민중 대표와 같은 것이다.

옥준침(玉樽枕): 뒤통수에 뾰족한 화분처럼 위쪽은 작은 원형이고 아래쪽은 반원형으로 뼈가 솟아 있는 것이다. 옛날로 치면 재상의 벼슬까지 오를 수 있고, 뼈가 작은 사람도 관찰사에까지 오를 수 있으며, 오늘날에는 부장급 직위까지 오를 수 있다.

수로침(垂露枕): 승로침(承露枕)이라고도 한다. 뒤통수에 뼈가 위쪽은 사각형, 아래쪽은 원형으로 솟은 것이다. 옛날로 치면 지방의 유지요, 오늘날에는 정부 초빙의 위원·고문 등의 직책에 오를 수 있다.

천지침(天地枕): 첩옥침(疊玉枕)이라고도 한다. 뒤통수에 위쪽으로 뼈가 하나 둥글게 솟아 있고 그 밑으로 가로로 길게 네모난 뼈가 솟아 있으면 평생 동안 부귀영화를 누린다.

사각침(四角枕): 사방침(四方枕)이라고도 한다. 뒤통수에 네모난 뼈가 하나 솟아 있고 그 모서리가 뾰족한 것으로 숭방침과는 다르다. 무관으로 중간 정도의 지위를 얻는다.

원월침(圓月枕): 뒤통수에 뼈가 둥글게 솟았으나 드러나지 않는 모양이다. 뼈가 큰 사람은 큰 부를 누리고 뼈가 작은 사람은 작은 부를 누린다. 특히 뼈가 작으면서 뾰족하게 드러난 것을 '계자침(鷄子枕)' 또는 '자극골(自剋骨)'이라고 하는데, 이런 사람은 성격이 고집스럽고 쓸데없는 일에 잘 집착한다. 그러나 심성은 착하다.

앙월침(仰月枕) : 언월침(偃月枕) 혹은 문곡침(文曲枕)이라고도 한다. 뒤통수 아래쪽에 달을 우러러보는 모양으로 뼈가 솟아 있는 것이다. 옛날로 치면 대부의 벼슬에 오를 수 있고, 오늘날에는 부장급의 관직에 오를 수 있다.

복월침(覆月枕) : 금수침(金水枕)이라고도 하며, 뒤통수에 달을 뒤집어놓은 것처럼 뼈가 솟아 있다. 옛날에는 좌랑(佐郎) 벼슬까지 오를 수 있고, 지금은 국장급 관직에 오를 수 있다. 뼈가 뒤통수의 아래쪽에 솟아 있는 것을 복선침(覆船枕)이라고 하는데, 사업상 성공도 많고 실패도 많다. 또 수액(水厄)을 조심해야 한다.

배월침(背月枕) : 뒤통수의 위쪽에 두 개의 반달이 서로 등진 것처럼 뼈가 솟아 있는 것이다. 뼈 크되 튀어나오지 않은 사람은 평생 사업이 번창하고, 뼈가 희미하게 잘 드러나지 않은 사람은 출세는 빠르지만 지위가 그다지 높지 않다.

상배침(相背枕) : 뒤통수에 마치 두 개의 반달이 아래위로 등지고 있는 모양으로 뼈가 솟은 것이다. 평생 중간 수준으로 성공하고 문무 양쪽으로 다 재능이 있다.

요고침(腰鼓枕) : 뒤통수에 양쪽 끝이 크고 중간은 작게 마치 아령 모양으로 뼈가 솟아 있으면 사업상 성공도 많고 실패도 많다. 기껏해야 작은 부귀를 누린다.

십자침(十字枕) : 뒤통수에 뼈가 십자형으로 솟아 있는 사람은 인간관계에서 잘 처신하지 못하고 입바른 소리를 잘하며, 평생 동안 사업이 자리를 잡지 못한다.

정자침(丁字枕) : 뒤통수에 정(丁) 자 모양으로 뼈가 솟은 사람은 성격이 너그럽고 일생 동안 귀인의 도움을 받지만, 크게 출세하기는 어렵다.

상자침(上字枕) : 뒤통수에 상(上) 자 모양으로 뼈가 솟은 사람은 의지가 높고 담대하지만, 이상만 지나치게 높아서 결국 실패한다.

　거자침(巨字枕) : 뒤통수에 거(巨) 자 모양으로 뼈가 솟은 사람은 평생 사업에서 중간 수준 이상으로 번창하지만, 성격이 너무 강직해서 큰 관직은 얻기 어렵다.

　상아침(象牙枕) : 뒤통수에 상아 모양으로 뼈가 우뚝 솟아 있으면 무관으로 중간 이상의 지위를 얻게 된다. 만약 뼈가 툭 불거져 나왔으면 외롭고 가난하게 된다.

　현침침(懸針枕) : 뒤통수에 마치 상아를 뒤집어놓은 것처럼 위쪽은 넓고 아래쪽은 뾰족하게 뼈가 솟은 것으로, 그 길이가 상아침보다 길다. 옛날 같으면 재상이나 관찰사의 지위까지 오를 수 있고, 지금은 지위가 부장까지 오를 수 있다.

　별골침(撇骨枕) : 뒤통수 왼쪽 혹은 오른쪽에 삐침 모양으로 뼈가 솟아 있거나, 또는 좌우 양쪽으로 귀 뒤쪽을 향해 삐침이 있는 사람은 장수를 누리되 지위는 얻지 못한다. 만약 뼈가 툭 불거져 있으면 일생 동안 좌절이 많다.

4. 12기골

　12기골(起骨)은 원래의 9기골 뒤에 '인당뼈가 널찍하게 솟은 상', '이근골이 둥글게 솟은 상', '옆머리뼈가 불룩 솟은 상'의 세 가지를 덧붙인 것이다. 9기골은 인생 전반의 운세와 사업운을 보는 데 72골보다 더 실용적이며, 배우고 기억하기에도 좋다. 또한 9기골은 남자·여자 구분 없이 사람이면 누구나 가지고 있는 것으로, '솟아 있고〔起〕', '튀어나왔고〔露〕', '패어 있는〔陷〕' 것의 세 가지 표준으로 구분된다. 이에 비해 72골은 대부분 크게 부귀하게 된 남자의 머리에

만 나타나는 것으로, 볼 수 있는 기회도 많지 않고 기억하기도 어려우며 실용적이지 않다.

그러나 9기골에는 부족한 점이 있는데, 예를 들면 면상(面相)에서 가장 중요한 인당 부위와 두상(頭相)에서 가장 중요한 이근골(耳根骨) 부위 및 옆머리 양쪽이 모두 언급되지 않은 것이다. 또한 『상문정의』와 『빙감』의 9기골에 관한 원문은 아주 간단명료해서, 현대의 인상학이 중요시하는 건강·지혜·성격·사업·혼인 등의 내용이 언급되지 않았으며, 길흉에 대해서도 그저 귀띔하는 식으로 간단한 설명만 덧붙이고 있어서 그에 대한 해석이 분분하다.

예를 들어 뼈 한 개가 솟으면 가난하지 않고, 두 개가 솟으면 천박하지 않으며, 세 개가 솟으면 움직여야만 그에 상당하는 수확이 있고, 네 개 이상이면 작은 지위나 부를 얻는다는 설명이 있다. 이때 중요한 것은 뼈가 솟은 것, 즉 기골(起骨)에 천정골(天庭骨)·미릉골(眉稜骨)·태양혈(太陽穴) 그리고 관골(顴骨)이 반드시 다 있어야 한다는 것이다. 만약 이 네 개의 뼈 중에 하나라도 없다면 가난하고 천박하게 된다. 또 이 네 개의 뼈가 모두 솟아 있지만 눈빛이 흐리거나 중요 부위를 주름이나 점 따위가 망가뜨린 사람은 부귀하게 될 수 없으며, 기껏해야 약간의 영화를 누릴 뿐이다.

이 외에도 이른바 작은 부귀[小富小貴], 중간 수준의 부귀[中富中貴], 큰 부귀[大富大貴]의 3단계에는 각 단계마다 다시 대·중·소의 3등급이 있다. 즉 모두 9등급으로 구분해야 현대 사회의 실정에 맞추어 적용시킬 수 있게 된다.

다음은 12기골에 대한 설명이다.

1) 천정골이 우뚝 솟은 상[天庭骨隆起]
앞이마뼈가 우뚝 솟아 반듯하고 널찍하며, 그 험준함이 마치 가파른 절벽 같고 기세 또한 간(肝)을 뒤집어놓은 듯한 사람은 웅대한 이상과 포부를 가지고 있다.

이런 사람은 천성이 총명하고 재치가 있으며 창조와 감식능력이 풍부하고 사물에 대한 분석력이 뛰어나다. 일을 처리할 때에도 신중하며 능력을 크게 발휘한다. 사람을 부리는 데도 솜씨가 좋고 융통성이 있으며, 윗사람에 대해 존경심과 복종심을 가진다. 또한 기억력이 좋아 남보다 빨리 습득하며, 심미안과 유머감각 및 육감을 갖추고 있다. 성격은 온화하고 인자하며, 항상 아름다움을 동경하는 마음으로 사물을 대한다. 게다가 신체가 건강하고, 일생 동안 사업이 번창하며 장수를 누린다.

반면에 이마뼈가 툭 튀어나온 사람은 성격이 불량스럽고 표현이 과장되며, 현실과 동떨어진 망상가로서 사업을 할 때 좌절이 많고 얻는 것은 적다. 노년에는 외롭고 고달프며, 여성의 경우 결혼생활이 원만하지 못하다.

이마뼈가 푹 꺼진 사람은 미련하고 신념이 부족하며, 조금만 좌절을 겪어도 낙심한다. 성격은 조급하며 고집스럽고 극단적이다. 이런 사람은 대체로 크게 성공하지 못한다.

한편 여성의 천정골은 둥글고 수려하며, 높지도 넓지도 않고 푹 꺼지거나 볼록 튀어나오지 않은 것이 길상이다.

2) 미수골이 솟은 상〔眉隨骨起〕

눈썹이 미릉골을 따라 나 있고 뼈가 솟아 있는 사람은 정력이 뛰어나 철야작업도 거뜬히 해낸다. 만약 눈썹 모양까지 좋으면 운이 트이고 인간관계가 좋아서 항상 귀인에게 발탁된다. 또 일을 처리할 때 선견지명이 있고 지략이 뛰어나 틀림없이 일찍 출세한다. 성격은 급하지도 않고 굼뜨지도 않아 적당하며, 이성적인 생활을 좋아하고 질서의식 및 일의 경중에 대한 관념이 확실하다. 뛰어난 육감을 지녔으며 예술적 감각도 우수하다.

미릉골이 높게 튀어나오고 눈썹이 미릉골 위에 붙어 있지 않은 사람은 고집이 세고 편견이 강하며, 투지가 높고 기세가 대단하다. 또 오만하고 매정하며, 나아갈 줄만 알고 물러설 줄을 모른다. 교만하고 수양이 부족해서 항상 일을 망치고 나서 후회하며, 심한 경우에는 위험에 봉착하게 된다. 여성일 경우에는 효심이 부족하고 남편을 해롭게 한다.

미릉골이 푹 꺼지고 밋밋한 사람은 가족과 친지에게 도움을 받지 못하며, 정력이 부실해서 힘든 작업이 불가능하다. 또 고소공포증이 있거나 차와 배멀미를 하는 경우가 많다. 사업에서도 별로 성공을 거두지 못하고, 노년에 외롭고 고달프다.

여자의 미릉골은 평평하고 불룩한 것이 길상인데, 만약 인당뼈보다 높으면 남편을 해롭게 하거나 불효한다.

3) 좌관골각이 솟은 상〔佐串骨角起〕

이마 양옆의 구릉·총묘 부위에 뼈가 솟은 것으로, 이것을 가리켜 두각을 드러낸다고 한다. 그 뼈가 클수록 좋으며, 이마가 좁더라도 부귀하게 될 수 있다. 남성의 경우에는 초년운이 좋고, 여성의 경우에는 성격이 강한 타입의 인물이다. 아주 총명하여 성적이 우수하며, 언변 또한 뛰어나다. 주변의 정황을 살펴가며 일을 진행시키고 경각심이 풍부하며, 인과(因果) 관념이 뚜렷하다. 또 유머감각이 있으며, 사람 간의 화합을 중시한다.

구릉과 총묘 두 부위가 움푹 꺼진 사람은 성질이 급하고 한곳에 정착하지 못하며, 평생 재앙이 많고 육친과는 상극이다.

4) 태양혈선이 솟은 상〔太陽穴線起〕

천창 부위가 불룩하게 솟아오른 사람은 평생 동안 부친의 음덕을 입는다. 적극적인 성격이며, 눈빛이 날카롭고 육감이 풍부하며 웅대한 이상이 있다. 시간과 숫자 감각이 뛰어나고, 과학적 두뇌를 가지고 있다. 일을 꼼꼼하게 처리하고, 생활수준에 신경을 쓰며, 미식가이다. 밖에서는 항상 귀인의 도움을 얻는다.

천창에 뼈가 툭 불거져 나온 사람은 고독감과 종교에 대한 열정으로 성직자가 될 생각을 품고 있으며, 상이 자주 변한다.

천창 부위가 움푹 꺼진 사람은 우매하고 식욕이 좋지 않으며, 평생 동안 운세가 순조롭지 못하다. 또 부모와는 상극으로 육친에게서 약간의 도움만을 받는다.

여성의 경우는 천창뼈가 불룩하게 솟은 것이 길상이다.

천창이 높고 넓으면서 옆으로 돌출된 것은 좋지 않다. 천성적으로 흉악하고 중형(重刑)을 당할 가능성이 있다.

5) 비골이 봉곳 솟은 상〔鼻骨芽起〕

산근에서 준두까지 콧대가 우뚝 솟아서 마치 대가리가 둥글고 꼬리가 긴 콩나물처럼 생긴 사람은 총명하며 지난 일에 대한 기억력이 뛰어나고, 담력과 식견을 두루 갖추고 있다. 또 결단력과 의지력이 강하며 성격이 시원시원하고 정의감이 있다. 사람을 대할 때나 일을 처리할 때 힘보다는 지혜를 사용하며, 재물을 다루는 솜씨가 뛰어나고 조상의 음덕을 누린다. 신체가 건강하여 병이 적고 정력이 넘치며, 끈기와 인내심이 강하다. 또한 대체로 현명하고 지혜로우며 예쁘거나 잘생긴 배우자를 만난다.

산근이 인당보다 높으면 부모 또는 배우자와 상극이고, 자신도 고독한 상으로 변해간다. 여성의 경우라면 더욱 좋지 않다.

산근과 연수가 좁고 뼈가 툭 튀어나온 사람은, 고집이 세며 힘들게 일하고도 얻는 것이 적다.
　산근이 작고 연수가 낮게 꺼진 사람은 담력과 식견이 부족하고, 몸이 약하고 병이 많으며, 초년에 고달프다. 또 조상에게 해를 입히고 고향을 떠나게 되며, 육친과도 상극으로 별로 도움을 받지 못한다. 성격은 우유부단하고 기억력도 그다지 좋지 않으며, 평생 일만 고되게 하고 얻는 것은 적다. 만약 연수의 상마저 나쁘면 못생기고 성격이 나쁜 배우자를 만난다.
　여성의 경우에 산근이 너무 높은 것은 꺼리는데, 이를 장부상(丈夫相)이라고 한다.

6) 광대뼈가 불룩 솟은 상(顴骨豊起)

　양쪽의 광대뼈가 둥글게 솟아 있으면 성격이 자유분방하며 거만하지도 비굴하지도 않다. 또 책임감이 강해서 중임(重任)을 맡겨도 잘 해내고, 일처리에 있어서 선견지명과 통솔력을 가지고 있다.
　광대뼈의 기세가 위로 천창을 찌르는 듯하면 의지와 품행이 고결하며, 여기에 코의 상까지 잘 어우러지면 중년에 운이 트여 크게 출세한다.
　얼굴에서 광대뼈만 두드러져 보이면 곳간이 없는 것으로, 일생 동안 사업에 성공도 많지만 실패도 많다.
　광대뼈가 낮게 꺼져 있으면 의지와 품행이 고귀하지 못하고, 일생 동안 권력도 없고 기백도 없다.
　광대뼈가 뾰족하게 튀어나오거나 옆으로 긴 사람은 성격이 고집스러우며 일생 동안 고달프게 일만 하고 얻는 것이 적다. 여성인 경우에는 남편을 잃고 외롭게 된다.

7) 정수리뼈가 고르게 솟은 상〔頂骨平伏起〕

정수리뼈가 높으면서도 넓고 평평하게 솟아 마치 엎드린 거북이처럼 생긴 것은 복록과 장수를 다 갖춘 상이다. 이런 사람은 정직하고 인자하며, 생각의 폭이 넓고 이상이 높다. 명예를 중시하고 정의감이 있으며, 자존심과 자신감 모두 강하고 의지력 또한 강해서 고난과 좌절에도 굴하지 않는 정신을 지니고 있다. 동시에 침착하게 일을 처리해 나가고, 원칙을 중시하며 분별력이 있고, 재물을 잘 다루며 일찍 출세한다.

정수리뼈가 뾰족하게 튀어나온 사람은 교만하고 우쭐거리며 고집이 세고, 지혜와 도덕에 서로 차이가 난다. 부모와는 상극이고 일생 동안 사업에 성공을 거두지 못하며, 늙어서 외롭고 가난하게 된다.

정수리뼈가 움푹하게 꺼진 사람은 두뇌의 발육상태가 좋지 않으며, 신경이 쇠약해서 걱정이 많고 예민하며 나약하고 무능하다. 독립심과 자립심이 없으며 부모와는 상극이고 단명한다. 여성도 마찬가지이다.

8) 침골이 강하게 솟은 상〔枕骨强起〕

뒤통수뼈가 옆으로 길게 기세등등하게 솟아 있거나 높게 솟아 있고 살이 두텁게 덮인 사람은, 조상의 덕이 깊고 두터우며 조상들 또한 장수한다. 옆으로 크게 한 줄이 솟은 사람은 지위가 높고 큰 부와 장수를 누리며, 보통 수준으로 솟은 사람도 중년 이후의 운세가 좋고 장수를 누리며 자손이 번창한다. 단 뼈가 솟았으되 살이 없는 사람은 외롭게 늙어간다.

대개 뒤통수에 뼈가 솟은 사람은 국가와 사회·가정에 대해 강한 책임감을 가지고 있으며, 친구 사귀기를 좋아하고 의협심이 강하다. 또한 독창성과 지구력, 인내심, 의지력도 강하다.

뒤통수뼈가 결후(結喉)처럼 뾰족하게 튀어나온 것을 자극골(自剋骨)이라고 하는데, 이런 사람은 자기 억제가 심하고 이상만 높아서 교만하게 남을 얕본다. 또 신변에 변화가 거의 없고 항상 소인배들에게 해를 입으며, 결혼생활도 원만하지 못하다.

뒤통수뼈가 튀어나와 위로 곧추 선 사람은 반골(反骨)이고, 튀어나와 아래로 수그린 사람은 앙골(殃骨)로서, 모두 중형을 당하고 고독하며 성격도 나쁘고 사업도 그다지 성공하지 못한다. 심지어 앙골인 경우에는 요절한다.

뒤통수가 움푹 꺼졌거나 납작한 사람은 지구력이 부족하고 사업을 하면서도 좌절을 많이 겪으며 성과가 적다. 사람들과 잘 어울리지 못해 늘 고독하며 식구들 간에도 화목하지 못하고 병이 많으며 단명한다.

여성 중에 뒤통수뼈가 뾰족하게 튀어나온 사람은 성격이 괴팍하고 온유하지 못하며 중형을 받게 된다.

9) 목덜미뼈가 평평하고 넓게 솟은 상〔項骨平闊起〕

목덜미 쪽 소뇌 부위가 넓고 평평하게 솟은 사람은 노년에 운이 트이고, 만년에 신체가 건강하며 결혼생활이 원만하다. 자손도 번창하여 자손들 모두 출세하며, 자녀에 대한 사랑도 매우 깊다. 동시에 성격도 낙천적이고 사랑이 넘치며, 평생 재앙을 만나더라도 길하게 된다.

목덜미와 침골이 서로 이어져 둥글게 솟아 볼록 튀어나오지 않은 사람은 상업에 종사하면 크게 번창하고, 공직에 있으면 고속 승진한다.

목덜미에 뼈가 불거져 나온 사람은 성격이 비정상적이고 성기능만 유난히 발달되어 있다. 노년에 고독하고 빈천하게 된다.

목이 가늘고 힘이 없는 사람은 병이 많고 명이 짧으며, 사업에도 성공하지 못한다.

　목이 튼튼하고 굵은 사람은 성격과 외모가 아버지를 닮았으며, 가늘고 힘이 없는 사람은 어머니를 닮았다. 여성도 마찬가지이다.

10) 인당뼈가 널찍하게 솟은 상〔印堂骨開闊起〕

　인당뼈가 널찍하며 거울처럼 둥글고 윤기가 나는 것은 복록과 천수를 다 갖춘 상이다. 이런 사람은 정직하고 도량이 크며, 일을 처리할 때도 완급을 잘 조절하여 완벽하게 해낸다. 또 조상의 덕을 크게 보고 육친이 서로 도와 일생 동안 어떤 재앙을 만나도 길하게 되며, 항상 귀인의 도움을 얻어 등용된다. 공직에 종사하는 것이 가장 적합하며 일찍 성공한다. 상업에 종사해도 좋다.

　인당은 또한 사유계통(뇌조직)의 총사령탑으로 지식을 불러들이는 창구이기도 하다. 대개 인당이 널찍하면 정보수집능력이 뛰어나고 분석력 또한 우수하여 시비와 진퇴에 대한 상황판단이 빠르다.

　그러나 인당뼈가 높이 튀어나온 사람은 특출한 재능은 갖췄으되 성격이 나쁘고 심성이 모질어 처자를 위험에 빠뜨리고, 조상과 떨어져 고향을 등지고 산다. 사업을 해도 성과가 적다.

　인당뼈가 낮게 꺼져 있거나 주름이나 점 혹은 상처가 있거나 눈썹이 인당을 가로막고 있는 사람은 성격이 흉포하고 마음이 불안하며, 의지가 약하고 걱정과 의심이 많다. 질병과 위험이 끊이지 않고 평생 일은 많이 하나 얻는 것은 적다. 또한 물려받을 유산도 없고 육친과는 상극이며 고향을 떠나 생계유지에 허덕이게 되고 처와 자식도 늦게 얻는다.

　눈썹이 인당을 가로막지 않고 다만 인당에 점이나 주름, 상처 같은 것만 있는 사람은 다른 사람들은 잘 하지 않는 드문 일을 하여 발전하고 영화를 누린다. 여성도 마찬가지이다.

11) 이근골이 둥글게 솟은 상〔耳根骨圓起〕

귀 뒤의 근령골(根靈骨)이 계란처럼 둥글게 솟은 것이다. 이런 사람은 자신과 타인의 생명을 소중히 여기고, 질병에 대한 저항력이 강해서 건강과 장수에 대한 기본이 갖춰져 있다고 할 수 있다. 또한 투지가 강하고 정의롭고 용감하여 약한 자를 업신여기거나 강한 자를 두려워하지 않는다. 일에 임할 때는 위험을 무릅쓰고 어떠한 상황에도 굴하지 않으며, 사업도 반드시 성공한다.

근령골이 지나치게 뾰족하거나 큰 사람은 성격이 이기적이고 고집이 세며, 성급해서 쉽게 화를 내고 파괴적인 성향이 있다. 일생 동안 사업에 성과가 적고, 늙을 때까지 외롭고 가난하며, 육친과는 상극으로 별로 은덕을 입지 못한다.

근령골이 푹 꺼진 사람은 성격이 교활하고 변덕이 심하며, 중년에 사업에 실패하고 평생 고되게 일만 하고 운이 트이지 않는다. 청소년기에 질병과 재난이 많고 자살을 시도할 수도 있다. 여성도 마찬가지이다.

12) 옆머리뼈가 불룩 솟은 상〔側腦骨豊隆起〕

양쪽 귀 위와 관자놀이가 불룩하게 솟은 사람은 성격이 인자하고 지혜로우며, 정의감이 넘치고 명예를 소중히 여기며, 현명한 아내를 얻는다. 또 실천력이 강하며, 다른 사람을 존중할 줄 알고, 비밀을 잘 지킨다. 임기응변에 뛰어나고 설득력이 있으며 평생 사업에서 성공한다. 부유하지만 검소하고, 지위가 높으면서도 청렴 공정하다. 만약 이마까지 높고 넓으면 발명가가 될 것이다.

그러나 옆머리뼈가 지나치게 돌출한 사람은 성격이 이기적이어서 자기 욕심만 알고, 간사하고 남을 잘 속이며 심성이 잔혹하다. 또한 고집이 세고 제멋대로 행동하며, 음탕하고 탐욕스러우며, 육친에게 해를 입힌다. 그러나 고난을 헤쳐나가는 능력은 있다.

옆머리뼈가 납작한 사람은 실천력이 부족하고 마음가짐이 느슨하며, 신뢰성과 장기적인 경각심이 결핍되어 일생 동안 사업에서 성공하기 어렵고 빈천하게 되며 단명한다. 여성도 마찬가지이다.

5. 기타 골격

기골이 있으면 반드시 기신(奇神)이 있어야 한다 : 『수경집』에서는 "머리는 모든 양(陽)의 으뜸이요 온갖 뼈의 주인이고, 눈은 온몸이 응집된 것으로 모든 구멍의 아름다움과 연결되어 있으며 온몸의 기운이 모두 담겨져 있다"고 했다.

두상과 면상에 기골이 있으면서 두 눈에 생기가 없고 혼탁한 사람은 자신 혹은 조상이 음덕을 해친 것이므로 반드시 실패와 요절의 액(厄)을 방비해 주어야 한다.

머리에 기골이 있는 사람이라도 반드시 정신과 기백이 받쳐주어야 부귀하게 된다. 두상·면상에 기골이 있어도 눈에 기신이 없어 서로 상응하지 못하면 비록 장수를 누릴지라도 외롭고 빈천하게 된다.

코에 복서(伏犀)가 있으면 반드시 코끝이 우뚝해야 한다 : 산근에서 뼈가 우뚝 솟아 위로 인당을 뚫고 정수리까지 이어지는 것을 복서골이라고 하며, 준두에서 솟은 뼈가 위로 인당을 관통해서 정수리까지 이어지는 것을 단서골이라고 한다. 모두 크고 귀하게 될 상이다. 단 코끝이 우뚝하고 대나무를 잘라놓은 듯 가지런하며, 난대·정위 또한 둥글게 솟고 콧구멍이 위로 들리지 않아야 한다. 그렇지 않으면 귀하게 되기는 하지만 횡사한다.

산근은 오행 중에 화(火)에 속하고 준두의 상단은 토(土)에, 하단은 수(水)에 속한다. 그래서 산근이 높이 솟으면 강한 불〔强火〕이 되고, 준두가 높이 솟으면 '흙 속에 물을 담은 것〔土中藏水〕'이 되어 강한 불의 침범을 두려워하지 않아도 되기 때문에 상부상조해서 서로에게 이익이 되지만, 그와 반대라면 불은 흙을 생성할 수 없을 뿐 아니라 흙에 해를 입힌다.
　또 산근뼈는 인당골과 미릉골보다 높아서는 안 된다. 만약 높다면 기골로 치지 않는다. 이때는 오히려 부모와 형제 또는 처자를 해친다.

　뼈가 솟은 것과 튀어나온 것은 전혀 다르다. 뼈가 튀어나오면 좋지 않다: 기골(奇骨)은 뼈가 솟은 것으로 기골(起骨)이라고도 한다. 그런데 중요한 것은 기골이란 은근하게 약간 드러난 것으로, 뾰족하게 튀어나온 것과는 다르다. 너무 뾰족하게 튀어나온 것은 길하지 않을 뿐 아니라 오히려 흉하다. 모든 기골은 복서골이라고 할 수 있는데, 산근·연수·준두에서 자랐다고 해서 그런 이름이 붙은 것은 아니다. 다만 솟은 모양을 쉽게 변별하기 위한 것이다.

　기골은 상하좌우가 대칭이어야 한다: 만약 기골이 상하로 겹쳐서 솟거나 좌우로 나란히 솟았을 경우에는 반드시 대칭을 이루어야 한다. 그렇지 않을 경우 길하지 않고 오히려 흉해서, 높은 지위에 오른다 해도 지속되지 않거나 혹은 극형을 당한다. 전자가 삼재침이라면, 후자는 일월각과 같다.

　골격은 일생의 영고성쇠를 결정짓는다: "골격은 일생의 영고성쇠를 결정하고, 각 부위로 그 해의 길흉을 점치며, 기색으로 그때의 길흉을 판단한다"고 했다. 신체의 발육에 있어서 남자는 생식기에 털이 완전하게 자랐을 때, 여자는 생리 주기가 정상적이 되었을 때 이미 발육이 끝난 것이며, 골격의 우열 또한 정형화된다. 이 골격의 우열은 다시 뼈 위에 부착된 오관육부 및 오성육요의 우열에 영향을 주기 때문에 골격이 일생의 영고성쇠를 결정한다고 말하는 것이다.

전산이 좋은 것보다 후산이 좋은 것이 낫다 : 『철관도(鐵關刀)』에서는 "전산이 좋은 것은 후산이 좋은 것만 못하고, 전산이 나쁜 것보다 후산이 나쁜 것을 더욱 꺼린다"라고 했다. 여기에서 전산이란 초년운을 주관하는 이마, 중년운을 주관하는 코, 말년운을 주관하는 턱 등의 전산 삼주(三主)를 가리킨다. 후산에서는 초년운을 주관하는 정수리, 중년운을 주관하는 뇌, 말년운을 주관하는 뒤통수 등이 후산 삼주가 된다.

이 밖에 "전산뼈가 솟고 후산이 꺼지는 것은 좋지 않은 것으로, 후산이 꺼지면 부유한 듯하나 부유하지 않으며 귀한 듯하나 귀하지 않다. 후산뼈가 솟고 전산이 기우는 것도 좋지 않아, 전산이 기울면 부귀하게 되더라도 고생을 면하기 어렵다"라고 했고, 또 "차라리 뒤통수가 있고 이마가 없는 것이 낫다. 이마만 있고 뒤통수가 없는 것은 좋지 않다"고 했다.

귀(貴)는 이마에 달렸고 부(富)는 코에 달렸다 : 달마 대사가 말하기를 "貴는 이마에서 찾고, 富는 코에서 찾는다"고 하였다. 여기에서 이마란 단지 앞이마를 가리키는 것이 아니라 이마와 두상 전체를 가리키는 것이며, 코는 복서골이 있는 산근만을 지칭하는 것이 아니라 연수·준두·난대·정위 및 양쪽 광대뼈를 두루 지칭하는 것이다. 다시 말해서 공직으로 크게 출세하려면 반드시 이마에 기골이 있어야 한다. 또 장사로 큰돈을 벌고 싶으면 반드시 코가 대나무를 잘라

놓은 듯 반듯하고 담낭을 매달아놓은 듯 단정해야 하며, 코와 광대뼈가 서로 받쳐주어야 한다. 단 어떤 경우에도 눈에는 반드시 생기가 있어야 하며, 그렇지 않으면 지위가 높아져도 재앙이 많고, 부를 가져도 지속되지 못한다.

코의 상이 비록 좋다 해도 이마의 상이 둥글지 않거나 좁으면 큰 부를 얻을 수 없으며 간신히 작은 부를 이룰 수 있다. 만약 뒤통수가 납작하면 부유한 것 같지만 부유하지 않다. 또 72골 중의 기골이 일부 있으면 부를 누린다. 이와 같이 서로 얽히는 관계를 잘 살펴야 한다.

뼈는 세 가지 중요한 것이 있다 : 첫째, 심와골(心窩骨 : 명치뼈)은 평평하고 매끈해야 하는데, 평평한 사람은 공평하고 매끄러운 사람은 관대하다. 움푹 패인 사람은 탐욕스럽고 돌출한 사람은 흉폭하며 뾰족한 사람은 악독하다.

둘째, 미려골(尾閭骨 : 엉덩이뼈)은 길고 커야 하는데, 이것이 볼록 튀어나오고 딱딱한 사람은 신체가 건강하고 장수를 누리며 부귀하게 되고 성공한다. 미려골이 뾰족하거나 드러나지 않는 사람은 평생 평범하며 이루는 것이 적다. 또한 뼈를 만져보아 물렁하고 푹 패인 사람은 평생 병이 많고 단명한다.

셋째, 침골은 살이 감싸야 한다. 살이 없는 사람은 성공한다 해도 일을 고되게 하며, 장수를 누리더라도 고독하다.

전산 38골-1

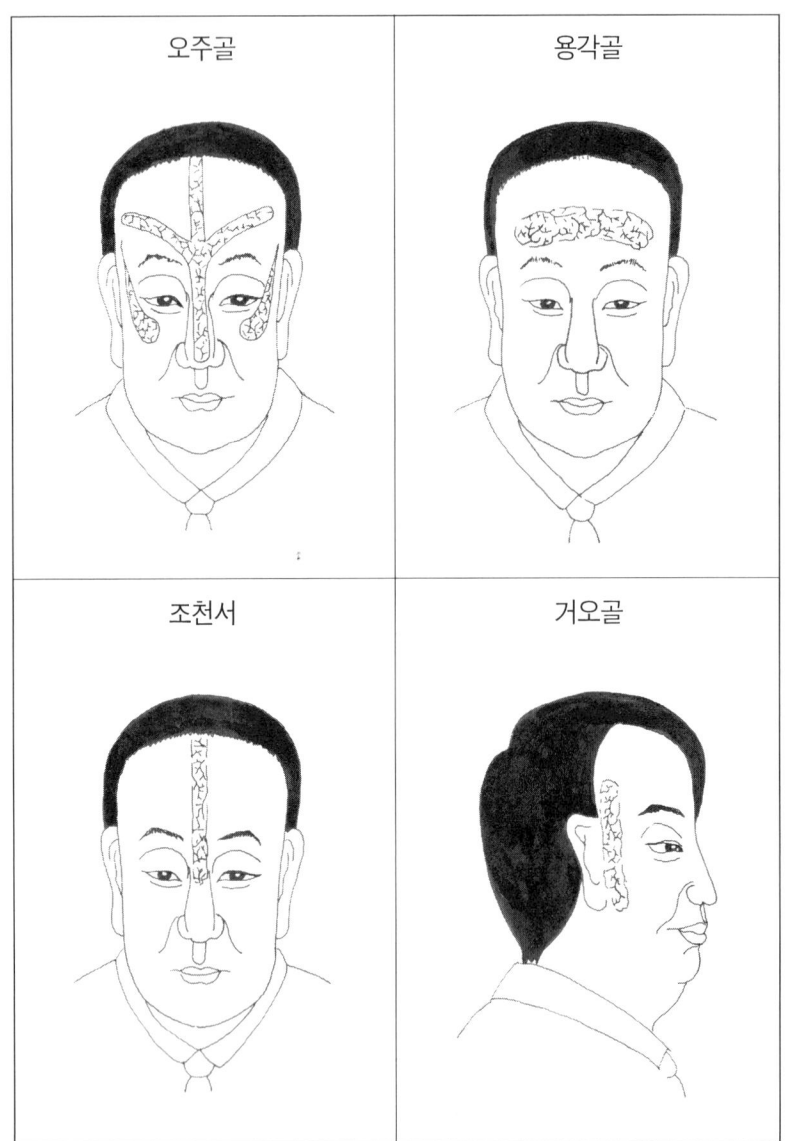

전산 38골-2

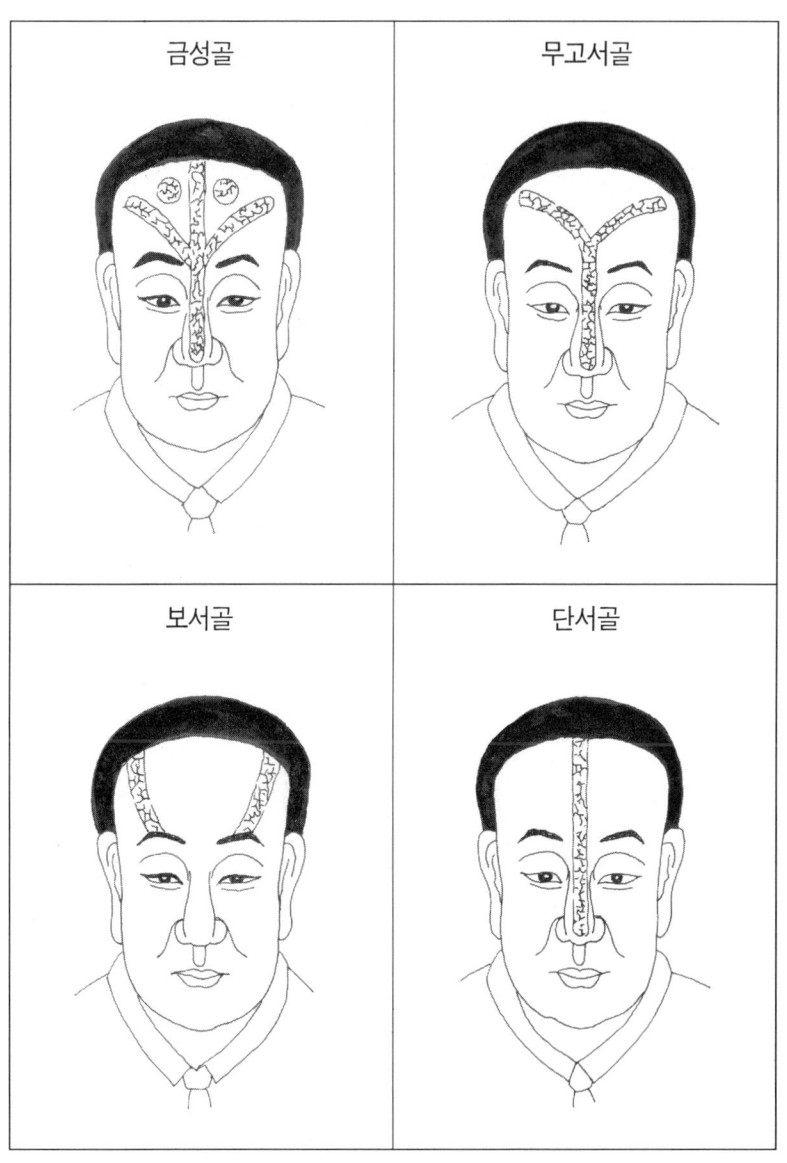

전산 38골-3

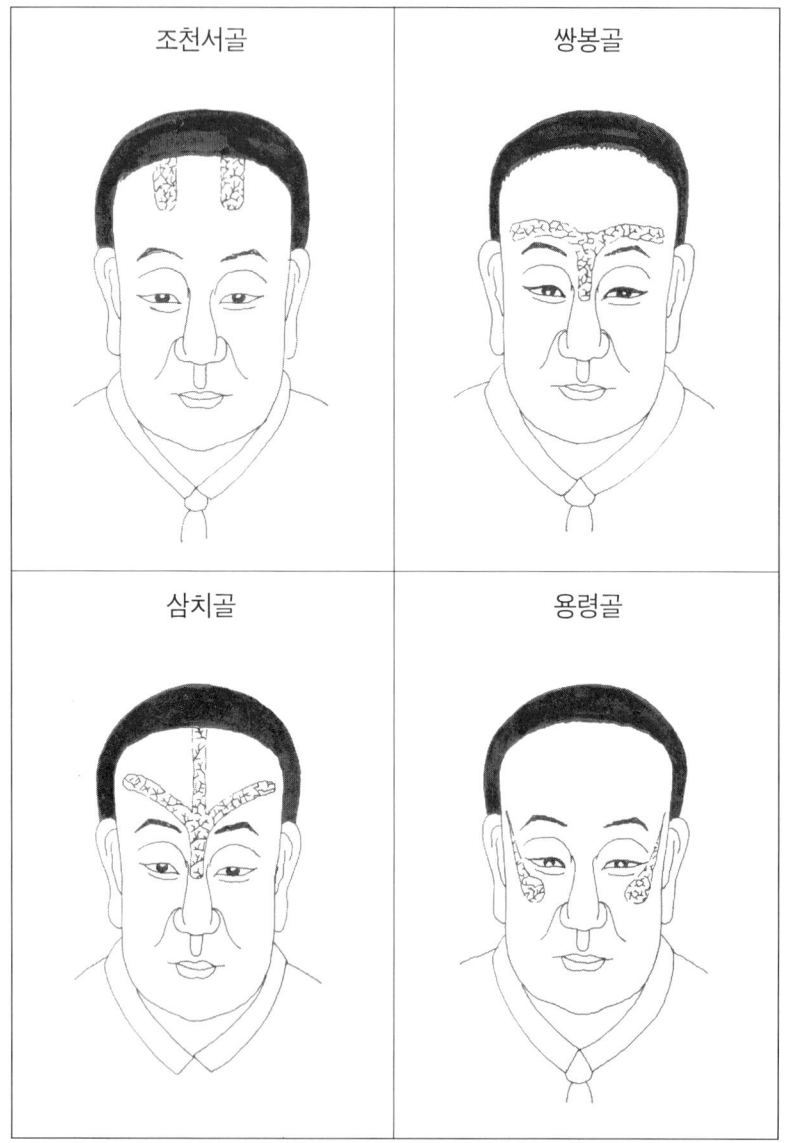

전산 38골-4

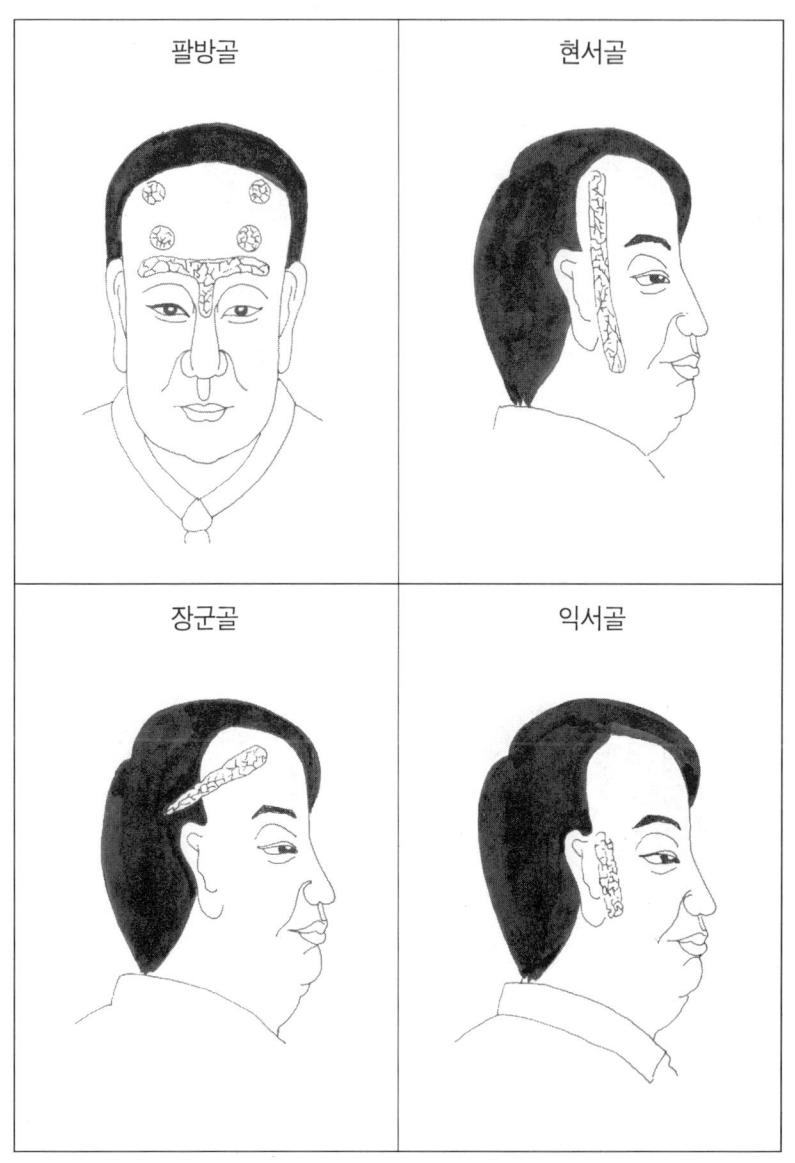

제1장 두상과 면상

전산 38골—5

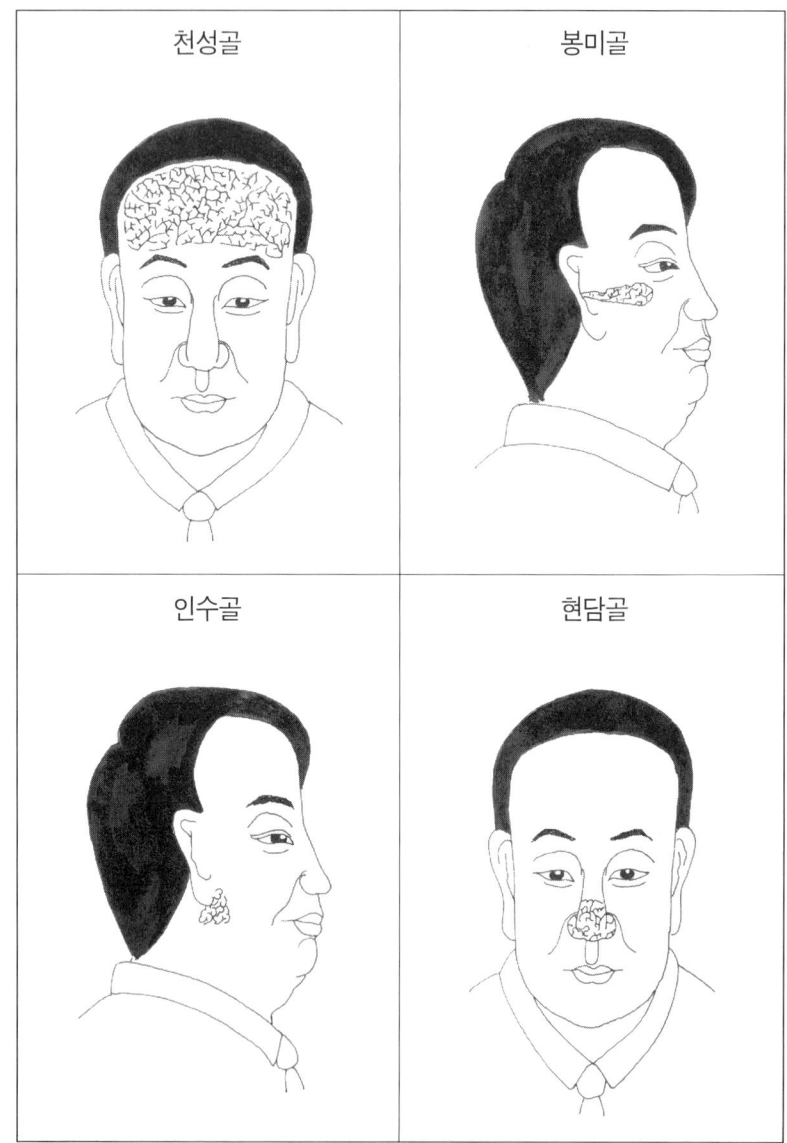

전산 38골 - 6

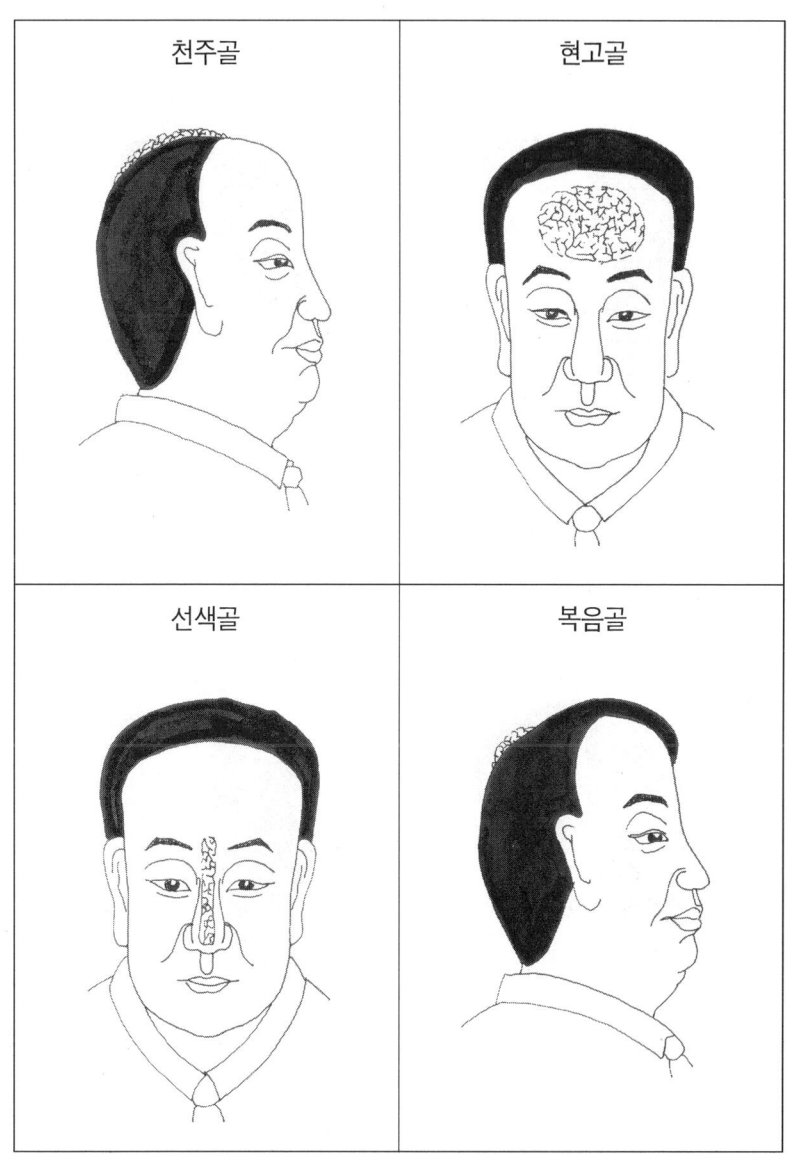

제1장 두상과 면상

전산 38골-7

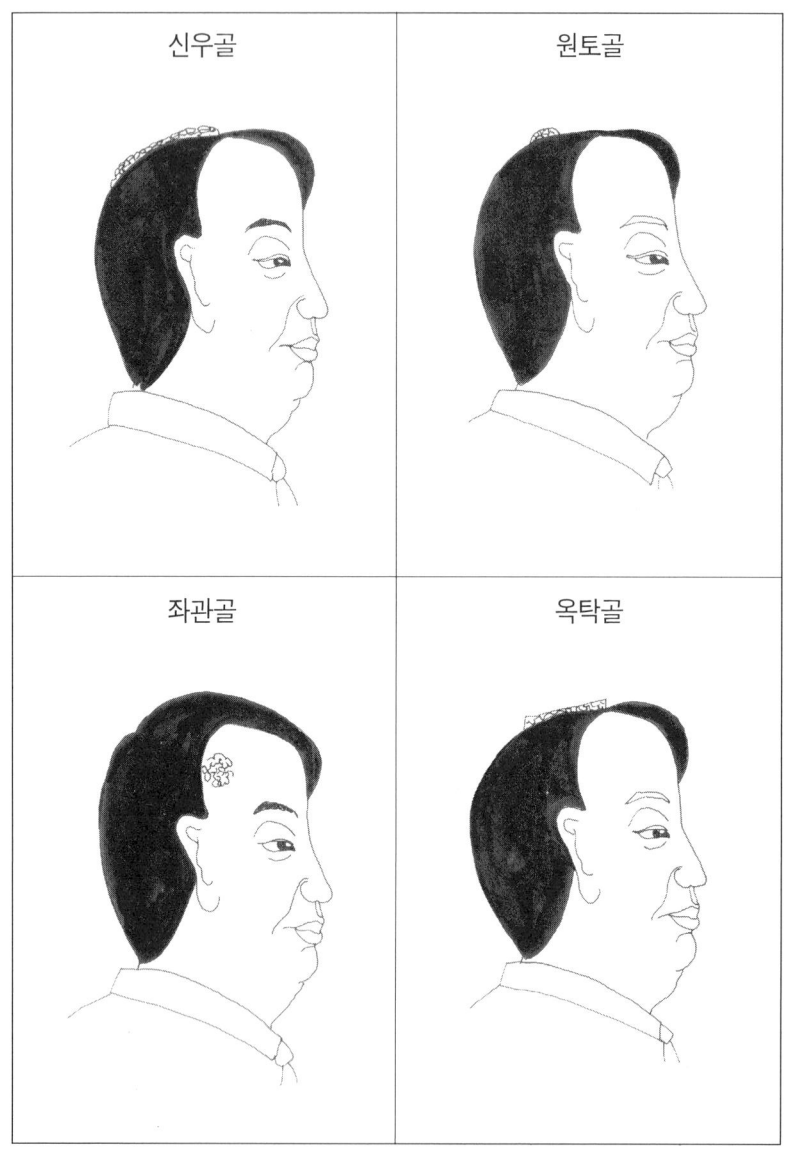

전산 38골 —8

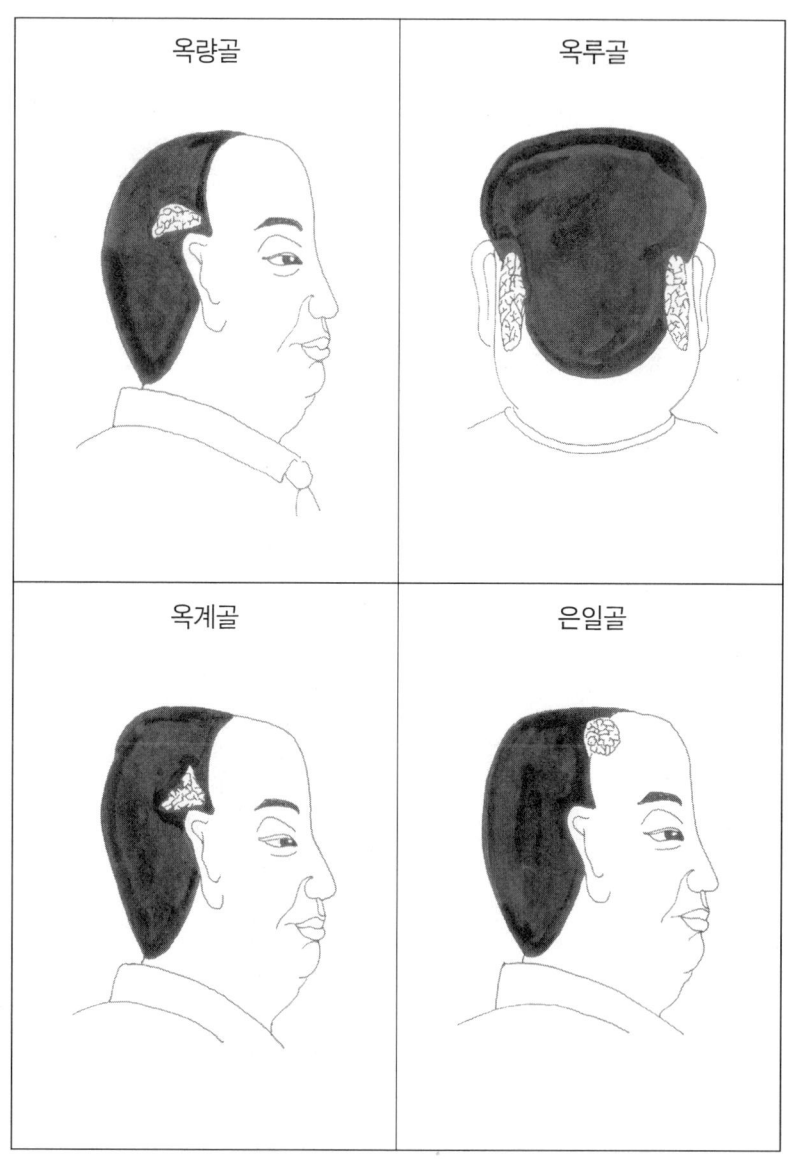

제1장 두상과 면상 51

전산 38골-9

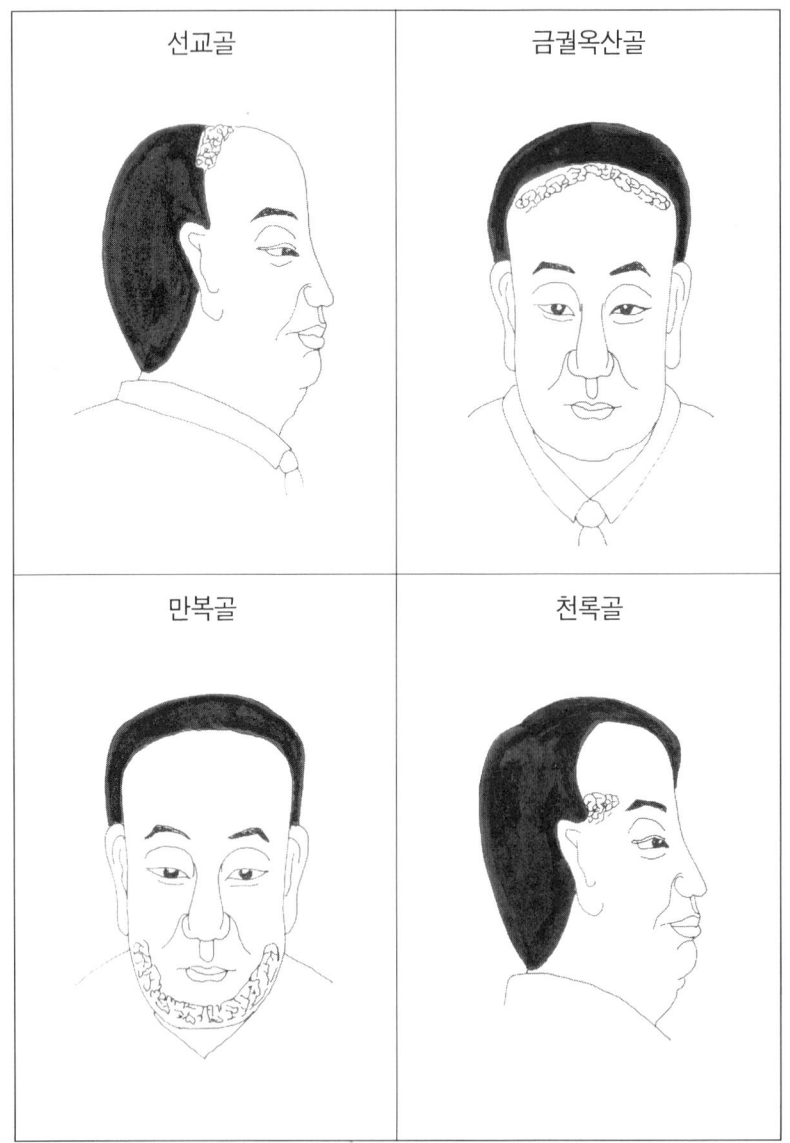

전산 38골-10

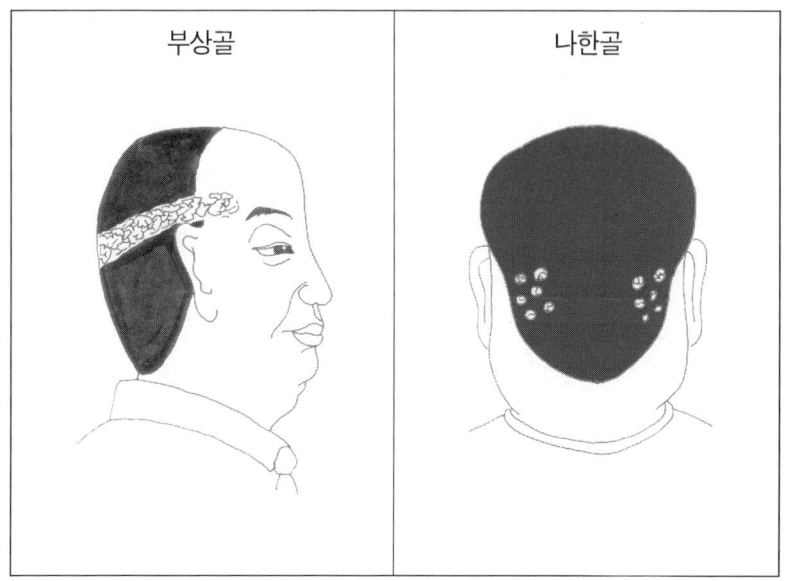

후산 34골-1

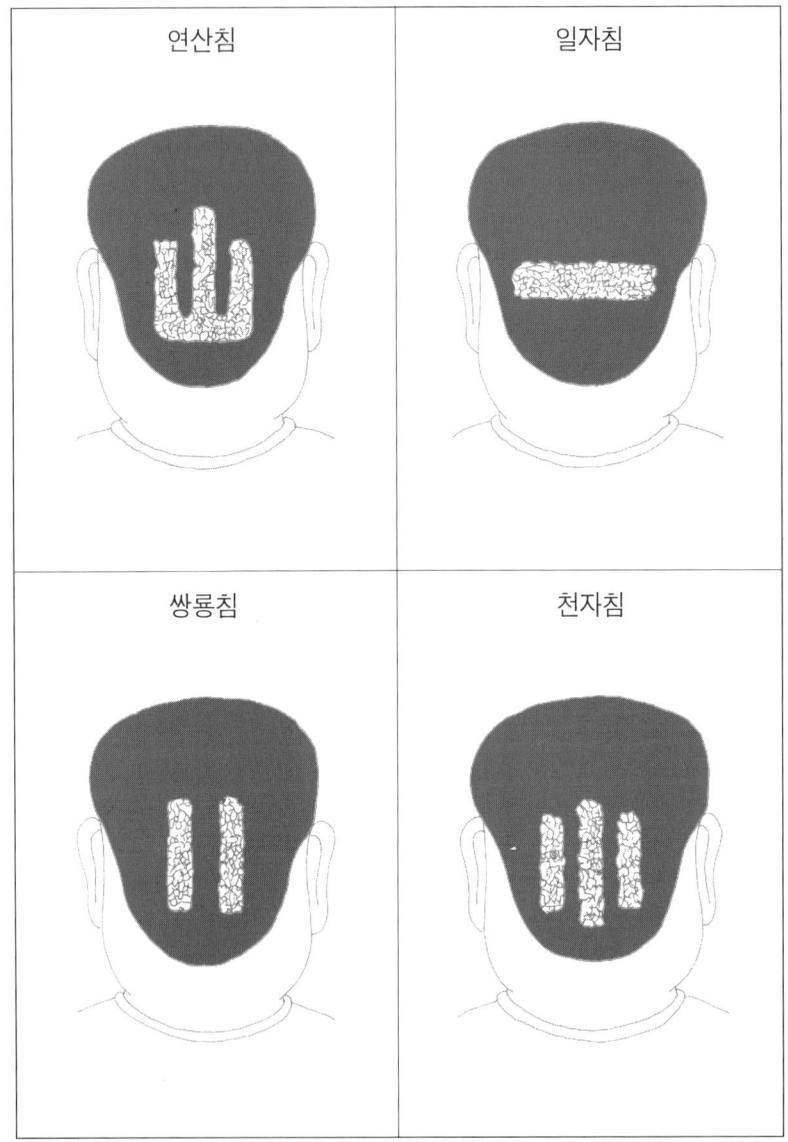

후산 34골-2

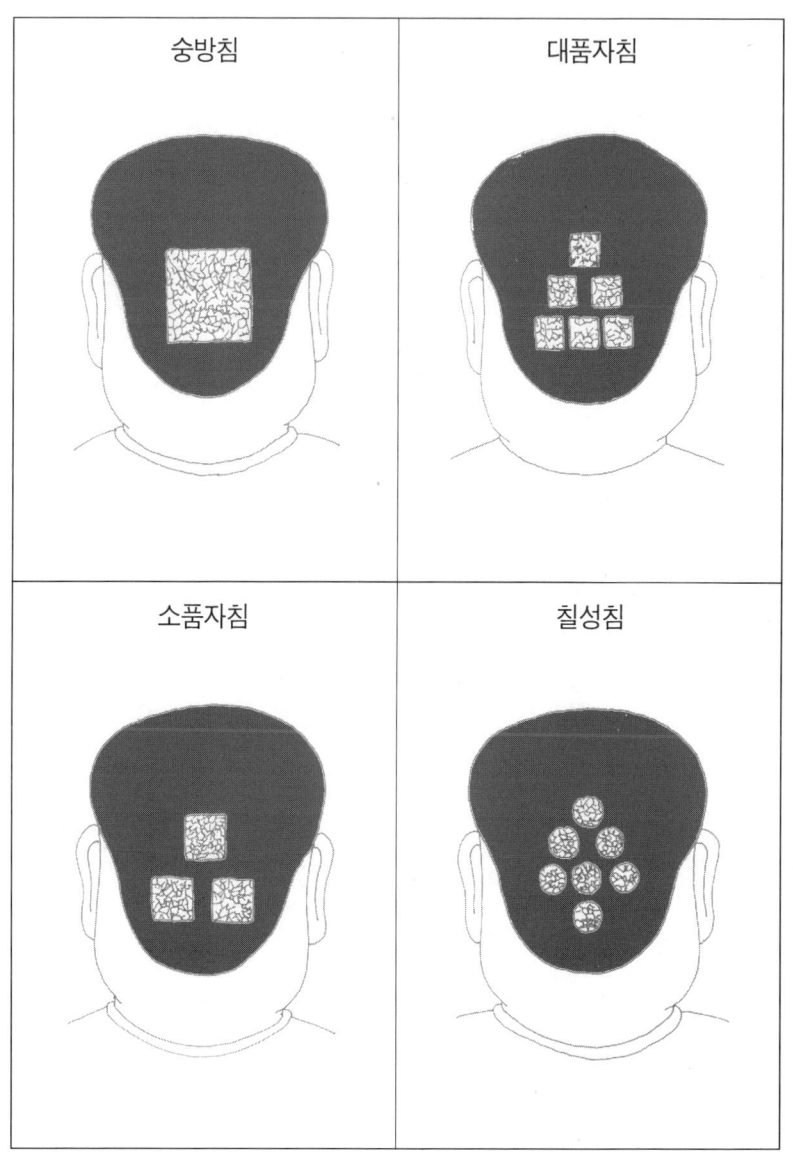

후산 34골-3

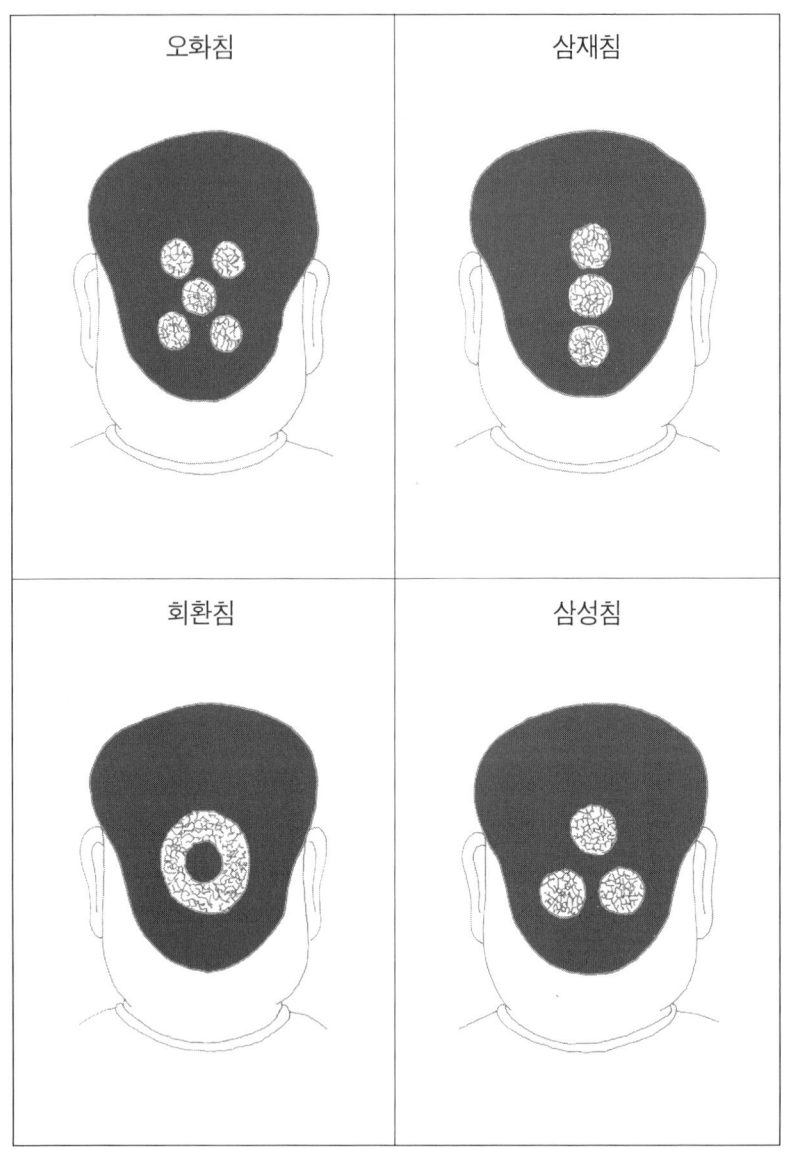

후산 34골—4

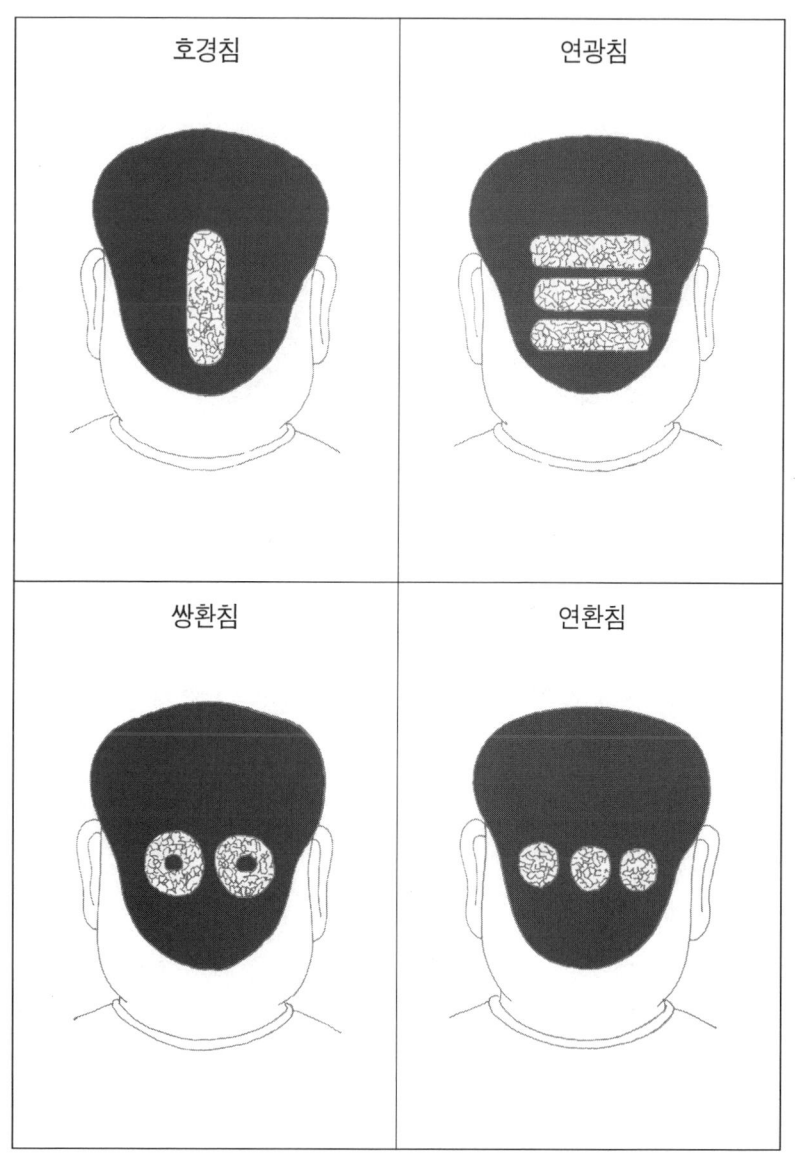

후산 34골-5

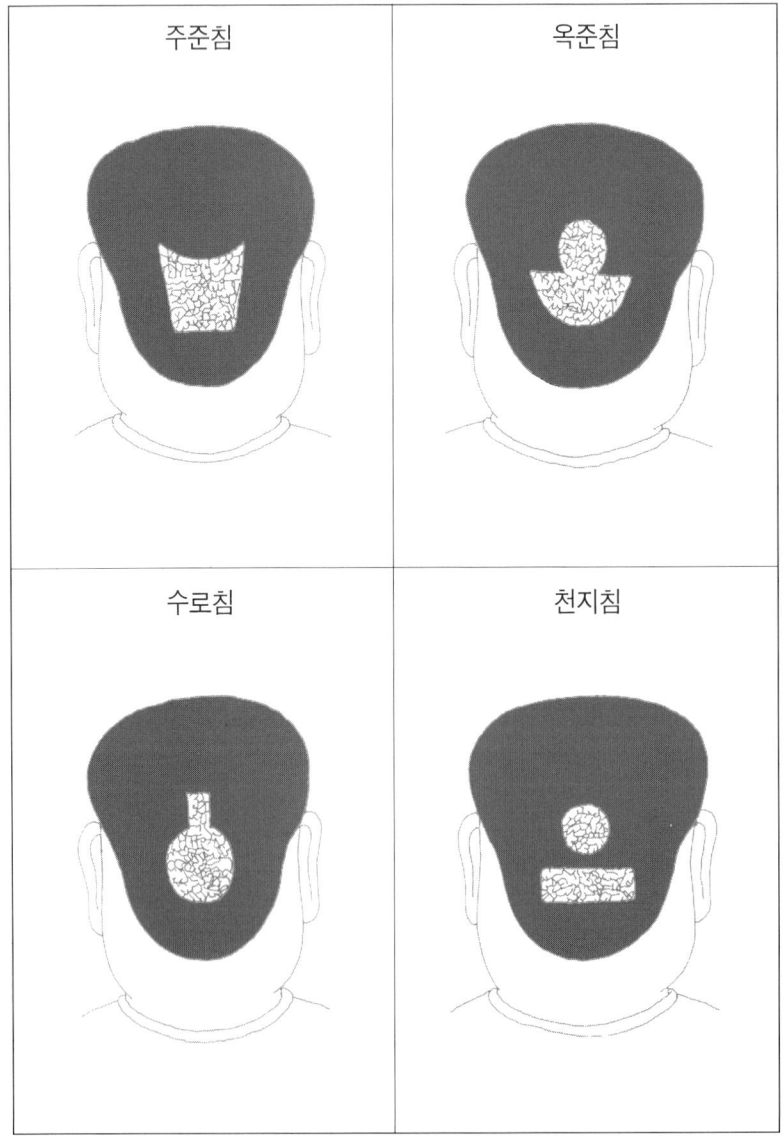

후산 34골 – 6

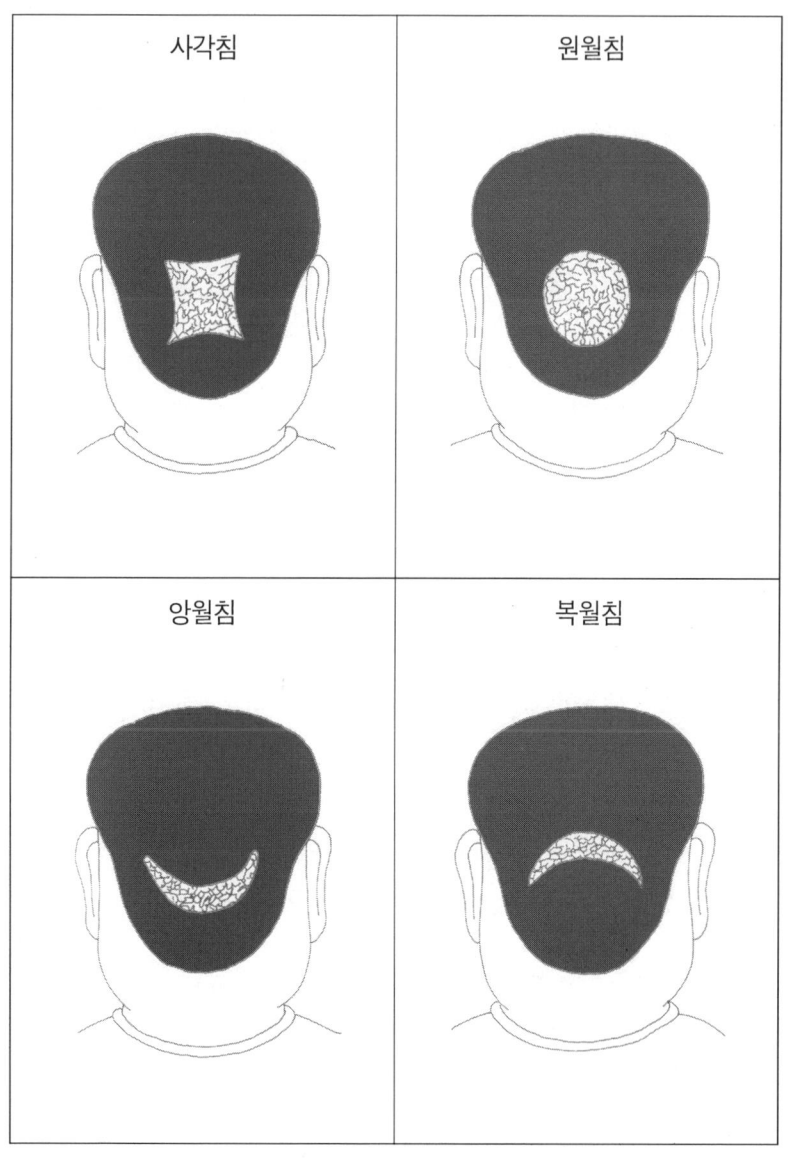

후산 34골−7

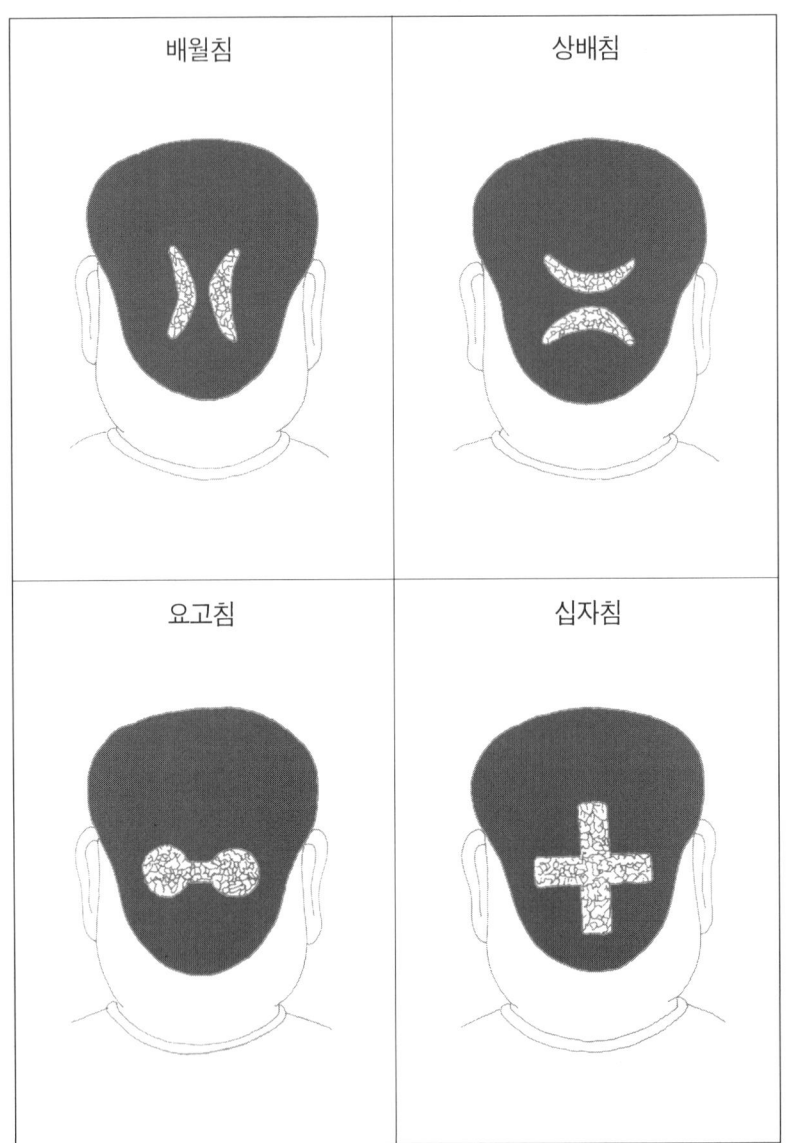

후산 34골-8

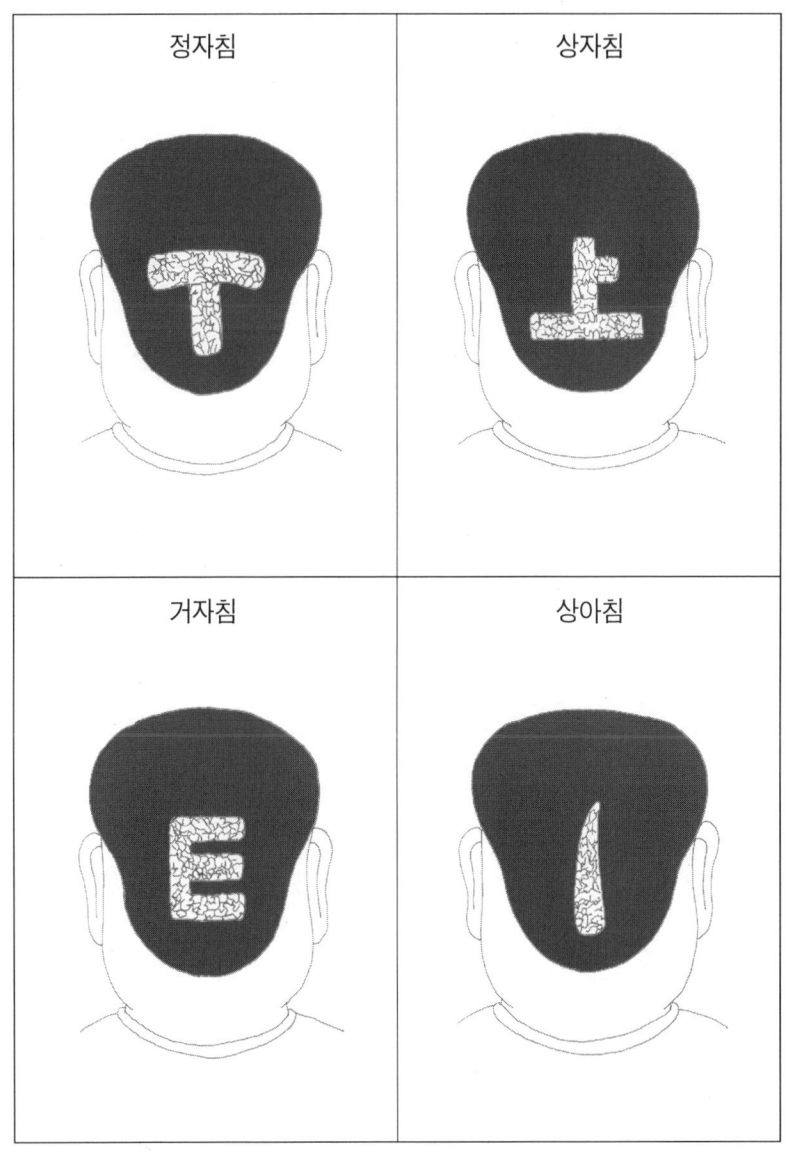

제1장 두상과 면상 61

후산 34골-9

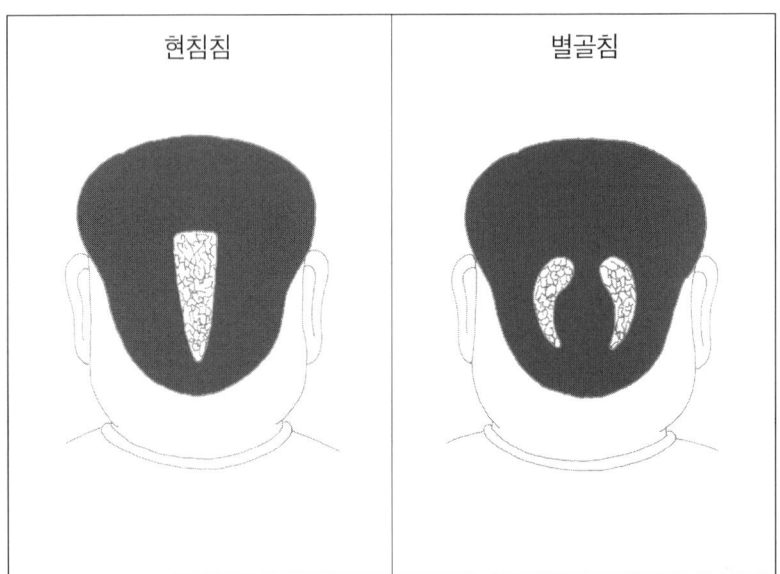

12기골-1

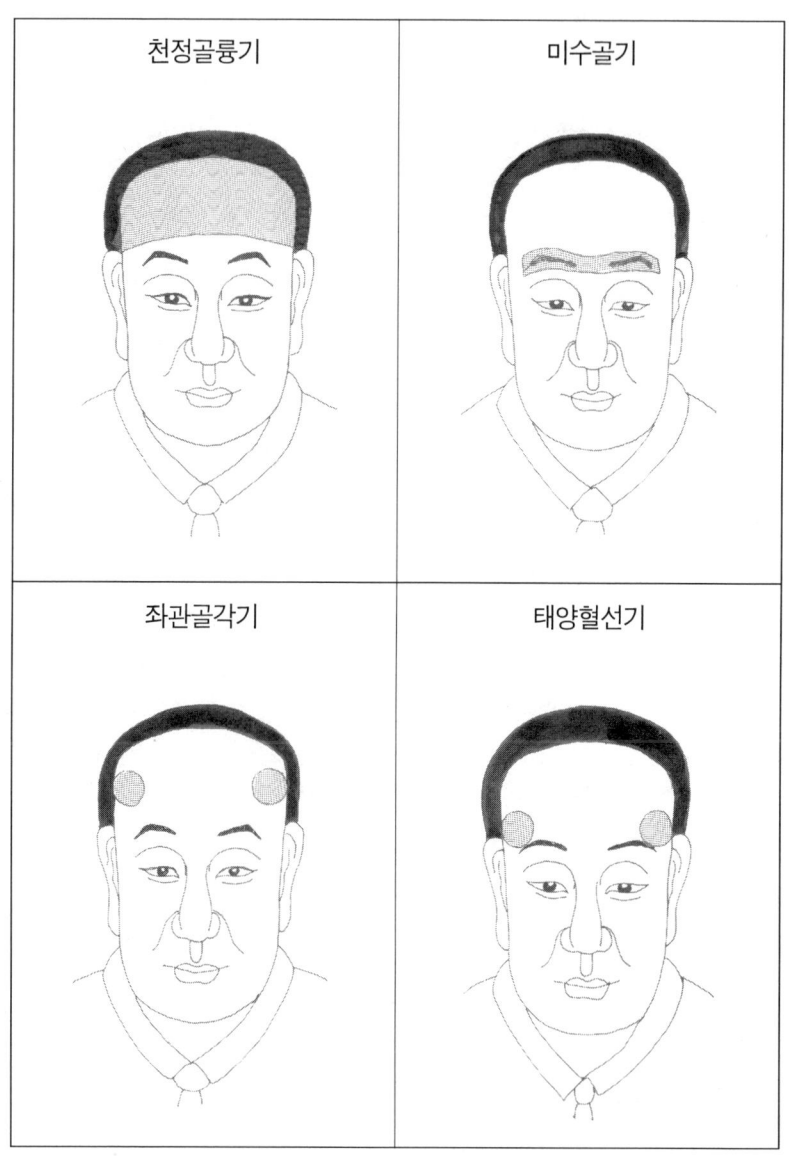

12기골-2

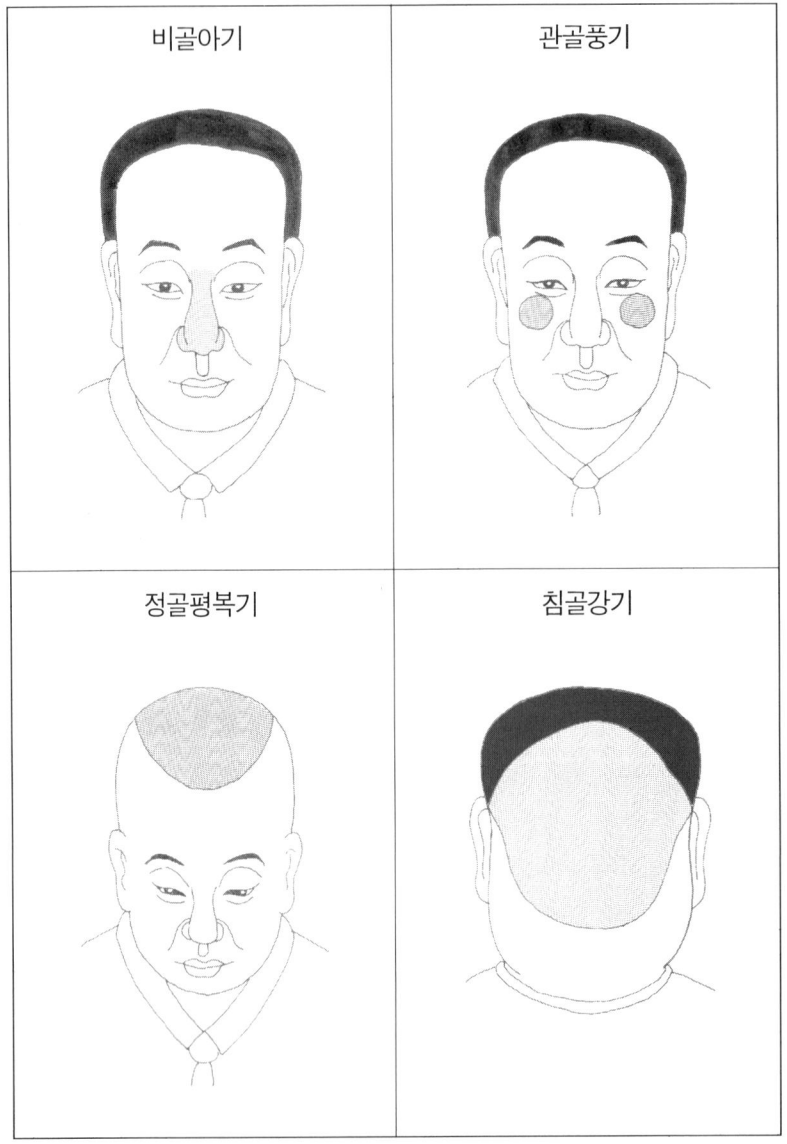

12기골-3

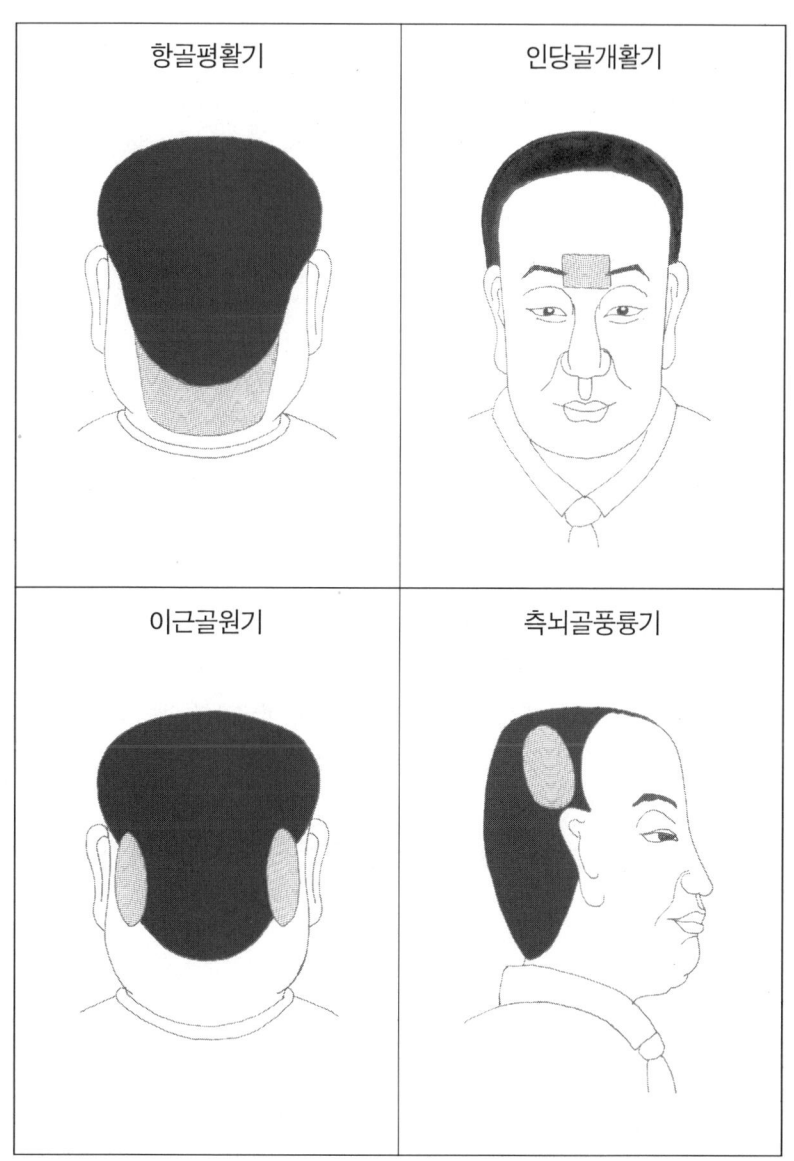

상학 기본 65위
삼정, 삼관, 사애, 사독, 오악, 오성, 육부,
육요, 사학당, 팔학당, 팔괘, 구주

1. 삼정상법의 특징

정(停)이란 단계(階段)이면서 동시에 부위(部位)를 지칭하는 개념이다. 삼정상법(三停相法)은 먼저 시간적 개념으로 사람의 얼굴을 3단계로 나누어서 일생의 궁통(窮通), 득실(得失)과 배우자, 재산, 자식, 복록과 길흉화복, 장수와 요절, 재앙, 질병 등의 상리(相理)와 호불호(好不好)를 평가하는 것이다. 또 공간적 개념으로는 얼굴을 세 개의 횡단면으로 구분해서 건강과 지혜, 성격을 평가하는 관상법이라고 할 수 있다.

1) 상정

■ 부위의 특성

상정(上停)이란 사람의 얼굴을 세 개의 횡단면으로 나누어 일생의 순역(順逆)을 판단할 때, 그 중 첫 번째 횡단면을 말한다. 윗머리의 경계부터 양쪽 눈썹 사이 인당까지를 말하며, 이마 전체를 포함한다. 삼재(三才)에서는 천위(天位)라고도 한다.

이 부위를 통해 선천적인 지능이 우수한지, 뇌조직 중 전뇌(前腦)의 기능이 발달되었는지, 뇌가 건강한지의 여부를 관찰할 수 있다. 또한 지혜·예술·종교·도덕·감정 등이 표현되는 곳이며, 15~30세에 이르는 청년기의 운세가 순조로울지의 여부와 윗사람과 친구의 도움을 받을 수 있을지의 여부가 드러난다.

■ 좋은 상의 표준

이마에 빼어난 기상이 있든 없든 상관없이 이마는 반드시 불룩하면서 넓고 커야 하며, 흉터나 반점·움푹 패인 자국이 없어야 하고, 주름살이 적고 단정해야 한다. 머리털이 난 자국은 가지런해서 인당을 침범하지 않아야 하며, 일월각 중 어느 한쪽이 높거나 낮아서는 안 된다. 이마는 윤기가 흐르고 빛이 나면서 양쪽 귀 즉 금(金)과 목(木)의 기운에 눌리지 않으며, 삼성(三星)이 함께 비추는 것이 좋은 상(相)의 표준이다.

이런 사람은 총명하고 건강하고 유복하며, 청년기에 만사가 순조롭다. 부모가 건재하여 양친의 사랑과 선조의 음덕을 누릴 수 있으며, 출세 시기가 빠르다. 아울러 명랑한 성격과 넓은 도량을 갖추었으며, 추리력과 창조력이 풍부하고 시비와 선악을 가릴 줄 아는 판단력을 지녔다. 따라서 얻는 것도 많고 성취 또한 크다.

이마는 다시 상·중·하의 세 부위로 나뉘는데, 이마의 상부에 흠집이 없는 사람은 뇌기능과 신경기능이 모두 좋고, 향학열과 사고력·이해력을 천성적으로 타고나며, 학문을 구하는 과정 또한 순조롭다.

이마의 중간 부위에 흠집이 없는 사람은 천성적으로 기억력이 아주 뛰어나며 지식이 풍부하다. 그래서 귀인의 눈에 들어 등용된다.
　이마의 하부에 흠집이 없는 사람은 직관력과 실행능력을 타고났으며, 이로 인해 30세 이전에 사업에서 크게 성공한다.

■ 나쁜 상의 표준
　이마가 경사지거나 상하좌우로 좁으며, 푹 패인 자국이나 흉터·반점이 있으며, 머리털이 난 자국이 가지런하지 못하고 낮게 깎여 내려와 인당을 침범하며, 인당에 보기 흉한 주름이나 점이 있거나, 이마에 주름이 많아 지저분하고 일월각 중 어느 한쪽이 높거나 낮으며, 혹은 머리가 난 자국이 일월각을 덮고 있거나, 이마 전체에 광택이 전혀 없고 윤기도 흐르지 않으며, 금성(金星)과 목성(木星) 즉 양쪽 귀가 화성(火星 : 이마)을 비추지 못하는 것은 나쁜 상의 표준이다.
　이런 사람은 선천적인 유전상태나 후천적인 성장환경이 모두 좋지 않고, 지능과 실행력이 떨어지며 이로 인해 성격과 표현력이 좋지 않다. 또 인생관이 뚜렷하지 않으며 가정환경도 넉넉하지 못하고 양친 또한 화목하지 않으며, 지식을 구하는 과정도 순조롭지 않다. 청년기의 운세는 역행이 많고 순행이 적어서 얻는 것이 적으며, 게다가 외롭고 고달프며 고생이 많다. 재난 또한 많이 닥쳐 심신이 모두 시련을 겪게 된다. 여기에 귀의 상마저 좋지 않으면 부모에게까지 해가 미치고 양친의 사랑과 조상의 음덕을 누리지 못한다.
　대개 상정의 상이 좋지 않은 사람은 참는 것을 배우고, 자신을 낮춰 천직(賤職)에 종사하면서 이를 지켜나가야 하며, 경거망동하거나 승부에 집착하거나 남을 탓해서는 안 된다. 또 과욕을 부리거나 급하게 행동하지 말고 중정(中停)의 호기가 올 때를 기다려야 한다. 그렇지 않으면 수확은커녕 일을 망치고 후회하게 된다.

2) 중정

■ 부위의 특성

중정은 양쪽 눈썹 사이, 즉 인당의 하단(下端)에서 시작해서 코끝의 중격(中隔 : 코청)에서 끝나며, 눈썹·눈·코·광대뼈 등의 부위를 포함한다. 삼재로 말하면 인위(人位)라고도 하는 부위이다.

이 부위를 통해 뇌조직 중 간뇌(間腦)가 잘 발달되었는지, 척추의 구조가 양호한지, 순환기·호흡기·소화기 계통과 팔의 선천적인 발육상태가 양호한지, 또 후천적으로 정상적인 기능을 발휘하고 있는지 등의 여부를 관찰할 수 있다. 또한 사회적응력, 자립능력 및 사업구상능력, 추진력, 금전에 대한 소유욕과 장악능력 등이 표현된다.

이 밖에 그 사람의 건강과 기력, 정력과 의지력, 결단력의 좋고 나쁨 또한 이 부위에 나타난다. 결혼, 금전, 사회적 지위를 포함해서 31~50세까지 중년기의 모든 운세가 순행할지의 여부는 이 부위에 기초하고 있다.

■ 좋은 상의 표준

눈썹의 모양은 둥글고 눈보다 길며 기세가 높고 수려해야 한다. 양쪽 눈썹의 위치는 널찍하게 벌어진 채로 이마에 자리잡아 인당을 가로막거나 눈을 제압해서는 안 된다. 두 눈은 흑백이 분명하고, 길고 수려하며 생기가 있어야 한다. 코는 탐스럽게 솟아 있고 콧구멍이 드러나지 않아야 하며, 그 기세가 마치 담낭이 걸린 듯해야 한다. 또 광대뼈가 있어야 얼굴이 이루어지는 것이니 양쪽의 광대뼈는 둥글고 불룩하며 기세등등해야 하고, 코와 광대뼈가 잘 어울리며 귀와 코·광대뼈 사이에 서로 기(氣)가 관통하는 것이 표준에 맞는 상이다.

이런 사람이 만약 상정의 상까지 표준에 맞는다면 분명히 30세 이후도 금상첨화 격으로 좋을 것이다. 만일 상정의 상이 좋지 않다면 31세에 접어든 후에야 고생이 끝나고 낙(樂)이 찾아들어 귀인이나 친구로부터 크게 도움을 얻고 대인관계도 좋아지며, 가정도 원만하고 금전도 넉넉해진다.

■ 나쁜 상의 표준

눈썹 모양이 좋지 않고 광택이 없으며, 눈썹이 눈에 딱 붙었거나 인당을 가로막고 있으며, 눈 모양이 좋지 않고 생기가 없으며, 코가 납작하여 기세가 없거나 코만 삐죽 솟아 있으며, 양쪽 광대뼈가 납작하거나 뼈가 툭 튀어나와 옆으로 길며, 귀·코·광대뼈의 기세가 서로 통하지 않는 것이 나쁜 상의 표준이다. 이런 사람은 상정의 상이 좋아도 중년에 접어들면 서서히 역경(逆境)으로 접어들게 된다.

만약 상정의 상까지 좋지 않으면 운(運)의 행로에 굴곡이 많아 뜻을 이루지 못하며, 역행하게 된다. 설령 어쩌다가 얻은 소득이 있어도 그것마저 잃게 되고, 가정과 결혼 또한 원만하지 않으며, 사회생활도 순조롭지 않아서 항상 소인배들에게 해를 입는다.

중정의 상이 나쁜 사람은 31~50세까지는 자신을 굽히고 천직이라도 고정된 수입이 있는 직업에 종사하는 것이 가장 좋으며, 과욕을 부리거나 급하게 투자해서 창업하는 것은 절대 삼가야 한다. 그렇지 않으면 반드시 실패하게 된다.

3) 하정

■ 부위의 특성

하정(下停)은 코청에서 시작해서 지각(地閣)에서 끝나며, 인중·법령(法令)·입·지각·아래쪽 뺨 등의 부위를 포함하는 곳이다. 삼재에서는 지위(地位)라 칭하기도 한다.

이 부위는 뇌조직 중 후뇌(後腦)가 잘 발달되었는지, 생식기·비뇨기·배설기 계통 및 하지(下肢)의 기능이 우수한지, 후천적으로 내부 장기들의 기능이 정상적인지 등의 여부를 관찰하는 곳이다. 또한 생활문화 수준, 처세관, 섭생 및 생식능력, 애정과 물욕, 품위 및 만년(晩年)의 체력이 표현된다. 이 부위의 가장 중요한 특성은 사람의 50세 이후 노년기 운세의 순역(順逆), 수명의 장단, 자녀의 성취 등을 볼 수 있다는 것이다.

■ 좋은 상의 표준

인중은 깊고 길되 위는 좁고 아래쪽은 넓으며, 법령이 환하고 둥글며 깊고 단정해야 한다. 눈썹은 털이 길어야 하고, 수염은 정취(情趣: 색이 검고 윤이 나는 것)가 있어야 한다. 입 모양은 좋아야 하며, 벌리면 크고 다물면 작아야 한다. 입꼬리가 밑으로 처지면 안 되고 입술의 빛깔과 광택은 선명하고 짙어야 한다. 지각은 넓고 도톰하며 다른 부위와 잘 어우러져야 한다. 뺨은 불룩하고 풍성해야 한다. 여기에 귓불 또한 입을 향하고 있어야 상리의 표준에 맞는다.

이런 사람은 대기만성형으로 50세 이후에 좋은 운이 찾아들어 인생의 마지막 행운을 거머쥘 수 있다. 현명한 아내와 효성스런 자식을 두며, 얻는 것이 많고 사회적으로도 높은 지위에 오른다.

■ 나쁜 상의 표준

삼정이 균등한 것을 길상으로 여긴다. 하정이 특별히 길거나 짧은 것은 좋지 않다. 인중이 얕고 비뚤거나 짧고 가늘며, 인중에 보기 흉한 주름이나 점이 있으며, 윗입술에 수염이 없거나 수염이 입을 가두고 있으며, 법령이 짧아서 보이지 않는다거나 법령문(法令紋)이 입을 막고 있으며, 입 모양이 나쁘고 아주 작다거나 입꼬리가 아래로 처져 있으며, 지각이 울퉁불퉁하거나 이마와 지각이 서로 마주보고 있지 않으며, 볼이 움푹 패이고 비쩍 말랐으며, 귀의 색이 어둡고 귓불이 입을 향하고 있지 않은 것이 나쁜 상의 표준이다.

이런 사람은 초년과 중년의 운이 비록 좋더라도 노년에 파산을 면하기 어렵거나 질병에서 헤어나지 못하고, 아내·자식과 인연이 거의 없거나 불초한 자식을 얻는다. 초년·중년에 운이 좋지 않으면 노년에 더욱 외롭고 고달프고 처량해지며, 가난과 질병에 시달리고 수명 또한 길지 않다.

대개 노년운이 좋지 않은 사람은 자신의 상리에 결점이 있음을 깨달아야 천수를 즐겁게 누릴 수 있다.

2. 삼관과 사애

1) 부위의 특성

삼관(三關)과 사애(四隘)란 사람의 인생여정 중에 대개 세 번의 관문과 네 번의 굴곡이 있음을 말하는 것이다. 이것을 바꿔 말하면 심리적·생리적인 면에서의 인생의 전환점이라고 할 수 있다.

삼관 중 제1관(15세)은 부모의 보호를 받는 유년기에서 스스로 배움을 얻는 청소년기로의 전환점을 말한다. 제2관(25세)은 사회 속에서 여러 가지 상황에 부딪쳐 경험을 쌓는 청년기로의 전환점이다. 제3관(35세)은 어느 정도 자기 인생의 행로를 조정하고, 청년기에서 중년기로 진입하여 잘 적응해 내는 시기로의 전환점이다.

사애 중 제1애(41세)는 인생여정 중에서 세 번째 관문으로 이어져 성공을 맛보든 실패를 맛보든 다시 시작해야 하는 성숙한 중년기로의 전환점이다. 제2애(51세)는 노년기에 접어들어서의 재출발과 함께 인생에서 최후의 노력을 기울이는 시기로의 전환점이다. 제3애(61세)는 평생의 사업을 정리하고 발전시켜 나가거나, 그렇지 않으면 실패를 인정하는 시기로의 전환점이다. 제4애(71세)는 만년의 건강 여부 및 수명의 길고 짧음과 만나게 되는 시기로의 전환점이다.

삼관의 길흉은 심리적인 요소가 주로 작용하고 생리적인 것은 부수적으로 작용하나, 사애의 길흉은 이와는 반대로 생리적인 요소가 주로 작용한다.

2) 상의 표준과 길흉

삼관과 사애를 상에 적용시키면, 제1관은 15세로 화성(火星)에 위치하고 제2관은 25세로 중정(中正)에 위치하며, 제3관은 35세로 태양(太陽 : 왼쪽 눈)에 위치한다.

제1애는 41세로 산근(山根)에 위치하고, 제2애는 51세로 인중(人中)에 위치하며, 제3애는 61세로 승장(承漿)에 위치하고, 제4애는 71세로 지각(地閣)에 위치한다.

이상과 같은 일곱 개의 부위에 아무런 흠집이 없다면 인생의 전환과정이 모두 순조로울 것이며, 그 해의 운세도 길할 것이다. 이와 반대로 특정 부위에 흉터나 보기 흉한 무늬 · 사마귀 등이 있거나, 혹은 그 부위가 낮게 패였거나 정도 이상으로 말랐거나 하면 그 해의 전환과정은 순조롭지 않으며 불길할 것이다.

삼관의 길흉은 자신의 평생 운세 외에 부모 형제와도 관련이 있으나, 사애의 길흉은 자신의 금전운과 건강 · 수명과 관계가 있고 육친들과의 관계는 적은 편이다.

3. 사독

1) 부위의 특성

독(瀆)이란 개울이나 강물의 흐름을 말한다. 상법은 사람을 여러 각도에서 관찰한 다음 우주 천체의 명칭이나 산과 강 등 자연지리의 명칭에 비유한 것이다. 사독(四瀆)도 그 중의 하나이다.

사독은 사람의 눈·코·귀·입 등 4개의 구멍이 마치 황하(黃河 : 눈), 양자강(揚子江 : 귀, 長江이라고도 함), 제수(濟水 : 코), 회하(淮河 : 입)와 같이 길고 넓게 거침없이 흘러서 인중(人中)이라는 합류지점을 거쳐 대해(大海 : 입)로 흘러 들어가야 함을 뜻하는 것으로, 이것으로 평생의 복과 천수를 살핀다. 또한 사독으로는 오장육부의 내분비 계통이 좋은지 나쁜지를 보고, 오관으로는 오장육부의 구조가 우량한지의 여부를 본다.

2) 상의 표준과 길흉

눈이 깊으면 장수하고, 길면 귀하게 되며, 빛나면 총명하다. 얕게 드러나는 사람은 단명하고, 혼탁한 사람은 매사가 순조롭지 않다.

귓구멍이 크고 깊으며 겹으로 싸여 있으면 유년기부터 총명하고 집안 형편이 좋으며, 그와 반대이면 어리석고 가업에도 타격이 있다.

콧구멍이 둥글고 빛이 나며 흠집이 없고 겉으로 드러나지 않으면 평생 동안 부유하고, 그와 반대이면 평생 재산을 모을 수 없다.

입은 네모지고 넓어야 한다. 입술이 뒤집어지고 두툼하면 만년에 복이 있고, 그와 반대이면 만년에 복이 없고 단명한다.

그러나 사독이 비록 표준과 맞아떨어지더라도 인중이 좋지 않으면 노년에 사업이 파탄에 이르거나 건강이 좋지 않다.

4. 오악

1) 부위의 특성

오악(五嶽)이란 사람의 얼굴에 있는 다섯 개의 산봉우리를 일컫는 것으로 중악(中嶽)은 코, 남악(南嶽)은 이마, 북악(北嶽)은 턱, 동악(東嶽)은 오른쪽 광대뼈, 서악(西嶽)은 왼쪽 광대뼈를 가리킨다.

코·이마·턱 그리고 좌우 광대뼈가 중악 숭산(嵩山), 남악 형산(衡山), 북악 항산(恒山), 동악 태산(泰山), 서악 화산(華山)처럼 우뚝 솟아 얼굴에 겹겹의 성이 있는 것 같은 기세를 형성하면 주요 골격구조가 고르게 잘 발달되었다는 것이다. 이와 반대로 오악이 솟아 있지 않으면 전신 골격구조가 좋지 않다는 것을 뜻한다.

골격구조는 두말할 것 없이 그 사람의 일생의 건강과 성공에 영향을 미친다.

2) 상의 표준과 길흉

"오악 중에 가장 두려운 것은 중심이 없는 것이다"라는 말이 있다. 이것은 중악이 가장 중요하다는 것을 말하는 것으로, 중악이 우뚝 솟았다는 것은 그 사람의 척추골격 계통이 특히 건장하다는 것을 나타낸다.

그러나 나머지 사악들도 서로를 향해 어우러져야 한다. 그렇지 않고 중악만 높은 것은 '고봉이 홀로 우뚝 솟은' 상이 된다. 이는 길상이 아니며 평생 성공하기 어렵고 고독하다. 나머지 사악이 높아도 뼈가 튀어나왔으면 좋은 상이 아니다. 이런 사람은 뼈는 무거운데 살은 적어 평생 고생만 하고 얻는 것이 적다.

오악이 모두 고르게 가라앉은 사람은, 뼈는 가벼운데 살이 많은 것으로 평생 동안 이루어놓는 사업도 적고 단명한다. 만약 어느 하나가 솟아 있지 않으면 20년 동안 일이 잘 풀리지 않을 것이며, 설사 오관의 상이 좋다고 해도 운을 펴지 못하거나 얻는 것이 절반으로 줄어들 것이다.

또한 오악은 산의 형상이고 사독은 물의 형상이니, 산 좋고 물 맑은 것이야말로 완전한 구조를 갖춘 상이다. 만약 산은 높은데 사수(四水)가 맑지 않으면 '맑음 속에 탁한 것이 있는' 형국이 되어 사업을 해도 결국에는 파산하며, 평생의 운세도 실의(失意)하는 때가 득의(得意)하는 때보다 훨씬 많다. 그리고 눈이 탁한 사람은 남을 부리는 위치에 서지 못한다.

5. 오성

1) 부위의 특성

오성(五星)은 얼굴에 있는 다섯 개의 별을 뜻하는 것으로, 금성(金星)은 왼쪽 귀, 목성(木星)은 오른쪽 귀, 화성(火星)은 이마, 토성(土星)은 코, 수성(水星)은 입을 말한다. 이들 각 부분을 별에 비유하는 것은 이들 부위가 얼굴의 중앙 및 상하좌우 각 방위에 위치하여 배열과 각도에 따라 서로 비호하는 작용을 일으키거나, 서로 극하고 억압하는 현상이 있다고 생각하기 때문이다.

오성은 또한 인체의 내부구조에도 적용할 수 있는데, 이때는 사람의 몸 속에 있는 오행기관, 즉 간(肝)·심장(心臟)·비장(脾臟)·폐(肺)·신장(腎臟)의 착상이 양호한가를 나타낸다.

몸 속 오행기관의 착상 위치가 잘 잡힌 사람은 얼굴에 있는 오성 또한 마치 하늘의 금성·목성·화성·토성·수성의 다섯 개 별처럼 배열위치가 적당하게 되어 정상적으로 운행되며, 서로 비호하면서 크게 빛을 발한다. 그러나 만약 몸 속 오행기관의 착상이 나쁘면 얼굴의 오성도 어둡고 빛이 나지 않을 뿐 아니라 서로간에 극하고 억압하는 현상이 일어나게 된다. 이런 사람의 일생의 운세는 얻는 것은 적고 잃는 것이 많다.

2) 상의 표준과 길흉

오성 중에 하나가 밝지 않은 사람은 20년간 일이 잘 풀리지 않고 어긋나게 된다.

오성 중에서는 화성과 토성을 가장 중요하게 여긴다. 만약 화성이 밝지 않으면, 즉 이마의 상이 좋지 않으면 30세 이전의 운세가 나쁠 뿐 아니라 중년의 운세까지도 좋지 않을 수 있다. 이는 오행의 불이 흙을 생(生)할 수 없기 때문이다.

토성이 밝지 않으면, 즉 코의 상이 나쁘면 중년의 운세가 나쁠 뿐 아니라 만년의 운도 좋아지기 어려운데, 이는 오행 중 土가 水를 극(剋)하기 때문이다.

그리고 수성이 밝지 않으면, 즉 입의 상이 나쁘면 노년의 운세가 나빠진다.

금성과 목성이 모두 밝지 않으면, 즉 양쪽 귀의 상이 나쁘면 유년의 운세가 평탄치 못하다. 특히 금성이 목성을 이기면, 즉 왼쪽 귀의 상이 오른쪽 귀보다 나쁘면 상황은 더욱 심각하다.

만약 오성이 배열된 각도가 적당해서 서로 비춰주고 기세가 있으며 상에 아무런 흠집이 없으면, 그 사람은 비록 큰 부귀는 누리지 못해도 평생 행복하고 풍요롭게 보낼 수 있다.

화성이 밝게 빛나면 火가 金을 剋하지 않고 土를 生할 수 있다. 토성이 밝게 빛나면 土가 水를 剋하지 않고 金을 生할 수 있다. 수성이 밝게 빛나면 水가 火를 剋하지 않고 木을 生할 수 있다. 금성이 밝게 빛나면 金이 木을 剋하지 않고 水를 生할 수 있다. 목성이 밝게 빛나면 木이 土를 剋하지 않고 火를 生할 수 있다.

특히 금성, 목성, 화성의 삼성이 고르게 빛나면 삼성이 비추는[三星照] 격이 되어 일찍 출세하게 된다.

6. 육부

1) 부위의 특성

육부(六府)란 인체 중요 골격의 선천적 우열을 비유한 것이다.

상 2부(上二府)는 보각(輔角)에서부터 천창(天倉)까지이며, 일각(日角)·월각(月角) 등의 부위를 포함한다. 중 2부(中二府)는 명문(命門)에서부터 부이(附耳)까지이며, 관골(顴骨) 등의 부위를 포함한다. 하 2부(下二府)는 시골(腮骨)에서부터 지각(地閣)까지이며, 지고(地庫) 등의 부위를 포함한다.

오악을 통해서는 인생여정에서 헤쳐나가야 할 조건을 보고, 육부를 통해서는 외부에서 도와주는 힘이 있는지의 여부를 관찰한다. 따라서 오악과 육부의 상이 모두 좋은 사람은 적은 노력으로 많은 결실을 얻고, 성취하는 것이 아주 많다. 그렇지 않은 경우에는 많은 노력을 기울이고도 얻는 것은 적고 고생만 하게 될 것이다.

2) 상의 표준과 길흉

육부의 각 부위가 충실하려면 오악과 상부상조하는 형세를 이루어야 한다.

상 2부가 각 표준에 잘 맞는 사람은 청소년기에 부조(父祖)의 덕을 입고, 세상에 나가서는 귀인의 도움을 얻는다. 중 2부가 각 표준에 잘 맞는 사람은 중년에 대인관계가 아주 좋으며, 집안의 도움 또한 많이 받는다. 하2부가 각 표준에 잘 맞는 사람은 노년에 운이 더욱 탄탄해져서 아랫사람들과 후배들에게 많은 존경을 받는다. "1부가 10년을 부유하게 한다"는 것은 바로 이것을 말하는 것이다.

이와 반대로 육부와 오악이 서로 조화하지 못하거나, 육부 자체가 푹 꺼져 뼈를 드러내고 얼룩덜룩한 반점이 있으면 평생 동안 노력해도 얻는 것이 적은데, 여기에 다시 오악의 결함까지 더해지면 운수는 더욱 어긋나고 명도 짧아진다.

한편 『유상부독론(惟相不獨論)』에서는 오악과 육부의 상이 비록 좋더라도 삼정·사독·오성·육요(六曜)의 상에 결함이 있으면 그 사람의 운은 여전히 불길하다고 보는데, 그 중에서 육요의 상을 특히 중요하게 여긴다.

7. 육요

1) 부위의 특성

육요는 육성(六星)이라고도 한다. 자기성(紫氣星)은 인당, 월패성(月孛星)은 산근, 나후성(羅睺星)은 왼쪽 눈썹, 계도성(計都星)은 오른쪽 눈썹, 태양성(太陽星)은 왼쪽 눈, 태음성(太陰星)은 오른쪽 눈을 가리킨다.

육요가 두루 밝다는 것은 체내 상초 계통(上焦系統)의 내장기관이 선천적으로 상태가 좋고 착상도 매우 좋아서 장기들끼리 서로 극하지 않고 상조하고 있음을 나타낸다. 이런 사람은 일생 동안 크게 아픈 일 없이 건강하고, 머리가 잘 돌아가며, 성격도 명랑하고 조급하지 않다. 또 청년기와 중·장년기의 운세가 육성처럼 빛을 발한다.

2) 상의 표준과 길흉

육요는 자기성(인당)과 월패성(산근)을 주성(主星)으로 한다. 두 성은 중앙에 위치하며 육성의 우두머리이다. 즉 인당은 사유조직의 개관(開關)이고, 산근은 행동조직(오장육부)의 개관으로 얼굴의 주체이며 가장 중요한 곳이다.

인당과 산근에는 흠집이 있으면 안 되고, 천(天)과 인(人)이 이어져 있어야(산근이 푹 꺼져 있지 않은 상태) 하며, 다른 별들이 침범해서는 안 된다.

나후성과 계도성, 즉 양쪽 눈썹의 경우 눈썹이 인당을 막거나 산근을 침범하면 안 된다. 양쪽 눈이 너무 가까이 붙으면 산근이 좁아져 서로 빛을 다투는 형세가 되어 좋지 않다. 눈썹이 눈에 딱 붙었다거나, 눈썹은 가는데 눈만 크다거나, 눈은 작은데 눈썹만 긴 것은 서로 극하는 형국이다.

또한 앞에서 설명한 각각의 별들이 서로 침범하면 육요가 밝지 않다. 특히 눈썹이 인당을 막는 것은 흉성(凶星)이 명궁(命宮)을 침범하는 것으로 대단히 불길하여, 평생 동안 아내 · 재물 · 자식 · 행복 등 모든 면에 두루 영향을 미친다. 그 외의 별들이 서로 침범하는 것 역시 건강과 지혜 · 성격에 영향을 미치는데, 특히 25~45세까지의 운세에 영향을 준다.

오성과 육요는 서로 관련이 있다. 오성은 주변에 있는 별이고, 육요는 중앙에 있는 별이므로 서로 호응하는 것이 당연하다. 그러나 운세에 대한 작용으로 말하면, 오성보다는 육요가 영향력이 더 크다. 인당(자기성)은 명궁으로서 일생의 행복과 장수의 중심점이기 때문이다.

"귀인이 좋은 눈을 가졌다고 해서 반드시 좋은 귀를 가진 것은 아니다"라는 말이 있다. 이것은 오성과 육요가 모두 밝게 빛나는 것이 가장 좋지만, 만약 선택을 해야 한다면 육요를 취하고 오성을 버리는 편이 낫다는 것을 얘기하는 것이다.

8. 사학당과 팔학당

1) 부위의 특성

사학당(四學堂)과 팔학당(八學堂)은 총기와 재주, 지혜를 주로 보면서 부수적으로 일생의 성취를 보는 곳이다. 그 밖에도 사학당으로는 관운과 벼슬길의 소재 여부를 볼 수 있고, 팔학당으로는 일생의 행복과 수명·심성과 품덕을 볼 수 있다.

2) 사학당의 표준과 길흉

눈은 관학당(官學堂)으로 관성(官星)이다. 눈의 흑백이 분명하고 아름답고 길며 생기가 있는 사람은 문장과 학문이 출중하고 장래에 관운이 트이며 청렴하고 공정한 관리가 된다.

앞이마는 녹학당(祿學堂)으로 천작(天爵)의 자리이다. 이마가 풍성하게 솟아오르고 중정이 불룩한 사람은 시험운이 좋고 관운도 일찍 들어 청년기에 성공한다.

귀는 외학당(外學堂)으로 금마옥당(金馬玉堂)의 자리이다. 귀의 윤곽이 분명하고 두툼하며 둥글면서 머리에 바짝 붙어 있고 색깔이 얼굴보다 희면 높은 관직에 올라 명성을 두루 떨친다.

앞니는 내학당(內學堂)이다. 앞니가 고르면서 나머지 치아가 단정하고 조밀하며 옥같이 맑고 깨끗하면 학문이 높고 말재주가 뛰어나며, 교화를 중시하는 관직에 오른다. 이런 사람은 충성스럽고 신의가 있으며 너그럽다.

눈·앞이마·귀·치아가 좋은 상의 표준과 맞지 않을 경우를 학당이 좋지 않다고 말하는데, 이런 사람은 총명함과 재주·지혜가 모두 뛰어나지 못하며, 평생 시험운과 관운이 따르지 않는다. 특히 관학당이 좋지 않으면 높은 지위에 오르기 어렵다.

3) 팔학당의 표준과 길흉

머리를 고명학당(高明學堂)이라고 한다. 머리가 둥글고 빼어난 기품이 있는 사람은 복이 있다.

이마는 고광학당(高廣學堂)이다. 천정이 높고 넓으며 각이 진 사람은 복이 있다.

인당은 광대학당(光大學堂)이다. 인당이 널찍하고 고르게 꽉 차서 거울 같은 사람은 관운이 있다.

눈은 명수학당(明秀學堂)이다. 눈의 흑백이 분명하고 氣를 강하게 품고 있는 사람은 귀하게 된다.

귀는 총명학당(聰明學堂)이다. 귀의 윤곽이 분명하고 색이 희면서 붉은빛을 띤 사람은 명성을 얻는다.

입술은 충신학당(忠信學堂)이다. 윗입술과 아랫입술의 두께가 고르면서 입술이 붉고 치아가 희면 복이 있다.

혀는 광덕학당(廣德學堂)이다. 혀가 길고 두꺼우며 색이 붉고 몽우리가 있는 사람은 덕이 있다.

눈썹은 반순학당(班荀學堂)이다. 눈썹이 둥글고 눈보다 길며, 드높은 기세가 있는 사람은 장수한다.

여덟 부위 중 어느 한 부위에 흠집이나 상처가 있는 사람은 총명함과 재주·지혜가 약간 떨어지고, 그 해당 학당의 복이 줄어든다.

팔학당이 모두 좋은 사람은 총명함과 재주·지혜가 뛰어날 뿐 아니라 심성과 품덕도 모두 아름다워 평생 오복(五福)의 경사를 누린다.

9. 팔괘와 구주

1) 부위의 특성
팔괘(八卦)는 원래 방위를 나타내는 말이고, 구주(九州)는 지리를 나타내는 말이다. 길한 운수에서 선천적인 방위를 볼 때는 팔괘를 관찰기점으로 삼고, 후천적 방위를 볼 때는 기색(氣色)을 표준으로 삼으며, 외부에서 만나게 될 귀인의 소재(所在)에 관한 방위를 볼 때는 구주를 기점으로 삼는다.

하지만 실제로 팔괘와 구주는 거의 같이 작용하며, 구주가 더 많이 드러나는 곳은 코 한 곳뿐이다.

2) 팔괘와 구주의 표준과 길흉
팔괘와 구주의 각 부위가 풍성하게 부풀어 있으면 조상으로부터 물려받은 유전형질이 우수하며, 선조의 공덕이 두터워서 평생 집안이 번창함은 물론 관직이나 사업 등의 모든 방면에서 귀인의 도움을 받아 순조롭게 성공하게 된다. 특히 관직에 있는 사람의 경우 팔괘와 구주에 나타나는 기색을 기준으로 인사이동의 방위와 시기를 알 수 있다. 예를 들어 기색이 트이지 않았으면 시기가 아직 되지 않은 것이고, 길한 방향 또한 아직 나타나지 않은 것이다.

팔괘와 구주의 각 부위가 뾰족하고 요철이 심하거나 흉터나 보기 흉한 무늬 · 반점 등이 있는 사람은 선천적인 유전상태가 불량하고 조상의 공덕도 두텁지 못해서 평생 가세의 번창을 꾀하기 어려우며, 모든 면에서 귀인의 도움을 얻지 못한다. 또 관직에 오르거나 사업을 일구지 못하고 대부분 기예나 노동에 종사하게 된다. 이런 사람은 평생 힘들게 일하고도 얻는 것이 적으며, 항상 큰 위험이 따라다닌다. 만약 큰 위험이 없다면 질병으로 단명하게 된다.

얼굴삼정육부도

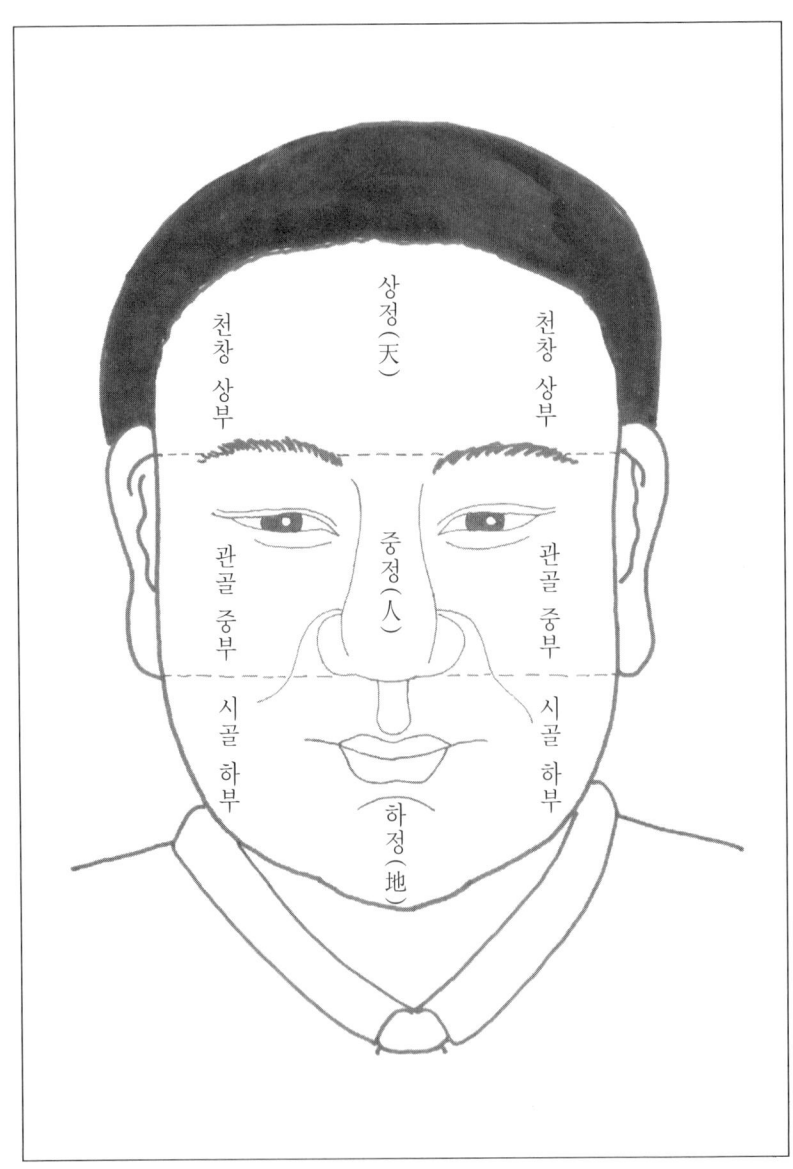

얼굴오악사독도

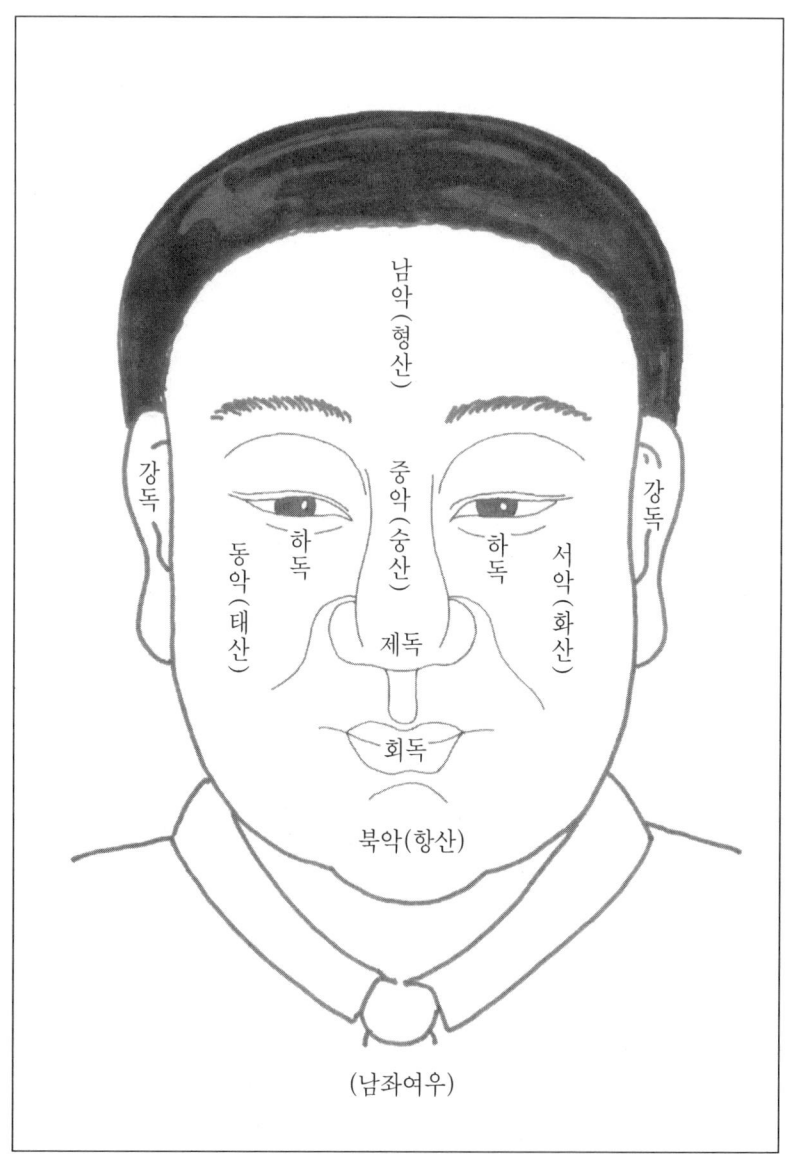

제1장 두상과 면상

얼굴오성육요도

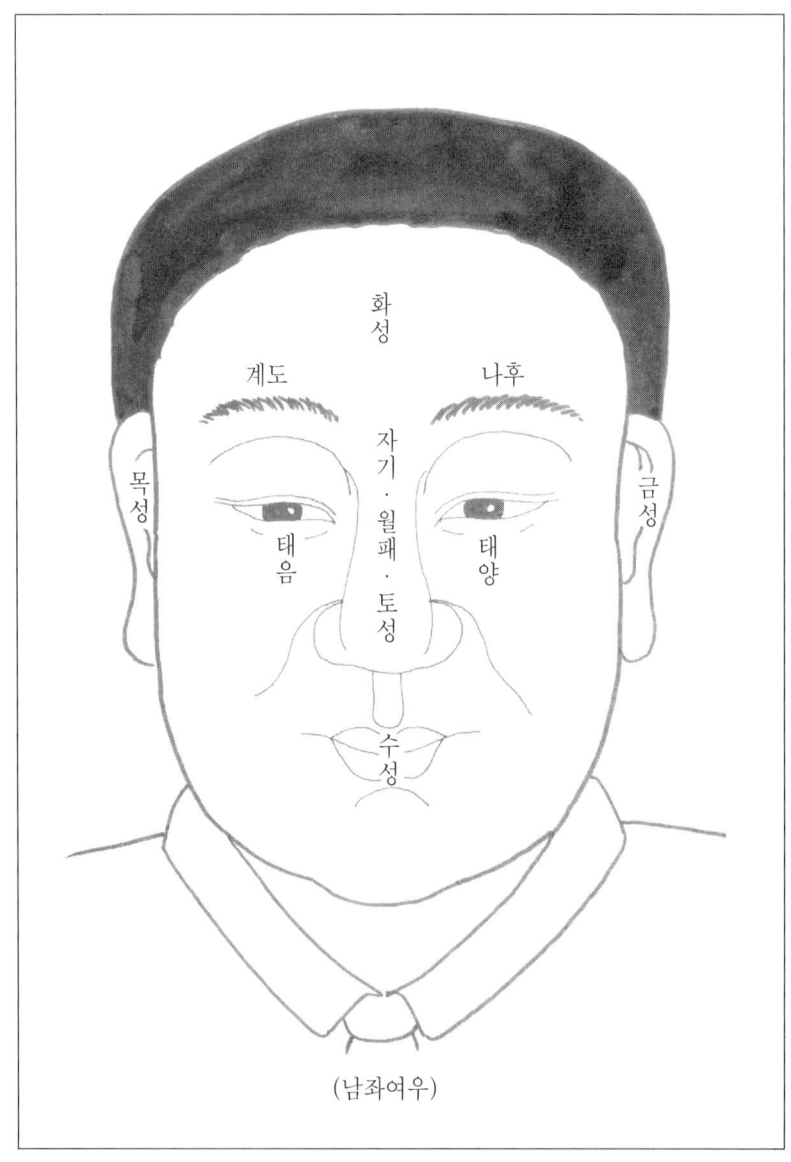

(남좌여우)

얼굴사학당팔학당도

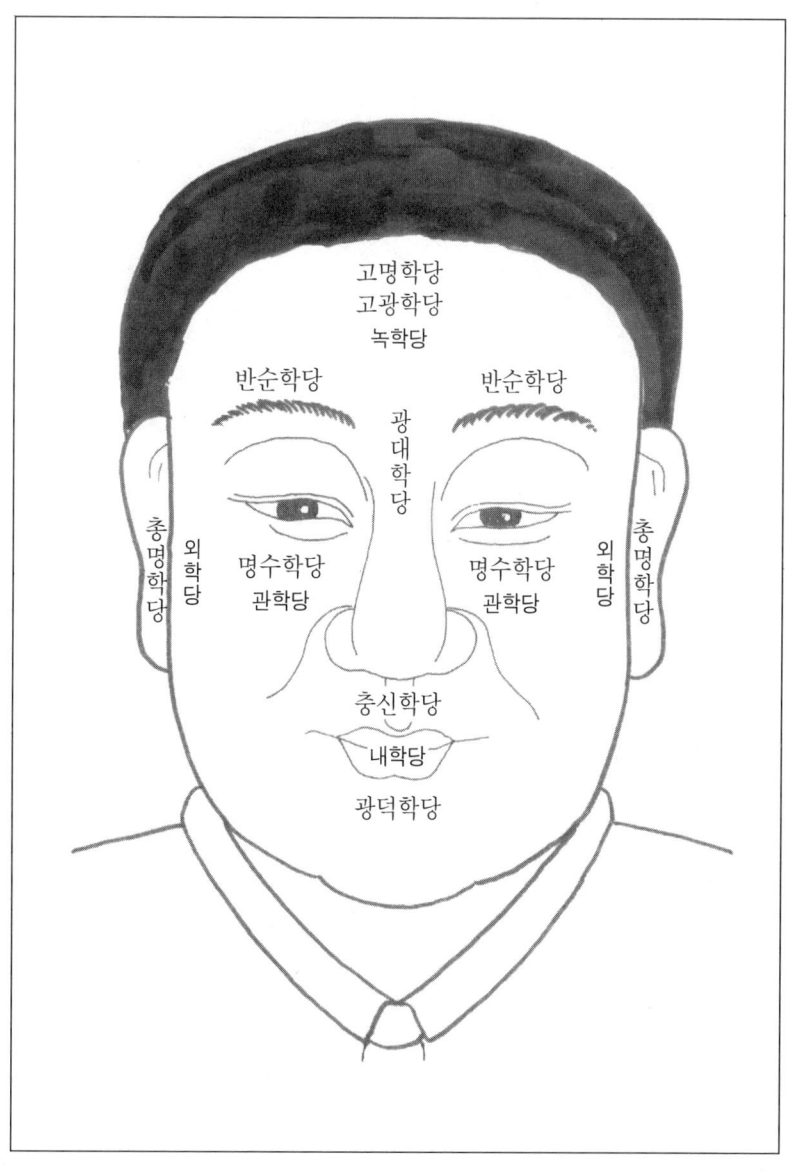

얼굴팔괘구주도

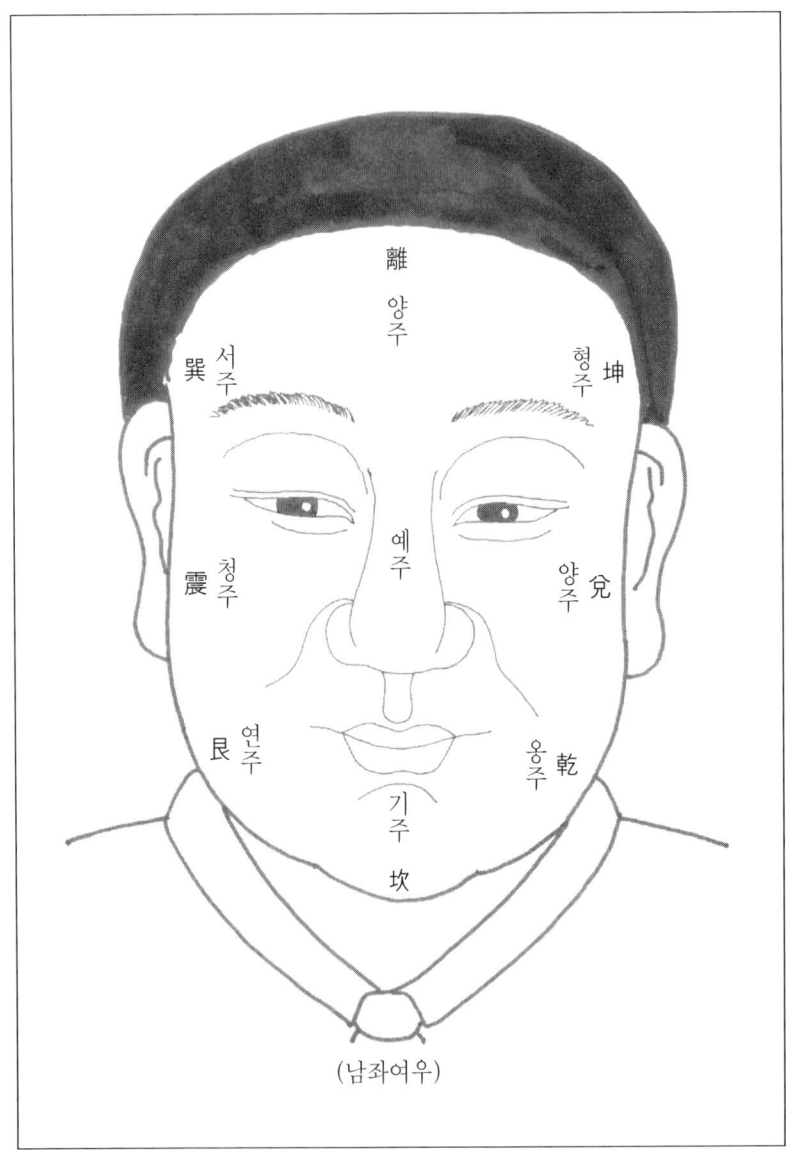

(남좌여우)

얼굴오관도

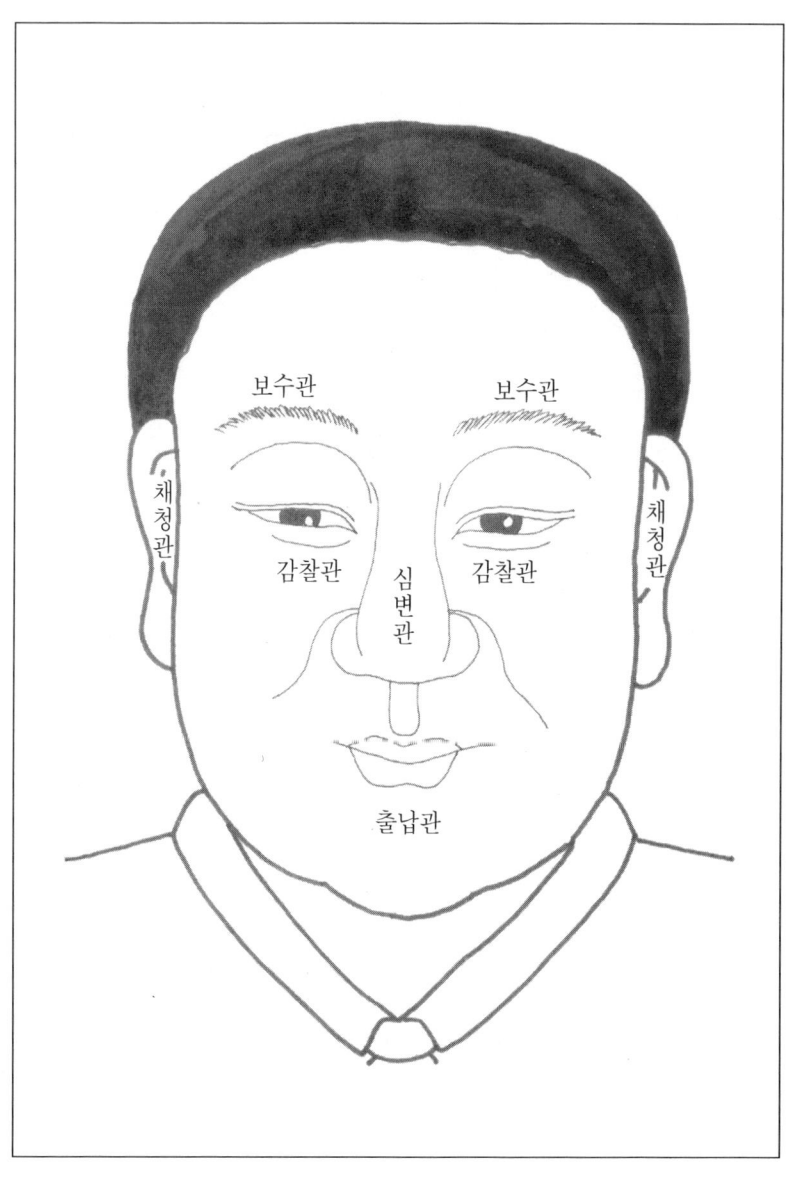

12궁과 13부위

1. 12궁

　12궁(十二宮)이란 12부위 또는 12종의 길흉을 말한다. 지금까지 기술한 상법은 모두 자신의 운세와 길흉에 관한 것이었다. 이제부터 살펴볼 12궁 상법으로는 자신의 운세와 길흉 외에 부모, 형제, 배우자, 자녀, 부하 및 사회생활에서의 인간관계, 주변환경의 길흉까지도 알 수 있다.
　12궁 상법은 열두 곳의 각도 또는 열두 가지 요소를 통해 일생의 운세가 순조로운지의 여부와 성취의 다소를 분석하는 것이라고 할 수 있다.
　이것 역시 여전히 '안에 있는 것은 반드시 밖으로 드러난다'는 원칙에 입각하고 있으며, 전적으로 생리학·유전학 등에 근거한 것이다. 명리학의 십이궁이 성상학(星象學)과 현학(玄學)을 이론적 기초로 삼은 것과는 다르다.

1) 명궁

■ 부위의 특성

　명궁(命宮) 즉 인당은 글자 그대로 일생의 운세, 즉 운명의 순역(順逆)과 성과(成果)의 다소, 소원 성취의 여부 등을 보는 상리(相理)가 있는 곳이다. 이때 인생의 운세와 성과는 보통 소로다획(少勞多獲 : 적게 수고하고 많이 얻는 것), 다로소획(多勞少獲 : 많이 수고하고 적게 얻는 것), 유로유획(有勞有獲 : 수고한 만큼 얻는 것)의 세 가지로 나뉜다.

　명궁은 사유 계통의 주조정장치로서 사람의 지혜와 정신, 의식을 표현하는 곳이다. 또한 희(喜)·노(怒)·애(哀)·락(樂)·애(愛)·오(惡)·욕(慾)의 칠정(七情)과 눈·귀·코·혀·신체·의식 등의 육욕(六慾)이 모두 응집, 또는 확산되어 있는 곳이다. 그렇기 때문에 외부 세계로부터 지식을 흡수하고 사람이나 사물에 대한 각종 정보를 수집하는 창구 역할을 한다.

　대체로 명궁의 상이 좋은 사람은 칠정과 육욕을 추구할 때 정도를 넘지 않으며, 지식을 얻을 때 적게 배우고 많이 얻으며, 정보를 접수할 때는 하나를 통해 여럿을 알아내기 때문에 일생의 운세에 순행이 많고 역행이 적으며, 적은 노력으로 많은 성과를 거둔다.

　이와 반대로 명궁의 상이 좋지 않은 사람은 칠정과 육욕을 추구함에 있어 항상 지나치지 않으면 모자라며, 많이 배우고도 얻는 것이 적고, 정보를 수집해도 반응이 느려서 일생 동안의 운세에 역행이 많고 순행이 적으며, 애를 쓰지만 소득이 적다.

■ 상의 표준과 길흉

　명궁이 널찍하고 평평하며 풍만하면서 보기 흉한 주름이나 점이 없이 상의 표준에 잘 맞으면 부조(父祖)로부터 좋은 유전을 받아 뇌조직과 호흡기 계통의 선천적인 발육이 좋고 기능이 정상적이며, 평생 동안 재난이 드물고 신체가 건강하고 정신도 균형을 이루며, 지혜가 높고 기량이 크고 의지력과 체력이 모두 강인하다. 사회생활에서도 높은 지위에 앉고, 사업도 성과가 있으며, 대인관계 역시 좋다. 만약 명궁의 기색까지 거울처럼 밝고 윤기가 있으면, 현재 순조로운 환경에 처해 있으며 심신이 모두 건강한 것이다.

이와 반대로 명궁이 움푹하게 가라앉거나 좁거나 보기 흉한 주름이나 점이 있어서 상의 표준에 맞지 않으면, 선천적인 유전이 좋지 않고 건강과 지혜가 모두 뒤떨어지며, 자주 우울하고 근심스럽거나 긴장하고 예민해지기 쉬우며, 성급하고 쉽게 편견에 빠진다. 또 성격이 거칠고 고집이 세며, 화를 잘 내고 남을 잘 원망하므로 건강과 수명·사업의 성취와 결혼생활 등이 원만하지 않다.

만약 점이 크고 주름이 깊으며 양미간이 맞붙어 있으면 상황은 더욱 심각하다. 또한 세로로 주름이 있는 사람은 장애가 많아 성공도 많지만 실패도 많다. 만약 인당 옆에 뇌옥(牢獄 : 감옥)점이 있으면 반드시 감옥살이를 한다.

또한 명궁의 기색이 어둡고 막혀 있으면 관직이나 장사, 취업 등 모든 면에서 뜻대로 일이 풀리기 어려우므로 현재 위치를 잘 보수(保守)해야 하며 건강에 유의해야 한다.

만약 검은 기운이 침범하면 외출 시 교통사고, 안전사고 및 의외의 재액에 주의해야 한다. 또 붉은 기운이 침범하면 구설수가 있으며 심한 경우에는 감옥에 가는 수도 있다

2) 재백궁

■ 부위의 특성

코의 준두를 재백궁(財帛宮)으로 하는 것이 일반적인 상서(相書)의 통설이지만, 천창과 지고 또한 재백궁과 관련이 있다. 천창은 부조의 유산에 관한 것이고, 지고는 자녀의 효경(孝敬)·공양(供養)과 아랫사람의 협조에 따른 사업의 성취에 관한 것이기 때문에, 많은 상서들이 천창과 지고까지 재백궁의 범위에 넣는다.

그러나 재운에 가장 큰 영향을 끼치는 것은 역시 눈이다. 그래서 눈을 재지연(財之緣)이라고 한다. 눈의 상이 나쁜 사람은 재물을 잘 관리하고 근검절약해야 작은 복이나마 누릴 수 있다. 만약 눈의 상이 좋다면 재운이 광대하고 심원하므로, 재물에 대한 관리능력까지 갖춘다면 근검절약하지 않아도 큰 부를 누릴 수 있다.

그렇다면 준두를 재백궁으로 정한 까닭은 무엇일까? 일반적인 견해는 코는 토성(土星)으로서 흙(土)이 있으면 재물(財)이 있는 것이며, 코가 풍만한 것은 땅의 비옥함을 나타내는 것이므로 반드시 큰 재물이 생긴다는 것이다.

또 의학과 생리학적인 지식에 근거해 보면, 코의 준두와 좌우의 비익(鼻翼)은 소화기 및 생식기 계통과 전반적인 관련이 있다. 만약 소화기와 생식기 계통의 선천적인 발육상태에 결함이 없고 후천적인 기능장애가 없다면, 생리기능 면에서 토성조직은 수성조직을 억압하지 않고, 수성조직은 토성조직을 촉촉하게 적셔줄 수 있게 된다. 그래서 이런 사람은 성격이 안정되고 끈기가 있으며, 조급하지 않고 계획성이 있다. 이러한 성격이 그 사람의 재물관과 관리태도, 부를 지키는 방법 등에 영향을 끼쳐 경제적인 순조로움을 달성하는 것이다.

이와 반대로 소화기와 생식기 계통에 선천적인 구조적 결함이나 후천적인 기능장애가 있다면 그 사람의 성격을 즉흥적으로 변화시키게 된다. 이런 사람은 말이나 행동이 즉흥적일 뿐 아니라 일과 사업 및 투자 면에서도 즉흥적인 태도를 취하게 된다. 이 같은 성향은 재물관리에 최대의 치명상이 되어 결국 경제적인 악순환을 불러오는 것이다.

그러므로 준두와 비익의 상리가 좋지 않으면 재물을 모으는 것이 불가능하다.

■ 상의 표준과 길흉

코가 대나무를 자른 듯하거나 담낭을 걸어놓은 것처럼 단정하며, 곧게 우뚝 솟아 크고 두터우며, 한쪽으로 치우치지 않고 중앙에 바로 놓였으며, 준두는 만월처럼 둥글면서 처짐이 없으며, 콧구멍은 위를 향하지 않고 다소곳하며, 양쪽 광대뼈가 서로 받쳐주고 비굴함이 없이 기세등등하다면, 재백궁 상의 표준에 부합되는 것으로 재성이 땅을 얻었다고 할 수 있다.

이런 사람은 재물을 잘 모을 뿐만 아니라 지키는 것은 더욱 능해서 재산이 모으면 모을수록 많아진다. 만약 눈의 상까지 좋으면 대부(大富)의 경지에까지 이르게 된다.

이와 반대로 코가 비뚤면서 평평하거나 작고 짧으며, 살이 없고 뼈가 불거져 나왔거나 마디가 있으며, 홀로 외로이 우뚝 솟은 형국에 양쪽 비익은 좁고 작으며, 콧구멍은 위로 들려 있으며, 콧대·코끝·비익의 각 부위에 반점이나 상처가 있으며, 양쪽 광대뼈까지 낮고 평평해서 받쳐주지 않아 형세를 갖추지 못했다면 평생 운세가 뜻대로 되지 않을 때가 많으며, 성공할 때가 거의 없고, 설령 어쩌다 얻는 것이 있더라도 재물을 지키는 재주가 없어서 결국에는 재물이 들어오는 대로 다 빠져나간다. 단 목형인(木形人)이나 오로격(五露格)은 꺼리지 않는다.
 재백궁의 기색이 나쁘면 설령 상이 좋다고 해도 재물을 모으지 못하거나 심지어 잃게 된다.

3) 형제궁

■ 부위의 특성

 양쪽 눈썹을 형제궁(兄弟宮)이라고 한다. 이곳은 형제의 많고 적음과 서로간의 우애를 보는 것 외에 가족, 친지 및 친구관계와 사회생활에서의 대인관계의 상리가 있는 곳으로 교우궁(交友宮)이라고도 한다.
 눈썹의 후반부를 가리켜 처자재백지궁(妻子財帛之宮)이라고도 하는데, 눈썹 끝이 모여 있는 것은 처자식과 재물의 연분이 많은 것을 상징하고, 흩어져 있는 것은 처자식과 재물의 연분이 적은 것을 상징한다.
 상서에 이르기를 "뼈에 숨어 있는 정기는 눈썹에 나타난다"고 했다. 만약 부계의 정수가 건강하다면 눈썹이 뼈를 따라서 자라나고 그 길이가 눈보다 길다. 이런 사람은 형제자매가 많다.
 또 눈썹의 앞부분은 폐와 관련이 있고, 눈썹 끝부분은 간과 관련이 있다. 전자는 기량의 대소에 연관되고, 후자는 성격의 완급에 관련된다. 예를 들어 눈썹의 형태가 예쁜 것은 기량이 크고 성격도 좋은 것을 상징한다.
 이런 사람은 형제간의 우애가 좋고, 사회에 나아가 사람을 사귀고 자리잡는 것도 순조로우며, 부부가 서로 화목하고 자녀들과도 거리가 없다. 또한 일생 동안 귀인이 많고 소인배가 적어서 사업의 성공은 물론이고 소득도 많다.

■ 상의 표준과 길흉

양쪽 눈썹이 수려하고 휘날리는 듯하며, 모양은 둥글고 길이가 눈보다 길며, 이마에까지 그 자국이 뻗쳐 있으며, 털은 가지런하게 모여 있고 윤기가 흐르며 빛이 나고 빽빽하게 뒤덮인 것을 상의 표준에 맞는 것으로 여긴다. 이런 사람은 형제자매가 많고 친구도 많다. 또한 사람의 도움을 얻어 형벌이나 질책 등이 없고 사회생활에서 대인관계도 좋다.

이와 반대로 눈썹에 노란빛이 거의 없고 심히 굵고 성글며, 털이 세로로 자라거나 결을 따라 나지 않고 옆으로 누워서 나며, 혹은 어지럽게 흩어져 있거나 양미간이 이어져 있으며, 눈썹의 기세가 눈을 누르거나 눈썹 길이가 눈보다 짧고 눈썹 중간이 끊어져 있으며, 왼쪽은 높고 오른쪽은 낮다거나 왼쪽은 길고 오른쪽은 짧으며, 미릉골이 솟아 있지 않으며, 눈썹에 보기 흉한 점이나 잔금이 있는 것은 모두 상의 표준에 맞지 않는다.

이런 사람은 형제자매가 적거나 화목하지 않아 서로 돕지 않으며, 나쁜 친구들이 많고 대인관계를 잘 맺지 못하는 동시에 성격도 조급하고 괴팍해서 사회에서 자리잡기가 힘들며, 결혼생활도 원만하지 않다.

4) 전택궁

■ 부위의 특성

전택궁(田宅宮)은 눈썹과 눈 사이, 위쪽 눈꺼풀에 위치하며, 부동산을 비롯한 재산 및 가운(家運)과 명망을 보는 부위이다. 또한 부조의 유산과 밀접한 관계가 있어서 자신이 재부(財富)를 만들어낼 수 있는지 여부의 관찰점이 된다.

전택궁은 생리학적인 면에서 소화기 계통의 기능 반사구(反射區)이기도 하다. 특히 부모 및 조부모의 소화기 계통의 유전과 관계가 있다.

또 전택궁으로 부동산 등의 재산을 보는 것 외에 개인과 가족의 생활상 및 개인의 심성, 품덕과 이성관계 등도 볼 수 있다.

■ 상의 표준과 길흉

위쪽 눈꺼풀이 풍만하고 높고 넓고 맑으면서 상처나 반점 같은 것이 없는 것을 표준으로 삼는다. 이런 사람은 유산을 상속할 수 있고, 설령 유산이 없더라도 스스로 사업을 일으킬 수 있으며 가정생활이 안정되고 즐겁다. 또 정력이 왕성하고 인연이 좋고 아름다우며, 손윗사람들의 도움을 쉽게 얻을 수 있다. 만약 영화배우 같은 직업에 종사한다면 관중들의 환호를 쉽게 얻을 수 있다.

성격은 사물의 정신적인 면을 중시하는 한편 공정하고 너그러워서 사람을 대하고 일을 처리하는 데 정도(正道)를 지킨다. 이성에게 쉽게 호감을 얻을 수 있고 결혼생활도 원만하다. 여자인 경우에는 일찍 결혼할 수 있으며, 마음에 드는 상대를 쉽게 찾을 수 있다.

이와 반대로 두 눈이 푹 꺼지고 위쪽 눈꺼풀이 손가락 하나의 넓이가 되지 않을 정도로 좁거나 흉터나 반점 등이 있는 사람은 소화기 계통에 유전성 질병을 갖고 있다. 부모와의 관계에서는 비록 서로의 성격이 적극적이고 진취적일지라도 즉흥적이고 조급하게 처신함으로써 그 인연을 아름답게 가꾸지 못하며, 가족관계에서 친밀감이 떨어져 일찍이 양친과 헤어진다.

또한 재주와 지혜가 있다고 해도 심성이나 인품이 좋지 않으며, 이어받을 유산도 없지만 설령 얼마간의 유산이 있어도 청년기에 다 탕진한다. 사회생활에서는 창업도 어렵고, 부동산을 사들이는 것도 잘

되지 않아 크게 손해를 보거나 사기당하기 쉬우며, 그렇지 않으면 정착해서 살지 못하고 자주 이사를 다닌다.

만약 전택궁의 기색이 탁하다면 성격이 탐욕스럽고 신의를 잘 저버리며, 마음과 행위가 모두 좋지 않다. 또 집안에 불행한 일이 생기거나 이성이나 부부, 가족과 화목하게 지내지 못한다.

눈썹과 눈 사이가 두 손가락 굵기를 넘을 정도로 아주 넓은 사람은 부귀한 상으로, 심성이 넓고 인자하며 항상 즐겁고 장수를 누리며 예지능력 또한 지니고 있다.

그러나 전택이 지나치게 넓은 경우는 진취적인 마음이 부족하기 때문에 일을 벌이려는 생각이 없고 재산을 굴리는 능력도 없으며, 공상을 좋아하고, 자기 주관이 없어서 타인을 대할 때나 일처리를 할 때 매끄럽지 못하다.

여자의 경우 전택궁이 좁은 것을 특히 꺼리는데, 이런 사람은 성격이 오만하다. 그러나 서양인의 경우에는 전택궁이 좁은 것을 꺼리지 않는다. 민족성이 판이하게 다르기 때문이다.

5) 남녀궁

■ 부위의 특성

남녀궁(男女宮)은 자녀궁(子女宮)을 말하는 것으로, 아래쪽 눈꺼풀에서부터 약간 튀어나온 부위에 약 2센티미터 정도의 넓이로 위치하고 있다. 누당(淚堂), 음즐궁(陰騭宮), 용궁(龍宮), 봉대(鳳袋), 와잠(臥蠶), 삼양삼음(三陽三陰), 육양(六陽) 등으로도 불린다.

남녀궁은 심신지교(心腎之交)의 장소로서 소뇌가 주관하는 내분비계통과 심장이 주관하는 혈액순환기 계통의 기혈순환(氣血循環)과 신경감응이 합치되는 곳이다. 사람이 잉태되는 것이 '부정모혈(父精

母血)'에 기원을 두기 때문에 이 부위를 남녀궁이라고 한다.
　또한 심성이 훌륭한지, 행위가 도덕적 표준에 맞는지, 특히 남녀간의 성관계가 정당한지의 여부가 소뇌의 성(性) 신경작용과 관련이 있기 때문에 이 부위를 음즐궁 또는 심성지궁(心性之宮)이라고 부르는 것이다.

■ 상의 표준과 길흉
　아래쪽 눈꺼풀이 평평하면서 가득하고 광택이 나면서 윤기가 흐르고 누런색을 띠어야 하며, 40세 이상에서는 음즐문이 드러난 것이 상리의 표준이다. 이런 사람은 심신이 모두 건강하고, 너그러우면서 공정하며, 부부간에 금실이 좋고 자녀가 많고 우수하며, 사업이 잘 풀리고 위험이 닥치지 않는다.
　아래쪽 눈꺼풀에 보기 흉한 주름이나 점이 있거나 살가죽이 건조하게 마른 사람은 소뇌의 내분비 계통에 병리상의 변화가 있었거나 그 기능이 균형을 잃은 것이다. 이런 사람은 평생 아이를 갖지 못하는데 혹시 낳더라도 건강하지 못한 아이를 낳는다. 아래쪽 눈꺼풀에 반점과 흉터가 있으면 일생을 자녀 때문에 걱정하거나 자녀와 상극으로 지낸다. 남자는 왼쪽일 때, 여자는 오른쪽일 때 그러하다.
　나이가 40세 미만이면서 아래쪽 눈꺼풀에 썩은 살이 쌓여 있거나 그 부위에 살이 없어 푹 꺼졌다면 색욕에 빠져 정(精)이 지나치게 소진되었거나, 심성과 인품이 좋지 않음을 나타낸다. 이런 사람은 부도덕한 일을 많이 하는데, 이것이 혈액순환기 계통과 내분비 계통의 기능에 악영향을 미쳐 남녀를 막론하고 자녀가 없는 것은 물론이고, 심할 경우 영구적으로 생식능력을 잃어버릴 수도 있다. 또한 사업도 순조롭지 못하고 결혼도 원만하지 않다.
　게다가 썩은 살이 처져서 주머니 모양을 이루었다면 이미 성능력이 없어졌고, 소녀도 성욕의 생성기능을 잃어버린 것이다. 만약 노인의 누당 부위가 주머니 모양으로 처지지 않았다면 성기능이 아직 정상이라는 것을 나타내는 것이다.

아래쪽 눈꺼풀의 색이 어둡고 탁한 것은 부부 사이가 화목하지 못하거나 자녀가 문제를 일으키거나 사업운이 좋지 않거나 건강이 나쁘다는 것을 나타낸다. 눈의 주변 부위가 모두 색이 어둡고 탁한 것은 심성이 바르지 않고 소녀의 성신경에 비정상적인 징후가 있음을 나타내는 것으로, 이성문제로 인한 가정불화에 주의해야 한다. 이때 만약 아내가 임신을 하고 있으면 태어날 아이의 눈이 근시가 된다.

아래쪽 눈꺼풀에 있는 손음즐문(損陰騭紋 : 세로줄무늬나 그물무늬)은 심성과 인품이 좋지 않음을 나타내는 것으로, 이런 사람은 양심에 어긋나는 일을 벌이거나 음덕(陰德)을 심히 해치는 일을 할 수 있다.

만약 누당에 푸른 힘줄이나 붉은 핏줄이 나타나면 마음에 좋지 않은 생각을 품고 있다는 경고이므로, 빨리 마음을 닦고 수양해서 소녀를 깨끗하게 해야 한다.

6) 노복궁

■ 부위의 특성

노복궁(奴僕宮)은 지각(地閣)·지고(地庫) 및 뺨과 턱 등의 하악(下顎) 부위를 포함하며, 노년운 및 아랫사람과 자녀들과의 관계를 보는 상리가 있는 곳이다. 그래서 통어궁(統御宮) 또는 관리궁(管理宮)이라고도 한다.

지각과 지고는 신장(腎臟) 및 내분비 계통과 관련이 있고, 뺨과 턱 부위는 소화기 및 하지(下肢) 계통과 밀접한 관련이 있다.

■ 상의 표준과 길흉

지각과 지고가 기세가 등등하고, 뺨과 턱이 풍만하고 단정하며, 모든 하악 부위가 결함이 없는 것이 상의 표준에 맞는 것이다.

이런 사람은 의지가 단호하고 지혜가 뛰어나서 사물을 처리함에 슬기롭고 결단성이 있다. 아랫사람과 자녀들을 대할 때는 공정하면서 상벌이 엄격하고 정확하다. 통솔력 또한 뛰어나며, 덕으로 사람들을 능히 설득할 수 있다. 그렇기 때문에 아랫사람들이 성심으로 따르고, 자녀들이 어질고 재주가 많으며 효성스럽다. 또한 만년에 신체가 건강하고 소뇌기능이 정상적이며, 사업운도 오래도록 탄탄해서 의식과 재물에 여유가 있으며, 가정과 결혼생활도 원만하다.

지각이 뾰족하거나 살이 없고 평평하면서 경박하며, 주름이나 점이 있으며, 뒤쪽으로 오므라들었거나 앞쪽으로 튀어나왔으며, 너무 길거나 짧으며, 지고와 뺨 및 턱 부위가 비뚤거나 상처가 있는 것은 상리의 표준에 맞지 않는다.

이런 사람은 의지가 약하고 결단력이 부족하며, 지력(智力) 또한 높지 않으며, 아집이 있고 불량한 성격을 지녔으며, 소뇌기능이 비정상적이며, 애정과 가정생활도 원만하지 않다. 만년에는 건강이 좋지 않고 생활조건도 열악해서 고생이 심하며, 평생 거느릴 아랫사람도 없지만 설령 있다고 해도 그에게 추월당할 것이다.

특히 노복궁에 보기 흉한 주름이나 점이 있거나 뺨의 아래쪽 뼈가 뾰족하게 튀어나온 사람은 군자의 풍격이 없으며, 노년에 외롭고 고생스럽고 가난하며, 친척들과의 인연도 적다.

턱이 용두레 모양으로 유별나게 튀어나온 사람은 성격이 고집스럽고 자신감이 지나치게 강하며, 만년에 초라해지고 병치레가 많다. 이런 사람은 또한 고혈압, 심장병 등의 질환을 조심해야 한다.

대체로 지각에 흠이 있는 사람은 일생에 있어서 성취의 대소는 문제삼지 않지만, 41세에 시비(是非)와 손재(損財)가 있고, 71세에는 운이 다한다.

7) 처첩궁

■ 부위의 특성

처첩궁(妻妾宮)은 눈썹 끝의 눈초리, 즉 어미(魚尾)의 연장선이 살쩍(귀밑털) 근처까지 뻗어나간 일대를 묶어 지칭하는 것으로, 간문(奸門)이라고도 한다. 현대적 의미로는 부부궁(夫妻宮)이나 혼인궁(婚姻宮)이라고 해야 할 것이다.

간문 일대는 소뇌가 간장(肝臟) 신경과 회합하는 반사구이다. 소뇌는 성욕생성의 중심 부위이고 간장은 성격의 중심 발원지이므로, 전자는 육욕생활의 주재자요 후자는 정신생활의 주재자라고 할 수 있다.

육친관계 중 가장 친밀한 부부관계는 육욕생활과 정신생활의 양대 요소를 다 포함하는 것이라고 할 수 있기 때문에, 천창과 간문을 처첩궁이라 한 것은 매우 합당하다.

때로는 인당과 눈썹 끝, 그리고 연상(年上)의 좌우 양쪽을 부부궁에 넣기도 하는데, 그 부위 또한 간과 뇌와 관련이 있다.

■ 상의 표준과 길흉

간문 부위에 살이 풍성하고 가득하며, 그 외피에 윤기가 흐르고 보기 흉한 주름이나 점이 없으며, 어미는 푹 꺼져 있지 않으며, 주름은 많지도 적지도 않고 가지런한 모양으로 순서가 있어야 상의 표준에 맞는 것이다. 이는 소뇌와 간장의 발육상태가 모두 정상이고 기능이 원활하다는 것을 나타낸다.

이런 사람은 성격이 좋고 조급하거나 너무 느리지 않으며, 정서가 안정되어 심하게 화를 내는 일이 없고, 성욕도 정상적이어서 쉽게 만족한다. 그래서 부부간의 금실이 좋고 화목하며, 가정생활은 즐겁고 원만하다.

또한 소뇌와 간장의 발육상태가 정상이고 기능이 원활하기 때문에 체내에서 발산되는 파동의 성질, 속도, 파장 등도 모두 우수하고 정상적이다. 남녀를 불문하고 서로 동일한 파장을 가진 이성에게 감전된 연후에 부부로 맺어지는 것이므로 부처궁의 상이 표준에 맞으면 남자라면 현숙하고 아름다운 아내를 얻을 것이고, 여자라면 성공하는 멋진 남편을 얻게 될 것이다.

이와 반대로 간문이 비쩍 말라 풍성하지 않거나 깊이 패여 있으며, 어미 즉 안미(眼尾)가 움푹 들어갔거나 간문에 거무스름한 점과 겹치는 주름이 있으면 상의 표준에 어긋나는 것으로 간주하며, 이런 사람은 소뇌와 간장의 내분비 기능이 모두 우량하지 않다고 본다.

이러한 영향으로 배우자의 심신도 건강하지 못해서 배우자를 위험에 빠뜨리기도 하고, 심한 경우에는 배우자가 사망할 수도 있는데, 이를 극처(剋妻) 또는 형부(刑夫)라고 한다. 만약 부부 모두 간과 뇌의 발육상태가 불량하면 두 사람 모두 성격이 비뚤어지고 조급해서 항상 의견충돌이 생기며, 금실이 좋지 못하여 결국에는 이혼하거나 바람을 피우는 등 좋지 않은 방향으로 발전한다. 상서에 "간문에 주름이 교차하면 처첩이 서로를 목졸라 죽일 것이다"라고 했는데, 이는 부부생활이 원만치 못함을 표현한 것이다.

남성이 간문에 주름이 있으면 반드시 간과 소뇌에 병적인 변화가 있으며, 내분비 활동이 비정상적이다. 또 성격은 비딱하며, 성욕은 넘치지 않으면 부족하다. 그로 인해 여성이 육체적으로 남편에게서 만족을 얻지 못하고 정신적으로도 학대를 받으므로 외도를 하거나 이혼을 하게 되는 것이다. 또한 이런 사람은 사업상 판단착오로 실패하기 쉽다.

천창과 간문에 검은 점과 부스럼 자국이 있는 것 역시 부부생활에 영향을 미친다. 이에 대해 상서에서는 "왼쪽 처첩궁에 점이 있으면 아내를 해치고, 오른쪽 처첩궁에 점이 있으면 결혼이 원만하지 못하며 외도하기 쉽다"고 했다.

어미문이 많고 복잡하다거나 간문에 살이 없어 뼈가 드러나게 되면 정욕이 너무 성한 것이므로, 이 또한 고생스럽다. 만약 40세가 넘어서도 어미문이 선명하지 않다면 심성이 낙천적이고 적극적이며 진취적이나 정욕이 너무 강한 사람이다. 20대에 어미문이 선명하게 보이는 사람은 성격이 악착같고 교활하다.

8) 질액궁

■ 부위의 특성

산근(山根), 연상(年上), 수상(壽上)의 세 곳이 질액궁(疾厄宮)이다. 이곳은 건강과 수명을 보는 부위인데, 질병 발생 전의 면역력과 발생 후의 저항력, 그리고 재난 발생 전의 경계심과 발생 후의 임기응변에 대해서도 알 수 있으므로 건강궁(健康宮)이라고도 한다.

산근은 심장의 혈액순환조직과 관련이 있고, 연상·수상은 간담(肝膽)의 신진대사조직과 관련이 있다. 또한 산근과 연상·수상은 소화기 계통 신경의 반사구이고, 모든 비골(鼻骨)은 척추와 관련이 있다.

■ 상의 표준과 길흉

비골이 크고 우뚝 솟아 단정하며, 기색은 밝고 윤기가 흐르며, 보기 흉한 주름이나 반점이 없고 울퉁불퉁 틀어지고 구부러진 모양이 없으며, 산근이 끊어지거나 푹 패인 모양이 없어야 상의 표준에 맞는 것이다. 이런 사람은 일생 동안 건강하여 병치레가 없으며, 어떤 돌발적인 재난에도 잘 대처하고, 임기응변이 뛰어나 위험한 상황을 잘 해결한다.

이와 반대로 산근이 푹 꺼지고 코뼈가 평평하게 주저앉아 기세가 없는 사람은 일생 동안 건강이 좋지 않고 의지가 약하며, 성격 또한 괴팍스럽고 끈기가 없어서 업종이나 직장을 자주 바꾸고 평생 사업도 성공하지 못한다.

산근의 끝부분과 연상 부위 근처에 점이 있거나 산근이 끊어져서 패이고 연수(年壽)에 균열이 있는 사람은 외출 시 교통사고에 주의해야 하고, 절대 차를 빨리 몰아서는 안 된다. 특히 산근이 끊어져서 꺼진 사람은 재해에 대한 임기응변이 부족하다. 산근 양옆에 반점이 있으면 위장에 고질병이 있다.

또한 연수 정면과 양옆에 점이 있으면 간담의 신진대사 계통에 고질병이 있다.

인당 아래쪽과 산근 위 부근의 위쪽 눈꺼풀 부위에 반점이 있으면 심장의 순환기 계통에 문제가 있다. 인당의 세로줄무늬가 아래쪽으로 산근과 연수를 깨뜨리면 일생 동안 큰 재난을 면하기 어렵고, 음즐문이 보이지 않으면 죽음을 면하기 어렵다.

산근에 가로로 주름이 있는 사람은 사업이나 결혼에 실패를 하게 된다.

연수에 세로로 주름이 있으면 남의 자식을 기를 상이고, 연수가 볼록 튀어나왔거나 멍울이 있으면 평생에 한 번은 크게 실패수가 있고, 성격도 남의 말을 잘 듣지 않으며 고집이 세다.

9) 천이궁

■ 부위의 특성

천이궁(遷移宮)은 천창(天倉)과 복당(福堂), 역마(驛馬) 부위를 통틀어 일컫는 말이다. 이사나 장거리 여행·창업투자 및 직위의 이동 등을 보는 상리가 있는 곳이다. 그래서 변동궁(變動宮)이라고도 한다.

천이궁은 옆뇌와 밀접한 관련이 있다. 옆뇌는 소리·방위·시간·광각(光覺)을 주관하는 기관인데, 사람이 외적으로 겪는 모든 변화는 이러한 요소들과 관련이 있다.

■ 상의 표준과 길흉

천창, 복당, 역마의 모든 부위가 풍만하고 밝으면서 윤기가 흐르고 흠집이나 상처가 없어야 상의 표준에 맞는 것이다. 이런 사람은 타향 또는 외국에서 발전의 기회가 많은데, 취업이나 장사 모두 순조롭고, 적은 노력으로도 얻는 것이 많다.

이와 반대로 천창·복당·역마 각 부위의 높낮이가 고르지 않고, 흠집이나 상처가 있으며 거무스름한 색을 띠면, 멀리 가는 것도 이롭지 않고 집에 있는 것도 좋지 않다. 회사에 재직중인 사람은 근무환경이 썩 좋지 못하고, 나가서 장사하는 사람은 주변환경이 호응해 주지 않는다.

특히 천이궁에 보기 흉한 점이나 흉터가 있는 사람은 집 밖에서 귀인의 도움을 얻기 어렵고 항상 소인배들에게 해를 입으며, 주변환경에 대한 경각심과 적응력이 떨어진다. 따라서 천이궁 상리가 좋지 않은 사람은 주변환경이 비교적 단순하고 정적인 분야의 샐러리맨이 가장 좋으며, 외무나 관공서·여행·무역 등과 같이 동적이고 주변과 접촉이 많은 일은 잘 맞지 않는다.

또 천이궁의 상리가 나쁘거나 색이 좋지 않은 사람은 외출 시에 교통사고에 주의해야 한다. 그러나 만약 천이궁에 붉고 누런 기운이 나타나면 장차 이로운 변화가 일어날 징조이다.

10) 관록궁

■ 부위의 특성

옛날에는 관록궁(官祿宮)이라는 용어가 적합했으나, 오늘날처럼 다원화된 사회에서는 관직이라는 한 길에만 구애되지 않고 어느 직업에서라도 두각을 나타낼 수 있기 때문에 사업궁(事業宮)이라는 명칭으로 대체되는 것이 타당할 것 같다.

관록궁은 천중(天中) 이하 인당 이상의 이마 중앙에 위치하며, 뇌조직의 우수성 여부가 나타난다. 뇌조직이 우수한 사람은 이곳의 모양 또한 아름답다.

이런 사람은 학습능력, 사고력, 기억력, 창조력, 감식능력, 판단력, 일처리능력, 사람을 알아보는 능력, 외부 대응력이 모두 뛰어나다. 성격적으로는 자존심이 강하고 모험정신이 있으며 인간관계가 좋기 때문에 일생 동안 관운(官運)이 형통하거나 전문분야에서 두각을 나타낸다.

■ 상의 표준과 길흉

정면에서 볼 때 이마 전체가 두루 높고 넓으며 풍만하고, 옆에서 볼 때 중앙 부위가 좀더 풍성하게 솟아오르고, 동시에 운을 해치는 반점이나 잔주름이 없는 것을 상의 표준에 맞는다고 여긴다. 이런 사람은 명리(名利)를 쉽게 얻고, 귀인이나 윗사람의 눈에 들어 등용되기 쉬우며, 일생 동안 법정에 서지 않고 설령 송사(訟事)가 있어도 훌륭하게 풀어낸다.

이와 반대로 이마의 중앙 부위가 울퉁불퉁 고르지 않으며 좌우 양 옆이 비뚤어지거나 흉터나 반점이 있으면 상의 표준에 맞지 않는 것으로 여긴다. 이런 사람은 일생 동안 분발하고 노력을 해도 명리와 귀한 신분을 얻지 못하며, 뛰어난 재주를 지녔어도 때를 만나지 못한다. 직업이 여러 번 바뀌고 풍파가 거듭되며 고생만 많고 얻는 것은 적어 뜻을 이루지 못한다.

이마가 지나치게 넓고 높은 여성은 성격이 남자 같고 인간관계나 일처리에서 지나치게 똑똑하고 빈틈이 없으며, 자존심과 일 욕심이 강하다. 결혼은 서른 살이 훨씬 넘어서 하거나, 자기보다 이마가 훨씬 더 높고 넓은 남자와 해야 한다. 그렇지 않으면 결혼생활이 원만하지 못해서 이혼하거나 아니면 사별한다.

11) 복덕궁

■ 부위의 특성

복덕궁(福德宮)이란 일생 동안 재물이 넉넉해서 좌절하거나 고생하지 않고 늙을 때까지 편안하게 지낼 수 있을지의 여부를 보는 얼굴부위이다.

그러나 복(福)은 덕(德) 위에 있는 것이니, 만약 기초로 삼을 만한 덕이 없다면 그 복은 오래도록 간직할 수 없다. 이것이 복당(福堂), 천창(天倉), 지고(地庫), 오악(五岳)을 복덕궁으로 칭한 이유이다. 그러나 복당 부위만을 복덕궁이라고 일컫기도 한다.

복당은 눈썹 위로 1센티미터 정도에 위치하는데, 인당에 가까운 것이 내복당(內福堂), 눈썹꼬리에 가까운 것이 외복당(外福堂)이다.

내복당의 색으로 현재 재운(財運)의 성쇠를 보고, 외복당의 색으로 미래 재운의 성쇠를 본다.

복덕궁은 부조(父祖)의 덕성과 자신의 수양이 모두 관련되기 때문에 음덕(陰德)이 출입하는 신성한 길이라고도 한다. 만약 부조 대에 음덕을 쌓았으면 각 부위의 상리가 좋을 것이고, 자신이 음덕을 쌓았으면 색이 분명히 아름다울 것이다. 이 양자(兩者)를 번갈아 보면 그 사람의 일생이 박복할지의 여부를 알 수 있다.

한편 복덕궁은 귀인궁(貴人宮)이라고도 한다. 대개 복이 많은 사람은 가는 곳마다 귀인이 도움을 주고, 박복한 사람은 가는 곳마다 소인배가 해를 입히기 때문이다.

■ 상의 표준과 길흉

복당·천창·지고·오악의 살이 두텁고 뼈가 실하며, 탐스럽게 솟아 풍만하며, 색이 밝고 윤기가 흐르는 것을 상의 표준에 맞는다고 여긴다. 이런 사람은 부조와 자신의 덕행이 모두 양호하고, 마음가짐이 선량하여 선행과 음덕을 베푸는 것을 좋아한다.

남이 모르게 선을 행하는 것을 음덕이라고 하고, 공(功)을 알려 명예를 얻는 것을 공덕이라고 한다. 복덕궁이 상의 표준에 맞는 사람은 물려받을 유산이 있고 평생 복록과 재산이 따른다. 앉아서 부귀를 누리고 일생 동안 위험이 없으며, 복택(福澤)이 심원하여 늙을 때까지 누릴 수 있고, 자손 또한 번창한다. 시종 좋은 것으로 일관하며, 오복(五福)의 경사를 누린다.

이와 반대로 복당·천창·지고·오악이 깎은 듯 뾰족하거나 결함이 있거나 보기 흉한 점과 주름이 있는 사람은 부조의 덕행이 좋지 않으며, 유산이 없든지 아니면 있어도 파산한다. 일생 동안 박복하며 고생만 많고 얻는 것이 적다.

만약 복덕궁의 모든 부위에 결함이 있으면 늙어 죽을 때까지 가난하고 고생스러우며, 재난이 많고 하는 일마다 이롭지 못하다. 만약 복덕궁 각 부위의 상이 좋더라도 색이 좋지 않으면 경각심을 높이고 스스로 깊이 성찰해야만 무의식중에 재화를 소멸시킬 수 있다.

12) 부모궁

■ 부위의 특성

부모궁(父母宮)은 75부위 중 일각(日角)·월각(月角) 두 곳에 위치하고 있으며, 부모의 유전인자가 도움을 주고 있는지를 살펴보는 가장 아름다운 상리가 있는 곳이다. 어떤 경우에는 뼈와 정신을 부(父)로, 살과 피를 모(母)로 보기도 한다.

만약 부모의 유전자가 우수하면 이 부위의 이마뼈가 둥글게 솟아 있으며, 얼굴의 다른 여러 부위에도 결함이 없을 것이다. 이로 인해 부모궁뿐만 아니라 상모궁(相貌宮) 또한 아주 훌륭하다.

■ 상의 표준과 길흉

일각과 월각이 둥글게 솟아 뼈가 양쪽으로 벌어지고 살에 윤기가 흐르며, 어느 한쪽이 높지도 낮지도 않고 좌우가 잘 어울리면 부모가 건강하게 장수를 누리고 사업에 성공한다. 더불어 자신도 우수한 유전자를 물려받고, 좋은 환경에서 양육되며, 부모의 사랑을 듬뿍 받고 음덕을 누릴 수 있다. 여기에 이마 양쪽으로 광대뼈가 잘 어울리면 중간 등급의 성취가 있다.

만약 일각과 월각이 둥글게 솟아 정수리와 뇌로 이어지고 그 위에 변지(邊地)가 솟아올라 있으며 육요가 모두 밝다면 대단히 큰 성취를 누린다. 만약 일월각만 좋다면 일생 동안 작은 성취밖에 누리지 못하거나 오래 지속되지 못한다.

『상리형진(相理衡眞)』에서는 다음과 같이 이르고 있다.

 일월각이 낮으면 어려서 양친을 여읜다. 일각이 편벽한 사람은 부친의 건강과 수명이 좋지 않으며, 월각이 편벽한 사람은 모친의 건강과 수명이 좋지 않다. 이러한 경우에는 계모 혹은 계부를 얻는다. 이마의 왼쪽만 높으면 부친을 먼저 여의고, 오른쪽만 높으면 모친을 먼저 여읜다. 코가 왼쪽으로 쏠리면 부친을 먼저 여의고, 오른쪽으로 쏠리면 모친을 먼저 여읜다. 왼쪽 광대뼈가 높으면 부친을 먼저 여의고, 오른쪽이 높으면 모친을 먼저 여읜다. 왼쪽 귀가 짧고 작으면 부친을 먼저 여의고, 오른쪽이 짧고 작으면 모친을 먼저 여읜다. 상술한 여러 가지가 겹쳐서 나타나면 양친을 모두 여의거나, 부친은 방탕하고 모친은 음란할 것이다. 머리가 기울고 이마가 좁으면 대부분 서출이나 간음해서 태어난 사람이다. 왼쪽 눈썹이 낮고 오른쪽 눈썹이 높으면 부친의 사별 후 모친이 재가한다. 머리숱이 많고 머리의 가장자리가 낮거나 눈썹과 충돌하면 양친과 일찍 헤어진다.

 이상의 내용은 부모의 건강에 차이가 있기 때문에 부친을 먼저 여의거나 모친을 먼저 여의는 현상이 있음을 말하고 있다. 부모의 건강에 차이가 있으면 자녀가 물려받는 유전자도 당연히 차이가 있는데, 그것이 자녀의 얼굴 각 부위에, 남자는 왼쪽 여자는 오른쪽이라는 음양의 원리에 따라 드러나는 것이다.
 만약 자녀가 물려받은 양친의 유전자가 모두 우수하다면 일월각 두 부위뿐만 아니라 기타 다른 부위의 상도 표준에 맞는다. 따라서 자녀의 건강·지혜·성격이 우수함은 물론, 나아가 사업에서도 당연히 성공하게 된다. 이것은 바로 유전학·우생학의 이치이다.

그러나 주의해야 할 것은 여성은 일월각이 있으면 안 된다는 것이다. 일월각이 있는 여성은 성격이 남자 같고 일 욕심이 많기 때문에 집에서는 부모의 속을 썩이고 출가해서는 남편을 불리하게 한다.

2. 13부위

13부위(十三部位) 상법이란 얼굴 중앙의 수직선을 열세 개의 점(點)으로 구분한 후에 각 '점'에 관하여 상리의 좋고 나쁨을 보고 운세의 길흉을 가리는 것이다.

『상리형진』에서는 이렇게 말하고 있다.

13부위는 얼굴의 중요한 관문이 있는 곳이므로 운명의 추이가 여기에 달려 있다. 만약 이곳이 풍성하게 솟고 밝고 윤기가 흐르면 틀림없이 길하다. 그러나 만약 반점이나 잔주름이 있고, 툭 튀어나왔거나 푹 꺼진 자국이 있으며, 상처가 있거나 비딱하게 틀어지고 납작하면 분명히 흉하다.

이처럼 13부위를 중요한 관문이 있는 곳으로 서술한 것은, 이곳이 사람의 오장육부와 뇌조직·척추신경 등이 모친의 태내에서 성장하는 과정을 나타내주는 징표 역할을 하기 때문이다.

예를 들면 천중과 천정은 태아에게 맨 처음 형성되는 신경 계통과 혈액순환 계통(척수와 골수)을 대표하고, 사공·중정·인당은 인후와 호흡기 계통을 대표하며, 산근은 심장순환 계통을 대표한다. 연상·수상은 대사 계통(간과 쓸개)을 대표하고, 준두는 소화기 계통을 대표하며, 인중은 내분비 및 생식기 계통을 대표한다. 수성·승장은 소화 및 배설관련조직을 대표하고, 지각은 골격구조가 완벽한지의 여부와 소녀의 발육상태가 우수한지의 여부를 판가름한다.

그 중 어느 한 부위의 상에 흠집이 있을 때 운세의 길흉에 영향이 있을 것이라는 점은 두말할 나위가 없다. 또한 13부위는 각각 모두 인접한 다른 부위의 운세에도 영향을 미친다.

1) 천중

천중(天中)은 평평하게 낮았다가 풍성하게 올라오는 것이 상의 표준에 맞는 것이다. 이런 사람은 청소년기의 운수가 좋아서 부모님이 건재하며, 자신은 일찌감치 관직에 오르거나 창업이 빠르다. 또 멀리 가는 것이 이롭고, 평생 동안 법을 어겨 벌받지 않는다.

만약 이 부위가 낮게 푹 꺼져 있으면 받을 수 있는 유산이 없고, 형벌을 받아 감옥에 가는 재난이 있다. 또 거무스름한 반점이 있으면 부모가 중벌을 받게 된다.

대개 천중에 흠집이 있는 사람은 16세 때의 운세가 불길하다.

2) 천정

천정(天庭)의 뼈가 불룩하게 올라와야 청소년기의 운수가 좋다. 여기에 일월각과 변성, 산림까지 뼈가 올라와 있으면 크게 귀하게 될 상이다.

만약 뼈가 푹 꺼지고 색이 좋지 않으면 어린 시절의 운세가 순조롭지 못하고, 어른들의 사랑을 얻기 어렵다.

대개 천정에 흠집이 있으면 19세 때의 운세가 좋지 않다.

3) 사공

천중·천정은 보통 부모와 관련이 있고, 사공(司空)은 자신과 관련이 있다. 사공은 불룩하게 뼈가 솟은 것이 표준으로, 이런 사람은 출세가 빠르고 귀인의 도움을 쉽게 얻는다.

이곳이 납작하고 푹 꺼진 사람은 청년기에 사업상 고비가 많고 이루는 것이 적으며, 일생 동안 공명을 얻지 못한다. 여기에 보기 흉한 주름과 점까지 있으면 평생 뜻을 이루지 못한다. 또한 이 부위의 기색이 좋지 않으면 끔찍한 사고나 예기치 못한 재난이 있다.

대개 사공에 흠집이 있으면 22세 때의 운세가 좋지 않다.

4) 중정

중정(中正) 또한 자기 자신과 관련되어 있다. 중정은 불룩하게 뼈가 솟아야 표준에 맞는 것이다. 이런 사람은 입신이 빠르고 공명을 쉽게 얻으며 사업도 성공한다.

이 부위가 낮게 꺼져 있는 사람은 재주와 지혜가 부족하고, 일생 동안 사업의 성공도 어려우며, 귀인의 도움도 얻지 못한다. 여기에 보기 흉한 주름이나 점까지 있으면 일생 동안 사업이 성공하기 힘든 것은 물론이고 항상 사람들과 불화하게 된다.

대개 중정에 흠집이 있으면 25세 때의 운세가 좋지 않다.

5) 인당

인당(印堂)은 평생의 운명을 보는 중심점이다. 인당이 넓고 고르며, 거울처럼 밝고 윤기가 흐르면 표준에 맞는 것이다. 이런 사람은 일생의 운세가 트여서 사업도 성공하고 유산도 물려받게 된다. 또한 지혜가 뛰어나고 도량도 넓다.

인당이 좁고 주저앉은 사람은 성격이 좋지 않고 많이 배워도 이루는 것이 적으며, 일생 동안 운이 트이기 어렵고 유산을 받기도 힘들다. 양쪽 눈썹이 이어져 있는 사람은 더 심하다.

이 밖에 인당에 마마 자국이 있으면 남의 손에 자식을 맡기게 되고, 거무스름한 점이나 세로줄이 있는 것도 모두 명궁을 망가뜨려 일생의 운명에 영향을 미친다.

대개 인당에 흠집이 있으면 28세 때의 운세가 좋지 않으며, 인당이 좌우하는 해인 28~32세, 41~43세, 52~53세, 56~57세의 운세 또한 좋지 않다.

6) 산근

산근(山根)은 천부(天部)와 인부(人部)가 잇닿은 곳이자 삼양(三陽)과 삼음(三陰)이 모이는 곳으로 높아야 하며 낮으면 안 된다. 이 부위가 낮으면 天과 人의 기운이 서로 이어지지 않으므로 화를 당하게 된다.

또한 이 부위는 넓어야 하며 좁으면 안 된다. 산근이 좁으면 음양의 교화가 순조롭지 못하여 소인과 시비수가 있다. 이 밖에 보기 흉한 주름과 점은 모두 중죄나 재화를 부른다. 또 산근에 나쁜 색이 침입하면 질병이 있을 징조이다.

대개 산근에 흠집이 있으면 이 부위가 좌우하는 해인 26세, 30세, 34세, 41세의 운세가 좋지 않다.

7) 연상

연상(年上)은 불룩하고 밝으면서 윤기가 흐르는 것이 표준에 맞는 것이다. 이런 사람은 일생 동안 건강하고 질병이 적으며 의식이 풍성하다.

연상이 주저앉았거나 튀어나온 사람은 중년에 병이 잦고 사업에서도 손해를 본다. 또한 이 부위에 세로줄무늬가 있으면 아이를 낳기 힘들어서 남의 아이를 키운다. 만약 가로줄무늬가 있으면 외출 시 교통사고에 주의해야 한다.

대개 연상에 흠집이 있으면 이 부위가 좌우하는 해인 31~32세, 37~38세, 44~45세의 운세가 좋지 않다.

8) 수상

수상(壽上)의 표준과 길흉은 연상과 같다. 연상·수상에 점이 있으면 남자는 일생에 도화(桃花)의 재난이 있거나 여색(女色)으로 인해 사고를 당하고, 여자는 여러 번 시집가거나 남편을 고달프게 한다. 또 연상이나 수상에 마디가 있으면 일생 동안 한 번은 크게 실패한다.

대개 수상에 흠집이 있으면 이 부위가 좌우하는 해인 31~32세, 37~38세, 44~45세의 운세가 길하지 않다.

9) 준두

준두(準頭)는 단정하고 둥글면서 살이 두툼한 것이 표준에 맞는다. 이런 사람은 성격이 어질고 너그러우며 반드시 부귀하게 된다.

준두가 좁고 얇은 사람은 마음이 독살스럽고 간사하며 욕심이 많고 중죄를 당하게 된다. 준두의 색이 좁쌀처럼 누렇게 빛나면 재물과 경사가 있고, 준두에 반점이 있거나 지저분한 빛이 돌면 평생 고생만 하고 이루는 것이 적다.

대개 준두에 흠집이 있으면 이 부위가 좌우하는 해인 19세, 28세, 48세의 운세가 길하지 않다.

10) 인중

인중(人中)은 위가 좁고 아래가 넓으며, 깊으면서 길고 곧게 뻗은 것을 표준에 맞다고 여긴다. 이런 사람은 노년에 운세가 트여 자녀가 많고 건강하다. 또 심성이 착하고 재주가 많으며 항심(恒心)이 있다.
 이와 반대로 인중이 짧고 얕으며 위가 넓고 아래쪽이 좁은 사람은 심성이 바르지 못하고 수명이 짧으며, 자녀의 수 또한 적고 자질도 좋지 않다. 인중이 마치 없는 듯이 평평한 사람은 자식이 없고 일생 동안 운이 트이기 힘들다. 인중에 주름이나 점이 있는 사람도 운세가 좋지 않다.
 대개 인중에 흠집이 있으면 이 부위가 좌우하는 해인 22세, 51세, 56세의 운세가 좋지 않다.

11) 수성
 입은 윤곽이 뚜렷하고 형태는 각궁(角弓)과 같으며, 크게 벌어지되 옆으로는 좁아야 한다. 입술은 주름지고 윗입술과 아랫입술이 잘 맞으며 입술색이 선명하고 윤기가 흐르는 것을 표준으로 삼는다.
 이런 사람은 총명하고 인후하며, 생활수준 및 사회적 지위가 모두 남보다 뛰어나게 된다. 만약 입의 상이 나쁘거나 얼굴은 큰데 입이 작으면 노년의 운이 좋지 않다.
 대개 수성(水星)에 흠집이 있으면 이 부위가 좌우하는 해인 21세, 30세, 39세, 48~50세, 57세, 60세, 75세의 운세가 좋지 않다.

12) 승장
 승장(承漿)은 살이 두껍고 양쪽에 뼈가 솟아 있으며, 중심에 홈이 있으면서 위로 솟아야 표준에 맞는 것이다. 이런 사람은 주량(酒量)이 세며, 아주 부귀하게 된다.
 승장이 부실한 사람은 수액(水厄)이 있으며, 약물이나 음식으로 해를 입게 된다.
 대개 승장에 흠집이 있으면 61세 때의 운세가 좋지 않다.

13) 지각

지각(地閣)은 단정하고 두툼하며 아래위가 서로 모여 있는 것을 표준으로 삼는다. 이런 사람은 아주 부귀하게 되고, 노년에 건강하며 복과 장수를 누리게 된다.

이 부위가 뾰족하고 얇으면서 패인 듯이 야윈 사람은 성격이 나쁘고 평생 고생한다. 또 보기 흉한 주름과 점이 있거나 오목하게 패인 사람은 만년에 몰락하며, 노년운 또한 평탄치 못하다.

대개 지각에 흠집이 있으면 71세 때의 운세가 좋지 않다.

얼굴 12궁-1

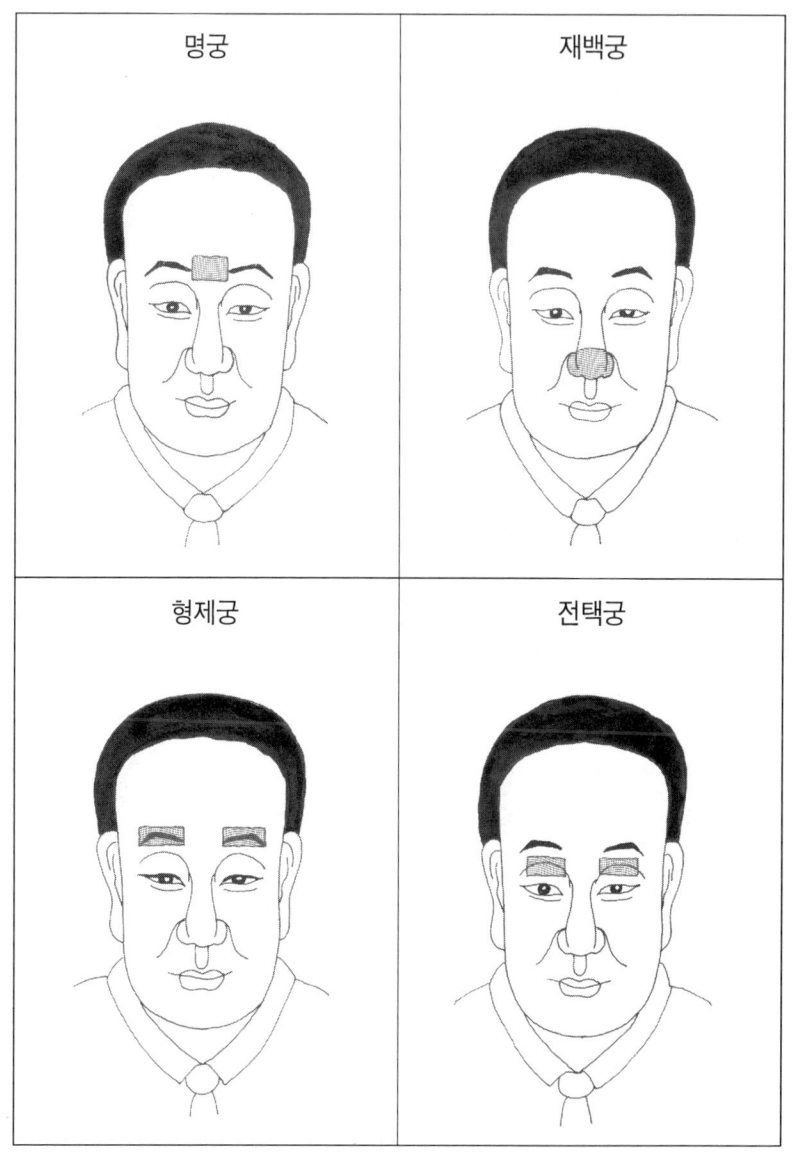

얼굴 12궁 − 2

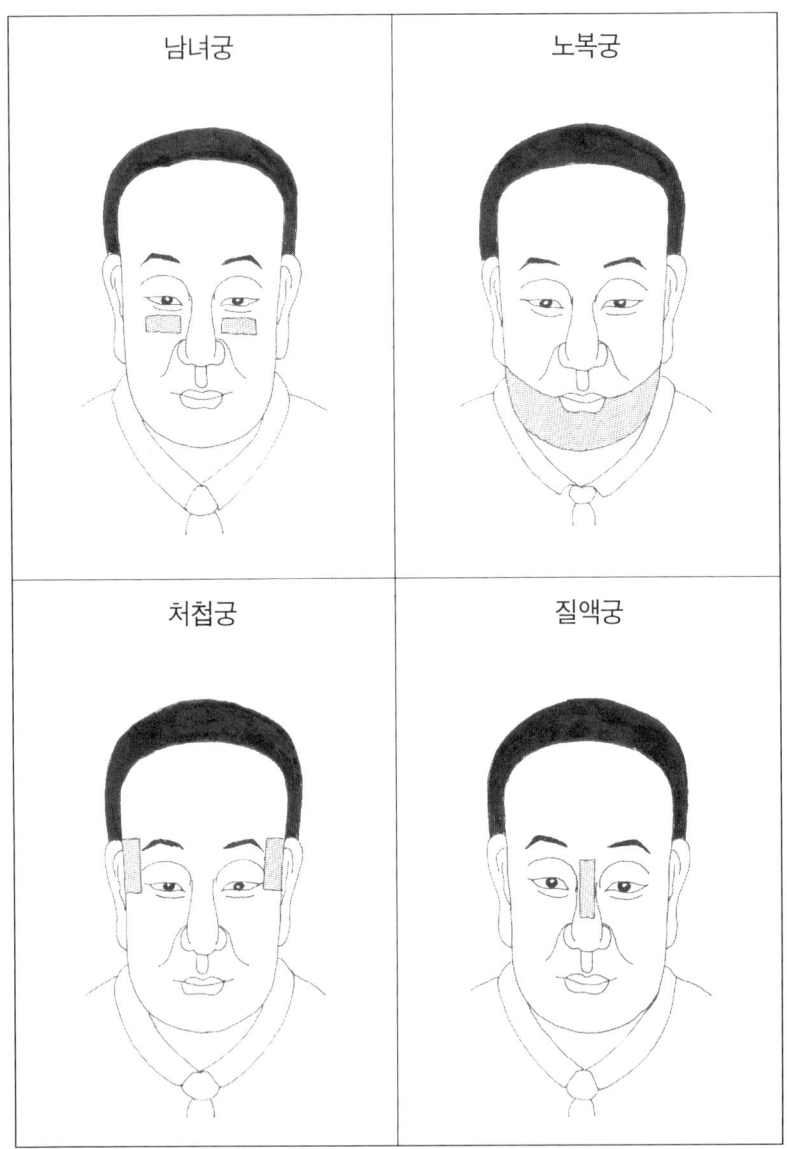

얼굴 12궁 — 3

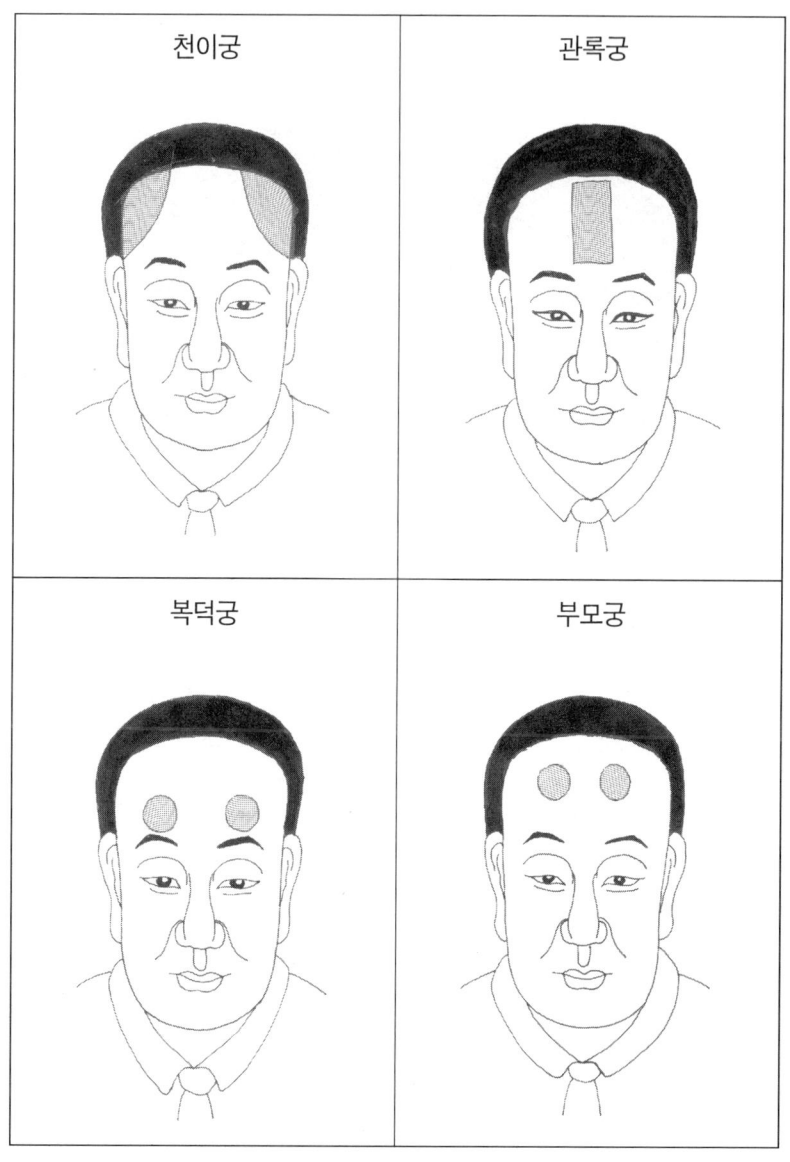

제1장 두상과 면상

얼굴 13부위

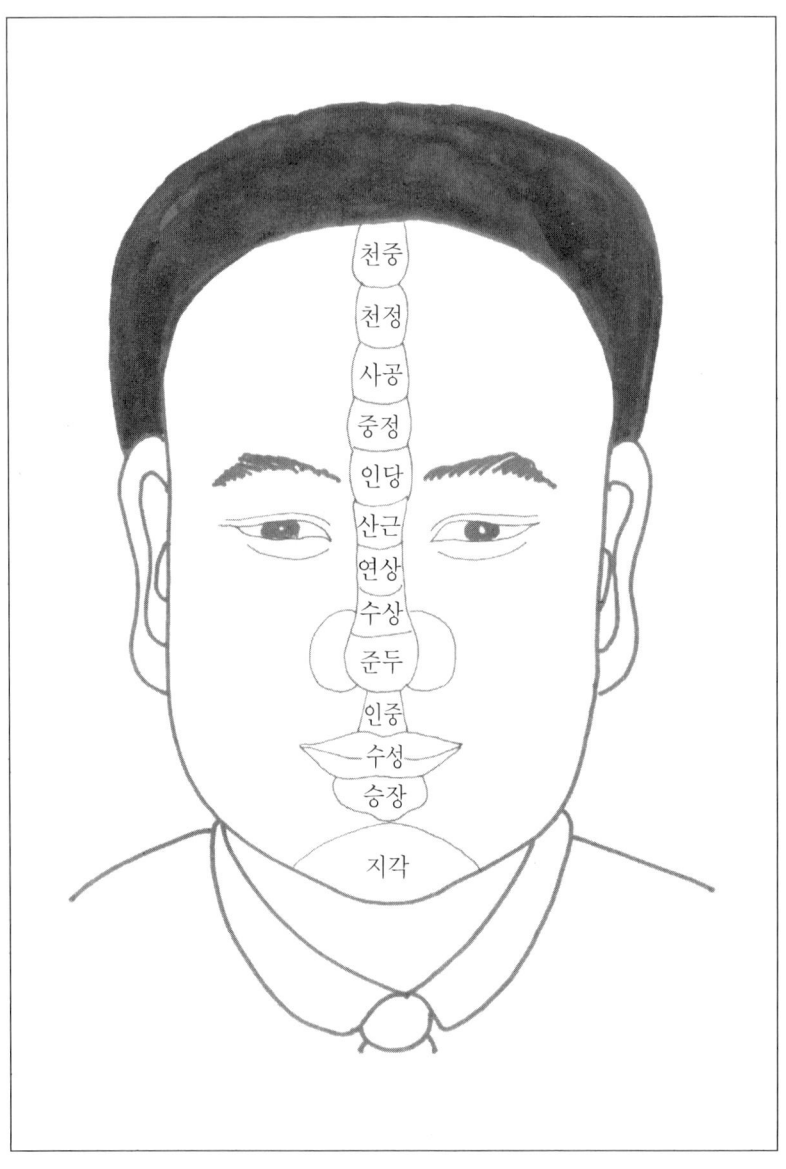

오형상법

상을 관찰할 때는 사람의 오관이나 작은 점·주름과 같은 한정되고 소소한 것들을 먼저 보지 말고, 우선 그 사람의 오형(五形)을 분별해야 한다. 오형은 명리학의 오행과 같은 것이다.

오형을 살피는 것은 마치 물건을 감정하는 것과 같다. 어떤 재료로 만들어졌는가? 사용된 자재는 고급인가? 내부 조립과 외부 디자인은 좋은 편인가? 정교하며 견고한가? 작동은 제대로 되며, 성능은 좋은가? 이런 요소들을 살펴보면 대략 그 물건의 품질과 가격을 추산할 수 있다.

오형상법은 사람의 신체 오부(五部)가 어떤 재료로 구성되었는지를 판별하는 것으로, 이는 전신의 골격이 이루어낸 머리·얼굴·몸·손·다리 등 다섯 부위의 형태와 색을 근거로 한다.

예를 들어 목형(木形)은 마르고 긴 것을 꺼리지 않으며, 색은 푸르고 윤기 나는 것을 선호한다. 화형(火形)은 뾰족하게 드러나는 것을 꺼리지 않으며, 색은 붉고 윤기 나는 것을 선호한다. 토형(土形)은 두껍고 무거운 것을 꺼리지 않으며, 색은 누렇고 윤기 나는 것을 선호한다. 금형(金形)은 네모반듯한 것을 꺼리지 않으며, 색은 희고 윤기 나는 것을 선호한다. 수형(水形)은 둥글고 기름진 것을 꺼리지 않으며, 색은 검고 윤기 나는 것을 선호한다.

木·火·土·金·水 각 형의 정(正)을 얻은 사람은 정국(正局)이 되고, 겸(兼)을 얻은 사람은 겸국(兼局)이 되며, 잡(雜)을 얻은 사람은 잡국(雜局)이 된다.

옛사람들은 말하기를 "오형이 다른 형의 정을 얻게 되면 귀하지도 부유하지도 못하며, 오형이 다른 형의 겸을 얻게 되면 부유하지도 장수를 누리지도 못한다"라고 했다.

오형상법은 유래가 매우 깊다. 즉 의약서 『영추(靈樞)』의 형태설(形態說)이 그 기원으로, 역대 상서들이 모두 이 설을 원용하면서 인상학 발전에 지대한 공을 세웠다. 그러나 오형의 형질이 순수한 사람의 경우는 상을 판별하기가 쉽고 길흉도 쉽게 밝힐 수 있지만, 겸국이나 여러 가지가 합쳐진 잡국은 판별해 내기가 어렵다. 따라서 길흉을 판정하기란 더욱 쉽지 않다.

서양의 상법 중에 영양(營養) 체질, 근골(筋骨) 체질, 심성(心性) 체질 등으로 분류하는 형질 분류법이 있다. 이는 생리학과 병리학적인 인식에 기초한 것으로 사람의 외형과 건강상태 및 질병, 성격 등을 판단하는 근거가 된다.

이에 더해 오형상법은 우주생명의 기원에 근거해서 성립된 것이므로 배우자 선택 및 일생 운세의 순역(順逆) 등의 현상까지 판단할 수가 있다.

특히 여기에 오형겸국과 오형잡국에서 파생한 오행의 상생·상극과 수상(手相), 면상(面相), 오형배관(五形配觀) 등의 상법을 적용하면 적중률은 더욱 높아진다.

1. 목형

1) 목형정국

갑목(甲木)은 전신 오부가 모두 길고 크며, 키가 크고 말랐다. 몸은 길고 꼿꼿하게 펴졌으며, 허리는 가늘고 둥글며, 입술은 붉고 주름이 잘다. 목에는 결후(結喉)가 있고, 코에 약간 마디가 보이며, 머리는 높이 솟고 이마는 볼록 튀어나왔다. 눈썹과 눈은 맑고 수려하며, 인중에 수염이 있고(단 수염이 입을 가두는 것은 꺼린다), 활력이 넘친다. 또 손바닥은 길고 말랐으며 지문이 많다. 이런 사람이 갑목의 정국(正局)이다.

을목(乙木)의 정국은 전신 오부가 비교적 짧고 작으며, 도량도 갑목 정국에 비해 뒤떨어진다.

갑목은, 대머리는 꺼리지 않지만 탈모증은 기피한다. 탈모증이 나타나면 곧 죽지 않으면 큰 가난과 실패를 겪는다. 목형인은 머리의 가장자리도 너무 높으면 좋지 않다. 반면에 금(金)·수(水)·토형인(土形人)은 머리 가장자리가 높을수록 좋다. 또 갑목인 사람은 몸이 한 일(一) 자 모양으로 곧은 것을 꺼리지 않는다. 그러나 몸이 곧은 사람은 소년기에 고생하고, 장자(長子)의 운을 해친다. 여자라면 유산하고 남편을 이롭지 않게 하며 외롭게 된다.

을목은 대머리와 한 일 자로 곧은 몸을 꺼리며, 코에 마디가 드러나는 것도 꺼린다. 또 갑목이나 을목 모두 작고 뾰족한 턱을 기피하지 않으며, 피부색은 파리하고 거무스름한 것을 좋아하고 누르스름한 빛은 기피한다. 소리는 높고 탁 트인 가운데 그윽함이 담긴 것을 좋아하고, 우는 소리나 찢어지는 듯한 소리는 꺼린다. 등은 척추가 곧게 바로 선 것이 좋고 구부정하거나 휜 것은 좋지 않다. 그렇지 않으면 큰 인물이 될 수 없다.

목형인이 학처럼 냉정한 모습을 하고 있으면 대운(大運)을 떨치기 어렵고, 오관이 뾰족하게 드러나 있으면 범죄를 저지르기 쉽다. 또한 눈빛이 흐리면 창업하기 어렵고, 누르스름한 빛을 띠면 법을 어기고 실패해서 물러나게 되며, 희고 맑은 기색을 띠면 명이 짧아져서 요절한다.

목형인은 오형 가운데 가장 많아서 인구의 70퍼센트 정도를 차지하지만, 발전이 비교적 늦은 편으로 여러 번의 시련을 거친 후에야 동량(棟梁)의 재목이 될 수 있다.

목형정국의 사람은 말을 유창하게 하고 개인의 발전을 이루어 높은 지위와 명성을 누릴 수 있으나 대부를 이루기는 힘들다. 대개 큰 권세와 부를 누리는 사람은 목형겸국의 체형이다. 그러나 겸국의 경우 주객(主客)이 분명해야 하는데, 상생하여 화합하거나 상극해서 화합하는 것은 취할 수 있지만, 주객이 각각 절반의 세력으로 싸우는 형국 즉 상생해도 화합되지 않고 상극해도 화합되지 않으면 취할 것이 없어서 비록 오관과 오악이 뛰어나도 운을 발휘하기가 어렵다.

목형인의 직업은 공직, 상업, 문학, 예술 등 어느쪽이나 가능하다. 목형인은 외형과 체질에 따라 견목(堅木), 절목(節木), 연목(軟木), 곡목(曲木)으로 나눌 수 있으며, 그 길흉도 각기 다르다.

2) 목형겸화국

목형으로 불〔火〕을 겸한 사람은 상생의 관계로 서로 화합하는 격이다. 이런 사람은 갑목이든 을목이든 정수리가 뾰족하고 귀가 높게 걸려 있으며 피부색이 붉고 윤기가 흐른다. 즉 나무가 불을 밝게 피우는 상으로 뛰어난 재능을 타고났으며 무척 지혜롭다. 또 사업이 일찍 피어 반드시 부귀하게 되는 상이다. 그러나 성격은 동적이고 조급한 편이다.

갑목·을목 모두 불을 너무 많이 가져서는 안 되는데, 예를 들어 오관이 비쭉 드러나고 얼굴색은 어둡게 붉으며 눈빛이 흐리고 찢어지는 목소리에 말이 빠르면, 불의 세력이 심해서 몸을 다치는 것이므로 상생의 관계지만 서로 화합하지 못하는 격이다. 이런 사람은 심성이 포악하고, 어려서 육친을 여의어 힘들게 고생하게 된다. 사업도 성공하지 못하며 몸에 더러운 병이 있고 궁색하지 않으면 요절한다.

3) 목형겸토국

목형으로 흙[土]을 겸한 사람은 상제(相制)의 관계로 서로 화합하는 격이다. 이런 사람은 얼굴이 옆으로 길고, 눈이 크고 생기가 있으며, 코가 크고 광대뼈가 옆으로 놓여 있고, 등과 허리가 아주 둥글다. 만약 갑목에 기색이 붉고 윤기가 흐르면 벼슬이 재상에까지 오르거나 갑부가 될 것이다.

갑목·을목 모두 土를 너무 많이 갖는 것은 좋지 않은데, 게다가 뼈가 굵고 살이 매끄럽지 못하며 눈에 진실함마저 없으면 상제의 관계이면서 서로 화합하지 못하는 격으로, 나뭇가지가 흙을 제어하지 못하기 때문에 크게 성공하지 못한다.

4) 목형겸금국

목형으로 쇠[金]를 겸한 사람은 상극관계이면서 서로 화합하는 격이다. 이런 사람은 얼굴이 작고 각이 졌으며 색이 하얗다. 만약 갑목이면 나무가 쇠에 깎이는 형국이 되어 중년 이후에 반드시 성공할 것이다. 공직에 있는 사람이라면 귀하게 될 뿐만 아니라 실권을 장악하게 된다.

목형으로 쇠를 겸하지 못하면 비록 귀하게 되어도 실권을 잡지 못한다. 만약 각이 지고 색이 지나치게 희며, 이마가 네모지고 뼈가 가로질러 있거나, 코에 마디가 드러나고 몸에 살점이 많으며, 눈은 크되 생기가 없고 오관이 서로 연결되어 있지 않으면 상극관계로서 화합하지 못하는 표본이다. 이런 사람은 평생 뜻을 이루지 못하고 늙어서도 성공하기 어렵다.

을목으로 쇠를 과다하게 지니고 기색까지 창백한 사람은 일생 동안 발전하기 힘들고, 육친에게 해를 입히게 되며, 흉조가 많아 명을 재촉한다.

5) 목형겸수국

목형으로 물[水]을 겸한 사람은 상생관계로서 서로 화합하는 격이다. 이런 사람은 눈이 크고 총기가 있으며, 코가 똑바르고 탐스러우며, 귀의 색이 밝고, 입술은 두꺼우며, 얼굴 형태는 길고 둥글다. 또 수염과 눈썹은 발이 굵고 짙으며, 용모는 수려하고 특이하며, 몸은 바르고 꼿꼿하며, 푸르고 검은 기색에 윤기가 흐른다. 나무와 물이 서로 자양분을 주는 격이니 갑목, 을목을 막론하고 반드시 부귀하게 된다. 특히 문장으로 귀하게 되는 경우가 많다.

그러나 수기(水氣)를 너무 많이 가지면 상생의 관계이나 서로 화합하지 못하는 형국이다. 이런 사람은 키와 몸집이 크며, 살이 많고 둥글둥글한 체형을 하고 있으며, 오관은 천박하고 특이하지 못하며, 정신은 혼미하고 氣가 딱 막혀 있으며, 피부색은 짙고 검다. 또한 심성이 관대하지 못하고 몸에 좋지 않은 병이 있다. 이런 사람은 평생 운세가 순조롭지 못하고 초라해지며, 사업에서 작은 성취를 맛본다 해도 영광스러운 것이 못 되며, 형벌을 받거나 재난이 많으며, 만년에 외롭고 가난하게 된다.

목형수국의 여성인 경우, 남편을 번창하게 하고 집안을 일으키며 대부분 지위가 높은 남편을 얻는다. 남자는 네모난 얼굴 즉 금형(金

形)을 귀히 여기고, 여자는 둥글고 긴 얼굴 즉 봉검(鳳瞼)을 귀히 여긴다.

6) 목형잡국

목형잡국인 사람은 신체의 일부분이 마르고 길다는 특징을 제외하면 목형인의 오부가 가져야 할 특징과 성격이 모두 숨겨져 있어서 분명하지가 않다. 오히려 火·土·金·水形人이 가진 특징과 성격을 드러내는데, 드러나는 부위도 한두 군데가 아니고 주와 객의 구분이 없다. 또 겸하고 있는 국이 특정 수로 정해지지 않거나 같은 형질을 여러 번 겹쳐서 겸하는 경우도 있다. 예를 들어 목형겸금금토토국(木形兼金金土土局)과 같은 것이다.

목형잡국인 사람은 오형의 요소가 부적당한 상태로 배합되고, 그 요소 자체도 순수하지 못하며, 요소와 요소간에 대부분 서로 억제하는 경향이 있다. 이것이 건강과 지혜, 성격뿐만 아니라 사업과 운세에도 영향을 미쳐 얻는 것이 적고 명도 짧다.

2. 화형

1) 화형정국

전신의 오부가 위는 뾰족하고 아래쪽으로 넓어지며, 위쪽은 예리하고 아래쪽은 풍성하며, 성격은 조급하고, 눈썹과 머리가 누르스름하며, 콧대에 마디가 튀어나오고 눈 주위는 붉으며, 광대뼈가 뾰족하고 뼈가 드러나 있으며, 근육과 뼈가 모두 드러나고 눈썹 부위 뼈와 입·이가 모두 튀어나왔으며, 손바닥에 살이 없고 손가락은 가늘고 뾰족하며, 목소리는 강직하면서 조급하다면 바로 화형인(火形人)이다. 만약 여기에 기색까지 붉고 윤기가 있으며 양쪽 귀가 높게 걸려 있으면 발전이 빨라서 중년이 되기 전에 출세가 가능하지만, 사업상 장애물이 많아 고난 속에 발전이 이루어진다. 그러나 정화(丁火)인 사람은 발전에도 제한이 있어서 창업이 어렵다.

화형인의 직업은 남성이라면 군인이 좋고, 여성이라면 예술 계통에 종사하는 것이 가장 좋다.

화형인은 氣가 안으로 숨어들어 조용한 것을 꺼리며, 둥글고 살찐 체형 역시 좋지 않다. 목소리는 헐떡이는 듯한 것을 꺼리는데, 만약 그럴 경우 일생 동안 운을 펼치지 못한다. 뾰족한 귀는 좋지 않아서 일찍 화를 당한다. 얼굴색이 붉고 건조한 것 역시 좋지 않아 파산하고 사업에 실패한다. 입이 큰 것도 좋지 않다. 평생 운세가 순조롭지 못하다.

화형인은 외형과 체질에 따라 순화(純火)·야화(野火)·미화(微火)·열화(烈火)로 나뉘는데, 그 길흉도 각각 다르다.

2) 화형겸목국

화형으로 나무[木]를 겸한 사람은 상생하여 서로 화합하는 격이다. 이런 사람은 신체가 마르고 길며 몸에 생기가 있다. 코는 높고 풍성하며 산근은 약간 낮다. 인당은 넓고 평평하며, 귀와 입은 약간 드러나 있고, 눈썹과 수염은 밝고 기이하다. 정신은 은은하며 기백이 넘친다. 얼굴은 뾰족하게 튀어나오고, 푸르고 검은 기색을 띠면서 빛을 발한다.

이런 사람은 재주와 지혜가 남보다 뛰어나지만 성정(性情)이 거만해서 재주를 품고도 뜻을 펼치지 못한다. 또 큰 명성은 얻을지언정 실권을 쥐지는 못한다. 그러나 명성을 후세에 남기거나 예술방면의 업적을 남긴다. 단 정화인 사람이 木을 겸하게 되면 그 업적이 줄어든다. 만약 기색을 황색이 막아서면 상생하면서 서로 화합하지 못하는 형국이 되어 일생 동안 가난하고 성공하지 못한다.

3) 화형겸토국

화형으로 흙[土]을 겸한 사람은 상생하면서 서로 화합하는 격이다. 이런 사람은 얼굴 위쪽이 뾰족하고 볼 부분이 옆으로 두텁다. 육부의 각도가 확실하지 않아서 체형은 살이 쪘어도 서로 대칭이 아니며, 눈은 길지만 총기가 없으며, 코는 높지만 위쪽이 틀어져 있다. 여기에다 눈썹과 수염까지 아름답지 못하면 심성이 간사하고 탐욕스러우며 심한 형벌을 받을 상이다. 만약 기색이 누렇고 윤기가 나면 장수를 누리며, 인생 전반에는 가난하지만 나중에는 작은 부와 성취를 누린다.

그러나 살이 지나치게 뒤룩뒤룩 찐 것은 상생하면서 서로 화합하지 못하는 격으로, 흙을 너무 많이 가졌기 때문에 운을 펼치기 어렵다. 이런 사람은 일생 동안 고생이 많고 자녀도 효도하지 않으며 친척간에 우환이 있다. 정화이면서 土를 겸한 사람은 특히 좋지 않다.

4) 화형겸금국

화형으로 쇠[金]를 겸한 사람은 상극관계로 서로 화합하는 격이다. 얼굴의 아주 일부만 네모지고 나머지는 모두 뾰족하게 일어섰으며, 오관이 모두 드러나고, 피부색은 희고 윤기가 흐르면서 붉은 기운이 비치는 사람은 지혜와 모략은 출중하지만 대부분 의심이 많다. 중년 이후에 어느 정도의 성과를 거둔다. 정화로 金을 겸한 사람은 그 성과가 줄어든다.

그러나 지나치게 희고 붉으면서 윤기 나는 기운이 없으면 상극하면서 서로 화합하지 못하는 격으로, 젊어서는 발전이 있지만 말년에는 곤궁하며 패가망신할 위험이 있다. 정화로 金을 겸한 사람은 더욱 좋지 않다.

병화(丙火) · 정화를 막론하고 화형으로 金을 겸한 사람은 일찌감치 육친을 잃고 어린 시절에 고향을 떠나 떠돌아다니며 항상 위험을 겪는다.

5) 화형겸수국

화형으로 물[水]을 겸한 사람은 상극하면서 서로 화합하는 격이다. 이런 사람은 얼굴이 둥글고, 삼농(三濃)이라 하여 눈썹 · 수염 · 구레나룻이 짙으며, 오관이 모두 드러나고, 얼굴색이 붉고 윤기가 흐른다. 물과 불이 서로 도움을 주는 격으로 어느 정도의 성취를 누리지만, 정화로 물을 겸한 사람은 성취가 줄어든다.

그러나 몸이 비대하며, 눈과 코와 입이 크면서 눈에는 총기가 없고 코에는 콧대가 없으며, 입에는 각이 없고 입 모양이 불을 불어 끄는 듯하며, 정신이 혼미하고 풀이 죽어 있으며, 성정이 보통 사람들과 달리 기괴하며, 얼굴의 붉은 기운을 검은색이 막아서 매끄럽지 않으면 물을 너무 많이 가진 상으로 상극하면서 서로 화합되지 않는 형국이다. 이런 사람은 육친과 상극이어서 고향을 떠나 유랑하고 성취하는 것이 없다. 만약 정화로 물을 너무 많이 겸하면 가난하지 않으면 요절한다.

6) 화형잡국

화형잡국인 사람은 신체의 일부분이 뾰족하게 드러나는 특징을 보이는 것 외에는 화형인들의 오부에 나타나는 특징과 성격이 모두 감춰져서 분명하게 드러나지 않는다. 오히려 木 · 土 · 金 · 水形人의 특징과 성격을 드러내는데, 나타나는 부위도 한두 곳에 그치지 않고 주객이 확실치 않다. 겸한 국의 수 역시 불특정 수로 2국일 수도 있고 3국이나 4국일 수도 있다. 심지어 같은 것을 여러 번 겹쳐서 겸하는 것도 있는데, 예를 들면 화형겸금금수수국(火形兼金金水水局)과 같은 것이다.

화형잡국인 사람은 오형의 요소가 부적당한 상태로 배합되어 순수하지 못하며 대부분 서로 억제하는 경향이 있다. 이것이 건강과 지혜·성격뿐만 아니라 사업과 운세에도 영향을 미쳐 얻는 것이 적고 명도 짧다.

3. 토형

1) 토형정국

머리가 둥글고, 목이 짧고 등이 높으며, 살갗은 두터우며, 몸통이 짧고 허리는 둥글둥글하며, 뺨과 턱이 넓고 두꺼우며, 귀가 크고 입술이 두꺼우며, 지각이 네모지고 두터우며, 오악이 서로 모여들어 있으며, 걸음걸이는 안정되고 말은 느리며, 인정이 많고 신중하며, 두꺼운 머리카락에 눈썹이 짙고 코가 탐스럽게 우뚝 솟아 잇으며, 손바닥에 살이 많고 손가락 마디가 두꺼우며, 목소리는 중후하며 느려야 진짜 토형인이다.

토형인은 기색이 누렇고 윤기가 흐르면 반드시 부귀하게 되고 장수한다. 기토(己土) 정국인 사람은 또한 상당한 발전수가 있어 여성이라면 남편을 성공시키고 집안을 일으킨다.

그러나 콧대에 마디가 솟고 목에 결후가 있는 것과, 특히 수염이 짙고 숱이 많은 것은 꺼린다. 이런 사람은 성격이 급하고 고집스럽다. 목소리가 걸걸한 것도 좋지 않아 운을 떨치기 어렵다. 토형인의 직업은 상인이 제일 좋다.

토형인은 외형과 체질에 따라 경토(硬土)·사토(砂土)·점토(粘土)·박토(薄土)로 나눌 수 있으며, 그 길흉도 각각 다르다.

2) 토형목국

토형으로 나무(木)를 겸한 사람은 상극하면서 서로 화합하는 격이다. 신체가 길고 크면 안 되고, 근육이 없어 뼈가 드러나도 안 된다. 그렇지 않으면 土가 木에게 눌리는 형국이 되어 평생 운을 떨치지 못하고 단명한다.

만약 기토이면서 木을 겸하고 있으면 작은 성취를 얻을 수 있는데, 여기에 약간의 金을 겸하면 보통의 성취를 얻을 수 있다.

만약 머리와 수염이 지저분한 용모에 정신이 혼미하고 냉기가 돌며, 얼굴색이 파리하고 거무스름하며, 목소리가 낮고 찢어지는 소리가 나며, 육부가 다 어둡고 오관이 모두 氣가 죽어 있으면 상극하면서 서로 화합하지 않는 격으로, 심성이 불량하고 사업에도 성공이 적고 실패가 많으며 항상 역경에 처하고 육친에게 기대기도 어렵다.

3) 토형화국

토형으로 불(火)을 겸한 사람은 상생하면서 서로 화합하는 형국이다. 얼굴 윗부분만 약간 뽀족하고 나머지는 두툼하며, 살갗은 붉고 윤기가 나며, 오관이 다 우뚝하게 솟고, 온몸에 氣가 통해서 정신을 꿰뚫으며, 눈썹과 수염은 정취가 있으며, 앉으면 반석 같고 서면 동량 같으며, 심성이 충직하고 의를 중시한다. 이런 사람은 시작은 고달프지만 후에 영화를 누리게 된다. 무토인(戊土人)은 큰 부귀를 누리고, 기토인(己土人) 또한 작은 부를 누릴 수 있다.

만약 얼굴색이 불그스름하면 불을 너무 많이 가진 것으로 상생하면서 서로 화합하지 못하는 형국으로 집착이 강하고 탐욕스러우며, 지나치게 우직해서 이치에 맞지 않는 행동을 하며, 평생 동안 고생하고 걱정이 끊이지 않으며, 늙을 때까지 외롭다. 만약 피부색이 지나치게 푸르면 평생 파탄에 빠지고 궁색하게 지낸다.

4) 토형금국

토형으로 쇠[金]를 겸한 사람은 상생하면서 서로 화합하는 형국이다. 얼굴이 약간 장방형이고 낯빛이 희고 윤기가 흐르는 사람은 흙 속에 金을 숨겨둔 것과 같아 맨손으로 집안을 일으킨다. 창업하면 성공하고, 복록이 깊고 두터우며, 보통 정도의 부귀를 누린다.

만약 얼굴빛이 창백하고, 광대뼈 쪽에 수염이 너무 많으며, 안색이 공허하고 기력이 떨어지면 金을 너무 많이 가진 것이다. 흙이 허하게 되어 상생하면서 서로 화합하지 못하는 형국이 된다. 이런 사람은 신체가 건강하지 못하고 좋지 않은 병을 지닌다. 무토나 기토 모두 평생 운을 떨치기 어렵다.

5) 토형수국

토형으로 물[水]을 겸한 사람은 상극하면서 서로 화합하는 형국이다. 몸이 장대하고, 머리와 얼굴은 약간 둥글며, 오관이 풍성하고 두터우며, 기색이 검고 윤기가 난다. 이런 사람은 흙이 약간의 물을 머금은 격으로 이것이 만물을 생장시켜 초년이 순조로울 뿐만 아니라 나중에는 거부가 된다.

만약 머리와 얼굴·오관이 지나치게 둥글고, 눈이 크고 생기가 두드러지며, 氣가 촉박하고 정신이 혼미하며, 안색이 검고 어두우면 물을 너무 많이 가진 것으로 상극하면서 서로 화합하지 못하는 형국이다. 무토인이나 기토인 모두 일생 동안 운을 떨치기 어렵고 좋지 않은 병을 지닌다.

그러나 안색이 누렇고 윤기가 흐르며, 눈이 크고 생기가 두드러지지 않는 사람은 작은 성취를 얻고 의식이 풍족하다.

6) 토형잡국

토형으로 잡국인 사람은 신체의 일부분이 두껍고 실한 특징을 보이는 것 외에는 다른 토형인들의 오부에 나타나는 특징과 성격이 모두 감춰져서 분명하지 않다. 오히려 木·火·金·水形人의 특징과 성격을 드러낸다. 또한 특징이 나타나는 부위도 한두 곳에 그치지 않고 주객이 확실치 않으며 겸한 국의 수도 불특정 수로 2국일 수도 있고 3국이나 4국일 수도 있다. 심지어 같은 것을 여러 번 겹쳐서 겸하는 경우도 있는데, 예를 들면 토형겸목목수수국(土形兼木木水水局)과 같은 것이다.

토형잡국인 사람은 오형의 요소가 부적당한 상태로 배합되어 순수하지 못하며 요소끼리 서로 억제하는 경향이 있다. 이것이 건강과 지혜·성격뿐만 아니라 사업과 운세에도 영향을 미쳐 얻는 것이 적고 명도 짧다.

4. 금형

1) 금형정국

전신 오부가 모두 바르고 체형이 대칭이며, 눈썹이 맑고 눈은 수려하며, 목소리가 낭랑한데다 낭랑한 목소리 속에 울림이 있으며, 뼈와 살이 모두 건실하고 희고 은처럼 빛나며, 머리 부위·광대뼈와 코·턱 등 삼정이 모두 방정하고 머리 부위 전체가 원형이며, 광대뼈가 솟아올랐으며, 귀가 희고 윤기가 흐르며, 붉은 입술에 이가 희며, 머리와 수염이 성글고 숱이 많지 않으며, 배가 둥글게 처지고 등은 넓고 두꺼우며, 가슴은 평평하면서 살이 많으며, 움직일 때 몸이 가볍게 들뜨지 않으며, 손바닥 또한 두꺼운 축에 속하면 진짜 금형인이다.

여기에 만약 기색까지 희고 윤기가 있으면 문장으로 이름을 날리거나 나라를 움직이는 왕후나 아니면 거부가 된다. 또한 기색이 검고 윤이 나면 무관으로 귀하게 되는데 특히 난세에 이름을 날린다.

금형인은 대다수가 자신과 남에게 엄격하고 정력이 넘치며 수양을 게을리하지 않는다. 재능이 있는 자가 많이 고생하는, 귀하면서도 고생스러운 인물형에 속하지만 신금(辛金)인 사람은 보통 이하의 성취를 얻는다.

금형인은 코가 뾰족하고 끝이 붉은 것과 해골처럼 하얀 기색을 꺼리는데, 이런 사람은 평생 가난을 면치 못한다. 또 코와 귀가 작으면 좋지 않아서 작은 성취라도 고생스럽게 얻는다. 날카로운 목소리 또한 좋지 않아서 잘되는 일이 없고 실패가 많다. 콧대에 마디가 솟은 것도 좋지 않은데, 이런 사람은 성질이 급하고 형벌을 면하기 어렵다. 붉으레한 기색 역시 꺼려 관직에 오르지 못하고 몰락한다.

금형인은 대부분 의롭고 용감하며, 기꺼이 타인을 돕고 일처리를 착실하게 하며, 신뢰성이 있다. 직업으로는 공직이나 자유업에 종사하는 것이 좋다. 여성이 금형인 경우 호면(虎面)이라고 하여 아주 지혜롭고 총명하며 유능하고, 재주가 남성에게 뒤지지 않으며 어느 정도의 성취도 있다. 그러나 가리는 것이 많고 목소리가 쉰 듯한 사람은 그렇지 않다.

금형인은 외형과 체질에 따라 순금(純金)·생금(生金)·사금(砂金)·잡금(雜金)으로 나뉘며, 길흉 또한 각각 다르다.

2) 금형목국

금형으로 나무[木]를 겸한 사람은 상극하면서 서로 화합하는 형국이다. 얼굴이 방정하며, 신체가 크고 길며, 코가 똑바르고 입과 귀가 모두 바르며, 눈이 수려하고 생기가 넘치며, 눈썹이 맑고 수염이 수려하며, 기색이 희며 약간 푸른 기가 있는 사람은 금형으로 갑목을 겸한 동량의 재목이다.

이런 사람은 슬기롭고 약간은 오만하며, 큰 뜻을 품고 기이함을 능히 드러내며, 모험에서 승리한다. 대개 무관으로 귀하게 되는데 문관을 겸하기도 한다. 그러나 초년 운세는 순조롭지 않아서 중년 이후에 성공한다.

만약 몸이 작고 살이 없어 뼈가 드러난 사람이면 금형에 을목을 겸한 것으로 성취에도 제약이 따른다.

금형으로 木을 겸한 사람은 상가(喪家)에 걸리는 북처럼 생긴 얼굴을 가장 꺼리는데, 이는 상극으로 서로 화합하지 못하는 형국이어서 요절하거나 단명한다.

3) 금형화국

금형으로 불[火]을 겸한 사람은 상극하면서 서로 화합하는 형국이다. 얼굴이 네모지고 정수리가 뾰족하며, 귀가 뾰족하고 낯빛이 선명하게 붉으며, 눈썹과 수염이 가볍고 맑으며, 두 눈에 생기가 있으며, 아주 지혜롭고 노련하며 성격이 급하면 약한 불이 金을 달구는 형국이다.

이런 사람은 어려서는 고달프지만 30~45세 사이에 기세를 펴며, 난세에는 위기로 인해 크게 성공하고 치부하지만 성세에는 그 복이 줄어든다.

만약 얼굴의 한 변이 뾰족한 네모형에 코가 뾰족하고 살이 없으며,

연수에 마디가 솟고 눈에 화급한 氣가 드러나며, 귀의 윤곽이 두드러지고 얼굴 한 곳에 붉은 기운이 막혀 있으면 불을 너무 많이 가진 상으로 상극하면서 서로 화합하지 못하는 형국이다. 이것은 왕성한 불이 쇠를 녹이는 것이 되어 평생 동안 재난이 많고, 가난하지 않으면 요절한다.

4) 금형토국

금형으로 흙[土]을 겸한 사람은 상생하면서 서로 화합하는 형국으로 결국 중에 가장 얻기 힘든 상이다. 이런 사람은 얼굴이 네모지고 등이 두터우며, 어깨가 옆으로 벌어지고 걸음은 느리며, 몸이 육중하고 장대하며, 오관이 단정하고 활력이 있으며, 氣가 맑으며, 낯빛이 누렇고 윤기가 흐르며, 성격이 충직하고 신중하다. 만약 경금(庚金)으로 土를 겸했다면 성세에 반드시 크게 부귀영화를 누리거나 명성을 떨치고 장수하게 된다. 그러나 난세에는 복이 감소된다. 신금으로 土를 겸했다면 작은 부귀를 누리게 된다.

만약 등이 높고 피둥피둥 살이 쪘으며, 얼굴의 살이 옆으로 퍼지고 오관이 경박하며, 목소리가 낮게 갈라지며, 안색이 누렇고 검게 그을려서 막혀 있으면 흙을 너무 많이 가진 것이다. 흙이 金을 두껍게 묻은 것이 되는데, 상생하면서 서로 화합하지 못하는 형국이다. 이런 사람은 그다지 지혜롭지 않으며 역경에 자주 처하고 평생 운을 펼치기 어렵다.

만약 인당에 흠집이나 점, 주름이 있으면 土와 火를 함께 겸한 것이다. 이런 사람은 일생이 우환으로 가득 찬 이후라야 발전할 수 있다. 그럼에도 실권을 쥐지 못하면 다른 직업을 택하는 것이 이롭다.

만약 손바닥이 얇고 손가락은 가늘며 기색이 어둡고 막혀 있으면, 그 사람은 행동과 생각이 따로 놀고 일생 동안 운을 펼치기 어려우며, 성공하는 일이 별로 없고 실패하는 경우가 많다. 신금이면 더욱 심하다.

5) 금형수국

금형으로 물[水]을 겸한 사람은 상생하면서 서로 화합하는 형국이다. 이런 사람은 얼굴이 네모지고 살이 많으며, 안색은 검거나 희면서 윤기가 흐르며, 외관이 위풍당당하다. 일생 동안 복을 많이 받으며 단번에 높은 직위에 오르고, 무관으로 귀하게 될 수 있다. 난세에는 무예로써 귀하게 되어 군권을 잡고, 성세에는 문관이 되어 정권을 움직일 수 있으니, 어떤 경우이든 기회를 잘 잡아 크게 발전한다.

만약 살이 없고 氣가 허하며 살색이 어둠침침하면 물을 너무 많이 가진 상으로 상생하면서 서로 화합하지 못하는 형국이다. 이는 물이 많아서 金이 잠기는 것이니 일생 동안 박복한데, 신금이라면 더욱 심하다.

6) 금형잡국

금형으로 잡국인 사람은 신체가 방정하다는 특징을 보이는 것 외에는 금형인들의 오부에 나타나는 특징과 성격이 모두 감춰져서 분명하지 않다. 오히려 木·火·土·水形人의 특징과 성격을 드러낸다. 특징이 나타나는 부위도 한두 곳에 그치지 않고, 주객이 확실치 않으며, 겸한 국의 수도 불특정 수로 2국일 수도 있고 3국이나 4국일 수도 있다. 심지어 같은 것을 여러 번 겹쳐서 겸하는 것도 있는데, 예를 들면 금형겸화화목목국(金形兼火火木木局) 같은 것이다.

금형잡국인 사람은 오형의 요소가 부적당한 상태로 배합되어 순수하지 못하며 서로 억제하는 경향이 있다. 이것이 건강과 지혜·성격뿐만 아니라 사업과 운세에도 영향을 미쳐 얻는 것이 적고 명도 짧다.

5. 수형

1) 수형정국

얼굴이 검고 짧으며, 오부가 모두 둥글고 통통하며, 심지어 상하 눈꺼풀과 배·엉덩이까지 둥글고 통통하고, 목소리는 부드럽고 매끄러우며 성량이 풍부한 사람이 진짜 수형인이다.

여기에 만약 입 모양이 네모지고 크며, 눈썹이 굵고 눈이 크며, 허리가 둥글고 두껍게 처진 사람은 성격이 관대하고 현실에 만족하며, 생각이 깊다. 또 다른 사람과 심하게 다투고 경쟁하지 않으며 성격이 급하지도 느리지도 않으며, 원만하고 슬기롭다. 이런 사람은 일생 동안 행복을 누리고 편안하게 성공을 거두며, 큰 부귀와 다복(多福)을 얻는다.

오부가 작고 말랐으며 약간 둥근 것은 계수(癸水)정국으로, 이 또한 작은 부귀를 누린다.

수형인은 얼굴이 탁한 황색이거나 목소리가 갈라지며 성격이 막히고 둔한 것을 꺼리는데, 이런 사람은 일생 동안 빈천하다. 또한 코가 지나치게 솟았거나 결후가 있는 것, 귀에 결함이 있거나 눈이 흐리고 콧구멍이 보이며 입술이 치켜진 것을 사수범람지격(四水泛濫之格)이라고 하는데, 평생 운이 나쁘고 재앙이 많다.

여성으로 수형인 사람은 얼굴이 보름달 모양이 많은데, 여기에 눈썹이 둥글고 수려하면 대부분 부자에게 시집간다. 성격이 원만하고 슬기로우며, 부를 굴리고 만들어내는 재주가 있으며, 두뇌회전 또한 빠르다. 이런 여성이 만약 金과 木 2종의 이성과 결합하면 남편을 흥하게 하고 집안을 일으킨다.

수형인은 외형과 체질에 따라 활수(活水)·사수(死水)·천수(泉水)·탁수(濁水)로 나뉘며, 길흉 또한 각각 다르다.

2) 수형겸목국

　수형으로 나무〔木〕을 겸한 사람은 상생하면서 서로 화합하는 형국이다. 몸이 크고 길며, 얼굴에 살이 많지만 둥글지는 않으며, 눈썹과 수염은 짙지 않고 광택이 없으며, 허리는 풍성하고 둥글지 않으며, 둔부에 살이 없고 신체의 모든 부위에 기세가 없으며, 성격이 급하면 일생 동안 큰 성공은 이루지 못하나 작은 부귀는 이룰 수 있다. 계수인 사람은 복이 감소된다. 임수(壬水)나 계수 모두 살에 힘이 없어 아래로 처졌으면 단명한다.

　안색이 파리하고 막힌 사람은 나무를 너무 많이 가진 것으로 상생하면서 서로 화합하지 못하는 형국이다. 나무는 많고 물은 말라서 일생 동안 고비가 많고 결국에는 요절한다.

 3) 수형겸화국

　수형으로 불〔火〕을 겸한 사람은 상극하면서 서로 화합하는 형국이다. 이런 사람은 얼굴이 조금 둥글고 머리와 귀는 약간 뾰족하며, 눈썹의 숱이 적고 수염이 없으며, 신체가 견실하고 눈에 생기가 가득하다. 불이 물을 끓이는 형국이므로 총명하고 재주가 남다르며, 눈치가 빠르고 심지 또한 깊어서 성현이 될 수 있다. 그러나 명이 짧고 운이 어긋나서 평생을 곤궁하게 지내며, 단지 문장만 떨칠 뿐이다.

　만약 안색이 자홍색을 띠면 보통 수준의 부귀를 누리는데, 바로 "얼굴 빛깔이 자색이고 수염이 없으면 영화롭다"는 이치에 의한 것이다.

　만약 얼굴이 너무 붉으면 상극하면서 서로 화합하지 못하는 형국이 된다. 이런 사람은 어려서 육친과 떨어져 평생을 외롭게 지낸다. 만약 안색이 막히고 어두우며 눈빛이 혼탁하면 몸에 고질적인 병이 있고 가난하지 않으면 요절한다. 또 말년에 곤궁해진다.

4) 수형겸토국

수형으로 흙(土)을 겸한 사람은 상극하면서 서로 화합하는 형국이다. 이런 사람은 걸음이 느리고, 볼 아래쪽이 넓으며, 어깨가 벌어지고 등이 두터우며, 몸통이 짧고 둥글다. 만약 안색이 누렇고 윤기가 흐르며, 입술이 붉고 이가 희면 수원(水源)을 가진 것으로, 성격이 충직하고 복과 장수를 누리며 일생 동안 여유 있는 생활을 즐길 수 있다. 여성으로 수형이면서 土를 겸한 사람은 남편을 흥하게 하고 집안을 일으킨다.

만약 정신이 혼미하고 氣가 촉박하며, 오관이 수려하지 않으며, 등이 높고 허리에 살이 많으며, 뼈가 굵고 살이 퍼졌으며, 체형이 비대하고 눈썹과 수염이 가지런하지 않으면 흙을 너무 많이 가진 것으로 상극하면서 서로 화합하지 못하는 형국이다. 만약 안색까지 누르스름하거나 막혀서 어두우면 어린 시절에 육친에게 해를 입히고 조상과 고향을 등지며, 성격이 포악하고, 재앙을 끌어들이며 항상 역경에 처한다.

5) 수형겸금국

수형으로 쇠(金)를 겸한 사람은 상생하면서 서로 화합하는 형국이다. 손과 얼굴이 약간 각지고 색이 조금 희거나 검으며, 통통하지만 살이 팽팽하며, 氣가 넘치고 생기가 있으며, 오관이 우뚝 솟고 단정하며, 눈썹과 수염이 적당하고 운치가 있으면 성격이 강인하여 고생을 잘 참아내서 문관이나 무관 어느쪽이든 크게 되고, 남자나 여자 모두 일찍감치 운이 트여 종국에는 큰 부귀를 얻는다. 하지만 계수인 사람은 복이 감소되며, 여성은 결혼생활이 원만하지 않거나 크고 작은 역운(逆運)이 발생한다.

만약 안색이 분을 바른 듯 희고 얼굴과 손이 지나치게 견실하면 상생하면서 서로 화합하지 못하는 형국이다. 金이 많아서 물이 흘러넘치는 것이므로 일생 동안 재앙이 많다.

6) 수형잡국

수형으로 잡국인 사람은 신체가 둥글고 비대하다는 특징을 보이는 것 외에는 수형인들의 오부에 나타나는 특징과 성격이 모두 감춰져서 분명하지 않다. 오히려 木·火·土·金形人의 특징과 성격을 드러낸다. 특징이 나타나는 부위도 한두 곳에 그치지 않고, 주객이 확실치 않으며, 겸한 국의 수도 불특정하여 2국일 수도 있고 3국이나 4국일 수도 있다. 심지어 같은 것을 여러 번 겹쳐서 겸하는 것도 있는데, 예를 들어 수형겸화화토토국(水形兼火火土土局) 같은 것이다.

수형잡국인 사람은 오형의 요소가 부적당한 상태로 배합되어 순수하지 못하며 서로 억제하는 경향이 있다. 이것이 건강과 지혜·성격 뿐만 아니라 사업과 운세에도 영향을 미쳐 얻는 것이 적고 명도 짧다.

기타 갑목·을목, 병화·정화, 무토·기토, 경금·신금, 임수·계수에 관한 구분 기준은 역대 관상서 어디에도 설명이 없다. 다만 신장이 표준보다 크면 갑목·병화·무토·경금·임수인이고, 표준보다 작으면 을목·정화·기토·신금·계수인일 가능성이 높다. 이것은 남녀 모두에게 통용되지만 오단(五短)이나 오소(五小) 상리에 해당하는 사람은 논외로 해야 하며, 이 외에 다른 부위의 상을 참고해야 한다.

형, 신, 목소리, 기식

1. 형과 신의 상법

오형의 판별은 물건을 만드는 데 사용된 재료의 종류와 등급을 평가하는 것과 같다고 앞에서 설명했다. 형(形)과 신(神)을 같은 것에 비유하면, 形은 물건의 내부구조와 외양의 디자인이 우수하고 정교하게 만들어졌는지를 평가하는 것이고, 神은 성능이 완벽하며 기능이 뛰어난지를 알아보는 것이라고 할 수 있다.

태아가 점차 완전한 사람으로 되어가는 것은 마치 물건이 구상, 설계, 재료 선별, 정제, 조립의 과정을 거쳐 완전한 제품으로 출하되는 것에 비유할 수 있다. 다만 제품을 만드는 것은 재료학·설계학 등 기술의 범주에 속하고, 사람을 만드는 것은 유전학·우생학·생리학의 범주에 속하는 것이 다를 뿐이다.

상학에서 말하는 형지유여(形之有餘 : 형이 풍족한 것)나 신지유여(神之有餘 : 신이 풍족한 것), 형지부족(形之不足)과 신지부족(神之不

足)은 이러한 유전학·우생학·생리학의 원리에 부합되는 것이다. 形이란 골격과 오장육부의 우수성 여부에 대한 구체적인 표현이며, 神이란 정신과 기질 및 체내에서 방출하는 에너지의 강약에 대한 구체적인 표현이다.

형지유여 또는 신지유여인 사람은 건강과 지혜·성격이 일반인보다 우수하며, 사업상의 성취도 다른 사람보다 높다. 이에 반해 형지부족 또는 신지부족인 사람은 건강과 지혜·성격이 보통 사람들보다 못하고, 사업상의 성취 또한 별로 없다.

사람은 외형이 단단하고 좋아야 하지만 정신 또한 강해야 한다. 그렇지 않으면 길하다고 말할 수 없다. 그래서 神이 더 중요한 것이다.

形과 神에 대하여『태청신감』에는 다음과 같이 기록되어 있다.

사람의 모습은 외관보다 정신이 더욱 중요하다. 대개 形이 혈(血)을 양성하고 血은 氣를 양성하며 氣는 神을 양성하기 때문에, 形이 온전하면 血이 온전하고 血이 온전하면 氣가 온전하며 氣가 온전하면 神이 온전하다. 이는 形으로써 神을 양성하며, 氣로써 안정시키기 때문이다. 氣가 불안하면 神이 불안하다. 그 神을 안정시킬 수 있는 것이 바로 군자이다.

神은 깨어 있을 때는 눈에 거하고, 잠들면 마음에 거처한다. 神이 나서면 일월의 빛과 같이 만물을 비춘다. 이는 神이 원래 일월 속에 있기 때문이다. 눈빛이 밝으면 神이 맑은 것이요, 눈빛이 혼미하면 神이 탁한 것이다. 神이 맑으면 귀해지고 탁하면 천해진다. 氣가 강성하면 血과 神이 안정된 것이고, 血이 마르면 氣가 흩어지고 神이 달아난 것이다. 그 자태가 늠름하고 맑고 수려하면 마음과 神이 밝은 것이고, 氣와 血이 조화를 이루는 것은 神이 혼미하지 않은 것이다. 이는 神의 청탁(淸濁)이 겉으로 표현된 것으로, 이것으로 귀천을 정할 수 있고 가장 잘 논할 수 있다. 神이 바로 드러나는 것은 좋지 않다. 드러나면 神이 노닐게 되고 노닐면 반드시 흉해진다. 귀한 사람의 神은 안에 숨겨져 은은하게 내비쳐, 그것을 바라보면 외경스러워 복종하는 마음이 생긴다.

대개 사람의 모습 중에 神이 풍족하고 形이 부족한 것은 그나마 괜찮지만, 形이 풍족하고 神이 부족한 것은 좋지 않다. 神이 풍족한 사람은 귀하고, 形이 풍족한 사람은 부유하다. 形과 神이 모두 아름다워야 부귀가 온전한 것이다.

■ 형이 풍족한 사람

정수리가 둥글고 두터우며(뇌조직이 우수하여 지혜가 출중하며), 배와 등이 불룩하며(내장기관이 건강하며), 이마가 넓고 입이 네모지며(기억력과 언변이 좋으며), 입술이 붉고 치아가 희다(골격과 소화기·순환기 계통이 잘 발달되어 있다).

귀는 둥글어 바퀴 모양을 이루며(신장 계통의 발육상태가 좋으며), 코가 곧고 담낭처럼 생겼으며(등·척추·순환기·소화기 계통이 모두 좋으며), 눈에 흑백이 분명하다(간·폐·심장·신장이 모두 잘 발달되어 있다).

또한 눈썹이 수려하고 길며(뼈 속에 골수가 충분하고 간과 허파 기능이 양호하며), 상박(上膊)이 넓고 배꼽이 깊으며(목과 팔 계통의 발육상태가 좋고 태아형성 과정이 양호하며), 앞가슴이 평평하고 넓으며(흉곽 안쪽 기관들의 발육과 착상상태가 양호하며), 배가 둥글고 아래로 처져 있으며(소화기와 배설기 계통의 발육과 착상상태가 양호하며), 목소리가 크고 낭랑하다(기력이 넘친다).

걸음걸이와 앉은 모습은 단정하며(신경과 평형기관이 우수하고 성격은 급하지도 않고 느리지도 않으며), 오악(五嶽)이 서로 흘러들듯 솟아 있으며(골격이 발달되어 있고 구조가 훌륭하며), 삼정(三停)이 서로 대칭을 이루며(전뇌와 상초·중초·하초 각 기관들의 발육상태가 고르며), 살에 윤기가 흐르고 뼈가 가늘며(뼈와 살의 발육상태와 부모로부터의 유전상태가 좋으며), 손이 길고 발이 네모지다(사지의 발육상태가 좋다).

멀리서 보면 높고 크게 나온 듯하고(오형의 형질이 강한 것으로 이루어져 있고), 자세히 보면 딱 맞춰서 자란 듯하다(체내에서 발산하는 요소가 친화력을 가지고 있다).

이것은 모두 形이 풍족한 것을 나타내는 것으로, 形이 풍족한 사람은 무병장수하고 부귀를 누린다.

■ 형이 부족한 사람

정수리가 뾰족하고 작으며(뇌수조직의 발육상태가 좋지 않아 생각이 저속하고 지혜롭지 못하며), 어깨가 좁고 비스듬하며(목과 팔 등의 발육상태가 나쁘며), 허리와 옆구리가 가늘고 부실하며(흉곽 내부기관의 발육과 착상상태가 불량하며), 팔꿈치 관절이 짧고 좁다(팔 계통의 발육이 불량하다).

손바닥은 얇고 손가락은 부실하며(오형 각 요소의 배합이 고르지 않고 오장육부가 불량하며), 입술은 뒤집혀 있고 이마가 납작하며(체내의 심장과 신장조직의 발육상태가 불량하며), 들창코에 귀가 뒤집혀 있으며(호흡기 계통과 신장 계통의 발육상태가 불량하며), 허리가 낮고 가슴이 움푹 꺼져 있다(오장육부의 발육과 착상상태가 불량하다).

눈썹이 하나는 휘고 하나는 높으며(간과 폐의 강약이 고르지 않고 부모로부터의 유전도 균형을 이루지 않았으며), 양쪽 눈 중 하나는 높고 하나는 낮으며(뇌조직 좌우 양쪽의 발육상태가 고르지 않으며), 눈동자도 하나는 크고 하나는 작다(오장육부의 발육상태가 고르지 않다).

양쪽 광대뼈 중 하나는 높고 하나는 낮으며(골격 계통의 발육상태가 고르지 않으며), 양손 중 한쪽에만 주름이 있으며(내분비 계통의 발육상태가 고르지 않으며), 눈을 뜨고 자며(뇌신경 계통의 발육상태가 불량하며), 남자가 여자 목소리를 내며(체내 남녀 양성 호르몬이 균형을 이루지 못했으며), 이가 누렇고 잇몸이 드러나 있으며(골격 계통과 신장조직의 발육상태가 불량하며), 코가 뾰족하고 비틀려 있으며(체내 오장육부의 발육상태가 불량하며), 머리가 한 올도 없는 대머리이다(혈액순환 계통의 발육상태가 불량하다).

눈은 푹 들어가서 눈동자가 보이지 않으며(내부기관의 착상상태가 불량하고 특히 신장에 氣가 부족하며), 걷는 모습이 바르지 않으며(내부기관의 좌우 조직과 신경의 분포가 균형을 이루지 못했으며), 생기가 부족하며(내부기관의 활동이 확실하지 않고 작동이 정상적이지 못하며), 머리는 작고 몸은 크며(뇌조직과 오장육부의 발달이 서로 맞지 않으며), 상체는 짧고 하체는 길다(내부기관의 발육상태와 하지의 발육상태가 맞지 않다).

이것은 모두 形이 부족함을 나타내는 것으로, 形이 부족한 사람은 병이 잦고 단명하며 박복하고 빈천하다.

■ 신이 풍족한 사람

눈빛이 맑고 시선을 어지러이 두지 않으며(뇌조직과 오장육부의 구조가 모두 훌륭하며), 눈썹은 길고 수려하고 광택이 있으며(골격의 발육상태가 우수하고 뼈 속에 골수가 가득하며), 활기에 넘치고 안색이 맑고 행동거지가 대범하다(심신이 모두 건강하고 도량이 넓으며 정신과 기색이 모두 정상적인 상태이다).

먼 곳을 바라보는 것은 가을 달이 추운 하늘을 비추듯 엄숙하고, 가까운 곳을 보는 것은 온화한 바람이 봄꽃을 움직이듯 그 기상이 높다(기질과 풍모가 고상해서 사람들이 기꺼이 따르고 친해지려 한다).

일을 할 때는 마치 맹호가 심산을 걷는 것처럼 의연하며(의지가 강하고 용감하게 앞으로 곧장 나아가서 일을 처리해 내는 기백과 결연한 마음이 있으며), 무리와 어울려 소요할 때는 봉황이 구름 깔린 길을 날아다니는 듯하다(친화력이 강하고 무리를 통솔하는 재주가 있다).

앉은 모습은 큰 바위가 움직이지 않는 것 같고, 누운 모습은 둥지 안에 자리잡은 까마귀처럼 흔들림이 없으며, 움직임은 평지를 흐르는 물의 흐름처럼 자신에 차 있고, 선 자태는 고봉이 우뚝 솟은 듯 의기양양하며, 망령된 말을 내뱉지 않는다. 성격 또한 조급하지 않고, 기쁨이나 노여움에 마음을 움직이지 않으며, 영욕에도 뜻을 굽히지 않고 눈앞에 천태만상이 뒤엉켜도 마음이 늘 한가지이다〔심신의 수양이 이미 입신지경(入神之境)에 달했으며, 몸 속에 호연한 정기를 가득 담고 있다. 이런 사람은 바른 사람이자 군자로서, 국가와 사회의 대업을 이루고 감당해 낼 능력을 갖춘 어질고 재주가 뛰어난 동량이다〕.

이는 모두 神이 풍족한 것을 나타내는 것이다. 神이 풍족하면 존귀한 사람이 되고, 재앙도 피해가며, 하늘에서 내려주신 복록이 영원토록 지속된다.

■ 신이 부족한 사람

취한 것 같기도 하고 아닌 것 같기도 한 상태로, 항상 술에 찌든 것 같다. 근심이 없어도 항상 근심하고 비통해 하는 듯하다. 잠을 자지 않아도 자는 것 같고, 잠깐 잠들면 바로 깬다. 울지 않아도 운 것 같고, 늘 겁에 질린 것처럼 보인다. 화를 내지 않아도 화내는 것 같고, 기쁘지 않은데도 기뻐하는 것 같다. 놀라지 않았음에도 놀란 듯이 보이고, 미치지 않았는데 미친 것 같다. 두렵지 않은데 두려운 것 같고, 행동거지가 혼란스러우며, 기색이 탁해서 마치 몹쓸 병에 걸린 듯하다. 안색이 창백해서 마치 크게 실망한 듯하며, 정신이 흐리멍덩하고 황당해 하는 것이 항상 두려움에 떠는 듯하다. 말할 때는 수줍은 듯 웅얼거리고, 모욕을 당한 듯 말을 삼킨다. 기색은 처음에는 선명했다가 나중에는 어두워지고, 말도 처음에는 빨랐다가 나중에는 더듬게 된다[선천적으로 심신의 기능이 떨어지는데다가 후천적으로도 조절을 잘 하지 못한다. 이는 몸의 기능과 심령·도덕·학문 등 모든 분야의 수양이 부족하거나, 현재 미운(楣運)에 봉착해 있거나 또는 미운에 들어가려는 전주곡임을 나타내는 것이다].

이는 모두 神이 부족한 것을 나타내는 것이다. 神이 부족한 사람은 감옥에 들락거리거나 재난을 당하기 십상이다. 관직에 있으면 그 지위를 잃게 된다.

2. 목소리의 표준과 길흉

"관상 중에 으뜸이 소리를 보는 것이고, 그 다음이 정신을 보는 것이며, 다음이 형색을 보는 것이다"라는 말이 있다. 이 말은 사람의 목소리가 인상학에서 얼마나 중요한 것인가를 알려준다.

『상리형진』에서는 일반인의 목소리의 표준 및 길흉과 오형인의 목소리의 표준 및 길흉에 관해 상세하게 언급하고 있다.

하늘에는 천둥소리가 있고 땅에는 폭풍소리가 있으며, 산에는 계곡과 샘물이 맑게 흐르는 소리가 있고 바다에는 파도가 출렁이는 소리가 있다. 사람에게는 상·중·하 단전(丹田)의 소리가 있는데, 하단전(下丹田: 아랫배)에서 나오는 소리가 상등이고, 중단전(中丹田: 가슴 부위)에서 나오는 소리가 중등이며, 상단전(上丹田: 머리 부위)에서 나오는 소리가 하등이다.

　하단전에서 나오는 소리는 그 뿌리가 깊어 중후하며, 부드럽고 매끄러워 멀리까지 들리고, 원만하면서 화통하다. 이런 사람은 총명하고 통달한 선비로서 부귀를 누린다. 중단전에서 나는 소리는 뿌리가 얕아서 겉으로 드러나는 것이 작게 느껴지며, 경중(輕重)이 균등하지 못하고, 맑게 울리는 것이 절도가 없다. 이런 사람은 성공과 실패가 공존하거나 처음에는 가난했다가 훗날에 부귀하게 된다든지, 처음에는 부자였다가 훗날에 가난하게 된다. 상단전에서 나는 소리는 혀끝에서 나오는 것으로 화급하여 서로 조화를 이루지 못하고, 마르고 습한 것이 가지런하지 않으며, 떨림이 있고 우는 듯하며, 메마르고 찢어지는 듯하다. 이런 사람은 인생이 고달프고 가난하다.

　무릇 맑으면서 원만하고, 견고하면서 밝고, 완만함 속에 강렬함이 있고, 급하면서도 조화를 이루고, 소리가 길면서 힘이 있고, 용감하면서 절조가 있고, 용의 울음소리나 호랑이의 포효하는 소리처럼 크며, 종이 울리듯이 우렁차고, 타고(鼉鼓 : 악어 껍질로 메운 북) 소리처럼 진동하고, 계곡물처럼 급하게 흐르듯이 울리며, 거문고가 곡을 연주하듯 아름답고, 혹은 질그릇 소리처럼 울려 퍼지며, 음량이 풍부하고, 혹은 생황의 혀처럼 소리를 내며, 훈[壎 : 고대 취주(吹奏)악기의 일종]과 호[箎 : 고대 죽관(竹管)악기의 일종] 소리 같고, 몸체는 작은데 소리가 우렁차며, 오행이 화합하는 듯한 소리를 내는 사람은 모두 부귀하게 되고 복과 장수를 누린다.

　그러나 소리가 급하면서 쉰 듯하거나 완만하면서 느물거리는 듯하며, 깊고 꽉 막힌 것처럼 들리거나 얕으면서 바짝 마른 소리가 나며, 소리는 큰데 흩어지면 좋지 않다. 혹은 망가진 징을 치는 듯한 소리나 찢어진 북을 치는 듯한 소리, 갈가마귀가 새끼에게 먹이를 주는 듯한 소리나 거위와 기러기가 흐느끼는 듯한 소리, 병든 원숭이가 짝을 구하는 듯한 소리, 무리를 잃어버린 외로운 기러기 같은 소리도 좋지 않다. 또 벌떼가 윙윙거리는 것 같은 가는 소리를 내거나, 파리 소리처럼 방정맞거나, 가을 매미가 밤에 울어대듯 미친 듯이 소리를 내거나, 지렁이가 밤에 우는 소리 같거나, 양이나 소가 우는 것 같은 소리도 좋지 않다.

혹은 남자인데 여자 같은 소리를 내거나, 몸은 큰데 소리가 작거나, 소리가 그치기 전에 氣가 먼저 끊어지거나, 말보다 안색이 먼저 변하거나, 앞에 열거한 소리에 해당하는 모든 사람은 어리석고, 중한 형벌을 받거나 가난하고 요절할 사람이다.

군자의 소리는 항상 분명하고 완만하며, 맑고 온화하며, 막힘이 없으며, 청량하면서 우렁차고 그윽하게 멀리 퍼지며, 너그럽고 굵직하며, 소리가 크든 작든 힘이 있으며, 성조와 리듬 강약을 모두 갖추고 있다.

소인의 소리는 유약하면서 경박하며, 탁하고 딱딱하며, 연약하고 꽉 막혔으며, 말을 빨리 하지만 두서가 없다. 이는 속세에서 소통은 가능하나 사실은 빈천한 것이다.

망가진 징을 치는 듯한 소리는 성공과 실패가 공존하며 외롭고, 성급하고 중간에 끊어지는 듯한 소리는 성공과 실패가 공존하며 단명한다. 소리가 막혀 답답한 사람은 인생에 장애물이 많고, 소리가 울리는 사람은 행동이 빠르며, 소리가 맑은 사람은 고결하고, 소리가 탁한 사람은 우둔하다.

여자가 남자 소리를 지니면 성격이 드세어 두 번 시집가고, 남자가 여자 소리를 지니면 나약하고 권세를 누리지 못한다. 사람은 큰데 소리가 작으면 가난하고 명이 짧으며, 사람은 작은데 소리가 크면 부귀하게 되고 복과 장수를 누린다. 소리가 약한 사람은 나약하고, 소리가 희미한 사람은 보잘것없으며, 깨지는 소리를 내는 사람은 일에서 성공할 수 없다. 소리가 가벼운 사람은 판단력이 부족하고, 목소리가 딱딱한 사람은 드세고 독살스러우며, 소리가 연약한 사람은 말은 달콤하게 하지만 속은 그렇지 않다.

소리가 처음에는 낮고 약하다가 나중에 낭랑해지는 사람은 처음에는 가난하다가 나중에 부유하게 되고, 처음에 낭랑하다가 나중에 낮고 약해지는 사람은 처음에는 부유하다가 나중에 가난해진다.

소리란 여러 상리 중에서 하나의 큰 기둥이면서 가장 중요한 것이다. 자세히 살펴서 어떻게든 그 진리를 얻어야 한다. 그렇지 않고 가볍게 소리를 듣는다면 군자와 소인을 구별할 수 없다.

또한 『상리형진』에서는 오음(五音)에 대해서 다음과 같이 말하고 있다.

사람의 상에서 形에 이미 오형이 이루어져 있듯이 성(聲) 또한 오음의 구별이 있다. 금성(金聲)은 울림이 있고, 목성(木聲)은 건조하며, 수성(水聲)은 급하고, 화성(火聲)은 열기가 있고, 토성(土聲)은 잠겨 있다. 이것이 오음의 바른 상이다.

각자가 속한 형질에 맞게 음을 얻은 사람과 서로 돕고 상생하는 사람은 길하지만, 상반되고 상극하는 사람은 흉하다.

목음(木音)은 맑고 단정하며, 우렁차면서 깨끗하다. 화음(火音)은 불꽃이 폭발하는 소리처럼 초조하고 강렬하며, 바짝 말라서 거칠게 튄다. 금음(金音)은 멀리 퍼지지만 괴팍하지 않고 촉촉하면서 마르지 않은 소리인데, 울림이 있지만 흩어지지 않고 높지만 난폭하지 않아서 마치 생황을 잘 조절해서 곡을 연주하는 것 같고, 옥경(玉磬)을 흐르는 음과 같다. 수음(水音)은 원만하고 맑으며 급하면서도 여운이 있는데, 작을 때는 계곡물이 졸졸 흐르는 듯하고 클 때는 파도가 넘실

대는 듯하다. 토음(土音)은 깊고 중후하며 막힌 듯하면서도 울림이 있어, 마치 항아리 바닥이나 산골짜기에서 나는 소리 같다.

오형 중에 한 체형을 이루고, 그 몸에 맞는 음을 얻는다면 반드시 부귀하게 되고 장수를 누릴 것이다.

이것을 좀더 구체적으로 설명하면, 금성은 밝으면서 낭랑한 소리를 내야 하고 날카로운 것은 좋지 않다. 목성은 높고 막힘이 없으면서 그윽해야 하고, 쉰 듯한 소리나 깨지는 소리는 좋지 않다. 수성은 원만하고 매끄러우면서 여운이 있어야 하고, 여운이 없이 그대로 흩어지는 것은 좋지 않다. 화성은 강직함 속에 절박함이 있어야 하고, 氣가 짧은 것은 좋지 않다. 토성은 깊고 중후하면서 느리고 완만해야 하고, 탁하며 잡음이 섞인 것은 좋지 않다.

일반적으로 길한 목소리는 대부분 강직하고 부드럽고 너그러우며 울림이 있고 모여드는 듯한 느낌이 있으며, 좋지 않은 목소리는 가볍고 깨지는 듯하며 막히고 낮고 흩어지는 듯한 느낌이 있다. 이것이 바로 궁(宮 : 土)·상(商 : 金)·각(角 : 木)·치(徵 : 火)·우(羽 : 水) 오음의 정(正)과 부정(不正)이다.

3. 기식

사람의 상은 유형과 무형으로 나눌 수 있다. 신체 오부(五部) 및 정신·기색·소리 등 전자에 속하는 것들은 객관적으로 보고 듣고 만질 수 있지만, 기식(器識)처럼 후자에 속하는 것들은 객관적으로 보고 듣고 만질 수 없다. 기(器)와 식(識)은 서로 다른데, 전자는 도량을 말하고 후자는 식견을 가리킨다.

어떤 사람이 기식을 갖추었는지를 알려면 길게는 3년, 짧게는 3개월, 최소한 3일은 함께 생활해 보아야만 그 사람의 생각과 생활태도, 언행 속에서 판별할 수 있다.

세상에서 어느 정도 성공한 사람이라면 기량과 지식을 갖추었다고 볼 수 있겠지만, 반드시 도량과 식견을 갖추었다고는 볼 수 없다. 기량은 도량과 다르고, 지식은 식견과 다르기 때문이다.

도량을 갖추었다는 것은 모든 사람을 동포처럼, 우주만물을 자기 자신처럼 여기는 박애의 마음을 가지고 모든 것을 받아들이는 큰 덕이 있음을 말한다. 여기에 식견까지 갖추었다면 선견지명이 있고 마음이 사방으로 통하니 그 생각과 행동이 의식의 경직성을 초월해 있다고 할 수 있다.

그런 사람은 국경과 민족·문화·역사적인 한계와 부담을 초월할 것이며, 최소한 당파의 문제는 초월할 것이다. 비록 이런 사람이 국가의 원수가 되지 못하고, 심지어 관직이나 부귀를 누리지 못한다 해도 그가 남긴 도덕과 문장, 사상과 언행은 후세 사람들에게 수백 년, 나아가 수천 년은 족히 숭상될 것이다. 이것은 오직 도량과 식견을 갖춘 성인들만이 이룰 수 있는 것이다.

이와 반대로 비록 국가의 원수가 되었다 해도 도량이 넓지 못하고 식견이 모자라면 늘 경직된 의식을 끌어안고 있거나 사리사욕을 위해 걸핏하면 불화와 전쟁을 일으키며, 시대의 흐름에 역행하고, 국민을 박해하고 국토를 분열시키며, 국가와 민족의 이익을 방치하고 돌보지 않을 것이다.

비록 자신이 구국의 군주이고 현명한 통치자라고 선전할지라도 도량이 좁고 식견이 얕은 행실은 결국 후세인들에게 소인으로 평가될 것이다.

4. 형, 신, 소리, 기의 길흉관계

"운명의 이치는 산술에 속하고, 상의 이치는 예술에 속한다"는 말이 있다. 상리라는 것은 배관(配觀)과 가감승제(加減乘除)를 중시하기 때문이다. 관상을 볼 때는 형체를 살펴보는 것 외에 그 정신과 기색(氣色) 그리고 소리를 같이 맞춰 보아야 한다.

대략 형체에는 일생의 명리와 부귀ㆍ영고(榮枯)가 달려 있고, 정신에는 재주와 지혜ㆍ수명이 달려 있으며, 소리에는 사업과 건강ㆍ육친이 훌륭한지의 여부가 달려 있고, 기색에는 그 시점에서의 변화의 조짐에 따른 길흉화복이 달려 있다. 이것이 관상술의 절묘한 심법(心法)이다.

形은 풍족한데 神이 부족한 사람 : 사업상 작은 발전이 있지만 요절한다. 설령 오래 산다고 해도 나쁜 질환으로 고생하거나 사업 도중 운이 다해 실패한다.

形은 풍족한데 氣가 부족한 사람 : 재주와 지혜가 있고 수완이 있으나 항상 기회를 잡지 못해서 사업을 성사시키는 것이 어렵다. 성공도 많지만 실패도 많아 부귀의 기초를 세우기가 어렵다.

形은 풍족한데 소리가 부족한 사람 : 항상 고난이 많고 좌절하며 명리와는 거리가 멀다. 일생 동안 피땀 흘려 일해도 고생만 많고 성과는 적다.

神은 풍족한데 形이 부족한 사람 : 부귀와 장수를 누리며 사업이 보통 이상으로 번창하지만, 걱정 근심이 많고 일생 동안 의심과 질투가 끊이지 않는다.

神은 풍족한데 氣가 부족한 사람 : 지혜와 재주가 많지만 일생 고생이 많고 생계유지를 위해 바쁘게 뛰어다닌다. 사업상 작은 성취가 있고 옷과 재물이 나름대로 풍족하며 장수하지만, 항상 소인처럼 굴며 일을 성사시켜도 칭찬받지 못한다.

神은 풍족한데 소리가 부족한 사람 : 사업상 성공도 많고 실패도 많다. 성과를 제대로 거두기 어렵고 작은 부귀를 누릴 뿐이다. 그러나 심성이 불량하고 음탕한 것을 좋아해서 나쁜 질환이 몸에서 떠나지 않고 금전과 체력의 소모가 심하다.

氣는 풍족한데 形이 부족한 사람 : 얼마 동안 출세하고 작은 부귀를 누릴 수 있지만 오랫동안 지속시키기는 어렵다. 기색이 좋아서 출세한 사람은 난파선이 순풍을 만난 격이기 때문이다.

氣는 풍족한데 神이 부족한 사람 : 사업상 항상 호기를 맞고 귀인이 도움을 주어 중간 이하의 부귀를 누릴 수 있지만 항상 질병이 많고 수명이 길지 않으며, 종종 사업이 최고조에 달했을 때 요절한다.

氣는 풍족한데 소리가 부족한 사람 : 일생 동안 음란한 것을 탐하고 간사하며 추악한 행동을 하기 때문에 사업이 크게 번창하기 어렵고, 가까스로 남에게 얹혀 살며 고생해야 얻는 것이 있다. 수명 또한 간신히 보통 수준이다.

소리는 풍족한데 形이 부족한 사람 : 작은 부귀를 누릴 수 있지만 재물보다는 지위 쪽에 더 승산이 있다. 대부분 참모의 재목으로 쓰인다.

소리는 풍족한데 神이 부족한 사람 : 일생 동안 사업에 성공도 많고 실패도 많으며, 성격이 불량하고 기호가 상당히 편협하다. 또 지혜는 적으면서 큰 것을 도모하며, 작은 역량에 중책을 맡으며, 간사하고 무모하며 탐욕스러워서 항상 소인배에게 해를 입는다. 한때 발전하기도 하나 오래 지속하기 어렵다.

소리는 풍족한데 氣가 부족한 사람 : 작은 부귀를 누릴 수 있지만 질병이 많고, 일이 많고 생계에 허덕이며 곤궁하다. 성격이 오만해서 남들과 어울리지 않고 스스로 비범하다고 여기며, 사업상 성공도 많지만 실패도 많다.

形과 神은 풍족한데 소리와 氣가 부족한 사람 : 총명하고 지혜롭고 재주가 많으며, 부귀를 누리고 장수한다. 그러나 일생 동안 일은 많이 하는데 공들임에 비해 수확이 적고, 아주 큰 사업은 이루기 힘들며, 사업상 성공과 실패가 번갈아 나타난다.

形과 氣는 풍족한데 神과 소리가 부족한 사람 : 일생 동안 찾아오는 기회도 많고 귀인도 많아서 사업이 성공하고 명리도 얻는다. 그러나 질병이 많고 단명하며, 육친과 상극이어서 항상 가족과 친지들로부터 화를 입는다.

形과 소리는 풍족한데 神과 氣가 부족한 사람 : 육친을 홍성하게 하지만, 사업상 성공도 많고 실패도 많아 항상 곤란하고 힘든 지경에 처하게 된다. 또한 일은 많이 해도 얻는 것이 적다. 그러나 재물은 풍족하다.

神과 氣는 풍족한데 形과 소리가 부족한 사람 : 색다른 재물과 영화·명리가 있다. 사업이 번창하지만 오랫동안 유지하기는 어렵다. 일생 동안 잔병치레가 많고, 자손이 번창하지는 않지만 장수를 누린다.

神과 소리는 풍족한데 形과 氣가 부족한 사람 : 사업상 얻는 것이 없고 일생 동안 뜻을 이루지 못한다. 명리하고도 거리가 멀고 성공에도 한계가 있지만 육친이 출세하여 도움을 주며, 자신도 건강해서 병이 적고 장수한다.

氣와 소리는 풍족한데 神과 形이 부족한 사람 : 사업이 반짝 번창했다가 실패로 돌아선다. 또한 질병과 재앙이 많고 수명도 길지 않으며 자녀와 상극이다.

제2장 얼굴 오관의 상법

귀
눈썹
눈
코
입, 입술, 혀, 이

인간은 감정적인 동물이다. 얼굴의 오관은 그러한 감정표현의 매개체라고 할 수 있다. 상학에서는 눈을 정연궁(情緣宮), 눈썹은 정분궁(情分宮), 귀는 정은궁(情恩宮), 코는 정욕궁(情慾宮), 그리고 입은 정애궁(情愛宮)이라고 한다.

인상학은 한 사람의 성공, 실패, 빈부, 수요(壽夭)는 물론 건강, 지혜, 성격까지 보는 것이다. 상학을 공부하면 처음 보는 사람의 성격은 물론 일생의 길흉과 득실까지 얘기할 수 있다.

"강산이 변하기는 쉬워도 본성이 바뀌기는 어렵다"는 말이 있듯이, 사람은 누구나 자신의 운명이나 좋지 않은 성격이 바뀌기를 바라지만 개성을 바꾸는 것은 쉬운 일이 아니다. 끈기있게 계속 노력하더라도 30퍼센트 정도만 고쳐지는 것이 보통이다. 선천적인 운명이 70퍼센트이고, 후천적으로 개척할 수 있는 운명은 30퍼센트에 불과하다는 말이다.

선천적인 운명의 좋고 나쁨은 조상과 부모로부터의 유전과 관련이 있다고 할 수 있다. 예를 들어 병을 앓는 아버지와 정신상태가 불안한 어머니 사이에서는 건강하고 지혜롭고 우량한 자녀가 나오기 힘들다. 건강은 단련하면 얻을 수 있지만 선천적인 유전의 결함은 단련을 통해 메울 수 없다. 기껏해야 병을 줄이고 수명을 조금 연장할 수 있을 뿐이다. 그러나 이와 달리 지혜는 독서 등의 수단을 통해 습득할 수 있다. 오늘날 저학력으로도 높은 성취를 이룬 기업가들을 많이 볼 수 있는데, 이것으로 지혜는 끝이 없이 넓다는 것을 알 수 있다.

학문과 지혜를 비교해 볼 때, 전자는 단지 작은 우물일 뿐이고 후자는 큰 강 또는 바다라고 할 수 있다.

지혜가 있는 사람은 책을 읽지 않더라도 뜻을 이룰 수 있다. 또한 학교에 가서 공부하지 않더라도 언제 어디서나 자신을 수양하고 학문을 얻을 수 있다. 이렇게 볼 때 30퍼센트의 후천적 운명도 중요함을 알 수 있다.

귀

1. 부위의 특성

달마상법에서는 얼굴은 10점, 눈은 5점, 이마 · 코 · 광대뼈 · 턱은 각각 1점, 그리고 눈썹 · 귀 · 입 · 이를 합쳐서 1점이라고 했다. 또 "부귀한 사람이라고 해서 꼭 좋은 귀를 가지고 있는 것은 아니지만 반드시 좋은 눈은 가지고 있다. 반대로 빈천한 사람이라고 해서 꼭 나쁜 귀를 가지고 있지는 않지만 좋은 눈은 없다"라는 말도 있다. 이것만 보면 귀의 모양이 한 사람의 일생에 미치는 영향은 그리 크지 않다고 생각할 수 있다.

그러나 "귀는 얼굴의 관속(關屬)이다", "귀는 복성(福星)이다"라는 말과 함께 관상에서 귀는 무척 중요시되고 있다.

좋은 귀의 표준을 가지고 있는 사람은 큰 뜻을 이루고 성공을 거두는 것이 한층 수월하며, 유년기의 생활이 풍족하고 부모와의 정 또한 깊다. 그런 사람에게는 인생의 성취와 수확이 자연스럽게 다가오므로 특별히 고심하여 노력할 필요가 없다. 심지어 나이가 들어서도 삶을 한가로이 누릴 수 있다.

반대로 귀의 모양이 표준에 미치지 않는 사람은 설령 일생에 큰 성취와 수확이 있었다 해도 그것을 얻는 데까지 많은 힘이 들게 된다. 반드시 가난과 고생을 맛보게 되며, 온갖 장애를 극복한 후에야 비로소 성공을 거둘 수 있다.

귀는 또한 우리의 심성과도 특별한 관련이 있다. 귀는 듣는 것을 담당하고 있기 때문이다. 귀가 착한 사람은 모든 소리가 착하게 들린다. 따라서 좋은 생각만 머릿속에 담아두게 된다. 반대로 귀가 악한 사람은 모든 소리가 악하게 들리므로 머릿속에 나쁜 생각만 담아두게 된다. 고집스럽고 비열한 사람은 좋은 말을 해도 귀를 막고 들으려 하지 않는다.

그리고 귀는 신체 내부기관의 축소판이라고 할 수 있다. 귀의 생김새와 기색을 통해 선천적 내부기관이 우량한지 그렇지 않은지, 후천적인 건강상태가 어떤지를 분명하게 알 수 있다.

이것을 좀더 구체적으로 살펴보면, 귓불 부위는 두뇌조직·신경계·내분비 계통·눈 등의 내부기관과 밀접한 관계가 있고, 귀의 중간 부분은 심장·폐·간·쓸개·콩팥·위·대장·소장 등의 내부기관과 관계가 있다. 또 바깥쪽의 윤(輪)과 안쪽의 곽(廓)은 척수·흉강·목·사지 등의 기관과 관계가 있다. 나아가 양쪽 귀에는 각종 미세한 혈관 및 신경조직이 퍼져 있다.

한편 신체의 골격 및 내부기관이 완전히 발육되기 전인 15세 미만이라면 얼굴형과 체형에는 어느 정도의 변화가 있지만, 귀의 형태는 태어나서부터 시종일관 변하지 않는다.

2. 사업성패 및 시기

- 귀는 크고 견고하며 두꺼운 것이 좋은 형이다. 귓불(耳垂)이 둥글고 크며 코끝 이하로 자란 귀를 수견이(垂肩耳)라고 하는데, 크게 귀하게 되며 장수할 상이다. 단 입아귀는 반드시 위를 향해 있어야 하고, 인중은 위쪽은 좁고 아래쪽은 넓어야 한다. 또 턱이 위로 들려 있는 등 다른 부분까지도 결함이 없으면 길함이 증가하지만, 그렇지 않으면 반감된다.
- 귀는 크기를 막론하고 형태가 분명해야 한다. 좋은 귀는 두껍고 크며 바르고 단정해야 한다. 귓불은 부드럽고 두꺼워야 하며, 귀의 피부색은 얼굴보다 희어야 한다. 또 왼쪽 귀는 희고 오른쪽 귀는 단단해야 좋다. 이것이 바로 표준적인 귀의 모양으로, 기타 다른 기관과 상응하면 크거나 작은 성취를 이룰 수 있고 좌절하지 않는다. 또한 이런 사람은 착한 성격을 가졌으며 온순하고 성실하다.
- 귀는 견고하고 두꺼운 것이 좋다. 머리에 바짝 붙은 귀를 첩뇌이(貼腦耳)라고 하는데, 이런 사람은 사려가 깊고 성격이 세밀하며, 심지가 깊고 계략에 능하다. 비록 재물이 부족할지라도 장수는 누릴 수 있다.
- 귀가 주전자 손잡이처럼 높이 솟아(천륜(天輪)이 뒤를 향해 높이 솟은 모양) 있고, 귓불이 두껍고 크며 천창(天倉)을 향해 있는 것을 제귀(提耳)라고 하는데, 청년기에 이미 명예와 재물을 겸비하게 된다.
- 귀의 위치가 눈썹을 넘는 것이 가장 좋다. 이런 사람은 생각이 고상하고 우아하며 지혜 또한 많아 중년의 운이 순탄하다. 게다가 다른 오관과도 잘 조화된다면 크게 성공하고 장수한다. 만약

귀가 눈보다 높고 다른 기관과 잘 상응한다면 사람을 다스리는 재능이 있고 다른 사람의 눈에 띄게 되어 관직과 재물의 운이 순조롭게 이어진다. 그러나 만약 귀가 눈보다 낮으면 호랑이가 용을 기만하는 격이 되어 중년기에 운이 따르지 않고 명을 재촉할 수 있다. 귓불이 없는 사람은 더 심하다.

- 귓구멍이 넓고 깊으면 지혜와 계략이 원대하며 성격이 활달하다. 평생토록 운이 따르므로 성공할 수 있는 기회가 많다. 그러나 인중이 좁고 혀가 뾰족하며, 목소리 또한 여리고 목이 가늘면 길함이 반감되어 큰 인물이 되기 어렵다.
- 귀의 살이 얇고 산근(山根)이 낮은데다가 입이 들리고 가슴이 나온 사람은 인생이 순탄치 않아 곤경에서 빠져나오기 힘들며 매우 고생하게 된다.
- 귀가 엎드려 붙어서 정면에서 잘 보이지 않는 경우에 귓불의 기색이 선명하며 윤기가 돌면 현재의 일이 형통할 운이다. 단 비만한 사람은 반드시 귀가 얼굴에 바짝 붙어야 하며, 마른 사람은 상관없다. 여기에 귀가 눈썹보다 높다면 사리에 통달하고 현명하며 비범한 인물이다. 그러나 입술이 붉지 않고 이가 희지 않다면 복이 반감한다.
- 귀의 위치가 서로 다르고 두 눈이 일그러진 사람은 41~45세 사이에 사업에 실패하여 재산을 잃거나 혹은 건강이 나빠지거나 외상을 입을 수 있다.
- 귀의 위치가 서로 다른데, 코의 산근이 낮거나 연수(年壽)가 왜곡되고 뼈가 드러난 사람은 31~40세 사이에 사업에 실패하여 재산을 잃을 수 있다.
- 귀에 윤과 곽이 있고 앞쪽으로 기울어져 있는 모양을 하고 있어 마치 연의 꽃잎 같으며 동시에 귓구멍이 넓은 귀를 녹이(鹿耳)

라고 한다. 성격이 정교하여 어떤 사물에서도 쉽게 뜻을 얻는다. 그러나 평생토록 재산을 모으기는 어렵다.
- 귀에 윤도 없고 곽도 없는 귀를 저이(猪耳)라고 하는데, 평생 사업이 순조롭지 못해 성공하기 어렵다. 심지어 천수를 다하지 못할 수도 있다.
- 귀의 윤곽이 분명하고 살이 얇은 사람은 이름을 떨칠 수 있다. 단 상업에 종사하는 것은 좋지 않다. 그러나 문학이나 예술방면은 괜찮다. 모양은 좋으나 준두(準頭)가 풍만하지 않은 경우라도 명성을 얻을 수 있다.
- 귀의 윤은 뒤집힐 수 없고 곽은 드러날 수 없다. 그러나 만약 윤이 뒤집히고 곽이 드러나면 총명하고 능숙하며 노련하다. 단 재산을 지킬 수 없어 짧은 순간에 파산할 수 있다.
- 귀의 윤이 난잡하게 돌출된 귀를 금목개화(金目開花)라고 한다. 여기에 윤이 날아가는 듯하고 곽이 뒤집힌 사람은 어릴 적부터 집이 빈곤하여 평생 고생스럽다.
- 귀에 천륜(天輪)은 있으나 지륜(地輪)은 없다면 사업의 성패가 수시로 변할 수 있다.
- 곽이 드러나고 첩뇌이이며 귓불이 있는 사람은 모든 일이 순조롭게 풀리고 성공을 거듭한다.
- 곽이 뒤집혀 있고 윤이 없거나 이마에 횡문이 어지럽게 나고 산근이 끊어진 경우는 청소년기에 운이 따르기 어렵다.
- 곽과 윤 또는 귓구멍 안에 사마귀가 있는데 눈썹과 코의 상이 좋지 않은 사람은 행동할 때 이성보다 감정이 앞서며, 30~50세 사이에 운세가 나쁘게 변할 수 있으니 조심해야 한다. 특히 소송이나 시비를 조심해야 한다.
- 귀는 크나 입술이 얇으면 행복과 융성함이 없어 불행한데, 만년

에는 더욱 심할 수 있다.
- 귀는 크나 눈이 작으면 인생이 순조롭지 못하고 사업에서 성공이 적다.
- 귀 양쪽의 크기와 높이가 다르면 평생 장애가 많고 성공하기 어렵다. 게다가 귀의 형태가 왼쪽은 좋지 않고 오른쪽은 좋다면 금극목(金剋木)이 되어 유년 시절이 불우할 뿐만 아니라 평생토록 모든 일이 순조롭지 못하다.
- 귀는 비록 크지만 형태가 열악하고 귓불이 없거나 귀의 위치가 특히 높은 것을 화살귀[箭耳]라고 한다. 이런 사람은 재능과 지혜는 있지만 과장이 심하고 성실함이 부족하다. 자기 재능만 믿고 남을 업신여기며, 뜻은 높지만 실제 능력은 부족하다. 게다가 고집이 세어서 자기만 옳다고 여기며, 자포자기하는 때가 많다.
- 귀가 크고 살이 말랑말랑하며 윤곽이 분명하고, 풍당(風堂)이 솟지 않고 귓구멍이 큰 것을 여이(驢耳)라고 한다. 이런 사람은 의심이 많고 무능하며 탐욕스럽고 음란하다. 또한 육친간의 도움도 적은데, 만약 목수이형(木水二形)인 사람과 결혼하면 중년에 어느 정도 재물운이 있을 수 있다.
- 귀는 작지만 코가 크면 평생 고생만 하고 재물을 모으기 어렵다.
- 귀는 작지만 윤과 곽이 바짝 접혀 있고, 육질이 두툼하고 섬세하며, 귀가 팽팽한 활시위 같고, 귓불이 입을 향해 있으며, 귀가 얼굴색보다 하얗거나 첩뇌이이며 눈썹보다 높은 것을 기자이(棋子耳)라고 한다. 이런 사람은 자수성가로 부귀를 기대할 수 있으며 중년에 큰돈을 벌 수 있다.
- 귀가 작고 비스듬하며, 귀의 윤이 접혀서 펴지지 않았고, 귓불이 없는 귀를 서이(鼠耳)라고 하는데, 범죄를 저지르기 쉽다.
- 귀 옆 명문(命門)에 구레나룻이 지나치게 많고 인중에 콧수염이

없으면 35세 이후의 운이 순조롭지 못하며 크고 작은 시비가 많다. 자칫하면 관직을 잃을 수도 있으니 조심해야 한다.
- 귀가 잘생기고 귓구멍이 크며, 귓불이 두껍고 이마로 향한 사람은 15세 전에 이미 운이 따른다. 예술 계통에 종사하면 명성과 재물을 함께 얻을 수 있다.
- 첩뇌이이며 귓불이 두껍고 크면서 눈썹이 분명하고 눈이 아름다운 경우, 또는 코와 광대뼈가 두드러진 경우는 40세 전에 큰 행운이 있다.
- 귓불이 입을 향한 사람은 50세 이후의 운이 순탄하다. 만약 다른 기관과 조화를 이루었다면 노년운 역시 좋다. 특히 여성은 뛰어난 내조로 남편에게 큰 도움을 준다. 그러나 귓불 뒷면이 오목하게 들어갔다면 운이 약해진다.
- 귓불이 없는 사람은 사업을 시작하거나 재물을 모으기가 어렵다. 만약 이미 풍요롭다면 만년에 재산이나 직장을 잃을 수 있고, 아니면 건강을 크게 해친다.
- 귓불에 사마귀가 있으면 평생 동안 재산이 풍부하다. 단 재물의 다과는 그 사람의 인격에 의해 결정된다.
- 젊었을 때 귀에 생기가 없으면 커서 가난하고 뜻을 이루지 못한다. 중년에 귀에 생기가 없다면 운이 따르지 않고, 노년에 귀의 생기가 없어졌다면 1~2년 내에 사망하게 된다.
- 귀의 색깔이 빛나는 흰색이고 귓불이 붉으면 번영할 운세이다. 두 귀가 모두 선홍색이고 윤택하면서 관록궁 및 천이궁의 기색까지 밝은 사람은 반드시 높은 지위에 오른다.
- 귀의 기색이 얼굴보다 좋지 않으면(특히 귓구멍) 운세가 순조롭지 못하고 사업에 실패할 수 있다. 반대로 얼굴의 기색은 아름답지 못하지만 귀의 기색이 영롱하고 깨끗하다면 운이 좋다.

- 금형인의 귀는 희고 긴 금이(金耳)가 좋으며, 날카롭고 곽이 드러난 화이(火耳)는 좋지 않다. 단 어려서 액을 당할 수 있으니 주의해야 한다. 만약 귀의 모양이 둥글고 두터운 수이(水耳)라면 금형대수(金形帶水)로 부와 명성을 함께 얻는다.
- 목형인은 귀가 길고 단단하며 마른 목이(木耳)가 좋다. 만약 귀가 날카롭고 곽이 드러나 있는 화이라면 목형대화(木形帶火)로 길하다. 그러나 금이는 목형대금(木形帶金)이 되어 흉상으로 취급한다.
- 수형인의 귀가 둥글고 두꺼우며 첩뇌이라면 수이(水耳)로서 좋다고 할 수 있다. 그러나 만약 선풍이(扇風耳)라면 물을 범한 것이 되어 평생 실패가 많다.
- 화형인의 귀는 날카롭고 긴 화이여야 한다. 마르고 단단한 목이 역시 길하다. 그러나 둥글고 두꺼우며 검은 수이라면 화형대수(火形帶水)로 빈곤하고 단명한다.
- 토형인은 귀가 크고 귓불이 두꺼워야 토이(土耳)라고 할 수 있다. 만약 마르고 긴 형태의 목이라면 토형대목(土形帶木)으로 평생 실패를 겪는다.

3. 가족관계 및 혼인과 자녀

- 남좌여우(男左女右), 즉 왼쪽 귀는 아버지로부터 유전되고, 오른쪽 귀는 어머니로부터 유전된다. 수태시 부모의 몸과 마음이 건강하고 성격과 품덕이 우량한 경우, 보통 귀가 아름다운 사람이 태어난다. 특히 귓불이 있는 사람은 부모와 조상의 음덕이 많이 쌓였다는 증거이다. 귀의 모양이 좋지 않다면 수태시 부모의 몸

과 마음이 좋지 않았을 뿐 아니라 부모의 성격과 품덕이 좋지 않았다는 증거가 된다.
- 왼쪽 귀의 윤이 발육부진이면 아버지와 잘 맞지 않고, 오른쪽 귀의 윤이 발육부진이면 어머니와 잘 맞지 않는다. 그리고 어린 시절에 집을 떠나 가족과 정을 나누기가 어려우며, 타향에서 객사할 수 있다. 두 귀의 모양이 일치하면 길상이고, 일치하지 않으면 금목상(金木相)으로 서로를 극하여 좋지 않다. 단 왼쪽 귀가 오른쪽 귀보다 하얗고, 오른쪽 귀가 왼쪽보다 단단하다면 우려하지 않아도 된다.
- 두 귀의 윤곽이 분명하고 견고하며 맑거나, 눈썹이 뛰어나게 아름다우며 미간이 주름이 없이 평탄하고 사마귀가 요(凹) 자처럼 움푹 들어간 경우에, 눈썹이 미간을 덮지 않고 목이 튼튼하며 곧다면 40세 전에는 부모가 건재하다.
- 두 귀가 얇고 여리며, 윤이 갖추어져 있지 않고 곽이 뒤집혀 있으며, 구레나룻이 눈썹을 누르면 神이 흐리고 氣가 탁하다. 이런 사람은 40세 전에 부모를 여읜다.
- 귀의 천륜이 날카로운 사람은 안정된 가정을 이루기 어렵고 평생 고생스럽다.
- 귀에 곽도 없고 윤도 없다면 대를 이을 자손이 없다.
- 귀의 곽이 윤의 밖으로 노출되었다면 비록 큰 성공은 거두지 못하더라도 꾸준히 발전한다. 그러나 부모나 가족과의 연분이 적어 조상을 버리고 고향을 떠날 수 있다.
- 윤이 뒤집히고 근령골(根靈骨)이 없다면 부모와 잘 맞지 않는다. 단 귓불이 있으면 괜찮다.
- 두 귀에 곽이 없는 남성은 연약하고 무능하며 독신으로 지내거나 늦게야 혼인할 수 있다. 만약 곽이 왼쪽 귀에는 있는데 오른쪽

귀에는 없을 경우 어머니를 극하고, 반대인 경우에는 아버지를 극한다.

- 첩뇌이이고 윤곽에 결함이 없으면 혈육간의 정이 깊어 가족이 번성하고 가운(家運) 또한 좋다.
- 귀가 잘생기고 귀의 살도 두꺼우며 색도 투명하고 흰데다 이마 역시 좋다면 부유한 관리의 집안에서 태어나고 청년기에 뜻을 이루어 평생 믿음직스럽다.
- 귀의 색이 얼굴보다 하얗고, 코의 기색 또한 밝으며 매끈매끈하면 현명하고 지혜로운 아내를 얻는다.
- 귓구멍에 핏대가 있으면 아내에게 병이 있을 수 있거나 방사(房事)에 비협조적일 수 있다.
- 귀가 작고 입이 크면 남녀를 막론하고 딸이 많고 아들이 적다. 물론 눈썹, 눈, 코, 인중, 결후 등과의 조화도 따져보아야 한다.
- 귀가 작고 얇으며 귓불이 없으면 자녀를 갖지 못할 수 있다. 귀가 검다면 더욱 그렇다. 귀가 얇지만 나중에 귓불이 생겼다면 자녀가 생길 수 있다.
- 귀의 살이 얇고 앞으로 기울어진 귀를 선풍이라고 하는데, 무정하게 고향을 떠나 조상과 헤어진다. 또 선조의 유산을 얻지 못하고 재산을 탕진한다. 만약 귀가 얇고 뒤로 향했다면 일처리에 무능하고 딸을 많이 낳는다.
- 귀가 한쪽은 좋고 한쪽은 나쁘면서 이마의 상이 좋고 산근이 높이 솟아 있으면 어린 시절 집안이 부유하지만 부모〔左父右母〕를 극하게 된다. 만약 이마가 좋지 않은데다가 산근이 낮게 패였다면 가정형편이 좋지 않고 부모를 극한다.
- 왼쪽 귀가 오른쪽 귀보다 풍만한 사람은 동성과의 친분이 좋다. 오른쪽 귀가 왼쪽 귀보다 풍만하면 이성과의 친분이 좋다.

- 귀가 한쪽은 크고 다른 한쪽은 작다면 출생 시 난산일 확률이 높으며, 어머니가 두 명 있을 수 있다. 또 본인도 재혼하기 쉽다.
- 귀의 모양이 날카롭고 위치가 낮으면 재능과 지혜가 많지 않고 부모를 극한다. 또 조상의 사업을 이어받지 못하고 평생을 무능하게 보낼 수 있다.
- 윤의 상반부가 날카로우면 부모를 극하고 자주 거처를 옮기게 된다. 윤의 상반부가 늘어지고 오그라들었으면 부모가 늙어서 곤경에 빠질 수 있다.
- 윤과 곽 사이의 틈을 친구(親溝)라고 하는데, 이것이 깊을수록 어린 시절 부모와 나눈 정이 깊다. 친구가 깊지 않고 형태 또한 분명하지 않으면 가족과의 정이 부족할 수 있다.
- 귓불 위쪽에 있는 빈틈을 이구(耳溝) 또는 친혈문(親穴門)이라고 하는데, 보통 이구가 넓은 사람은 어린 시절에 구속을 받지 않고 자랐기 때문에 말을 잘 듣지 않는다. 이구가 밖으로 뒤집혔다면 비록 개구쟁이였지만 철이 빨리 든다. 만약 이구가 좁고 작다면 영특해서 많은 사랑을 받는다.
- 귓불이 깊은 주름으로 인해 반으로 나뉘어 수(垂)도 있고 주(珠)도 있는 경우는 매우 드물지만, 사람됨이 열성적이고 효심이 깊다. 그러나 만약 주름이 깊고 모양이 그물 같으면 유년 시절의 생활이 좋지 않아 평생 어렵게 살 수 있다.
- 귓불이 없으면 사람과의 인연이 좋지 않고, 인생여정 중 근심거리를 쉽게 만날 수 있다. 또한 만년에는 외롭고 쓸쓸함을 면하기 어렵다.
- 귓불이 뒤로 뒤집혀 있거나 뒷면이 비어 오목한 경우 남자라면 아들이 적고 딸이 많으며, 여자라면 남편복이 없고 남편과 이별할 수 있다.

- 이문(耳門 : 귓구멍) 안에 검은 사마귀가 있으면 신용을 잘 지키고 약속을 중히 여기며 자손이 귀하게 된다. 그러나 흑점은 길함을 반감할 수 있다.
- 귀 옆의 명문이 낮게 패인 사람은 결혼생활이 원만하지 않고 자녀도 얻지 못한다.
- 명문과 귀의 간격이 넓을수록 좋은데, 이런 사람은 도량이 넓고 지혜도 많다. 명문이 좁으면 어리석고 단명할 수 있다.
- 명문에 구레나룻이 없는 사람은 성격이 냉담하고 독하며 이기적이다. 부부간의 정 또한 박하여 부인이 고생하게 된다. 구레나룻이 귓불까지 이르면 감정적으로 일을 처리하기 쉽고 중년에는 사업에 실패할 수 있다. 단 이때 눈썹과 수염이 짙으면 삼농격(三濃格)이므로 걱정하지 않아도 된다. 이런 경우는 출세가 빠르다. 그러나 머리털은 짙으면 좋지 않고 오히려 대머리가 좋다.
- 구레나룻이 귀의 반까지 이르는 사람은 성격이 좋으나, 구레나룻이 짙고 수염이 없으면 대부분 신분이 낮고 천하다. 만약 광대뼈가 없고 귀밑머리도 없다면 평생 친구와 사회로부터 도움을 받기 어렵다. 또 머리털이 굵고 구레나룻이 짙으면 평생 고생하며 부부간의 감정도 좋지 않아 부인이 고생할 수 있다. 눈썹이 성기고 구레나룻이 없으면 노년이 고독하고 빈곤하다. 구레나룻이 어지럽게 볼까지 난 것을 야호빈(野狐鬢)이라고 하는데, 성격이 교활하고 의심이 많다.

4. 건강과 성격

- 귀는 신장의 관문이다. 귀의 윤이 위축되는 것은 신장의 원기가

부족한 탓이다. 신장이 좋지 않으면 귀의 색깔이 천천히 검게 변하여 탄 것처럼 까맣게 되며, 냉하면서 생기가 없게 된다. 이것은 청각에도 영향을 미칠 수 있다. 대체로 귀의 색이 검게 변하거나 냉한 것은 신장에 병이 있는 것이고, 생기가 없고 검게 되는 것은 신장의 물이 고갈된 것이라고 볼 수 있다. 이런 경우 곧 사망할 수도 있다. 보통 귀가 좋지 않은 기색으로 변하면 건강이 좋지 않다는 징조이며, 그 사람의 운세에도 좋지 않은 영향을 미치게 된다.

- 귀가 크면 신장도 크고, 귀가 작으면 신장도 작다. 귀가 곧으면 신장도 곧고, 귀가 견고하면 신장도 튼튼하다. 귀가 얇으면 신장도 약하고, 귀가 낮게 있으면 신장도 아래에 있다. 귀가 크고 얇으면 허리가 쑤시고 등이 아픈 병이 우려되고, 귀가 낮으면 좌골신경계의 병이 우려된다. 귀가 얇은 사람은 비뇨기 기능이 떨어지고, 귀가 두툼하고 단정한 사람은 신장 기능이 좋다.

- 귓구멍이 넓고 큰 사람은 총명하며 배우기를 좋아한다. 귓구멍이 좁아 손가락이 들어가기 어려울 정도라면 지능에 장애가 있고 어리석으며 사리에 어둡다. 그리고 단명할 상이다.

- 귓구멍이 크면 다방면에 재능이 있고 지혜가 많아 한 가지 일로부터 다른 것을 미루어 알 수 있다. 특히 이해력이 뛰어나고 기억력도 좋다.

- 귀가 두툼하고 길면 장수할 상이다. 만약 귀 안에 털이 났다면 80세 이상까지 장수하고, 목이 가늘고 길며 기색이 맑으면 90세 이상까지 장수할 수 있다.

- 귀 뒤의 영양골(靈陽骨)이 지나치게 높거나 크면 장수할 수는 있으나 생활이 고생스러우며 고독한 경우가 많다.

- 귀가 앞으로 기울어져 있고 첩뇌이가 아닌 사람은 총명하고 기

억력이 좋으며 표현하기를 좋아한다. 그러나 기회를 틈타 교묘하게 이득을 취하고, 말을 많이 하여 시비가 잦을 수 있다.
- 귀가 뒤로 잡아당겨진 듯한 모양을 한 사람은 자신을 보호할 줄 알고 명예심이 강하며 지능과 이해력도 뛰어나다.
- 귀가 크고 입이 작은 경우는 수극화(水剋火)가 되어 단명할 수 있다.
- 귀의 형태가 크고 날카로우며 귓불이 없으면 고집이 세어서 남에게 굽히지 않으며, 주관이 강해 좀처럼 다른 사람들과 어울리기 어렵다.
- 귀가 짧고 작으면 믿음이 부족하고 의지가 확고하지 않으며 소심하다. 귀의 살이 얇을 경우에는 단명할 수도 있다.
- 귀가 작으면 다른 상이 우수함에도 불구하고 발전이 더딘 경향이 있다. 윤이 분명하지 않거나 귀의 살이 얇아도 마찬가지이다.
- 귀가 작고 얼굴이 큰 사람은 성격이 교활하고 진실되지 못하다. 여기에 코가 비뚤어지고 사시(斜視)이면 충성심이 없고 의롭지 못하며 효심 또한 깊지 않다. 대개 바르지 못한 길을 걷게 된다.
- 귀의 앞뒤에 핏줄이 있으면 뜻밖의 재앙을 겪을 수 있다.
- 윤이 날카롭고 작으며 귓불이 없는 사람은 성격이 괴팍하고 잔인하다. 도량도 작고 고집스러우며 비열하고 이기적이므로 평생 외롭고 가난하다. 여기에 기타 다른 오관과 상응하지 못하면 반드시 형벌을 받게 된다.
- 윤의 겉이 뒤집혀 있거나 날카로운 사람, 귀의 위치가 낮으며 앞쪽으로 기울어지고 첩뇌이가 아닌 사람은 품덕이 낮고 단명할 상이다. 만약 육요가 급박하고 눈에 살기가 있다면 범법자가 될 수도 있다.
- 윤이 풍만하고 둥글며 살이 두껍거나 곽이 드러나지 않은 경우

는 남녀를 막론하고 인간관계가 좋으며 교제에 수완과 융통성이 있어 조직을 통솔하는 위치에 서게 된다. 반대로 윤에 흠이 있고 곽이 노출되었다면 성격이 좋지 않고 고집이 세어 인간관계가 좋지 않다.
- 귀보다 뺨이 더 잘 보이고 천륜이 높이 솟은 사람은 어질고 의롭지 못해서 은혜를 원수로 갚는다. 만약 눈에 살기까지 있으면 성격이 흉포하고 중년에 비명횡사할 수 있다.
- 귀의 상반부가 하반부보다 넓고 두터운 사람은 일을 처리하는 데 사려와 세밀함이 부족하다. 그러나 행동이 빠르고 책임감이 강하다. 하반부가 상반부보다 넓고 두터운 사람은 일을 처리하는 데 치밀하고 빈틈이 없다. 귀의 중간 부위가 넓고 두터운 사람은 창조력이 뛰어나고 용기가 있으며, 현실적인 성과를 중히 여긴다.
- 귀의 곽이 돌출된 사람은 성격이 외향적이고 고집이 세지만, 총명하고 적극적이며 자립심이 강하다.
- 귀의 풍당이 작고 솟지 않은 사람은 유년 시절의 건강이 좋지 않아 장수하기 힘들다.
- 귀의 윤곽이 분명하고 천륜에 흠이 없으며 뒤집히지 않은 사람, 또한 눈썹에 숨털이 났으며 연수가 두툼한 사람, 인중이 분명하고 턱이 넓고 두꺼운 사람은 80세 이상까지 장수할 상이다.
- 윤과 곽이 없는 저이는 천수를 다하기 어렵고 단명할 상이다.
- 귀가 크고 눈이 작은 것을 금상목(金傷木)이라고 하는데, 이런 사람은 우매하고 무지하며 타고난 성질이 어리석고 졸렬하다.
- 귀 옆의 구레나룻이 귀 길이의 2분의 1을 넘겨 난 경우에는 길면 길수록 고생한다. 의협심이 강해서 불공평한 일을 보고 그냥 지나치지 못하며, 억눌리고 수모 받는 약한 자의 편을 들기 좋아하기 때문이다.

- 귓불이 두껍고 입을 향했다면 외향적이고 정열적이며 활달한 성격을 가지고 있고, 다복하고 장수하며 지혜롭다. 귓불이 얇고 작으며 뒤로 향한 사람은 성격이 냉담하고 내향적이고 소극적이며 근심이 많고 명랑하지 못하다. 이런 사람은 친화력이 부족하고, 만년에 행복과 장수를 누리기 어렵다.
- 귓불이 얼굴 부위에 바짝 붙어 있는 사람은 기지가 넘치고 잔재주가 많다. 귓불이 없다면 인색하고 고지식하지만 자기 자신을 보호할 줄 안다.
- 귓불에 사마귀가 있는 사람은 총명하고 재주가 많다. 또 효심도 깊으나 수재(水災)를 조심해야 한다.
- 귓불이 발달된 사람은 대개 귀 뒤의 근령골 및 경주양골(頸柱陽骨) 역시 발달해 있다. 이것은 소뇌 및 신장의 기능이 좋다는 증거이다. 이런 사람은 낙관적이고 진취적이며, 머리가 똑똑하고 성격이 유쾌하며 장수한다. 반대로 귓불이 없는 사람은 내분비 계통의 발달이 좋지 않으며, 걱정과 근심이 많고 몸이 약하여 장수하기 어렵다.
- 명문에 직문이 나타난 사람은 신장의 원기가 점점 쇠퇴하고 청각에도 지장이 있을 징조이다. 일을 처리하는 데는 여유가 있으나 능력이 부족한 면이 있다.
- 명문에 사마귀가 있으면 일생에 큰 재난이 있을 수 있다. 또 일을 할 때에 시작은 거창하나 끝을 맺지 못하며, 일관성 및 의지와 기백이 부족하다. 만약 검은 점이라면 흉이 반감될 수 있다.
- 귀 뒷면에 사마귀가 있는 사람은 주관이 강하고 고집이 세어서 충언조차 거슬려 한다. 또한 자칫 타향에서 객사할 수 있다.
- 귓구멍 안에 검고 빛나는 사마귀가 있는 것은 장수할 상이다. 사마귀가 왼쪽 윤상에 있으면 총명하고 감정을 중요시 여기며 대

답이 확실하다. 흑색 반점인 경우는 길함이 반감될 수 있다. 그러나 사마귀나 점을 막론하고 유년 시절에 중병을 앓을 수 있다.

5. 여성의 귀

- 귀가 크고 살이 두터우며 마치 엎드려 붙어 있는 듯하면서 윤도 있고 곽도 있거나, 귀의 위치가 눈썹보다 높으며 귓불이 코끝을 넘어설 정도로 긴 여성은 비록 높은 지위에 오르지 않더라도 큰 부와 장수를 누릴 수 있다.
- 귓불이 머리를 향해 뒤집혔다면 결혼생활이 원만하지 않아서 설사 이혼하지 않더라도 남편에게 사랑받기 어렵다. 또한 이런 여성의 소뇌는 발육이 부진하며 내분비가 부족하다.
- 구레나룻이 귀의 2분의 1을 넘는 것은 좋지 않다. 구레나룻이 길면 길수록 음란하며, 남편을 누르려고 한다. 여기에 머리털이 많고 뼈가 굵으면 이 같은 경향이 더욱 심하다.
- 귀가 작고 얼굴이 크면 남편을 제압하고, 고생과 빈천을 면하지 못한다.
- 단단하고 둥글며 두꺼운 귓불이 있는 귀, 즉 기자이를 가진 여성은 천성이 어질고 총명하다. 반드시 귀한 아들을 낳고 부부간의 사랑이 깊어 행복한 삶을 누린다.
- 수이라면 화형인을 제외하고는 길하다. 심성이 유순하며, 근검절약하여 재산을 모으고, 남편의 신수가 좋아 집안을 일으켜 세운다. 또 부부간의 감정이 더욱 두텁게 된다.
- 토이라면 목형인을 제외하고는 길하다. 심성이 어질고 착하며, 헛된 영화를 바라지 않고 근면하고 알뜰하게 집안살림을 꾸리고

장수한다.
- 화이라면 목형인은 가장 좋으나 다른 형인 사람은 좋지 않다.
- 목이라면 혈기가 왕성하지 않고 병이 있을 수 있어 장수를 누리기 어렵다. 또한 성격이 좋지 않아 육친을 극하며, 시부모와 남편에게도 사랑받기 어렵다.
- 금이라면 총명하고 유능하며 노련하다. 강하면서도 부드러운 성품으로 남편을 도와 사업을 일으켜 부를 이룩할 수 있다.
- 귀가 크고 윤곽이 불분명하며 풍당이 일어나지 않은 저이를 가진 여성은 우매한데다 성미 또한 거칠고 급하다. 이런 여성은 육친을 극하고, 자녀가 우수하지 못하며, 결혼생활도 원만치 않아 많은 장애가 따른다.
- 귀가 얇고 코가 높으면서 가슴이 오목하고 입이 들려 있고 체취가 심한 여성은 옛날 같으면 반평생이 노비의 상이다. 부귀한 남편을 만나기 어렵고 심지어 남편을 극하기도 한다.
- 왼쪽 귀가 두꺼우면 남아를 먼저 낳고, 오른쪽 귀가 두꺼우면 여아를 먼저 낳는다.
- 오른쪽 귀의 윤과 귓불이 뒤집힌 것은 금극목이 되어 남편을 극하는 것으로 본다. 왼쪽 귀의 윤과 귓불이 뒤집힌 여성은 혼인이 원만히 이루어지지 않고, 부부생활 역시 화목하지 못하다. 두 귀가 모두 뒤집혔다면 남편과 자녀를 극한다.
- 귀에 윤이 없는 것은 자녀를 극하고 남편을 형하며 살기가 있는 상이다.
- 귀의 곽이 노출된 여성은 부모를 극하거나 일찍 헤어져 육친의 정을 나누기 어렵다. 또 성격이 급하고 편협하며 질투심이 강하다. 그러나 첩뇌이라면 흉이 반감될 수 있다.
- 귀에 곽이 없으면 남편을 극하거나 첩이 된다. 그러나 녹이는 괜

찮다.
- 귀에 귓불이 있으면 성격이 명랑하고 인상이 좋아 남성에게 쉽게 사랑받는다.
- 귀의 색이 붉고 얼굴이 하얀 사람은 음란하다. 만약 구레나룻이 짙고 머리카락이 두껍다면 극음(極淫)의 상이다.

귀 각 부분의 명칭

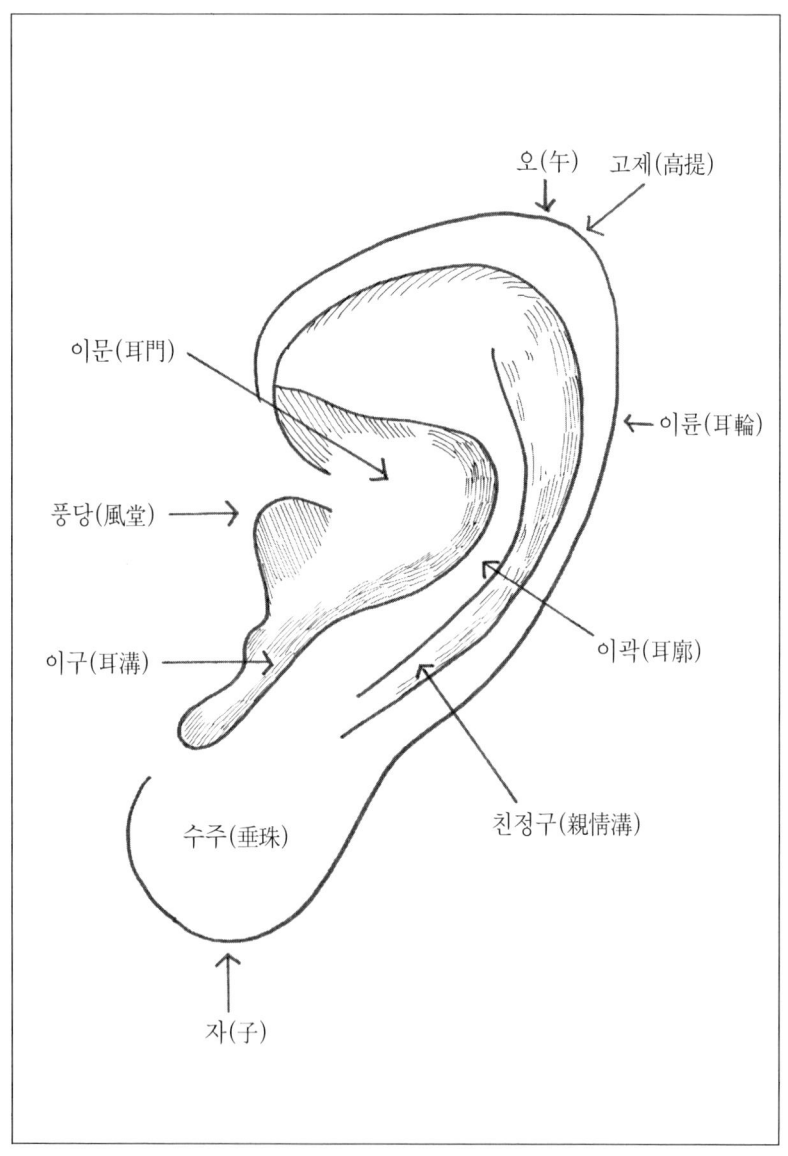

귀의 종류 - 1

수견이(垂肩耳)	첩뇌이(貼腦耳)
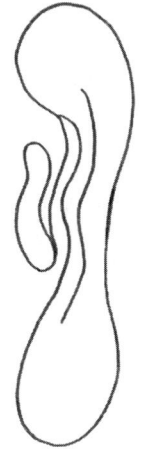	
귀의 위치가 눈썹보다 높으며, 살이 두껍고 곽이 단단하며 생김이 단정하다. 귓불이 입가에 이르고, 색이 선명하고 윤택하며, 귓구멍이 넓고 크며 털이 있다. 이런 사람은 용모나 태도에 위엄이 있으며 당당하다. 만약 머리가 둥글고 이마가 넓은 경우라면 봉황의 눈에 용의 코를 가진 격이 되어, 반드시 크게 귀하게 되거나 나라의 원수가 될 수 있다. 동시에 행복과 장수를 누린다.	귀의 위치가 눈썹보다 높고 머리에 가깝게 붙어 있으며, 색이 얼굴보다 희고, 귓구멍이 크고 털이 있다. 남녀 모두에게 적합한 귀이다. 이런 사람은 현명하고 믿음직하다. 여기에 눈썹이 맑고 눈이 아름다우면 부귀한다. 게다가 오관도 좋다면 육친이 서로 돕는다. 만약 눈썹이 낮고 눈이 흐리면 부귀할지라도 고생한다.

귀의 종류-2

기자이(棋子耳)	금이(金耳)
귀의 형태가 둥글고 작으며 윤곽이 분명하고 머리를 감싼 것처럼 붙어 있다. 위치는 눈썹보다 높고, 귓구멍이 넓으며, 귓불이 입을 향하고, 색은 얼굴보다 희다. 이런 사람은 총명하고 지혜로우며 자수성가한다. 특히 중년에 운이 좋고 아내의 도움이 있다. 금형인 및 수형인과 결혼하면 귀한 아들을 낳는다. 목형인과 결혼하면 자녀가 과학기술방면으로 발전할 수 있다.	귀의 위치가 눈썹 위에 있고, 색은 얼굴보다 희며, 모양은 천륜은 작지만 귓불이 있다. 천륜이 분명하고 두꺼우면 총명하고 유능하며 문학방면에 재능이 있다. 금형인과 결혼하면 반드시 부귀를 누리며 명성을 널리 알리고, 다복하며 장수한다. 수형인 또는 토형인과의 결혼도 괜찮지만, 목형인과 결혼하면 늙어서 자녀를 극하며 사업에 우여곡절이 많다.

귀의 종류 — 3

목이(木耳)	수이(水耳)
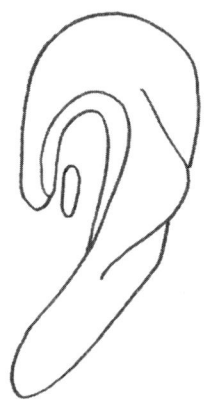	
윤이 날아가는 듯하고 곽이 뒤집힌 모양으로 천륜이 크고 지륜이 작으며, 귀가 얇고 구슬(珠)이 없다. 귓구멍은 크고 털이 없으며, 자(子)와 오(午)가 곧지 않다. 목형인과 맞고 유년 시절이 좋다. 수형인·화형인과 결혼하면 중년에 운이 좋다. 금형인·토형인과 결혼하면 육친이 화를 입고, 평생을 바쁘게 뛰어다니며 고생한다.	귀의 형태가 둥글고 두터우며 머리를 감싼 것처럼 붙어 있다. 위치는 눈썹보다 높고, 귓불이 둥글고 크며 입을 향한다. 내곽이 조금 보이고 귓구멍이 비교적 작다. 여기에 색이 희거나 붉고 살이 단단한 귀를 진수이(眞水耳)라고 한다. 이런 사람은 학문이 출중하고 융통성이 있으며 지혜가 깊고 환경에 잘 순응한다. 수형인·금형인과 결혼하면 이름을 해외에 떨치지만, 화형인·토형인과 결혼하면 사업이 어렵게 된다. 귀가 부드럽고 길며 색이 선명하지 않으면 평생을 헛되이 보내게 된다.

귀의 종류 – 4

화이(火耳)	토이(土耳)
귀의 형태가 크고 견고하며 두껍지 않다. 위치는 눈썹보다 높고, 천륜이 뾰족하며 곽이 밖으로 노출되어 있고, 귓불은 낮게 뒤집혀 있다. 이러한 사람은 심성이 괴곽하여 고독하며, 성격은 교활하고 조급하며 정이 적다. 수형인·목형인과 결혼하면 상당히 일찍 출세할 수 있으며 어느 정도의 부귀를 누릴 수 있다. 금형인·수형인과의 결혼도 무난하다.	귀의 형태가 단단하고 두터우며 크고 살집이 있다. 색깔은 홍색으로 윤기를 띠고, 귓불은 입을 향해 있다. 이런 사람은 천성이 강직하고 고집이 세며 일처리가 확실하다. 토형인과 결혼하면 복과 장수를 다 누리며, 자손이 많고 귀하게 된다. 금형인이나 화형인과 결혼하면 작은 성취를 이룰 수 있지만, 목형인과 결혼하면 바쁘게 뛰어다니며 고생하게 된다.

귀의 종류 — 5

개화이(開花耳)	선풍이(扇風耳)
귀의 윤에 결점이 있다. 왼쪽 귀에 결함이 있으면 금극목으로 더 좋지 않다. 귀의 곽은 분명하지 못해 있는 것 같기도 하고 없는 것 같기도 하다. 비록 단단하더라도 살이 없고 흐리며, 귓불은 없거나 있어도 아주 작다. 이런 사람은 불우한 유년기를 보내며 육친과 인연이 박하다. 설사 물려받은 재산이 있더라도 파산하여 빈곤한 말년을 보낸다.	양쪽 귀가 앞으로 향하고 두께가 얇아 종이 같으며 귓불이 없다. 윤은 있으나 곽이 없고, 귓구멍이 작으며 색이 선명하지 않다. 이런 사람은 부모와 인연이 좋지 않고 선조의 유산도 받을 수 없으며 혹시 받더라도 다 탕진한다. 남자일 경우 가난하며 육친을 극하고, 여자일 경우 남편이나 자녀를 극한다.

귀의 종류 – 6

경전이(傾前耳)	전우이(箭羽耳)
귀에 살이 없어 두께가 얇고 윤곽이 불분명하다. 천륜이 크고 앞으로 기울어져 있으며, 지륜에 구슬이 없고 뒤집혀 있다. 또한 색이 선명하지 않다. 이런 사람은 평생 재난이 많고 성공이 힘들며 단명한다. 저반이(低反耳)라고도 한다.	화살깃과 같은 모양의 귀로 태전이(胎箭耳)라고도 한다. 윤이 날아가는 듯하고 곽이 뒤집혀 있으며 귓불이 없다. 위치는 눈썹보다 높이 솟아 있고, 색은 선명하지 않으며, 귓구멍이 작고 살이 단단하다. 이런 사람은 유년 시절에 병이 많고 육친을 극하며, 조상의 재산이 많지만 전부 탕진하고 고향을 떠나 바쁘게 살아가며 수확이 어렵다. 만약 얼굴이 풍만하면 중년에 작은 운이 있지만 장수하기는 어렵다.

귀의 종류 - 7

호이(虎耳)	여이(驢耳)
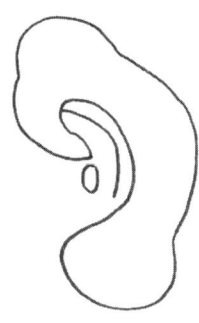	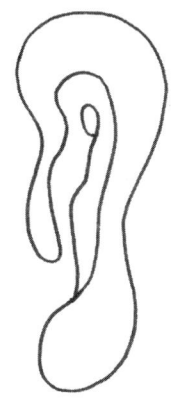
크기가 작고 머리를 둘러싼 듯 붙어 있는 것이 특징이다. 윤곽이 불완전하지만 두껍고 견실하며, 귓구멍이 작고, 색이 윤택하다. 이런 사람은 술수에 능하고 욕심이 많지만 법을 위반하지는 않는다. 모험정신이 풍부하여 위험한 일만 따라다녀 파란이 많다. 만약 크고 뚱뚱한 사람과 결혼하면 사업에 뜻을 이루기 어렵고 요절한다. 그러나 오단오소(五短五小)의 사람과 결혼하면 쉽게 성공한다.	얼굴에 바짝 붙어 있으며 두껍고 부드럽다. 색은 선명하지 않고, 윤곽은 흐린 편이며, 구슬이 없고, 입으로 향해 있다. 또 풍당이 솟지 않고, 귓구멍에 털이 없다. 이런 사람은 태어날 때부터 빈곤하고 교활하며 색을 밝히지만 장수한다. 만약 눈에 생기가 있는 사람으로 목형인이나 수형인과 결혼하면 중년에 운이 발한다. 화형인과 결혼하면 고독하고 자식이 없다.

귀의 종류—8

저이(猪耳)	서이(鼠耳)
크고 부드럽지만 견고하지 않다. 귓구멍이 크고, 색이 흐려 선명하지 않으며, 윤곽이 불분명해서 있는 것도 같고 없는 것도 같다. 이런 사람은 대개 우매하고 저속하며, 매우 탐욕스럽고 산만하다. 설령 우연히 무엇을 얻게 된다고 해도 연기처럼 금방 사라진다. 뚱뚱한 사람과 결혼하면 성격이 맞지 않지만, 마른 사람과 결혼하면 상황이 좋아질 수 있다.	모양이 날카롭고 작으며, 곽은 있으나 윤은 없다. 자와 오가 곧지 않으며, 귓불이 없다. 이런 사람은 비열하고 고집스러우며 일을 하는 데 의심이 많다. 또 범죄자 습성이 있어 쉽게 범죄를 저질러 감옥에 갈 재난이 있다. 만년에 위험이 많다.

눈썹

1. 부위의 특성

눈썹은 풍채의 대변자로 사람의 정신적 위엄이나 풍모를 가장 잘 나타내는 부분이다.

『신상수경집(神相水鏡集)』에는 "정(精 : 정신, 원기)은 뼈에 숨어 있고, 눈썹에 나타난다"라는 말이 있다. 精은 정화(精華) 또는 정신 (精神)이라고도 한다. 이미 오래 전에 옛사람들은 우리 몸 속의 정화가 골수(骨髓)에 숨어 있다는 사실을 이해한 것이다. 게다가 그것은 눈썹에 나타난다고 보았다.

일반적으로 남성의 눈썹이 짙고 미릉골이 솟아 있으면 골수에 정화가 많고 우량하다고 본다. 여성은 혈(血)을 중요시하고 精은 중요시하지 않는다.

인상학에서는 눈썹을 많은 종류로 나누고 있는데, 이것은 골수와 정화의 구체적인 특징을 세밀히 구분하여 나타내는 것이라고 할 수 있다.

예를 들어 눈썹이 긴 것이 마치 풀이 엎드려 나고 바람을 타는 것 같다거나, 눈썹이 짧고 빛나는 것이 마치 숲이 우거진 산과 같다거나, 눈썹이 짙고 부드러운 것이 마치 담비털로 만든 붓 같다거나, 눈썹이 옅고 색이 마치 양털처럼 윤택하다는 등의 묘사가 눈썹의 종류를 묘사하고 있는 문장이다.

"눈썹을 보면 성격을 알 수 있고, 코를 보면 건강을 알 수 있다"는 서양 속담이 있다. 서양 사람들도 눈썹이 내포하고 있는 인상학적인 의미를 어느 정도 간파하였음이 분명하다.

또한 눈썹은 사람에게만 있고 동물에게는 없는 매우 인간적인 부위이다. 대개 눈썹이 좋으면 좋을수록 개성과 재질이 우량하고, 눈썹이 좋지 않으면 잡다한 생각과 야비한 욕망이 많다.

살다 보면 어떤 사람에게는 행운만 오고, 어떤 사람에게는 재난만 계속되며, 또 어떤 사람은 어찌해야 좋을지 모르는 상황을 만나고, 어떤 사람은 가족이 사방으로 흩어지며, 어떤 사람은 좋은 일도 나쁘게 변하지만 어떤 사람은 나쁜 일도 좋게 변한다. 이처럼 사람마다 운이 다른 것은 특히 개인의 눈썹의 상리가 다르기 때문이다.

눈썹은 31~34세에 이르는 운수를 관할한다. 이 시기는 우리가 진정으로 인생을 시작하는 시기이기도 한데, 이는 관상학에서 말하는 '인생은 30세에 시작한다' 라는 설과도 부합된다.

또한 눈썹꼬리는 처자(妻子)와 재산을 보는 궁이다. 눈썹은 간 및 소뇌와 밀접한 관련이 있다. 간이 좋은 사람은 눈썹꼬리가 모여 있고 반드시 아래쪽으로 굽어 있으며, 눈을 지난다. 이런 사람은 대개 성격이 좋아 사업에서 성공할 가능성이 높으며, 따라서 재산을 모을 수 있다.

같은 논리로 소뇌가 발달한 사람은 내분비가 정상이다. 내분비가 정상이면 부부생활이 원만하여 자녀가 많고 우수하다.

눈썹은 또 보수궁(保壽宮)이라고 한다. 미릉골과 골수는 서로 관련되어 있기 때문에 골수 안에 정화가 많은 사람은 눈썹이 반드시 짙고 수려하며 뼈대를 따라 난다. 이것은 곧 장수할 징조이다. 이런 이유로 '수명을 알려면 눈썹을 보라'고 하는 것이다.

눈썹은 또한 형제자매나 교우관계에도 영향이 있다고 하는데, 실제로는 한 사람에 대한 운명적인 영향이 더 크다. 그래서 "소년의 일주는 눈썹이요, 노년의 일주는 수염이다"라는 말이 있는 것이다.

눈썹은 다음의 여덟 가지를 갖추어야 한다.

① 퇴인(退印) : 인당(印堂)에서 멀어야 한다. 눈썹 사이는 손가락 두 개가 들어갈 정도면 좋다.
② 거액(居額) : 이마에 위치해야 하며, 미릉골 위까지 나야 한다.
③ 모순(毛順) : 털이 조밀하고 짙으면서도 가늘게 배열되어야 하며, 바르게 나야 한다.
④ 과목(過目) : 눈썹은 눈의 끝을 넘어야 한다.
⑤ 미취(眉聚) : 눈썹은 반드시 모여야 하며 눈썹꼬리가 흩어져서는 안 된다.
⑥ 유채(有彩) : 눈썹이 빛나고, 청록색이나 백색을 띠어야 한다.
⑦ 유양(有揚) : 눈썹머리는 눈썹 중간의 3분의 2에서 약간 위로 향하고 다시 아래로 굽어야 한다.
⑧ 근근견육(根根見肉) : 눈썹은 진해도 살이 보여야 한다.

이 같은 여덟 가지 요건에 부합하면 상학상 용미(龍尾)라고 한다. 이것이 면상 및 기타 다른 부위와 잘 상응하면 큰 성취가 있고 부귀를 누리게 된다.

2. 사업성패 및 시기

- 눈썹의 형태가 좋고, 미간이 넓고 눈이 수려하며, 코 또한 높고 입이 크면 일찍 성공을 이룬다.
- 눈썹의 형태가 좋고 빛나며 색이 있는 경우, 눈썹 속의 살이 희고 윤기가 있으며 청록색인 경우, 게다가 귀가 붉고 윤기가 있으며 눈빛이 충만한 경우는 운세가 좋다. 직장을 얻거나 승진을 할 수 있다.
- 눈썹 끝이 눈의 끝보다 길면 부귀하지만, 눈썹 끝이 눈의 끝을 가리지 못하면 빈곤하다. 그러나 눈썹이 짧아도 인당과 눈의 상이 좋다면 흉이 반감된다.
- 눈썹의 모양이 분명하고 털이 가지런하면서 빛이 나며 살이 백색을 띠면 부귀하게 된다.
- 눈썹이 성기고 빽빽하지 않으며 모양이 빼어나면 평생토록 복록이 풍족하고 부유하다.
- 눈썹이 짙고 이마에 위치하며, 산근이 깊고 눈이 크면 평생 순탄하고 재물이 풍족하다.
- 눈썹이 가볍고 털이 위로 들렸으며 구레나룻에까지 난 것을 와잠미(臥蠶眉)라고 하는데, 단봉안(丹鳳眼)인 사람과 결혼하면 대업을 이룰 수 있다. 그러나 눈빛이 탁하고 약한 사람은 비록 출세는 하지만 천수를 다하지 못한다.
- 눈썹이 길어 구레나룻에까지 나 있는 것은 대귀할 상이다. 그러나 눈썹이 곧추 선 사람은 성격이 잔인하며, 비록 지혜롭고 용기가 있지만 덕이 없어 큰 위험이 따른다.
- 눈썹이 일자형(一字形)인 사람은 성품이 강직하고 용기가 있다. 만약 눈썹머리가 평탄하고 끝이 굽었다면 문(文)보다 무(武)로

출세하고, 반대로 눈썹머리가 굽고 끝이 평탄하면 무(武)보다 문(文)으로 성공한다.
- 눈썹 모양이 칼처럼 날카로운 것을 검미(劍眉)라고 하는데, 이런 사람은 총명하며 용맹스럽지만 성격이 다소 급하다. 직업군인이 되면 뜻을 이룰 수 있다.
- 눈썹 모양은 좋지만 산근이 낮고 코의 기둥이 많이 솟지 않았으면 25~34세의 운이 좋지 않아 재산을 모으기 힘들며, 재난과 병이 많다.
- 황박(黃薄), 즉 눈썹이 누렇고 얇은 것은 여섯 가지 흉상 중의 하나로 여기는데, 간사하며 평생 빈곤함을 면치 못한다. 만약 눈의 상도 좋지 않으면 다른 사람에게 살해될 수도 있다.
- 산란(散亂), 즉 눈썹이 어지럽게 흩어진 것도 여섯 가지 흉상 중의 하나로, 평생토록 재산을 모으기가 어렵고 실패가 많다.
- 역생(逆生), 즉 눈썹이 거꾸로 난 것 역시 여섯 가지 흉상 중의 하나로 육친을 극한다. 이런 사람은 성격이 흉포하여 범죄를 저지르기 쉽다.
- 교가(交加), 즉 눈썹이 중간에서 겹쳐난 것 역시 여섯 가지 흉상 중의 하나로 육친을 극하며, 가업을 파하고 고향을 떠나게 된다.
- 쇄인(鎖印), 즉 도장을 찍은 듯 너무 강한 눈썹도 여섯 가지 흉상 중의 하나로 육친을 극하며, 결혼이 늦고 자식도 늦게 낳는다. 공부는 많이 해도 관운이 따르지 않으며, 사업을 해도 실패를 거듭한다. 특히 28~32세, 36~43세까지의 운이 좋지 않다. 만약 눈의 상도 좋지 않다면 명을 재촉할 수 있다.
- 압안(壓眼), 즉 눈썹이 눈을 누르는 것도 여섯 가지 흉상 중의 하나로, 26~46세 사이의 운이 순탄하지 않아 수확을 거두기 어렵다. 만약 여기에 미간과 산근이 움푹 들어간 경우라면 조상을

버리고 집을 떠나게 되며, 평생 동안 고생스럽고 가난하다. 또한 뜻하지 않은 재난을 조심해야 한다.
- 도생(倒生), 즉 눈썹이 반대로 나거나 털이 거칠고 길면 평생 빈천하고 흉이 끊이지 않는다. 만년에는 반드시 가난하고 고독한 지경에 빠진다.
- 눈썹 모양이 좋지 않으면 관운이 없고, 설령 관직에 있더라도 오래가지 않는다. 털이 바르게 나 있고 눈썹이 평평하며 모양이 아름다운 사람은 시험운이 좋다.
- 눈썹에 검은 기름때가 덮여 있으면 궁지에 빠질 수 있고, 부인의 수입에 의존하여 사는 무능력자가 될 수 있다.
- 눈썹이 높이 들려 있고 위엄이 있으나 눈썹꼬리가 모이지 않고 흩어져 있으면 최소한 보통 이상의 수확이 있다. 그러나 면상 및 다른 부위와 잘 상응하지 않으면 재산에 손실이 있다.
- 눈썹머리가 날카롭고 작으며 눈썹 끝이 넓으면 초년운이 좋지 않지만 만년에는 영화를 누릴 수 있다. 동시에 다른 부위의 상과 잘 맞는다면 선견지명이 있어 반드시 뜻을 이룰 수 있고 명성을 얻는다.
- 눈썹머리의 털이 짙고 빽빽하거나, 눈썹 끝의 털이 드문드문하거나 없는 사람은 33세 이후나 늦어도 39세 이후에 사업운이 좋지 않게 변할 수 있다. 만약 얼굴이나 다른 부위도 좋지 않다면 만년에 고독하며 빈천하게 생을 마칠 수 있다. 그러나 50세 이후에 눈썹 끝에 가는 털이 나면 흉이 반감될 수 있다.
- 눈썹 전반부가 끊어지고 독단으로 한 개의 눈썹이 난 것을 '눈썹에 화살이 있다'고 하는데, 화살 같은 털이 난 그날부터 운세가 순탄치 않고 가족들이 극한다. 바로 털을 뽑아주어야 한다.
- 눈썹이 짙고 탁하지 않으며 구레나룻과 수염이 짙은 경우, 눈썹

과 수염의 상하가 호응되는 것을 삼농(三濃)이라고 하는데, 평생을 행복하게 살며 장수한다. 대머리라면 더욱 길다.
- 눈썹이 굵고 짙으며 거칠거나 빽빽하고 굳은 경우는 빈곤하고 초라한 환경으로 빠지기 쉽다. 만약 머리카락도 짙고 두껍다면 악인을 만나 평생토록 순조롭지 못하고 이름을 얻기도 어렵다.
- 눈썹이 굵고 짙으며 거꾸로 난데다 얼굴이 네모난 사람은 설령 학문에 재능이 있더라도 가난에서 벗어나기 힘들며 좀처럼 지위를 얻을 수 없다.
- 눈썹이 굵고 짙으며 거친데다 눈썹이 눈을 누르거나 안신(眼神)이 혼탁한 사람은 19~39세 사이에 형액(刑厄)이 있을 수 있다.
- 눈썹이 곤추 서거나 눈 안에 붉은 핏줄이 감도는 사람은 19~39세 사이에 소송에 휘말릴 수 있다.
- 눈썹이 누렇고 얇으며, 눈이 어둡고 안신이 없으면 형액을 당하거나 옥사할 수 있다.
- 눈썹 끝이 흩어진 사람은 가는 곳마다 불운하다.
- 눈썹이 탁하고 맑지 않은데다 눈이 수려하지 않으면 31세 이후의 운세가 점점 나빠질 수 있다.
- 눈썹이 성기게 나고 구레나룻도 적거나 없으면 만년에 고독하고 빈곤하다.
- 눈썹이 이유 없이 난잡하게 변하고 모이지 않는 사람은 재산상의 손실과 좌절을 조심해야 한다. 아무리 신중하게 말하고 행동해도 시비와 재난을 면할 수 없다. 만약 미간의 털이 어지럽게 있다면 심정이 평온하지 못하다.
- 눈썹이 이유 없이 빠지면 좋은 운이 나쁜 운으로 바뀔 수 있다. 설령 사업이 안정을 유지한다고 해도 가정이 불안할 수 있다. 자신은 물론 육친의 건강에 주의하고, 재산 손실을 조심해야 한다.

- 눈썹이 짧아 눈에 미치지 못하거나 눈썹머리가 좁은 사람은 서비스업이나 상업을 막론하고 어디에 종사하더라도 고생만 할 뿐 얻는 것이 없다. 이런 사람에게는 안정된 샐러리맨이 가장 무난하다.
- 눈썹머리에 가는 털이 있는 사람은 의약 공부를 하는 것이 가장 좋다. 만약 손에 천의문(天醫紋)이 있으면 더욱 좋다.
- 눈썹이 굵고 털이 늘어져 오그라드는 것을 미한(眉寒)이라고 하는데, 이런 사람은 설령 학문이 깊더라도 가난과 작은 지위에 머물 뿐 큰 인물이 되기는 어렵다.
- 눈썹에 주름이 많으면 평생 애는 쓰지만 얻는 것이 적고 큰 인물이 되기 어렵다.
- 눈썹 중간에 검은 사마귀가 있는 것은 총명함과 재능의 상징이다. 그래서 '풀 속에 진주가 숨어 있다'고 한다. 만약 면상이나 다른 부위와도 조화를 이룬다면 뜻을 이룰 수 있지만 사업상으로는 큰 풍파가 있다.
- 눈썹 상단에 사마귀가 있으면 운세가 좋지 않으므로 사업상 한눈을 팔지 말아야 한다. 욕심을 부리면 반드시 파탄한다. 그러나 반점이 있으면 흉이 반감된다.
- 눈썹머리에 종기나 사마귀가 있고 움푹하게 들어간 사람은 중년에 직장에서 나쁜 일에 휘말리거나 실패를 겪을 수 있다.

3. 가족관계 및 혼인과 자녀

눈썹 형태의 우열은 부모의 유전 및 임신 시의 생리적·심리적 상태와 상당한 관계가 있다. 부모의 성격과 품성이 훌륭하고 부부의 사랑이 깊고 결혼생활이 원만하면, 태어나는 자녀의 눈썹형이 아름답고 총명하며 성격도 좋다. 생각이 고상하고 우아하며, 감정과 이성·지성 간의 균형도 잘 맞는다.

또한 눈썹을 보고 형제의 많고 적음을 알 수 있다. 눈썹이 수려하며 눈을 지나는 사람은 형제가 있다. 눈썹에 어떤 흠집이 있으면 부모나 형제자매의 인연이 적으며, 수명 또한 길지 않다. 또 친구가 있지만 화목하게 지내기는 어려운데, 만약 동업을 하면 서로에게 손해를 입힌다.

- 눈썹에 색이 있고 눈이 빛나는 사람은 아버지와 아들, 형제가 귀하게 되고 3대가 빛을 본다.
- 눈썹이 맑고 위로 들려 있으면서 이마가 단정하고 둥글며 광대뼈에 기세가 있고 턱이 솟은 사람은 45세 전에 부모에게 상해가 없다. 만약 광대뼈가 주저앉고 이마가 단정하지 못하고 수염이 없다면 부모에게 해가 있을 수 있다.
- 눈썹이 맑고 털이 아래로 굽었으며 눈이 수려하면서 미간이 넓고 평탄하며 산근이 솟은 사람은, 부부간에 서로 사랑하고 결혼생활이 원만하며 자녀 역시 총명하고 우수하다.
- 눈썹이 짙고 미간을 잠그는 듯한 것을 재난이 겹쳤다고 한다. 게다가 눈이 크면 다른 집의 양자가 되는 것이 좋다. 그렇지 않으면 요절하거나 부모와 형제를 극한다.
- 눈썹이 없고 눈이 깊이 패인 사람은 자식복이 없다.
- 눈썹이 굵고 거칠거나 짧아서 눈을 덮지 못하는 사람은 고집이 세어 자기만 옳다고 여긴다. 이런 사람은 형제가 많지 않고 육친의 도움이 적다.
- 눈썹이 굵고 거칠며 산근이 깊으면 고향을 등지고 떠나게 되며,

34세에 많은 재난이 있을 수 있다.
- 눈썹이 곧추 서고 관자놀이가 깊은 사람은 육친을 극하며, 재난이 자주 닥쳐 순탄치 못한 길을 걷는다.
- 눈썹이 밑으로 처졌거나 귀가 눈보다 낮은 사람은 첩으로부터 자식을 얻거나 본인이 서출일 수 있다.
- 눈썹이 짙고 조밀하게 덮인 사람은 남녀를 막론하고 가정에 대한 생각이 투철하여 책임을 다한다. 턱이 풍만하고 두꺼워도 가정에 충실하다.
- 눈썹이 거꾸로 자라는 경우, 왼쪽이면 자녀에게 해가 있고 오른쪽이면 배우자에게 해가 있다. 또한 청소년기에 가정이 화목하지 않고, 나중에 부부 사이도 좋지 않다.
- 눈썹의 전반이 끊어지고 위로 선 경우, 후반이 끊어지고 밑으로 처진 경우, 왼쪽 눈썹이 위로 서고 오른쪽 눈썹이 밑으로 처진 경우는 아버지가 천수를 다하지 못하여 어머니가 재가한다. 반대이면 어머니가 일찍 돌아가시고 아버지가 재혼한다.
- 눈썹머리가 산근을 향해 솟은 사람은 부모를 형극한다.
- 눈썹머리에 소량의 털이 거꾸로 자라는 사람은 부모의 임종을 지키지 못한다.
- 눈썹머리에 털이 무더기로 어지럽게 난 사람은 고향을 등지고 떠돌게 되어 평생토록 고생하며, 대성하기 어렵다.
- 눈썹머리의 주름이 손상되었으면, 왼쪽은 형제가 화목하지 않고, 오른쪽은 자매가 화목하지 않다. 눈썹머리가 눈썹꼬리보다 높으면 형제의 성공이 자신만 못하다.
- 왼쪽 눈썹이 낮게 패이면 아버지를 극하고, 오른쪽 눈썹이 낮게 패이면 어머니를 극한다.
- 눈썹이 짙으나 밑으로 처진 경우, 눈썹의 하반부가 끊어지고 밑

으로 기운 경우를 나한미(羅漢眉)라고 하는데, 육친을 극하고 만년에 자식 하나를 얻을 뿐이다.
- 미릉골이 높고 나한미 · 팔자미(八字眉) 눈썹에 귀밑머리가 성긴 경우, 얼굴이 크고 눈썹이 없는 경우, 코가 높고 눈썹이 없는 경우, 광대뼈가 솟고 눈썹이 없는 경우, 구레나룻이 두껍고 눈썹이 없는 경우, 수염이 짙고 눈썹이 없는 경우, 혹은 눈썹머리가 찡그러진 경우는 자식복이 없다. 비록 장수는 하지만 고독한 상이다.
- 눈썹이 거칠고 눈을 누르면, 초년에는 부모에게 해를 끼치게 되고 중년에는 처자에게 해를 입힌다.
- 눈썹 형태는 좋으나 눈빛이 혼탁하면 법을 어겨 처와 아들을 해친다.
- 눈썹의 복당(福堂) 또는 천창 부위에 어슴푸레한 사마귀가 있을 경우, 일찍 결혼하면 연분이 아니므로 관계가 깨지기 쉽다. 또한 아버지의 재산을 계승할 운이 없다.
- 눈썹 끝은 처자와 재물을 보는 궁이다. 눈썹이 눈을 넘지만 눈썹 끝이 수려하지 않고 모이지 않은 경우는 처자의 복이 있더라도 정이 부족하다. 재물복 또한 있더라도 큰 재산이 모이지는 않는다.
- 눈썹 끝이 천창을 향해 기운 사람은 결혼에 실패한다. 천창 부위에 사마귀가 있어도 마찬가지이다.
- 눈썹 끝이 간문(奸門)을 누르는 사람은 결혼생활이 원만하지 않아 이혼하거나 극하게 된다.
- 눈썹 끝의 간문에 핏줄이 많으면 아내의 건강상태가 좋지 않다. 심하면 이혼할 수도 있다.
- 눈썹 끝의 간문이 넓으며 주름이 위로 향한 경우, 광대뼈가 풍만

하면 어질고 능력이 있으며 금전상 도움을 주는 부인을 얻는다.
- 눈썹 끝에 사문(斜紋)이 있는 사람은 첩을 맞게 되며 자식을 극한다.
- 눈썹 끝에 쌍문(雙紋)이 있고 간문이 아래로 뻗은 사람은 사람과의 정을 나누기 어렵고, 아내와 첩이 분쟁한다. 여성은 동서끼리 서로 맞지 않는다.
- 눈썹 끝과 눈의 끝 그리고 위쪽 눈꺼풀에 연분홍색의 기색이 나타나면 이성과의 연분이 생기고 교제가 원하는 대로 된다.
- 눈썹 끝이 위로 쳐들렸으면서 광대뼈가 노출되고 목소리가 쉰 경우는 만년에 홀아비나 과부가 되어 고독할 상이다.
- 눈썹 끝 천창 부위가 많이 솟은 사람은 조상 대대로의 가업이나 재산을 받아 계승한다.
- 눈썹 끝 천창 부위에 어지러운 주름이 있으면 아내를 극하고 재혼한다.
- 눈썹 끝이 분산되고 모여 있지 않은 경우에 구레나룻이 없으면 노년에 고독하다.
- 오른쪽 눈썹형이 좋지 않고 왼쪽이 좋은 경우는 첩이 본처의 권리를 빼앗는다. 오른쪽 눈썹이 왼쪽보다 높아도 마찬가지이다. 또 전처의 성격이 좋으면 후처는 나쁘고, 전처가 사나우면 후처가 순하다.
- 눈썹 중간이 끊겼거나 상처가 있으면 성격이 조급하며, 육친과의 인연이 박하여 어려서 집을 떠날 수 있다. 또한 부인과 자식 때문에 곤경에 처하며 이혼할 가능성이 있다.
- 눈썹이 눈을 누르며 턱이 높이 솟고 광대뼈가 없는 사람은 아내가 남편의 권리를 빼앗는다.
- 눈썹이 짧아 눈을 넘지 못하고 눈썹 끝이 위로 향한 사람은 아내

가 고집이 세고 사납다. 만약 얼굴 및 다른 부위와 상응하지 않으면 이혼을 할 수 있다.

• 눈썹이 짧아 눈에 미치지 못하면 자녀와의 정이 박하거나 자녀가 없다.
• 눈썹털이 없는 사람은 부부의 인연이 박하다. 설령 결혼을 한다 해도 부부간의 금실이 좋지 않다.
• 눈썹이 구부러지고 털이 길면 눈썹이 평평한 사람과 비교할 때 자녀가 많고 자녀복도 많다.
• 왼쪽 눈썹이 길면 아들이 많고, 오른쪽 눈썹이 길면 딸이 많다.
• 눈썹이 버드나무 가지 같은 사람은 딸을 많이 낳고 아들을 적게 낳는다.
• 눈썹이 길고 굽은데다 눈이 아름답고 미간이 넓으며 목소리가 크고 낭랑한 사람은 자식이 많다.
• 눈썹이 많지 않고 짧아서 눈에 미치지 못하면 자녀가 적다. 그러나 미간의 상이 아름다우면 자녀가 많다.
• 눈썹이 비록 눈에 미치지만 미간에 흠집이 있으면 대를 이을 자식이 없다.
• 눈썹이 비록 눈에 미치지만 산근이 끊기고 깊은 사람은 자식을 많이 낳으나 성공은 적다.
• 눈썹이 많고 눈이 빛나며 누당(淚堂)이 평만하면서 산근이 솟은 경우나 인중이 선명한 경우는 아들이 많고 딸이 적다.
• 눈썹이 성기고 안구가 황색이면 자손을 보기 어려운데, 결후가 노출되었다면 더욱 자손을 보기가 어렵다.
• 눈썹이 얇고 눈썹 중간에 긴 활이 있는 사람은 설사 자녀를 극하지 않더라도 인연이 적다.
• 눈썹이 굽어서 난 사람은 자녀의 성격이 좋지 않은데, 얼굴이나

다른 부위의 결함까지 있으면 자녀를 극한다.
- 눈썹에 곧은 주름이 있는 것은 길상이지만 곧은 주름이 눈썹머리에 나면 형제자매를 극한다. 눈썹 끝 상단에 횡사문(橫斜紋)이 있는 사람은 배우자를 형하고 자식을 극한다. 남녀 모두 같다.
- 눈썹에 횡문(橫紋)이 있으면 자식을 얻지 못하거나 자식을 극하며, 노년에 순탄치 못하다.
- 눈썹은 형제궁인데, 왼쪽은 형제이고 오른쪽은 자매이다.
- 부계(父係)의 혈통이 좋은 사람은 반드시 미릉골이 솟아 있으며, 대개 눈썹이 수려하다. 또한 인연이 좋고 친구가 많다.
- 눈썹이 수려하며 미간이 풍만하고 넓으면서 산근이 높이 솟아오르고 광대뼈가 튀어나온 사람은, 형제자매의 품행이 우수하고 서로 도와 형극이 없다.
- 눈썹 안에 마마자국이 있으면 형제간에 인연이 박하며 대를 이을 자손이 없다.
- 눈썹이 갑자기 한 움큼씩 빠지면 형제자매에게 큰 사고가 발생할 수 있다.
- 눈썹 중간에 어슴푸레한 사마귀가 있으면 형제자매가 위험한 사고를 만날 수 있다. 또 왼쪽 눈썹 중간에 사마귀가 있으면 부인을 극하고, 오른쪽 눈썹에 사마귀가 있으면 결혼생활이 원만하지 않다.
- 눈썹이 수려하고 길면서 미간이 넓은 경우는 형제에게 금전적인 지원을 받거나 사업상 도움을 받을 수 있다.
- 눈썹에 줄이 있고 상처가 있으면 형제자매를 형극하거나 잘 맞지 않아 도움이 없다.
- 눈썹이 아주 길어 눈을 지나면서 산근 또한 솟아 있으면 본인과 형제자매 모두 뜻을 이룬다.

- 눈썹이 짧아 눈에 미치지 못하면 독자를 낳는 경우가 많고 성격은 괴팍하다.
- 눈썹이 길고 눈이 맑으며 미간이 넓고 광대뼈가 있으면 형제가 많다.
- 눈썹 모양이 같지 않은 사람은 다른 부모나 다른 형제가 있거나 재혼한다.
- 눈썹과 눈이 가지런하면 형제가 두 명 있다. 그러나 미간이 평만하고 산근이 솟아 있으면서 눈이 수려하고 길거나 광대뼈가 솟아 있으면 형제가 많다.
- 눈썹이 눈에 미치면서 미간이 평만하고 산근이 솟았으며 눈이 수려하고 긴데다 광대뼈 또한 솟은 경우 형제가 무척 많다. 만약 눈썹이 짙고 수려하면 더욱 많다.
- 눈썹이 눈에 미치나 광대뼈가 솟아 있지 않으면 형제가 없거나 한 명이다.
- 눈썹이 눈에 미치고 굽어 있으며 긴 사람은 형제가 많으나, 눈썹이 모이지 않은 사람은 형제가 없다.
- 눈썹이 눈에 이르는 사람은 형제가 많으나, 눈썹이 굵고 짙으며 미간을 덮으면 형제가 없다.
- 눈썹이 눈에 이르면 형제가 많으나, 미간과 양쪽 광대뼈가 손상되었으면 형제가 적다. 눈썹 끝이 모이지 않았으면 형제가 없다.
- 눈썹이 빗자루 같으면 형제가 많아도 반드시 극한다. 이때 만약 미간과 광대뼈에 흠집이 있으면 형제가 없다.
- 눈썹 중간이 끊어졌으면 형제를 극하거나 정이 박하고 인연이 없다.
- 눈썹이 미간을 덮거나 눈썹은 있으나 산근이 없는 경우는 형제 간의 우애가 박하다. 만약 눈썹이 모여 있으면 늙어서 형제가 다

시 모인다.
- 눈썹이 드문드문하거나 없으면서 광대뼈도 없으면 형제가 서로 해를 입힌다. 광대뼈는 있고 눈썹이 없으면 형제간에 원한을 품게 된다.
- 눈썹이 눈에 미치지 못하는 사람은 비록 형제는 있지만 서로 돕지 않고 제 갈 길만 간다.
- 눈썹이 성기고 머리카락은 두꺼운 사람, 이마가 높고 눈썹이 없는 사람, 수염이 짙고 눈썹이 없는 사람, 얼굴이 크고 눈썹이 없는 사람, 코가 높고 눈썹이 없는 사람, 뺨이 많이 노출되고 횡문이 광대뼈에 닿은 사람은 모두 형제자매를 극한다. 또한 육친의 도움이 적고 인연이 적어 고독할 상이다.

4. 건강과 성격

- 눈썹이 맑고 탁하지 않으면서 길어서 눈을 지나고, 곧추 서지도 늘어지지도 않으면서 눈썹 중간이 끊기지 않고, 미릉골이 높지 않게 드러나며 미간이 광활한 사람은 총명하고 우수하며 장수한다.
- 눈썹 전부가 곧추 선 사람은 비뚤어진 성격을 지녔으며 포악스럽다. 비록 지혜와 용기가 있지만 쉽게 음덕을 잃게 되며 반드시 큰 위험을 만난다.
- 눈썹 전부가 거꾸로 난 사람은 도량이 좁고 오만하며 성격이 급하다. 또 경쟁하기를 좋아하며, 윗사람의 환심과 보살핌을 받기가 어렵다. 동료들 간에도 쉽게 적을 만들고, 사는 동안 재난과 탈이 많다. 거꾸로 난 부분이 적으면 흉이 감소된다.
- 눈썹이 일자형이고 눈을 지나는 사람은 대장부의 기개로 큰 뜻

을 품고 있으며, 적극적이고 재주가 많다. 또한 규율을 중시하고 일을 질서 있게 처리하며 생각하는 것과 말하는 것이 일치한다. 그러나 성격이 고집스러워 타인과의 융화가 쉽지 않다. 만약 얼굴 및 다른 부위와 조화를 이룬다면 부귀하며 형제도 많다.

• 눈썹이 삼각형인 사람은 간교하고 불효하며 의롭지 못하다. 또 결단력이 부족하여 평생 사업에 성공하기 어렵다.

• 눈썹이 굵고 짙으며 세밀하게 덮인 사람으로서 인당이 눈을 지나 이마에까지 위치하면 성격이 침착하고 도량도 넓다. 또 나아갈 때와 물러설 때를 잘 알아 일처리가 확실하며, 사업에도 반드시 큰 성과가 있다.

• 눈썹이 섬세하고 매우 가늘며 버드나무 가지 같은 것을 춘심미(春心眉)라고 한다. 이러한 사람은 총명하고 재능이 있으나 남녀를 막론하고 음란한 경향이 있다. 남자가 이런 눈썹이면 이성과의 연이 각별하고, 여자로부터 금전적인 도움을 자주 받는다. 그리고 특별히 결핵을 조심해야 한다.

• 눈썹 하나하나가 어지럽게 흩어져 있고 늘어져 있는 것을 파사미(婆娑眉)라고 한다. 이러한 사람은 겁이 많고 연약하지만 성욕이 강하여 부정한 행위를 저지르기 쉽다. 여기에 만약 눈썹이 성기게 났으면 자식이 없다.

• 빗자루 같은 눈썹을 소추미(掃帚眉)라고 한다. 이러한 사람은 성격이 좋지 않고 성공과 실패가 반복된다. 여기에 만약 눈 모양이 좋지 않다면 형액을 받을 수도 있다.

• 눈썹의 중간이 끊기거나 파도 모양인 사람은 자기 주관이 강하고 경쟁하기를 좋아하며, 똑똑한 체하며 즐겨 나서면서 걸핏하면 만용을 부리고 다툰다. 또 정서가 불안정하고 괴팍하여 사이가 좋을 때는 친구를 위하여 어떤 위험도 무릅쓰지만, 의견이 일

치하지 않으면 무정하게 외면해 버린다. 여기에 만약 눈에 결함이 있다면 작은 일에도 소송하기를 좋아하여 끝내는 큰 손해를 본다.
- 눈썹이 휘날리는 사람은 정력이 왕성하고 의지도 확고하며 건강 장수한다.
- 눈썹이 성기고 퍼지게 난 사람으로서 쌍꺼풀이 있는 경우는 급하고 제멋대로인 성격을 가지고 있다. 반대로 눈썹이 짙고 빽빽하며 쌍꺼풀이 없으면 여유 있는 성격에 속이 깊다.
- 눈썹이 드문드문 나고 색이 연하면 교활하고 이기적이며 비굴하다. 또 급하고 제멋대로인 성격에 도량이 좁다.
- 눈썹이 성기고 끊겼다 이어졌다 하는 사람은 주도면밀하지 못하여 하는 일에 순서가 없기 때문에 큰 뜻을 이루기 어렵다.
- 눈썹이 짙고 탁하면서 난잡하고 무질서하면 쉽게 걱정하고 근심이 많다.
- 눈썹의 상하좌우가 빽빽하게 교착되어 있으면서 눈썹 끝이 펼쳐지고 모이지 않은 경우를 귀미(鬼眉)라고 하는데, 괴이하고 잔인하며 악독한 성격을 지녔다. 범죄자가 되어 반드시 형액을 받는다.
- 눈썹 중간이 곱슬거리는 것을 나한미(羅漢眉)라고 하는데, 고독한 상이다. 그러나 출가를 하면 대성할 수 있다.
- 눈썹이 구부러진 사람은 총명하고 호기심이 많아 배우는 것을 좋아한다. 그러나 색을 탐하는 경향이 있다.
- 눈썹이 평탄하고 좁으면서 짧아 눈에 미치지 못하는 사람은 인색한 성격으로 재산을 지키기 위해 수전노가 된다.
- 눈썹이 성기면서 눈이 밖으로 튀어나오고 안신이 없으면 중년에 사업이 실패할 수 있고 수명이 45세를 넘기기 어렵다. 자식 또한

없다.
- 눈썹의 상하가 굵으면 겁이 많고 부끄러움을 탄다.
- 눈썹이 성기고 입이 큰 사람은 물을 조심해야 한다.
- 눈썹이 굵으면서 털이 황색을 띤 경우는 단명한다(요절은 30세 전, 단명은 50세 전).
- 눈썹이 좌우가 같지 않은 사람은 재능이 많고 담이 크며 예민한 감각을 가지고 있고, 판단력이 뛰어나며 예지력이 있다. 또 매우 신중하지만 상당히 이기적이고 감성적이다.
- 눈썹이 떨어져서 난 사람은 내분비 균형이 맞지 않아 병치레가 잦다.
- 눈썹이 미간을 덮고 모이지 않은 사람은 성격이 급하고 도량이 좁아 사람들에게 신망을 얻기가 어렵다. 만약 눈썹 끝이 모여 있으면 분수에 만족하고 탐욕을 부리지 않으며 성실하다. 동시에 대중의 이익을 위해 열성을 다하고 의협심이 강하다.
- 눈썹이 칼처럼 날카로운 것을 첨도미(尖刀眉)라고 하는데, 이러한 사람은 전쟁 중에 사망할 수 있다.
- 눈썹머리가 서로 가까이 붙어 있어 손가락 한 개가 들어가지 못할 정도인 사람은 성격이 급하고 제멋대로이며 고집이 세고 강직하다. 또 도량이 좁고 논쟁을 좋아한다. 눈썹이 미간을 덮으면 더욱 심하다. 이런 사람은 25~34세 사이의 운세가 순조롭지 못하며 쉽게 좌절한다. 자칫 단명할 수 있다.
- 눈썹머리가 서로 가까이 있으면서 눈살이 찌그러진 경우는 성격이 소극적이어서 부딪히는 일마다 망설이며 결정을 못한다. 또 도량이 좁고 쓸데없는 일에 신경을 써서 연구할 가치가 없거나 해결할 도리가 없는 문제에 끝까지 집착하며 매달린다. 중년에 실패가 있을 수 있고 건강도 좋지 않다.

- 눈썹머리의 털이 난잡스러우면 도량이 작고 성격이 극단적이다. 또 의사 표현을 잘 하지 못해서 마음이 답답하고 괴롭다.
- 눈썹머리의 털이 짙고 굵으며 곧추 선 사람은 용감하며 경쟁심이 강하지만 잔인하고 폭력적인 성향이 있다. 25~32세 사이에 위험을 만나 횡사하거나 천수를 다하지 못한다.
- 눈썹머리의 털이 굵고 짙으면서 성기게 난 사람은 성격이 급하고 충동적이다. 처자재궁(妻子財宮)에 결함이 있다.
- 눈썹머리 상단에 주름이 있으면 30세 전에 외상을 주의해야 한다.
- 눈썹머리가 낮고 눈썹꼬리가 높은 사람은 자기 자신조차 속이고 범죄를 저지를 수 있다.
- 눈썹머리가 아래로 굽고 산근이 솟아 있거나 눈썹 끝 역시 늘어져 달을 뒤집어놓은 것 같은 사람은, 재능이 있더라도 일처리가 우유부단하여 좀처럼 성공하지 못한다.
- 눈썹머리에 검은 점이 있는 사람은 성격이 강직하다. 이것은 동시에 호흡기 계통에 병리적인 변화가 있음을 나타내기도 한다. 만약 사마귀가 있다면 현학적이고 고상하며 세속과는 거리가 있다.
- 눈썹머리와 눈의 앞부분이 가까운 것을 나계일월교정(羅計日月交征)이라고 한다. 이런 사람은 30~40세 사이에 특별히 건강에 유의해야 하고 차도 조심해야 한다. 단 출가하여 수도를 하는 사람이라면 화를 면할 수 있다. 여기에 만약 눈썹머리털이 거꾸로 나고 소용돌이 모양이면 성격이 거칠고 급하다. 평생 몸에 질병을 달고 다니고 천수를 누리지 못하며 수확이 적다.
- 눈썹이 짧아 눈에 미치지 못하거나 눈썹 중간이 성기고 엷은 경우에 미릉골이 솟지 않은 사람은 성격이 급하고 도량도 작으며 감정적으로 일을 처리한다. 31~45세 사이에 부부간의 고비가 있으니 유의해야 한다. 본인의 사업보다는 샐러리맨이 좋으며,

쉽게 피로해지니 건강에도 조심해야 한다.
- 눈썹이 짧아 눈에 미치지 못하는 사람은 고독하여 외로움을 자주 느낀다.
- 눈썹 끝이 비스듬하고 천창 부위가 풍만한 사람은 부귀 장수한다. 그러나 낮고 패인 사람은 빈천하고 단명한다.
- 눈썹 끝이 매우 짙고 조밀하며 넓으면서 굽지 않고 눈을 넘는 사람은 정력이 왕성하고 고집이 세며 남에게 지기 싫어한다.
- 눈썹 끝이 굽고 모여 있는 사람은 말과 행동이 일치하며 고집이 세다. 또 혈액순환이 좋아 건강해서 병이 적다.
- 눈썹이 모이지 않은 사람은 성격이 호쾌하고 시원스러우며 열정적이다. 그러나 자신의 역량을 가늠하지 못하여 능력이 부족함에도 불구하고 의욕이 넘쳐 중년에는 실패를 면하기 어렵다. 그러나 쌍꺼풀이 아니라면 흉이 반감한다.
- 눈썹이 모이지 않고 안구가 황색이면 질병, 특히 간염에 걸리기 쉽다.
- 눈썹 끝이 위로 들린 사람은 성격이 퉁명스럽고 오만하며, 이기려고 하는 마음이 지나치게 강하여 지는 것을 매우 싫어하고 사람들과 충돌이 잦다. 그러나 얼굴 및 다른 부위가 좋다면 흉이 반감한다.
- 눈썹에 칠흑 같은 사마귀가 있으면 취미가 고상하며 지혜가 깊다. 그리고 일을 처리하는 능력이 뛰어나지만 사람이 간사하여 권력을 휘두르기 좋아한다.
- 눈썹 끝에 솜털이 약간 있으면 좋은 운이 다가오고 건강이 좋아진다. 그러나 43~52세 사이에 솜털이 나고, 60세 전에 흰털이 나면 장수하지 못한다. 털이 너무 일찍 나는 것도 좋지 않다. 20세에 작은 솜털이 생기면 30세에 죽고, 30세에 생기면 40세에 죽는

다고 했다. 털이 나는 것은 신체가 건강하다는 증거이나 너무 일찍 나는 것은 노화현상에 따른 것이다.

- 미릉골이 높이 솟고 둥근 사람은 정력이 왕성하며 행동력과 책임감이 있다. 또 과감한 성격에 원대한 포부를 지녀 일찍 출세할 수 있다.
- 미릉골이 높고 돌출된 사람은 성격이 강직하고 급하며, 오만하고 쉽게 화를 내며 편견이 심하기 때문에 육친이 화목하지 못하고 친구가 없다. 또 큰 뜻을 품고 있지만 허풍이 심하고 독선적이다. 때로 일을 능숙하게 처리하지만, 스스로 용감하고 자부심이 강하다고 여기며 행동하기 때문에 자주 그르쳐 후회가 많다. 만약 미릉골이 높아 칼과 같다면 도덕적이지 못하다.
- 미릉골이 낮고 움푹 들어간 사람은 비굴하고 음흉하며 악독한 성격을 가지고 있다. 또 고집이 세어 제멋대로 행동한다.
- 눈썹이 짙은 사람은 부친의 영향을 많이 받은 것이고, 눈썹이 옅은 사람은 모친의 영향을 많이 받은 것이다.
- 눈썹 중간이 넓으면서 색이 좋지 않고 눈이 둥글면 출신은 부유하지만 도벽이 있다.
- 눈썹 중간이 넓은 사람은 대담하고, 눈썹 중간이 좁은 사람은 소심하다.
- 눈썹 중간이 넓으면 좋은 상에 속하지만, 눈썹 끝이 눈을 너무 많이 지나치거나 눈썹 중간이 너무 긴 사람은 성격이 산만할 뿐만 아니라 매사에 주저하면서 쉽게 결정을 내리지 못한다.
- 눈썹의 위치가 높아 이마에 나 있으면서 전택궁이 넓은 사람은 다른 사람에게 보이는 첫인상이 좋다. 이런 사람은 사소한 것에 구애받지 않는 성격으로 남을 잘 믿고 사람을 잘 대접하며 친구도 많다. 또 생각이 고상하며 행동은 조급하지도 느리지도 않다.

정신과 물질을 다 중요시하며 유쾌하게 장수할 상이다. 만약 미릉골이 높이 솟았다면 90세 이상까지 산다.
- 눈썹의 위치가 너무 낮거나 전택궁이 좁고 살이 없는 사람은 정직하고 소박하며 아첨할 줄 모른다. 또 일을 할 때 윗사람에게 잘 보이지 못해 고생은 하지만 얻는 것은 적다.
- 눈썹이 눈보다 기울어져 있는 것을 조상미(弔喪眉)라고 하는데, 이런 사람은 매우 외설적이고 음란하다.
- 눈썹의 위치가 하나는 높고 하나는 낮으면 이기적이고 생각이 많다.
- 눈썹이 아름답고 인당에서 멀며 이마에 위치하는 사람으로 형태가 팔(八) 자인 사람은 고급 취미를 즐기며 여유 있는 생활을 누린다. 만약 눈과 코의 상이 좋으면 길함이 더욱 크다.
- 눈썹 모양이 팔(八) 자이면서 털이 부드럽고 가늘며 눈을 누르는 사람은 근심이 많다. 성격은 호방하지 못해 패기가 없고 연약하며 논쟁을 일으키는 것을 두려워한다. 또한 매사에 결단력이 부족하다.
- 눈썹이 먹물을 뿌린 듯 굵고 짙으면 평생 즐거움이 적고 운명이 순탄치 못하다. 그러나 정력이 왕성하다.
- 눈썹 안에 상처가 있으면 의외의 위험을 겪는다.
- 눈썹과 천창 사이에 세 줄의 횡문이 있으면 전쟁에서 죽을 수 있다.
- 눈썹 안에 흑점이 있으면 물을 조심해야 한다. 또한 여성은 말로 인해 잦은 시비가 생긴다.
- 눈썹털이 얇으면서 눈썹 끝에 검은 점이 있으면 척추에 고질병이 있다.
- 눈썹털이 노란색이면서 눈썹 중간에 빨간 점이 있으면 불을 조

심해야 한다.
- 눈썹에 어지러운 주름이 있는 사람은 지혜가 부족하다. 비록 의식은 풍족하지만 뜻을 이루기는 어렵다.
- 눈썹 끝 천장 부위와 뺨에 반점이 있는 사람은 장수하고 부를 누린다. 신체가 비만인 경우에 반점이 있으면 더욱 길하다. 반점은 크고 검은 게 좋은데 얼굴이 희면 더 좋다. 그러나 만약 반점이 작고 갈색이면 단명하고 부가 적으며, 소년과 마른 사람에게 반점이 있으면 결핵이 있을 수 있고 요절할 상이다.

5. 여성의 눈썹

- 신월미(新月眉)인 여성은 성격이 좋고 얌전하며 어질고 지혜롭다. 이런 여성은 살림에 능숙하고 반드시 성공한 사람과 결혼하며, 시부모에게 효도하고 결혼생활이 원만하다. 상학에서는 "귀한 여자에게는 천한 눈썹이 없다"라고 한다.
- 눈썹형이 좋은 여성은 반드시 어질고 성공한 남편을 맞는다. 만약 눈썹형이 나쁘면 어리석고 무능한 남편에게 시집을 가거나 혹은 결혼생활이 원만하지 않다.
- 여성의 눈썹은 부부관계의 정분궁(情分宮) 역할을 한다. 여성의 눈썹이 옅은데 남편의 눈썹도 옅고, 여성의 눈썹이 짙은데 남성도 역시 짙으면 반드시 부부의 정분이 깊고 애정이 영속한다. 구레나룻과 겨드랑이털, 음모까지 상응한다면 더욱 좋다.
- 춘심미인 여성은 총명하고 감정이 풍부하며 예술적인 자질이 있다. 그러나 만약 도화안(桃花眼)이라면 음란방탕하여 결혼생활이 원만하지 못하다.

- 눈썹 모양이 일자이면서 날 때부터 곱슬머리이거나 콧대가 높고 양쪽 광대뼈가 드러난 여성은 남편을 형극한다.
- 미릉골이 평탄하고 아름다우며 높이 솟은 여성은 성격이 강하고 괴팍하여 사람들과 어울리기 어렵다. 이런 여성은 남편복을 차버리기 쉽고, 부모와 시부모에게 불효하며, 위험한 일을 쉽게 만난다. 만약 혼인궁에 흠이 있다면 이혼을 하지 않더라도 부부생활이 원만하지 못하다.
- 눈썹 옆의 천창이 평만하면 좋으나 돌출되어 나온 것은 좋지 않다. 만약 넓게 드러났다면 독한 심성을 지녔으며 육친과 잘 맞지 않는다.
- 눈썹 옆의 천창에 검고 밝은 사마귀가 있으면 아들을 낳는다. 체형이 작으면 더욱 그렇다.
- 눈썹이 남자처럼 굵고 짙거나 눈썹 모양이 청수하고 굽어진 사람은 남자 같은 성향이 있는 여장부로 대부분 직업여성이다. 이런 여성은 업무능력이 뛰어나고 가정에 대한 책임감이 강하며 효심도 깊지만, 성격이 너무 강해 결혼생활이 원만하지 못하고 남편에게 사랑받기 어렵다.
- 눈썹이 지나치게 굵고 짙거나 형태가 매우 나쁜 여성은 성격이 편협하고 고집스러우며 남에게 굴하지 않는다. 또한 욕심이 많고 음란하여 좋은 사람과 결혼하기 어렵다. 여기에 눈의 상이 나쁘고 목소리가 힘차면서 기색이 흐리고 구레나룻이 많으면 더욱 심하다.
- 눈썹이 엉성하게 짙거나 오그라든 듯한 것을 미한(眉寒)이라고 하는데, 고독한 상으로 남편과 자식을 극한다. 대개 결혼을 하지 않거나 재가한다.
- 눈썹이 성기면 남편과의 연분이 박하고 자녀와의 인연도 적다.

또한 탐욕스럽고 음란하며 태아를 잃을 수 있다. 대개 남편도 외도를 하는데, 만약 살이 쪄서 뚱뚱해지면 이혼할 수 있다.

- 눈썹털이 성기거나 없는 것을 백호미(白虎眉)라고 한다. 만약 겨드랑이털과 음모 역시 희박하거나 없다면 발육이 완전치 못하고 내분비 계통에 이상이 있다는 증거이다. 이런 여성은 남편을 극할 가능성이 크며, 만약 살이 많이 찌면 반드시 상극하게 된다. 아이를 낳기도 힘들어 남편에게 버림받아 불행해진다.
- 눈썹이 성기고 없는데다 눈초리 부위가 깊이 패인 경우에는 일찍 결혼하면 좋지 않으므로 34세 이후에 해야 한다. 우여곡절 끝에 결혼을 해도 자녀가 적으나 좋은 사위를 얻는다.
- 눈썹에 기름기가 있으며 얼굴도 반들반들하고 아름다운 색이면 남편의 운세가 좋지 않다. 즉 나름대로 뜻은 있지만 펼치지 못하거나 법을 어겨 형액을 당하게 된다.
- 눈썹머리의 털이 짙거나 눈썹꼬리의 털이 성긴 여성은 성질이 급하고 감정이 이성을 이긴다. 평범한 결혼을 하지만 혼인 후 남편을 소홀히 대해 외도를 쉽게 초래한다.
- 눈썹머리가 비스듬하게 중앙을 향하여 있으면 성격이 좋지 않고 우발적인 행동을 많이 하며, 부부 사이가 원만하지 않다.
- 눈썹머리가 자주 수축되는 여성은 남편 및 아들과 화목하지 못하다.
- 눈썹이 나사 모양인 여성은 두 명의 모친을 가질 수 있거나 타인에 의해 양육된다. 성격은 강하고 음란한 경향이 있다.
- 눈썹이 짧아 눈에 미치지 못하는 여성은 결혼생활이 원만하지 않고 부부의 성격이 맞지 않아 이혼한다. 여기에 눈썹이 성기면 이런 경향이 더욱 심하다.
- 두 눈썹 사이의 거리가 좁으면 일생 동안 재운이 좋지 않고 결혼

도 원만하지 못하다. 늦게 결혼하면 흉이 반감된다.
- 눈썹이 낮아 눈을 누르고 털도 어지럽게 났으면 성공한 남자와 결혼하기 어렵고 일생을 빈천하게 지낸다.
- 눈썹이 흐트러지지 않고 어지럽지 않으며 색이 윤택하면 처녀의 몸으로 오래 있게 된다.
- 눈썹이 지나치게 높게 난 여성, 털이 곤추 서거나 거꾸로 난 여성, 눈썹이 너무 긴 여성, 눈썹 끝이 위로 들린 여성은 성격이 비뚤고 음란하며, 결혼생활이 원만하지 않아 이혼하거나 남편을 극한다.
- 눈썹이 지나치게 높게 났으면서 광대뼈도 너무 높아 눈에 가까운 여성은 성격이 편협하고, 남편에게 시달려서 범죄를 저지를 가능성이 있다.
- 눈썹이 휘날리는 여성은 남자 같은 포부와 기개가 있다. 동시에 욕망이 크고 사심이 많아 결혼생활이 원만하기 어렵다.
- 눈썹이 없고 머리털이 많은 여성은 품성이 변덕스럽고 남편을 극하며 자식을 형한다. 이혼할 가능성이 많으며 늙을 때까지 고독하다.
- 눈썹이 없고 눈이 깊게 패인 여성으로서 입술색이 푸르거나 희미하면 자녀를 낳기 어렵다.
- 눈썹이 황색이면 남편의 성기능이 특별히 왕성하여 반드시 첩을 맞거나 바람을 피운다.
- 눈썹 복당에 사마귀가 있는 여성은 집에서는 아버지의 운세를 누르고 출가해서는 남편의 운세를 누른다.

눈썹 각 부분의 명칭

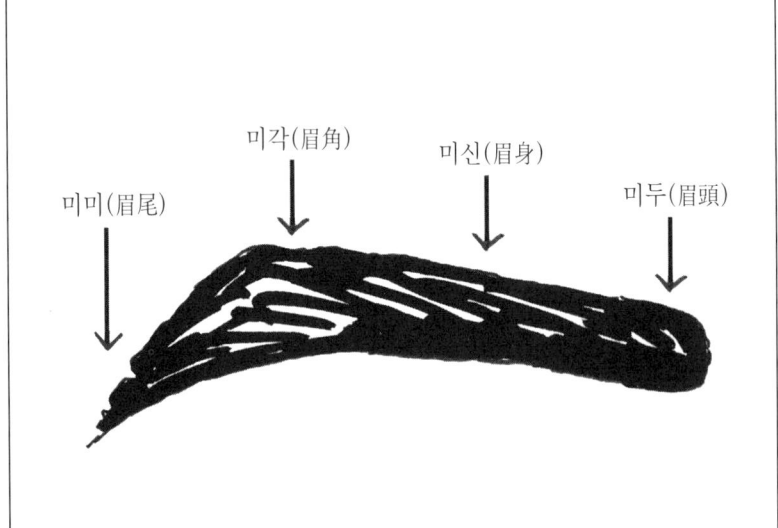

용미(龍眉)	신월미(新月眉)

남성의 가장 표준적인 눈썹으로 눈썹머리가 둥근 것이 특징이다. 전체적으로 굽은 형상이고 눈썹꼬리는 눈을 지난다. 이런 사람은 뛰어난 능력을 가지고 있으며 크게 성공한다. 눈썹꼬리가 서면 귀하지만 마음이 독하다.	초승달처럼 생긴 것이 특징이다. 눈썹이 가늘게 굽어 있고 길며, 이마에 자리잡아 눈을 지난다. 여성에게 가장 표준적인 눈썹이다. 평생 운이 좋고 가정이 행복하며 원만하다. 남편이 매우 아껴준다.

눈썹의 종류 - 1

와잠미(臥蠶眉)

눈썹머리가 둥글어 굽은 모양이 마치 누에의 머리가 움직이는 것 같은 점이 특징이다. 눈썹꼬리가 들려서 모여 있다. 생각과 뜻이 머리에 가득 차 있고 상당히 일찍 이름을 날린다.

검미(劍眉)

눈썹의 털이 길고 짙은 것이 특징으로, 꼬리 부분이 위를 향해 들려 있다. 자제력과 담력, 식견이 있다. 군인이 되면 성공하고 명성과 위엄이 널리 퍼진다.

호미(虎眉)

눈썹머리는 좁고 눈썹꼬리가 특히 넓은 것이 특징이다. 눈썹이 모여 있고 모양이 있다. 대담하고 식견도 있어 권력을 얻어 귀하게 되며 장수를 누린다.

청수미(淸秀眉)

눈썹이 인당과는 떨어져 있으며 눈을 지나치는 것이 특징이다. 눈썹 중간은 넓지도 짙지도 않으며 성기지도 않다. 총명하고 유능하여 상당히 일찍 성공을 거두며, 관운도 좋다.

눈썹의 종류—2

사자미(獅子眉)

눈썹이 굵고 길며 텁수룩하다. 언뜻 탁해 보이지만 위엄이 있는 것이 특징이다. 비교적 늦게 성공하고 나이가 들면 들수록 영화를 누린다.

유엽미(柳葉眉)

눈썹이 굵고 중간이 넓으며 털이 바르고 눈썹 끝이 모여 있는 것이 특징이다. 믿음직하고 충성스러우며 정의로운 성격으로 말년에 반드시 출세하여 이름을 날린다.

경청미(輕淸眉)

눈썹이 수려하고 굽은 것이 특징이다. 단 눈썹꼬리가 성기다. 이성과 지성이 감정을 억제하며 중년에 사업적 성취가 있다.

단촉수미(短促秀眉)

눈썹털이 인당에서 멀리 떨어져 있어 넓게 보이는 것이 특징이다. 비록 눈썹이 짧더라도 눈썹꼬리는 눈을 지나친다. 성격은 충직하고 효성스러우며, 사업의 성취가 있고 장수한다.

눈썹의 종류-3

유조미(柳條眉)

눈썹 중간이 넓고 털이 굵은 유엽(柳葉) 눈썹의 다른 종류로, 눈썹 중간이 더욱 좁고 털이 가늘다. 이런 사람은 남녀를 막론하고 총명하지만 풍류가 있으며 음란하다. 일명 춘심미(春心眉)라고도 한다.

일자미(一字眉)

눈썹머리와 눈썹꼬리가 가지런하고 평평하며, 털이 아름다운 것이 특징이다. 이런 사람은 성격이 솔직담백하며 과단성이 있다. 부부가 화목하며 성공도 비교적 일찍 거둔다.

소추미(掃帚眉)

눈썹형이 크고 짙은 것이 특징으로 앞은 진하나 끝은 희미하다. 이런 사람은 형제를 극하며, 작은 성공만을 거둔다.

나한미(羅漢眉)

눈썹 중간이 넓고 짧은 것이 특징이며 눈썹꼬리가 아래로 늘어져 있다. 이런 사람은 젊어서 어려움을 겪고, 늦게 결혼하여 늦게 자녀를 가진다. 형제들에게 좋지 않은 일이 있을 수 있고 만년에는 고독하다.

눈썹의 종류 — 4

선라미(旋螺眉)

눈썹 끝이 나사 모양인 것이 특징이다. 육친과의 정이 없으며, 성격은 강하고 급하다. 또 도량이 좁지만 장수한다.

파사미(婆娑眉)

눈썹 중간이 밑으로 처진 것이 특징이다. 생활에 근심은 없으나 무능력해서 아내에게 매여살기 쉽다. 욕심이 많고 색을 밝히는 경향이 있다.

귀미(鬼眉)

눈썹이 굵고 눈을 누르는 것이 특징이다. 눈썹이 짧아 눈에 미치지 못하고 눈썹꼬리는 흩어져 있다. 심성이 어둡고 위선적이며 간사하다.

첨도미(尖刀眉)

눈썹이 굵고 눈썹 중간이 긴 것이 특징이다. 눈썹꼬리는 위로 들려 있고 꼬리 끝의 털이 성기다. 성격이 간사하고 흉악하여 못된 짓을 많이 한다. 형제를 극하고 천수를 다하지 못한다.

눈썹의 종류 — 5

교가미(交加眉)

눈썹의 위아래가 겹쳐 층을 이룬 것이 특징이다. 불길한 상으로 육친을 형극하고 가산을 탕진하며 사업에 실패한다. 중년과 말년에 형액을 면하기 어렵다.

팔자미(八字眉)

눈썹머리가 드물고 눈썹꼬리가 팔자형으로 나뉜 것이 특징이다. 용기가 있고 도량이 넓으며 이지적이다. 재산은 충분하나 부인을 극하고 양자를 들이는 등 일생이 편하지 않다.

소산미(疏散眉)

눈썹이 성기고 산만하며 눈썹꼬리가 눈에 미치지 못하는 것이 특징이다. 이런 사람은 별다른 포부가 없으며 일생을 평범하게 산다.

간단미(間斷眉)

눈썹털의 색이 황색이고, 중간은 넓지만 눈썹꼬리의 사이가 끊어지며 길이가 눈에 미치지 못하는 것이 특징이다. 부모 형제를 극한다.

눈

1. 부위의 특성

　인당(印堂)은 사유 계통인 뇌조직의 중심이고 산근(山根)은 내부 기관인 오장육부의 접점이다. 그리고 눈은 사유 및 운동 계통의 합류점이다. 우리의 심성과 지혜, 정신과 체력, 능력은 모두 눈에 집중되어 표현되므로 눈은 사람의 건강과 지혜, 성격을 알 수 있는 축소판이라고 할 수 있다. 그래서 '눈은 영혼의 창'이라고 하는 것이다.
　사람의 눈에는 선과 악이 존재하는데, 이것은 조상 및 부모의 유전 관계와 밀접한 관계가 있다. 눈이 선한 사람은 자신은 물론 부모의 몸도 건강하며, 지혜롭고 착한 성격을 가지고 있다. 반면에 눈이 악한 사람은 자신은 물론 부모의 몸도 건강하지 않고, 지혜 및 성격에도 결함이 있다. 눈이 바르면 마음도 바르고, 눈이 선하면 마음도 선하며, 눈이 악하면 마음도 악하다. 눈이 비뚤어져 있으면 마음도 비뚤어져 있다. 그래서 맹자는 "사람의 눈에서 선함을 본다. 마음이 바르면 눈이 맑고 밝으며, 마음이 바르지 않으면 눈이 어둡고 흐리다"고 말했던 것이다.

앞에서도 언급한 것처럼 달마상법에서는 얼굴은 10점, 눈은 5점, 이마 · 코 · 광대뼈 · 턱은 각각 1점, 눈썹 · 귀 · 입 · 이를 합쳐서 1점이라고 했다. 여기에서도 관상에서 눈의 모양을 얼마나 중요하게 여기는지 알 수 있다.

또한 달마는 "눈은 수려하고 반듯해야 한다. 눈은 가늘고 길어야 한다. 눈은 안정되고 신(神)이 나타나야 한다. 눈은 나오기도 하고 들어가기도 해야 한다. 눈은 아래위가 희지 않아야 한다. 눈은 오래 보아도 피곤하지 않아야 한다. 눈은 변화가 있어도 흐릿하지 않아야 한다" 등 좋은 상을 가진 눈의 일곱 가지 모양을 이야기했다. '안에 있는 것은 반드시 밖으로 드러난다'는 원리에 근거하여 이러한 일곱 가지 표준에 부합하는 사람은 사유 계통 및 신진대사 계통, 성기능 등이 다른 사람보다 우수할 것이다. 그런 까닭에 "귀함은 눈에 있다"라고 하였던 것이다.

귀인은 좋은 눈을 가지고 있다. 좋은 눈을 가지고 있는 사람은 반드시 이름을 널리 알리고 뜻을 펼치며, 관직에 오르지 못할지라도 부귀를 얻을 수 있다.

사람의 오장육부는 기계에 비유할 수 있다. 각 부위의 구조와 기능은 같더라도 사용된 재질은 각각 다를 수 있다. 그래서 어떤 사람은 오장육부가 견고하고 실하며 아주 뛰어나서 사용한 지 50년이 지나도 괜찮지만, 어떤 사람은 사용한 지 20~30년만 지나도 한 부분이나 전부가 상하는 것이다. 또 어떤 사람은 신체가 튼튼하고 정력이 충만하며 정신도 맑지만, 어떤 사람은 신체가 허약하고 정력도 부족하며 정신도 맑지 않은 것이다.

눈은 이 모든 기관의 성능을 표시해 주는 계기반 또는 전구와 같다고 할 수 있다. 만약 이들 기관의 선천적인 재질과 구조가 우량하다면 그 기능 역시 뛰어나고 에너지도 충만할 것이다. 그래서 그것이 눈을 통해 밖으로 드러나는 사람은 반드시 달마관안칠법(達磨觀眼七法)의 표준에 적합하여 눈의 광채가 아주 맑고 우아한 것이 별과 달의 빛과 같을 것이다. 그리고 그런 사람의 성취는 반드시 다른 사람보다 클 것이다.

"神은 눈에 있다"고 하지만 감추어져 있어야 하며, 드러나지 않는 것이 길하다. 만약 神이 밖으로 노출되어 흉광(凶光)으로 변하면 사람들이 두려움을 느끼게 되고, 그 사람의 운명 또한 재난이 많고 육친을 형극하며 늙을 때까지 고생하게 된다.

또 "눈에 병이 있으면 마음에도 병이 있다"거나 "눈에 병이 있으면 명에도 불행이 있다"는 말이 있다. 눈의 상이 앞에서 서술한 달마관안칠법의 표준에 적합하지 않으면 눈에 병이 있다고 말할 수 있다. 눈의 병은 반드시 운명에 영향을 미친다. 예를 들어 고생은 많이 하나 수확이 적고, 사업이 좌절되고 성격이 불량하며, 지혜도 낮고 육친을 형극한다. 결혼생활이 원만하지 못하고 물이나 불에 재난을 입을 수 있으며, 질병으로 고생하거나 단명하는 등 셀 수도 없이 많다.

또한 "흉은 눈에 나타난다"고 했다. 눈에 흉광이 드러나면 반드시 비명횡사하며, 적맥이 동공을 관통하면 갑자기 죽을 수 있다.

눈과 인당, 눈썹은 인상학에서 면상의 3대 주체이다. 그 중 눈은 주체 중의 주체로서, 사람의 운세와 가장 밀접한 관계가 있다. 좋은 눈을 가지고 있으면 반드시 빛을 보게 되는 날이 있다. 절대로 평생 재능을 발휘하지 못하는 일은 일어나지 않는다. 반대로 눈이 좋지 않으면 부귀가 따르지 않는다.

특히 눈은 결혼 및 자녀관계와 아주 밀접한 관계가 있다. 간문을 혼인궁(婚姻宮)이라고 하고, 인중과 누당을 자녀궁(子女宮)이라고 한다. 부부의 정연(情緣)은 눈에서, 부부의 정분(情分)은 눈썹에서 알 수 있다. 부부의 애정은 입술을 보고, 부부의 정은(情恩)은 귀를 보며, 부부의 정욕은 코끝과 수염(여성은 수염이 아니고 겨드랑이털을 본다)을 본다. 그래서 다시 반복하자면 눈은 정연궁, 눈썹은 정분궁, 입은 정애궁, 귀는 정은궁, 코끝과 수염은 정욕궁이라고 한다.

자녀의 많고 적음과 자녀의 건강 정도는 인중과 누당을 보고 알 수 있고, 자녀의 지혜와 성격은 눈을 보고 알 수 있다.

2. 사업성패 및 시기

- 눈은 수려하고 단정해야 한다. 눈초리가 갈고리처럼 둥글고 뒤는 칼로 자른 듯하며, 흑백이 분명하고 신(神)이 강하여 드러나지 않으면서도 빛나는 것을 수(秀)라고 한다. 이런 사람은 총명하고 재능이 많으며, 계략이 깊고 실행력이 강하다.
- 두 눈의 거리가 균일하고 크기가 같은 것, 검은자위가 눈의 정중앙에 있고 상하좌우 어느 한쪽으로 쏠리지 않은 것을 정(正)이라고 한다. 이런 사람은 총명하면서도 잔꾀를 부리지 않아 정당한 방법으로 사업을 일으키고 성공을 거둔다. 그러나 눈이 수려할지라도 반듯하지 않으면 지혜가 부족하며, 자기가 옳다고 믿는 대로 행동하여 문제를 일으킨다.
- 눈은 가늘고 길어야 한다. 눈이 둥글면 크다고 하고, 아래위로 납작하면 가늘다고 한다. 하지만 가늘다고 해서 반드시 작은 것을 말하는 것은 아니다. 눈이 크고 검은자위가 많이 드러나며 쌍꺼풀이 있는 사람은 똑똑하지만 침착하지 못하고 용감하지만 급하다. 눈이 가늘고 검은자위가 많이 보이지 않으면서 속쌍꺼풀

이 있거나, 홑꺼풀이며 테두리가 확실한 사람은 심지가 굳고 용감하며 공명정대하다.
- 눈이 긴 것을 하목(河目)이라고 하는데, 이런 사람은 자신을 잘 돌볼 줄 안다.
- 눈이 큰 사람은 재능은 있지만 크게 귀한 신분이 되기는 어려우며, 눈이 작은 사람은 귀하지만 성취가 적다. 눈이 가늘고 긴 사람이 큰 사람이 될 수 있으며 장수를 누린다. 눈이 길기는 하나 가늘지 않으면 우매하고 악하며, 눈이 가늘기는 하나 길지 않으면 도량이 작다.
- 눈은 안정되고 정기가 나타나야 한다. 눈빛이 모여 있는 것을 정(定)이라고 하며, 눈빛이 흩어진 것을 노(露)라고 한다. 눈빛이 모인 사람은 지향하는 바가 원대하고 신체능력이 뛰어나며 장수한다. 눈빛이 모여야 할 뿐 아니라 다른 사람이 느끼기에 눈에 신광(神光)이 있어 발사되는 듯해야 비로소 사회에 나가 기회를 잡을 수 있다. 만약 눈빛이 모였지만 드러나지 않는 경우 '고인 물과 같다'고 한다. 이런 사람은 비록 뜻은 크지만 그 뜻을 발휘하기가 어렵고 기회는 있지만 잡기가 어렵다.
- 눈의 정기는 태양광선같이 대지의 만물을 비추어야 한다. 단 정기는 나타날 때 나타나고 들어갈 때 들어가야 한다. 신광이 뿜어질 때는 신념과 재능·지혜가 드러나며, 갈무리되면 친화력·신뢰성·공정함·인자함이 나타난다. 만약 신광이 나타나긴 해도 갈무리되지 않으면 방탕한 생활을 하게 되고, 질투심이 많아 원한을 사며, 사업에 장애나 좌절이 있다.
- 눈의 검은자위가 흰자위보다 많이 보여야 한다. 하지만 정면에서 보았을 때 흰자위가 너무 많이 보이면 좋지 않다. 위쪽에 흰자위가 보이는 상백(上白), 아래쪽에 흰자위가 보이는 하백(下

白), 세 곳에 흰자위가 보이는 삼백(三白), 사방에 흰자위가 보이는 사백(四白) 등의 눈은 불행을 초래하며 부모를 형극한다. 이런 사람은 설사 눈 모양이 수려하다 할지라도 건강과 지혜, 성격에 반드시 문제가 있다. 또한 사업과 결혼생활 또는 수명에까지 영향을 미칠 수 있다.

• 눈은 오래 보아도 피곤하지 않아야 한다. 오래 보더라도 신광이 밝고 맑으며 위엄이 있거나 안광이 갈무리된[이것을 불탈(不脫), 신족(神足), 신장(神壯)이라고 한다] 사람은 신체가 건강하고 장수하며, 반드시 사업상 성취가 있다. 만약 신광이 점점 축소되면, 나이가 어린 사람은 눈을 많이 깜박거리고 늙은 사람은 두 눈이 몽롱해진다. 이런 사람은 끈기가 부족하고 신체가 허약하여 단명한다. 또는 중년에 사업상 좌절이 있을 수 있다.

• 눈은 신기가 변하지 않아야 한다. 보통 갑자기 재난이 닥치면 신기가 변하여 소모되기 때문에 눈이 바로 침침해지고 흐려진다. 그러나 어떤 상황이 닥쳐도 놀라지 않고 태산이 무너지더라도 눈도 깜빡하지 않으며 마음의 기개를 잃지 않는다면, 그런 사람은 비범한 인물로서 그 원신(元神)과 원기(元氣)에도 손상이 없다. 그러므로 사업에도 반드시 큰 성취가 있으며 장수한다.

• 눈이 길고 수려하며 흑백이 분명하면서 동공에 윤기가 있고 광채가 있는 것을 봉안(鳳眼)이라고 한다. 크게 귀하거나 부유해질 수 있고, 장수한다. 봉안은 달마관안칠법의 표준에 적합한 눈이다.

• 눈이 수려하고 반듯하며, 가늘고 길며, 천창으로 기울어져 있는 것을 단봉안(丹鳳眼)이라고 한다. 이런 사람은 의를 중요시 여기고 이익을 가볍게 여긴다. 눈빛에 위엄이 있으면 대귀하고 만방에 이름을 떨친다. 법조계로 진출하는 것이 가장 좋으며, 관계

로 진출하면 어질고 공정한 관리가 될 수 있다. 또 무관이 된다면 반드시 충성스럽고 용감한 장군이 된다.
- 비록 봉안은 아니지만 눈빛이 갈무리되어 있고 검은자위가 매우 뚜렷이 빛나는 사람은 기지가 풍부하고 결단력이 있으며, 재물도 어느 정도 모을 수 있다.
- 눈에 비록 神은 없지만 눈빛이 맑고 탁하지 않은 사람은 총명하고 지혜로우며 재능이 있다. 사업적으로도 어느 정도의 성취와 부귀가 있다.
- 눈에 神이 갈무리되어 있지 않고 맑지 않은 것을 신탁(神濁)이라고 한다. 보통 안신이 탁한 사람은 건강이 좋지 않고 성격적으로도 심한 결함이 있으며 평생 성취가 적다.
- 눈빛이 혼탁하고 검은자위가 어슴푸레하여 빛나지 않으며 흰자위가 깊지 못하고 붉은 핏줄이 보이면 빈천할 상이다.
- 눈, 눈썹, 인당, 산근과 육요가 가지런하고 밝으며, 이마가 둥근 것을 형국전(形局全)이라고 한다. 청년기에 이미 재물을 모아 부자가 되며 평생 사업이 형통하고 만년에 복이 있다.
- 눈의 검은자위가 아주 검고 빛나면서 눈 안에서 빛이 발산되는 데다가 이마가 높고 넓은 사람은 총명하고 지혜로우며 어질다. 반드시 사업에 성취가 있고 부귀한다.
- 눈의 검은자위가 눈을 다 덮고 있는 것은 간사한 영웅의 상이다. 지략이 뛰어나지만 윗사람을 극하는 야심이 있다.
- 눈이 크고 검은자위가 크며 눈빛이 흩어져 모이지 않으면 단명한다.
- 눈의 흑백이 분명한 사람은 평생 재산이 많다. 고생은 적게 하고 얻는 것은 많다. 만약 흑백이 불분명하다면 고생은 많이 하지만 얻는 것이 적다. 설사 얼마간의 재산이 생길지라도 그것을 얻기

까지 매우 고생스럽다.
- 눈의 검은자위에 흰구름이 덮인 듯 보이거나 눈꺼풀에 사마귀나 점이 있는 경우, 눈의 형태가 좋더라도 뜻을 이루기 어렵다.
- 눈에 검은자위가 적고 흰자위가 많거나 일백안(一白眼), 삼백안(三白眼), 사백안(四白眼)인 사람은 간과 뇌조직의 발육이 완전하지 못하여 건강과 지혜, 성격에 영향이 있다. 위험한 일을 자주 만나고 사업상 성취가 적다.
- 눈의 검은자위에 야광이 있는 것은 대부 또는 대귀할 상이다.
- 낮에 눈동자에서 무지갯빛이나 자줏빛이 보이는 것을 진광(眞光)이라고 한다. 눈에 진광이 있는 사람은 은연중에 높은 지위에 오르고 귀한 신분이 된다.
- 눈의 검은자위와 흰자위가 뜬 것처럼 보이는 사람은 설령 작은 성취가 있더라도 40세를 전후로 하여 목숨을 잃을 정도의 큰 고비를 맞는다. 눈동자가 뜬 듯한 것은 오장육부가 좋지 않다는 신호이다.
- 눈과 눈의 거리가 가까우면서 산근이 좁고 작은 것을 일월쟁휘(日月爭輝)라고 하는데, 남녀를 막론하고 성공이 적으며 중년에 실패할 수 있다. 단 군인이 되면 괜찮다.
- 눈초리에 손상이 있으면 중년에 파산한다. 특히 32세, 35세, 36세, 41세, 44세에 조심해야 한다.
- 눈의 형태가 수려하지 않은데다 눈썹이 짧고 흩어진 사람은 40세 전까지 세월을 허비하며 지낸다.
- 눈 끝이 밑으로 처진데다 귀가 일그러지고 코뼈가 구부러지거나 울퉁불퉁한 사람은 40~50세 사이에 운이 따르기 어렵다. 사업도 뜻대로 되지 않아 파산하여 재산을 잃는다.
- 눈이 둥글고 크며 안신(眼神)이 있는 사람으로서 광대뼈에 기세

가 있으면 대귀할 상이나 말년에 흉사(凶死)할 수 있다.
- 눈이 길고 크며 안신이 있는 사람으로서 눈썹이 넓어 눈보다 크면 크고 작은 성취가 많다. 특히 예술 계통에 종사하면 좋다. 그러나 눈썹꼬리가 짧고 흐트러진 사람은 뜻을 이루기 어렵다.
- 눈이 크면서 이마가 좁고 작은 사람은 평생 운이 따르기 어렵고 명을 재촉한다.
- 눈이 크고 검은자위가 철(凸) 자처럼 돌출되어 있으며 神이 드러난 사람은 야심과 욕망이 넘치지만 천수를 다하지 못한다. 특히 마검(馬臉 : 말 같은 얼굴), 첨도미(尖刀眉), 검비(劍鼻), 저두(猪頭), 취화취(吹火嘴) 그리고 초풍이(招風耳 : 바깥쪽으로 튀어나온 귀)를 가진 사람은 더욱 심하다.
- 눈이 돌출된 사람은 권력을 쉽게 잡지 못한다. 또 평생 영화롭지 못하고 부인과 자녀로 인해 곤경에 처할 수 있다.
- 눈이 크고 눈동자가 드러나 있으면서 코가 날카로운 것을 목극토(木剋土)라고 한다. 이런 사람은 평생 부유하지 못하며 중년에는 아주 위험한 풍파가 있다.
- 눈이 크고 눈동자가 드러나 있으면서 귀가 지나치게 얇고 작은 것을 수불생목(水不生木)이라고 한다. 이런 사람은 공부는 많이 해도 성공이 적다. 평생 순탄하지 못하며 명을 재촉한다.
- 눈이 크고 입이 작은 것을 목불생화(木不生火)라고 한다. 이런 사람은 사업이 순탄해도 명을 재촉한다.
- 눈이 크고 얼굴이 작은 사람은 재산을 모으기가 어렵다.
- 눈이 작고 얼굴이 큰 사람은 피비린내 나는 재난을 조심해야 한다.
- 눈이 작고 귀가 크면 평생 가난하고 고독하다.
- 눈이 작고 입이 크면 부귀를 바라기 어렵다.

- 눈은 작지만 눈빛이 충만하고 삼경(三輕)인 경우, 즉 눈썹과 수염·구레나룻의 털이 성긴 경우는 쉽게 성공한다.
- 눈이 작으면서 눈썹털이 굵고 짙은 사람은 용(龍:눈썹)과 호(虎:눈)가 서로 기만하기 때문에 운이 좋지 않을 뿐 아니라 평생 순탄하지 않고 재난이 끊이지 않는다.
- 눈은 아름답지만 눈썹이 좋지 않으면 용사호(龍欺虎:용이 호랑이를 기만한다)가 되어 30~40세 사이의 운이 좋지 않다. 만약 눈썹은 좋으나 눈이 좋지 않다면 거꾸로 호사용(虎欺龍)하는 격이 되어 역시 운이 좋지 않다.
- 눈의 크기와 형태는 좌우 평형이지만 왼쪽 눈이 좋지 않은(여성은 오른쪽이 좋지 않은 경우) 사람은 32세, 41세, 50세 되는 해에 좌절이나 재산의 손실이 있거나 건강에 이상이 있다. 월급쟁이라면 시비가 생기거나 소인배를 건드리게 된다. 만약 오른쪽 눈이 좋지 않으면 26세, 35세, 44세 되는 해에 사업상의 좌절이나 재산상의 손해, 또는 건강의 이상이 있다.
- 눈이 보이지 않는 것을 묘목(眇目)이라고 하는데, 특히 왼쪽 눈의 경우 가장 흉상으로 여긴다. 이 경우 문성(文星)에 결함이 있어 평생 이름을 떨치기 어렵다. 게다가 머리가 날카롭고 이가 드러나는 사람이라면 설사 학문을 많이 쌓았더라도 출세하기 어렵다. 단 군직에 종사하는 것은 이로운데, 이를 독안룡(獨眼龍)이라고 하며 크게 성취한다. 하지만 결혼생활이 원만하지 못하다.
- 눈은 철(凸) 자처럼 돌출되었지만 안신이 드러나지 않고 흑백이 분명한 것을 악형선안(惡形善眼)이라고 하는데, 이런 사람은 반드시 출세하며 사업상 큰 성취를 이룬다. 다만 고생과 위험이 많다. 안신이 드러났지만 위엄이 부족하거나 눈이 젖어 있는 것을 악형악안(惡形惡眼)이라고 하는데, 고생이 심하며 평생 성공을

기대하기 어렵다.
- 어미문(魚尾紋)이 천창을 향한 사람은 자수성가할 상으로 귀하며 장수한다. 만약 얼굴 및 다른 부위와 조화를 이루면 큰 성취를 이룬다.
- 어미문이 너무 길거나 아래로 처진 사람은 고생은 많이 하나 얻는 것은 적다.
- 어미문이 많은 사람은 부귀할지라도 늙을 때까지 고생하며 쉬지 못한다.
- 간문이 깊이 패였거나 두드러지게 돌출된 사람은 39~40세 사이에 반드시 재산의 손실이 있다.
- 눈이 깊이 들어간 사람은 평생 동안 큰 재산을 모으기 어렵다. 여기에 만약 눈썹이 짧고 퍼져서 나 있으면 41세 전에는 허송세월을 한다.
- 눈썹이 눈을 누르면서 왼쪽 눈썹에 흉터 같은 좋지 않은 부분이 있는 경우는 37세에 사업의 실패가 있을 수 있다.
- 눈의 검은자위가 누르스름하거나 지나치게 잘 띄는 사람은 재산을 탕진하고 뜻을 이루지 못한다. 그러나 안신에 위엄이 있고 난세에 태어난 사람이라면 귀하고 성공도 한다.
- 눈에 두 개의 동공이 있으면 성인과 현인은 못 되더라도 반드시 크게 귀하게 된다. 그러나 신체가 우람해야 한다. 체형이 왜소하면 그렇지 못하다.
- 눈의 검은자위 주위에 푸른색이 비치는 사람은 평생 고생하지만 사업의 성취와 행운은 누릴 수 있다. 푸른색이 비치는 것은 체내에서 발산되는 에너지가 강하기 때문이다.
- 눈이 튀어나오고 위엄이 있는 것은 대귀할 상이다.
- 안신의 빛이 완전히 드러난 사람은 32~44세에 재산을 탕진한

다. 만약 공무원이나 교사라면 소송사건에 휘말린다. 재산이 탕진되거나 소송사건이 생기지 않으면 화재의 위험이 있다.
• 눈빛이 탁하고 안신이 없는 사람은 32~44세 사이에 재산의 손실이 있으니 예방해야 한다. 만약 공무원이라면 다른 사람이 대신 손해를 본다.
• 눈의 상이 좋고 콧대가 지맥을 관통하며 광대뼈가 돌출된 사람은 35~55세 사이에 큰 행운이 있다.
• 눈의 흰자위에 은은하게 황색 또는 푸른색의 빛이 나타나는 것은 좋은 상이다. 그러나 만약 흰자위가 마르고 메말라서 매끄럽지 못한 백건(白乾)이라면 평생 순탄하지 못하고 큰 인물이 되기 어렵다.
• 눈 아래의 뼈를 노예골(奴隸骨)이라고 하는데, 이 부분이 솟아 있으면 평생 빈천하다.

3. 가족관계 및 혼인과 자녀

• 눈이 일백, 삼백, 사백 또는 철(凸) 자처럼 볼록 튀어나온 사람은 조상 가운데 익사하거나 음덕을 잃은 사람이 있다. 가장 좋지 않은 것은 단명하거나 요절한 사람이 있는 것이다(단명은 50세 전에, 요절은 30세 전에 생명을 잃는 것을 말한다).
• 눈의 어미와 간문은 부부궁으로 남녀의 혼인관계와 부부간의 감정을 본다. 물론 미간, 눈썹, 눈, 귀, 코, 광대뼈, 입, 구레나룻, 수염, 가슴, 배, 허리, 엉덩이, 손, 지문 등과 잘 맞는지 보아야 한다. 이 여러 부위는 혼인과 부부 감정의 오형격국(五形格局), 품성개성(品性個性), 신경강약(神經强弱), 혈액질량(血液質量),

내분비질량(內分泌質量), 제2차 성징(第二次性徵) 등에 영향을 미치는 곳이다.

- 부부궁이 넓고 평탄하며 주름이 없는 사람은 현명하고 지혜로우며 아름다운 부인을 맞는다. 간문은 간과 뇌의 혈(穴)이다. 간문이 넓고 평평하며 주름이 없는 것은 간과 뇌의 발육이 좋다는 증거이다. 그러므로 성격 및 성기능이 우량하고 정상적이며, 외모 역시 영준하고 빼어나다. 또 발산하는 에너지 역시 강해서 만나는 여성도 현명하고 지혜로우며 아름다운 것이다.
- 눈 옆의 간문이 패인 사람은 부인을 여러 번 극한다. 간문이 패인 것은 간과 소뇌의 선천적인 발육이 좋지 않다는 증거이다. 그러므로 성격이 불량하고 방사(房事)의 욕구가 너무 많거나 부족하게 되는 것이다.
- 간문에 교차문(交叉紋)이 있으면 부인을 학대하여 자살에 이르게 할 수도 있으니 행동을 조심해야 한다. 간문에 악문(惡紋)이 있거나 사마귀가 나타나면 간과 소뇌에 병리적 변화가 있음을 의미한다. 그래서 성격과 품성이 불량하게 변하는 것이다.
- 간문이 뾰족하게 올라가면 화류계 여성을 부인으로 맞는다. 눈초리에 여러 가지 색이 있는 경우도 같다.
- 간문의 직문(直紋)이 눈썹까지 닿으면 천박한 여자와 결혼한다. 눈이 사시인 사람도 마찬가지이다.
- 왼쪽 간문에 사마귀가 있거나 검은 반점이 있으면 부인을 극한다. 사마귀나 반점이 오른쪽에 있는 것은 결혼생활이 원만하지 못하거나 외도할 상이다.
- 간문이 평평하고 두터우면 자녀가 많고 어질다.
- 눈 끝의 어미가 평평하고 두터우며, 눈이 가늘고 길며 수려하고 바른 사람은 결혼이 쉽게 이루어지며, 아름답고 어진 아내를 얻

는다. 아내의 내조 또한 크다.
- 어미가 요(凹) 자처럼 깊이 패이고 어두운 사람은 부인과 자녀를 극한다.
- 어미가 깊이 패이고 어지러운 주름이 많으며 흉한 사마귀가 있고 생기가 없는 사람은 애정문제가 있어 일찍 결혼하기 어렵다.
- 어미나 간문이 두텁고 윤기가 있으면 혼인 후 집안이 가난할지라도 부부가 서로 사랑하고 지내며, 부인이 남편에게 도움을 줄 수 있다.
- 어미문이 천창으로 향하거나 간문이 평만한 사람은 재산이 많은 여자를 얻는다.
- 어미문이 길고 늘어져 있으면 결혼이 원만하지 않고, 평생 아내와 자식을 고생시킨다.
- 어미문이 너무 많고 어지러우면 간사하고 음란하며 평생 고생한다. 늙으면 늙을수록 더 힘들어져 아내를 형하고 자식을 극한다.
- 어미문이 간문까지 이를 정도로 길면 이사를 자주 하고 부인과 백년해로하기 어렵다.
- 어미문이 매화 모양이면 부인 때문에 가산을 탕진한다. 직문이 있는 사람은 중년에 크게 파산하여 고달프다.
- 어미문에 흑색 기운이 감도는 사람은 부인이 큰 병을 앓을 수 있으니 조심해야 한다.
- 어미가 누렇거나 어미에 검은 사마귀, 또는 검은 점이 있으면 부인이 아주 음란하다.
- 눈꼬리의 근육이 풍만하고 40세가 넘어도 어미문이 없으면 매우 음란하며 혼인생활이 원만하지 않다.
- 눈꼬리에 직문이 있는 사람은 부부생활이 원만하지 않고 이혼할 수 있다.

- 눈썹 끝의 하현(下弦)에 간문을 향해 세 개의 주름이 있는 사람은 감언이설에 능하고 간사하다. 여색에 깊이 빠지며 부인을 극하고 평생 가난하다.
- 눈꼬리가 처지거나 혼인궁의 상리(相理)가 좋지 않으면 성격이 나쁘고 매우 음란하다. 또 혼인생활이 원만하지 않아 이혼한다.
- 눈꼬리의 왼쪽 위 천창 부위에 가깝게 사마귀가 있는 사람은 부부가 극하거나 이혼한다. 눈꼬리 왼쪽 아래 광대뼈에 가깝게 사마귀가 있으면 부부가 서로 사통(私通)한다. 눈꼬리의 오른쪽 위 천창 부위에 가깝게 사마귀가 있는 사람은 풍류를 즐기고 평생 도화살이 끊이지 않는다.
- 눈 위의 전택궁이 깊은 사람은 자식이 적다. 그러나 목형인은 괜찮다.
- 전택궁의 기색이 어두운 사람은 가정운이 좋지 않다. 심하게 혼탁하면 가정에 변고가 발생할 수 있고 사업에 실패하여 재산을 잃는다.
- 전택궁에 사마귀나 종기 또는 상처가 있는 사람은 조상의 유산을 물려받기 어렵고, 집을 건축하거나 구입할 때 손해를 본다. 또한 자주 거처를 옮기며, 평생 부인 때문에 고생하고 집안에 골치 아픈 일이 자주 생긴다.
- 눈의 하현, 즉 와잠(臥蠶)이 풍만한 사람은 생식기능이 양호하며, 남녀를 막론하고 이성과의 연이 좋다. 그리고 아들을 낳는다.
- 눈의 하현에 테두리가 없는(와잠이 일어나지 않는 것) 사람은 자녀와의 연이 적거나 자녀를 형극한다. 이성과의 연도 적어 이성의 구애에 별다른 느낌을 갖지 않는다. 설령 결혼을 했더라도 가정에는 관심이 없어 혼인생활이 원만하지 않다.
- 눈의 하현에 사마귀가 있는 사람은 자녀를 매우 사랑하고 자녀

에게도 성취가 있다.
- 눈의 하현이 밖으로 뒤집혀 있고 색이 검은 사람은 자녀를 극한다.
- 눈의 하현에 긴 털이 난 사람은 자녀가 없다. 와잠이 낮고 어두워도 마찬가지이다.
- 눈 밑에 세 개의 직문이 있는 사람은 늙어서 자녀의 덕을 보지 못한다. 주름이 오른쪽 눈 밑에 있으면 부인을 극한다.
- 와잠의 기색이 장기간 어슴푸레하거나 주름에 손상이 있으면 자녀를 형극한다.
- 눈이 철(凸) 자처럼 튀어나왔으면서 눈썹이 성기면 자녀가 적다. 만약 눈썹이 없으면 자녀가 없다.
- 눈의 神이 드러나는 사람은 아내를 형하고 자식을 극한다. 부귀한 사람일수록 더 심하다.
- 눈이 크고 눈동자가 돌출되었으며 코가 높고 살이 없어 뼈가 드러나면 자녀를 형극하고 자녀와의 연도 없다.
- 눈이 크고 둥글며 드러난데다가 코가 작고 날카로운 사람은 부인을 형하고 자녀를 극한다.
- 눈이 큰 사람은 남녀가 모두 쉽게 상대방을 좋아해서 연애를 많이 하지만 결혼에 실패하는 경우가 많다.
- 눈이 크고 神이 없는 경우, 눈에 쌍꺼풀이 있으면 여성과의 말다툼이 잦다.
- 눈이 크고 神이 있으면서 눈썹도 굵고 짙으면 부인이 어질고 정숙하다.
- 왼쪽 눈이 크면 아버지가 먼저 돌아가시거나 부인을 극한다. 왼쪽 눈이 작으면 아내를 무서워하고 여색에 빠질 수 있다. 오른쪽 눈이 크면 어머니가 먼저 돌아가신다. 오른쪽 눈이 작으면 부인

을 학대하며, 말년운이 좋지 않고 자손의 연이 적다.
- 눈의 형태가 나쁘고 눈썹이 눈을 누르며 산근이 끊긴 사람은 부인을 형하고 자식을 극한다.
- 눈이 누렇고 흰자위에 붉은 핏줄이 있는 사람은 아내를 형하고 자녀를 극한다. 특히 말할 때 횡설수설하는 사람은 욕심이 많고 음란하다.
- 눈이 황색을 띠며 눈썹이 성기게 나고 결후가 드러난 사람은 자손이 끊기는 것을 우려해야 한다. 동시에 고생할 운명이며 재산을 모으기 어렵다.
- 눈 주위가 흰색을 띤 것, 즉 검은자위의 사방으로 흰자위가 보이는 것을 사백안(四白眼)이라고 한다. 이런 사람은 아내를 형하고 자녀를 극한다.
- 눈의 위쪽으로 흰자위가 많이 노출된 것을 상삼백안(上三白眼), 아래쪽으로 흰자위가 많이 노출된 것을 하삼백안(下三白眼)이라고 한다. 이 두 경우 역시 아내를 형하고 자녀를 극한다.
- 눈이 짧은 사람은 아내가 강제로 남편의 권리를 빼앗는다.
- 안신과 눈의 형태가 마치 성내는 것 같은 사람은 자손이 없다. 목소리가 굵고 성격이 급하면 더욱 심하다.
- 눈에 생기가 없으면서 神이 없거나 흐릿하면 자녀를 늦게 낳거나 자녀가 적다.
- 눈에 神이 없거나 눈동자가 혼탁한 사람은 자손을 낳기가 어렵다.
- 쌍꺼풀이 있고 안구가 조금 튀어나왔으며, 검은자위가 적고 흰자위가 많으며, 눈에 사백이 나타나고 동공이 흐리며, 안신이 밖으로 발출되어 늘 눈이 빛나며, 붉은 핏줄이 있고 양의 눈[羊眼] 같으며, 화창(禾倉)이 패인 경우는 남녀를 막론하고 배우자를 형하고 자식을 극해 중년에 홀아비가 되거나 과부가 되어 고독

하다. 이런 사람은 용감하지만 경쟁심이 강하며 경솔하다. 또한 욕심이 많으며 놀기를 좋아하고 음란한 경향이 있다.
- 울지 않아도 눈에 눈물이 가득 고여 있는 것 같으면 고생할 운명이다. 만년에 아내와 자녀를 형극한다. 눈썹을 자주 찌푸리는 사람은 더욱 심하다.
- 눈, 산근, 눈썹, 누당, 인중은 자식의 수명을 보는 궁이다. 이때 귀, 수염, 입, 이, 유방, 배꼽, 배, 엉덩이 및 손의 동맥문과 상응해야 한다.
- 눈 아래의 누당이 깊이 패이면 자녀를 형극하거나 자녀와의 연분이 없다. 누당은 자녀궁으로 이곳이 깊이 패이면 순환기 및 생식기 계통에 결함이 있다는 증거이다. 즉 누당은 심장과 신장의 교착지인데, 심장은 불이고 혈(血)이며 어머니를 뜻하고, 신장은 물이고 정(精)이며 아버지를 뜻한다. 그리고 아버지의 精과 어머니의 血이 만나 태아가 생기게 된다. 그래서 이곳에 문제가 있으면 자녀와의 연이 없거나 자녀와 상극이 되는 것이다.
- 누당이 부어 있거나 검으면서 천지(天地)가 위로 향하지 않은 경우, 엉덩이 부위가 뾰족하며 얼굴 전체에 광이 나면 만년에 아들을 잃거나 자녀와의 연이 적다.
- 누당이 평만하고 윤기가 있으면서 神이 안정된 경우는 자녀가 많고 어질다. 만약 누당이 급히 쏟아지는 듯하고 풍만하지 않다면 자녀가 어리석다.
- 누당이 평만하고 윤기가 도는 사람은 신체가 건강하고 정력이 왕성하며 부부가 서로 사랑한다. 자녀는 영리하며 효심이 있다.
- 누당에 사마귀가 있으면 자녀를 형극한다. 만약 반점이 있으면 자녀 때문에 걱정한다.
- 누당에 직문이 있는 것을 곡자문(哭子紋)이라고 한다. 이런 사

람은 자녀를 극하는데 여성은 더욱 심하다. 누당에 정자문(井字紋)이 있어도 마찬가지이다.
- 누당이 부었거나 살이 늘어져 주머니 같은 모양을 한 사람은 자녀를 극하거나 자식이 적다. 또 부부간에 사이가 좋지 않다.
- 누당이 분명하지 않고 횡문을 볼 수 있는 것을 음즐문(陰騭紋)이라고 한다. 이런 사람은 쌓인 음덕이 많아 자녀가 입신출세할 수 있다. 주름에 황홍색이 감돌면 더욱 좋으나, 주름이 굵고 깊으면서 길면 자녀를 형극한다.
- 눈이 수려하고 눈썹이 맑으면서 누당이 평만하고 산근이 높이 솟았거나 인중이 분명하면 자녀가 많고 두뇌가 총명하다.
- 눈이 깊이 패인 사람은 자녀와의 연이 적어 늙을 때까지 고독하다. 그러나 눈썹이 청수하고 광대뼈가 솟았거나 지각이 복스럽게 생기고 뒷머리가 솟았으면 자손이 번창한다.
- 눈의 흰자위가 술에 취한 것처럼 홍색 또는 황색을 띠고 혼탁한 사람은 사업에 성공하기 어려우며 아내와 아들이 고생한다.
- 왼쪽과 오른쪽 눈이 뚜렷하게 다르면 이복형제가 있다.

4. 건강과 성격

- 눈의 흑백이 분명하고 안신이 맑은 사람은 현명하고 선량하다. 학문을 닦아 선비가 되며 건강 장수한다.
- 눈의 흑백이 분명하고 검은자위가 깊게 숨은 사람은 장수하며 효심이 깊다.
- 눈이 가늘고 길며 테두리가 있는 경우, 또 흰색이 뜨지 않고 神이 드러나지 않은 경우는 전화위복이 된다.

- 눈이 가늘고 긴 사람은 눈이 짧고 작은 사람보다 도량이 넓다.
- 눈의 검은자위에 푸른색 원이 둘레를 돌고 있으면 총명하고 유능하며 노련하다. 그러나 고생할 운명이다. 어려울 때 외국으로 나가면 성공할 수 있으나 그렇지 않으면 부모님의 구속을 받게 된다.
- 눈의 검은자위에 청록색을 띠는 사람은 귀할 뿐만 아니라 장수할 수 있다. 도를 닦거나 종교인이 되면 좋다.
- 눈이 노랗고 윤기가 있으며 빛이 나는 사람은 성격이 급하고 임기응변에 능하다. 난세에 상당한 성취를 이룰 수 있다.
- 눈동자가 두 개인 사람은 내장의 구조가 보통 사람과 다르다. 내장의 위치가 바뀌어 있거나 신장 같은 기관의 개수가 많을 수 있다.
- 눈초리가 갈고리 모양인 사람은 총명하고 기지가 있으며, 계략을 꾸미는 데 능하고 변치 않는 의지가 있다. 또 한 번 본 것은 잊지 않으며, 학식이 깊다.
- 눈초리가 갈고리 모양이고 눈썹이 수려하고 길면서 손바닥 손궁에 진보선이 있거나 엄지손가락이나 집게손가락에 부자안(夫子眼)이 있는 사람은 학식이 깊다. 만약 이마가 높고 넓으며, 머리카락이 난 언저리가 단정하며, 손바닥의 손궁에 두 줄 이상의 진보선이 있고 인문(人紋) 역시 좋다면 박사 정도의 학력을 가질 수 있다.
- 눈초리가 둥근 사람은 공부를 잘하지 못하고 기지도 부족하다. 또 도량이 좁고 실속없이 떠벌리며 허세를 부린다.
- 눈 끝의 노육(怒肉)에 자줏빛이 도는 사람은 마음이 독하다.
- 눈 끝의 노육이 많이 드러나고 적색을 띠는 사람은 직장이나 사업 또는 감정에 큰 타격을 입거나 좌절을 겪게 되며, 풀기 힘든

깊은 원한이 있다. 노육이 조금 드러난 사람은 성격이 급하고 잦은 시비나 소송을 불러일으킨다. 그러나 만약 노육이 숨어 드러나지 않는다면 성격이 좋고 수양이 깊어 명성과 재물을 함께 얻으며 평생토록 많은 복을 누린다.

- 눈초리, 즉 외초(外梢)가 칼을 자른 것 같은 사람은 재능과 장래성이 있고 문무에 뛰어나다. 특히 문장에 능하고 도량이 넓어 평생토록 성취가 있으며 어진 아내의 내조를 받는다.
- 외초가 많이 드러나 있으면 숨은 병이 있고 음란하며 아내를 형한다. 외초가 조금 드러난 사람은 병적으로 좋아하는 것이 있고 아내를 두려워한다. 외초가 둥글면 성실성이 부족하고 말썽을 일으키며 행동이 졸렬하다.
- 외초가 위로 들린 사람은 매우 슬기롭고 총명하며 지혜롭다. 품은 뜻이 크고 자존심이 강하며 지도능력이 있고, 위험에 직면해서도 두려워하지 않으며 임기응변에 강하다. 또한 애정에 대한 태도가 명쾌하여 과감하게 사랑하고 사랑이 떠나면 뒤도 돌아보지 않는다. 직업으로는 군직에 종사하거나 사법관이 되면 가장 좋다.
- 저안(猪眼), 양안(羊眼), 구안(狗眼), 계안(鷄眼), 사안(蛇眼) 등의 눈을 가지면 평생 고생스럽고 성공하기 어렵다. 늘 위험이 많고 질병이 끊이지 않으며 육친을 형극한다.
- 눈의 검은자위 주변에 붉은 핏줄이 감돌아 태양과 같은 것을 화륜안(火輪眼)이라고 하는데, 이런 사람은 심성이 악독하고 반골로 윗사람을 거역하며 자칫 비명횡사할 수 있다.
- 안신이 강하면 부귀하고 장수할 수 있다.
- 안신이 밝지 않고 훔쳐보는 듯한 사람은 마음에 사(邪)가 가득하다.

- 안신이 흐릿하고 취한 것 같거나 안광이 흩어지는 것을 음안(淫眼)이라고 한다. 이런 사람은 매우 음란하고 탐욕스럽다.
- 눈에 흉광(凶光)이 도는 사람은 비명횡사할 수 있다. 삼각안, 사백안, 상백안, 하백안, 일백안인 사람은 더욱 가능성이 높다.
- 눈빛이 퍼져 보이거나 춘심미이면서 얼굴이 희고 연한 붉은색이 도는 것을 낭군면(郎君面)이라고 하는데, 음란하고 외설적이며 방탕하다. 친지를 형극하고 결혼생활이 원만하지 않다.
- 눈이 황색이고 눈썹털이 희박하면서 얼굴에 붉은 기가 없고 푸른색만 띠는 것을 청계면(靑鷄面)이라고 한다. 이런 사람은 성격이 교활하고 각박하며 탐욕스럽다. 늙으면 늙을수록 고독하고 가난하다.
- 눈이 철(凸) 자처럼 볼록 튀어나온 사람이 산근과 연수가 깊으면 26세, 30세, 32세, 35세, 37세, 38세에 피비린내 나는 사건을 조심해야 한다.
- 눈이 볼록한 것이 만약 갑상선에서 비롯된 병이 아니라면 성격이 비정상적이고 수다떨기를 좋아하며 인내력과 의지력이 부족하다. 여기에 만약 입술이 쳐들려 있는 경우라면 남녀를 막론하고 매정하고 의리가 없으며, 쉽게 약한 자를 괴롭히고 남의 재물을 강탈한다.
- 눈이 볼록하고 눈동자 언저리에 물빛이 비치는 사람은 41세를 전후로 사업에 좌절이 있고 생명을 장담하기 어렵다.
- 눈동자를 굴릴 때 볼록함이 드러나는 사람은 성격이 거칠고 흉포하고 무정하며, 사업에 성공이 적다.
- 사백안인 사람은 남녀를 막론하고 성격이 거칠며 마음이 독하고 하는 짓이 악랄하다. 또 음란하며 욕심이 많고 육친을 형극하며 윗사람을 거역할 수 있는 사람이라 난세에는 잠시 출세할 수 있

으나 오래가지 못한다.
- 사백안이 아니더라도 검은자위가 적게 보이는 사람은 성질이 거칠고 화를 잘 내며 자기 마음대로 행동한다. 일을 처리할 때도 경솔하며 헛된 욕심이 많고 급진적이어서 실패를 거듭한다.
- 눈의 좌우와 상단에 흰자위가 드러난 것을 상삼백안이라고 한다. 이런 사람은 남녀를 막론하고 야심만만하며 안하무인 격으로 고집스레 자기만 옳다고 생각한다. 기지는 있으나 심성이 간사하여 평생 성공도 많고 실패도 많다. 또 위험한 고비를 자주 겪으며 육친을 형극한다.
- 눈의 좌우와 하단에 흰자위가 드러난 것을 하삼백안이라고 한다. 이런 사람은 심성이 독하고 흉악하며, 남성이면 육친을 형극하고 고향을 떠나 고생스럽게 산다. 또 탐욕스럽고 음란하며 사업상 성공도 많고 실패도 많다.
- 검은자위가 눈 앞쪽까지 쏠렸거나 기타 부위에 흰색이 드러난 것을 일백안(一白眼), 또는 투계안(鬪鷄眼), 투각안(鬪角眼)이라고 하는데, 남녀를 막론하고 성격이 급하고 간사하며 무례하다. 부귀할지라도 불행을 불러일으킬 수 있어 반드시 단명한다. 한쪽 눈만 그러한 것은 표안(瞟眼)이라고 하는데, 자수성가하며 장수를 누리고 사업에도 성공한다. 그러나 자기 능력만 믿고 자만하며 지나친 욕심을 부리면 패가망신한다.
- 검은자위가 눈의 끝 쪽으로 쏠린 것도 역시 일백안이라고 한다. 이러한 사람은 경망스럽고 신뢰성이 없으며, 교활하고 간사하며 성공이 적다. 그러나 만약 눈썹이 굵고 짙으면서 조밀하고 미릉골이 높이 솟아 눈을 가렸으면 흉이 감소된다.
- 눈이 둥글고 크며 눈동자가 돌출된 사람은 용맹스러우며 고집이 세고 조급하다.

- 눈이 둥글고 크며 신광이 드러난 경우 32세, 35세, 37세, 38세, 41세에 흉재(凶災)를 조심해야 한다. 범죄를 저질러 극형을 받을 수 있다.
- 눈이 둥글고 크며 신광이 바른 것을 호안(虎眼)이라고 하는데, 정의를 위해서는 죽음도 두려워하지 않는다. 군직에 종사하면 가장 좋다.
- 눈이 크고 신광이 발산되는 사람은 투지가 의연하며 정력이 충만하다. 또 손재주가 뛰어나고 활동력이 강하며 재능이 많고 어떠한 난관에 부딪혀도 용감히 대응한다. 지도자적인 인물이 될 수 있으며 사업이 일찍 번창한다.
- 눈이 큰 사람은 성격이 시원스럽고 대담하며 열성적이고 명랑하다. 만약 눈에 神이 있으며 눈썹이 짙고 수려하면 반드시 장수한다.
- 눈이 크고 눈동자가 검으면 다재다능하고 온순하다.
- 눈이 크고 검은자위가 활발히 움직이는 사람은 어린아이같이 마음이 순수하지만 지구력이 부족하며, 일을 침착하게 처리하지 못하고 표현력과 성숙함이 부족하다. 그러나 의욕이 강하고 열성적이며 헛된 마음이 없다.
- 눈이 크고 사방에 흰자위가 떠 있으면 거만하고 비뚤어진 성격을 가지고 있다. 자주 시비가 생기며 특히 처가와 사이가 좋지 않다.
- 눈이 크고 이마가 좁은 사람은 학문의 뜻을 이룰 수 없고 공직에 종사할 수 없으며 명을 재촉한다.
- 눈이 크고 입이 작으면 49세에 한계에 부딪히게 된다.
- 눈이 작은 사람은 성격이 보수적이고 담이 작으며 도량 또한 작고 수명도 짧다. 눈이 작고 神이 숨어 있는 사람은 생각이 세밀

하여 연구직이나 재무와 관련된 일을 하면 좋다.

• 눈이 작고 검은자위가 깊이 숨은 사람은 속을 알기가 힘들며, 말이 많은 것을 좋아하지 않고, 지구력이 강하다.

• 눈이 작고 神이 있으면서 이마가 높고 코가 솟아 잘 조화된 사람인 경우에 눈썹과 수염, 구레나룻이 많지 않으면 성격이 밝고 노련하며 능숙하다. 부귀해지나 비교적 늦게 출세한다.

• 눈이 작고 둥글며, 눈동자가 돌출되었으며, 검은자위가 흰자위보다 많고 동공이 빠르게 움직이는 것을 서안(鼠眼)이라고 한다. 이런 사람은 게으르고 질투심이 강하다. 또 총명하지만 진전이 없고 스스로 타락의 길을 걷는다.

• 눈이 둥글고 작은 사람은 심지가 선량하고 지향하는 바가 평범하여 야심과 욕망이 없고, 분수에 만족하여 본분을 지키며 산다. 만약 눈이 어둡고 체구가 작으면 흉재가 있으니 조심해야 한다.

• 눈이 둥글고 작으며 동공이 황색인 것, 흰자위에 청색이 약간 도는 것, 눈 안에 붉은 핏줄이 가득 퍼진 것을 사안(蛇眼)이라고 하는데, 성격이 간사하고 악랄하며 비열하고 염치가 없다. 이익을 위해서는 친구도 저버리며, 육친과 인연이 없다.

• 눈이 둥글고 작으면서 눈이 깊고 짧은 경우 성격이 나태하고 운세가 좋지 않으며 수명 또한 길지 않다. 만약 눈썹도 나쁜 경우라면 단명한다.

• 눈이 하나는 크고 하나는 작은 것을 자웅안(雌雄顔) 또는 음양안(陰陽眼)이라고 하는데, 어머니가 임신했을 때 마음이 평안하지 못하고 감정이 불안했기 때문이다. 이런 사람의 성격은 매우 변덕스럽고 간사하며, 정서가 불안정하여 부를 얻어도 노년의 운세가 좋지 않다.

• 눈이 하나는 높고 하나는 낮은 사람은 성격이 불안정하고 사물

에 대한 견해가 편파적이다.
- 눈에 쌍꺼풀이 있으면 마음이 연약하여 쉽게 감동하며, 충동적이어서 일이 발생하면 감당할 수는 있지만 안심할 수가 없다. 성격은 활발하고 열성적이다.
- 눈이 홑꺼풀인 사람은 냉정하고 인내력이 강하며, 먼저 생각하고 나중에 행동한다. 일이 발생하면 감당할 수 있고 안심할 수도 있다. 그러나 표현이 냉담하고 사람을 대하는 열성이 부족할 수 있다.
- 눈에 속쌍꺼풀이 있으면 감성과 이성이 일치하고 융통성이 있으며 남을 배려할 줄 안다. 또한 다른 사람의 견해와 비평을 받아들일 줄 알며 이성에게도 최선을 다한다.
- 눈꺼풀이 하나는 홑꺼풀이고 하나는 쌍꺼풀이면 정서가 불안하고 자기 감정에 치우쳐 행동하거나 혹은 이중인격자이다.
- 눈의 위 꺼풀이 직선으로 변하는 사람은 매우 냉정하고 판단력이 강하다. 위 꺼풀이 둥글게 변하면 성격이 활달하지만 다른 사람에게 이용당하기 쉬우며, 눈꺼풀이 두 개로 변할 경우는 더욱 심하다.
- 눈에 붉은 핏줄이 감도는 사람은 강직하지만 성격이 급하고 포악하다. 게다가 안광이 흩어지고 코끝이 갈고리 같거나 콧대가 바르지 않은 사람은 간사하고 악하다.
- 눈 안에 늘 붉은 핏줄이 감도는 사람은 천성적으로 흉악하다. 남의 물건을 훔치거나 심지어는 살인을 저지를 수도 있다.
- 눈 아래 누당에 가는 주름이 많지만 어지럽게 나지 않은 경우로서, 눈이 가늘고 길며 신광이 드러나지 않은 사람은 마음이 어질고 의리를 중시한다. 설령 부귀를 누리지 않더라도 학술이나 기능방면으로 명성을 떨친다.

- 누당에 정자문(井字紋)이 있는 사람은 자살할 수 있다. 결후에 사마귀가 있으면 더욱 좋지 않다. 그러나 비뚤어진 정자문이나 음즐문은 아주 길하다.
- 누당에 천자문(川字紋)이 있는 사람은 겉모습은 온화하지만 마음은 악하고, 감언이설에 능하며 간사함을 숨기고 있다. 또 도량이 좁고 여색을 밝힌다.
- 누당에 나망문(羅網紋)이 있는 사람은 자신이나 부모가 음덕을 해칠 만한 일을 한 것으로, 평생 영화를 누리지 못하고 위험이 자주 닥친다.
- 누당이 풍만하게 솟은 사람은 성기능이 뛰어나고, 이해력이 깊고 해박하며, 사리분별을 잘하여 일을 확실하게 처리하고 노련미가 있다. 또한 손재주가 뛰어나고, 사람을 대하는 태도도 평온하고 온화하다. 그러나 누당이 이상하게 부어 있는 사람은 그렇지 않다.
- 누당이 풍만하면 행복하고 재난이 적다. 성격은 낙관적이고 마음속에 희망이 충만하다.
- 누당이 매끄럽지 못하고 살이 없는 사람은 심성이 악독하며 건강이 좋지 않다.
- 누당이 거무스름하고 코끝에 살이 없는 사람은 심지가 깊어 헤아릴 수 없다.
- 누당에 갑자기 청색선이 가로로 생기면 사흘 안에 근심거리나 재난이 온다.
- 누당의 기색이 어둡고 탁하면 심신이 지나치게 피로하여 정신이 맑지 못하고 건강이 좋지 않다. 또 사업이 순탄치 못하고 스트레스가 심하다.
- 하현에 검은 기색이 도는 것은 불면증에 시달리거나 피로하다는

증거이다. 또한 눈의 상하현에 검은 기색이 옅게 나타나면 비정상적인 남녀관계를 맺을 가능성이 높으며, 사춘기의 연애로 인하여 몸을 그르치는 일이 있다.

- 하현이 풍만하고 중앙 부위로 향했으면서 눈웃음을 치는 사람은 성격이 부드럽고 순하며 친근하지만 음란하다.
- 하현에 장기간 적색이 있으면 언쟁을 좋아하고 마음속에 노여움이 많다.
- 눈의 전택궁이 넓고 풍부한 사람은 정력이 왕성하고 건강이 좋다. 마음이 어질고 너그러워 윗사람의 눈에 쉽게 띄어 등용되며, 이성과의 연도 좋아 결혼이 쉽게 이루어진다. 그러나 눈이 함몰되고 살이 얇으면 이성과의 연도 적고 결혼도 어렵다. 예술 계통에서 일하는 사람이라면 좀처럼 인정받기 어려운데, 위 눈꺼풀의 색이 혼탁하면 더욱 그러하다.
- 전택궁이 특별히 넓은 사람은 수양을 많이 쌓아 마음이 평안하고 반듯하며 학문이 깊다. 그러나 실용성이 부족하고 영리에 어둡다. 종교 계통에 종사하면 길하다.
- 전택궁 중앙에 사마귀가 있는 사람은 총명하고 노련하며 능숙하나, 욕심이 많고 부모의 소화기 계통에 질병이 있을 수 있다.
- 전택궁이 좁은 사람은 성격이 급하고 매사에 적극적이며, 경솔하긴 하지만 진취적이고 날카로운 관찰력을 지니고 있다. 또 집념이 강하고 영리에 대한 관념이 뛰어난데, 이익을 중시해서 의를 가볍게 여길 수 있다.
- 눈 끝의 어미에 하나는 위로 하나는 밑으로 하여 마치 가위 모양의 주름이 있는 사람은 편협하고 고집이 세어 굽힐 줄 모른다.
- 어릴 적부터 어미에 주름이 있으면 평생 악운이 따라다니며 성격이 간사하다. 수명 또한 길지 않다.

- 어미에 난잡한 주름이 있으면 정욕이 강하고 음탕하며 걱정과 근심이 많다.
- 중년 이후에도 어미의 주름이 없으면 발전이 거의 없고 매우 음란하다.
- 눈썹 끝이 위로 들린 사람은 모습이 늠름하며 사소한 것에 구애받지 않지만 말투가 거칠다.
- 눈 끝의 적맥(赤脈)이 동공에 가깝게 보이면 재앙의 조짐일 수 있다. 또한 흰자위 전부가 붉은 사람은 뜻밖의 재해를 조심해야 한다. 적맥이 눈을 관통하는 것은 간과 폐의 氣가 상승했기 때문이다. 따라서 뇌에 압력이 가해져 사물에 대한 판단에 착오가 생겨 재난이 쉽게 발생하며, 성격도 나쁘게 변한다. 적맥이 눈 끝에서 가로로 관통하면 횡사하고, 위에서 아래로 관통하면 위험한 일을 당해 장애를 입을 수 있다.
- 눈꺼풀에 경련이 일어날 경우 왼쪽이라면 길하지만 오른쪽이면 흉하다.
- 검은자위가 황색을 띠면서 흰자위에 붉은 핏줄이 감도는 사람은 성격이 급하고 편협하며, 독하고 간사하다. 또 욕심이 많고 과격하여 소송사건을 일으키기 쉽다.
- 검은자위에 붉은빛이 돌면서 수염이 황색인 사람은 성격이 극단적이고 거칠며 쉽게 분노한다. 만년에는 뜻밖의 사고를 당할 수 있다.
- 검은자위에 옅은 갈색이 도는 사람은 성격이 열성적이고 명랑하다. 또 재능이 있으나 조금 경솔하게 행동한다.
- 검은자위에 금황색이 나타나면서 눈이 튀어나온 사람은 매우 용맹하다. 여기에 머리끝이 높고 험준한 모양이면 호안금정(虎眼金睛)이라고 하는데, 이런 사람은 난세에 크게 귀하게 된다. 만

약 군직에 종사하면 전쟁에서 공을 세울 수 있다.
• 검은자위에 황색이 돌고 눈이 돌출되어 있으면서 흰자위가 어슴푸레한 경우는 정신질환이 있을 수 있다.
• 검은자위가 어슴푸레하며 안신이 부족한 사람은 단명한다. 만약 흰자위가 진흙처럼 어둡다면 요절할 수 있다.
• 선천적으로 흰자위가 붉은색을 띠고 검은자위가 황금색인 것을 화안금정(火眼金睛)이라고 한다. 이런 사람은 성격이 흉악하며, 남에게는 잘 베풀지만 가족을 등한시하여 부모에게 인정받지 못한다. 그리고 윗사람을 거역하는 역류 행위를 한다. 얼굴에 검은색이 도는 사람은 더욱 심하다.
• 흰자위가 혼탁하고 검은자위에 황색이 돌며 눈썹이 어지럽게 난 사람은 전쟁이나 재난으로 인해 목숨을 잃을 수 있다.
• 흰자위에 남청색이 돌며 안신이 흐린 사람은 지병이 있거나 신경이 쇠약하다. 또한 수재(水災)를 겪을 수 있으니 조심해야 한다.
• 흰자위에 적색이 도는데다 목소리가 쉬었다면 화재를 조심해야 한다.
• 흰자위가 갑자기 붉게 변하고 얼굴에도 붉은 기가 도는 경우를 주작색(朱雀色)을 띠었다고 하는데, 조만간 소송사건이나 재난이 생긴다. 따라서 이런 사람과는 교제하지 않는 게 좋다.
• 흰자위에 황색이 자주 비치고, 춥거나 습하면 가래가 생기는 사람은 성격이 음란하다. 흰자위가 장기간 누른빛을 띠면 가슴에 병이 있을 수 있다.
• 눈의 형태가 좋지 않고 눈썹이 눈을 누르는 경우에 산근 또한 낮은 사람은 불량스러우며 감옥에 갈 재난이 있다. 특히 32세가 되는 해를 주의해야 한다.
• 눈 안에 사마귀가 있는 사람은 아주 총명하고 노련하며 능숙하

다. 그러나 중년에 재산을 잃을 수 있고 내장기관에 지병이 있을 수 있다.

- 상현과 하현에 눈꺼풀이 겹치거나 눈이 자주 좌우로 움직이며 표정이 많은 사람은 남녀를 막론하고 음란하다. 말하기 전에 웃음이 앞서는 사람은 정도가 더 심하다. 여성의 경우 머리카락이 검고 짙으면 화류계에서 일한다.
- 눈이 둥글고 작으며, 눈동자가 흐리고 황색을 띠었으며, 잘 깜박거리지 않는 눈을 계안(鷄眼)이라고 하는데, 이런 사람은 성격이 매우 급하고 음란하며 도벽이 있다.
- 안구가 허공에 뜬 듯한 사람은 설령 사업에 성공하더라도 40세 전후에 생명과 관련된 큰 위험이 닥치거나 옥중에서 사망할 수 있다.
- 동공이 매우 큰 것을 산동(散瞳)이라고 한다. 이런 사람은 감정이 풍부하나 정서가 불안하며 신수가 좋지 않다. 부광이 뜨게 되면 생명을 잃을 수 있다. 단 자극을 받아 놀랐을 때나 여성에게 월경이 왔을 때 동공이 크게 확대되는 것은 괜찮다.
- 동공이 작은 것을 취동(聚瞳)이라고 하는데, 이런 사람은 신체가 건강하고 사업이 순조롭다. 그러나 동공이 크고 풀어졌다면 건강에는 문제가 없지만 사업이 순조롭지 못하다.
- 검은자위의 상단 부위가 탁하면 중년에 사업에 실패하고 소송사건이 생긴다. 만약 상하좌우 모두가 탁하면 사업에 성공하기 어렵고 천수를 다하지 못한다.
- 눈이 일월쟁휘인 사람, 즉 눈과 눈의 거리가 상당히 가까우며 산근이 좁은 사람은 걸핏하면 만용을 부리고 남과 다투기를 좋아한다. 또 성격이 급하고 약한 자를 잘 건드리며 이웃과의 사이도 좋지 않고 육친을 극한다. 만약 두 눈 사이의 거리가 넓으면 성

격이 기괴하며, 여기에 산근이 낮으면 일처리에 적극적이지 못하고 행동이 느리다.
- 눈을 뜨고 자는 사람은 지능은 뛰어나지만 신경이 날카롭고 위장의 기능이 좋지 않으며 천수를 누리지 못한다. 징처럼 째지는 목소리를 가진 사람은 더욱 심하다.
- 속눈썹이 길며 두꺼운 사람은 난세에는 귀하게 되지만 평온한 시대에서는 귀하지 않고 고생스럽다. 남성의 속눈썹은 부드럽고 가늘며 짧은 것이 좋다.
- 속눈썹이 태어날 때부터 없는 사람은 화재를 조심해야 한다. 코의 색이 검붉을 경우는 더욱 그러하다.
- 눈과 눈썹이 붙은 사람은 질투심이 많고 교활하며 간사하다. 그리고 장손을 극한다.
- 눈 위의 정사(精舍)와 광전(光殿)이 넓고 풍만한 사람은 마음이 넓고 수용력이 강하며, 선천적으로 건강이 좋고, 명쾌한 결단력을 지니고 있다. 그러나 기색이 어둡고 탁하다면 걱정이 많고 혈액순환이 좋지 않다.
- 눈이 삼각형이고 안두(眼頭)가 들렸으며 안신이 강하고 눈썹이 굵고 짙게 덮인 것을 용호득배(龍虎得配)라고 하는데, 이런 사람은 성격이 강직하고 총명하며 노련하다. 또한 용감하고 과감한 행동력을 지니고 있으며 책임감이 강하다. 크게 성공하여 대귀할 상이다.
- 눈이 삼각형이고 안두가 들렸으며 안신이 강한 경우를 유신삼각안(有神三角眼)이라고 하는데, 크고 작은 성취가 있으나 심성이 교활하고 정의가 부족하며 각박하고 박정하다. 만약 눈썹이 희박해서 잘 어울리지 않는다면 중년에 사업의 실패가 있거나 감옥에 갈 재난이 있다. 또한 처자를 형극하며 천수를 다하지 못한다.

- 눈이 삼각형이고 눈의 상현중단이 들린 사람은 지모가 뛰어나지만 배은망덕하여 큰그릇이 되기는 어렵다.
- 눈이 삼각형이고 눈의 하현중단이 들린 것을 하삼각안(下三角眼)이라고 한다. 이런 사람은 예술에 재능이 있다.
- 눈이 삼각형이고 조상미(弔喪眉)인 사람은 작은 부가 있지만, 심성이 불량하고 간사하며 음험하고 교활하다.
- 눈이 깊이 패인 사람은 재능이 부족하여 관직에 오르기 어렵고 말재간이 좋지 않다. 그러나 끈기가 있고 변함이 없다.
- 눈을 감고 난 후에 말을 하는 사람은 죽어도 몸을 묻을 땅이 없다.
- 사람을 볼 때 눈이 좌우로 움직이며 안정되지 못한 사람은 항상 마음이 무겁고 일을 할 때에 주관이 없다.
- 사람을 볼 때 눈빛이 차가운 경우로서 특히 얼굴이 검은 사람은 냉혹하며 악독한 성격을 가지고 있어서 자신의 이익을 위해 남에게 해를 끼친다.
- 사람을 볼 때 습관적으로 밑에서부터 위로 보는 사람은 의심이 많고 오만방자하여 사람들한테 자주 미움을 산다. 경찰 계통의 일을 하면 좋다.
- 대화할 때 위를 보고 아래를 살피는 사람은 결단력이 부족하다.
- 대화할 때 안구가 빨리 움직이는 사람은 가식적이며 간사하다.
- 대화할 때 상대방을 쳐다보지 않는 사람은 의심이 많고 사욕을 중시한다.
- 위를 보며 대화하는 사람은 우유부단하고 의지가 약하며 오만하고 의심이 많다.
- 아래를 보며 대화하는 사람은 마음이 음흉하고 간사하며 고집이 세고 완고하다.
- 근시인 사람은 성격이 급하고 주관적이며, 형제자매가 화목하지

않고 도움이 적다. 그러나 배우기를 좋아하여 연구를 많이 한다. 난시인 경우도 같다.
- 원시인 사람은 지혜롭다. 만약 오관과 잘 어울리면 출세할 수도 있다.
- 눈을 계속 깜빡거리는 사람은 일처리가 노련하고 용의주도하다.
- 사시인 사람은 겉과 속이 다르고 거짓말을 많이 한다. 또 사람과 사물을 대하는 경각심이 높다.
- 눈을 반은 뜨고 반은 감은 사람은 어리석고 미련한 성격을 가지고 있다.
- 눈 옆의 간문이 평평하고 널찍하며 결함이 없는 사람은 성격이 바르고 심지가 밝으며 외설적이지 않다.
- 눈 주변이 늘 거무스레한 사람은 술과 여색에 빠져 가난해지며 행동 역시 바르지 않다. 또 자신과 가정의 일이 순탄하지 않다.
- 눈 주변에 늘 황색이 돌거나 눈 밑에 음즐문이 있는 것은 음덕이 많이 쌓여 있기 때문이다. 그래서 남자인 경우는 운세에 막힘이 없고, 여자인 경우는 귀한 아들을 낳게 된다. 또 불행을 만나도 불행해지지 않고 위험을 만나도 위험해지지 않는다.
- 눈이 지나치게 젖어 있는 사람은 신수(腎水)가 범람한 것으로, 과로로 인해 단명한다.
- 추(皺)와 문(紋)은 다른 것으로, 추는 피부수축으로 인한 일종의 노화현상이고 문은 내분비작용으로 인해 형성되는 것이다. 내분비가 정상적인 사람은 얼굴과 손바닥에 길한 문이 나타나고, 내분비가 비정상적인 사람은 흉한 문이 나타난다. 또한 머리를 자주 쓰지 않으면 두뇌활동이 감소되어 얼굴이나 손바닥에 주름이 생기지 않는다. 고생하거나 머리를 심하게 움직이는 사람은 좋지 않은 잡문이 나타난다.

5. 여성의 눈

- 눈이 길고 눈썹이 수려하며, 안신이 맑고 아름다우며, 목소리가 낭랑하며, 산근이 높이 솟았으며, 눈초리가 풍만하며, 광대뼈가 둥근 여성은 반드시 부귀한 남자에게 시집을 가고 귀한 아들을 낳는다. 게다가 눈의 흑백이 분명하며, 준두가 둥글고 비익(鼻翼)이 있으며, 입술이 붉고 이가 희면 귀한 남자와 결혼할 뿐만 아니라 귀한 아들을 낳고 출가한 날부터 죽을 때까지 번성할 수 있다.
- 눈이 마치 별자리 같고, 입술이 그린 것 같으며, 손이 부드럽고 따뜻하며 듬직하면, 비록 용모가 초라해도 귀한 남편을 만나고 자녀가 영화롭다.
- 눈이 큰데 눈썹이 굵고 짧으면 부부가 극하여 헤어지고 재혼을 할 수 있다. 늦게 결혼하면 흉이 반감된다.
- 여성의 눈은 자성(子星)이다. 봉황의 눈을 가진 여성은 반드시 귀한 사람에게 시집을 가고 자녀 역시 귀하게 된다.
- 눈이 가늘고 길면서 수려하고 바르며, 흑백이 분명하고 신월미(新月眉)인 여성은 자녀가 많고 우수하며 장수한다.
- 여성의 눈은 또한 부부의 정연궁(情緣宮)이다. 눈이 큰 사람의 배필로는 눈이 큰 사람이 어울리고, 눈이 작은 사람에게는 역시 눈이 작은 사람이 어울린다. 또 쌍꺼풀이 있을 경우 배필도 쌍꺼풀이 있으면 좋고, 홑꺼풀이면 홑꺼풀인 사람이 좋다. 만약 정연궁이 서로 어울리지 않아도 사랑이 깊다면 부부 가운데 한 사람의 눈꺼풀에 변화가 있을 것이다. 예를 들어 남편 또는 아내의 쌍꺼풀이 변해 홑꺼풀이 되거나 속쌍꺼풀이 되고, 그러고 나서는 부부의 눈꺼풀이 일치한다. 반대로 눈꺼풀이 원래는 일치했

는데 다르게 변한다면 부부의 정연 역시 반드시 좋지 않게 된다.
- 여성의 안신은 적당히 요염해야 한다. 그러나 아름답고 위엄이 있어야 하며 천박스럽지 않아야 길하다.
- 안신이 움직이지 않고 숨어 있으며 부드러운 상을 가진 여성은 몸과 마음이 건강하고 어질고 정숙하며, 집안일에 능숙하고 부부가 서로 사랑한다. 남편의 신수 또한 좋아서 집안을 일으키고 자녀가 우수하다.
- 안신이 탁하고 볼에 뼈가 드러났으며, 명문(命門)이 많이 돌출되고 머리카락이 두꺼우며, 허리가 두꺼운 여성은 남편을 극한다.
- 안신이 지나치게 드러났거나 전혀 없는 여성은 산액(産厄)이 있을 수 있다.
- 눈빛이 약하고 흰자위에 적색이 돌며 눈 밑은 청자색이 도는 여성은 가정이 불화하고 부부가 반목한다. 만약 아직 출가하지 않았다면 애정문제로 고민이 있을 것이다. 더구나 여기에 명문이 어둡거나 입가에 청색이 돌면 자살할 수도 있다.
- 눈빛이 날카로우면서 머리카락이 검고 많으며, 입술이 두터우며, 턱이 둥글고 두터운 여성은 음란하고 남편을 극한다.
- 눈에서 빛이 나거나 안신이 혼탁하고 모양이 추하면 남편을 극하거나 이혼한다.
- 검은자위에 황색이 돌고 흰자위가 혼탁하며, 눈썹이 혼란하고 어수선하게 난 여성은 결혼생활이 원만하지 못하고 남편을 극하거나 이혼한다.
- 눈이 크고 안파(眼波)가 밖으로 흐른 여성은 예술적 재능이 있으며 쾌활하고 대범하다. 또 활동력이 남성에게 뒤지지 않으나 성격이 안정되지 못하고 주관이 없어 일을 감정적으로 처리한다. 결혼생활은 원만하지 않아 이혼하는 경우가 많다.

- 눈이 크고 수려하면서 안파가 안으로 흐른 여성은 성격이 온화하고 얌전하다.
- 눈이 크고 둥글며 얼굴이 마상(馬相)이면 평생토록 바쁘게 뛰어다녀 피곤하며 남편복이 없다. 만약 여기에 눈썹이 희박하고 목이 가늘면 음란하고, 첩으로 시집가게 된다.
- 눈이 크고 물위에 비친 달 그림자 같으며, 입이 크고 다물어지지 않으며, 찌푸린 눈썹에 입술이 뒤집힌 여성은 말썽이 많고 음란하며 남편과 자식을 형극한다.
- 눈이 크며 눈썹이 굵고 난잡하게 난 여성은 군인이나 경찰 계통에 종사하면 좋다.
- 눈이 크며 광대뼈가 높이 솟은 여성은 남편의 권리를 강제로 빼앗는다.
- 눈이 크고 이마가 높이 솟았으며 광대뼈가 굵은 여성은 남편을 극해 고독하다.
- 눈이 작고 神이 탁한 여성은 도량이 좁고 평생 빈천하며 남편과 자식복이 없다.
- 눈이 작고 코와 입이 날카로운 여성은 부녀자가 지켜야 할 도리를 지키지 않고 사통한다.
- 눈이 작고 눈언저리가 둥글면 산액이 있을 수 있고 단명한다.
- 눈은 작으나 형태가 아름다운 여성은 성실하고 본분에 충실하며 지구력이 있다. 재무나 회계 같은 세심한 일을 하면 좋다.
- 눈이 작고 모양이 좋지 않으면 게으르고 단명하며 산액이 있다.
- 눈이 하나는 크고 하나는 작은 여성은 생각이 모순되고 실패를 인정하지 않는다. 또 상대방의 눈치를 잘 보며 신경질적인 경향이 있다. 만약 왼쪽 눈이 작으면 평생 남편 때문에 고생하고, 오른쪽 눈이 작으면 남편을 두려워하고 극한다.

- 눈 끝이 처진 여성은 이성에 대한 흡인력이 매우 강하며 음란하다. 결혼생활이 원만하지 않아 이혼하거나 남편을 극한다.
- 눈썹 끝이 처지고 이마가 높은 여성은 부부가 이혼하고 서로 재혼한다.
- 눈 끝 상하현의 기색이 혼탁한 여성은 성격이 냉담하며 아이를 낳기 어렵다.
- 눈 끝의 어미문이 많은데다 눈이 크고 쌍꺼풀이 있으면 쉽게 바람을 피운다.
- 눈 끝이 들린 여성은 주관이 강하지만 오만방자하다. 결혼생활이 원만하기 어려우며 이혼하거나 남편을 극한다. 그러나 총명하고 지혜가 많다.
- 눈 끝의 어미문이 길게 늘어진 여성은 남편을 배신하고 도망갈 수 있다.
- 눈 끝의 어미문이 아주 긴 여성은 범고신(犯孤神)으로 남편을 극해 외롭고 가난하다.
- 눈 끝의 어미문이 천창에 미치는 여성은 고집이 세어서 남에게 굴하지 않는다. 또 자의식이 매우 강하고 남성적인 성격을 가지고 있다.
- 눈 끝의 적맥이 눈동자를 관통하는 여성은 산액이나 차사고에 주의해야 한다.
- 어미의 기색이 투명하고 윤기가 있으면 처녀의 몸이다. 눈썹이 살에 바짝 붙어 있어도 마찬가지이다. 만약 기색이 갑자기 빨갛게 되면 혼인의 인연이 바뀌거나 정조를 잃는다. 기혼여성의 어미는 기색이 조금 어둡다.
- 간문이 풍만하고 그리 넓지 않은 여성은 우수하고 총명한 아들을 낳는다.

- 간문이 깊이 패이고 산근이 낮으며, 광대뼈가 높고 목소리가 찢어지는 듯한 여성은 이혼을 하거나 남편을 극한다.
- 간문이 돌출되었거나 눈빛이 발산되는 여성은 조숙하다. 또한 남편을 극하고 음란하다.
- 간문이 넓은 여성은 남편의 운세가 자주 변하고 결혼생활이 원만하지 않다.
- 간문이 검은색인 여성은 외설적이며 남편을 형하거나 아들을 극한다. 간문에 청색과 흑색이 동시에 나타나는 여성은 이혼을 한다.
- 오른쪽 간문 어미에 사마귀나 점이 있으면 남편을 극한다. 왼쪽 간문 어미에 사마귀나 점이 있으면 음란하고 방탕하다.
- 눈 밑의 누당에 음즐문이 있으면 남편의 신수가 좋아 집안을 일으켜세우며 귀한 자식을 낳는다. 그러나 누당에 살이 많으면 딸을 많이 낳는다.
- 누당에 청색과 흑색이 혼잡하게 돌면 음란하고 외설적이다. 어두운 검은색이 돌면 음탕하고 가정의 운이 좋지 않아 아들을 극하고 남편을 형한다. 여기에 손이 부드러워 뼈가 없는 듯한 사람은 화류계와 인연을 맺는다.
- 누당이 깊이 패이면 설사 자식을 극하지 않더라도 중년에 자녀와 이별을 한다.
- 눈 아래에 횡문(橫紋)과 직문(直紋)이 엇갈려 그물 모양을 한 나망문(羅網紋)이 있는 여성은 재가할 수 있다.
- 눈 아래에 직문이 있는 여성은 아들을 극하고 산액이 있다.
- 눈 아래에 적맥이 갑자기 나타나면 남편에게 위험이 있을 징조이다. 임산부의 눈 밑에 적색이 돌면 산액이 있다.
- 눈 밑에 상처가 있으면 자녀를 극한다.

- 눈 아래 하현에 점이 있는 여성은 귀한 아들을 낳고 자녀를 사랑한다.
- 하현에 테두리가 없으면 자녀를 극하고 남편을 형한다. 하현이 밖으로 뒤집힌 경우는 더욱 심하다.
- 눈 아래 와잠(하현)의 살이 밀리는 여성은 이성과의 연분을 중요시 여기고 성욕이 강하다. 와잠이 평만하고 살이 많으면 아들을 잘 낳는다. 와잠이 깊고 생기가 없으면 성격이 냉담하고 수태가 어렵다.
- 눈 위의 전택궁과 와잠이 풍족하고, 광대뼈가 드러나지 않게 둥글면 가족을 중요하게 여기고 부부생활이 원만하다. 미혼자인 경우 결혼이 쉽게 이루어진다.
- 전택궁 및 누당이 부어 있는 여성은 부부간의 감정이 좋지 않다.
- 전택궁 및 누당에 氣가 드러나는 여성은 남편에게 재난이 있다.
- 전택궁이 깊게 패인 여성은 연애가 순조롭지 못하고 결혼이 이루어지기 어렵다. 게다가 광대뼈가 높으면 이미 결혼을 했더라도 가정 및 부부생활이 원만하지 못해 심지어는 이혼을 하게 된다. 사마귀나 마마 자국이 있으면 흉이 반감된다.
- 전택궁에 심한 상처가 있으면 애정에 문제가 있고 결혼이 아름답지 못하다.
- 전택궁이 너무 좁으면 비록 재능은 있지만 부덕은 적다.
- 전택궁이 지나치게 넓으면 성격이 열성적이고 명랑하며 시원스럽고 솔직해서 입바른 소리를 잘한다. 그러나 남성적인 경향이 있어서 결혼이 원만하지 않다.
- 사시(斜視), 상시(上視), 하시(下視), 투시(偸視)인 여성은 너그러움이 부족하고 음란하며 욕심이 매우 많다. 또한 정조관념이 부족하며 고독할 상이다.

- 눈에 사백이 노출되고 적맥과 핏줄이 감도는 것을 살검(殺劍)이라고 하는데, 심성이 독하고 사나워 남편을 극하고 아들을 형한다. 자신도 단명하고 산액이 있을 수 있다.
- 눈에 삼백과 사백이 드러나면 남편을 형하고 자녀를 극하는 동시에 산액이 있다. 심성은 불량하고 불효한다.
- 눈이 삼각형인 여성은 성격이 어둡고 생각이 많다. 비록 부귀할지라도 부부의 사이는 좋지 않다. 32세, 35세, 37세, 38세, 41세, 44세, 48세, 50세에 이혼하거나 남편을 극하여 고독할 상이다. 그러나 눈썹이 청수한 여성은 흉이 반감된다.
- 눈이 깊이 패인 여성은 마음이 악하고 어질지 못하다. 게다가 눈이 둥글고 크면 재가할 수 있다.
- 눈이 깊이 패였으면서 검은자위에 황색이 돌고, 흰자위에 붉은 핏줄이 도는 여성은 편협되고 급한 성격을 지녔다. 자식을 극하고 남편을 형한다.
- 눈이 돌출되고 눈썹이 노란 여성은 심성이 불량하여 독하고 음흉하며, 이혼을 하거나 재가할 수 있다. 또한 산액을 입어 태아를 잃을 수 있으니 조심해야 한다. 몸이 마르고 피부가 흰 여성은 더 심하다.
- 눈동자가 떠서 드러난 듯하거나 입술이 뒤집힌 여성은 산액이 있다.
- 눈이 철(凸) 자처럼 돌출된 경우 갑상선으로 인한 병이 아니라면 태아를 잃거나 산액이 있다.
- 눈이 돌출되고 광대뼈가 드러난 여성은 산액이 있고 자녀를 극한다.
- 눈이 돌출되고 목소리가 굵은 여성은 결혼생활이 원만하지 않아 이혼하거나 남편을 극한다.

- 눈이 둥글며 눈동자가 튀어나오고 흰색이 드러나는 여성은 남편을 극하고 자녀를 형한다. 또한 산액을 조심해야 한다.
- 울지 않아도 눈물이 흐르는 여성은 결혼생활이 원만하지 않아 이혼할 수 있다.
- 눈의 모양이 나쁘고 얼굴이 네모난 여성은 잦은 시비가 생긴다. 남편을 극하고 아들을 형한다.
- 속눈썹이 너무 길고 많은 여성은 오만한 성격으로 결혼생활이 원만하지 않다. 속눈썹이 짧고 적으면 냉담하고 열정이 부족하다. 속눈썹이 지저분하면 성격이 안정적이지 못하다.
- 속눈썹이 많지도 적지도 않으면 총명하고 융통성이 있으며, 예술방면에 취미와 재능이 있다.
- 속눈썹이 없는 여성은 천재성을 지녔으나 성격이 괴팍하고 변덕스럽다.
- 눈이 실눈이 떠지면서 어미문이 길고, 안주에 황색이 도는 여성은 심성이 교활하고 음란하다.
- 눈썹이 눈을 덮지 못하면 결혼 후 반드시 남편을 극하거나 이혼한다.
- 눈 안에 사마귀가 있으면 총명하고 노련하며 능숙하다. 또 작은 성취도 있으나 남편의 운을 막을 수 있다. 심한 경우 음란한 성향이 있어 결혼이 원만하지 못하며, 중년에는 재산의 손실이 있을 수 있다.
- 낭고(狼顧 : 불안스럽게 두리번거리는 것)의 습성이 있는 여성은 심성이 독하고 음흉하며 교활하다. 육친을 형극하고 고독할 상이다.
- 도화안(桃花眼 : 웃는 눈)인 여성은 무척 친근하다. 서비스업이나 외근직을 맡으면 좋다.

- 도화안이면서 유조미(柳條眉)와 잘 어울리면 지조가 없고 음탕하며 천하다.
- 눈의 검은자위에 황색이 돌며 용모가 수려한 것을 대찰(帶刹)이라고 하는데, 자녀를 극하고 남편을 형한다. 또한 산액을 조심해야 한다. 늦게 결혼하면 흉이 반감된다.
- 눈의 하현이 평평하고 바르며, 하현 중앙이 처져서 삼각형으로 된 여성은 매정하고 의리가 없다.
- 눈이 기울어져 미간 쪽으로 향한 사람은 흉악하고 잔인하다.
- 눈이 천하고 눈썹이 굵은 것을 범고신(犯孤神)이라고 하는데 남편을 극하고 자녀를 형하여 고독하고 가난하다.
- 대화할 때 아래를 보는 여성은 마음이 밝지 못하고 근심이 많다.
- 양안(羊眼)을 가진 여성은 음란하고 고독하다.
- 임신중일 때 눈 밑의 누당 및 왼쪽 손바닥이 청색을 띠며 얼굴에 붉은 기가 돌지 않으면 아들을 낳는다. 눈 및 누당에 붉은색이 돌고 오른쪽 손바닥이 청색이 띠고 얼굴이 붉은색을 띠면 딸을 낳는다.
- 눈이 부어 있는 사람은 성격이 극단적이고 음탕하며 천하다.

눈 각 부분의 명칭

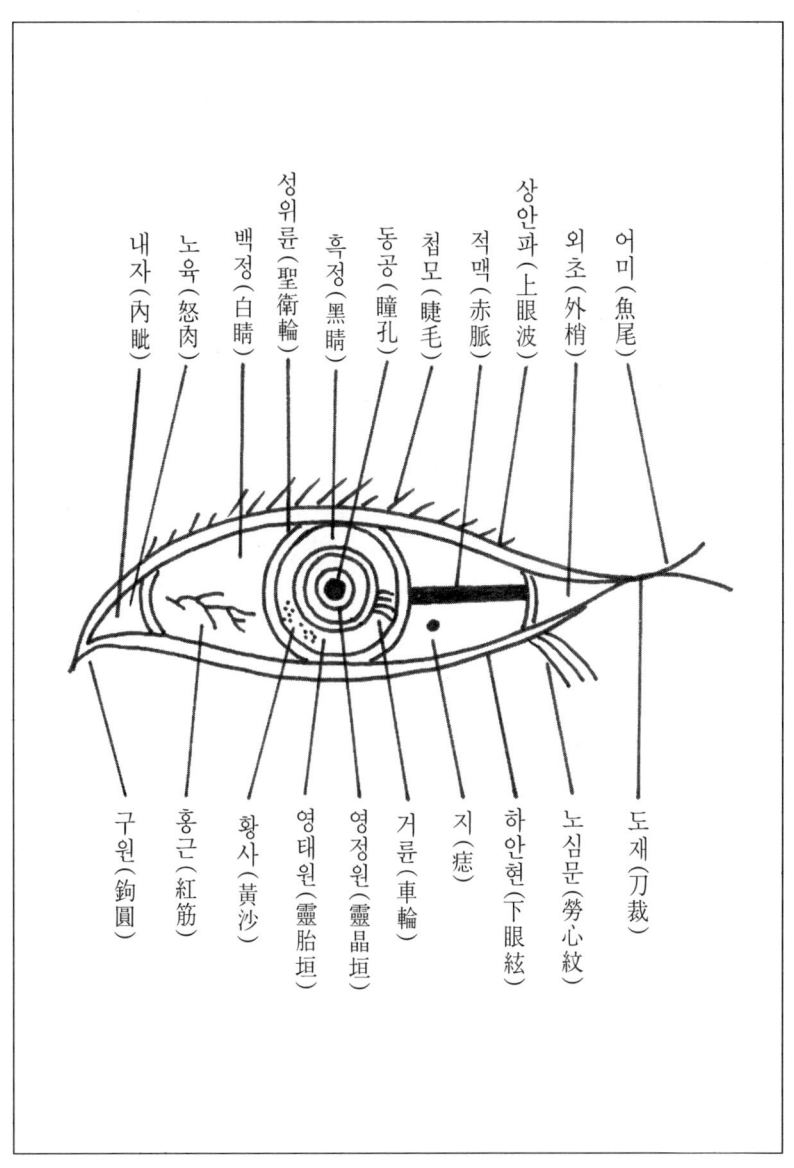

눈의 종류-1

용안(龍眼)

남성에게 가장 좋은 눈의 형태이다. 흑백이 분명하고 원기왕성하며 눈에 진광이 있다. 눈꺼풀이 하나이지만 길며, 하현이 풍부하고 테두리가 있다. 재능이 탁월하고 영명하여 부귀를 누린다.

명봉안(鳴鳳眼)

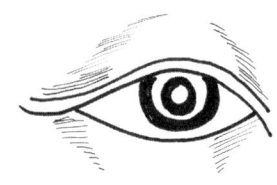

검은자위가 칠흑같이 검고 흑백이 분명하며, 안신이 숨어 드러나지 않는다. 속쌍꺼풀이며 눈구석은 갈고리처럼 둥글고 눈초리는 칼을 잘라 놓은 듯하다. 남성이면 대귀하고 여성이면 고관의 부인이 된다. 여성에게 가장 좋은 눈의 형태이다.

복서안(伏犀眼)

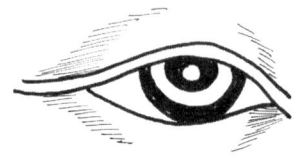

눈이 크고 길며 둥글다. 눈동자는 크고 검으며 속쌍꺼풀이 있고 神이 강하게 숨어 있다. 이런 사람은 심성이 어질고 지혜가 많으며 도량이 넓다. 또한 탁월한 지도력을 갖추고 있으며 복(福)·녹(祿)·수(壽)를 다 누린다.

단봉안(丹鳳眼)

눈이 가늘고 길며, 천창으로 비스듬히 기울어져 있고 속쌍꺼풀이 있으며, 검은자위가 숨어 있으나 눈빛으로 사람을 위압한다. 충성스럽고 정의로우며 대귀한다.

눈의 종류 - 2

서봉안(瑞鳳眼)

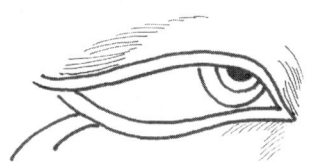

눈초리가 단정하고 흑백이 분명하다. 검은 눈동자에 神이 숨겨져 있고 눈꺼풀이 두 개이다. 성격은 얌전하고 고상하며 조용하다. 남성은 문장으로 귀하게 되고, 여성은 제후의 아내가 된다.

수봉안(睡鳳眼)

눈이 가늘고 길며 위엄이 있다. 神을 감추고 있고, 쌍꺼풀이 있다. 기개가 화려하고 진귀하다. 천성이 정직하여 남성은 부귀를 겸비하고, 여성은 제후의 아내가 된다.

호안(虎眼)

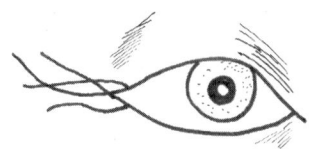

눈이 크고 홑꺼풀이다. 눈동자는 금황색을 띠고 안신에 위엄이 있다. 동공이 길어졌다 짧아졌다 하며, 이마 끝이 좁고 험준하다. 의지가 굳고 결단성이 있으나 만년에 자식을 극하기가 쉽다. 무관이면 반드시 대귀한다.

사안(獅眼)

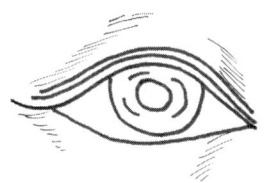

눈이 크고 위엄이 드러나며 흑백이 분명하다. 눈의 상하에 쌍꺼풀이 있다. 용맹스러우나 심지가 깊고 어질며, 재산에 욕심이 없다. 호미(虎眉)와 결혼하면 대부대귀한다.

눈의 종류-3

후안(猴眼)

검은자위가 위쪽으로 쏠려 있다. 상안파(上眼波)가 우뚝 솟아 있고 하안파(下眼波)가 두 개이며 늘 눈을 깜박거린다. 이런 사람은 생각이 깊어 의심이 많고 거짓말을 한다. 후상(猴相)과 결혼하면 대귀하나 그렇지 않으면 고생이 많다.

녹안(鹿眼)

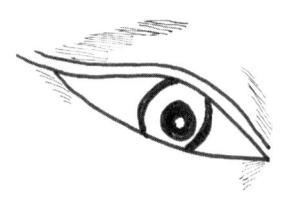

눈동자가 맑아서 밑바닥이 보일 정도이다. 눈꺼풀이 겹쳐 있으며 길고 안신이 강하지만 드러나지 않는다. 성격이 급하고 강하며 정의를 중히 여긴다. 대부대귀하는 상이다.

우안(牛眼)

눈이 크고 눈동자가 둥글며 속쌍꺼풀이 있다. 이런 사람은 부는 있으나 귀하지는 않다. 그러나 평생 사업이 순탄하고 늙을 때까지 행복하며 장수를 누린다.

웅안(熊眼)

눈이 크고 둥글며 쌍꺼풀이 있고 저안(猪眼)과 비슷하다. 이런 사람은 용감하나 우둔하며 성질이 편협하고 지기 싫어한다. 욕심이 많고 과격하여 천수를 다하기 어렵다.

눈의 종류—4

마안(馬眼)

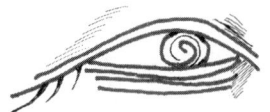

눈꺼풀이 풀려 있고 눈동자가 작으며 조금 드러나 있고 눈언저리가 촉촉하게 젖어 있다. 이런 사람은 충직하고 거짓이 없다. 평생 바쁘게 뛰어다니며 고생하지만 성공은 적고 처자를 형극한다.

상안(象眼)

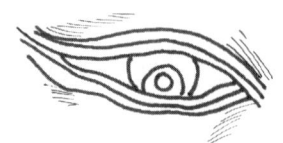

눈이 가늘고 길며 아래를 보고 있다. 神이 혼탁하고 상하안파가 많다. 성격은 온순하고 피동적이며, 행동이 느리다. 장수하지만 사업운은 보통이다.

낭안(狼眼)

눈의 아래쪽에 흰자위가 많이 드러나 하백안이라고도 한다. 검은자위가 황색을 띠며, 바라볼 때 눈살을 찌푸린다. 욕심이 많고 외설적이며 천수를 다하지 못한다. 남성은 바쁘게 뛰어다니지만 성과가 적고, 여성에게는 산액이 있다.

저안(猪眼)

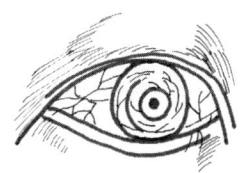

검은자위가 황색이고 눈이 혼탁하여 흑백이 분명하지 않다. 눈꺼풀이 아주 두텁고 눈 안에 붉은 핏줄이 가득하다. 이런 사람은 어리석고 흉악하며 심보가 나쁘다. 사업도 실패가 많고 비명횡사할 수 있다.

눈의 종류-5

양안(羊眼)

눈언저리가 짧고 작다. 눈에 사백이 드러나 사백안이라고도 한다. 검은 자위가 담황색을 띠며 동공이 가는 실로 짠 천 같다. 시선이 위로 향하며 흰자위가 드러나 있다. 성격이 음란하고 악독하여 비록 부귀할지라도 천수는 다하지 못한다.

묘안(猫眼)

눈이 크고 둥글며 검은자위가 황색을 띠고 흰자위는 푸른색을 띠고 있다. 이런 사람은 부드러운 듯 보여도 성질이 급하다. 달콤한 말을 잘하고 겉과 속이 달라 비록 부를 얻을지라도 귀하지는 않다.

사안(蛇眼)

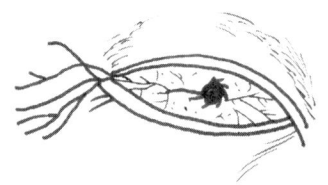

검은자위가 둥글고 작으며 황색을 띤다. 흰자위에는 붉은 핏발이 가득 퍼져 있으며 검은자위의 움직임이 적다. 삼백안이라고도 한다. 이런 사람은 독하여 온갖 나쁜 짓은 다 저지르며, 처자를 극하고 천수를 다하기 어렵다.

도화안(桃花眼)

쌍꺼풀이 있고 하현이 풍만하다. 눈에 물기가 있고, 약간의 사시가 있다. 사람을 만날 때마다 말없이 먼저 웃어서 소안(笑眼)이라고도 한다. 매우 총명하며 대인관계가 좋지만 남녀를 막론하고 음탕한 경향이 있다.

눈의 종류-6

취안(醉眼)

검은자위가 작고 황색을 띠며 神이 혼미하다. 상백안과 비슷하지만 흰자위에 붉은 핏발이 퍼져 있고 흐리다. 이런 사람은 무능하고 주색에 빠져 성공하기 어렵다.

화륜안(火輪眼)

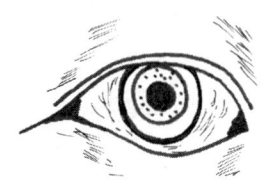

쌍꺼풀이 있고 눈이 크며 안신이 흐리다. 검은자위 주변에 붉은 핏대가 퍼져 있어 마치 화륜 같다. 이런 사람은 성격이 포악하고 독하며 부모를 범상(犯上)할 마음을 가지고 있다. 말년에 비명횡사한다.

공작안(孔雀眼)

쌍꺼풀이 있고 속눈썹이 위로 비스듬히 나 있다. 검은자위가 산근 쪽으로 치우쳐 있고 투명하고 환하며, 흰자위는 청색을 띤다. 정직하고 청렴하며, 일생 재난이 적고 부귀를 누리며 부부간에 서로 사랑한다.

학안(鶴眼)

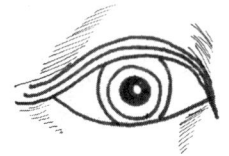

상현은 쌍꺼풀, 하현은 홑꺼풀이다. 눈구석은 갈고리처럼 둥글고 눈초리는 칼로 자른 것 같다. 수려하고 안신이 숨어 있으며 흑백이 분명하다. 성격이 부드럽고 도량이 넓으며 고상한 것을 지향한다. 학형인 사람과 결혼하면 대귀하고 장수한다.

눈의 종류 - 7

작안(鵲眼)

쌍꺼풀이 있고 눈이 가늘고 길며 속눈썹이 위로 들려 있다. 흑백이 분명하고 안신이 있다. 이런 사람은 품격이 있고 성실하여 일찍 출세한다. 늙을 때까지 사업이 순탄하고 부귀를 누린다.

안안(雁眼)

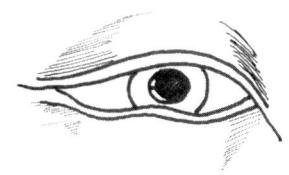

검은자위가 황금색을 띠고 있으며 상하현에 쌍꺼풀이 있다. 얌전한 성격으로 일을 조리 있게 처리하며 사업에도 어느 정도의 성취가 있다.

원앙안(鴛鴦眼)

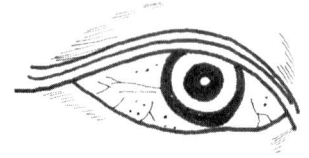

눈이 둥글고 크며 쌍꺼풀이 있다. 검은자위가 조금 드러나 있고, 작고 붉은 점 즉 적사(赤砂)들이 있으며, 흰자위에는 붉은 핏대가 있다. 부부가 서로 사랑하고 부귀하나 색을 밝히는 경향이 있다.

노사안(鷺鷥眼)

눈이 작고 쌍꺼풀이며 검은자위가 반은 보이고 반은 보이지 않는다. 성격은 선량하고 순진하지만 잔머리를 잘 굴리며 남을 잘 속인다. 설사 부귀할지라도 얼마 지나지 않아 빈곤해진다. 평생 성공하기 어렵고 늙어서 고독하다.

눈의 종류-8

연안(燕眼)

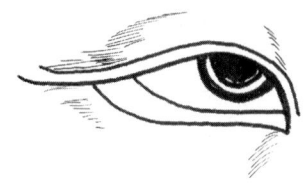

눈이 작고 산근에 가까이 있으며 당당하다. 쌍꺼풀이 있고 흑백이 분명하며 검은자위에 적사가 있다. 이런 사람은 눈치가 빠르고 신용을 잘 지키며 명예와 약속을 중시한다. 일찍 출세하고 복록을 누린다.

어안(魚眼)

눈이 둥글고 작다. 눈초리는 부드럽고 완만하다. 검은자위가 밖으로 많이 노출되어 있고 눈언저리가 촉촉하다. 병치레가 잦고 요절한다.

해안(蟹眼)

상안현(上眼弦)이 밑으로 늘어지고 눈이 둥글다. 대부분 난시와 사시가 있고 시력에 문제가 많다. 심성이 우매하여 성공하기 어렵다. 금어안(金魚眼)이라고도 한다.

하안(蝦眼)

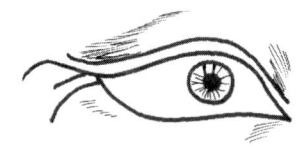

검은자위가 작고 주변에 흰자위가 드러난 것이 사백안과 매우 비슷하며 속쌍꺼풀이 있다. 근면하고 급한 성격으로 만년에 번영하나 단명한다.

코

1. 부위의 특성

"옳고 그름을 보려면 눈과 코를 보고, 참과 거짓을 보려면 입과 입술을 보며, 공명함은 기개를 보고, 부귀함은 정신을 보고, 수명은 손톱과 발톱을 보며, 풍파가 있는가는 발과 발꿈치를 보고, 조리가 있는가는 언변을 보라"는 말이 있다. 이처럼 코를 통해 사람의 심성을 살필 수 있다.

또한 코를 통해 건강도 알 수 있다. 코는 작은 기관이지만 의외로 뇌 및 오장육부의 모든 기관과 밀접한 관계를 가지고 있다. 건강하고 장수하는 사람은 반드시 좋은 코를 가지고 있으나, 건강이 좋지 않고 요절한 사람은 반드시 코에 기개가 부족하고 심한 결함이 있다.

상법에서는 코끝을 재성(財星)이라고 하며, 콧방울의 난대(蘭臺)와 정위(廷尉)의 두 부분을 합쳐 재고(財庫)라고 한다. 대체로 횡재한 사람은 재산을 지키는 방법에 능숙한데, 이런 사람은 난대와 정위가 반드시 둥글고 두터우며 잘 거두어져 있다.

"재물을 보려면 눈을 보고, 부를 보려면 코를 본다"는 말도 마찬가지로 코와 부의 관계를 나타내고 있다. 여기서 재물이란 금전운을 말하는 것으로 이는 눈의 좋고 나쁨에 따라 운세가 결정된다는 것이다. 부란 재물이 모이는 것을 가리키는 것으로, 부의 많고 적음을 보려면 코의 상리(相理)의 우열을 보아야 한다는 것이다. 눈의 상리가 좋지 않은 사람은 금전운이 좋지 않고 큰 돈을 벌 수 있는 기회도 적게 온다. 그래서 아무리 돈관리를 잘해도 많은 재산을 모으기가 어렵다. 반면에 코의 상리가 좋지 않은 사람은 비록 많은 돈을 벌기는 하지만 관리를 잘 못하기 때문에 재산을 지키고 모으기가 어렵다.

한편 이마와 눈의 상리가 좋은 사람이 갖게 되는 관직의 지위를 볼 때도 코의 상리를 본다. 코는 사람의 의지력과 행동력을 나타내기 때문이다. 의지력과 행동력이 부족한 사람은 비록 지혜가 발달하고 안목이 높다 해도 인생이라는 전쟁에서 궁극적인 힘을 발휘하지 못하게 된다. 그래서 "귀함은 이마를 보고, 관직은 눈을 보며, 직업은 코를 보고, 권력은 광대뼈를 본다"고 한다.

코는 또한 부성(夫星)과 처성(妻星)의 상징이다. 코에 상리적인 결함이 없다면, 남성의 경우 어질고 지혜로우며 용모가 빼어난 아내를 맞이하고, 여성의 경우 성공하고 영준한 남편을 만난다. 그러므로 높은 관직에 오르고 부유한 사람의 부인의 코가 오목하게 내려앉거나 구부러진 경우는 거의 찾아볼 수 없다. 설사 여성이 아름다운 미모를 가졌더라도 코의 모양이 좋지 않다면 본래의 품격과 운세를 잃어버리게 된다.

건강 면에서 보면 코는 폐의 짝이라고 할 수 있다. 코가 통하고 막히는 것으로 폐의 허와 실을 알 수 있다. 그래서 코는 오관의 심변관(審辨官)이라고 부른다. 또 코의 준두는 비장과 상당한 관계가 있다.

비장은 오행 가운데 土에 속한다. 그래서 코를 토성이라고 부르는 것이다.

또한 준두와 비익은 소화기 계통과 상당한 연관관계가 있으며 신수(腎水)와 생식기 계통과도 관련되어 있다. 그래서 준두가 평만한 사람은 비장이나 생식기 계통의 선천적인 발육상태가 양호하지 않다. 이것을 오행에 근거하여 풀이하면 토극수(土剋水)가 되는데, 이런 사람은 재산을 모으기 어렵고 재정을 관리하는 방법도 미숙하다.

비익이 너무 작거나 사마귀가 있고 콧구멍이 드러나 있는 사람은 장과 위의 계통 및 남성의 고환, 여성의 난소와 방광 등의 선천적 발육이 양호하지 않다. 또는 후천적으로 내장에 병리적인 변화가 있다. 이런 사람은 토갈(土渴)이 되어 성격이 즉흥적으로 변하고, 그것이 금전적인 투자와 금전의 사용방법에 영향을 미친다. 따라서 평생 사업에 실패가 많고 성공이 적어 큰 부를 모으지 못한다.

한편 코와 광대뼈는 임금과 신하의 관계와 같다. 코가 혼자 너무 솟아도 좋지 않고, 광대뼈가 코보다 높아도 좋지 않다. 코는 자신이고 광대뼈는 형제와 가족이며, 친구와 타인과 사회라고 생각할 수 있다. 철관도(鐵關刀)는 "코의 氣는 광대뼈에서 비롯된다. 광대뼈의 氣는 구레나룻에서 나오고, 구레나룻의 氣는 명문에서 나오며, 명문의 氣는 귀에서 나온다"고 했다. 즉 코의 상이 좋아야 하는 것 외에도 광대뼈가 잘 어울려야 하며 구레나룻이 명문을 막으면 안 된다.

코의 종류는 대단히 많은데, 상학에서는 보통 다음의 여섯 가지로 나눈다.

첫 번째는 착한 코[善鼻]로, 외형이 단정하고 깨끗하다. 이런 사람은 학식과 품덕이 모두 우수하며 도량이 넓고 관대하다. 세상을 구하고 백성을 살리려는 마음을 가지고 있다.

두 번째는 귀한 코[貴鼻]로, 매우 크고 형세가 있다. 이런 사람은 벼슬길에 올라 보통 이상의 성취를 이루어 높은 지위에 오른다.

세 번째는 부자 코[富鼻]로, 외형이 풍만하고 콧구멍이 감춰져 있다. 평생 사업이 발전하며 돈이 따른다.

네 번째는 악한 코[惡鼻]로, 외형이 매와 같고 마디가 있다. 이런 사람은 심성이 간사하고 악독해서 천수를 다 누리지 못하며 비명횡사할 수 있다.

다섯 번째는 천한 코[賤鼻]로, 얼굴은 큰데 코가 작은 것이다. 이런 사람은 출세하기가 어렵고 건강이 좋지 않으며 고독하다.

여섯 번째는 가난한 코[貧鼻]로, 외형이 요(凹) 자처럼 패여 있고 콧구멍이 드러나 있다. 이런 사람은 성격이 불량하고 재난이 많으며 평생 가난을 면치 못한다.

이러한 여섯 가지 코의 형태가 다른 오관의 상리의 우열과 크기를 겸비하는지 보아야 한다. 예를 들어 대선겸대귀(大善兼大貴), 대부겸소선(大富兼小善), 대악겸소부(大惡兼小富), 대빈겸대천(大貧兼大賤) 등이다. 또 부형(富型)과 선형(善型)의 코는 남녀에게 똑같이 적용되지 않는다. 예를 들어 귀형(貴型)의 코는 남자에게는 길하나 여자에게는 꼭 길하다고 할 수 없다.

또한 부(富)·귀(貴)·선(善) 3형의 코에 광대뼈가 잘 어울리면 길상이 더 길해지며, 악(惡)·빈(貧)·천(賤)의 3형의 코에 광대뼈가 어울리지 않으면 흉이 더 흉해진다.

2. 사업성패 및 시기

• 코는 곧고 통을 자른 듯하며, 넉넉하게 솟아오르고 윤기가 흘러야 한다. 준두(準頭 : 코끝)는 원만하고 위로 향하지 않으며 드러

나지 않아야 한다. 난대(왼쪽 콧방울)와 정위(오른쪽 콧방울)는 서로 보좌하고 응대해야 한다. 또 아래와 위가 관통하고 기세가 있어야 하며 광대뼈가 비호해야 한다. 이러한 것이 토성입명(土星入命)이라고 하여 가장 좋은 코이다. 이런 사람은 대부대귀하며 행복과 장수를 누린다.

- 코의 상은 좋으나 귀, 눈썹, 눈, 입 가운데 어느 한 부위의 상이 아주 나빠서 서로 어울리지 않는 사람은 재물을 얻어 부자가 되기 어렵고 성패가 자주 변할 수 있다.
- 단정하게 생긴 코를 현담골(懸膽骨)이라고 하는데, 이런 사람은 이외로 돈을 얻어 횡재하고 자수성가한다. 만약 귀와 입 그리고 손이 두터우며 머리와 허리가 둥글면 오랫동안 부유한 생활을 누릴 수 있다.
- 비량(鼻梁:콧대)이 풍부하고 위까지 연결된 사람으로서 눈이 수려하고 안신이 숨어 있으며 눈썹이 수려하면 31~50세 사이에 운이 계속해서 따르고 귀인의 보살핌이 있다.
- 코가 왕성하고 광대뼈가 솟았으며 서로 조화를 이루면 중년의 사업운이 순조롭고 스스로 자신을 돕고 남도 돕는다. 코는 좋으나 광대뼈가 부실하면 중년의 운세가 좋지 않을 수 있다.
- 코와 광대뼈가 서로 조화를 이루고 이마에 뼈가 드러난 사람은 관록의 재산으로 인해 부를 이룩한다. 여기에 눈에 안신이 감춰져 있고 광대뼈가 하늘 높이 솟은 경우는 관직에 오르고 난 후 사업을 하여 큰 부자가 될 수 있다.
- 코와 광대뼈가 아름답고 미간이 들어갔으며 눈이 흐린 사람은 직장인이나 고용인으로 생활하는 것이 좋다. 개인적인 사업을 하면 중년에 실패를 할 수 있다.
- 코는 좋은데 광대뼈가 좋지 않거나 코는 있는데 광대뼈가 없거

나 광대뼈에 흠집이나 사마귀가 있는 사람과는 사업상 동업하는 것이 좋지 않다. 동업을 하게 되면 시비가 발생하거나 금전에 손실이 있을 수 있다.

• 코의 상이 비록 아름답지만 천창이 요(凹) 자처럼 움푹 내려앉은 것을 내룡불왕(來龍不旺)이라고 하는데, 쉽게 성공하고 쉽게 실패한다. 광대뼈가 솟지 않은 사람은 더욱 심하다. 41~47세가 가장 좋은 때이니 놓치지 않도록 해야 한다.

• 코에 흠집이 있으면서 침뇌(枕腦) 및 천창과 눈썹이 좋지 않으면 파산하거나 건강이 나빠진다. 이것이 조용관상법(弔用觀相法)이다.

• 코가 비록 작고 짧지만 흠집이 없으면서 산처럼 험준한 사람은 거듭하여 뜻을 이룬다.

• 코는 비록 낮지만 수형금국(水形金局)이면서 눈 안에 神이 감춰져 있고 신체 또한 우람하며, 눈썹털·구레나룻·수염이 드문 사람은 부를 이룩할 수 있다.

• 코가 곧고 살이 없어 뼈가 드러난 것을 검비(劍鼻)라고 하는데, 이런 사람은 평생 바쁘게 뛰어다니고 고생하지만 복이 없고 사업을 해서 성공하기도 어렵다. 여기에 만약 코가 높이 들렸다면 조상이 남겨준 유산이 풍족하더라도 머지않아 파산할 수 있다.

• 코가 납작하고 구부러져 있는데다 요(凹) 자처럼 내려앉은 사람은 41~50세 사이에 병이 많고 사업의 실패가 있다. 그러나 눈썹이 엎드려 나 있고 색이 있으며, 눈이 수려하고 안신이 감추어져 있는 사람은 사업상 장애가 없다. 하지만 이름을 얻는 데는 한계가 있다.

• 콧대가 왼쪽이나 오른쪽으로 굽은 것을 반음(反吟)이라 하고, 콧대가 울퉁불퉁한 것을 복음(伏吟)이라 한다. 이런 사람은 남

녀를 막론하고 쉽게 재산을 잃는다. 전자는 성격이 맞지 않아 많은 과실이 생기고, 후자는 과실로 인해 성격이 어긋난다.
- 코에 살이 없고 붉은 사람은 남녀를 막론하고 평생 불우하다.
- 코의 여러 군데에 울퉁불퉁한 곳이 있는 사람은 남녀를 막론하고 질병이 있으며 사업도 성공하기 어렵다.
- 코의 크기와 면상이 잘 어울리는 경우에, 이마가 낮고 얼굴이 작으며 광대뼈가 평평하고 턱이 날카로우며 코가 아주 넉넉하게 솟아 있는 것을 고봉독용(孤峰獨聳)이라고 하는데, 남녀를 막론하고 재산을 모을 수 없으며 파산할 우려가 있다. 입술 위에 콧수염이 없는 사람은 더욱 흉하다.
- 얼굴과 비교해서 코가 너무 작고 짧은 사람이 관직에 있으면 높은 지위에 오르지 못하며, 상업을 하면 중년에 순조롭지 못하고 실패한다. 그러나 눈이 수려하고 안신이 감추어져 있으면 흉이 반감될 수 있다.
- 코가 작고 얼굴이 크거나, 코에는 살이 없고 얼굴에는 살이 있는 사람은 애를 써도 알아주는 사람이 없다. 만약 상업을 하게 되면 평생 성공과 좌절이 많고, 금고에 재산이 들어오기 어려우며, 고생은 많으나 얻는 게 적다.
- 코가 작고 콧구멍이 크며, 콧방울이 하나는 크고 하나는 작은 사람은 평생 재산에 손실이 많고 성공이 적다. 일시적인 성공을 거두었다 해도 50세 이후에는 빈곤하게 살아갈 수 있다.
- 코가 작고 인중이 좁으면 사업에 우여곡절이 많고 수확이 적다. 그러나 입술 위에 털이 있으면 흉이 감소된다.
- 코가 크고 입이 작으면서 코끝이 처진 것을 토복수(土伏水)라고 한다. 50세쯤에 고비가 있고 재산을 잃을 수 있다.
- 코가 작고 납작한 사람은 일생 동안 성공하기 어렵고 고독하며

빈천하다.
- 코가 작고 산근이 낮으면 평생 고생스럽고 육친간에 도움을 나누기 어렵다. 그러나 눈에 안신이 있거나 귀가 크고 얼굴에 바짝 붙어 있으면 흉이 반감된다.
- 콧방울이 크고 살이 두터운 사람은 일찍 출세하여 재산을 모으며, 재산관리도 잘하여 거부가 된다.
- 코의 난대가 정위보다 약간 더 뚜렷하고 두터운 사람은 음성적인 수입이 많고 명목상의 재산이 많다. 만약 정위가 난대보다 조금 더 뚜렷하고 두텁다면 부동산 같은 재산이 많다. 단 남좌여우(男左女右)로 본다.
- 코에 방울이 없는 사람, 즉 난대와 정위가 없는 사람은 이치에 맞지 않은 경제관념을 가져 평생 재산이 모이지 않는다. 그러나 준두가 풍만하고 눈이 수려하며 神이 감추어져 있으면 흉이 반감된다.
- 콧방울에 어슴푸레한 사마귀가 있으면 소화기 계통에 질병이 있다는 신호이다. 이런 경우 50세 전에 재산을 모으기가 무척 힘들며, 중년에는 타향에서의 실패수가 있다. 그러나 눈이 수려하고 神이 감추어져 있으며 인중에 수염이 있으면 흉이 반감된다.
- 콧방울에 핏줄이 있으면 재산을 잃거나 부인이 사치스럽다. 여성이라면 남편복이 없고 가난하다.
- 난대에 흠집이 있으면 44세 때에 큰 손해를 볼 수 있다. 정위에 흠집이 있으면 45세 때에 재산을 잃을 수 있다.
- 콧방울이 아주 얇은 사람은 성기능이 약하고 평생 재산을 모으기가 어렵다. 남성은 고환의 발육이 좋지 않고 여성은 난소의 발육이 좋지 않다.
- 콧구멍에 결함이 있으면 재산이 모이지 않는다. 단 목형인과 화

형인 경우 삼정(상정·중정·하정)이 균등하고 육부가 충만하면 평생 큰 부를 얻지는 못해도 궁핍하지는 않다. 만약 목형인으로 눈이 수려하고 안신이 강하며 이마가 둥글면 큰 부를 이룰 수 있다.

- 콧구멍에 털이 없으면 흉상이다. 평생 돈을 빌려 생활한다. 털이 밖으로 나와도 좋지 않다.
- 콧구멍이 들려 드러난 사람은 재산을 모으기가 어렵고 모아도 쉽게 잃는다. 만약 콧구멍이 쳐들려 콧대와 마주치면 평생을 빈천하게 살고 타향에서 객사한다.
- 콧구멍 하단에 주름이 있는 것을 창류(倉流)라고 하는데, 중년에 시비로 재산을 잃을 수 있다. 만약 콧구멍에 홍색 핏줄이 나타나면 바로 파산하고 시비가 있을 징조이다.
- 코의 산근은 체내의 내부기관에 대한 총개관이다. 산근이 넉넉하게 깊고 단정하며 사마귀나 주름이 없으면 선천적으로 순환기 계통의 발육이 좋다. 이런 사람은 의지가 확고하고 결정이 정확하며 운세가 형통하여 입신출세하며, 불상사나 질병 또는 사업상 불리한 일이 생기지 않는다.
- 코의 산근이 많이 깊고 눈썹이 가지런하며 이마가 풍만한 사람은 조상의 가업을 계승하여 부를 이룩한다. 만약 천중(天中)이 평평하고 변성(邊城)이 풍부하며 산림(山林)이 깊다면 더욱 복을 받는다.
- 코의 산근이 깊고 머리카락이 난 언저리와 산림, 천창이 넓은 사람은 육친과의 연이 많고 가세가 부유하며 선조의 비호를 받는다.
- 코의 산근이 깊으나 넉넉하지 않으면, 즉 뼈는 있고 살이 없으면 청렴하고 고상할 뿐 평생 운세가 순탄치 않다.

- 코의 산근이 풍성하고 눈썹도 좋은 것을 산근유래룡(山根有來龍)이라고 하는데, 부귀를 누리며 형제자매도 우수하고 성공할 수 있다.
- 산근이 끊어지고 용모가 수려하지 않으면 중년까지 성공이 적으나, 여기에 눈썹이 진하고 수려하며 지각이 둥글면 만년에 뜻을 이룰 수 있다.
- 코의 산근이 끊어진데다 용모가 수려하지 않은 사람은 중년에 사업이 실패하고 노년에는 빈궁하다. 그러나 눈에 神이 숨어 있으면 전화위복이 되어 흉이 반감된다.
- 코의 산근이 끊어지면 30세 전에는 재물을 얻기 어렵다. 설사 돈을 벌더라도 41세 전에 거의 다 허비해 버린다.
- 코의 산근이 풍성하지만 횡단문·팔자문이 있는 사람은 41세에 사업의 좌절이나 재산 손실이 있으며, 42세에도 운이 순조롭지 않다.
- 코의 산근에 횡문이 하나 또는 둘이 있는 사람은 중년에 좌절하지만, 횡문이 셋이면 고생은 하나 자수성가한다.
- 코의 산근에 희미한 사마귀나 반점이 있으면 고향을 떠나 외지에서 출세한다. 그러나 뜻은 이루지만 좋은 결과는 얻지 못한다.
- 코의 산근 상단에 희미한 사마귀나 반점이 있으면 소송사건이 생긴다.
- 코의 산근에 대한 길흉은 26세, 30세, 41세에 반드시 나타난다.
- 코의 연수(年壽)가 넉넉히 솟고 넓은 사람이 얼굴과 다른 궁에 큰 결함이 없으면 설사 부귀하지 않더라도 복과 장수를 누린다. 만약 연수가 패이고 기색이 어둡다면 가난하지 않으나 요절할 수 있다.
- 코의 연수가 넉넉히 솟고 넓으면서 준두가 둥글고 두터우면 빈

손으로 창업하여 부를 이룩한다. 만약 오형과 오관이 잘 상응하고 눈에 진광이 숨어 있다면 거부가 될 수 있다.

- 코의 연수에 가로로 기운 깊은 주름이 있거나 두드러진 손상이 있으면 사업의 실패가 있을 수 있다. 연수에 주름이 많은 사람 역시 중년에 재산 손실이 있을 수 있다.
- 코의 연수뼈가 돌출된 사람은 31~32세, 37~38세, 44~45세에 반드시 심한 좌절에 빠지고 타향에서 객사할 수 있다.
- 코의 연수에 검은 사마귀가 있는 사람은 운이 순조롭지 못하다. 사마귀가 여러 개일 경우 그만큼의 실패를 볼 수 있다. 비록 수입이 많을지라도 재산을 모으기는 어렵다.
- 코의 연수가 비뚤어져 바르지 않은 사람은 31~47세 사이에 사업상 좌절이 있을 수 있다.
- 코의 연수가 꺼진 사람은 비록 코끝이 풍성할지라도 44~47세 사이에 관직을 잃거나 사업에 실패한다.
- 코끝이 둥글고 살이 있으면서 연수에 흠집이 있는 경우, 아주 심한 결함이 아니면 중년에 좌절이 있더라도 말년에는 작은 부를 이룬다.
- 준두가 둥글고 살이 있으며, 산근이 낮고 콧방울이 좌우로 긴 것을 사자비(獅子鼻)라고 하는데, 이런 사람은 정력이 강하고 재산운이 좋다. 만약 이마가 높고 광활하다면 귀하게 된다.
- 준두가 날카로워 갈고리 형상을 띠며 마치 꾀꼬리 입 같은 것을 응구비(鷹鉤鼻)라고 하는데, 이런 사람은 44~48세 사이에 사업에 실패하거나 소송에 휘말려 파산하는 재난이 있다.
- 준두가 날카롭고 작은 사람은 평생 빈천하다.
- 준두가 늘어져 수성(水星 : 입) 위로 엎드려 있고, 입술 위에 수염이 없는 사람은 통솔력이 없어 만약 공직에 종사한다면 직위

가 높지 않다. 상업을 해도 소득이 적다.
- 준두가 비록 둥글고 두텁지만 산근이 끊어지면 부를 이룰 수 없을 뿐만 아니라 평생 고생한다.
- 준두의 뼈가 천정을 향해 뻗은 것을 단서관정(單犀貫頂)이라고 하는데, 복서관정(伏犀貫頂)보다 훨씬 드물다. 콧구멍이 쳐들려 드러나거나 콧방울이 없는 사람은 중년에 크게 실패할 수 있다.
- 준두에 붉은 기가 자주 도는 사람은 평생 재산이 모이지 않으며 빈곤한 노년을 보낸다. 준두의 기색은 누렇고 윤기가 있으며 밝은 빛이 나는 것이 좋다.
- 준두에 갑자기 검은 반점이 나타나면 그 해에 재산을 잃거나 직장을 잃을 수 있다. 48세 되는 해는 더욱 조심해야 한다.
- 준두에 갑자기 붉은 반점이 나타나면 소송사건이 생긴다.
- 준두에 흑점이 있거나 때가 묻어 더러운 듯하면 평생 금전 때문에 고생하고 수확이 적다. 48세에는 반드시 파산한다.
- 준두에 반점이 많이 생기는 사람은 운세가 순탄하지 못하고 늙을 때까지 시간을 헛되이 보낸다.
- 여름과 겨울을 막론하고 준두에 자주 땀이 나는 사람은 늙을 때까지 고생하고 금전이 모이기 어려우며 신세가 놀락한다. 성격도 괴팍하여 고독하다.

3. 가족관계 및 혼인과 자녀

- 코가 곧고 풍성하며, 산근에 기세가 있으며, 광대뼈가 떠받들고 있는 듯 솟은 사람은, 두 볼이 호응할 경우 골수에 氣와 神이 있다. 45세 전에는 부모에게 아무 일이 없으나 만약 한 가지라도

손상되면 좋지 않은 일이 있을 수 있다. 왼쪽 광대뼈와 뺨은 부(父)를, 오른쪽 광대뼈와 뺨은 모(母)를 상징한다.

• 코는 곧고 통을 자른 것 같아야 하며 풍성하고 윤택해야 한다. 준두는 원만하고, 콧구멍은 들리지 않고 드러나지 않아야 한다. 난대와 정위는 서로 보좌하는 것이 좋으며, 위아래가 관통하는 기세가 있어야 한다. 또한 천창과 간문은 풍만해야 한다. 이것이 코의 상리의 표준에 맞는 것이다. 여기에 광대뼈가 둥글고 솟은 경우 남성은 어질고 아름다운 부인을 얻고, 여성은 부귀한 남편을 얻는다.
• 코가 지나치게 짧은 사람은 혼인의 연도 짧다.
• 코가 짧고 구멍이 드러난 사람은 딸을 많이 낳고 아들을 적게 낳는다.
• 코가 크고 입이 작은 사람은 파산하여 고향을 떠나게 된다. 만약 고향에서 일을 벌이면 육친의 구속을 받을 수 있다.
• 고봉독용, 즉 코가 크고 얼굴이 작으며 광대뼈가 평평한 사람은 아들이 없거나 얻기 힘들다.
• 코가 작고 납작하면 부부가 백년해로를 하지 못하고 자녀와도 연이 없다. 그러나 눈이 수려하면 흉이 반감될 수 있다.
• 코가 작으면서 구레나룻이 많거나 적색이면 부인을 극한다.
• 콧대의 뼈에 살이 얇고 솟은 경우에 준두와 콧방울 역시 얇고 작으며 눈썹이 성기면 성격이 좋지 않고 형제자매가 없을 뿐만 아니라 부부의 연도 적다. 배우자를 극하지 않으면 이혼한다.
• 코가 비뚤어진 사람은 가정이 불화하고 사람이 죽는 재난이 있다. 그러나 이런 사람의 출생지가 남방이면 염려하지 않아도 된다. 남방무정토(南方無正土)이기 때문이다.
• 코의 뼈가 돌출되고 솟은 사람은 유년 시절에 부모를 형극하고,

중년에 부인과 자녀를 형극한다.
- 검비, 즉 코가 곧고 살이 없으며 뼈가 드러난 경우 남녀를 막론하고 배우자를 형하고 자식을 극한다. 또한 늙을 때까지 빈천하다.
- 콧구멍이 높이 쳐들려 드러난 사람은 남녀를 막론하고 배우자의 용모가 보잘것없다. 만약 눈이 사시라면 배필의 용모가 더 추하다.
- 비익이 없어 산양의 코 같은 사람은 부부가 이혼하거나 서로 형극한다.
- 코에 울퉁불퉁한 부분이 몇 군데 있는 사람은 남녀를 막론하고 부부의 연이 적고 자녀를 형극한다.
- 콧방울이 없으나 준두가 높은 것을 계방비(界方鼻)라고 하는데, 대를 이을 자식이 없거나 아들 하나에 딸이 많다.
- 코에 주름이 많으면 자식이 없거나 못난 자식을 낳는다.
- 코가 단정하고 풍성하며, 산근이 솟고 미간이 평만한 사람은 자녀가 총명하고 우수하다.
- 코의 산근이 풍만하며 배가 둥글고 엉덩이가 풍만한 사람은 남녀를 막론하고 규방의 즐거움을 누릴 수 있다.
- 산근이 깊고 살이 없거나 좁은 사람은 아내를 형하고 자식을 극한다. 또는 딸은 있으나 아들이 없다.
- 산근에 횡단문, 팔자문이 있으면 아내를 형하고 자식을 극한다. 산근이 낮고 평탄한 사람은 더 심하다. 만약 얼굴 및 다른 부위의 상리와 호응하지 않으면 이혼을 한다.
- 산근에 삼횡문이 있으면 모친을 극한다. 삼직문이 있으면 아내를 극한다.
- 산근이 끊어진 사람은 선조의 유산을 이어받을 수 없고 부모의 도움을 받지 못한다.

- 산근이 끊어진 사람은 형제의 연이 적고 도움도 적다.
- 산근이 끊어진 사람은 자식이 늦게 생기거나 자식복을 누리기 어렵다.
- 산근이 인당을 넘어 높은 경우에, 준두에 흠집이 있는 사람은 부모와 배필을 형극하며 외상(外傷)으로 인해 상이 나빠질 수 있다. 반평생이 고독할 상이다.
- 산근 중앙에 검은 사마귀가 있는 사람은 아내를 극하며, 재혼해도 자식을 극한다. 또한 조상을 버리고 고향을 떠나며 소화기 계통이 좋지 않다.
- 코의 연수가 풍만한 사람은 자녀가 많고 우수하다.
- 부부의 연수가 모두 풍만하면 서로 잘 어울리는 짝이 되어 백년해로한다.
- 연수가 낮고 구부러진 사람은 아내를 형하고 자녀를 극한다. 중년에 배우자를 잃거나 후처를 맞는다.
- 연수에 직문이 있는 사람은 자손이 없어 다른 사람의 아들을 입양한다.
- 연수에 횡문이 있거나 상처가 있는 사람은 배우자가 신체에 쉽게 상해를 입을 수 있다. 심지어는 배우자가 난산으로 사망할 가능성도 있다. 연수에 주름, 사마귀, 반점 등이 있는 것도 좋지 않다.
- 연수의 뼈가 돌출되거나 높게 솟은 사람은 청소년기에 부모를 형극하거나 부모와의 연이 없다. 또한 중년에는 배필을 형극한다.
- 연수가 움푹 들어간 사람은 44세에 상복을 입을 수 있다.
- 연수에 희미한 사마귀가 있으면 아내를 형극하고 일생에 한 번 몸을 그르치는 일이 있다.
- 코의 연상(年上)에 멍울이 있는 사람은 조상이 다른 집의 양자

가 되어 성을 바꾼 것이다. 만약 수상(壽上)에 멍울이 있으면 자신이 다른 집의 양자가 되어 성을 바꾸게 된다.
- 코의 준두가 날카롭고 갈고리 형상을 띠며 매의 입 같은 사람은 아내를 형하고 자식을 극한다. 또한 육친이 서로 화합하지 않는다. 머리가 크면 흉이 더욱 심하다.
- 준두가 항상 붉은 것은 土와 水가 서로 극하는 형상이므로 소화기와 생식기 계통에 문제가 있을 수 있다. 또한 자식을 낳기가 힘들거나 자녀를 형극하며 재산운도 좋지 않다.
- 준두가 왼쪽으로 치우치면 부친과 아내를 극한다. 준두가 오른쪽으로 치우치면 모친을 극하고 자녀에게 재난이 있다.
- 준두의 정중앙에 손상이나 주름, 상처가 있는 사람은 자녀를 형극하거나 장애아를 낳는다. 만약 얼굴 및 다른 부위와 조화되지 않으면 고독하고 빈천하다. 또한 건강에 주의해야 한다.
- 준두의 전단(前端) 및 중격(中鬲 : 콧구멍 사이를 막는 연골)이 안으로 거두어진 것을 회회비(回回鼻)라고 하는데, 남녀를 막론하고 늦게 결혼하거나 평생 결혼하지 못한다. 결혼을 해도 반드시 이혼하거나 배우자를 형극한다.
- 준두에 흉한 사마귀가 있으면 매우 음란하며 만년에는 고독하다.

4. 건강과 성격

- 코가 곧고 통을 자른 듯하면서 풍성하고 윤기가 흐르며, 코끝이 원만하고 들려 있거나 드러나지 않으며, 난대와 정위가 서로 보좌하고 호응하며, 상하가 관통하고 기세가 있는 사람은 선천적으로 내장 계통의 발육이 양호하다. 또 정력이 충만하고 책임감

이 있으며 신의를 중시하고 장수한다.
- 코가 비록 부귀할 상이지만 눈썹, 눈, 귀가 요절할 상이면 부귀를 누리기 어렵거나 부귀가 있더라도 단명할 수 있다.
- 코가 비록 부귀할 상이지만 눈썹, 눈, 귀가 흉상이면 비록 부귀할지라도 비명에 죽는다.
- 코가 곧고 길며 견고하고 살이 있는 사람은 의지력이 강하고 건강하여 장수한다.
- 검비, 즉 코가 곧고 살이 얇아 뼈가 드러난 사람은 심성이 각박하고 동정심이 결핍되어 있다. 일을 처리하는 능력은 뛰어나지만 시비나 언쟁이 있으면 남을 쉽게 용서하지 못한다.
- 코에 살은 있으나 뼈가 없으면 의지력이 약하고 병이 많으며 단명한다.
- 코가 비록 풍만하더라도 반점이나 사마귀가 있으면 후천적인 건강이 좋지 않고 출혈이 심한 치질이 있다.
- 코가 크고 눈이 작으면 수명이 길지 않다.
- 코가 높이 솟은 사람은 의지력이 강하며 기백과 창조력이 뛰어나다. 그러나 미간이 좁으면 사소한 일을 문제삼는 등 도량이 넓지 못하다.
- 코가 납작하고 낮은 사람은 결단력과 의지가 약하고 창조력이 부족하다. 또한 우유부단하고 불성실하며 노력을 하지 않는다.
- 코가 납작하고 낮은데다 작은 사람은 허약하고 무능하며 눈앞의 이익만 쫓는다. 성격은 비굴하고 탐욕스러워 수치를 모른다.
- 고봉독용, 즉 코가 높이 솟았지만 광대뼈가 낮고 상응하지 않는 사람은 수양이 부족하여 성격이 오만하다. 또 냉담하고 무정하며 남의 충고를 받아들이지 못하여 사람들과 잘 어울려 지내지 못한다.

- 코의 뼈가 돌출되어 있고 높이 솟은 사람은 성격이 음흉하고 고집이 세며, 박정하고 제멋대로 행동한다. 또한 육친이 화목하지 않고, 타인에게 해를 입히며, 몸에 숨은 병이 있다.
- 코가 자주 위로 쳐들리는 사람은 성격이 좋지 않고 정서가 불안정하며 교활하고 음란하다.
- 코가 짧고 함몰된 사람은 오장이 튼실하지 않고 병이 많아 단명하기 쉽다. 만약 여기에 안신이 약하며 산근과 연수가 끊어지고 패였다면 수명이 더욱 단축된다.
- 코가 짧은 사람은 선천적으로 호흡기 및 배설기의 기능이 약하며, 성격이 괴팍하고 활달하지 못하다.
- 얼굴과 비교하여 코가 크고 긴 사람은 모험심과 창조성이 강하다. 성격은 주관적이고 욕망이 크며 과장하기를 좋아한다.
- 콧구멍이 작으면 인색하다. 만약 여기에 사독(四瀆)이 작고 손바닥이 두꺼우며 손가락이 짧으면 더욱 인색하다. 동시에 신경이 예민하고 일처리에 두서가 없다.
- 콧구멍이 작은 사람은 고환염에 쉽게 걸리거나 생식기 계통에 병이 있을 수 있다. 반면에 콧구멍이 크면 비뇨기 기능이 좋지 않다.
- 콧구멍이 둥근 것이 길상이며 이런 사람이 성격도 좋다. 장방형인 사람은 성격이 강하고, 횡형(橫形)인 사람은 재산을 모으기가 어렵다. 팔자형인 사람은 금전이 쉽게 모이고 쉽게 흩어지며, 삼각형인 사람은 인색하다.
- 코는 작아도 구멍이 크거나 콧방울이 하나는 크고 하나는 작으면 성격이 급하고 즉흥적이다. 또한 도박을 좋아하는데, 큰 승부에서는 패배한다.
- 콧구멍이 특별히 큰 사람은 투기를 좋아하고 허풍이 심한데, 성

공보다는 실패가 많다. 그러나 후뇌의 침골이 강한 사람은 흉이 반감된다.

• 콧구멍이 크고 콧방울이 두터운 사람은 성격이 활발하고 정의로우며 도량이 넓다. 또한 결정이 빠르고 지도력이 있다.
• 콧구멍이 쳐들려 드러나 보이는 사람은 성격이 솔직하고 활발하고 시원스러워 입바른 소리를 잘한다. 하지만 악의는 없으나 비밀을 잘 지키지 못한다.
• 콧구멍이 쳐들려 드러난데다 산근이 높고 준두가 날카로운 사람은 급사할 수 있다.
• 콧구멍이 위로 향한 것을 해자비(孩子鼻) 또는 원후비(猿猴鼻)라고 한다. 이런 사람은 성격이 순진하고 낙관적이며 자유롭고 호기심이 많다. 여성이라면 쉽게 유혹에 빠질 수 있다.
• 콧구멍의 털이 밖으로 노출된 것을 장쟁(長鎗)이라고 하는데, 시비 걸기를 좋아하며 평생 고생이 그치지 않고 가난하다.
• 코가 길고 구멍이 드러나지 않은 사람은 원칙주의자이고 책임감이 강하며 부부간의 애정이 한결같다. 그러나 코가 너무 길어 얼굴의 3분의 1을 넘으면 고집스러워 융통성이 없으며 보수적이고 거만하다.
• 코가 짧고 구멍이 드러난 사람은 세심하지 못하나 사소한 일을 문제삼지 않는 장점이 있다.
• 코가 아주 작은 사람은 성격이 활발하고 낙천적이며 자기 의견을 고집하지 않는다.
• 콧방울이 크고 얇은 사람은 성격이 즉흥적이고 명랑하며, 솔직하여 입바른 소리를 잘한다. 하지만 절제력이 없고 체면을 중시하여 쓸데없는 일에 노력을 기울인다.
• 콧방울에 희미한 사마귀가 있는 사람은 성격이 즉흥적이고 명랑

하다.
- 콧방울에 홍백색의 핏줄이 생기는 사람은 남녀를 막론하고 술을 즐기고 색을 밝히는 경향이 있다.
- 코의 중격이 비뚤어진 사람은 비뇨기 계통의 발육이 불량하여 방광·결석 등의 병에 쉽게 걸린다.
- 코에 울퉁불퉁한 곳이 여러 군데 있으면 척추가 굽었거나 병이 있으며 성격 역시 아주 괴팍하다.
- 코의 좌우가 비뚤어진 사람은 성격이 극단적이고 이기적이며 매정하고 의롭지 못하다. 사업은 처음에는 성공하나 나중에는 실패한다.
- 코의 산근이 풍만하고 뼈가 솟았으며, 머리 정상이 우묵하게 들어가고 침뇌가 평평하며, 눈이 혼탁한 사람은 일찍 죽지 않더라도 고독하다.
- 산근이 풍만한 사람은 욕망과 의지력이 강하고 애정과 명예를 소중히 여긴다.
- 산근이 높지만 좁고 살이 없는 사람은 성격이 급하고 열성적이다. 또 책임감이 강하고 성실하지만 사업에 성공하기 어렵고, 선천적으로 순환기 계통에 숨은 병이 있다.
- 산근이 낮고 납작하거나 비뚤어진 사람은 밖으로 드러나지 않는 숨은 병이 있으며 장수하기 어렵다. 또한 의지력이 약하고 비굴하여 곤란한 일이 생기면 도피한다.
- 산근이 낮고 평만하며 깊은 횡문이 있는 사람은 40대 초반에 생명이 위험하거나 최소한 병이 생길 수 있다.
- 산근이 손상되고 흠집이 있으면서 눈이 황색이고, 눈썹이 굵고 미간이 움푹 들어갔으며, 광대뼈가 손상되고 머리털이 뻣뻣한 사람은 전쟁 중 사망하거나 의외의 사고를 입는다.

- 산근 양옆에 청색 핏줄이 드러난 사람은 몸에 질병이 있다. 어리다면 병이 더욱 심할 수 있다. 만약 검푸른 기색만 있다면 신경성이니 크게 염려하지 않아도 된다.
- 산근에 거무스레한 사마귀나 반점이 있으면 심한 위장병이 있다.
- 산근의 하단 연수 근접한 곳에 거무스름한 사마귀나 반점이 있으면 아주 위험한 일을 만난다.
- 산근 양쪽에 거무스름한 사마귀나 반점이 있는 것은 고질병이 있는 징조이다.
- 산근에 직문이 있으면 불행한 재난을 면할 수 없다. 그러나 만약 직문 밑의 연수가 손상되었다면 큰 사고를 당할 수 있다.
- 산근 및 연수가 유연하여 뼈가 없는 사람은 요절한다.
- 연수가 바르지 않고 비뚤어진 사람은 선천적으로 소화기 계통이 불량하고 기능이 좋지 않다. 또는 간이 나쁘거나 척추가 휘어 있다.
- 연수가 선천적으로 우묵하게 들어간데다가 후천적으로 색이 탁하고 어두우면, 마음이 평온하지 않고 불안하며 의심이 많고 매사에 결단력이 없다.
- 연수 부위에 가로로 비탈진 주름이 깊이 있거나 손상이 있는 사람은 유전적인 병이 있을 확률이 높으며 마음을 종잡을 수 없다. 심한 역경을 겪고 나면 태도가 변할 수 있다.
- 연수뼈에 금이 가고 끊긴 듯한 사람은 코피를 자주 흘린다. 훼손이 더욱 심하면 피비린내 나는 사건이 있을 수 있다. 특히 차사고에 주의해야 한다.
- 연수에 핏대가 드러난 사람은 31~45세 사이에 사고가 있으니 조심해야 한다. 만약 적색이 돈다면 수재나 화재를 조심해야 한다.
- 연수가 돌출되었거나 옆으로 긴 것을 결절비(結節鼻)라고 하는

데, 이런 사람은 성격이 강하고 독하여 범법자가 될 수 있다.
- 연수가 돌출되었지만 옆으로 길지는 않은 사람은, 성격이 급하고 고집이 세어서 남에게 굴하지 않고 마음내키는 대로 행동하기 쉽다. 또 체면을 중시하며 여간해서는 타협을 하지 않는다.
- 연수가 꺼지고 약한 사람은 의지가 약하고 독립적인 기개가 부족하지만, 심성은 선하여 남을 돕는 것을 기쁘게 생각한다. 다만 장수를 누리기는 어렵다.
- 웃으면 연수에 주름이 생기는 것을 허화문(虛花紋)이라고 하는데, 이런 사람은 임기응변에 능하나 작은 이익을 쫓다가 큰 것을 잃는다. 성격은 오만하고 잘난 체하는 경향이 있으며 언쟁을 좋아해서 친구가 적다.
- 연수에 천자문(川字紋)이 있으면 지혜가 특출하며, 귀하지 않지만 부하다. 그러나 거짓말을 많이 한다.
- 준두가 풍만하고 두터우며 큰 사람은 성격이 열성적이며 너그럽고 상냥하다. 또 심성이 선하여 남을 돕기를 좋아한다. 그러나 얼굴색이 지나치게 흰 사람은 탐욕스럽고 교활하다.
- 준두가 날카로운 갈고리나 매의 입 같은 사람은 심성이 악독하고 음흉하며 다른 사람의 말을 듣지 않는다. 여기에 눈이 악하면 더욱 심하다.
- 준두가 날카롭고 기울어져 있으면 심성이 교활하고 악독하다.
- 준두가 위로 들린 사람은 의심이 많고 논쟁하기를 좋아하여 진정한 친구가 없다.
- 준두가 둥글고 크며 부족하지 않으면서 빛깔과 광택이 거무스름하면 소화기능에 장애가 있다. 또한 성격이 즉흥적이고 의지가 박약하며 변덕이 심하다.
- 준두가 훼손되어 있으면 의심이 많고 담이 작다. 특히 신장 계통

의 질병과 자동차를 조심해야 한다.
- 준두에 직문이 있는 사람은 횡사할 수 있으니 조심해야 한다. 만약 주름이 얕으면 사업에 실패할 수 있고, 횡문·잡문이 많으면 생식기 계통에 질병이 있다.
- 준두가 늘어지거나 옆으로 길면 성기능이 강하여 색을 밝힌다.
- 준두가 아주 작은 사람은 도량이 작아 큰일을 이루지 못한다.
- 준두의 전단이나 중격에 사마귀가 있으면 젊었을 때는 음란하고, 중년에는 자살할 수 있다. 사마귀가 작으면 배우자를 형극한다.
- 준두의 기색이 붉은 것을 화소중당(火燒中堂)이라고 하는데, 쉽게 위험한 일을 만나 사망할 수 있다. 특히 화재를 주의해야 한다. 명문과 천중에 사마귀가 있으면 흉이 더욱 심하다.
- 준두에 갑자기 붉은 핏줄이 나타나면 그 해에 시비나 흉재가 있거나 재산의 손실이 있다.
- 준두의 기색이 검어지면서 입술과 명문의 기색도 검다면 죽음이 닥친 것이다.

5. 여성의 코

- 여성의 코는 부성(夫星)으로서 인당과 이마, 광대뼈와 눈썹, 눈의 상과 반드시 잘 맞아야 한다. 만약 인당이 두툼하고 눈썹이 맑고 눈이 예쁘며, 이마와 광대뼈가 둥글고 수려하며, 준두가 풍만하고 정위가 분명하며, 콧구멍이 거두어져 있다면 비록 빼어난 용모를 지니지 않았다 하더라도 부귀한 배우자를 만나며 운세 또한 좋다. 단 여성의 관상은 색상미(色相美)와 상리미(相理美)를 모두 보아야 한다.

- 코가 바르고 눈이 수려하며 얼굴 윤곽이 타원형인 것을 봉검(鳳臉)이라고 하는데, 귀한 배우자를 얻는다.
- 코가 바르고 눈이 수려하며 얼굴이 둥근 것을 만월검(滿月臉)이라고 하는데, 이런 여성은 평생 부유하고 궁하지 않다. 만약 다른 기관과도 조화를 이루면 대부호와 결혼한다.
- 코가 높고 광대뼈가 크며 인당이 두툼하면 직장여성으로 성공하거나 남편과 함께 사업을 하여 성공할 수 있다. 단 남편의 코와 광대뼈가 낮고 작아야 한다. 그렇지 않으면 충돌과 마찰을 피할 수 없다.
- 코와 광대뼈에 자주 땀이 나면서 두발이 보기 흉하면 남편의 사랑을 받기 어렵고 이혼할 가능성이 있다.
- 콧구멍이 아주 작거나 바르지 않으면 난소 계통의 선천적 발육이 불량한 것이다. 만약 콧구멍 주위에 사마귀가 있으면 난소 계통에 병이 있다.
- 코가 높고 크며 준두가 옆으로 긴 여성은 성격이 강직하며 혼인이 원만하지 않다.
- 코가 납작하고 입이 얇은 여성은 말솜씨가 유창하고 시비를 만들기를 좋아하며 빈천하고 고생한다. 만약 얼굴이 크고 네모난 사람이라면 이혼하거나 남편을 극한다.
- 코뼈가 노출된 여성은 좋은 남편을 만나지 못하며, 남편의 운도 좋지 않다.
- 코가 오목하거나 산근이 끊긴 여성은 남편에게 무시를 당한다.
- 코가 작으면서 머리 또한 작으면 남편이 쉽게 외도한다.
- 코가 작고 얼굴이 큰 여성은 효심이 적고 남편에게 재난이 많다. 이로 인해 자력으로 살아가야 한다.
- 코가 작고 얼굴이 옆으로 긴 여성은 남편을 속이며 시비가 많다.

평생 결혼생활이 원만하지 않아 이혼하거나 재혼한다.
- 코의 좌우가 비뚤어진 여성은 세 번 이상 결혼한다.
- 콧구멍이 크며 들려서 드러난 여성은 질투심이 강하고 샘이 많다. 또한 재정관념이 부족하여 평생 재산을 모으기 어렵고 심지어는 시집의 재산까지도 전부 탕진한다. 성격도 즉흥적이고 낭비가 심하다. 만약 광대뼈가 날카롭게 드러났다면 흉이 더욱 심하며 만년에 반드시 고독하고 빈곤하다.
- 콧구멍이 팔자형(八字形)이면 반드시 빈천한 남자에게 시집간다.
- 콧구멍이 들려서 드러났으며, 산근이 끊긴 여성은 남편이 감옥에 갈 수 있으니 조심해야 한다.
- 콧구멍 하단의 기색이 진홍색이며, 눈썹이 모이지 않은 여성은 생리중이거나 심한 생리통을 앓는다.
- 코털이 너무 길어 밖으로 노출된 여성은 평생 빈천하며 혼인이 원만하지 않다. 만약 다른 부위에도 결점이 있으면 이혼하거나 재가한다.
- 코가 구불구불한 여성은 육친 및 자녀와의 연이 없다. 남편 또한 평생 고생한다.
- 코가 날카롭고 이마가 낮으며 얼굴이 일그러진 여성의 경우, 광대뼈의 균형이 맞지 않고 한쪽 광대뼈만 솟았으면 후처 또는 첩이 되기 쉽다.
- 코가 곧으며 콧방울이 단정하고 두툼한 여성은 정직하며 집안 살림에 능하다.
- 콧방울이 서지 않은 여성은 평생 빈곤하다. 만약 콧방울이 도톰하며 빛깔이 누렇고 분명하면 남편의 신수가 좋아 집안을 일으킬 수 있다.
- 코의 산근이 두툼한 여성은 시댁에 부동산이 많다. 그러나 산근

이 끊긴 여성은 재산이 있는 남편한테 시집가기 어렵다.
- 산근이 넓은 여성은 혼인이 원만하다. 그러나 눈동자 또는 神이 드러났으며, 삼각안 · 백안 · 사시 · 투시 그리고 눈이 황색인 여성은 혼인이 원만하지 않아 남편을 극하거나 이혼한다.
- 산근이 넓은 경우 준두와 비익의 상이 좋지 않으면 41세에 중병에 걸릴 수 있다. 이때 산근은 火에 속하고, 준두와 비익은 土, 준두의 단(端)은 水에 속한다.
- 코의 산근이 끊어지고 미간이 깊이 패인 여성은 부부간의 감정이 좋지 않아 결혼생활이 원만하지 않다.
- 산근에 상처나 흠이 있으면 애정문제가 좀처럼 풀리지 않는다. 상대방이 사업에 실패하거나 병으로 사망하는 일을 겪으며 설사 결혼을 했더라도 반드시 남편을 극한다. 만약 이혼하지 않으면 남편의 사업이 반드시 실패한다.
- 산근에 희미한 사마귀가 있는 여성은 남편을 극하고 태아를 잃으며 재가한다. 또 몸에 지병이 있다.
- 산근에 횡문이 있는 여성은 남편운이 순조롭지 못하며 성에 대해 무감각할 수 있다. 만약 산근에 삼직문이 있으면 음탕하며 성격이 편협하다.
- 산근과 연수가 낮고 평탄한 여성은 의지가 약하고 즉흥적이며 급하다. 혼인이 원만하기 어려우며 일생 동안 재산을 모으지 못한다. 또한 피비린내 나는 사건을 만날 수 있다.
- 연수가 두툼하면 병이 적고 남편의 신수가 좋으며 자식 또한 우수하다.
- 연수가 요(凹) 자처럼 꺼졌으면서 이마가 높은 여성은 혼인이 좀처럼 성사되지 않거나 집안에서 반대하는 결혼을 한다. 결혼생활도 원만하지 않아 이혼하기 쉽다.

- 연수 부위에 횡사문(橫斜紋)이나 갈고리 모양의 주름이 있는 것을 대찰(帶刹)이라고 하는데, 이런 여성은 자녀를 극하고 남편을 형한다.
- 연수가 평탄하게 내려앉거나 준두가 둥글고 살이 있는 여성은 부부가 서로 지향하는 것이 달라 한 이불 속에 있으면서도 다른 꿈을 꾼다.
- 연수뼈가 철(凸) 자처럼 돌출된 여성은 고집이 세어서 남에게 굴하지 않으며 독립성이 강하다. 또 남자 같은 기개가 있어서 과감하게 행동하고 용감하게 책임을 진다. 그러나 성격이 급해서 남편을 형하며 자식을 극한다.
- 연수가 칼등처럼 휘어진 여성은 성격이 오만방자하며, 남편을 기만하고 자식복 또한 없어 평생 고생한다.
- 연수의 관절이 튀어나온 결절비인 여성은 병자에게 시집갈 수 있으며, 남편을 극하고 과부가 되기 쉽다.
- 연수에 살이 없어 앙상하거나 요(凹) 자처럼 납작하며 푹 꺼진 여성은 남편을 극하고 집의 재산을 탕진한다. 성격은 즉흥적이고 불량하며 건강도 좋지 않다. 산근이 낮으면 더욱 심하다.
- 연수에 갑자기 핏대가 미간까지 솟아오른 여성은 남편을 해칠 수 있다. 핏줄이 미간에까지 이르지 않았으면 생각만 있을 뿐 행동에 옮기지는 않는다.
- 연수의 붉은 핏줄이 인당까지 뻗은 여성은 남편을 극하고 자녀를 형한다.
- 연수에 희미한 사마귀가 있으면 병이 있는 남자한테 시집갈 수 있고 남편 때문에 고생한다. 또는 남편을 극하고 재가한다.
- 준두가 둥글고 두터운 여성은 성격이 따뜻하고 온화하며 남편의 운세가 좋다.

- 준두가 날카롭고 잇몸이 드러났으며 결후가 있는 여성을 소파성 (掃把星)이라고 하는데, 집안이 파산하고 남편을 극한다. 단 준두가 둥글면 남편은 극하지 않고 파산만 한다.
- 준두에 흉한 사마귀가 있으면 평생 남편 때문에 고생한다.
- 준두의 콧방울이 풍만한 여성은 유방과 엉덩이가 풍만하다. 준두의 전단 및 콧방울 전단은 여성의 생식기 계통과 관계가 있기 때문이다. 또한 여성의 발과 뒤꿈치는 유방과 엉덩이의 풍만함을 검증하는 곳이다.

코 각 부분의 명칭

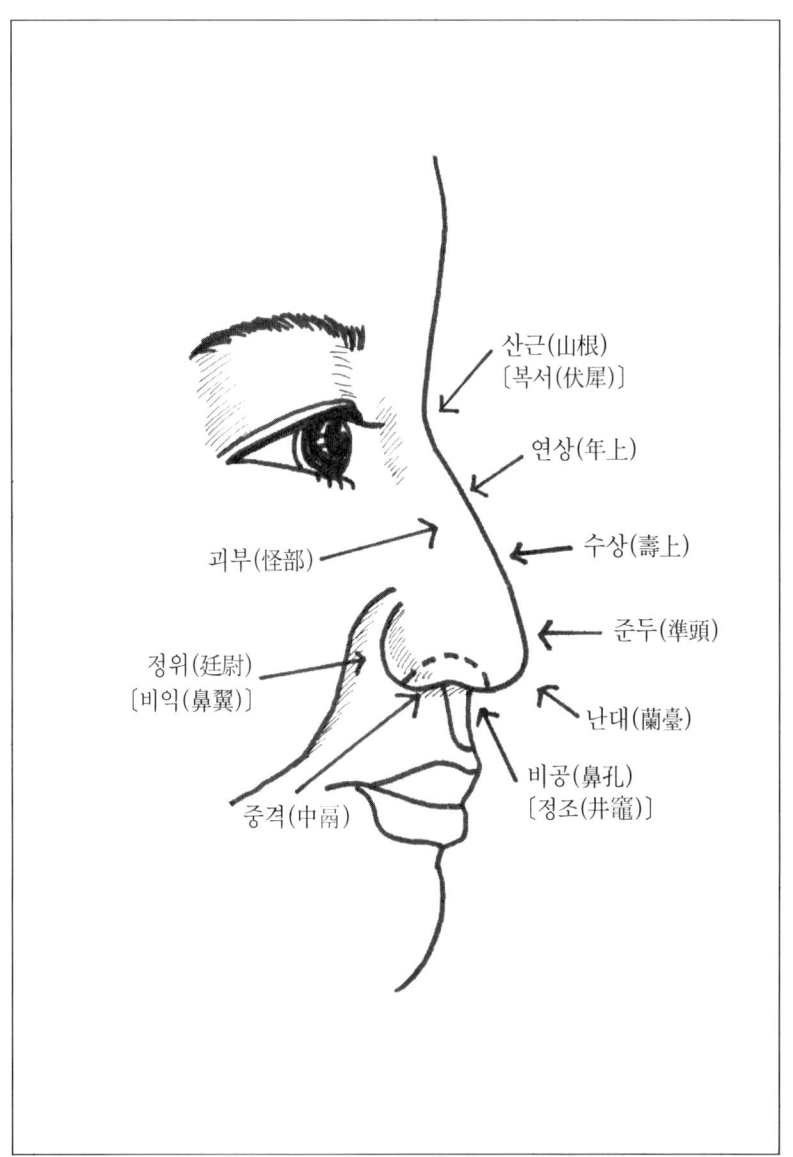

코의 종류 – 1

용비(龍鼻)	절통비(截筒鼻)
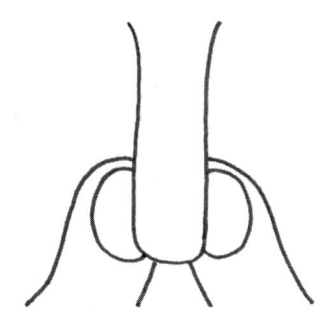	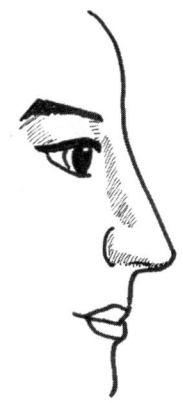
남성에게 가장 좋은 코이다. 산근이 풍만하고 넓으며 인당과 천정까지 관통해서 통천비(通天鼻)라고도 한다. 게다가 준두가 풍만하고 둥글며 난대와 정위가 서로 보좌하여 상응하는 모양이 담낭과 같아 현담비(懸膽鼻)라고도 한다. 용비를 가진 사람은 선천적으로 영명하며 사람들을 잘 이끌고 대귀한다. 복(福)·녹(祿)·수(壽)의 운을 다 겸비한다.	코가 곧고 가지런한 것이 마치 대나무의 원통 같아 붙은 이름이다. 산근이 좀 낮고 연수의 살이 많으며 준두가 두툼하다. 콧구멍은 둥글고 두터우며 거두어져 있다. 코를 측면에서 보면 대나무를 잘라놓은 것처럼 정연하다. 이런 사람은 성세에는 투자를 잘하여 벼락부자가 될 수 있고, 난세에는 등용되어 뛰어난 전략으로 공을 세워 귀하게 된다.

코의 종류 - 2

성낭비(盛囊鼻)	호양비(胡羊鼻)
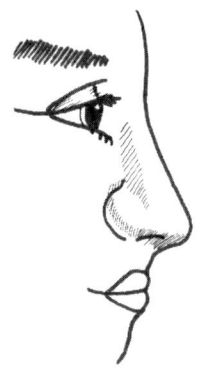	
산근의 기세가 용비보다 못하나 코가 길고 형세가 있으며, 난대와 정위가 분명하고, 정조가 드러나지 않았다. 수본비(守本鼻)라고도 한다. 이런 사람은 성격이 선량하고 청렴하다. 전화위복이 많고 부귀하며, 부인이 어질고 아름답다.	코가 특별히 크며, 준두는 풍만하고 둥글지만 처져 있으며 날카롭다. 또한 연수골이 둥글고 드러나지 않았으며, 산근이 낮고 기세가 있다. 이러한 사람은 귀하지는 않아도 대부를 이룬다. 만약 준두가 크고 사각형이면 재물은 없어도 귀한 신분이 된다.

코의 종류 - 3

사비(獅鼻)	녹비(鹿鼻)
	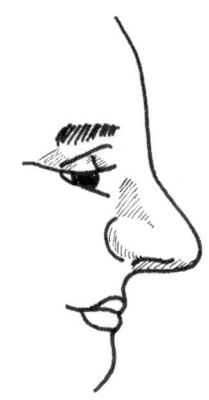
준두와 난대, 정위가 특별히 크고 정조가 드러나지 않았으며, 산근이 아주 작고 평탄하다. 만약 연수뼈가 활같이 솟아 있고 코가 짧은 사람이라면 군직에 있으면 성공한다. 그러나 천수는 다하지 못한다. 만약 연수가 평탄하고 코가 길면 행정직에 있어야 성공한다. 체형이 사자형인 사람과 결혼하면 출세할 수 있지만, 그렇지 않으면 성공하기 어렵다.	준두 및 난대와 정위가 특별히 풍만하고 둥글며, 산근과 연수가 평평하다. 이런 사람은 자신보다는 대중의 이익을 위해 열성을 다한다. 심성이 인자하고 정을 중시하며 강하고 우월함을 과시하지 않는다. 부와 귀를 겸하며 반드시 아름다운 부인을 맞이한다. 또한 장수하며 전화위복이 많다.

코의 종류 - 4

노조비(露竈鼻)	삼만비(三彎鼻)
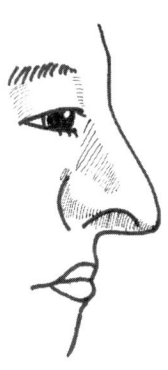 콧대가 곧고 산근이 낮지 않으며, 준두와 난대·정위가 풍만하며, 콧구멍이 크고 거두어져 있지 않으며, 코털이 밖으로 드러나 있다. 노공비(露孔鼻) 또는 개풍비(開風鼻)라고도 한다. 성격은 급진적이어서 과감하게 행동하고 용감하게 돌진한다. 그러나 성공은 적고 실패가 많다. 늙을 때까지 이루어지는 일이 없으며 육친의 연 또한 적다.	코가 내려앉아 약하며 구불구불하고 기세가 없다. 산근은 낮고 평탄하며, 연수는 철(凸) 자처럼 돌출되어 있고, 준두가 날카롭다. 정면에서 보나 측면에서 보나 구부러진 모양이다. 이런 사람은 일생 동안 재난이 끊이지 않고 육친을 형한다. 성격이 괴팍하고 대인관계가 좋지 않아 뜻을 이루기 어렵다.

코의 종류 − 5

편요비(扁凹鼻)	응취비(鷹嘴鼻)
	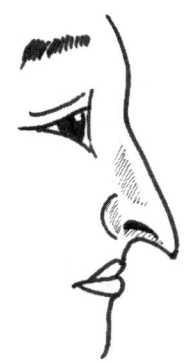
산근이 낮고 평탄하며, 연수가 요(凹) 자처럼 오목하게 내려앉았다. 준두는 납작하며 콧방울은 구멍이 드러나 있고, 코가 짧고 약하며 기세가 없다. 탑약비(塌弱鼻) 또는 무능비(無能鼻)라고도 하는데, 겁이 많고 소심하며 무능하다. 일생 동안 사업의 성공이 없고 중년에 병재를 피하기 어렵다.	연수뼈가 활 같으며, 준두가 날카롭고 갈고리 모양이다. 난대와 정위는 작고 살이 거두어진 모양이다. 이런 사람은 뱀처럼 마음이 독하여 친구가 없고, 사업에 성공하기가 어렵다. 설사 가끔 수확이 있더라도 나중에 반드시 파산한다.

코의 종류 – 6

검비(劍鼻)	고봉비(孤峰鼻)
콧대가 칼등과 같고 연수가 곧지만 살이 없어 뼈가 드러나 있다. 준두가 높고 살이 없으며 난대와 정위가 둥글지 않다. 검척비(劍脊鼻) 또는 검봉비(劍峰鼻)라고도 하는데, 성격이 냉혹하고 정이 없으며 사람을 대할 때 각박하고 박정하다. 이런 사람은 평생 바쁘게 뛰어다니며 고생하지만 성공이 적다. 또 부인을 극하고 자식을 형하며 고독하고 빈곤한 노년을 보낸다.	연수가 낮고, 준두가 특별히 날카로운데다 철(凸) 자처럼 돌출되어 있다. 또한 난대와 정위가 작고 안으로 거두어져 있으며, 광대뼈가 낮아 평평하다. 이런 사람은 대단히 거만하며 탐욕스럽다. 육친간의 도움이 적고, 학식이 많아도 성공이 적으며, 음란한 경향이 있다.

코의 종류 — 7

철량비(凸樑鼻)	결절비(結節鼻)
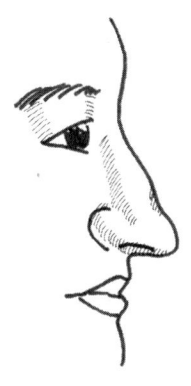	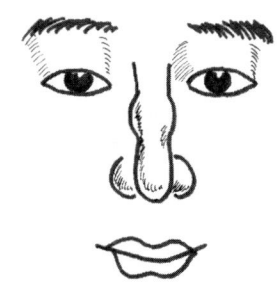
연수뼈가 철(凸) 자처럼 돌출되어 있고, 코는 크지만 살이 풍만하지 않다. 성격은 이기적이고 고집이 세어서 남에게 지기 싫어하며 사람들과 어울리지 못한다. 목형인을 제외한 다른 형의 사람과 결혼하면 중년에 큰 실패가 있다.	연수뼈가 좌우로 돌출하여 코가 철(凸) 자 모양을 하고 있어 정면에서 보면 매듭을 지은 듯 보인다. 고집이 세어서 남에게 지기 싫어하고, 과감한 성격으로 법을 무시한 행동을 하기도 한다. 일생 동안 고생하나 성공이 적으며, 중년에 병재가 있지 않으면 사업에 실패하거나 감옥에 간다. 또한 육친을 형극하고 결혼생활이 원만하지 않다. 여성은 더욱 흉하다.

입, 입술, 혀, 이

1. 부위의 특성

오관은 각각 관장하는 부분이 따로 있는데, 특히 입은 밖으로 표현되는 감정을 알려주는 부위이다. 입의 모양이 바르지 못하고 왼쪽으로 비뚤어졌거나 오른쪽이 패였거나 입술이 너무 두껍거나 얇으면 남녀를 막론하고 연애 또는 결혼생활이 원만하지 않다.

상학에서는 입을 출납궁(出納宮)이라고 하고, 옛말로는 사의(思義)라고 한다. 입은 말이 나오는 문이자 음식을 받아들이는 곳이기 때문이다. 입은 바다가 수많은 강물을 수용하듯 외부로부터 음식을 받아들여 오장에 도움을 준다. 또한 입은 언어의 문이기 때문에 복과 화를 쥐고 있는 칼자루와도 같고 시비의 근원지이기도 하다.

건강 면에서 입은 심장과 밀접한 관계가 있다. 그 외에도 윗입술은 대장과 생식기·비뇨기 계통, 아랫입술은 위와 소화기 계통, 입술의 안쪽은 간·쓸개와 깊은 관계가 있다. 입 주위의 능선은 비장과 관계가 있고, 혀는 심장, 이는 골격과 관련이 있으며, 잇몸은 신장 및 내분비 계통과 밀접한 관계가 있다. 또한 입술의 두껍고 얇고 크고 작고 날카롭고 처지고 들리고 수축하고 납작하고 평탄하고 비뚤어지고 패인 모양 및 색과 미추(美醜) 등은 각 계통 기관의 선천적인 구조 및 후천적인 기능과 상관이 있다. 나아가 심리 상태에도 영향을 미친다.

입의 모양은 넉 사(四) 자처럼 생겨야 하며, 입의 상은 광대뼈·눈썹·수염의 상과 조화를 잘 이루어야 한다. 『마의상법』에서는 "입은 10점이고, 수염과 눈썹은 7점"이라고 했다. 만약 수염과 눈썹의 상은 좋지 않으나 입의 상은 적합한 표준이라면 흉이 반감되는 것이다. 이 밖에도 입은 준두와 이마, 법령, 화창, 귀, 승장, 지각 등의 상과 조화를 이루어야 한다. 이 중 어느 한 부위에라도 결함이 있으면 입의 길흉에 영향을 미치게 된다.

입은 56~65세에 이르는 10년 운세를 나타내므로, 행운이 입에 이르렀을 때는 이미 중년이 지나가고 노년이 시작된다. 이때는 생명의 빛과 열이 이미 최고봉에 이른 시기이다. 이 시기에 이르면 지난 세월 동안 일이 뜻대로 이루어지는 것과 그렇지 않은 것을 무수히 경험했을 것이다. 인간의 냉정함·따뜻함·고통·비통함 모두를 체험했을 것이며, 노년기를 앞에 둔 시점에서 마음속으로 수많은 기억과 감상이 스쳐 지나갈 것이다.

이때 부유하고 훌륭한 자식이 있는 사람은 퇴직 후의 노년생활에 대해 여유 있게 구상하겠지만, 가난하고 자식이 없는 사람은 처량한 노년을 보낼 걱정에 인생의 무상함을 한층 깊이 느낄 것이다. 가난과 병에 시달리는 사람은 더욱더 참혹함과 상심을 느낄 것이며 단지 남은 여생에서 조속히 벗어나기를 바랄 것이다. 숙명론을 지지하는 사람이라면 이것을 운명이라고 말할 것이다.

2. 사업성패 및 시기

- 입의 크기는 다물었을 때 코의 길이와 같은 것이 표준이다. 코의 크기와 길이는 자기 얼굴의 삼정과 고르게 놓여 있는 것이 표준이다. 입의 넓이는 비익의 경계선 및 검은자위의 경계선과 일직선이 되면 표준이다.
- 입은 능각(稜角 : 입 모서리)이 분명하고 모양이 활과 같아야 하며, 벌리면 크고 다물면 작아야 한다. 입술 표면에는 주름이 있는 것이 좋으며, 윗입술과 아랫입술이 서로 부합하고 색이 산뜻하고 아름다워야 한다. 또한 작은 수성(水星 : 인중 하단의 삼각형)이 이루어져야 한다. 이러한 입을 가진 사람은 사리에 통달하고 총명하며, 인자하고 언행이 일치한다. 또 능력도 뛰어나 생활 수준과 사회적 지위가 다른 사람들에 비해 월등히 높다. 만약 얼굴 및 그 밖의 다른 부위와 조화를 이루었다면 사업적으로도 큰 성취가 있다.
- 입이 크고 다물어져 있으며, 단정하고 치우쳐 있지 않으며, 입가가 위를 향하며, 입술이 두터우며 단정해야 한다. 또한 이가 고르고 희어야 한다. 이런 사람은 정력이 왕성하고 행동력과 결단력이 뛰어나며 대담하여 지도자적인 인물이 되는 경우가 많다. 특히 56~65세에 반드시 큰 운이 따른다.
- 입을 벌렸을 때 이가 보이지 않으면 반드시 부귀를 얻는다. 웃을 때 이가 드러나지 않으면 더욱 좋다.
- 입에서 나오는 소리가 은은하게 힘이 있는 사람은 반드시 부귀한다. 반대로 쉰 목소리나 저음인 사람은 반드시 빈곤하고 요절한다. 말을 할 때 목소리가 자꾸 변하는 것을 병언(病言)이라고 하는데, 운세가 순탄하지 못하고 매사에 장애가 많다.

- 입 밑의 승장 부위가 평만하고 형세가 없는 경우는 61세에 질병이 있거나 재산을 잃을 수 있다.
- 입이 코보다 작은 사람은 50세 후의 운세가 어긋날 수 있다.
- 입이 넓고 혀가 큰 사람은 평생 의식이 풍족하다. 금형인·수형인·토형인은 더욱 그러하다.
- 입이 커서 주먹이 들어가는 사람은 높은 지위에 오르고 귀하게 되나, 체격이 우람해야 한다. 마른 사람은 길함이 반감된다.
- 입이 크고 입술이 붉은 사람은 평생 복록이 풍성하고 나이가 들수록 영화롭다. 동시에 대단한 미식가(美食家)이기도 하다.
- 입이 크며 귀가 작고 얇은 것은 수다목표(水多木漂)의 형상인데, 사업이 파산할 수 있고 뜻을 이루기가 어려우며 행복하지 않다. 그러나 귀가 작고 두터우며 윤곽이 분명한 사람은 흉이 반감된다.
- 입이 크고 코가 작은 것은 수반극토(水反剋土)하는 형상이다. 말 때문에 불행을 자초하거나 시비가 많고 중년까지 뜻을 성취하기 어렵다.
- 입이 크고 눈이 작은 사람은 평생 관직과 인연이 없다. 만약 입이 크고 다물어지지 않으며 눈이 작고 각이 없다면 죽어도 몸을 묻을 곳이 없다.
- 입이 크고 모서리가 없는 사람은 투기를 좋아하여 재산을 모으기가 어렵다.
- 입이 작고 날카로우며 뒤집혀 있고 입술이 검은 사람은 일생 동안 빈곤하고 불행이 많으며 명을 재촉한다.
- 입이 작고 이마가 큰 것은 화다수갈(火多水渴)의 형상이다. 중년까지의 운세가 순탄하지 않고 만년에는 고독하다.
- 입이 작고 머리가 큰 사람은 평생 빈곤하며 단명한다.

- 입이 작고 코가 큰 것은 토극수(土剋水)의 형상이다. 평생 고생하며 소득이 적다.
- 마치 불을 불어서 끄는 듯한 모양의 입을 취화구(吹火口)라고 하는데, 이러한 사람이 말이 빠르고 많으면 일생 동안 빈천하다. 말이 느리면 흉이 반감된다.
- 마치 배가 뒤집힌 듯한 모양의 입을 복선구(覆船口)라고 하는데, 일생 동안 빈궁하고 고생스럽다.
- 사람이 없는데 혼자 말하는 사람은 빈천하고 고독하다. 게다가 입술이 얇은 사람은 언행이 불량하다.
- 입에 가래가 없으면서도 무언가를 자주 뱉는 것은 氣가 쇠약한 징조이다. 처음에는 부귀하나 나중에 빈곤해진다.
- 수염이 입을 둘러싼 사람은 입의 형태가 아름다워도 큰 운이 따르지 않는다. 특히 노년에는 고생이 심하다.
- 입가에 정자문(井字紋)이 있으면 초년에 고생하나 중년에 귀인의 도움을 받아 출세할 수 있다. 만년에 복과 장수를 누리지만 자녀를 형극한다.
- 입가에 직문이 있으면 만년에 가산을 탕진하고 사업에 실패한다. 또한 자칫 형액을 당할 수 있다.
- 입 위 식록창(食祿倉)에 사마귀가 있으면 풍류를 즐기며 먹을 복이 있다. 그러나 평생 재산이 모이지 않고, 50세 후에는 빈곤해질 수 있다.

3. 가족관계 및 혼인과 자녀

- 입의 형태가 완전하고 입술이 붉으며 이가 흰 사람은 부부가 서

로 사랑하고 가족운이 왕성하며 자손이 어질고 효성스럽다.
- 입의 형태가 좋으면 남녀를 막론하고 색을 즐기지만 외설적이지는 않다. 이러한 사람은 정신과 육체를 고루 돌볼 줄 알며 부부가 백년해로한다.
- 입의 왼쪽이 비뚤어지고 오른쪽이 움푹 들어간 사람은 부부가 화목하지 않고 자녀의 연이 박하며 56~65세 사이에 자녀를 형극한다.
- 입가가 처진 사람은 배우자와 자식의 연이 박하며, 노년에 고독하다.
- 윗입술이 아랫입술을 덮는 것을 뇌공취(雷公嘴)라고 하는데, 성격이 좋지 않고 대를 이을 자손이 없다.
- 입의 위아래에 직문이 있고 입가가 처진 것을 추문구(皺紋口) 또는 포대구(布袋口)라고 하는데, 남녀를 막론하고 평생 고생하나 성공은 적다. 또한 자녀와 인연이 박하며 위험한 일이 자주 생기고 노년에 가난하며 고독하다.
- 휘파람을 부는 듯한 모양의 입을 가진 사람은 자녀를 형극하고 늙어서 고독하다.
- 입이 왼쪽으로 치우친 남성은 부인을 극한다. 입이 오른쪽으로 치우친 여성은 남편을 극한다.
- 수염이 입을 둘러싸고 있으면 자식의 덕을 보지 못한다. 65세를 넘어서도 수염이 하얗게 변하지 않고 검게 빛나는 사람은 자녀가 아직 어려 자립할 수 없거나, 역시 자식덕을 누릴 수 없다. 만약 머리가 다시 검어지는 사람이라면 만년에 고생하고 자녀를 형극한다.
- 입가에 짧은 금이나 주름이 많은 것을 고수문(孤壽紋)이라고 하는데, 만년에 순탄하지 못하고 자녀의 연이 박하다.

4. 건강과 성격

- 입은 비장의 관문이고, 혀는 심장의 싹이며, 이는 뼈의 나머지이다. 입이 바르면 비장도 바르고, 입이 비뚤어지면 비장도 치우쳐 있다. 입이 작으면 비장도 작고, 입이 크면 비장도 크다. 입이 위에 있으면 비장도 높이 있고, 입이 아래에 있으면 비장도 낮게 있다. 입술이 두툼하고 탄력이 있으면 비장의 발육과 기능 또한 좋다. 입을 자주 벌리는 사람은 비장이 취약하고 쇠하다.
- 입을 다물고 있는 모양이 굽은 화살 같은 것을 앙월만궁구(仰月彎弓口)라고 하는데, 이런 사람은 의지가 확고하고 성실하며 생활이 규칙적이다. 또한 스스로 몸과 마음을 조절할 줄 알며 이성에 대한 애정이 한결같다.
- 입이 마치 넉 사(四) 자처럼 생긴 것을 사자구(四字口)라고 한다. 이런 사람은 말주변이 좋아 변호사나 외교관, MC 등의 직업을 가지면 좋다.
- 입이 넓고 눈의 안신이 청명한 사람은 문장이 뛰어나며 재기가 넘친다.
- 입이 가지런하고 입술이 두꺼우며, 이가 바르고 치밀하게 난 사람은 효심이 깊다.
- 입을 자주 꼭 다무는 사람은 성실하고 책임감이 있으며, 의지가 강하고 계략이 깊다. 반면에 입을 자주 벌리고 있는 사람은 경솔하고 인내심이 부족하며, 의지가 약하고 생각이 짧다.
- 입을 벌리면 이가 드러나거나 잠잘 때 입을 벌리고 자는 사람은 단명한다[그러나 神이 안정되고 오로격(五露格)이면 우려하지 않아도 된다]. 더구나 눈의 흰자위가 드러나고, 명치에 털이 어지럽게 난 사람은 비명횡사할 수 있다.

- 잠잘 때 침을 흘리며 자는 것을 야조(夜漕)라고 하는데, 70세 이상이면 장수하고 중년이라면 단명한다.
- 입 밑의 승장에 수염이 없거나 사마귀가 있는 경우 소화기 계통에 심한 병이 있으므로 과음과식은 좋지 않다. 또한 쉽게 수액을 만나므로 수영은 좋지 않다. 파상(波紋 : 물결무늬)인 사람은 더욱 심하니 주의해야 한다.
- 취화구인 사람은 남녀를 막론하고 성격이 교활하고 음란하며 이기적이다.
- 입이 아주 평평하고 입가가 늘어진 것을 어구(魚口)라고 하는데, 남녀를 막론하고 시비 걸기를 좋아하고 이기적이며 변명이 많다. 운세가 각박하여 평생 고생하며 성공이 없다.
- 입이 넓고 혀가 얇은 사람은 음악을 좋아하고 노래를 잘 부른다.
- 입이 큰 사람은 의지가 강하며, 행동이 적극적이고 열성적이며 명랑하다. 야심도 가득하고 모험을 좋아하며 취미 역시 다양하다. 그러나 전진만 할 뿐 물러설 줄은 몰라 후회가 많다. 사업도 성패를 반복한다.
- 입이 비대한 사람은 문화의식이 낮고 외설적이며 식탐이 많다. 특히 여성에게는 꺼리는 입이다.
- 입이 크고 입술이 두터운 사람은 욕심이 많고 성욕이 매우 강하다.
- 입이 크고 입술이 얇은 사람은 이기적이고 감언이설을 잘하며 진실성이 부족하다. 성격은 냉담하고 정이 없다.
- 입이 크고 얼굴이 작은 사람은 투기를 좋아하고 자기 중심적인 생각이 강하다.
- 입이 작고 입술이 두툼한 사람은 대인관계가 좋으며 양보심이 많다.
- 입이 작고 입술이 얇은 사람은 성격이 냉담하고 각박하며 책임

감도 없다. 또 말솜씨가 뛰어나고 교활하며 자기 이익만 중히 여긴다. 뜻을 이루기 어렵고 결국 몰락한다.

- 입이 작고 눈도 작은 사람은 용기가 없고 적극성이 부족하며 독립심이 적다. 재무나 회계 등 세밀한 일을 하는 것이 좋다.
- 입이 작고 눈이 큰 사람은 50세를 넘기기 힘들다.
- 입이 날카로워 새 주둥이 같은 사람은 말하는 것이 각박하고 수다 떨기를 좋아하며 예의가 부족하다. 사람들과도 잘 어울리지 못하여 인간관계가 좋지 않다.
- 입가가 밑으로 처진 사람은 투지가 부족하고 자기 중심적으로 생각하며 은혜를 원수로 갚는다. 또 예의가 없고 의심이 많아 까다로우며 고집이 세어서 지기 싫어하고, 괴팍스럽고 이기적이며 염치가 없어 사람들이 꺼려 한다. 입이 넓고 얇으면 더욱 심하다. 그러나 입술이 비대하고 입가가 밑으로 늘어진 사람은 심성이 후덕하고 성심껏 사람을 대한다.
- 입가가 심하게 쳐들려 있는 사람은 포부가 크고 행동력이 있으나 성격이 오만하고 헛된 마음을 가지고 있다. 평생 다성다패한다.
- 양쪽 입가의 높이가 다른 사람은 성질이 괴팍스럽고 완고하며 이기적이고 자기 주장이 강하다.
- 입 주위의 수염이 지나치게 진하면서 입가조차도 수염으로 덮여 있는 사람은 장과 위가 좋지 않다.
- 입 왼쪽에 결함이 있는 남성은 욕심이 많고 간사하다. 입 오른쪽에 결함이 있는 여성도 마찬가지이다.
- 말하는 것이 급하고 걸음도 빠르며 밥 먹는 것도 급하면 가정을 빨리 이루나 재산도 빨리 탕진한다.
- 말을 해야 할 때 그치는 사람은 매정하고 의리가 없다. 또한 매사에 시작은 있지만 끝은 없다.

- 음식을 원숭이나 쥐처럼 먹는 사람을 구한(口寒)이라고 한다. 인색하며 평생 가난하고 천박하다.
- 입이 얇고 눈이 튀어나온 사람은 주관이 강하고 성격이 좋지 않다.
- 늘 비웃는 듯한 모양의 입을 가진 사람은 풍자에 능하나 다소 비관적이다.
- 대화를 할 때 모호하게 말하거나 더듬고, 눈의 흰자위에 붉은 핏줄이 비치며, 선천적으로 곱슬머리인 사람은 음란하고 외설적이다.
- 입이 비뚤어져 바르지 않은 사람은 심보가 나쁘고 허영심이 많다. 또 이기적이며 자기 주장이 강해서 상대방을 인정하려 하지 않고 자주 시비를 일으킨다. 이런 사람은 아내가 어질지 못하고 자녀가 불효하며 만년도 순탄치 못하다.
- 입가에 가로로 짧은 주름이 있고 주름의 꼬리가 아래로 향한 것을 복단문(覆丹紋)이라고 하는데, 횡사를 조심해야 한다.
- 입가에 검은 사마귀가 있는 사람은 물을 조심해야 한다. 이러한 사람은 궤변에 능숙하여 남에게 상처를 준다. 사마귀가 아니고 점이라면 흉이 반감된다.

5. 여성의 입

- 여성의 입은 자성(子星)이다. 입술에 주름이 없으면 자식이 없고, 주름이 많고 바르면 자녀가 많으며 우수하다.
- 입술이 붉고 이가 희며 얼굴에 윤기가 있으면 반드시 부귀한 남자에게 시집을 갈 수 있다. 또 결혼 후에는 남편의 신수가 좋다.
- 입이 붉고 얼굴이 희면 지조 없이 행동할 수 있다. 여기에 볼이

붉으면 면대도화(面帶桃花)라고 하는데 성격이 나쁘고 음란하다.
- 웃을 때 이가 보이지 않고, 이마가 둥글고 눈의 흑백이 분명하며, 손이 마치 말린 생강처럼 아름답고 위엄이 있으면 천성이 정결하다.
- 웃을 때 뺨에 보조개가 생기는 여성은 성격이 온화하고 정숙하며 현명하다. 그러나 소화기 계통에 숨은 병이 있다.
- 웃을 때 손으로 입을 가리거나 훔쳐보는 듯한 시선을 가진 여성은 행동에 지조가 없다.
- 앵도구(櫻桃口)인 여성은 총명하고 지혜로우며 온화하고 현명하다. 또한 애정이 깊고 의리가 분명하여 부귀한 남자에게 시집간다.
- 뇌공취인 여성은 심성이 악독하여 남편을 형하고 자녀를 극한다.
- 취화취(吹火嘴)인 여성은 심성이 교활하고 부덕(婦德)이 부족하다. 남편을 극하고 산액이 있을 수 있다.
- 입이 크고 다물어져 있는 여성은 노련하고 능숙하며, 행동이 적극적이고 과감하며 책임감이 있다. 또한 리더십이 있고 사회 적응력도 있어 환경이 복잡할수록 적극적인 활동공간을 얻을 수 있다. 만약 다른 기관과도 잘 조화된다면 여장부가 될 수 있다.
- 입이 큰데다 늘 벌리고 있으면 먹기만 좋아하고 일하기를 게을리 하여 평생 빈곤하다. 또한 자녀를 형극한다.
- 입이 크고 다물어지지 않는 경우에 손마디의 뼈가 굵고 크며 얼굴이 말상인 여성은 남편을 여러 번 극한다.
- 입이 크고 다물어지지 않으며 이마가 좁은 여성은 남편의 운세에 누를 끼친다.
- 입이 크고 입술이 두터우며 눈썹이 굵은 여성은 성격이 남자 같고 음란하며 급하다. 또한 산만하고 멋대로 행동하여 처음에는 부귀하나 후에는 빈곤하다. 만약 여기에 입가가 풀어지고 밑으

로 처졌다면 정조관념이 희박하다.
- 입이 크고 입술이 얇은 여성은 시비 걸기를 좋아하며 수다스럽다.
- 입이 작고 입술이 위를 향해 들린 여성은 음란하고 천하다. 남편을 형하고 자녀를 극한다.
- 입이 작고 눈도 작으면 성격이 수동적이고 내향적이며 자기 방어 관념이 강하다. 쉽게 사랑하지 않고 쉽게 미워하지 않는다.
- 입이 작고 입술색이 어두우며 귀가 작은 여성은 쉽게 유산한다.
- 입이 작고 얼굴이 가로로 넓은 것을 대찰(帶刹)이라고 하는데, 남편을 형하고 자녀를 극한다.
- 입이 높아 잇몸이 드러나는 여성은 덕이 없어 남편을 형하며 자식을 극한다.
- 입이 뾰족하고 잇몸이 드러나는 여성은 빈천하고 단명할 상이다.
- 입이 얇고 말할 때 입술이 들리는 여성은 말썽부리기를 좋아하고 평생 고생하며 빈천하다. 코가 내려앉고 날카로우면 더욱 심하다.
- 입가에 주름이 있는 여성은 음란하고 천하며 결혼생활이 원만하지 않다.
- 입의 위아래나 입가에 사마귀가 있으면 정서가 불안정하고 혼인이 원만하지 않다. 생식기 및 소화기 계통에 숨은 병이 있을 수 있다.
- 입가가 처진 여성은 만년에 빈곤하며 고독할 상이다.
- 입가가 오른쪽으로 치우친 여성은 남편을 극한다.
- 덧니가 있는 여성은 성격이 온화하고 착하며 이해심이 있다. 다른 오관과 잘 맞으면 뜻을 이룰 수 있으며, 영화나 예술 계통의 직업에 종사하는 것이 좋다. 그러나 지각이 날카로우면 길함이 반감된다.

제 2장 얼굴 오관의 상법 323

- 늘 냉소하듯 웃는 여성은 질투심이 강하고 음흉하다.
- 말할 때 남자 목소리가 나거나 목소리가 특별히 고음인 여성은 총명하고 노련하며 능력이 많다. 그러나 성격이 급하고 본분을 지키지 않으며 제멋대로여서 가산을 탕진하고 음란하여 남편을 피곤하게 만든다. 만약 여기에 목소리가 잠기고 운(韻)이 없으면 고독하고 평생 운세가 어긋난다.
- 입 주변에 청색이 비치면 남편을 형하고 자식을 극하며 단명한다.

6. 입술

- 입술은 두툼한 것이 좋다. 이런 사람은 충심을 소중하게 여기고 재능이 있으며 기지가 풍부하다. 또한 정이 많고 의리가 깊어 사람을 대하는 것이 친근하다. 그러나 입술이 너무 두터운 사람은 우매하고 무지하며 생각이 부족하고 의지가 약하다. 입술 위아래가 모두 얇은 사람은 성격이 불량하고 망언을 잘하며 예의가 없다.
- 입술은 입의 성곽이므로 두터워야 한다. 윗입술은 금복(金覆)이라고 하고 아랫입술은 금재(金載)라고 한다. 윗입술과 아랫입술의 복재(覆載)가 고른 사람은 평생 의(衣)와 녹(祿)이 풍성하다. 만약 복재가 고르지 못하면 평생 고생이 많고 빈곤하다.
- 입술의 색이 붉고 윤택하면 부부의 연이 좋으며 결혼생활이 원만하다. 만약 여기에 이가 희면 효심이 깊고 자손이 많다. 입술 색이 흐린 사람은 부부의 연이 박하고 성격도 괴팍스러우며 완고하다.
- 입술이 붉고 수염이 흰 사람은 지조와 애국심이 강하다.

- 윗입술이 앞으로 돌출되면 장수하지만 부친을 극하고 외로우며 가난하다. 아랫입술이 앞으로 돌출되면 모친을 극하고 외로우며 가난하거나 또는 가족과 이별한다.
- 윗입술이 아랫입술보다 얇은 사람은 말하는 것이 박하고 예의가 없으며 교활하다. 아랫입술이 윗입술보다 얇은 사람은 평생 운세가 순조롭지 못하고 가난하다.
- 아랫입술이 윗입술보다 지나치게 두터운 사람은 성격이 이기적이고 편협하며, 욕심이 많고 타인에 대한 존중이 부족하다. 그러나 늘 큰 재산을 소유하는 사람은 아랫입술이 윗입술보다 두텁다. 아랫입술이 두텁고 비뚤어진 사람은 성격이 불량하고 성욕이 강하며 평생 큰 성취를 이루기 어렵다.
- 말할 때 아랫입술이 뒤집히는 사람은 반골(反骨)로서 흉악하고 난폭하며 스스로 사회에 발붙이기가 어렵다고 여긴다. 또 남녀를 막론하고 혼인의 연이 박하며, 결혼을 했다 하더라도 이혼한다.
- 아랫입술이 밑으로 처진 사람은 평생 빈한하고 아내와 자식의 연이 적다.
- 아랫입술이 길고 얇은 사람은 미식가이다.
- 입술이 평평하여 마치 없는 듯하면 평생 빈천하고 노년에 고독하다.
- 입술이 날카롭고 얇은 사람은 마음이 냉정하고 교활하며 사람을 잘 속인다. 말년에는 반드시 가난하며, 요절할 수도 있다.
- 입술이 이를 덮지 못하는 사람은 타인에게 혐오감을 주며, 평생 인생이 순탄하지 않다.
- 입술이 들려 잇몸이 드러나는 사람은 외롭고 가난하며 부모를 형극한다. 여기에 결후가 높이 솟으면 객사할 수 있다.
- 입술에 선천적으로 홈집이 있는 것을 토순(兎脣)이라고 하는데,

고독하고 비굴한 구석이 있다. 기술자가 되는 것이 가장 좋다. 이런 사람은 아이를 낳아 기르는 것이 쉽지 않다.
- 입술색이 청자색인 사람은 음란하고 고집이 세며 불우한 운세를 가지고 있다. 검푸른색이면 병이 많고, 게다가 코에 흑점이 있으면 급사한다. 입술색이 창백하면 빈혈이 있고 소뇌가 발달하지 못하여 생식능력이 좋지 않다.
- 입술이 정연하고 주름이 많은 사람은 쌓인 음덕이 많고 사람을 열성적으로 대하며, 동정심이 풍부하고 자손이 많다. 주름이 없으면 심성이 불량하고 자만하며, 대를 이을 자식이 부족하고 노년에는 고독하다. 주름이 분명하고 깊은 사람은 총명하고 어질며 너그럽고 복록이 풍성하다. 주름이 굵고 수려하지 않은 사람은 평생 고생은 많이 하나 얻는 것이 적다.
- 윗입술에 흑점이 있는 사람은 음식이나 약의 중독으로 소화기 계통의 건강에 이상이 있을 수 있으니 주의해야 한다.
- 입술이 붉고 이가 흰 여성은 부부가 서로 사랑하고 가정생활이 원만하며 남편의 신수가 좋다.
- 입술이 붉고 몸이 마른 여성은 부부가 서로 사랑하고 아들을 많이 낳는다.
- 입술이 희고 몸이 마른 여성은 부부의 감정이 좋지 않고 아이를 낳기가 곤란하거나 자주 유산된다. 만약 입술이 희고 날카롭다면 요절한다.
- 입술색이 검은 보랏빛인 여성은 남편을 형하고 자식을 극한다.
- 입술이 들려 잇몸이 드러나면서 입술이 이를 덮지 못하면 남편을 극하고 산액이 있다. 여기에 몸이 마르고 얼굴이 검은 여성은 생각이 깊어 마음을 짐작하기 어렵다.
- 입술이 들려 잇몸이 드러나는데다 뺨의 살이 없으면 음란하고

천하며 혼인이 원만하지 않다.
- 입술이 들려 잇몸이 드러나거나 혀가 뽀족한 여성은 성격이 모질고 음란하며 천하다. 혼인 또한 원만하게 이루어지지 않는다.
- 혼자말을 하는 여성은 신경질이 있거나 음란하며 혼인이 원만하지 않다.
- 입술이 꼭 다물어지지 않는 여성은 나태하며, 타락할 우려가 있다.
- 아랫입술이 앞으로 많이 돌출된 여성은 성격이 사나워 남편을 노예처럼 부린다. 아랫입술이 뒤집힌 경우는 더욱 심하다.
- 아랫입술이 조금 튀어나오거나 조금 두터운 것은 길상이다. 만년운이 순탄하고 자녀 또한 우수하다. 그러나 아랫입술이 윗입술을 덮는 것은 좋지 않다.
- 아랫입술에 사마귀가 있는 여성은 사통하기 쉽다.
- 윗입술이 아랫입술보다 두꺼운 여성은 능력이 많고 여장부이지만 고집이 세다. 고독하며 장수하지 못한다.
- 입술이 수축되는 여성은 비뇨생식기 계통의 병이 있고 산액을 조심해야 한다.
- 입술에 주름이 없으면 아이를 낳기가 어렵다.
- 토순인 여성은 남편을 형하고 자녀를 극한다. 그러나 눈썹이 맑고 눈이 수려하면 흉이 반감된다.

7. 혀

- 혀는 길고 크며 네모나고 선홍색인 것이 길상이다. 혀가 짧고 작으며 얇고 날카로우며 암흑색이나 회백색인 것은 나쁜 상이다. 그러나 목형인·화형인의 혀는 날카로운 것을 꺼리지 않는다.

금형인·수형인·토형인의 혀는 둥글고 두터운 것이 좋다.

- 혀가 선홍색인 사람은 뜻하는 대로 일이 잘 풀린다. 혀의 색이 어두운 보라색이면 가난과 병이 한꺼번에 닥친다.
- 혀에 천자문(川字紋)이 있는 사람은 크게 부하게 된다. 혀에 십자문(十字紋) 또는 직문(直紋)이 있거나 화려한 주름이 감돌면 크게 귀하게 된다. 횡문(橫紋)이 끊어지지 않은 사람도 어느 정도의 부와 귀를 누린다.
- 혀 중간이 끊어진 사람은 평생 빈궁하고 인생이 순조롭지 않다.
- 혀가 입 안에 가득한 사람은 부귀할 수 있다. 그러나 혀가 너무 굵거나 크면 굶주림과 추위에 떨 수 있다.
- 혀가 코끝에 닿는 사람은 크게 귀하게 되나, 몸이 마르고 오관이 비속한 사람은 그렇지 못하다. 또 코나 눈에 결함이 있으면서 혀가 코끝에 닿는 사람은 좋지 않다.
- 혀에 작은 알갱이가 있는 사람은 영화롭고 길하며 지위가 높다. 혀가 무디고 반반한 사람은 가난하고 천한 생활을 한다.
- 혀가 먼저 나온 후에 말을 하거나 혀가 먼저 입술을 핥고 나서 말을 하는 사람은 음란하고 망언을 자주 한다.
- 혀가 작고 입이 큰 사람은 성격이 시원시원하다. 그러나 혀가 크고 입이 작은 사람은 자신의 생각과 뜻을 잘 나타내지 못한다.
- 혀가 작고 짧은 사람은 어리석고 가난하며, 혀가 짧고 두꺼운 사람은 우둔하다.
- 혀가 작고 날카로운 사람은 매우 음란하다. 혀가 날카롭고 색이 흰 사람은 말썽 일으키기를 좋아한다. 혀가 작고 긴 사람은 빈곤하다.
- 혀가 크고 얇은 사람은 사리에 맞지 않는 일을 한다.
- 혀가 크고 길면 대부대귀할 수 있으나 사람됨이 간사하다. 혀가

마치 뱀처럼 긴 사람은 심성이 독하다.
- 혀에 검은 점이 있으면 사람이 진실하지 못하며 나쁜 병이 생길 징조이다.
- 혀 중앙에 검은 사마귀가 있는 사람은 반드시 부귀한다.
- 여성의 혀가 두껍고 크며 색이 고우면 결혼생활이 원만하고 부를 얻는다. 만약 말을 하지 않았는데 먼저 혀가 나오거나 혀의 모양이 뱀 같고 얇으면 성격이 불량하고 평생 고생스럽다.

8. 이

- 이는 앞니가 가장 중요하다. 보통 앞니가 희고 깨끗하게 자란 사람, 즉 용치(龍齒)는 배움이 적어도 성공하며 일찍 출세한다.
- 앞니가 빠진 사람은 성격이 좋지 않고, 많이 배워도 이루는 것이 적으며, 청소년기에 운이 따르지 않는다. 만약 입의 모양도 좋지 않으면 평생토록 운이 막혀 따르지 않는다.
- 앞니는 부모의 유전관계와 밀접하다. 이가 크고 가지런히 자란 사람은 부모는 물론 자신도 많은 복을 누리며 장수한다. 좌부우모(左父右母)이며 남좌여우(男左女右)로 본다.
- 앞니에 결함이 있는 사람은 부모의 운을 막을 수 있다. 왼쪽 앞니가 기운 사람은 아버지를 일찍 여의고, 오른쪽 앞니가 기운 사람은 어머니를 일찍 여읜다.
- 앞니의 생김이 서로 다른 사람은 가정형편이 좋지 않으며 유년 시절에 운이 따르지 않는다.
- 말하는데 이가 드러나지 않는 사람은 부귀를 누린다.
- 이가 희고 입술이 붉은 사람은 다재다능하며 박학다식하다. 만

약 입의 모양도 아름다우면 평생토록 운이 따른다.

- 이가 가지런하고 긴밀한 것이 유자(榴子) 또는 편패(編貝)와 같으며 용치인 사람은 선량하고 충성스러우며 장수한다. 이가 가지런하지 않고 사이가 떠 있으며 결함이 있는 사람은 고집이 세고 괴팍스러우며 교활하고 위선적이다. 이런 사람은 자기의 재능만 믿고 남을 업신여기며 뜻을 이루지 못하고 단명한다.
- 이가 30개 이상인 사람은 부귀를 누린다. 반대로 30개 미만인 사람은 평범하거나 빈천한 사람이 된다.
- 이가 지나치게 날카롭고 28개 이하인 사람은 평생 빈천하다.
- 이가 너무 작고 28개 이하인 사람은 요절하거나 빈곤하다.
- 이가 희고 깨끗하게 자란 사람은 신체가 건강하고 장수하며, 성격이 활발하고 지혜롭다. 또한 투지와 정력이 강하며 성취가 크다. 만약 키가 크고 얼굴이 길며 코와 귀가 크고 손이 긴 용형(龍形)의 사람이 용치라면 반드시 대귀한다.
- 이가 짧은 사람은 큰 일을 이룰 수 없다. 체력과 지력이 부족하고 박복하며 단명한다.
- 윗니가 뾰족하고 아랫니가 넓은 사람은 식견이 좁다. 아랫니가 뾰족하고 윗니가 넓은 사람은 털털하고 활달하다.
- 중년이 되기 전에 이가 빠진 사람은 장수를 누리기 어렵다.
- 이가 많이 상한 사람은 터무니없는 말을 하기 좋아하고 빈곤하며 불행하다. 또 육친과의 관계가 박하며 효심이 부족하다.
- 웃을 때를 제외하고 잇몸이 드러나는 것은 좋지 않다. 박복하고 부모를 형극한다. 여성은 더 심하다. 아래쪽 잇몸이 드러나는 사람은 냉혹하며 무정하다.
- 이의 맞물림이 좋지 않아 윗니가 아랫니를 덮는 형태이면 청소년기에 고생한다. 만약 아랫니가 윗니를 덮으면 결혼생활이 원

만하지 않고 늙어서 홀아비나 과부가 될 수 있다.
- 이가 안쪽으로 들어간 사람은 인색하고 돈 보기를 목숨과 같이 한다.
- 이가 바깥쪽으로 난 것을 폭아(暴牙)라고 하는데, 평생 외롭고 고생스러우며 빈곤하다. 또 배우자와 자식의 연이 박하고 음란하며 효심이 부족하다. 여성은 특히 꺼린다.
- 앞니가 바르지 않은 남자는 아내를 무서워하고 소년기의 운이 순탄치 않다. 여성은 산액이 생기고 배우자를 형극한다.
- 이의 전후상하가 교착되어 있고 모양이 뾰족하거나 네모지며 치열이 일치하지 않는 것을 귀아(鬼牙)라고 하는데, 늘 위험이 그치지 않고 빈천하며 요절한다.
- 30세 전에 빠지는 이는 명을 재촉하고, 50세 전에 빠지는 이는 형벌을 상징한다. 중년에 이가 새롭게 나면 비록 수명은 연장되나 자손을 형극한다.
- 아무 일 없을 때도 이를 악무는 것을 호문(虎吻)이라고 하는데, 이런 사람은 성격이 흉악하다. 만약 거칠게 살아온 사람이라면 흉악한데다가 매우 간교하다.
- 잠잘 때 이를 가는 사람은 뼈와 신장이 좋지 않고, 배우자와 자녀에게 이롭지 못하다.
- 잇몸이 흑색을 띠면 신장에 병이 있거나 내분비의 균형이 맞지 않는 것이다.
- 송곳니가 겹쳐서 난 것을 호아(虎牙)라고 하는데, 유년 또는 소년기에 부모 형제를 극한다. 만약 앞니가 겹쳐서 났다면 중년에 재난이 있다. 호아를 가진 사람은 성취가 많은데, 특히 예술 쪽에 재능이 있다. 여성은 더욱 그러하다.
- 이는 희고 투명한 것이 좋다. 누렇거나 검은 이는 꺼린다. 다만

색에 관계없이 빛이 나면 복을 누린다.
- 이에 생기가 없고 누르스름하면 남녀를 막론하고 배우자를 형하고 아들을 극하며, 불상사나 질병이 잦다. 이 사이에 틈이 있으면 더욱 심하다.
- 여성의 앞니가 큰 것은 괜찮으나, 만약 송곳니나 어금니가 길고 크다면 골격이 반드시 크다. 이런 여성은 남자 같은 성격을 가지고 있으며 평생 일이 많아 고생한다.
- 앞니가 지나치게 희거나 길면 총명하고 노련하며 능숙하다. 이런 여성은 배움이 적어도 성공하며 일찍 출세한다. 그러나 성격이 고집스럽고 음란하며, 결혼생활이 원만하기 어렵다.
- 이가 고르지 않은 여성은 성격이 불량하고 외설적이다.
- 호아인 여성은 쉽게 사람들의 사랑을 받는다. 특히 연예계로 진출하면 반드시 성공한다.
- 분만 후 이가 빠지는 여성은 선천적으로 기혈이 좋지 않은 것이다.

입 각 부분의 명칭과 종류

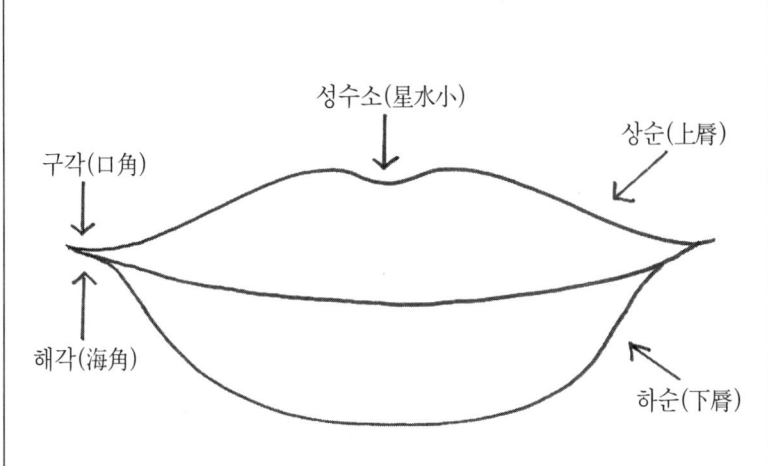

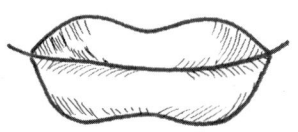

용구(龍口)	앵도구(櫻桃口)
남성에게 가장 좋은 입의 형태이다. 입술이 두툼하고 정연하며, 입가가 수려하고 위로 들려 있다. 지도자 격으로 대귀할 상이다.	입이 둥글며, 입술이 두텁고 작고 단정하다. 입가는 위로 향하고 색은 선홍색이다. 치아는 마치 유자 같고 웃을 때는 연꽃이 피는 듯하다. 이런 사람은 총명하고 지혜로우며, 온화하고 정과 의리가 많다. 여성은 반드시 부귀한 남편을 맞는다.

입의 종류 – 1

사자구(四字口)

방구(方口)라고도 한다. 위아래가 네모지며 모서리가 있다. 입가는 고르고 입술은 붉으며 웃을 때 이가 드러나지 않는다. 이런 사람은 복(福)과 수(壽)를 다 겸비하고 대귀할 상이다.

앙월구(仰月口)

입이 마치 달을 우러러보는 것같이 위로 굽었으며, 이가 희고 입술이 붉다. 책임감이 강하며 학문을 귀하게 여기고 일찍 출세한다. 만년에도 영화롭다.

만궁구(彎弓口)

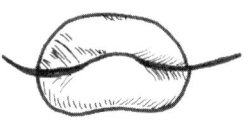

입의 형태가 활을 구부려 놓은 듯 위를 향하고 있고, 입술은 두툼하고 붉고 선명하다. 이런 사람은 성격이 상쾌하고 품격이 고상하다. 부귀하고 행복하며 장수를 누린다.

우구(牛口)

입이 크고, 입술도 크고 특별히 두터우며, 혀가 길고 이가 하얗다. 이런 사람은 재주가 많고 정의감이 강하다. 부귀를 얻고 행복한 삶을 누린다.

입의 종류 - 2

호구(虎口)

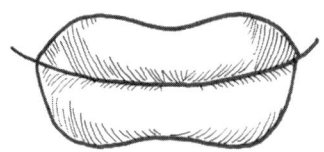

입이 주먹이 들어갈 정도로 크고 입가는 위로 들려져 있다. 귀하지 않더라도 큰 부를 이룰 수 있다.

추문구(皺紋口)

입술이 팽팽하고 입아귀가 오므린 듯 밑으로 처져 있으며 주름이 많다. 얼굴은 마치 우는 듯하다. 포대구(布袋口)라고도 한다. 결혼이 늦고 소년 시절에 고생한다. 노년에는 고독하고 빈곤하다.

복선구(覆船口)

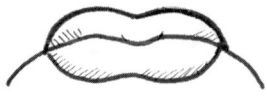

입아귀가 밑으로 처진 것이 배가 뒤집힌 것 같은 모양이며, 입술색이 선명하지 않다. 소년기에 정처 없이 떠돌아다닐 수 있으며 평생토록 빈곤하고 고독하다.

시어구(鰣魚口)

입이 작고 입술이 두텁다. 입아귀는 날카롭고 아래로 처졌으며, 입술색이 탁하고 선명하지 않으며, 이의 크기가 들쭉날쭉 고르지 않다. 거처를 자주 옮기며 의식(衣食)을 걱정할 정도로 빈곤하다.

입의 종류 — 3

양구(羊口)

입이 길고 날카로우며, 입술이 얇고 수염이 없다. 다른 사람과 친화력이 부족하여 미움을 받는다. 평생토록 사업에 성공이 없고 세월을 헛되이 보낸다.

저구(猪口)

윗입술이 비대하고 두터우며 앞으로 돌출되어 있고 아랫입술을 덮는다. 아랫입술은 날카롭고 작으며 안으로 오므라든 듯하고, 입아귀가 밑으로 처져 있다. 어리석고 흉악하며 천수를 누리지 못한다.

취화구(吹火口)

입이 날카롭고 벌어져 있다. 잇몸이 드러나고, 입아귀가 처져 있다. 입은 불을 끄려고 부는 듯한 모양이고 윗입술이 아랫입술을 덮는다. 뇌공취(雷公嘴)라고도 한다. 마음이 어질지 못해 평생 혼자 외롭고 빈곤하게 산다. 여성이면 더욱 그렇다.

왜사구(歪斜口)

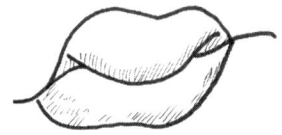

입의 형태가 바르지 않고, 입술이 고르지 않다. 윗입술이 크고 주름이 적으며 잘 다물어지지 않는다. 모친을 극하고 부인은 어질지 못하며 자녀는 불효하고 단명할 상이다.

이의 종류 -1

용치(龍齒)

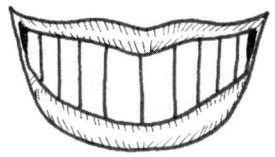

앞니가 특별히 크고 희며 이가 32개 이상이다. 용형(龍形)의 체격을 가진 사람이라면 대길하다. 남성에게 가장 좋다.

유자치(榴子齒)

이가 마치 석류같이 짧고 네모지며, 조밀하고 견고하고 희다. 이런 사람은 총명하고 어질다. 남성은 부귀를 겸하고 여성은 반드시 귀한 남편을 맞는다. 여성에게 가장 좋다.

우치(牛齒)

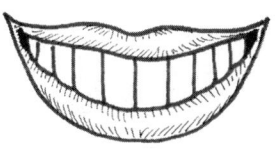

앞니가 희고 투명하며 크고 정연하다. 이의 개수도 32개 이상이다. 귀하지 않아도 부를 이루며, 자손이 번영하고 우수하다.

호아치(虎牙齒)

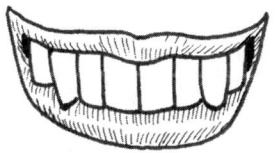

윗니 옆에 난 덧니가 앞으로 돌출된 것으로 호아(虎牙)라고도 한다. 입술형이 좋으며, 입술색도 선명하고, 덧니가 길고 크며 빛이 나면 어려서 출세한다. 특히 연예계로 진출하면 좋다.

이의 종류-2

구치(狗齒)

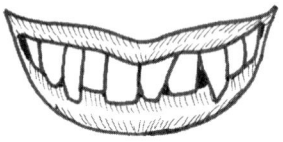

앞니의 크기와 길이가 일정하지 않고 들쭉날쭉하며 송곳니가 길고 날카롭다. 이런 사람은 성미가 괴팍하고 간교하며 황당무계한 말을 많이 하므로 믿을 수가 없다. 사업에도 성공이 없다.

귀치(鬼齒)

앞니와 송곳니의 크기와 길이가 일정하지 않고 들쭉날쭉하며 날카롭다. 또 입술이 들려 상한 이가 드러난다. 성격은 거만하고 위선적이며 언행에도 신중함이 부족하다.

폭치(暴齒)

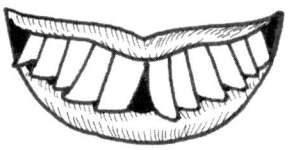

윗니의 배열과 크기가 무질서하고 밖으로 돌출되어 있거나 또는 앞니가 중복되어 난데다 밖으로 돌출되어 있다. 초년에 재산을 탕진되고 육친을 형극한다. 설사 부귀하더라도 성공하기까지 고생이 막심하다.

누봉치(漏縫齒)

이가 위는 넓고 아래는 좁다. 크기도 다르며 이와 이 사이에 틈이 있다. 이런 사람은 거짓되며 말이 많아 시비가 잦다. 재물을 모으기 어렵고, 부모를 형극하며 불효한다.

제3장 면상과 유년

관골
인중
법령
턱과 턱뼈
이마
인당
유년법
영아와 소년의 관상

관골

1. 부위의 특성

"이마와 눈과 관골(顴骨 : 광대뼈)을 보면 귀(貴)를 알 수 있고, 코와 턱을 보면 부(富)를 알 수 있다"는 말이 있다. 또 "관골은 권력을 뜻한다"는 말도 있다. 이처럼 큰 권력을 가졌거나 지위가 높은 사람들은 대체로 좋은 관골을 가지고 있다.

관골은 능력과 책임감, 패기와 관련이 있다. 관골이 완벽한 사람은 과감히 전진하는 자세를 가지고 일에 임하며, 어떠한 악조건에도 굴하지 않는 패기와 인내심이 있다. 또한 책임감을 가지고 최선을 다해 일하며, 총명하고 유능하다. 그러므로 쉽사리 상관의 인정을 받아 승진을 계속하며, 궁극적으로는 권력을 얻게 된다.

또 "관골은 뼈의 근본이다. 관골이 수려하면 뼈가 빛나고, 관골이 나쁘면 뼈도 나쁘다"는 말이 있다. 특히 사람의 어깨뼈·팔뼈·손뼈의 우열은 반드시 관골에 반영되어, 관골이 완벽한 사람은 어깨·

팔·손의 기능이 완벽하다. 또한 심성이 바르고 행위가 공명정대하며 책임감이 뚜렷할 뿐 아니라, 천하를 안는 패기가 있고 사람을 대하고 일을 처리하는 능력이 뛰어나다.

반대로 관골이 좋지 못한 사람은 나약하고 책임감과 패기가 없으며, 특히 불요불굴의 강인한 정신이 없다. 또한 사람을 대하고 일을 처리하는 방법이 매끄럽지 못하다.

관골의 정확한 위치는 눈초리 하단 약 3센티미터인 곳이다. 관골이 눈에 지나치게 가까운 사람은 관골과 눈이 서로 싸우기 때문에 성격이 강하면서도 급하다. 관골이 지나치게 밑으로 처진 사람은 진취성이 결여되어 있고, 허명과 실질적이지 못한 것에 만족한다. 관골이 지나치게 콧대에 가까운 사람은 생각이 막혀 있고 마음도 명랑하지 못하며, 사람을 대하고 일을 처리하는 데에도 열성이 부족하다. 또한 관골이 지나치게 돌출된 사람은 자만심이 있어 남의 일에 참견하기를 좋아하고, 자신만이 옳다고 생각한다.

관골 중심점의 높이는 자기 콧등 높이의 3분의 1에서 2분의 1이 상학의 표준에 부합한다.

관골은 두 부위로 나뉘는데, 하나는 관골의 몸이고 다른 하나는 관골의 자루이다. 일반적으로 남자는 관골이 높고 크며 풍만한 것을 최상으로 삼고, 여자는 관골이 평평하고 둥그스름한 것을 최상으로 여긴다.

관골자루는 위로 천창에 끼워져 있는 것이 길상이나, 남자는 길하고 여자는 불길하다. 만일 관골자루가 귀 살쩍에 가로로 끼워져 있으면 남녀를 불문하고 장수를 누린다.

한편 관골의 표면근육(관골대근육)은 가슴, 폐, 간담, 안면신경의 건강상태를 알려준다.

2. 사업성패 및 시기

- 관골은 풍만하고 높이 솟고 둥그스름하며, 낮지도 않고 퍼지지도 않으며, 뼈를 드러내지 않는 것이 좋다. 게다가 눈이 맑고 코가 단정하고 도톰하며, 턱이 맑고 양미간이 깨끗하기가 거울 같으면 중년에 이르러 반드시 권력을 손에 쥐게 된다. 그러나 만일 뒷머리가 평평하면 흥망성쇠의 중간에 있어 성과가 있는 듯하나 실제로는 없다.
- 관골 자체는 누당보다 높으면 좋지 않으나 관골자루는 높아도 상관이 없다. 관골자루가 천창에 높게 끼워져 있는 것을 용령골(龍翎骨) 또는 관유래룡(顴有來龍)이라고 하는데, 이러한 사람은 문관과 무관을 겸할 수 있다. 예를 들면 국방부장관이나 경찰총장 같은 것이다. 만약 눈썹이 일자형이면 더욱 길하다.
- 관골자루가 비록 천창에 높게 끼워져 있지 않으나 살쩍에 비스듬히 끼워져 있는 것을 봉미골(鳳尾骨)이라고 하는데, 이러한 사람은 귀하고 어느 정도의 부와 장수를 누린다. 그러나 귀와 살쩍 중간에 틈이 있으면 소용이 없다.
- 관골의 위치가 누당보다 높은데다 코가 낮고 턱이 뾰족한 사람은 일생 동안 성공도 많고 실패도 많다.
- 관골이 아래로 처져 코와 거의 평행을 이루는 사람은 권력을 얻기 힘들다. 평생 허명과 실질적이지 못한 이익만 있을 뿐이다.
- 관골이 크고 코가 두툼한 사람은 정계로 나아가는 것이 좋으며, 큰 권력을 얻을 수 있다. 만일 다른 부위와 조화를 이루면 더욱 길하다.
- 좌우 관골의 크기와 높낮이가 다른 사람은 37~38세, 46~47세에 사업이 실패하거나 시비로 인한 재산의 손해가 있다.

- 관골이 뾰족하게 나온 사람은 37~47세에 시비가 있고, 심하면 사업에 실패하고 관직을 잃는다.
- 관골은 높으나 코가 내려앉은 사람은 일생 동안 성공도 많고 실패도 많으며, 아랫사람에게 업신여김을 받거나 배반을 당하기도 한다.
- 관골은 높으나 천창이 함몰되어 있는 사람은 평생 권력을 얻기가 힘들다. 33~47세에 시비에 말려들어 관직을 잃지 않도록 조심해야 한다.
- 관골이 높고 관골자루가 위로 천창에 끼워져 있으며 법령(法令) 부위가 벌어져 있고 법령의 주름이 길면 일생 동안 친족과 친구들의 도움을 많이 받아 성공을 이룬다. 이 때문에 관골을 사회궁(社會宮), 친구궁(親舊宮), 또는 친족궁(親族宮)이라고 한다.
- 관골이 높으나 화창(禾倉)이 없는 것을 독관무면(獨顴無面)이라고 한다. 이런 사람은 많이 배우나 성취가 적고, 중년에는 사업에 실패한다. 반대로 화창은 풍만하나 관골이 들어가 평평하면 유면무관(有面無顴)이라고 하는데, 이런 사람은 사회나 친구의 도움을 얻기가 어렵다.
- 관골이 낮고 평평한 것을 면무관쇄(面無關鎖)라고 한다. 이런 사람은 일생 동안 권력을 얻기가 힘들고, 같이 동업하는 것도 좋지 않다.
- 관골뺨 및 이마에 구멍이 많은 것을 월구면(月球面)이라고 하는데, 만일 이런 사람의 이목구비가 수려하고 육요가 모두 밝으며 피부가 부드럽고 흰데다 광택이 나면 나이가 들어 반드시 큰 성취를 이루게 되고 높은 지위에 이른다.
- 관골뺨이 좁고 얼굴이 긴 사람은 35~48세 사이에 사업에 실패할 우려가 있다.

- 관골뼘 및 화창 부위에 살쩍[鬢毛]이 있는 사람은 37~48세에 육친을 상극하고 관직과 재산을 잃는 것에 조심해야 한다.
- 관골은 좋으나 주름이 훼손되고 점이 있으며, 게다가 눈에 생기가 없고 양미간이 함몰되어 있으면 코운과 관골운을 모두 발하지 못한다.
- 관골의 주름이 훼손된데다 점이 있는 사람은 관직에 있든 사업을 하든 37~47세 사이에 반드시 실패하게 된다. 동시에 소인배의 농간으로 어려움을 겪게 된다. 동업을 하면 좋지 않다.

3. 가족관계 및 혼인과 자녀

- 관골자루가 천창에 높이 끼워져 있는 사람은 내조를 잘하는 아내를 맞게 된다.
- 관골 자체가 너무 높은데다 코가 낮고 턱이 뾰족한 사람은 육친을 극하며 만년에 빈한하다.
- 관골이 높이 솟아 있으나 눈썹이 없는 사람은 자식을 가지지 못한다.
- 옆에서 볼 때 관골이 콧등보다 높은 사람은 남녀를 불문하고 만년에 홀아비나 과부가 되어 고독하다. 턱이 뾰족하고 살이 없는 사람은 더욱 그러하다.
- 좌우 관골의 높낮이나 크기가 다르면 모두 길상이 아니다. 만일 왼쪽 관골이 높으면 아버지를 극하고, 오른쪽 관골이 높으면 어머니를 극한다.
- 관골이 하나는 크고 하나는 작아서 얼굴의 한쪽 뺨은 크고 한쪽 뺨은 작은 것은 부모의 유전이 불균형한 것으로, 대부분 양자 또

는 양녀가 되거나 일찍 가족과 헤어지게 된다. 동시에 일생 동안 운의 기복이 심하다.
- 오른쪽 관골이 왼쪽 관골보다 높은 사람은 공처가로서 부인이 가정의 주도권을 가지며, 딸을 먼저 낳는다. 반대로 왼쪽 관골이 오른쪽 관골보다 높은 사람은 부인의 존경을 받으며, 아들을 먼저 낳는다.
- 왼쪽 관골의 주름이 훼손되어 있는 사람은 자녀가 불효하고 친족의 업신여김을 받는다. 오른쪽 관골의 주름이 훼손되어 있으면 처첩이 화목하지 못하고, 형제간에도 서로 불화한다. 남좌여우(男左女右)로 본다.
- 관골이 낮게 함몰되어 있고, 이마가 납작하거나 이마의 뼈가 평평하면 30세 후에 부모가 상처를 입는다.
- 왼쪽 관골에 점이 있는 사람은 친족 및 친구들의 대출 시비로 번거롭고, 오른쪽 관골에 점이 있는 사람은 가족 가운데 아랫사람의 무리한 요구로 번거롭다. 만약 반점이 있으면 흉이 반감된다.
- 관골뺨 및 얼굴의 다른 부위의 피부가 귤껍질 같은 것을 귤피면(橘皮面)이라고 하는데, 이런 사람은 자식을 키우기 어렵다.

4. 건강과 성격

- 관골이 높고 크며 완벽한 사람은 의지력이 강하고, 어려움을 극복하려는 마음과 기백이 있으며, 추진력이 뛰어나다. 성격은 시원시원하며 책임감이 강해 중임을 맡길 만하고, 재능 또한 특출하다. 만일 관상의 다른 부위와도 조화를 이루면 매우 큰 업적을 이루어 후세에 이름을 남길 수 있다.

- 관골이 높고 준두가 큰 사람은 천성이 어질고 착하며, 나라를 생각하는 마음이 강하기 때문에 관계로 진출하면 좋다.
- 관골자루가 천창에 높이 끼워져 있는 사람은 생각과 품행이 고결하고 분투력이 강하며, 자신감이 강해 과감하게 행동하고 용감하게 책임진다. 그러나 오부(五部)가 여위고 마른 사람의 관골이 천창에 끼워져 있으면 심성이 음험하고 악독하고 정의감이 없으며, 성격은 편협하다.
- 관골자루가 귀 옆 살쩍 부분의 중간에 끼워져 있으면서 귀와 연결되어 있는 것을 봉미골성(鳳尾骨成)이라고 한다. 이런 사람은 의지가 확고하고 행동력이 강하다. 만일 여기에 명문(命門)의 세로 일대가 평탄하고 풍만하면 노년에 복과 장수를 누린다.
- 관골자루가 귀 옆 살쩍 부분의 하반부에 끼워져 있는 사람은 생각과 품행이 고결하지 못하고 의지가 약하다. 만일 여기에 관골 자체가 낮고 함몰되어 있으면 타락할 염려가 있다.
- 관골이 높게 드러나 있는데다 눈썹이 눈에 가까운 사람은 성미가 급하다. 중년에는 시비로 인한 소송이 있다.
- 관골이 높게 드러나 있고 뾰족한 사람은 성격이 이기적이고 편협하며, 고집이 세고 파괴적인 성향이 있다. 세상과 불화를 이루며 가족과도 화목하지 못하고 평생 고생한다.
- 관골이 크나 얼굴 볼의 폭이 좁고 작은 사람은 마음이 불안정하여 학습에 전념하지 못하므로 많이 배워도 성과가 적다.
- 관골이 가로로 뻗어나와 있고 양쪽 귀밑 턱뼈가 돌출해 있으며, 눈의 흰자위가 검은자위보다 많고 눈빛이 날카로운 사람은 자기 세계가 확고하고 공격적이며, 성격이 편협하고 행동이 과격해서 평생 수확이 있기 어렵다. 만일 관골만 가로로 뻗어나와 있으면 성격이 비뚤어진 사람이다. 관골과 눈초리는 서로 수직선을 이

루어야 하는데, 그렇지 않은 것을 관골이 가로로 뻗어나왔다고 한다.
- 관골이 뾰족하게 드러나 있고 말랐으며 날카롭고 화창이 없는데다가 코끝이 뾰족하고 날카로우며, 양 볼이 깊게 함몰되어 있는 사람은 무정하고 의리도 없다.
- 관골이 높게 드러나 있고 아래턱뼈가 돌출해 있는 사람은 의지력이 강하지만 이중성이 있으며 무척 까다롭다.
- 관골이 낮고 평평한 사람은 용기와 지략이 없으며, 결단력이 모자라고 독립심도 부족하다. 이런 사람은 남을 설복하기 어렵다.
- 관골이 보이지 않으나 관골뺨 부위의 살이 두꺼운 사람은 의지가 약하고 행동력이 부족하며 성격이 졸렬하고 속되다. 또한 단명하기 쉽다.
- 왼쪽 관골이 높고 크며 모양이 아름다우면 성격이 외향적이고 창업능력이 풍부하다. 오른쪽 관골이 높고 크며 모양이 아름다우면 내향적인 성격으로 단지 앞사람이 이미 이루어놓은 사업을 지킬 뿐 새로운 일은 시작하지 못한다.
- 관골이 있는 위치가 상하좌우 어느쪽으로든 치우치고 비뚤어진 사람은 말은 많으나 신용이 없다.
- 관골의 근육이 가로로 생긴 사람은 성격이 흉포하고 좋지 않은 일의 화근이 된다.
- 관골이 파열된 사람은 일생 동안 재난이 끊이지 않는다.
- 관골뺨 및 화창 부위에 살쩍이 있는 것을 야호빈(野狐鬢)이라고 하는데, 이런 사람은 의심이 많아 다른 사람을 잘 믿지 못한다.
- 관골뺨에 주근깨가 많이 있는 사람은 호색가이며 음란한데, 여성이면 특히 그러하다. 또한 간이나 폐가 건강하지 못하다는 징조이기도 하다.

5. 여성의 관골

- 여성의 관골은 둥그스름하고 잘 드러나지 않은 것이 길하다. 만일 여기에 눈과 코 역시 수려하다면 성공한 남자와 결혼을 하고, 결혼한 후에는 현모양처가 되어 남편과 집안을 흥하게 한다. 관골이 드러나지 않는다는 것은 웃을 때는 관골이 보이고, 웃지 않을 때는 평평하고 풍만한 것을 말한다.
- 관골자루가 천창에 높게 끼워져 있는 여성은 유능하지만 결혼생활이 원만하지 못하며, 남편을 극하거나 헤어진다.
- 관골이 풍만하고 둥그스름하나 눈썹털이 없으면 자식을 양육하기 어렵다.
- 관골은 있으나 뺨이 없는 여성은 만년에 빈한하며, 남편과 자식이 없다.
- 관골이 튀어나와 있으면 평생 빈천하며, 남편과 자식을 극한다. 만약 눈빛이 온화하면 흉이 반감된다.
- 관골이 낮게 함몰되어 있으면 남편의 운을 돕지 못한다.
- 관골이 없고 화창도 없으면 대부분 첩이 된다. 여기에 코가 작고 입이 뾰족하면 더욱 그렇다. 설령 본처가 되어도 남편과 집안을 흥하게 하지 못하고, 자식 또한 없다.
- 관골이 지나치게 크면 고집이 세고 천성이 흉악하여 결혼을 해도 남편을 극하거나 헤어진다. 이러한 여성은 효심이 부족하고 평생 고생하며, 만년에는 고독하고 빈곤해진다.
- 관골이 높게 솟아 있으면 정력이 왕성하며, 성격이 남성적이고 극단적이다. 이런 여성은 남편을 거슬러 반목하고 주도권을 쥐려고 하며, 남편을 극하지 않으면 헤어져서 재혼을 한다. 또한 평생 재산을 모으지 못하고 고생한다. 만일 눈에 요염한 빛을 띠

고 있으면 남성을 끄는 매력이 있고, 사통할 수 있다.

• 관골의 위치가 높고 눈썹 또한 높이 나 있으면 성격이 집요하며, 남편을 연루시켜 형액을 받게 한다.

• 관골이 높게 돌출되어 옆에서 보았을 때 콧대보다 높으며, 이마 또한 튀어나온 것을 삼관면(三顴面)이라고 한다. 이러한 여성은 여러 남편을 극하며, 음란하고 천하다.

• 관골이 높게 드러나 있고 목소리가 굵고 걸걸하면 남편을 극하여 여러 번 결혼하게 된다.

• 관골이 높고 크며, 코가 높고 날카로우며 살이 없으면 여러 남편을 극한다. 이런 여성의 체형은 뼈가 무겁고 많으며 살은 가볍고 적다. 이때 뼈는 양에 속하고 살은 음에 속하는데, 양이 강하고 음이 약한 사람은 성격이 남성적이며, 내분비 또한 균형을 잃어 남편의 건강과 수명에 영향을 미친다.

• 관골이 높고 큰데다 손바닥도 크고 거칠면 능히 고생을 이겨나갈 수 있고 총명하고 살림도 잘하지만, 남편이나 자식의 복을 누리기 어렵다.

• 관골이 높이 솟아 있으나 코가 작으면 남편을 거슬러 반목하게 되어 결혼생활이 원만하지 않다.

• 관골이 가로로 뻗어 있고 코가 작으면 성격이 급하고 강하다. 남편의 일을 간섭하기 좋아하고 이유 없이 괴롭히며, 행동 또한 제멋대로이다. 또 말을 바꾸어 전하고 욕심이 많고 의심이 깊어 결혼생활이 원만하지 않다.

• 관골이 너무 아래로 처져 있으면 부인병이 있다. 만일 관골의 표면근육이 퇴화되면 생식기능 또한 퇴화된다.

• 관골뺨의 혈색이 노랗고 윤이 나며, 입술이 빨갛고 치아가 희면 남편과 자식을 흥하게 하고 만년에도 풍요롭다. 만일 관골뺨의

혈색이 누르스름하면 빈천하고 질병도 많다.
- 관골뺨이 푸른빛을 많이 띠면 성질이 독해 남편을 극하고 집안을 망친다.
- 관골뺨이 투명한 붉은빛을 띠고 있는 것을 도화면(桃花面)이라고 하는데, 이런 사람은 음란하며 지조가 없다. 도화색이 콧대에까지 이른 사람은 사랑의 도피행각을 할 생각을 가지고 있거나 화류계 여성이다.
- 관골뺨 및 얼굴의 다른 부위가 백골같이 희면 지병이 있고 결혼생활이 원만하지 못하며 남편과 자식을 극한다.
- 관골뺨 및 다른 부위에 솜털이 많으면 내분비 계통이 균형을 잃어 심할 때에는 남편을 극하고 헤어져서 재가한다.
- 관골뺨에 주근깨가 많으면 음탕하고 자식도 없다. 그러나 나이 들고 병이 있는 사람은 예외이다.

관골 각 부분의 명칭

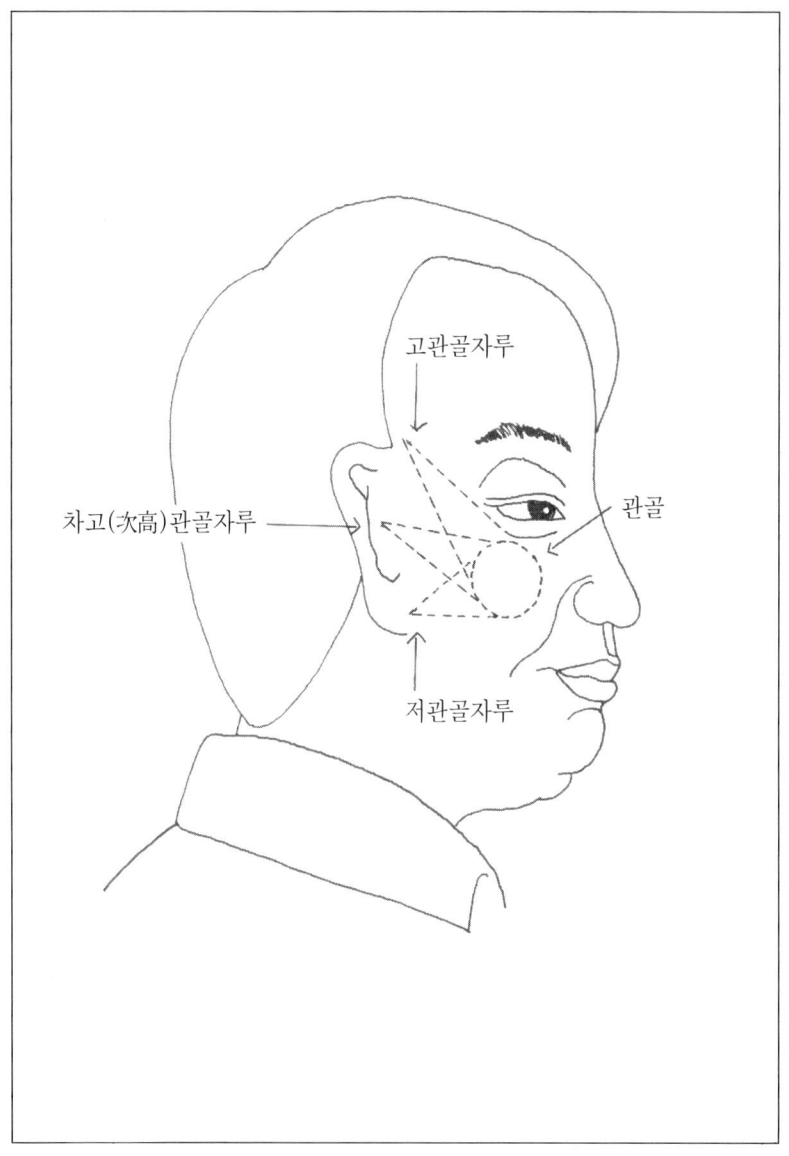

인중

1. 부위의 특성

인상학에서는 인중(人中)을 사독(四瀆)이 모여 이루어진 구혁(溝洫)이라고 한다. 구혁이 통하지 않는 사람의 운명은 막힘이 많다. 구혁이란 강·호수·바다 등의 각각의 사이를 잇는 큰 도랑, 즉 운하를 말하는 것이다.

얼굴에서 인중이 있는 위치는 눈과 코의 아래쪽, 입의 위쪽이다. 또한 강독(江瀆 : 귀), 하독(河瀆 : 눈), 제독(濟瀆 : 코)과 대해(大海 : 입)의 중간이다. 인중은 이 네 곳의 물을 서로 통하게 하는 기능을 가지고 있다.

한의학적인 이론에 따르면, 인중은 사람의 생식기 및 소화배설기 계통을 반영해 주는 곳으로, 그들 경락(經絡)이 통과하는 곳이다. 인중의 모양에 결함이 있는 사람은 생식기 및 소화배설기 계통에 선천적으로 구조적인 결함이 있거나 후천적으로 기능성 질병이 있다.

이러한 결함과 질병은 특히 51세 이후의 노년기에 잘 나타나는데, 예를 들면 위장의 소화흡수능력이 약해지고, 1년 내내 변비나 설사에 시달리며, 소변보는 횟수가 많아지거나 소변보기가 힘들어지고, 신장결석·방광결석·요도결석·수정관결석·전립선비대·암·고환염 및 각종 정신적 증후군, 즉 불안·초조·피로·심계항진(心悸亢進) 등을 겪게 됨을 말한다. 부녀자들은 이러한 증세 외에도 다른 부인과 질병이 나타난다.

이상의 여러 생리적·심리적 질병이나 결함은 사수불통(四水不通)으로 인해 생기는 것이다. 그리고 사람이 건강에 문제가 생기면 당연히 사업이나 직업상의 성취에도 영향을 끼치게 되므로 명운유조(命運有阻), 즉 운명 역시 파란해질 수밖에 없다.

인중을 가리켜 수당(壽堂)이라고도 하는데, 이 또한 앞에서 설명한 이유와 무관하지 않다. 51세 이후에 생식기 및 소화배설기 계통에 병이 생기면 당연히 노년의 건강과 수명에 영향을 끼치게 되기 때문이다.

"인중이 한 치면 수명이 100세를 넘는다"는 말이 있다. 실제로 장수하는 노인들을 보면 상술한 질병을 거의 앓지 않을 뿐더러 확실히 인중도 다른 사람들보다 길며 깊고 넓다. 그러므로 인중은 51세 이후의 건강 및 장수를 보는 주요한 관찰점으로, 만약 인중의 생김이 좋지 못하면 노년기의 건강이 반드시 좋지 않고 장수를 누리기 힘들며, 운명 또한 불우하고 순조롭지 못하다.

인중은 또한 자정(子庭)이라고도 한다. 이 또한 인중의 생식기 계통과의 관련성에 근거를 두고 있다. 만약 생식기 계통의 선천적인 발육이 불량하거나 후천적인 기능에 질병이 생기면 적게는 건강과 지혜가 뒤떨어지고, 성격이 좋지 않은 자녀를 낳아 기르게 된다. 심하면 남성은 아이를 낳을 수 없어 후사가 없게 되고, 여성은 수태할 수 없거나 난산을 하게 되는데, 이것은 유전학과 생리학이 뒷받침하는 사실이다.

인중을 또 다른 말로는 심성지궁(心性之宮)이라고도 한다. 관상에서 사람이 가진 심성의 좋고 나쁨은 각 부위의 주름으로 나타나는데, 인중도 일종의 주름의 흔적이기 때문에 인중의 생김의 우열이 심성의 좋고 나쁨을 반영해 주는 것이다. 이것은 생식기 계통의 활동이 이성을 잃거나 도덕적인 표준에 부합하지 않으면 곧 인중이 비뚤어지거나 점이나 주름이 생기는 것과 관련된다.

또 인중은 인생여정을 나타내는 사애(四隘) 중의 하나로 인충(人沖)이라고도 한다. 51세는 중·장년기가 끝나고 노년기가 시작되는 해이므로 사업, 건강, 가정 등 각 방면에서 이 관문의 해에 있을 충격을 예방해야 하기 때문이다. 인중의 생김이 좋지 않고 이마의 생김새 또한 결함이 있는 것을 수화상극(水火相剋)의 상(相)이라고 하는데, 이러한 경우는 51세에 반드시 사업이나 건강방면에 크거나 작은 충격을 받게 된다.

노년기는 51세부터 시작되는데, 30대 및 40대를 거쳐 성공과 실패가 확연하게 드러나게 된다. 이미 성공한 사람은 기뻐할 만하지만, 실패한 사람도 만일 인중의 생김이 상법의 표준에 부합한다면 성공으로 가는 기회가 생긴다.

청·중년기인 30대나 40대에 사업에 성공하는 사람은 신통력이 있거나 매일 16시간, 심지어는 20시간씩 일하는 사람이 아니다. 오로지 눈썹과 코 그리고 관골의 상이 좋은 사람이다. 그리고 50대 사업성패의 관건은 인중의 생김에 달려 있다.

옛사람들은, 사람은 반드시 지명(知命), 즉 자신의 면상(面相)과 수상(手相)의 좋고 나쁨을 알아야 한다고 했다. 자신의 운명을 안 후에야 비로소 운명을 낙천적으로 받아들일 수 있고, 사업에서도 진퇴를 결정할 수 있으며, 나아가 인생관 및 노년의 인생계획을 조정할 수 있기 때문이다. 이렇게 해야만 비로소 생활이 즐겁고, 자포자기하거나 모든 것을 원망하지 않으며, 용기를 내어 다시금 분투해 나갈 수 있는 것이다.

2. 사업성패 및 시기

- 인중이 깊고 길며, 위가 좁고 아래가 넓으며, 밝기가 대나무를 쪼갠 듯하고 표면이 신선하고 윤이 나며, 능선이 있고 윤곽이 뚜렷하며, 얼굴의 다른 부위 특히 이마에 결함이 없으면 반드시 일찍 발전하고 공명을 세워 높은 지위에 오르게 된다. 설령 벼슬을 하지 않더라도 다른 방면에서 성취를 이룰 수 있다. 그러나 인중에 콧수염이 없으면 길함이 감소된다. 만약 인중의 상반부가 너무 좁고 하반부가 넓으면 고진감래 격으로 처음에는 고생을 하지만 나중에는 성공을 거두며, 나이가 들수록 좋아진다.
- 인중은 사독이 모여 이루어진 도랑이므로 길고 깊을수록, 위가 좁고 아래가 넓을수록 물의 흐름이 막힘이 없어 순조롭다. 인중이 좁고 가늘며 짧고 얕은 것을 일러 네 곳의 물이 통하지 않는다고 한다. 이런 사람은 일생의 운에 막힘이 많고, 많이 일하나 수확이 적고 의식이 부족한데, 만년에는 더하다.
- 인중이 평평한 사람은 일생 동안 사업에 성취가 적고, 자주 재난을 당해 뜻을 이루지 못한다. 그러나 수염이 있고 이중턱을 가졌으면 흉이 반감된다.
- 인중의 도랑 밑이 울퉁불퉁한 사람은 51세와 56세에 건강, 시비, 손재(損財)를 조심해야 한다.

* 인중이나 혀에 사마귀〔黶〕가 있는 사람은 일생 동안 재운이 끊이지 않는다. 사마귀나 점이 크고 튀어나와 있으며 색이 검거나 붉은 것을 지(痣)라고 하고, 약간 작은 것을 흑자(黑子) 또는 홍자(紅子)라고 하며, 청황색이나 흑갈색으로 평평하고 튀어나오지 않은 것을 반(斑)이라고 하고, 크고 무색이며 오목한 것을 엽(黶)이라고 한다. 점에 털이 나 있으면 길하고, 흑점이나 홍점이 은밀한 곳에 나 있으면 길하다. 점이 보이는 곳에 나 있으면 점의 색깔이 칠흑이나 주홍, 또는 백색인 것을 제외하고 모두 좋지 않다. 피부에 난 새 살〔肉芽〕이나 혹〔肉瘤〕은 점이라고 하지 않는다.
* 인중의 콧수염털이 부드럽고 아름다우며, 농담(濃淡)이 분명하고 광택이 있는 사람은 일생 동안 부유하다.
* 인중의 콧수염털이 붉으면 성세에는 털을 길러도 되지만, 성정이 문란한 사람은 수염을 깎는 것이 좋다.
* 인중에 콧수염이 없는 것을 공망(空亡)이라고 하는데, 이런 사람은 공직이나 상업 등 정업(正業)에 종사하면 좋지 않다. 소인이 시비를 걸고, 쉽게 비방을 받아 중상모략에 빠지게 되며, 발전에도 한계가 있고, 재산을 모으기도 어렵다. 편업(偏業)에 종사하면 비교적 장래성이 있고 수확도 있지만 고생을 하게 된다. 편업으로는 종교, 교육, 문학, 과학, 예능방면의 종사자와 독립면허가 있는 의사, 변호사, 회계사, 기술자, 프리랜서 등이 있다. 단 삼경격(三輕格)은 수염이 없어도 꺼리지 않는다.
* 비록 인중의 콧수염이 굵고 짙으나 거꾸로 어지럽게 나 있고, 눈썹털이 성기고 부드러우며 얇은 사람은 관운이 없으며, 주도적인 역할을 하는 직책이나 회사 또는 상점의 책임자를 맡아서는 안 된다. 일은 열심히 해도 다른 사람이 좋아하지 않으며, 아랫사람

에게 밀릴 염려가 있다. 가정에서도 부인과 자녀의 비웃음을 사며, 친척들에게 누를 끼칠 일이 자주 발생한다. 만약 반대로 눈썹털이 두껍고 어지러우며 진하거나 이중턱이면 흉이 반감된다.

3. 가족관계 및 혼인과 자녀

- 인중이 깊고 길며 위가 좁고 아래가 넓은 사람은 유전적으로 우수하여 후손이 많다.
- 인중의 위아래가 모두 깊은 사람은 유전적으로 우수하여 후손이 많다.
- 인중의 위아래가 모두 깊으나 중간이 얕은 사람은 자손을 매우 늦게 얻는다.
- 인중의 위아래가 모두 좁으나 중간이 넓은 사람은 비록 자식은 있으나 일찍 잃기 쉽고, 혹은 자녀가 병이 있거나 사업에 실패하고 불효한다.
- 인중이 위가 넓고 아래가 좁은 사람은 자녀를 양육하기가 어렵다. 또한 성인이 되기가 어려우며, 성인이 되더라도 불효한다.
- 인중이 평평한 사람은 자식을 얻기가 힘들거나 장자(長子)를 극한다. 그러나 인중에 수염이 있거나 이중턱이면 흉이 반감된다.
- 인중이 올챙이처럼 얇으면 후사가 없으며 만년에 외롭고 빈천해진다.
- 인중에 도랑(패인 구멍)이 있는 사람의 어머니는 난산을 한다.
- 인중이 얕으며 누당이 깊이 함몰되어 있으면 유전이 좋지 않다. 자식이 있으면 반드시 과방(過房 : 양자로 삼는 일)으로 주어야만 탈없이 성인이 될 수 있다.

- 인중이 깊고 길며 누당이 깊이 함몰되어 있는 사람은 자식에게 재난이 많다.
- 인중이 약간 왼쪽으로 치우친 사람은 아들이 많고 딸이 적다. 인중이 약간 오른쪽으로 치우친 사람은 딸이 많고 아들이 적으며, 노년에 자녀의 복을 누리지 못한다. 만일 너무 많이 비뚤어져 있으면 자녀를 극한다. 또는 간통으로 아이를 낳거나 기형이거나, 자녀가 고집스럽고 비열하며 불효한다.
- 인중이 왼쪽으로 치우친 사람은 아버지가 먼저 돌아가시고, 인중이 오른쪽으로 치우친 사람은 어머니가 먼저 돌아가신다.
- 인중에 콧수염이 없는 사람은 어머니를 극하고, 노년에 자식의 도움과 효성스런 봉양을 받기 어렵다. 입술 위아래에 모두 수염이 없으면 더욱 흉하다.
- 인중의 수염이 거꾸로 난 듯하면 부부가 반목하고 결혼생활이 순조롭지 않다.
- 인중에 흠이 있는 사람은 불효한 아들을 키우거나, 혹은 자녀에게 지병이 있어 평생 걱정하며 산다.
- 인중에 십(十) 자 무늬가 있는 것을 고절문(孤絶紋)이라고 하는데, 이런 사람은 자녀를 극한다.
- 인중에 가로로 주름이 있는 것을 절자문(絶子紋)이라고 하는데, 이런 사람은 자식을 극하고 노년에 외로우며, 심할 때에는 타향에서 객사한다. 주름이 50세 전에 있다면 더욱 흉하다.
- 인중에 직선으로 주름이 있으면 자식을 매우 늦게 얻거나 남의 자식을 양육하게 된다.
- 인중에 점이 있으면 어머니를 힘들게 한다. 즉 태어날 때 어머니가 난산을 하거나 산후 몸조리 기간에 병사하게 된다. 그러나 자신은 장수하는데, 늙어서는 홀로 살게 된다. 만일 점의 색이 흑

회색이면 목숨을 재촉할 징조이며, 또한 자녀복을 누리지 못한다. 그러나 점이 칠흑같이 검다면 오히려 길하다.
- 인중의 상단에 흑점이 있으면 아들이 많고, 하단에 흑점이 있으면 딸이 많다. 인중의 중단에 흑점이 있으면 아내가 아들을 극한다.
- 인중이 두 개인 남자는 천성이 총명하고 지혜로우며, 선조의 유산을 받게 된다. 여자라면 천성이 거만하며 이혼을 하여 재가하게 된다. 그러나 남녀를 불문하고 자녀가 아주 많다. 이는 선천적으로 타고난 것으로 남자는 고환이 두 개 이상이고 여자는 두 개의 자궁이 있을 수 있다.

4. 건강과 성격

- 인중은 수명 및 심성과 인품을 나타낸다. 50세 전에 의롭지 못한 일을 많이 하면 인중이 비뚤어지거나 좁아지고 짧아지며, 나쁜 주름과 나쁜 점이 생긴다. 반대로 착한 마음으로 선행을 많이 한 사람은 인중의 상이 좋게 변한다.
- 인중이 길면서 귀까지 긴 사람은 장수하지만, 반대로 인중과 귀가 모두 짧은 사람은 반드시 단명한다.
- 인중이 단정하고 직선인 사람은 신용이 있고 의를 중요시 여기며 마음 또한 떳떳하다.
- 인중이 두껍고 넓은 사람은 대인관계가 좋고 임기응변이 뛰어나다.
- 인중이 위가 좁고 아래가 넓으며, 길고 깊은 사람은 총명하여 배우기를 좋아하고, 꾸준히 노력하는 기백과 독자적인 견해가 있

으며, 일을 처리하는 데 적극적이다.
- 인중이 짧고 얕은 사람은 56세에 수명을 다한다. 만일 면상의 다른 부위에 결함이 있으면 더 빨리 사망할 수 있다.
- 인중이 짧고 얕으며 좁고 작은 사람은 설령 총명하더라도 꾸준히 노력하는 인내와 기백이 결여되어 나태하다.
- 인중이 짧고 얕은데다 코까지 작고 내려앉아 있는 사람은 매우 현실적이고, 열등감이 있어 남이 칭찬해 주는 것을 좋아하며, 생활이 문란하여 단명한다. 또한 게을러서 잠자기를 좋아하고, 일을 처리하는 데 있어 소극적이며, 인내와 기백도 결여되어 있다. 일반적으로 인중이 짧고 얕은 사람은 다른 사람이 추켜세워 주는 것을 좋아하고 허영심이 강하다. 만약 점까지 있다면 더욱 흉하다.
- 인중이 평평하고 이중턱이 아닌 사람은 생각이 막혀 있고 포부가 결여되어 있으며, 성격 또한 활발하지 못하고 융통성이 없으나 욕심은 많다.
- 인중의 위아래가 얕으나 중간이 깊은 사람은 성격이 급하고 일을 처리하는 데 두서와 조리가 없다. 또한 다른 사람과 화합하지 못한다.
- 인중이 위가 넓고 아래가 좁으면 사람됨이 간교하며, 매사 용두사미 격으로 후반의 노력이 부족하여 성공하기가 힘들고, 나이가 들수록 어려워진다.
- 인중의 위아래가 좁고 중간이 넓으면 사람됨이 교활하고 각박하며 냉혹하다.
- 인중이 올챙이처럼 얇은 사람은 도량이 작고, 쓸데없는 생각하기를 좋아하며, 생명력이 약하다.
- 인중에 굴곡이 있거나 많이 휘어진 사람은 위선적이고 술수를 자

주 부린다. 인중이 단정하고 곧은 사람은 신용이 있고 너그럽다.
- 인중이 왼쪽 또는 오른쪽으로 휘어져 있는 사람은 습관성 변비를 앓고 있지 않으면 위장과민으로 종종 변비와 설사가 반복된다. 동시에 척추가 비뚤어져 있어 쉽게 허리가 쑤시고 등이 아픈 병을 얻는다.
- 인중에 십자문(十字紋)이나 교차문(交叉紋)이 있는 사람은 물을 조심해야 한다.
- 인중에 횡문(橫紋)이 있는 사람은 재난이나 아사(餓死)를 예방해야 한다.
- 인중에 직문(直紋)이 있는 사람은 심성이 간교하다.
- 인중에 콧수염이 없는 사람은 총명하고 계책이 많으며 능력도 뛰어나지만 욕심이 많고 급진적이다. 여기에 눈썹과 살쩍 모두가 가볍지 않으면 50세 전에는 운수가 사나워 재산을 모으기가 힘들고, 의를 행하려 하나 자주 시비에 말려들며, 다른 사람들이 좋아하지 않는다.

『황제내경(黃帝內經)』에 의하면, 소화배설기 계통의 기(氣)와 혈(血)의 순환이 모두 정상이면 윗입술 특히 인중의 콧수염털이 부드럽고 아름다우며, 血이 적고 氣가 많으면 콧수염털이 복잡하고 거꾸로 헝클어져 있으며 그 길이 또한 다르다고 했다. 또한 血이 많고 氣가 적은 사람은 콧수염털이 적고, 氣와 血이 모두 적은 사람은 윗입술에 콧수염이 없거나 콧수염털이 아주 적어 몇 가닥 장식해 놓은 것 같다고 했다.

보통 호르몬 분비의 정상 여부가 수염과 같은 남성의 제2차 성징에 영향을 끼치는데, 이때 血은 털에 자양분을 공급하여 광택을 주는 작용을 한다. '수염은 신장을 나타낸다'는 상학의 이론은 『황제내경』의 말과 부합된다고 할 수 있다.

윗입술 위에 나는 털을 자(髭), 아랫입술 하단에 나는 털을 수(鬚), 양 볼에 나는 털을 호(髇), 턱에 나는 털을 염(髥), 귀 옆에 나는 털을 빈(鬢), 온 뺨과 온 이마에 나는 털을 규염(虬髯)이라고 하는데, 규염이나 음모(陰毛)가 풍성한 것은 기혈이 매우 왕성하다는 뜻이다.
• 인중의 혈색이 검은 사람은 병세가 심하다. 여기에 입술까지 파랗거나 누렇고 두 눈에 눈빛이 사라졌으면 곧 죽게 된다.

5. 여성의 인중

• 여성의 인중이 깊고 길며 위가 좁고 아래가 넓으면 생식기 계통의 발육이 정상이고, 음모가 농밀하며, 음도 및 자궁 발육이 양호하다. 이런 여성은 아들을 많이 낳고 분만 또한 쉬우며, 일생동안 부인병이 적고, 남편을 흥하게 하고 집안을 일으키며, 늙어서까지 부유하다. 또한 성격이 좋고 재능도 남성에게 뒤지지 않으며 결혼생활 역시 순조롭다. 인중의 상이 좋지 않거나 손의 동맥문(動脈紋)이 끊어졌다 이어졌다 하며 굴곡이 있으면 대개 부인과의 질환이 있다. 이런 여성은 성격이 조급하거나 편집적이고, 이성적이지 못하며 불안정하다. 따라서 결혼생활 역시 순조롭지 못하다.
• 인중이 좁으면 특히 자궁의 발육이 불충분하고, 대부분 부인병이 있다.
• 인중의 위아래가 같은 넓이로 넓은 여성은 자식과 남편을 극하고, 심성 또한 좋지 않다.
• 인중이 위가 넓고 아래가 좁으면 남의 일에 간섭하기를 좋아하

고 부덕(婦德)이 없으며, 어질고 현명하지 못하다. 또한 난산을 하거나 자녀가 적으며 단명한다.
- 인중의 위아래가 모두 뾰족하고 중간이 넓은 여성은 자식을 극하여 태아에게 해를 끼치고, 심성 또한 좋지 않다.
- 인중에 직문(直紋)이 있으면 늙어서 외롭게 된다.
- 인중이 평평하고 두툼하면 아들을 적게 낳고 딸을 많이 낳는다.
- 인중에 횡문(橫紋)이 있으면 남편과의 인연이 박하다. 주름이 옅으면 난산의 액운이 있고, 주름이 깊으면 남편을 극한다.
- 인중에 작은 상처가 있으면 중절수술을 받은 경험이 있다.
- 인중과 법령 중간에 솜털이 지나치게 많고 너무 검으면 50세 전에 남편을 극하여 과부가 된다. 그러나 늦게 결혼하는 사람은 흉이 반감된다.
- 인중이 비뚤어져 있으면 자궁 또한 바르지 않고 부인병이 있으며, 임신할 확률이 극히 적고, 심성도 좋지 않다.
- 인중이 양쪽으로 구부러져 있으면 행실에 지조가 없고 음탕하며 도덕과 의리를 그르친다. 또한 간통으로 인한 자식을 낳을 가능성이 있으며, 자녀가 기형이거나 변태가 많고, 혹은 성장한 후에 불효한다.
- 인중에 붉은 실 모양과 붉은 기운이 나타나고, 얼굴이 음부(淫婦)의 골격이면 현재 음탕한 행위를 하고 있거나 자궁이나 음부에 염증이 생긴 것이다.
- 인중에 작은 부스럼이나 반진(斑疹)이 생기면 곧 생식기 계통에 이상이 생겼음을 나타내는 징조이다.
- 인중에 두 개의 검은 점이 있으면 쌍둥이를 낳을 기회가 있음을 뜻한다.
- 인중에 점이 있으면 부인과 질환을 앓았거나 자녀를 낳기 힘들

며 난산에 대비해야 한다. 또한 결혼생활이 순탄하지 못하고, 늘 남편을 속이고 해친다.
- 인중 좌우에 점이 있으면 탕부(蕩婦)의 상으로 중매도 없이 스스로 시집을 가고, 결혼 후에도 다른 사람을 사귀며 남편을 속이고 해친다.
- 여성이 자궁을 잘라내면 원래 분명했던 인중이 평평해진다.

인중의 종류

위가 좁고 아래가 넓은 모양〔上窄下寬〕	위아래가 같은 넓이로 넓은 모양〔上下同寬〕	위가 넓고 아래가 좁은 모양〔上寬下窄〕
자손이 많다.	장수하나 자식을 극한다.	성격이 악독하고 자식을 극한다.
올챙이같이 가는 모양〔細如懸針〕	인중에 세로로 주름이 있는 모양〔人中直紋〕	인중에 가로로 주름이 있는 모양〔人中橫紋〕
노년에 외롭고 가난하다.	자식을 매우 늦게 얻는다.	자식이 있으나 극한다.
인중에 교차무늬가 있는 모양〔人中交紋〕	인중이 구부러져 있는 모양〔人中屈曲〕	인중에 결함과 점이 있는 모양〔人中疵痣〕
관액(官厄)이 많다.	위선적이고 교활하다.	불길한 징조이다.

법령

1. 부위의 특성

법령(法令)은 법제호령(法制號令)을 이르는 말이다. 대개 지도층에 속한 사람들은 법제의 엄밀함과 호령의 공정함을 중요하게 여기는데, 그렇게 하지 않으면 통솔이 무력해지고 업무상 장애가 따르기 때문이다.

사람을 영도하는 데 나름대로의 능력과 기술을 가지고 있는 지도자는 반드시 그 용모가 남들과 다르다. 눈썹 모양에 위엄이 있고 눈에는 神이 있으며, 특히 법령의 주름이 넓고 깊고 길며 모양이 종과 같다. 그러므로 상학에서는 법령의 주름을 사회적 지위 및 사업성취의 상징으로 본다. 법령을 다른 말로는 인수대령(印綬帶令)이라고도 하는데, 그 뜻은 법제호령과 같다.

법령은 일에 대한 운세의 관찰점이다. 사람이 자신의 업무에 대해 성심성의로 노력하는지의 여부를 알려면 법령 주름의 길고 짧음과 깊고 얕음, 넓고 좁음을 보아야 한다. 예를 들어 좌우 법령의 길이가 일치하는 사람은 평생 부지런하고 성실하게 자신의 일과 사업에 몰두한다. 길이가 일치하지 않거나 혹은 주름이 지나치게 짧은 사람은 새로운 것을 보면 마음이 쏠려 현재의 일에 전념하지 못하고 다른 생각을 가지거나 직업을 바꾸게 된다. 또한 만일 법령 주름이 콧날에서 바깥으로 나오고, 양 입가에서 다시 나오면 만년에 중대한 변화를 맞이하게 된다. 법령 주름이 지나치게 짧으면 일생 동안 사업에 성과가 없거나 그렇지 않으면 대기만성형이다.

또한 법령 주름을 가리켜 수대(壽帶)라고 하는데, 그것은 법령 주름의 길고 짧음, 깊고 얕음, 넓고 좁음이 생명의 길고 짧음, 융성과 쇠퇴를 상징하기 때문이다.

법령은 뇌신경의 전달과 소화기 계통의 활동 및 엉덩이 근육의 수축과 이완 등의 우량 여부를 나타내는 축소판이기 때문에 법령 주름의 생김이 좋으면 일생 동안 거의 신경쇠약이나 두통, 소화기 계통 기능의 균형상실 및 하지(下肢)의 병에 걸리지 않으며, 자연히 장수를 누리게 된다.

모양이 좋지 않은 법령 주름을 가리켜 등사(螣蛇)라고 하는데, 특히 입으로 들어가는 듯한 모양의 등사입구(螣蛇入口)를 꺼린다. 이런 사람은 반드시 굶어죽는다고 하였다. 상학이 과학적 해석을 거치기 전에 이것은 단지 근거 없는 미신으로 취급되거나 일종의 통계현상으로 받아들여졌다. 그러나 의학의 뒷받침으로 등사입구라는 말은 과학적인 근거를 찾게 되었다.

대체로 등사입구인 사람은 대부분 소화기 계통에 병리적 변화가 발생하며, 성격 또한 즉흥적이고 경박하고 민감하여 쉽게 긴장하고 흥분한다. 이런 사람은 음식을 먹지 못하거나 거부하게 되어 결국은 영양실조로 죽음에 이를 수도 있다.

2. 사업성패 및 시기

- 법령 주름이 둥글고 깊으며 바르고 광대하고 두툼한 것이 마치 종(鐘) 같은 사람은 사업운이 오래간다. 특히 33세 이후에 점점 성과가 있고, 복과 장수를 모두 누린다.
- 좌우를 막론하고 법령 주름의 말단에 잔주름이 나 있는 것을 금루(金縷)라고 하는데, 주름이 생겨나는 날부터 명성과 지위가 높아진다. 만일 상업에 종사하고 있으면 동시에 두 종류 이상의 사업을 경영하며, 적은 노력으로 많은 소득이 있다. 이중법령도 마찬가지로 길하다.
- 법령 주름이 금루의 위치까지 나 있으면 귀함이 하늘에 닿고, 위엄이 강산을 누른다.
- 법령 주름이 분명하지 않으면 중년의 사업운이 좋지 않다. 특히 33~34세, 37~38세, 44~45세에 위기가 닥친다.
- 법령 주름이 50세에도 여전히 입을 지나지 않으면 세월을 헛되이 보낸 것이다. 그러나 오성육요(五星六曜), 오관육부(五官六府)가 모두 좋으면 이에 해당되지 않고, 특히 눈썹과 수염이 짙은 삼농격(三濃格)은 해당이 없다.
- 법령 주름의 장단이 대칭을 이루지 않거나 분명하지 않은 사람은 평생 사업에 많은 변화가 있고 성과가 적다.
- 법령 주름이 가늘고 좁으면 명성을 얻을 수 없고 평생 고생한다.
- 법령 주름이 짧은 사람은 운(運)의 주도적 역할을 하거나 지도자가 될 수 없다. 만일 그렇게 되더라도 반드시 소인(小人)의 시비에 자주 말려든다. 그러나 눈썹의 상에 위엄이 있고 눈썹의 털이 좋으며 눈에 神이 깃들인 사람은 예외이다.
- 법령 주름이 짧으면 막료의 일이나 정업이 아닌 편업을 하는 것

이 좋다. 만일 면상의 다른 부위와 잘 조화되면 정업이 아닌 일에서 공명을 날리고 재물을 얻으며, 심지어는 죽어서 후세에 이름을 남긴다.

- 법령의 주름이 입을 지나지 않음에도 매우 부귀한 사람은 대기만성형의 인물이다. 동시에 입가에 그것과 다른 작은 법령 주름이 생겨나면 일생에 중대한 변화가 생기거나, 처음엔 공무원이었다가 재계로 진출하거나, 처음엔 군에 있다가 나중에 정치에 입문하게 된다.
- 얼굴에 살이 쪘다가 빠져서 법령의 주름이 보이지 않게 되었다면 현재 곤경에 처해 있음이 분명하다. 반드시 주름이 깊어지고 모양이 예쁘게 된 후에야 운이 바뀔 수 있다.
- 법령 주름이 난대와 정위로 갈라져 있는 것을 법령괘비(法令掛鼻)라고 하는데, 이런 사람은 일생 동안 고생하나 수확이 적다.
- 법령 주름이 끊어져 있거나 휘어져 있는 사람은 중년에 사업에 실패하거나 직장을 잃게 된다.
- 법령 주름에 갑자기 부스럼이나 작은 흉터가 생기면 반드시 시비에 말려들거나 재산의 손실을 입게 된다.
- 법령 주름의 혈색이 좋으면 사업상 왕성한 때이거나 새로운 기회가 있어 발전하게 되는 때로 재운이 좋다. 그러나 만약 혈색이 검다면 도난에 유의해야 한다.

3. 가족관계 및 혼인과 자녀

- 법령 주름이 넓고 살집 또한 두툼한 사람은 가족이 많거나 인간관계가 폭넓은데, 주름이 넓을수록 길하다.

- 법령 주름이 넓으나 길이가 입가에 이르지 못하는 사람은 만년에 자손을 극하고 외롭고 가난하며 병이 여러 해 계속된다. 단 여성은 해당되지 않는다.
- 법령 주름이 가늘고 길며 좁은 사람은 만년에 자녀를 극하고, 자신은 가난과 병에 시달린다.
- 법령 주름의 장단이 가지런하지 않거나 결함이 있으면 가업이 여러 차례 변하고, 가족과 일찍 헤어진다.
- 법령 주름이 한쪽은 한 줄, 다른 한쪽은 두 줄이면 다른 집에 양자로 들어가거나 성이 다른 부모를 갖게 된다.
- 법령 주름이 왼쪽이 깊으면 아버지의 도움을 얻고, 오른쪽이 깊으면 어머니의 도움을 얻는다.
- 법령 주름이 비록 입으로 들어가지 않았으나 지나치게 입가에 가깝거나, 입가 양쪽에 다른 세로의 주름이 생겼으면 결혼생활이 순조롭지 않다. 그러나 재혼일 경우는 괜찮다.
- 비록 법령 주름은 길지만 입 둘레를 돌아가면 결혼생활이 순조롭지 않거나 만년에 고독하며, 가족끼리 화목하지 않다.
- 법령 주름에 점이 있으면 조업(祖業)을 계승하지 못한다.
- 법령 주름의 왼쪽에 점이 있으면 아버지가 먼저 돌아가시고, 오른쪽에 점이 있으면 어머니가 먼저 돌아가시는데, 부모의 임종 또한 지키지 못한다.

4. 건강과 성격

- 법령 주름이 턱까지 이른 사람은 노년에 건강하고 병이 적으며, 장수를 누린다.

- 법령 주름이 둥글고 깊으며 바르고 광대하고 두툼하기가 마치 종 같으면 스스로 엄격하고 주도면밀하며, 상냥하고 믿음직스럽다. 일에 임해서는 유종의 미를 거두며, 사람을 대하는 데 비굴하지도 거만하지도 않다.
- 법령 주름 옆에 또 다른 깊고 수려한 세로의 주름이 있는 것을 이중법령 또는 수대(壽帶)라고 하는데, 이런 사람은 노년에 복과 장수를 누리며 나이가 들수록 좋다.
- 법령 주름이 이중이면 감정과 이성이 모두 강하여 비록 역경에 처하거나 불쾌한 일이 생겨도 능히 스스로 극복할 수 있다.
- 법령 주름 안에 다시 작은 법령 주름이 생기면 성격이 보수적이고 고지식하며, 감정이나 욕구를 잘 드러내지 않는다. 그러나 분위기 조성을 잘하고 여복이 많다.
- 법령 주름이 분명하고 좌우가 대칭이면 질서관념이 강하고 법을 존중하며, 안정적인 직업과 생활을 좋아한다.
- 법령 주름이 입을 잠그고 있는 것을 등사입구(螣蛇入口)라고 한다. 이런 사람은 55세 이후에 재난이 있고, 65세 전에 반드시 병이나 다른 원인으로 인해 굶어죽게 된다. 그러나 만일 혀끝에 점이 나 있으면 쌍룡창주(雙龍搶珠)라고 하여 길하다.
- 법령 주름이 입을 잠그고 있고, 입가에 난 법령 주름이 다시 입을 둘러싸고 있는 쌍중쇄구(雙重鎖口)인 사람은 굶어죽게 된다. 이것은 소화기 계통의 병이 재발했다는 징조이다.
- 법령 주름이 지나치게 깊은 사람은 인정이 없고 사람을 대하는데 지나치게 엄격하며, 심성이 잔혹해 심지어는 살생을 하기도 한다. 만일 군인이나 공무원이면 독재를 하게 된다. 또한 질투와 의심이 많으나 책임감은 강하다.
- 법령 주름이 가늘며 길고 좁으면, 즉 도랑은 있으나 형태가 없으

면 성격이 활발하지 못하고 사업상 성과가 적으며, 일생 동안 평범하고 포부가 없이 지낸다.
- 법령 주름이 40세 이후에도 분명하지 않은 사람은 성격이 조급하고 편협하며, 허영스럽고 잘난 척을 한다. 사업이나 직업에서도 새로운 것을 대하면 곧 마음이 쏠려 진로를 바꾸며, 자아 인식이 부족하고 사람을 대하고 일을 처리하는 데 실속이 없다.
- 법령 주름의 장단이 대칭을 이루지 않거나 희미한 사람은 성격이 불안정하여 종잡을 수 없으며, 두통 등의 질병을 쉽게 앓는다.
- 법령 주름이 짧거나 끊어져 있지만 잔주름이 있는 것을 음즐문(陰騭紋)이라고 한다. 이런 사람은 음덕을 쌓아서 주름이 생겨난 날부터 건강이 좋아지고, 수명 또한 연장된다.
- 법령 주름이 누당에서부터 나 있는 사람은 음식이나 약을 먹을 때 중독이나 다른 흉재를 주의해야 한다.
- 법령 주름이 생기는 나이는 33~34세를 기준으로 삼는데, 만일 30세 이전에 생기면 조숙하고 사업이 일찍 발전하며, 또한 사람됨이 총명하고 심지가 깊다. 너무 늦게 생기는 사람은 뇌신경 계통이나 소화기 계통이 건강하지 못하거나 일에 적극적으로 분발하지 못한다.
- 법령 주름에 흑회색의 점이 있는 사람은 다리나 발의 병을 앓고 있거나 다리나 발에 쉽게 상처를 입는다. 여성은 손에 질병이 있거나 손을 쉽게 다친다.

5. 여성의 법령

- 여성의 법령 주름이 깊고 길면 고신(孤神)이라고 한다. 이런 여

성은 남편운이 좋지 않거나 남성과의 인연이 없고 독신주의 성향이 있다. 만일 면상의 다른 부위에도 결함이 있으면 남편과 자식을 극하고, 만년에 외롭고 가난하다. 성격은 질투심이 많지만 독립심이 강하고 능력이 뛰어나다.

참고로 고신에 해당하는 여성은 다음과 같다.

① 눈의 검은 눈동자가 모두 드러나 사방에 흰자위가 보이는데다 눈과 눈썹을 부라리고 눈꼬리에 주름이 많은 사람.
② 입술이 젖혀져 있어 잇몸이 드러나는데다 입주름이 많고 결후가 튀어나온 사람.
③ 귀가 바깥쪽으로 뒤집어져 있는데다 귀에 결함이 있는 사람.
④ 이마가 좁고 높으며 튀어나오고 주름이 많으며, 머리 또한 큰 사람.
⑤ 코가 날카롭거나 코에 멍울이 지고 비뚤어졌거나 매부리코 또는 들창코이며, 관골 또한 높은 사람.
⑥ 키가 너무 큰데다 얼굴이 크거나 네모난 사람.

- 여성이 30세 전에 법령 주름이 생기면 호걸형으로 능력이 뛰어나 사회활동을 열심히 한다.
- 만약 법령 주름이 없으면 틀림없이 직업여성이 아니라 평범하고 조용한 생활을 하는 가정주부이다.
- 좌우를 막론하고 법령 주름 말단에 잔주름이 나 있으면 결혼생활이 순조롭지 않으며, 재혼할 수 있다.
- 법령 주름에 점이 있으면 적막한 것을 싫어하고 평범한 생활에 안주하기를 꺼려 결혼생활이 순조롭지 않다.

법령의 종류 — 1

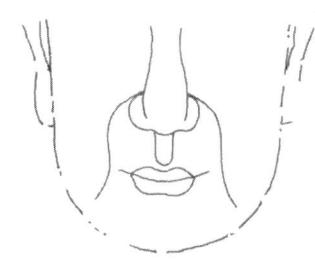

넓기로는 종 모양을 이루고 길기로는 턱에 이르는데, 이런 사람은 반드시 부귀장수를 누린다.

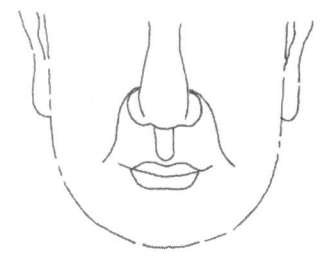

넓기로는 종 모양을 이루지만 길이가 턱에 미치지 않는다. 이런 사람은 사업에 성공하지만 장수의 여부는 관골을 보아야 단정지을 수 있다.

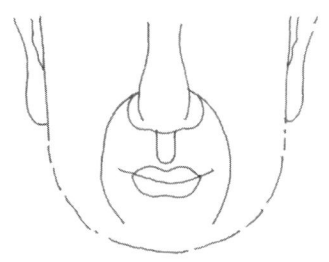

길이가 턱까지 이르렀으나 넓이가 부족하다. 이런 사람은 장수를 누리나 사업에서는 대성하기 어렵다.

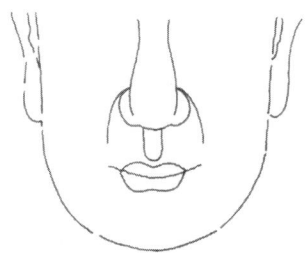

길이가 입가를 지나지 않는다. 이런 사람은 건강이 좋지 않고 단명할 상이다. 또한 유전도 불량하며 자손을 극한다.

법령의 종류-2

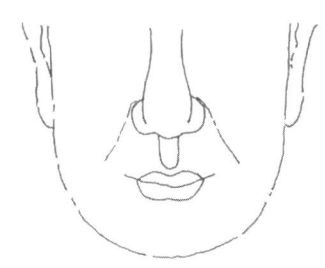

이런 법령은 보기 드문데, 이런 사람은 일생 동안 자주 곤경에 처하고, 사업에도 성과가 있기 어려우며, 건강 또한 보통이다.

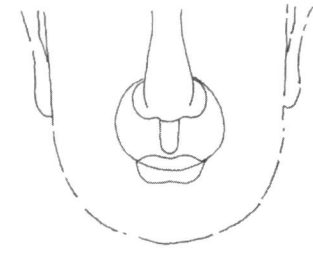

대표적인 등사입구로 반드시 폭식으로 인해 위장병이 생기며, 결국에는 음식을 먹지 못해 굶어죽게 된다. 그러나 입가에 짧은 주름이 있으면 등사에서 용(龍)으로 바뀌기 때문에 길한 것으로 본다.

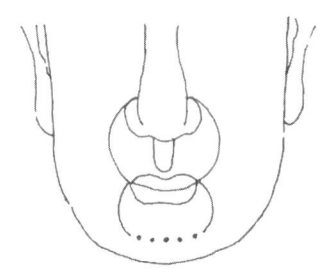

이중 등사입구로 반드시 소화기 계통에 병이 생기거나 가난 때문에 아사하게 된다.

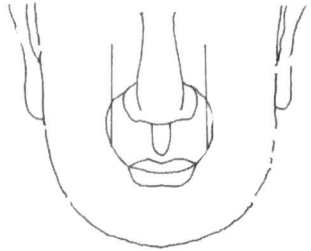

등사입구인데, 게다가 누당에서부터 주름이 생겨 입으로 들어갔기 때문에 음식이나 약물중독으로 죽게 된다.

법령의 종류―3

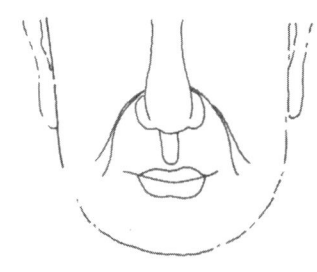

법령 주름 위에 가지 주름이 다시 생겨난 것으로 음즐문이라고 한다. 이런 사람은 공덕심이 있고 음덕을 쌓아 노년운이 좋고 장수를 누린다.

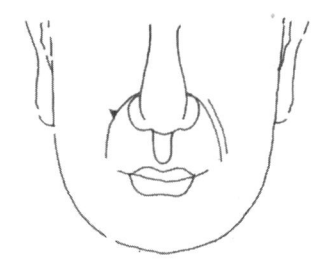

한쪽은 이중 주름, 다른 한쪽은 단주름이다. 이런 사람은 다른 집의 양자가 되거나 다른 성의 부모를 갖게 되며, 일생 동안 사업에도 변화가 많다.

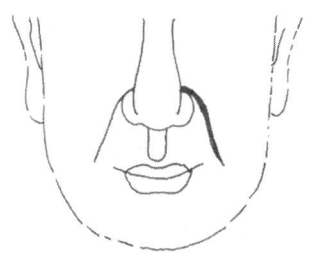

법령 주름 양쪽의 깊이가 다른 것으로 왼쪽이 깊으면 아버지의 도움을 얻고, 오른쪽이 깊으면 어머니의 도움을 얻는다. 여자는 반대이다.

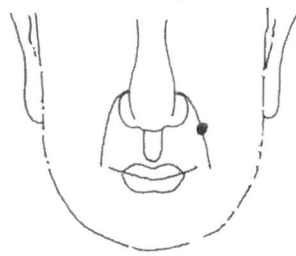

왼쪽 법령에 점이 있으면 아버지와의 인연이 적고, 오른쪽 법령에 점이 있으면 어머니와의 인연이 적다. 또한 질병이 있으며, 결혼생활도 순조롭지 않다. 여자는 반대이다.

턱과 턱뼈

1. 부위의 특성

턱[地閣]과 귀밑 턱[顎骨] 두 부위를 생리학에서는 통칭 아래턱[下顎] 부위라고 한다. 해부학에서는, 턱은 후두부갑상연골부(後頭部甲狀軟骨部), 귀밑 턱은 후두부섭유엽하부(後頭部顳顬葉下部)라고 한다.

이것을 인상학의 오행으로 설명하면 턱은 水로서 생식기 및 내분비의 모든 계통과 관련이 있으며, 귀밑 턱은 엉덩이·정강이 및 하지(下肢) 계통과 관련이 있다. 그리고 노년기의 건강과 지혜, 성격 등을 관장한다.

턱의 다른 이름은 하해(下頦)·하함(下頷)·하파(下巴)이며, 귀밑 턱의 다른 이름은 이(頤), 시이(腮頤), 면협(面頰), 면방(面龐) 등이지만 지각(地閣)과 시골(腮骨)만이 상학 75부위의 전문명사가 된다.

『신상철관도』에는 턱 부위에 대하여 다음과 같이 씌어 있다.

얼굴에서 이마·코·턱을 전산(前山)의 삼주(三主)로 삼고, 머리에서 정수리·뇌·침(枕: 베개가 닿는 부분을 가리킨다)을 후산(後山)의 삼주로 삼는다. 삼주란 면상과 두상을 관찰하는 세 개의 주요한 관찰점을 이르는 말로서 전산 삼주와 후산 삼주로 나뉘며, 이로써 각각 인생의 초년·중년·만년의 운을 알 수 있다.

초년운은 이마와 머리의 정수리를 위주로 보고, 중년운은 코와 머리의 후뇌를 보며, 만년운은 턱과 머리의 침뇌(枕腦)를 중심으로 본다.

또한 전산이 좋은 것은 후산이 좋은 것만 못하고, 전산이 나쁘면 특히 후산이 나쁜 것을 꺼린다.

이를 현대적으로 다시 해석하면 다음과 같다.

이마가 나쁘고 정수리가 좋으면 그런대로 의식이 풍성하지만, 이마가 좋고 정수리가 나쁘면 의식이 풍족하기 어렵다. 코가 나쁘고 뇌가 좋으면 나쁜 것이 없지만, 코가 좋고 뇌가 나쁘면 반드시 나쁘다. 턱이 나쁘고 침이 좋으면 그런대로 괜찮지만, 턱이 좋고 침이 나쁘면 노년에 고생을 하고, 턱과 침이 모두 나쁘면 노년에 반드시 외롭고 가난하게 된다.

이처럼 상법에서 턱은 노년운과 밀접한 관계가 있는데, 상을 볼 때는 반드시 면상과 두상을 같이 보아야 착오가 생기지 않는다.

또한 턱을 일러 노복궁이라고 하는데, 노복이란 아랫사람 즉 친족과 부하를 통칭하는 것이다. 노복궁의 상이 좋은 것은 수계(水系)가 왕성하고 소뇌의 발육이 양호하다는 표징으로, 이런 사람은 반드시 자손이 많고 우수하며 효도한다. 또한 소뇌의 발육이 좋으면 내분비계통이 정상이기 때문에 건강과 지혜, 성격이 모두 좋다.

이런 사람은 사업을 할 때 왕성한 투지와 양호한 기억력·분석력을 발휘하며, 사람을 대하고 일을 처리할 때도 의견을 능숙하게 조정하는 지도자다운 면을 보인다. 따라서 아랫사람들이 기쁜 마음으로 따르며 강한 구심력에 이끌리는데, 이는 나이가 들어서도 비교적 변함이 적다. 이러한 이유 때문에 노복궁을 통어궁(統御宮) 또는 관리궁(管理宮)이라고도 부른다.

턱은 오악(五嶽) 중에서는 북악(北嶽)이며, 오성(五星) 중에서는 수성(水星)이다. 턱의 좋고 나쁨은 만년운 및 친족·부하 등과 관련된 인간관계를 드러내며, 나아가 인생의 근기, 의지의 강약, 가정의 화목과 불화, 애정의 두터움과 엷음, 건강의 좋고 나쁨, 지혜의 우열, 도덕의 유무 등과 많은 관련이 있다.

2. 사업성패 및 시기

- 아래턱과 귀밑 턱이 서로 이어져 있고 아래턱 부위가 네모지면서도 둥글며 넓고 두툼한 사람은 만년에 사업이 발전하고, 나이가 들수록 운이 더욱 좋아진다.
- 턱과 입의 모양 및 크기가 평형이고 서로 대칭을 이루면 일생 동안 성취가 비범하고, 부귀를 누리거나 정업이 아닌 직업에 종사함으로써 많은 재물을 얻는다.
- 옆에서 볼 때 턱과 15세 위(位)인 화성(火星)이 일직선이 되는 것을 천지조읍(天地朝揖)이라고 하는데, 이런 사람은 부하지 않으면 귀하게 되고, 평생 성취가 크다. 제비턱[燕頷 : 이중턱에 목이 두꺼운 것]인 사람이나 주걱턱[扉斗]인 사람을 막론하고 복록을 누린다. 만약 정면에서 볼 때 천창과 지고가 일직선이면 성취

가 비범하며 노년에 복과 장수를 누린다.
- 턱과 귀밑 턱 부분이 풍만하고 둥그스름한 것을 노복궁을 이루었다고 한다. 이런 사람은 평생 사람이 잘 따라 사업이 잘된다.
- 턱과 귀밑 턱 부분이 비록 풍만하고 둥그스름하나 코를 포함한 윗부분이 뾰족하고 약해 서로 대칭을 이루지 않으면, 화성이 거꾸로 수성을 극한 형국이 되어 일생 동안 가난하고 사업 또한 성공하기 어렵다.
- 이중턱인 사람은 평생 돈 걱정을 하지 않으며 부동산이 많다. 만약 다른 오관과 조화를 이루면 일생 동안 재운이 좋은데, 나이가 들수록 더하다.
- 턱이 긴 사람은 턱이 짧고 작은 사람보다 성취가 크다.
- 턱이 길지만 살이 없고 윤이 나지 않는 사람은 재운이 없고 평생 고생하며, 사업에서도 성취가 있기 어렵다.
- 턱이 둥글고 작은 사람은 자신이 좋아하는 일을 해야 성공할 수 있다. 그러나 정업이 아닌 직종에 종사해야 하며, 군인이나 공무원·교육자가 되거나 상공업에 종사하는 것은 좋지 않다.
- 턱이 지나치게 짧고 작은 사람은 통솔력이 없어 창업을 하거나 주도적인 역할을 하면 좋지 않고, 봉급생활을 하는 것이 좋다. 그렇지 않으면 아랫사람에게 배신이나 추월을 당할 수 있다. 이중턱 또는 제비턱이며 인중이 길고 입술이 두꺼운 사람은 흉이 반감된다.
- 턱이 뾰족하고 작은 사람은 일생 동안 사업에 성과가 있기 어렵고, 나이가 들수록 빈곤해지며, 자녀 또한 효심이 없다. 턱이 마른 사람은 더욱 그러하다.
- 턱이 위로 올라가 있으면 천지조읍이 아닌 이상 남녀를 불문하고 노년에 지도자적인 위치에 서거나 기업의 관리를 맡아서는

안 된다. 그렇지 않으면 부하직원에게 기만이나 배신을 당할 가능성이 있다. 또한 나이가 들수록 곤궁하고 고생스러우며, 자녀 덕을 보기도 어렵다.

- 턱이 심하게 비뚤어졌거나 오목하게 들어갔거나 상처 또는 흠집이 있는 사람은 41세, 51세, 61세, 71세에 실패를 하거나 재산의 손실을 볼 수 있다. 또한 만년에는 가족이나 아랫사람 때문에 번거로운 일이 생겨 피곤할 수 있다. 만약 얼굴의 다른 부위와 잘 조화되지 않으면 반드시 가난과 병으로 죽게 된다. 이런 사람은 마땅히 사수(四修 : 修身·修心·修德·修行)를 강화함으로써 역경을 극복해야 한다.

- 턱에 수염이 없으면 은면(銀面)이나 적면(赤面)에 포시(暴腮)가 아닌 이상 일생 동안 생계의 기초를 마련할 수 없다. 은면이란 얼굴이 하얗고 윤기가 나는 것이고, 적면이란 얼굴이 붉고 윤기가 나는 것이며, 폭시란 귀밑 턱 부위가 풍만하고 둥글며 두툼한 것이다.

- 턱에 가로 또는 세로로 주름이 있는 것을 파복문(破福紋)이라고 하는데, 길상이 아니다. 이런 사람은 턱이 풍만하더라도 좋은 결과가 있을 수 없고, 70세나 71세에 건강이나 사업에 반드시 문제가 생긴다. 송당(訟堂)에 주름이 있어도 마찬가지이다.

- 귀밑 턱 부위는 뾰족하거나 말라서 뼈가 드러나서는 안 된다. 특히 귀밑 턱 부위가 오목하게 들어가 있는 것을 꺼리는데, 그런 사람은 만년에 외롭고 가난하며 고생스럽다.

- 귀밑 턱 부위가 특히 풍만하고 둥근 것을 지여익(地如翼) 또는 포시라고 하는데, 이런 사람은 반드시 50세 이후에 운이 트이며 나이가 들수록 더욱 좋다. 그러나 얼굴색이 창백하거나 청흑색 또는 황색이어서는 안 되며, 희거나 붉으면서 윤기가 돌아야 길

하다.
- 귀밑 턱 부위에 분명하고 가지런한 긴 주름이 두 개 이상 있는 것을 봉장문(捧場紋)이라고 하는데, 이런 사람은 중년이나 만년에도 여전히 매력이 있고 통솔력이 뛰어나 부귀와 명성을 얻게 된다.

3. 가족관계 및 혼인과 자녀

- 턱과 귀밑 턱 모두가 풍만하고 두툼하며 둥근 사람은 자손이 많을 뿐만 아니라 모두 현명하며 효심이 깊다. 또한 만년에 복과 장수를 누리며 지낸다. 이는 금형인·토형인·수형인에게 해당되며, 목형인·화형인에게는 해당되지 않는다.
- 정면에서 볼 때 턱과 천중이 대칭을 이루지 않는 것을 자오부직(子午不直)이라고 한다. 이런 사람은 평생 한곳에 정착하지 못하고 떠돌아다닌다.
- 턱이 지나치게 긴데다 입도 비뚤어져 있으면 만년에 자녀를 극한다.
- 턱에 한 곳 이상 패인 곳이 있으면 조상을 승계하지 못하거나 다른 집의 양자가 된다.
- 턱이 뾰족하고 작으며 귀밑 턱 부분이 마른 사람은 가정관념이 희박하고 책임감이 없다. 만일 여기에 뒤의 침 부위가 평평하면 더욱 그러하다.
- 턱의 정중앙에 점이 있으면 조업을 잇지 못하며, 설령 승계한다고 해도 실패한다. 하지만 집안을 잇기 위해 입양된 사람이면 괜찮다.

4. 건강과 성격

- 턱이 풍만하고 둥글며, 근육이 단단하고 탄력이 있는 사람은 성격이 착실하고 온화하다. 또한 도량이 크고 통솔력이 있으며, 다른 사람을 기쁜 마음으로 돌보고 뭇사람의 희망을 한 몸에 집중시킬 수 있다. 따라서 지도자적인 위치에 서게 되며 반드시 크게 성공한다.
- 턱이 넓거나 사각형인 사람은 일을 할 때에 원칙이 있으며 실패를 두려워하지 않는다. 또한 통솔력이 강하고 책임감이 있으며, 어떠한 환경에도 적응할 수 있다. 게다가 제비턱이라면 무직(武職)에 종사하는 것이 좋다.
- 턱과 입이 평형이며 대칭을 이루면 성격이 믿음직스럽고 중용을 지키며 붙임성이 좋다.
- 이중턱인 사람은 성격이 온화하고 너그럽고 도량이 웅대하며, 복과 장수를 누린다.
- 턱이 긴 사람은 모험심이 있고 외향적이고 정력이 왕성하며, 인내심과 판단력이 뛰어나고 장수하지만 매우 고집스럽다.
- 좌우 턱의 높낮이가 같지 않거나, 뾰족하고 작으며 뼈가 드러나 있거나, 주걱턱이고 오목하게 들어가 있거나, 흠집이나 점 또는 주름이 있으면 71세 되는 해의 여름과 겨울에 건강에 유의해야 한다. 특히 심장병 및 고혈압이 있는 사람은 더욱 주의해야 한다.
- 턱에 점이나 주름 또는 흠이 있는 사람은 운수가 사나워 피비린내 나는 사고를 당할 수 있다. 특히 외출 시에 교통사고에 주의해야 한다.
- 턱이 지나치게 짧고 작은 사람은 단명할 가능성이 높다. 41세부터는 건강에 특별히 주의를 기울여야 한다. 그러나 이중턱인 사

람은 괜찮다.
- 턱이 짧고 작은 사람은 체질이 비교적 약하며 성격이 불안정하고 충동적이어서 행동이 제멋대로이고, 지구력과 인내심이 부족하다. 그러나 이중턱인 사람은 괜찮다.
- 턱이 둥글고 작은 사람은 예술적인 식견이 높고 심미안을 지니고 있으며, 또한 높은 뜻을 가지고 있다. 그러나 성격이 급하고 제멋대로이며 극단적이어서 사람들과 잘 어울리지 못하고, 가족과도 반목한다.
- 턱이 뾰족하고 작은데다 뒤로 넘어간 사람은 소뇌의 발육이 불량하기 때문에 남을 사랑할 줄 모르고, 강한 의지력과 왕성한 활동력이 없다. 동시에 성격이 급하고 충동적이어서 만년에 생활이 고생스럽다.
- 주걱턱인 사람은 스스로 매우 고명하다고 느끼며 권력을 지향한다. 또한 용감하고 자신감이 넘치나 성정이 고집스럽고 각박하여 독재자가 된다. 만일 천지유조(天地有朝)에다가 다른 오관 부위와의 조화가 좋으면 어느 정도의 성취를 이루지만, 그렇지 않으면 나이가 들수록 순조롭지 못하게 된다.
- 턱이 오목하게 들어가 있는(아래턱이 뒤로 넘어가 있는) 사람은 새로운 것을 보면 마음이 동하여 쉽게 옮겨가고, 성격이 유약하며, 늘 남에게 종속된다. 그러나 천지상조(天地相朝)인 사람은 이런 경향이 덜하다.
- 턱이 없는 것 같은 사람은 매우 이기적이고 간사하고 정이 없으며 패기와 지구력이 모자라 만년에는 좋은 운이 있기 어렵다. 만일 입술이 얇으면 더욱 심하다.
- 턱이 특별히 두툼한 사람은 정욕이 강하고 패기가 있으나 목표를 위해 잔인한 수단을 쓸 수 있다.

- 턱 중심이 오목하게 들어가 있는 사람은 예술적인 재능을 가지고 있고, 열성적이고 진지하며 전심전력으로 노력하나, 70세 이후에는 급성질환에 주의해야 한다.
- 턱이 울퉁불퉁한 사람은 일을 하고 사람을 대하는 데 진지하고 엄격하지만, 성격이 편협하여 사람들과의 화합이 어렵다.
- 턱 밑 목의 혈관이 분명한 사람은 장수하며 만년에 복을 누린다. 단 목의 혈관이 짝수여야 좋고 홀수이면 좋지 않다. 만일 홀수이면 장수하나 외롭다. 목 혈관의 형성은 사수(四修)를 중시하여 실천한 결과라고 할 수 있으며, 생리학적으로는 피하지방이 축적되어 있지 않다는 표시이므로 장수를 한다는 것이다.
- 턱 아래 결후가 지나치게 돌출해 있는 사람은 고생스럽고 빈한하다. 만약 여기에 몸이 뚱뚱하다면 목형인·화형인은 괜찮으나 금형인·수형인·토형인은 범죄를 저질러 형액을 받을 수 있다. 특히 여성이 결후가 있으면 불길하다.
- 턱 아래의 수염이 결후까지 나 있는 사람은 뜻밖의 재난에 대비해야 한다. 아들을 적게 낳고 딸을 많이 낳는다.
- 귀밑 턱 부위가 원형인 사람은 성격이 원만하여 다른 사람과 잘 어울리고 화합을 중요하게 생각하며 자신의 의견을 강하게 내세우지 않는다. 이런 사람은 대부분이 수형인이다.
- 귀밑 턱 부위에 각이 있는 사람은 의지가 강하고 고집스러우며, 국가와 사회, 가정과 친구 등 모든 것을 사랑하고 책임감이 강하다. 이런 사람은 대부분 금형인이나 토형인이다.
- 옆에서 보았을 때 귀밑 턱이 뾰족하고 말랐으며, 뒤로 돌출하여 귓불을 넘어서 있는 것을 뇌후견시(腦後見腮)라고 하는데, 말재주가 없고 배은망덕하며 반평생 고독할 상이다. 만일 목형인 또는 화형인이면서 오관에 결함이 없으면 지혜가 깊고 어느 정도

귀한 신분이 된다.
- 뇌후견시가 아니더라도 귀밑 턱이 바깥으로 나 있는 사람은 성격이 편협하고 조급하며, 능력과 책임감이 부족하고, 사람들과 잘 어울리지 못한다. 만약 체형이 왜소하다면 더욱 그러하다.

5. 여성의 턱

- "남자의 귀함은 천정에 있고, 여자의 귀함은 지각에 있다"는 말처럼, 여성은 턱과 귀밑 턱의 상을 천정의 상보다 중시한다.
- 여성의 턱과 귀밑 턱이 풍만하고 둥글면 반드시 현모양처이며, 시부모·시누이와 사이좋게 지낸다.
- 턱이 둥글고 작으면 예술에 재능이 있어 배우가 되면 성공한다.
- 턱이 사각형이면 성격이 남성적이고 무뚝뚝하며 제멋대로이나 매우 유능하다. 귀밑 턱이 지나치게 넓은 여성도 마찬가지인데, 이런 여성은 대부분 금형이다.
- 턱 아래에 결후가 있는 것은 크게 꺼리는 상이다. 이런 사람은 성격이 괴팍스럽고 남편을 극하며 집안을 망친다.

턱의 종류-1

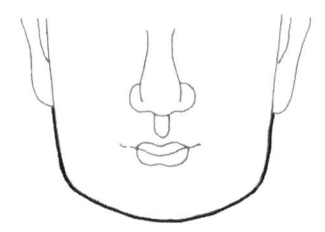

사각형 턱을 가진 사람은 대부분 금형인이다. 이런 사람은 근면하고 일생 동안 뜻을 위해 분투하며, 외적인 환경에 굴복하지 않고 마침내는 성공하며, 장수를 누린다. 그러나 여성은 좋지 않다.

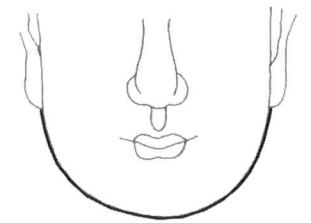

아래턱이 풍만하고 둥근 것은 수형인이나 토형인에게 많다. 이런 사람은 성격이 온화하고 착실하게 일하는데, 성공한 지도자적인 인물에게 많다. 여성은 반드시 현모양처이다.

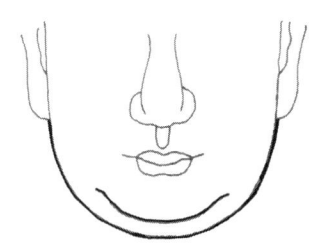

이중턱을 가진 사람은 대부분 수형인이나 토형인이다. 성정이 온화하고 마음이 넓으며 부를 누린다. 또 아내는 어질고 자식은 효도하며, 장수를 누리고 복이 끊임이 없다.

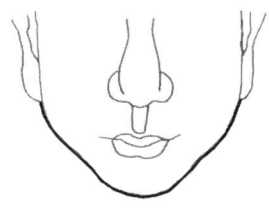

둥글고 작은 턱을 가진 사람은 대부분 목형인이나 화형인으로 예능방면에 흥미가 많다. 만일 눈이 크고 둥글다면 배우가 되면 큰 성과를 거둘 수 있다. 여성이라면 더욱 길하다.

턱의 종류 – 2

아래턱이 앞으로 튀어나온 것으로 속칭 주걱턱이라고 한다. 이런 사람은 승부욕이 강하고 완고하며 편협한데, 목형인에게 많다. 중년기에 비록 얼마간의 소득이 있으나 나이가 들수록 외롭고 가난과 병으로 세월을 보내게 된다.

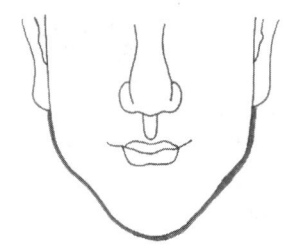

특별히 긴 턱으로 목형인에게 많다. 성격은 완고하고 자부심이 강한데, 설령 몸은 힘들지 않더라도 나이가 들어서까지 마음고생을 하게 된다. 판단력과 관찰력이 풍부하며 장수를 누린다.

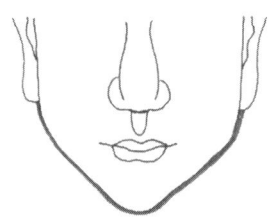

아래가 짧고 작은 턱으로 오행상으로는 혼합형에 속한다. 소뇌의 발육이 완전하지 못하고, 사랑하는 마음이 결여되어 사랑받지도 못하며, 평생 거처를 자주 옮기고 사업도 기초를 닦기가 어려워 가난하거나 요절한다.

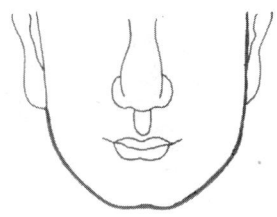

아래턱 중앙이 오목하게 들어갔거나 한쪽이 높고 한쪽은 낮은 모양의 턱이다. 이것은 소뇌에 결함이 있기 때문인데, 이런 사람은 41세 및 71세의 운이 좋지 않다. 큰 병을 앓거나 큰 재난을 당한다.

천지상조도(天地相朝圖)	천지부조도(天地不朝圖)
	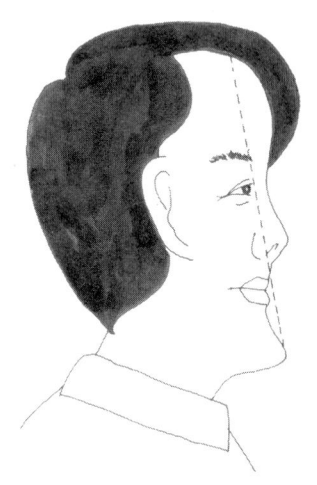
뇌후견시도(腦後見腮圖)	**천지상조도** 옆에서 보았을 때 발제의 중심점과 턱의 중심점이 일직선이 되는 것을 표준으로 삼는다. 만일 천창과 턱이 다시 일직선이 되면 이중 천지상조가 된다. **천지부조도** 천지상조의 반대이다. 이런 사람은 반드시 주걱턱이거나 돌출한 턱이다. **뇌후견시도** 옆에서 보았을 때 귀밑 턱이 귀의 뒤까지 나 있는 것을 표준으로 삼는다.

이마

1. 부위의 특성

『인륜대통부(人倫大統賦)』에는 "인륜을 관찰하려면 이마[額]의 상부터 보아야 한다"는 말이 있다. 이마의 상이 일생의 운명을 판단하는 중요한 관건임을 말하고 있는 것이다.

이마는 지혜와 지식(지혜는 선천적인 것이며 지식은 후천적인 것이다)을 내장하고 있는 인체 부위이기 때문에 그 골격의 넓고 좁음, 높고 낮음과 주름, 점, 혈색 등으로 그 사람의 자질과 각종 심리 및 병리적 현상을 판별할 수 있다. 예를 들어 뇌조직의 기능이 우량한가 그렇지 못한가, 뇌신경의 운행이 순조로운가, 안면신경 및 인후와 상부 호흡기 기능이 우량한가 등은 모두가 이마의 상에 분명하게 나타나는 것이다.

또한 『마의상법』에서는 "이마가 없으면 귀하지 않다"고 했는데, 이것은 이마에 기골(奇骨)이 없는 경우를 가리키는 것이다. 이마는 일생의 귀천을 나타내는 곳이므로 귀인(貴人)이 되려면 당연히 이마의 상이 좋아야 하고, 더욱이 부자가 되려면 이마가 넓고 둥글어야 한다. 이 밖에도 과학기술 및 다른 자유직에 종사한다고 해도 이마의 상이 좋아야 하는데, 그렇지 않다면 뛰어난 성취를 얻을 수 없음을 말하는 것이다.

2. 사업성패 및 시기

- 이마에는 삼요(三要)가 있다. 첫째는 천중(天中)이 평평한 것이고, 둘째는 변성(邊城)이 풍만한 것이며, 셋째는 산림(山林)이 돌출한 것이다. 이러한 상의 표준에 부합되는 사람은 지혜와 학문이 모두 뛰어난데, 여기에 만일 오관이 잘 조화되면 반드시 지도자적인 위치에 오른다.
- 이마에 일월각골(日月角骨)이 있으나 보각골(輔角骨)이 없으면 일생 동안 기복이 많고, 정관(正官)이 되기 어렵다.
- 이마에 일월각골과 보각골이 있는 사람은 귀함이 오래가는데, 만일 보각골이 크면 크게 귀하게 된다. 여기에 다시 좌관골(佐串骨)과 배합이 되면 부귀하게 된다.
- 이마에 보각골이 있으나 일월각골이 없거나 후산에 기골이 없으면 대부분 지위만 높고 실세는 없는 관리가 된다. 관직의 고하는 보각골의 크기로써 판단한다.
- 이마에 일월각골과 보각골이 없으나 마치 복간(覆肝) 같으면, 즉 천성골(天成骨)이 있는 사람은 중간 정도의 귀함을 얻는다. 게다가 오악상조(五岳相朝)이고 육요가 조화를 이루면 대귀할 수 있다.

- 이마에 일월각골과 보각골이 없으나 변성이 풍만하고 산림이 돌출한[이것을 변지골(邊地骨)이 일어났다고 한다] 사람은 크게 귀하게 된다. 또한 기회를 놓치지 않는 능력이 있어서 윗사람에게 아부하거나 계책을 세울 필요가 없다. 그러나 침골이 강해야 하는데, 그렇지 못하면 운이 오래 지속되지 못한다.
- 이마에 일월각골·보각골 및 변지골이 있는 사람은 일찍이 크게 귀하게 되는데, 심지어는 국가의 수뇌가 되기도 한다. 만약 침골이 강하면 사업이 장구하며 나이가 들수록 좋다. 일월각, 보각골, 변성골은 권력을 가진 사람들이 대부분 지니고 있는 전산기골(前山起骨)로 이마의 귀함을 보는 중요한 표준이다.
- 이마가 평평하여 넓은 정사각형 같고 가파르기가 낭떠러지 같으며, 풍만하고 돌출하여 있고 피부가 윤이 나며, 그 기세가 마치 복간 같으면 이마 상리의 표준이라고 할 수 있는데, 이런 사람은 반드시 청년기에 일찍 발전하게 된다. 여기에 면상의 오악 및 오관과 잘 조화(입이 크고 눈빛이 맑은 것을 중시한다)되면 평생 부귀영화를 누린다. 또한 만약 기골이 있어 서로 보조하고 상응한다면 특별히 귀한 골격으로 크게 귀하게 된다. 그러나 이마만 복간 같고, 눈썹이 나쁘거나 눈빛이 쇠약하며, 코의 공기가 정수리를 통과하지 못하며, 오악과 오관이 열악하면 어린 시절에 재난이 있으며 모든 일이 뜻대로 이루어지지 않는다.
- 이마가 낮고 좁으나 턱이 넓고 돌출해 있는 사람이 만약 전산 또는 후산에 기골이 있고 게다가 기신(奇神)이 상응하면 크게 귀하게 된다.
- 이마가 낮고 좁으나 머리가 둥그렇고, 창고(倉庫)가 풍만하게 돌출해 있으며, 코뼈가 오똑하고 양 복당(福堂)이 풍만한 사람은 귀골의 상에 속하는데, 단지 어렸을 때 관액(官厄)이 있다.

- 이마가 낮으나 넓고, 피부가 부드럽고 윤기가 나며, 복당이 풍만하고, 눈썹이 맑고 눈이 수려하며, 천창·지고가 풍만하게 돌출해 있고, 산근의 복서골이 일어나 있으면 총명하고 부귀하다. 반대이면 고생하고 관액이 있을 수 있다.
- 이마가 좁으나 턱이 넓고 돌출해 있으며 귀밑 턱이 풍만한 사람은 청·중년기에는 좋은 운이 있기 어려우나 50세 이후의 운은 반드시 좋다.
- 이마가 좁고 눈썹털이 적고 인당이 함몰되어 있으면 일생 동안 가난하며, 좋은 운이 있기 어렵다.
- 이마가 뾰족하고 좁으면 일생 동안 수확과 성과가 부족하다. 게다가 턱이 크면 수극화의 형국이 되어 평생 고생하며, 관액을 당한다.
- 이마가 네모지고 기골이 있으면 관직에 나가는 것이 좋으며, 이마가 둥글고 기골이 없으면 상업에 종사하는 것이 좋다. 네모난 이마는 귀를 뜻하며, 둥근 이마는 부를 뜻한다. 만일 이마가 좁고 둥글지 않은 사람이 장사를 하면 반드시 망한다. 이마가 네모지지만 기골이나 기신의 보조가 없는 것을 이마가 돌 같다고 하는데, 흉재를 불러들인다.
- 이마가 높고 넓고 돌출해 있으며 두 귀가 이마까지 높게 나 있으면 금목화삼성조공(金木火三星朝拱 : 삼성이 아침을 맞는다)이라고 하는데, 청·중년기의 운세가 무지개 같다. 그러나 인당이 너무 좁고 눈썹이 눈을 압박하는 사람은 길함이 반감된다.
- 이마가 비록 높으나 귀가 함몰되어 있으면 설사 인당이 넓고 평평하며 산근골이 드러나 있어도 40세 이전에는 허송세월을 하며, 동시에 배우자를 극한다.
- 이마가 비록 높으나 옆에서 보았을 때 덜 돌출했으면 관직에서

의 발전에는 한계가 있고, 학술연구방면에서는 성과가 있다.
- 이마가 비록 높으나 머리카락이 마치 잡초처럼 어지러운 사람은 평범한 삶을 살며, 일생 동안 출세하기 어렵다.
- 이마 양쪽의 살쩍이 눈썹을 압박하는 사람은 성정이 어리석고 일생 동안 가난하며 좋은 운이 없다.
- 이마 발제(髮際)의 중앙이 오목하게 들어가 있는 사람은 종교계나 교육계에 종사하는 것이 가장 좋다.
- 이마의 발제가 30세 이전에 정수리까지 벗겨졌으면 金·木·水·火·土 어느 형의 사람이든 모두 운이 좋지 않은데, 귀체두(鬼剃頭 : 머리 중앙이 갑자기 벗겨지는 것)를 특히 꺼린다. 30세 이후에 점점 머리가 벗겨지면 복이 있는 사람이라는 뜻으로 특히 금형인·수형인·토형인이 대머리가 잘 된다. 만년에도 머리카락이 여전히 검은 사람은 자식 중에 독립하는 사람이 적거나 자녀복을 누리기 어렵다.
- 이마 양쪽의 변성, 산림, 역마 등의 부위가 한쪽은 높고 한쪽은 낮으면 생각이 극단적이며 사업에 풍파가 많다.
- 이마 발제의 중앙 아래에 검고 빛나는 점이 있어 그 숫자가 다섯 개면 오성(五星), 일곱 개면 칠성(七星)이라고 하는데, 크게 귀한 상이다. 그러나 회백색이나 흑갈색의 점은 모두 불길하며, 반점은 흉이 다소 감소된다.
- 이마와 머리가 크며, 손이 짧고 발이 좁은 사람은 절대로 귀하게 되지 못한다.
- 이마가 크고 입이 작은 것은 수화부제(水火不濟)의 골격이다. 이런 사람은 청년 및 중년기의 운 모두가 좋지 않아 성과와 수확이 있기 어렵다.
- 이마의 상과 입의 상이 부합하여 표준이 되는 것을 수화기제(水

火旣濟)의 골격이 되었다고 하는데, 이런 사람은 청·중년기의 운이 모두 좋다. 남녀를 막론하고 성취가 있다.

- 이마와 머리가 작으며 발이 좁고 살이 없는 사람은 일생 동안 빈천하다.
- 이마가 넓고 턱도 넓으면 비록 관직에 몸을 담고 있지 않더라도 만년에 관료 또는 국회의원이 되는 기회가 있다.
- 이마가 돌출해 있고 준두가 치켜 올라간 것을 화토성격(火土成格)이라고 한다. 비록 큰 부귀를 누리지는 못하지만 가족의 음덕으로 밖에서 자신의 사업을 펼칠 수 있다.
- 이마의 복당골이 높게 돌출해 있고 풍만하지만 산림과 변성에 결함이 있는 사람은 조업을 망치고 고향을 떠나며, 외지에서 창업을 해야 작은 성과를 얻을 수 있다. 만일 변성 또한 풍만하고 높이 돌출해 있으면 외국에서 크게 성공한다.
- 이마와 양쪽 관골, 턱 네 부분의 뼈가 일어나 있으나 유일하게 코뼈가 내려앉은 것을 사악무주(四岳無主)라고 한다. 이런 사람은 일생 동안 흉재가 많고 관액을 겪을 수 있다.
- 이마의 사공(司空)·중정(中正) 부위가 풍성하고 돌출해 있으면 소년기에 뜻을 이루고, 반대이면 재능과 지혜가 부족하고 적응력도 떨어져 성공이 어렵다.
- 이마 위 중정 부위에 흑회색의 점이 있으면 인내심이 부족하며 성격이 집요하고 고집스럽다. 평생 관록을 누리기 어렵고 직업을 자주 바꾼다. 검은 점은 흉이 반감된다.
- 이마의 천정에서 사공까지 세로로 주름이 있거나 혈관이 드러나 있으며, 중정 부위가 오목하게 들어가 있는 사람은 청년기에 창업이 어렵다. 어쩌다가 작은 수확이 있게 되나 무척 고생스럽다.
- 이마의 역마 또는 일월각 부위에 상처가 있는 사람은 평생 불행

한 일을 많이 당한다.
- 이마의 좌우 산림 및 구릉 일대에 어두운 흑색의 점이 나 있으면 청·중년기에 재산을 모으기 어렵고, 평생 사업에 변화가 많다. 외출 시에는 교통사고에 주의해야 한다.
- 이마 및 면방(面龐) 부위에 주홍색의 혹이 있으면 길하지만 흰색이나 갈색이면 불길한데, 혹이 나면서부터 운이 순조롭지 못하게 된다. 그러나 눈이 수려하고 神이 맑으면 흉이 반감된다.
- 30세 이후에는 이마에 주름이 있어야 한다. 40세 이후에도 주름이 없는 사람은 나태하거나 성숙하지 못하고 믿음직스럽지 못하다는 것이며, 42세 이후부터는 사업에 실패할 수 있다. 재산이 없는 사람은 생활이 어려워진다.
- 이마에 깊은 주름이 있으면 성격이 우울하고 걱정이 많거나 사업상 풍상과 고초를 많이 겪은 사람이다. 그러나 노인의 이마에 깊은 주름이 있으면 장수한다.
- 이마의 주름이 산만하게 생긴데다 산근이 단절되어 있는 사람은 청년기 및 중년기 모두 좋은 운이 있기 어렵다.
- 이마의 주름 하나가 길고 기세가 있으며 주름 꼬리가 올라가 있으면 화개문(華蓋紋)이라고 하고, 그러한 주름이 두 개이면 언월문(偃月紋)이라고 하며, 주름이 세 개이면 복서문(伏犀紋)이라고 하는데, 모두 귀하게 되고 장수를 누린다. 그러나 주름이 짧고 비뚤어져 있으며, 주름 꼬리가 아래로 향하고 기세가 없으면 건강과 사업이 모두 여의치 못하고, 중년에 좌절하며, 사고로 인해 식구가 줄어들게 한다.
- 이마의 상에 결함이 있고 주름이 많고 복잡하면 일생 동안 풍파가 많고 고생하며, 사업도 성패가 교차되며, 언행에 실수가 많아 시비가 자주 일어난다.

3. 가족관계 및 혼인과 자녀

- 이마의 상이 높고 넓고 풍만하게 돌출해 있으면 임신했을 때 부모의 심신이 양호했고, 모친의 생명력이 왕성하며, 부친의 선조 3대 이상이 적선을 한 것이다. 이런 남성은 청년기에 일찍 발전하고 조상의 유업을 물려받거나 스스로 사업기반을 세울 수 있으며, 자녀가 모두 우수하다. 여성은 남편을 흥하게 하고 집안을 일으키며 귀한 아들을 낳는다. 그러나 여성의 이마가 너무 높으면 길이 반감된다.
- 발제가 가지런하지 않거나 이마나 낮고 좁으면 부계의 유전이 불량하고, 모체가 쇠약하거나 영양실조이며, 혹은 임신했을 때 정신적으로 고통을 받은 것이다.
- 이마에 일월각이 있으면 부모의 우량한 유전을 받아 깊은 사랑과 보호·교육을 받고 자란 것인데, 부모도 또한 장수를 누린다. 그러나 일각이 두 개인 사람은 과방(過房 : 양자를 들임)을 하게 되며, 월각이 두 개인 사람은 어머니를 두 분 모시게 된다.
- 이마의 일월각이 한쪽은 높고 한쪽은 낮거나, 한쪽은 크고 한쪽은 작거나, 한쪽은 함몰되고 한쪽은 드러나거나, 또는 일월각 부위에 솜털이 나고 주름이나 점·반점이 있는 것은 부모의 유전이 불량하거나 부모가 덕이 없다는 증거이다. 이런 사람은 반드시 부모를 극하고, 심하면 부모가 객사할 염려가 있다. 일월각은 대개 15세 이전에 분명해진다.
- 이마의 중앙 부위가 함몰되었거나 돌출해 있는 사람은 부모를 극하거나 부모와 인연이 적다.
- 이마의 형상이 아름답지 못하고 화성이 함몰되어 있으면 형제 및 자녀가 적고 그 힘을 얻지도 못하며, 일생의 의식(衣食)이 보

통이다. 장수를 누리지도 못한다.
- 이마가 지나치게 앞으로 돌출해 있으면 고독하고 일생 동안 풍파가 많으나, 고(古) 상이라고 하여 장수를 누린다.
- 이마에 세 개의 주름이 있고 주름 꼬리가 아래로 향해 있는 것을 고독화개문(孤獨華蓋紋)이라고 하는데, 이런 사람은 고독하고 대를 이을 자식이 없다.
- 이마에 혈관이 여러 개 있으면 어렸을 때 부모를 극하고, 자신의 건강 또한 좋지 않다. 특히 이마의 중앙에 있는 것을 꺼린다.
- 이마가 높고 넓으며, 인당이 넓고 평평하며, 일월각이 일어나 있고 보각이 기세가 있으며, 천창이 풍만한 사람은 15세 이후에 부모가 건재하다. 이와 반대로 어떠한 부위에라도 심한 결함이 있으면 모두 부모의 수명을 재촉하는 징조이다.
- 이마가 비록 높으나 넓지 못하며 귀가 작은 사람은 비록 조상의 유업이 있어도 누리기 어렵고, 설령 가까스로 물려받아도 다음 대로 넘겨주기 어렵다. 이마가 높지만 좁으면 어머니와의 인연이 적거나 어머니를 극한다.
- 이마가 비록 높으나 귀가 뒤집어져 있으면 화극금(火剋金)의 형국이 되어 조상의 유업을 망치고 부모를 극한다. 설령 인당과 산근의 상이 좋더라도 예외가 아니다. 이마가 넓고 머리가 뾰족한 사람도 마찬가지이다.
- 이마가 비록 높으나 마르고 앞으로 뾰족하게 나와 있는 사람은 물려받을 조상의 유업이 없다. 반드시 자신이 창업을 해야 한다.
- 이마가 왼쪽으로 치우치게 높으면 아버지를 극하고, 오른쪽으로 치우치게 높으면 어머니를 극한다. 여자는 반대이다.
- 이마가 높으며 요염한 눈매를 가지고 있는 사람은 도화살이 있어 일생 동안 색난(色難)이 끊이지 않고, 결혼생활이 순조롭지

않다. 여자는 더욱 흉하다.
- 이마의 발제 왼쪽이 낮은 사람은 부모를 극하거나 다른 집의 양자가 된다.
- 이마의 발제에 가르마가 있는데 특히 천중 부위라면 부모를 극하거나 다른 집의 양자가 된다.
- 이마의 발제 중앙이 돌출해 있는 것을 속칭 미인첨(美人尖)이라고 하는데, 남녀를 불문하고 성격이 적극적이고 기백이 있으며 용감하고 호기심이 많다. 어렸을 때 가정형편이 보통이고, 아버지를 일찍 극하거나 아버지와의 인연이 적으며, 혹은 일찍 부모와 헤어지고 집을 떠나거나, 가족과의 불화로 집을 떠나 부모가 걱정으로 병이 나게 한다.
- 이마의 발제가 세 군데로 나뉘어 있고 일각이 함몰되어 있으며, 토성의 왼쪽 관골이 왼쪽으로 치우쳐 있으면 남녀를 막론하고 유년 시절에 아버지를 극한다. 만일 머리카락이 난 언저리가 다섯 군데로 갈라져 있으면 더욱 심하다. 그러나 만일 서모(庶母) 소생이라면 어머니를 극한다. 만약 부모 모두를 극하지 않으면 유년 시절에 집안에 변고가 생겨 아버지의 사업이 망하거나 가족과 일찍 헤어진다. 만약 두 귀가 고르고 일월각이 함몰되지도 드러나지도 않았으며, 산림이 풍만하고 흉터가 없으며, 산근이 높이 올라가 있어 함몰되지 않았으며, 두 관골이 마르지 않고 돌출하지 않고 고저가 없으면 유년 시절에 극하지 않고 중년의 후기에 극한다.
- 이마의 발제가 세 군데 오목하게 들어가 있고, 중정에 함몰된 흔적이 있으며, 오른쪽 변성이 경사져서 함몰되어 있고, 두 눈썹의 높낮이가 다르고, 살쩍이 쌍곡을 이루면 그 사람은 서모 소생이다.

- 이마의 발제가 낮고 좁거나 세 군데가 오목하게 들어가 있는 사람은 성정이 편협하지 않으면 어리석다. 만일 성격이 총명하고 지혜롭고 어질면 반드시 본부인이 낳은 사람이 아니거나 부모의 나이 차이가 25세 이상일 것이다. 만일 여성이면 첩이 될 수 있으며, 30세 이전에 결혼하면 순탄하지 못하다. 코가 뾰족하면 더욱 흉하다.
- 이마의 발제가 톱날 모양이면 유년 시절에 부모를 극하거나 유복자로 태어난 사람이다. 일생 동안 고생을 많이 하나 수확이 적다. 이마에 솜털이 많으면 더욱 그러하다.
- 이마 양쪽의 머리카락 모서리〔髮脚〕가 뾰족하고 수직으로 드리워져 눈썹을 압박하는 사람은 왼쪽이면 아버지를 극하고 오른쪽이면 어머니를 극한다. 여자는 반대이다.
- 이마가 옆으로 치우쳐 있으며, 천창이 낮게 함몰되어 있는 사람은 30세 이전에는 부모와 인연이 적거나 부모의 도움을 받지 못한다.
- 이마가 좁고 정뇌(頂腦)가 뾰족한 사람은 유년 시절에 부모 형제를 극하고, 평생 절대로 귀함을 얻지 못한다.
- 이마가 비록 좁으나 귀가 눈썹까지 높게 올라가 있고 산근이 풍만하게 돌출해 있는 사람은 조상의 음덕을 누릴 수 있다.
- 이마가 삼각형처럼 뾰족한 사람은 부부간에 화목하지 못하고, 남편을 극한다.
- 이마의 복당 및 천창에 점이 있는 사람은 부친의 사업을 이어받지 못한다. 복당에만 점이 있는 사람은 사업을 이어받지 못할 뿐 아니라 결혼 또한 늦어진다.
- 이마의 천중 부위가 일어나 있는 사람은 조상을 잘 숭배한다. 천중 부위가 오목하게 함몰되었거나 회흑색 점이나 반점이 있는

사람은 효심이 부족하고 조상에 대한 관념이 약하며 아버지를 극하거나 고향을 떠나게 된다. 천정 및 사공 부위에 흑회색 점이 있는 사람은 부모를 극하고 효심이 부족하며 화재를 겪을 수 있다. 남자라면 일생 동안 귀인을 만나기 어렵고, 여자라면 남편 때문에 고생한다. 만약 이마가 높고 넓으면서 사공 부위에 점이 있으면 부모를 극한다.

- 이마의 변지(邊地), 척양(尺陽), 상묘(上墓) 및 눈꼬리의 주름과 귀뿌리 등의 부위에 회흑색 점이 있는 사람은 객사할 수 있다.
- 이마의 산림 부위가 일어나지 않았거나 흑회색 점이 있는 사람은 조상의 유업을 누리지 못하며, 자주 이사를 다니고 타향에서 죽게 된다. 그러나 점이 검고 빛나는 사람은 외국으로 나가면 큰 부를 얻게 된다.
- 이마의 산림이 일어나지 않은 사람은 장자라도 집안을 승계하지 못한다. 반대로 산림이 일어나 있으면 차남이나 딸이라도 집안을 잇는다.

4. 건강과 성격

- 이마의 크기와 지력(智力)은 정비례하므로 이마의 상이 좋으면 관찰력과 추리력·분석력 모두가 뛰어나며 남다른 논리와 사고력을 가지고 있다. 이런 사람은 발명 또는 학술방면에서 큰 성취를 이룬다.
- 이마가 높고 넓으며 오악과 오관이 조화를 이루는 사람은 사상이 고상하며 도덕심이 깊고, 동정심과 정의감 또한 풍부하다.
- 이마가 넓은 사람은 측뇌(側腦)가 발달되어 있다. 그러나 만약

간뇌(間腦)에서 후뇌(後腦)까지 점차로 작아진다면 이기적이고 의리가 없으며, 타인의 요구나 흥미에 관심을 기울이지 않고, 자주 직권을 남용한다.
- 이마가 높이 솟아 있으나 두 관골과 코, 턱이 발달되어 있지 않은 사람은 냉정하고 충동적인 성격을 가지고 있다.
- 이마가 높고 넓으나 경사진 벽 같고 살이 없으며 코까지 바르지 못하면 사람이 각박하고 인색하고 악독하며, 은혜를 베풀지 않고 갖은 못된 짓을 다한다.
- 이마가 높고 넓으나 턱이 뾰족하고 마른 사람은 사상이 고상하고 사고력이 강하나 실행력은 부족하다.
- 이마가 낮고 협소하나 턱이 넓은 사람은 모방력이 뛰어나지만 창조력은 부족하다.
- 이마가 전뇌(前腦)보다 높고 옆에서 보았을 때 앞이 높고 뒤가 낮은 사람은 자기 의견과 결단력이 부족하며, 의지력이 약하고 우유부단하다.
- 이마가 전뇌보다 낮고 옆에서 보았을 때 앞이 낮고 뒤가 높은 사람은 강한 결단력과 의지력을 가지고 있으며, 사물에 대해 독단적으로 결정하여 실행하려는 태도가 있다.
- 이마가 너무 크고, 이마의 모서리 즉 인창위(人倉位)가 지나치게 돌출해 있으며, 이것이 얼굴형과 서로 대칭을 이루지 않는 사람은 비록 지식은 깊으나 성격이 괴팍하고 고집스러우며, 남의 의견을 듣지 않고 사람들과 잘 어울리지 못한다.
- 이마가 낮고 좁으며 말라서 뼈가 드러나고 광택이 없고 추한 사람은 지혜와 재주가 모자라고, 성격이 편협하고 이기적이며, 사람들과 잘 어울리지 못한다. 그러나 눈의 상과 다른 학당이 좋으면 흉이 반감된다.

- 이마가 경사져서 바르지 못하면 남녀를 막론하고 음란하나, 외모는 매우 정중하고 단정하게 보인다.
- 이마가 넓지 않고, 앞이마에서 후뇌까지의 외관이 매우 길며, 후뇌가 넓고 크게 일어나 있는 사람은 마음이 넓고 이타적이며, 타인에게 관심이 많아 종교인이나 자선가 같은 마음을 가지고 있다.
- 이마가 네모진 사람은 실질적인 것을 중시하고 공론을 싫어하므로 과학이나 실업 등의 일에 종사하는 것이 가장 적합하다. 그러나 이마가 지나치게 네모나고 각이 협소하면 사상이 매우 극단적이거나 신경질적이어서 처음에는 성공하나 뒤에 가면 실패한다. 정치인이라면 쉽게 정적의 모함을 받을 수 있다.
- 이마의 앞이 단정하고 둥글며 돌출한 사람은 뇌의 용량이 크므로 성정이 총명하고 지혜로우며, 사상이 풍부하고 학문을 좋아하여 많은 연구를 하나, 육친을 극한다.
- 이마와 턱이 모두 앞으로 돌출했으나 유일하게 코가 오목하게 들어가 있는 사람은 계략이 많으나 성취가 있기 어렵다.
- 이마의 발제선이 가지런하고 천중·변지·산림이 모두 일어나 있는 사람은 관료나 부유한 집안 출신으로 사고력이 강하고 학문에서 성취하는 것도 순조롭다. 이와 반대이면 지혜가 떨어지고 학문의 성취가 적다.
- 이마의 발제가 M자 모양이고, 이마 양쪽의 변성·산림 부위가 풍만하고 높이 솟아 있으면 대개 관료나 부유한 집안 출신이다. 이런 사람은 감각이 예민하고 사려가 주도면밀하며, 침착하고 냉정하며 행동이 믿음직스러워 정계로 진출하면 큰 성과를 얻을 수 있다.
- 이마의 발제가 M자 모양이나 이마 양쪽의 변성·산림 부위가

돌출하지 않았으면 비록 감각이 예민하고 사고가 주도면밀하나, 추진력과 의지력이 부족하고 행동이 제멋대로여서 기쁨과 노여움을 모두 얼굴에 나타내므로 소자본의 장사나 예술 계통의 일을 하는 것이 좋다. 또한 이런 사람은 유년 시절에 가정형편이 좋지 않아 일찍이 고생을 경험했을 것이다.

- 이마의 발제 중간이 오목하게 들어가 반달형이면 남녀를 불문하고 일을 하는 데 분수를 지키며, 사람을 사랑하는 마음이 있다. 여성이라면 성격이 부드럽고 어질고 현명하다.
- 이마의 발제가 낮고 면방과 피부가 거칠며 육요가 꽉 눌려 터져 있는 사람은 우매하고 완고하다. 평생 성취가 있기 어렵고 잦은 시비를 일으킨다.
- 이마의 발제가 가지런하지 못한 사람은 마음고생을 하지 않으면 몸고생을 하게 된다. 또한 성격이 고집스러워 남의 충고를 듣지 않고, 자주 실패하고 좌절한다.
- 이마의 발제 중앙에 미인첨이 있는 사람은 뇌신경의 운행이 좋지 못하여 쉽게 두통을 앓는다. 성격은 적극적이고 승부욕과 호기심이 강하다.
- 이마가 풍만하게 돌출해 있으며 위가 좁고 아래가 넓은 사람은 성격이 좋고 착실하며 규율을 잘 지킨다. 그러나 위가 넓고 아래가 좁으면 성격과 행동이 극단적이어서 명성을 후세에 남기지 못하면 오명을 천추에 남긴다.
- 이마가 평평하고 위가 좁고 아래가 넓은 사람은 뇌의 전두엽이 발달되어 있지 않아 지력과 감정 모두 열등한 형에 속한다.
- 이마가 좁고 작으며 머리 또한 작은 사람은 지력이 떨어지고 마음이 좁으며, 성격이 겉으로는 온순하나 속으로는 급하고, 단명한다.

- 이마의 천중 부위에 갑자기 적홍색의 반진이 나타나는 사람은 화재를 겪을 수 있으니 주의해야 한다.
- 이마에 난 혹이 붉은색이면 길하고, 흰색이나 검은색이면 불길하다. 이런 사람은 재난과 재산 손실로 인한 걱정이 많다
- 이마의 태기(胎記)가 붉은색이면 길하다. 이런 사람은 유전이 우량하며 매우 지혜로워 큰일을 해낼 수 있다. 그러나 검은색이나 갈색인 사람은 유전이 불량하고 지혜롭지 못하며 성질이 불량해 일생 동안 성취가 있기 어렵다. 붉은색 태기의 형성은 어머니가 임신했을 때 나이가 젊고 건강이 양호했으며, 혈액의 양이 많고 질이 우수했다는 증거이다. 반대로 검은색이나 갈색 태기의 형성은 어머니가 임신했을 때 나이가 많거나 건강이 좋지 않았고 마음이 불안하며, 혈액량이 적고 혼탁했다는 증거이다.
- 이마에 점이나 반점이 있으면 대개 유년 시절에 열병을 앓았거나 뇌조직에 질병을 앓았다는 증거이다. 이런 사람은 마음이 안정되어 있지 못하고 걱정이 많으며, 열등감이 있고 어른들과 쉽게 마찰을 일으키며, 인내력·지구력·기백이 없다. 일생 동안 직업이 자주 바뀌고 관록을 받기 어려우며, 조상의 유업을 잇기도 힘들다. 특히 사공, 중정 부위에 있는 것을 꺼린다.
- 이마의 기색이 광택이 나며 밝은 사람은 뇌조직의 운행이 정상이고 두뇌가 맑으며, 생각이 주의 깊고 세밀하기 때문에 운도 좋다. 반대로 이마의 기색이 거무스름하고 피부가 거칠며 붉은 반진이 나타나는 사람은 현재 신경쇠약이 아니면 뇌신경의 운행이 불량하고 뇌압이 지나치게 높아서 자주 머리가 아프거나, 잠을 이루지 못해 운 또한 저조한 상태에 있게 된다. 만일 이마의 기색이 검어지면 사태가 심각한 것으로 사망의 위험이 있다는 뜻이며, 최소한 일이 순조롭지 못해 사업에 크게 실패하게 된다.

5. 여성의 이마

- 여성의 경우 이마는 부모, 코는 남편, 입은 자식, 눈은 귀천을 나타낸다. 대체로 남편을 돕고 자식을 흥하게 하는 여성은 반드시 얼굴에 결함이 없고 눈이 맑다. 눈이 찢어져 있고 눈빛이 혼탁한 여성은 가난하지 않으면 천하고, 결혼생활 또한 순조롭지 않거나 남편과 자식을 극한다.
- 여성의 이마가 둥글고 머리가 둥글어 산림·구총(坵塚)·침골의 각 부위가 모두 풍만하면 구선(九善)의 첫째로, 귀한 남자에게 시집을 가고 아들을 낳는다.

  여성구선(女性九善)은 다음과 같다.

  ① 머리가 둥글고 이마가 둥근 것.
  ② 뼈가 얇고 살이 윤이 나는 것.
  ③ 입술이 빨갛고 치아가 하얀 것.
  ④ 눈이 길고 눈썹이 아름다운 것.
  ⑤ 손가락이 길고 손바닥이 두꺼우며, 손바닥의 주름이 가늘고 수려한 것.
  ⑥ 목소리가 맑고 부드러운 것.
  ⑦ 웃을 때 치아를 드러내지 않는 것.
  ⑧ 걸을 때 느릿하게 걷고, 앉을 때나 누울 때 단정하고 조용한 것.
  ⑨ 눈빛이 맑고 피부에 윤이 흐르는 것.

- 이마가 너무 높거나 너무 넓은 여성이 30세 이전에 결혼하면 결혼생활이 순조롭지 못하여 남편을 극하지 않으면 이혼을 한다. 만일 목형인으로 눈썹이 짙고 눈이 크고 얼굴이 길다면 더욱 흉하다. 그러나 사업적 능력은 뛰어나 어느 정도의 성취를 이룬다.

- 이마가 높은데다 눈에 요염한 빛을 띠고 있으면 도화운으로 이성문제가 끊이지 않아 결혼이 성사되기 어렵다.
- 이마가 높으면서 목소리가 지나치게 크고 낭랑하거나 날카로워 귀에 거슬리는 여성은 여러 번 남편을 극한다.
- 이마가 높고 넓거나 튀어나오고 입이 크며 입술이 얇은 여성은 30세 이전에 남편의 운에 해를 끼치고, 결혼생활 또한 순조롭지 않다. 만일 30세 이후에 결혼하거나 배우자의 이마가 더 높으면 흉이 반감된다.
- 이마가 네모지면 성격이 남자 같아 결혼생활이 순조롭지 못하여 이혼하고 재가한다.
- 이마가 높고 입술이 뒤집어져 있으면 남편과 자식을 극한다.
- 이마의 천중 부위에 깊고 긴 수직의 주름이 있거나 세 개 이상의 가로 주름이 있으면 결혼생활이 순조롭지 못하여 이혼하고 재가한다.
- 일월각이 있으면 결혼 전에는 아버지를 극하고, 결혼 후에는 남편을 극한다. 남편을 극하는 나이는 대부분 23~42세 사이이다. 남편이 외상을 입거나 병을 앓거나 사업에 실패하는 것 모두를 극한다고 한다.
- 이마 양쪽의 인창, 즉 구릉과 총묘가 풍만한 여성은 25세 이후에 남편을 흥하게 하고 집안을 일으킨다.
- 이마에 회색이나 흰색의 혹이 있는 여성은 일생 동안 계속해서 애정의 풍파를 겪는다.
- 이마가 오목하게 함몰되어 있고, 인당에 나쁜 주름이나 나쁜 점이 있는 여성은 남편을 부추겨 법을 어기는 나쁜 짓을 할 가능성이 있다.
- 이마가 한쪽은 높고 한쪽은 낮거나 비뚤어져 바르지 못한 여성

은 남의 첩이 되거나 후처가 되며, 성격이 경박하고 음탕하다.
- 이마가 뾰족하고 귀가 뒤집혀 있는 여성은 결혼생활이 순조롭지 못하고, 여러 번 결혼할 가능성이 있다.
- 이마가 뾰족하고 관골의 뼈가 드러나 있으면 결혼생활이 순조롭지 못하여 남편을 극하거나 이혼한다.
- 이마와 코·입이 뾰족하며 눈썹이 없는 여성은 성격이 급하기가 불 같고, 자녀를 양육하기가 어려우며, 남편을 극하지 않으면 이혼한다.
- 이마가 좁고 낮으며 턱과 귀밑 턱이 넓고 큰 여성은 집에서는 아버지의 운에 누를 끼치고, 출가해서는 남편의 운에 누를 끼친다.
- 이마가 좁고 낮으면 친정의 가업이 왕성하지 못하고, 조상이 귀하지도 부하지도 않으며, 본인은 조혼을 하게 된다.
- 이마가 좁고 낮으며, 발제가 가지런하지 않으며, 머리카락이 촘촘하고 얼굴이 가늘며, 몸이 크고 허리가 납작하고 엉덩이가 넓으며, 이마가 울퉁불퉁하고 천창이 함몰되어 있으며, 인당이 너무 좁거나 인당에 나쁜 주름이나 점이 있으면 화류계 여성이 될 가능성이 있다.
- 이마가 넓으면 가정에 대해 책임감이 강하다. 만일 눈썹도 검고 진하면 지향하는 바가 크고 재능도 남성에게 뒤지지 않아 집안을 일으키며, 또한 효성스럽다.
- 이마가 낮으면 조혼을 하고 30세 이전에 남편의 운에 해를 끼친다. 30세 이전에 살이 찐 사람은 더욱 흉하나, 30세 후에 살이 찌면 괜찮다.
- 이마의 기색이 지나치게 빛나는 것을 조부경(照夫鏡)이라고 하는데, 본인의 사업에는 성과가 있으나 남편의 운은 좋지 않다.
- 발제가 톱날 같거나 세 개의 미인첨이 있으면 일생 동안 고생이

심하다. 성격은 매우 완고하여 선의의 충고와 어른의 가르침도 받아들이지 않는다. 자주 좌절을 맛보며, 결혼생활도 순조롭지 않다.

- 이마의 발제가 소용돌이 모양이면 부모를 극한다. 또한 성격이 불량하며, 결혼생활이 순조롭지 못하여 이혼하고 재가한다.
- 이마 양쪽에 솜털이 많은 여성은 아버지를 극하고 어머니가 개가할 때 따라가거나, 부모가 화목하지 못하여 자주 말다툼을 하거나 헤어진다.
- 이마 양쪽의 천창이 지나치게 돌출했으며 높고 넓은 여성은 일찍 부모를 극하고, 일생을 가난하게 보낸다.

이마의 종류—1

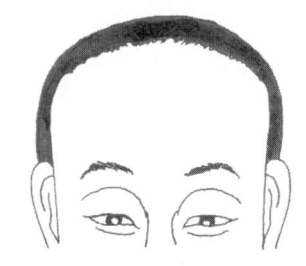

표준적인 상으로 정치인, 실업가, 학자, 문인 등이 대부분 이런 이마를 가지고 있다. 그러나 여성이 이런 이마를 가지면 사업에서는 성취를 이루지만 결혼생활이 순조롭지 못하고 남편을 극하거나 이혼한다.

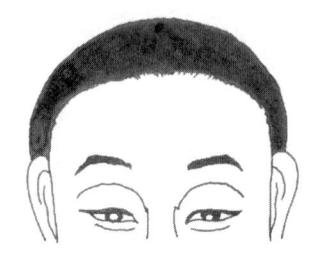

이마가 비록 높지는 않지만 넓은 것으로, 사업에 성과가 있다. 그러나 표준적인 이마에 비해서는 성취가 덜하다. 남녀 모두 마찬가지이다.

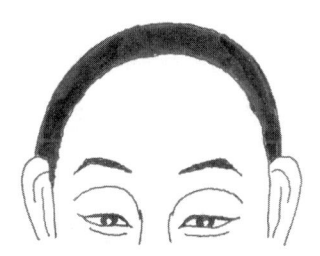

원형 모양의 이마로 여성의 표준적인 상이라고 할 수 있다. 이런 여성은 성격이 온유하고 어질고 현명하며, 내조를 잘한다. 남성의 이마가 원형이면 성격과 인품이 모두 좋으나 독립심이 부족할 수 있다.

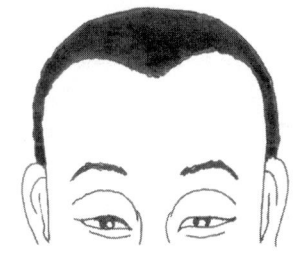

좌우 양쪽의 발제가 오목하게 들어가 M자 모양을 이루고 있다. 변성과 산림골이 일어나 있으면 큰 성과를 이루지만, 그렇지 않으면 성과가 보통에 그치며, 어린 시절의 집안환경이 좋지 않다.

이마의 종류-2

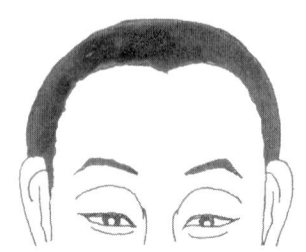

발제 중앙이 튀어나온 것으로 미인 첨이라고 하는데, 호기심이 많고 승부욕이 강하다. 남녀 모두 반드시 출생지를 떠나서 발전할 수 있다.

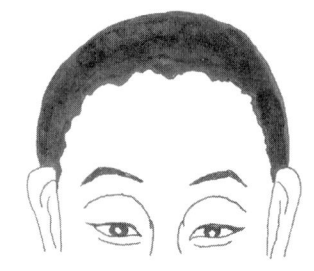

발제가 가지런하지 못하고, 세 개의 미인첨을 형성하고 있어 큰 결점이 되는데, 어린 시절의 가정형편이 좋지 않거나 큰 변고가 생긴다. 만일 발제가 톱날 모양이면 유복자이다.

이마의 상반부가 뒤로 밀려나 있고, 하반부와 정제형(正梯形)을 이루고 있다. 이런 사람은 지능이 부족하고 감정이 섬세하지 못하며, 사업에서도 큰 성취를 이루기 어렵다.

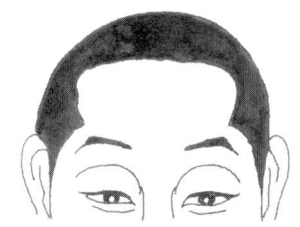

이마가 낮고 좁으며 양쪽의 발각이 눈썹의 꼬리를 덮고 있다. 이런 사람은 대개 소년 시절에 가난하고 육친과의 인연이 적으며, 노력은 많으나 소득은 적다.

이마의 종류—3

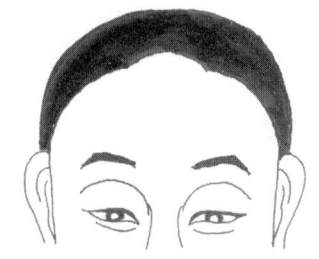

발제 중앙 부위가 오목하게 들어가 있는 것으로, 남녀 모두 자비심이 많아 교육이나 종교 계통의 일을 하는 것이 가장 좋다.

앞이마의 뼈가 돌출해 있는 것으로, 전문적인 기술을 배우거나 연구직에 종사하면 좋다. 그러나 눈이 수려하지 못한 사람은 어리석다. 대부분 성격이 기이하고 고독하며, 육친을 극한다. 여성이면 더욱 심하다.

앞이마가 뒤로 축소되어 있고 미릉골이 높이 올라와 있는 것으로, 만일 아래턱 부위가 발달되어 있고 오관이 조화를 이루면 작은 성취가 있으나, 성격이 저속하고 식견이 좁으며 행동은 빠르나 이성은 부족하다.

발제가 낮고 이마의 뼈 또한 평평한 것으로, 이런 사람은 지능이 낮고 도덕심과 의리가 부족하다. 또한 평생 곤궁과 재난에서 벗어나지 못하고, 성취가 있기 어렵다.

이마의 주름 —1

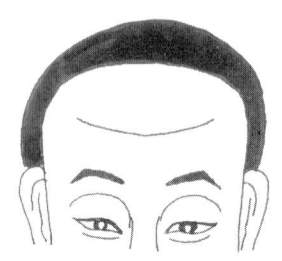

화개문(華蓋紋)으로, 무직(武職)에 종사하는 것이 가장 좋으며, 대성하지만 관액을 겪을 수 있다. 주름꼬리가 아래로 향했거나 끊어졌거나 또는 뱀이 기어가는 것 같으면 운세가 다르다.

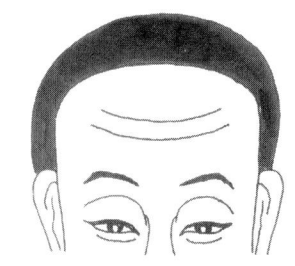

언월문(偃月紋)으로, 귀하고 장수하고 성격이 활발하나 자녀를 극한다. 주름꼬리가 아래로 향해 있거나 끊어져 있으면 운세가 다르다.

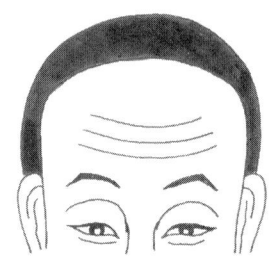

복서문(伏犀紋)으로, 귀하고 장수하며, 여러 사람의 흠모를 받고 평생 재난이 적으나 마음고생을 한다. 주름꼬리가 아래로 향해 있거나 끊어져 있으면 운세가 다르다.

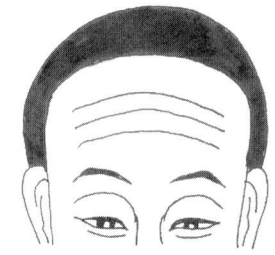

고독화개문(孤獨華蓋紋)으로, 주름꼬리가 아래로 향하고 주름이 진할수록 고독하고 고생하나 장수를 누린다. 주름의 숫자에 따라 운세의 강약이 바뀐다.

이마의 주름 - 2

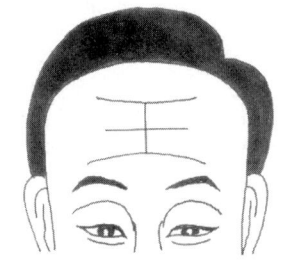

왕자문(王字紋)으로, 권력과 명성의 상징이라고 할 수 있다. 크게 귀한 사람은 더욱더 좋게 되는 주름이지만 일반 서민에게는 흉액이다.

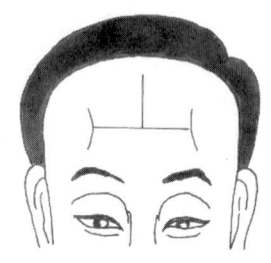

산자문(山字紋)으로, 일찍 관직에 나아가며 출세가 빠르다. 만약 일반인에게 이런 주름이 있으면 비록 장수하나 고독하다.

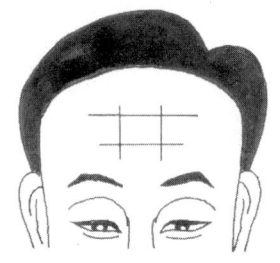

정자문(井字紋)으로, 부는 누릴 수 있어도 귀하지는 않다. 늘 아슬아슬하고 풍파가 많으며, 결혼생활도 순조롭지 않아 재혼하기 쉽다.

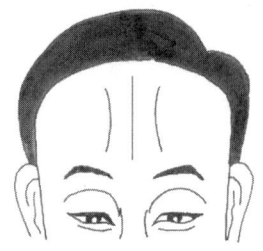

천자문(川字紋)으로, 주름이 길면 사업에 성취가 있고 장수를 누리나, 주름이 짧으면 흉액이 있고 자손을 극한다.

이마의 주름—3

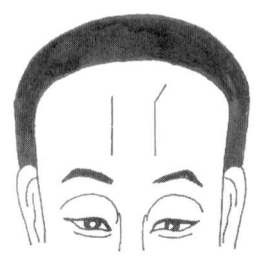

쌍직문(雙直紋)으로, 조상과 고향을 떠나고, 육친에게 도움을 받지 못하며 그 인연도 적다. 비록 재능이 있고 장수를 누리나 평생 험난한 일을 많이 겪는다. 사업에서도 성취가 적다.

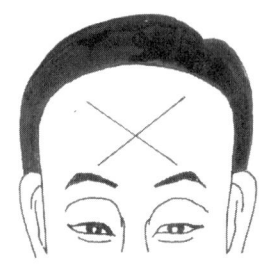

교차문(交叉紋)으로, 아주 불길한 것이다. 반드시 형벌을 받게 되며, 흉사할 수 있다.

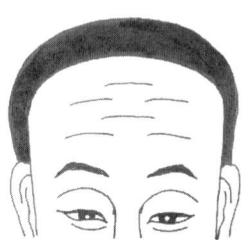

흉문(凶紋)으로, 일생 동안 사업에 장애가 많고 자주 풍파를 겪으며, 평생 고생만 하고 수확이 적다. 그러나 이마의 상이 좋고 주름에 기세가 있으면 흉이 감소된다.

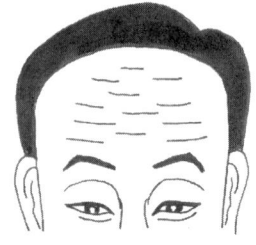

흉문(凶紋)으로, 고향을 떠나게 되고, 풍파도 많이 겪으며, 많이 노력하나 수확은 적다. 그러나 장수한다. 만약 이마의 상이 좋고 주름에 기세가 있으면 흉이 반감된다.

인당

1. 부위의 특성

인당(印堂)은 일생의 운명을 알 수 있는 부위로, 명궁(命宮)이라고도 한다. 또한 인당은 사유 계통의 총개관이라고 할 수 있는데, 희(喜)·노(怒)·애(哀)·락(樂)·애(愛)·오(惡)·욕(欲)의 칠정(七情)과 눈·귀·코·혀·신체·의식 등에서 파생된 육욕(六欲)이 모두 응집되는 동시에 확산되는 곳이다. 그래서 도가(道家)에서는 인당을 가리켜 제3의 눈이라고도 한다.

또 인당을 일러 구양기(九陽氣)라고도 하는데, 양(陽)은 뼈를 말하는 것이고 기(氣)는 기세를 이르는 것으로 두골(頭骨)의 좋고 나쁨은 인당골의 기세만 보아도 알 수 있다는 것이다. 머리는 양의 시작이자 대표이므로 인당은 구양기의 집합점이 되는 것이다. 바꿔 말하면 나머지 여덟 개의 두골이 잘생겼으면 인당도 반드시 잘생겼고, 인당골이 못생겼으면 나머지 두골도 좋고 나쁨이 반반이거나 거론할 필요가 없다.

　구양기란 ① 경양기(景陽氣) 즉 전액골(前額骨) ② 태양기(太陽氣) 즉 접골(蝶骨) ③ 용양기(龍陽氣) 즉 비골(鼻骨) ④ 천양기(天陽氣) 즉 정골(頂骨) ⑤ 후양기(後陽氣) 즉 침골(枕骨) ⑥ 주양기(柱陽氣) 즉 경추(頸椎) ⑦ 화양기(華陽氣) 즉 섭골(顳骨) ⑧ 영양기(靈陽氣) 즉 유돌골(乳突骨) ⑨ 구양기(九陽氣) 즉 섭유부미간(顳顬部眉間)을 말한다.

　두골은 뇌를 덮고 있으므로 '안에 있는 것은 반드시 밖으로 드러난다' 는 원리에 따라 만약 두골이 잘생겼으면 뇌조직의 발육이 좋고, 건강·지혜·성격도 우량하기 때문에 일생의 운명 또한 자연히 좋게 된다.

　인당의 좋고 나쁨은 부모는 물론 부계 및 모계의 3대 이상의 유전과 관계가 있다. 인당이 넓고 평평하고 가지런하면 유전이 반드시 좋고, 건강·지혜·성격 모두가 보통 사람보다 좋으며, 따라서 일생의 성취와 수확도 일반인보다 크고 많다.

　또한 인당의 기색은 뇌조직 운행의 정상 여부를 알려준다. 만일 뇌조직의 운행이 정상이면 뇌파 및 뇌압이 모두 정상이고, 뇌에서 발산하는 에너지가 좋고 강하다. 좋은 에너지를 가진 사람은 서로에게 끌리게 되어 훌륭한 파트너나 배우자를 만날 수 있다. 또 강한 에너지는 약하고 비정상적인 에너지를 제압할 수 있으므로 시비나 소인이 끼치는 재산 손해를 피할 수 있게 한다.

　인당에 나타난 기색은 반드시 황(黃), 홍(紅), 자색(紫色)이어야 운이 좋다. 만일 뇌조직의 운행이 비정상이면 그 사람의 뇌파와 뇌압도 비정상이므로 인당은 청(靑), 적(赤), 또는 흑색(黑色)을 띠게 된다. 다른 여러 부위의 기색 변화도 같은 원리를 따른다.

　한편 인당은 얼굴에서 가장 눈에 잘 띄는 곳으로 눈썹·눈과 함께 면상의 3대 주체가 되며, 일생의 빈부귀천·건강과 수명·심성·인품·덕성 및 배우자 관계 등을 알 수 있다.

2. 사업성패 및 시기

- 인당이 넓고 평평하고 바르며 풍만하고 윤기가 흐르는 것이 상학의 표준에 맞는다. 이런 사람은 천성적으로 복이 많다. 만약 다른 부위의 상과 조화를 이룬다면 30세 이전에 두각을 드러내고 반드시 부귀한다.
- 인당이 상학의 표준에 맞고, 두 눈이 아름답고 길며, 산근과 콧대에 기세가 있고, 양 관골이 풍만한 사람은 권력을 손에 쥐고 공명이 현달하며 크게 귀하게 된다.
- 인당의 기골이 마치 도장 인(印) 자 같으면 크게 귀하게 된다.
- 인당이 넓고 평평하고 풍만하고 윤기가 흐르며, 두 눈썹이 넓고 맑고 수려한 것을 관록성조명궁(官祿星照命宮)이라고 한다. 일생 동안 관운이 좋고 크게 성취가 있다.
- 인당이 낮게 함몰되어 있고 두 눈썹의 침범을 받는 것을 흉성침명궁(凶星侵命宮)이라고 한다. 일생 동안 관직에 나가지 못하며 가난에 시달린다. 왼쪽 눈썹은 나후성(羅睺星)이고, 오른쪽 눈썹은 계도성(計都星)인데, 이것은 이십팔수(二十八宿) 가운데 흉성(凶星)이다.
- 인당이 깊게 함몰되어 구멍처럼 되었거나, 나쁜 주름이나 점이 있으면서 얼굴이 네모나고 두 귀가 뾰족하게 드러난 것을 열화화금(烈火化金)이라고 한다. 이런 사람은 일생 동안 가난하고 흉재가 많다.

- 인당이 함몰되거나 훼손되어 있고 앞 눈썹이 붙어 있는 사람은 일생 동안 고생하고 사업에서도 성취를 얻기 어렵다. 만일 하정(下停)의 상이 좋으면 만년운이 좋으나 하정의 상이 좋지 않으면 만년운도 좋지 않다.
- 40세 이후에는 인당 양쪽에 반드시 주름이 생기는데, 만일 주름이 어지럽거나 복잡하지 않고 경사지거나 굴곡이 없으면 일생 동안 사업이 순조롭다.
- 인당에 십자문(十字紋), 천자문(天字紋), 왕자문(王字紋), 금인문(金印紋), 앙월문(仰月紋) 가운데 하나가 있으면 크게 귀하고 큰 권력을 잡을 상이다. 하지만 다른 부위와 조화를 이루지 못하거나 얼굴에 흠이 있으면 반대로 불리하거나 흉액이 된다.
- 인당에 현침문(懸針紋)이 있을 경우 목형인은 꺼리지 않고 정업에 종사해도 괜찮으나, 금형인·토형인·수형인·화형인은 편업으로 재물을 구해야 한다. 인당에 현침문이 생기는 것은 뇌나 심폐 계통에 선천적 또는 후천적으로 구조적 결함이 있거나, 성격이 급하고 고집이 세어 자주 이마를 찌푸렸기 때문이다.
- 인당의 점이 회백색이거나 흐린 검은색인 사람은 의지력이 약하고, 일을 할 때에 시작은 있으나 끝이 없어 일생 동안 성취와 수확을 얻기 어렵다. 점의 색이 주홍이거나 칠흑인 사람은 종교 및 철학방면에 특출한 재능이 있어 반드시 큰 성취를 이룰 수 있으나, 관계로 진출하는 것은 좋지 않다.
- 인당이 좋은 것을 양에 속한다고 하며, 훼손 또는 함몰되어 있거나 점이나 주름이 있는 것을 음에 속한다고 한다. 양의 상인 사람은 실권을 조정하는 책임자가 되는 것이 유리하며, 정계나 재계 또는 군(軍) 등 어느 방면에 종사해도 큰 성취가 있다. 반대로 음의 상인 사람이 책임자가 되면 불리하여 만일 실권이 있거

나 앞에 나서는 일에 종사하게 되면 재능이 비범하고 노력 · 분투하더라도 성과가 적거나 심지어는 실패하게 된다. 그러나 드러나지 않고 일을 기획하거나 조언을 하는 참모, 또는 연구분야에 종사하는 것은 꺼리지 않으며 성취도 있다.
- 인당이 음의 상인 사람이 종교 · 교육 · 문학 · 과학 · 의학 · 예술 등 정업이 아닌 일에 종사하거나, 또는 완전히 개인의 재능으로 성취를 이루고 도전성을 자유로이 발휘할 수 있는 자유직업에 종사하면 성과를 얻을 수 있다. 이것을 상학에서는 이로재영(異路財榮)이라고 한다.
- 인당이 함몰 또는 훼손되어 있고 점이나 주름이 있거나 지나치게 좁은 사람은 설령 사업상 작은 성취가 있고 의식이 풍족하더라도 일생 동안 즐거운 날이 적고 우울한 날이 많다.
- 인당에 어지러운 주름이나 상처가 있는 사람은 일생 동안 직업 변동이 많으며, 노력은 많고 성과는 적다.

3. 가족관계 및 혼인과 자녀

- 인당이 풍만하고 눈썹이 청초하고 눈이 수려하며 이마의 골이 솟은 사람은 30세 전에 부모가 건재하다. 반대로 이마가 함몰되어 패였고, 눈에 神이 없으며, 눈썹이 수려하지 않고, 인당이 낮게 함몰되고 나쁜 주름이나 점이 있으면 비록 이마에 일월각이 있어도 부모에게 해가 있다.
- 인당에 나쁜 주름 또는 점이 있거나 훼손 · 함몰되어 있는 사람은 어린 시절에 육친의 보살핌이 적거나 판결 등의 일로 극하거나 인연이 적다. 또 학업을 중도에 그만두며, 청소년기에 고향을

떠나고, 외지에서도 풍파가 많다.

- 인당이 좁거나 나쁜 점이나 주름이 있고 훼손된 사람은 일생 동안 윗사람이나 육친의 도움을 받지 못하고 조상의 유업을 물려받기도 어렵다.
- 인당이 낮게 함몰되어 있거나 양 눈썹의 침범을 당한 사람은 가족의 은혜에 보답하기 어렵다. 또한 결혼이 늦고 자식도 늦게 본다.
- 인당에 현침문이 있는 사람은 처자가 극하므로 아내를 늦게 맞고 자식을 늦게 보아야 길하다. 만일 30세 이전에 결혼을 하면 생이별이나 사별을 하지 않더라도 결혼생활이 순조롭지 못하다.
- 인당의 주름결이 지나치게 복잡한 사람은 부모나 조상이 악행을 저질렀거나 흉사했을 수 있다. 본인도 장수하기 힘들며 비명횡사할 수 있다. 인당 산근에 마마 자국이 있는 사람은 더욱 흉하므로 마땅히 수신(修身)을 하고 덕을 쌓아야 한다.
- 인당의 점이 회백색이거나 흐린 흑색인 사람은 부모를 극하거나 양자로 가게 되며, 또한 조상의 유산을 받지 못한다.
- 인당이나 산근에 마마 자국이 있는 사람은 부모와의 인연이 박하고 양자나 양녀가 될 수 있다.
- 인당의 점이나 주름이 훼손되어 있는 사람은 결혼생활이 순조롭지 않고 부부간의 정이 없으며, 심하면 이혼하고 재혼할 수 있다. 게다가 코가 함몰 또는 훼손되어 있거나 점이나 주름이 있으면 낭비벽이 심한 아내를 맞는다.
- 인당이 협소하고 산근이 중단되어 있으며, 눈꼬리의 주름이 아래로 늘어져 있고 천창이 오목하게 함몰되어 있는 사람은 일생의 운명이 순조롭지 않다. 남자는 아내를 극하고 여자는 남편을 극한다.

- 인당이 넓고 평평하며 산근이 곧게 올라와 있는 사람은 남녀를 불문하고 자녀가 모두 우수하다. 인당이 넓고 평평한데 산근이 곧게 올라와 있지 않은 사람은 28세 이전에 낳는 아이가 29세 이후에 낳는 아이보다 우수하다. 반대로 인당이 훼손 또는 함몰되어 있고 산근이 곧게 올라와 있는 사람은 29세 이후에 낳는 자녀가 28세 이전에 낳는 자녀보다 우수하다.

4. 건강과 성격

- 인당이 넓고 평평하고 둥글며 윤이 나는 것이 마치 거울 같은 사람은 두뇌의 발육이 양호하여 매우 슬기롭고 총명하며, 어질고 도량이 넓고 선견이 있다. 또한 정력이 충만하므로 장수한다. 이런 사람은 덕망이 높고 평생 귀인의 도움을 많이 받으며, 폐활량이 커서 몸이 건강하고 감기에 잘 걸리지 않는다.
- 인당이 좁은 사람은 마음이 좁고 승부욕이 강하고 성격이 조급하며, 사물에 대한 관찰력이 부족하고 이해득실에 예민하다. 또한 우울증이나 신경과민 등에 걸리는 경우가 많다.
- 인당의 골이 높게 돌출해 있는 사람은 특이한 재능과 성격을 가지고 있다.
- 인당에 현침문이 있는 사람은 사리에 밝고 기개가 있으며 의지가 굳어 어려움을 두려워하지 않고 일을 하지만, 성격이 완고하고 고집스러우며 융통성이 없어 인화하지 못하고 자주 시비나 소송을 일으킨다. 만일 현침문이 깊고 길면 감옥에 들어갈 흉재가 있는 것이며, 일생의 사업 또한 좌절과 실패를 면하기 어렵다. 목형인이 현침문을 가진 것은 괜찮으나 금형인·토형인·수

형인·화형인은 크게 꺼린다. 특히 두 눈썹의 거리가 지나치게 가까운 사람은 더욱 흉하다.
- 인당에 잔털이 많은 사람은 어린 시절에 감기에 많이 걸려 호흡기 계통의 건강이 좋지 않다.
- 인당의 현침문이 깊고 길며 좋은 주름이 없는 사람은 흉사하게 된다. 인당의 현침문이 얕은 사람은 평생 위험한 일이 많고, 자주 고독감을 느끼며, 원인 모를 번뇌를 하게 된다.
- 인당이 훼손 또는 함몰되어 있고 나쁜 주름이나 점이 있는 것을 인당대살(印堂帶殺)이라고 한다. 만일 눈썹마저 살을 끼고 있으면, 즉 눈썹의 털이 위로 쳐들려 있으면 일생 동안 운수 사나운 일과 위험, 고난을 많이 당하게 되나 전화위복시킬 수 있다.
- 인당이 오른쪽으로 휘어져 형옥(刑獄)에 가깝고 흑회색의 점이 있으면 일생에 한 번은 감옥에 들어가는 재난을 겪는다. 뇌옥문(牢獄紋)이 있어도 마찬가지이다. 만약 검은 점이 있으면 지병이 있다는 뜻이다.
- 인당 옆의 교차되는 곳에 반점이 있으면 폐에 숨은 병이 있거나 심장이 쇠약하고 힘이 없는 것이다.
- 인당에 나쁜 주름 또는 점이 있거나, 인당이 좁고 오목하게 함몰되어 있는 사람은 비록 많이 배우더라도 적게 이루며, 재능이 있어도 펼칠 기회가 없고 일생 동안 풍파와 기복이 심하다. 노력은 많이 하나 수확이 적고, 마음도 좁다.
- 인당에 엷게 붉은 기색이 생기거나 껍질이 벗겨지는 것은 폐에 열이 너무 많기 때문이다. 만일 붉은 기색이 나타나면 중풍에 걸릴 위험이 있다.
- 인당의 기색이 검으면 뇌에 병이 생겼다는 신호로, 급사하거나 큰 위험에 처한 것이다.

5. 여성의 인당

- 여성의 인당이 평평하고 넓고 윤기가 돌며, 산근이 받쳐주고 어떤 결함도 없으면 반드시 성공한 배우자를 얻는다. 동시에 남편을 돕고 자식을 흥하게 하며 일생 동안 복이 많다.
- 인당에 나쁜 주름이 있으면 육친을 극한다. 또한 결혼생활이 순조롭지 않아 남편을 극하거나 이혼한다.
- 인당에 현침문이 있으면 성격은 강하나 외롭게 살며, 남편과 자식을 극하거나 자녀가 없다. 또 평생 고생하면서도 수확이 없다. 그러나 눈썹, 눈, 코의 상이 좋으면 흉이 반감된다.
- 인당에 천자문(川字紋)이 있는 여성은 집안을 망치고 평생 빈천하며 부성(夫星)이 왕성하지 못하다. 또한 성격은 음험하고 색을 밝혀 운수 사나운 일을 쉽게 불러들인다. 그러나 눈썹, 눈, 코의 상이 좋거나 지병이 있으면 흉이 반감된다.
- 인당의 주름결이 복잡한 여성은 지혜롭지 못하고, 일생 동안 빈천하고 고생하며 건강도 좋지 않다. 남편의 운수도 좋지 않고, 시부모와도 화목하게 지내지 못한다. 그러나 눈썹, 눈, 코의 상이 좋으면 흉이 반감된다.
- 인당이 오목하게 함몰되어 있으면 부부의 인연이 적고, 결혼생활도 순조롭지 않다.
- 인당에 살이 많고 솟아 있는 여성은 성격이 남성적이다. 사업을 하면 성공한다.
- 인당의 넓이가 손가락 두 개를 넘으면 조혼을 하게 되는데, 이마가 낮으면 더욱 그러하다. 인당의 넓이가 손가락 세 개 이상이면 성격이 남성적이고 정조관념이 희박하며, 일을 하는 데 주관과 안정성이 결여되어 있다.

- 여성은 인당과 코로써 부성(夫星)을 삼는데, 만일 인당에 점이나 주름이 있거나 훼손되었으면 남편의 운을 억압하여 뜻을 펼치지 못하게 한다.
- 인당의 기색이 좋고 코의 기색도 좋은 여성의 남편은 운이 왕성하고 사업이 순조로우며 건강 또한 좋다.

인당의 주름 -1

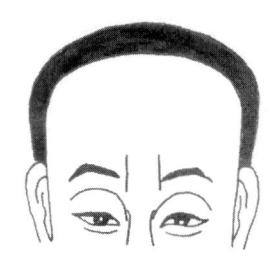

인당에서 유일하게 좋은 주름이다. 이런 주름이 있는 사람은 남녀를 막론하고 뇌조직의 발육이 양호하며, 자기 중심이 서 있고 정의감이 풍부하며, 일생의 성취가 많다.

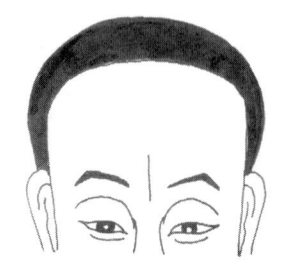

현침문(懸針紋), 즉 올챙이주름을 가진 사람은 조상의 음덕과 가족의 정을 누리기 어렵다. 평생 열심히 일하나 성과가 적고, 흉재와 위험이 많으며, 결혼생활이 순조롭지 않다. 이런 사람은 정업이 아닌 직업에 종사하는 것이 좋다.

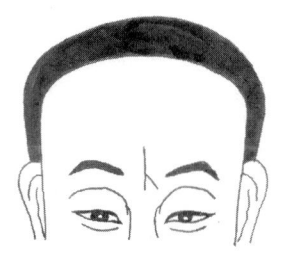

올챙이에게 다리가 생긴 듯하다고 해서 현침생각(懸針生脚)이라고 하는데, 물려받을 유산은 없으나 조상의 덕이 깊고 두텁다. 비록 풍파와 운수 사나운 일이 많으나 전화위복 될 수가 있다. 이런 사람은 편업에 종사하는 것이 좋다.

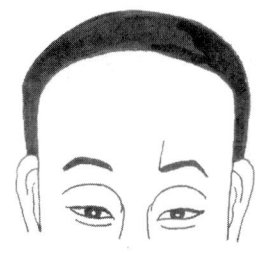

이런 주름이 왼쪽 눈썹머리 옆에 있으면 상해문(傷害紋)이라고 하는데, 불의의 사고로 다치거나 관절염에 걸리기 쉽다. 만일 오른쪽 눈썹머리 옆에 있으면 뇌옥문(牢獄紋)이라고 하는데, 일생에 반드시 한 번은 감옥에 가게 된다.

인당의 주름—2

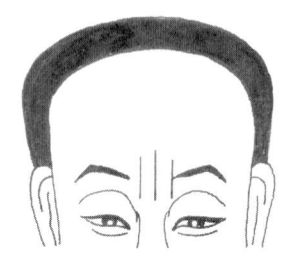

천자문(川字紋)으로, 이런 주름을 가진 사람은 조상의 유업을 망치며, 바쁘게 뛰어다니며 고생하지만 소득은 적다. 중년에 재난이 많고 아내를 극하며, 만년에 자식의 복을 누리지 못한다. 여성은 남편을 극하고 재가한다.

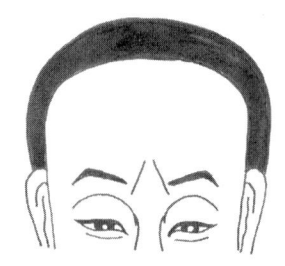

팔자문(八字紋)으로, 이런 주름을 가진 사람은 일생 동안 이름을 얻기 어렵고, 고생하며 바쁘게 뛰어다니지만 성과는 적다. 여성은 질투심이 강하고, 집안에 가만히 있지 못하고 평생 고생하며, 결혼을 여러 번 할 수 있다.

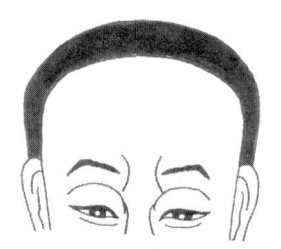

이런 주름을 가진 사람은 천성이 우매하고 지능이 낮으며, 성격이 좋지 않아 모든 것을 원망하는 마음을 품고 있다. 일을 해도 성과가 적다.

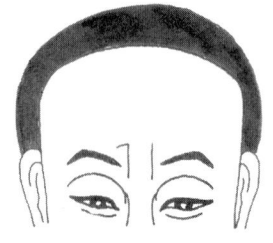

이런 주름을 가진 사람은 남녀를 불문하고 일찍 부모를 극하며, 일생 동안 사업에 성과가 없다. 게다가 성격이 괴팍하고 제멋대로 행동하며, 반드시 운수 사나운 일을 당하게 된다.

인당의 주름—3

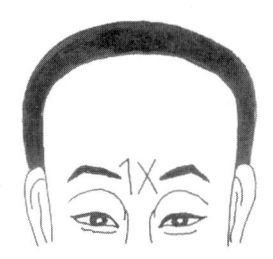 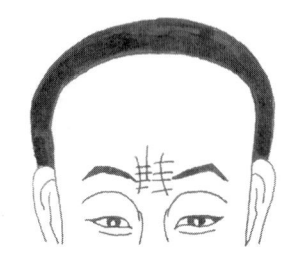

주름의 모양이 복잡하고 어지러우면서 또한 깊으면 매우 불길하다. 남녀를 불문하고 조상과 자신을 욕되게 하고, 일생 동안 재난과 운수 사나운 일을 면하기 어렵다.

이런 주름을 가진 사람은 남녀를 불문하고 부모에게 해가 되고 처자를 극하며, 고생은 많으나 소득은 적고 집안을 망친다. 만일 수행을 쌓지 않으면 30세 전후에 반드시 대재난을 겪게 된다.

유년법

1. 유년법의 종류

상학은 옛 의학에 기원을 두고 유전학과 생리학을 융합하여 이론의 기초로 삼은 다음 유년(流年) 및 기색(氣色)을 검증방법으로 삼은 것이다.

그러므로 상학을 통해 사람의 건강·지혜·성격을 관찰할 수 있을 뿐만 아니라 빈부귀천·배우자·재산·자식·직업·수명 및 운세의 추이 등을 판별할 수 있다.

동양의 상학과 서양의 상인술(相人術)은 차이가 있다. 서양의 상인술은 성향학(性向學)에 기원을 두고 통계학과 심리학으로 검증의 방법을 삼아 사람의 성격을 분석하는 것임에 비하여, 동양의 상학은 일생의 빈부와 득실·육친·불운과 행운 등을 분석하는 것이다. 그러므로 전자는 유년과 기색을 거의 논하지 않으나, 후자는 유년과 기색을 검증의 방법으로 삼는다.

상학을 통해 운세를 판별하는 방법은 송대(宋代) 이후의 관상서에 서술되어 있는데, 현재까지 전해 내려오는 것으로는 칠십오부위유년법(七十五部位流年法), 즉 정위유년법(定位流年法)을 비롯하여 구집유년법(九執流年法)·업무유년법(業務流年法)·삼정유년법(三停流年法)·이비유년법(耳鼻流年法) 등이 있다.

1) 정위유년법

정위유년법(定位流年法)이란 면상의 75부위 본위(本位)의 우열에 근거를 두고 운세의 길흉을 판별하는 방법이다. 가장 보편적으로 통용되며, 간단하고 배우기 쉬운 것이 큰 장점이다. 예를 들면 31세의 운은 왼쪽 눈썹 전단 부위에 나타난다고 보고, 그 부위의 상의 우열을 살핌으로써 운세의 길흉을 판단하는 것이다.

그러나 이 방법으로 대부·대귀·대흉·대패하는 사람들의 운을 판별하면 매우 정확하지만, 일반인의 운세를 보면 정확도가 떨어진다. 또한 정위유년법은 매 1년마다의 운세 추이를 관찰할 수 있을 뿐 몇 년 또는 몇십 년의 운세를 판별할 수 없는 것이 큰 단점이라고 할 수 있다.

2) 구집유년법

구집유년법(九執流年法)이란 좌우 눈썹·좌우 눈·좌우 귀·이마·코·입 등 아홉 개 부위의 우열에 근거하여 운세 추이의 길흉을 판단하는 것으로, 각 부위에 정해진 해와 나이 등은 변하지 않고 고정적이다.

그러나 이 유년법을 언제 누가 만들었는지 알 수가 없으며, 어째서 왼쪽 눈썹이 1세이고, 오른쪽 눈썹이 7세인지 또한 설명할 수 없고, 외울 것이 많은 것이 단점이다.

왼쪽 눈썹 : 1세, 10세, 19세, 28세, 37세, 46세, 55세, 64세, 73세, 82세, 91세 운세의 길흉을 예시한다.

오른쪽 눈썹 : 7세, 16세, 25세, 34세, 43세, 52세, 61세, 70세, 79세, 88세, 97세 운세의 길흉을 예시한다.

왼쪽 눈 : 5세, 14세, 23세, 32세, 41세, 50세, 59세, 68세, 77세, 86세, 95세 운세의 길흉을 예시한다.

오른쪽 눈 : 8세, 17세, 26세, 35세, 44세, 53세, 62세, 71세, 80세, 89세, 98세 운세의 길흉을 예시한다.

왼쪽 귀 : 4세, 13세, 22세, 31세, 40세, 49세, 58세, 67세, 76세, 85세, 94세 운세의 길흉을 예시한다.

오른쪽 귀 : 9세, 18세, 27세, 36세, 45세, 54세, 63세, 72세, 81세, 90세, 99세 운세의 길흉을 예시한다.

이마 부위 : 6세, 15세, 24세, 33세, 42세, 51세, 60세, 69세, 78세, 87세, 96세 운세의 길흉을 예시한다.

코 부위 : 2세, 11세, 20세, 29세, 38세, 47세, 56세, 65세, 74세, 83세, 92세 운세의 길흉을 예시한다.

입 부위 : 3세, 12세, 21세, 30세, 39세, 48세, 57세, 66세, 75세, 84세, 93세 운세의 길흉을 예시한다.

3) 업무유년법

업무유년법(業務流年法)이란 얼굴의 좌우 법령의 우열에 따라 운세 추이의 길흉을 보는 것이다. 만일 왼쪽 법령의 모양이 좋으면 1~30세까지의 사업이 순조롭고 성과가 있으며, 오른쪽 법령의 모양이 좋으면 30~60세까지의 사업이 순조롭고 성과가 있다고 판별한다.

업무유년법은 한 사람의 상반생과 하반생의 운세의 차이가 현저하게 다를 때 확실히 일리가 있는데, 매년의 운세를 자세히 관찰할 수 없는 것이 단점이다.

또한 오늘날은 사회환경이 바뀌고 수명도 연장되었으므로 왼쪽 법령은 20~50세까지, 오른쪽 법령은 50세 이후의 운세를 보는 것으로 수정해야 할 것이다.

4) 삼정유년법

삼정유년법(三停流年法)이란 얼굴 삼정(三停)의 우열에 따라 운세의 길흉을 보는 것이다. 상정(上停)은 15~30세까지의 운세의 길흉을 예시하고, 중정(中停)은 31~50세까지의 운세의 길흉을 예시하며, 하정(下停)은 51세 이후의 운세의 길흉을 예시한다.

그러나 면상의 세부적인 운세의 길흉을 관찰할 수 없다는 것이 단점이다.

5) 이비유년법

이비유년법(耳鼻流年法)이란 두 귀와 코 모양의 우열로 운세의 길흉을 보는 것이다. 먼저 왼쪽 귀로 처음 20년의 운명의 추이를 예시하고, 다음에는 코로 이후 20년의 운명의 추이를 예시하며, 마지막으로 오른쪽 귀로 이후 20년의 운명의 추이를 예시한다.

단점은 역시 일생 운세의 대략적인 내용을 관찰할 수 있을 뿐 세부적인 운세를 관찰할 수 없다는 것이다.

6) 팔창이고유년법

면상의 유년을 10개의 대운(大運)과 36개의 소운(小運)으로 나누어 10개 대운의 이름을 팔창이고(八倉二庫)라고 부르는데, 창(倉)이나 고(庫)의 명칭은 모두 고서(古書)에서 열거한 130부위의 명칭을 따른 것이다.

매대운의 연한은 최장 14년, 최단 3년을 잡는다. 그리고 매소운의 명칭은 면상의 삼정육부(三停六府), 오악사독(五岳四瀆), 오성육요(五星六曜) 및 십이궁(十二宮), 십이기골(十二起骨), 삼십육궁(三十六宮)의 명칭에서 따온 것이다. 소운의 연한은 최장은 14년이고, 최단은 1년이다.

　팔창이고유년법(八倉二庫流年法)의 또 다른 특징은 조용법(弔用法)과 배관법(配觀法)을 중시하는 것이다. 예를 들어 눈썹의 운을 관찰할 때는 코도 보아야 하고, 코의 운을 관찰할 때는 눈썹도 보아야 하며, 눈의 운을 관찰할 때는 관골도 보아야 하고, 관골의 운을 관찰할 때는 후침(後枕)도 배합해서 보아야 한다. 그리고 난 후에 가감절제(加減折除)와 종합을 하여 운세의 길흉을 논하는 것이다.

　인체는 기계와 같다. 기계의 구조는 중요한 부품과 부수적인 부품으로 나뉘는데, 그것에는 각각 일정한 기능이 있으며, 동시에 서로 밀접한 관계를 가지고 작동한다. 사람의 면상은 기계의 계기반에 비유할 수 있으며, 오관·육부·사독·오악·오성·육요·십이궁·십이기골·삼십육궁·칠십오부위 등의 부위들은 인체 기계에 내장되어 있는 각부의 대소 부속품이 드러난 표징이라고 할 수 있다. 이러한 표징을 통하여 관상을 볼 때는 반드시 상하·좌우·전후 각 부위의 길흉을 종합해서 결론을 내려야 하는 것이다.

　유년(流年)의 대운은 창고위(倉庫位)를 보고 소운은 소운위(小運位)를 보는데, 구집위(九執位)에 결함이 없으면 본위(本位)를 주관찰점으로 삼고, 구집위와 배관위(配觀位)를 보조관찰점으로 삼는다. 만일 구집위에 파손, 함몰, 주름, 돌출, 경사, 반점 등의 결함이 있으면 이것을 주관찰점으로 삼고, 본위와 배관위를 보조관찰점으로 삼는다.

　이 방법은 나이를 계산할 때 양력 생일을 기준으로 삼으며, 유월

(流月)을 볼 때는 자(子)·축(丑)·인(寅)·묘(卯)·진(辰)·사(巳)·오(午)·미(未)·신(申)·유(酉)·술(戌)·해(亥)의 12월 영궁(令宮)의 우열을 기준으로 삼고, 유일(流日)은 기색의 심(深)·천(淺)·농(濃)·담(淡)으로 판단한다. 또 어떠한 종류의 길흉이 발생할 것인지를 판단하는 데는 면상 십이궁의 관상 우열을 본다.

운세를 판별할 때는 정(精)·신(神)·기(氣)·색(色)을 기준으로 삼는다. 만약 그 해의 대운위, 소운위, 구집위, 배관위의 상 모두에 결함이나 흠이 없으나 精·神·氣·色이 좋지 않다면 그 해의 운세는 흉한 것으로 판별한다. 이와 반대로 각 부위의 상에 모두 결함과 흠이 있는데 유일하게 精·神·氣·色이 좋다면 그 해의 운세는 길하다고 할 수 있다. 부위는 선천적이지만 기색은 후천적이기 때문이다.

2. 팔창이고유년법

1) 외창운

외창운(外倉運)은 1~14세까지를 본다. 대운위는 양쪽 귀이고, 소운위는 산근과 지고이다. 남자가 왼쪽을 보는 경우에 여자는 오른쪽을 보며, 반대의 경우 역시 마찬가지이다.

1~2세: 본위명은 천륜(天輪), 오관명은 채청관(採聽官), 오성명은 금성(金星), 사독명은 강독(江瀆), 사학당명은 외학당(外學堂) 또는 녹당(祿堂)이라고 한다. 위치는 왼쪽 귀 위쪽 부분이며, 생리학상 이부(耳部)에 속하고, 해부학으로는 섭유부이익(顳顬部耳翼)이다.

윤곽이 분명하고 둥글고 두툼하며, 빛깔과 광택이 산뜻하고 아름다워야 가장 좋다. 이런 경우 1~2세까지의 운세가 좋다. 가장 꺼리는 것은 얇고 앞으로 기울어져 있으며, 윤(輪)이 뒤집어져 있고 곽(廓)이 드러나 있으며, 천륜에 결함이 있고 색깔과 광택이 어두운 것이다. 이런 사람은 1~2세까지의 운세가 좋지 않다.

3~4세 : 본위의 이름은 인륜(人輪)으로, 왼쪽 귀 중앙의 오목하게 들어간 곳이다. 윤곽이 두툼하고, 귓구멍 즉 풍문(風門 : 人門이라고도 한다)이 넓고 크며, 빛깔과 광택이 산뜻하고 아름다워야 가장 좋다. 이런 경우 지혜가 다른 사람을 능가하며, 3~4세까지의 운이 좋다.

색깔과 광택이 어둡고, 바싹 마르고 붉고 푸르스름하면 요절하거나 큰 병에 걸린다. 가장 꺼리는 것은 귓구멍이 지나치게 작고 곽이 윤보다 더 높은 것인데, 이런 사람은 성년이 된 후에 집을 떠나 발전하며 자식이 적다. 만약 윤이 있으나 곽이 없으면 평생 고독하고 빈한하다. 이런 사람은 3~4세까지의 운세가 좋지 않다. 단 목형인·화형인이나 사슴귀[鹿耳]인 사람은 해당되지 않는다.

5~7세 : 본위의 이름은 지륜(地輪)이다. 왼쪽 귀 아래쪽의 두툼한 살로서 수주(垂珠)라고도 한다. 입 쪽을 향하고 있는 것이 가장 좋다. 이런 경우 5~7세까지의 운세가 좋은 것은 물론 일생 건강하고 병이 적으며, 중년 이후에는 부귀하며 장수를 누린다.

가장 꺼리는 것은 수주가 위는 크고 아래는 작거나 또는 수주가 없는 것이다. 이런 사람은 5~7세까지의 운세가 좋지 않을 뿐만 아니라 일생 고생한다. 귀에 수주가 없는 사람은 유년 시절의 집안환경이 좋지 않고, 평생 큰 재산을 모으기 어려우며, 혹 큰 재산을 모으더라도 만년에는 재난과 병으로 고독하다.

8~9세 : 본위의 이름은 천륜이다. 오른쪽 귀 위쪽 부위이며, 오성의 이름은 목성(木星)이다. 표준을 관찰하는 법은 왼쪽 귀의 천륜과 같다.

10~11세 : 본위의 이름은 인륜이다. 오른쪽 귀 중앙의 오목하게 들어간 곳으로, 명문(命門)이라고도 한다. 표준을 관찰하는 법은 왼쪽 귀의 인륜과 같다.

12~14세 : 본위의 이름은 지륜이다. 오른쪽 귀 아래쪽의 두툼한 살을 가리키는 것으로, 수주라고도 한다. 표준을 관찰하는 법은 왼쪽 귀의 지륜과 같다.

외창운, 즉 1~14세까지의 운세를 관찰하려면 본위의 상학 외에도 대운위, 즉 두 귀의 형상·고저·대소의 일치를 보아야 하며, 금성과 목성이 서로 상극인가를 살펴야 한다.
소운위인 산근이 끊어져 있지 않고 지고와 구집위의 상에 결함이 없으며, 이마가 풍만하고 천창골이 일어나 있으면 1~14세까지의 운세가 좋고, 유년 및 소년기에 가정환경이 부유하다. 또 가족들의 정이 깊으며, 부조(父祖)의 음덕을 누릴 수 있다.
어느 한 부위라도 상이 좋지 않으면 모두 불길한 것으로 여기며, 십이궁 상(相)의 우열에 따라 어떤 불행이 닥칠 것인가를 판별할 수 있다. 만일 금성과 목성이 상극이며 즉 왼쪽 귀가 나쁘고 오른쪽 귀가 좋으며, 천창골이 함몰되어 있고 이마의 형이 좋지 않으며, 산근이 끊어져 있고 지고에 결함이 있으며, 귀의 색깔이 어두우면 부모를 극하고 재난과 흉재로 요절한다.

외창운유년부위도

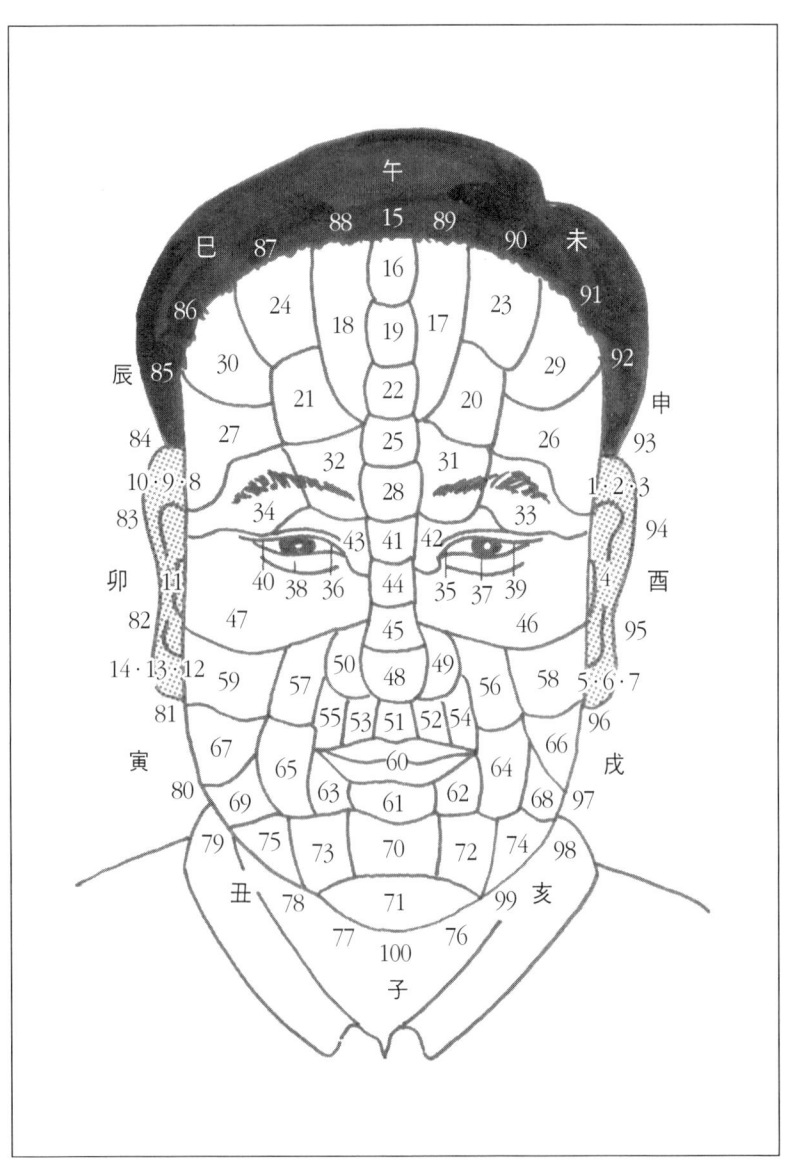

2) 인창운

인창운(人倉運)은 15~24세까지를 본다. 대운위는 구릉과 총묘이고, 소운위는 중정·화양·준두·천창·인중·액두(이마)이다.

남자가 왼쪽을 보는 경우에 여자는 오른쪽을 보며, 반대의 경우 역시 마찬가지이다.

15~16세: 본위명은 화성(火星) 및 천중(天中), 삼재명은 천재(天才), 삼정명은 상정(上停), 오악명은 남악(南嶽), 사학당명은 녹학당(祿學堂)이다.

화성은 발제 정중앙의 상단에 있고 천중은 발제 정중앙의 하단에 있는데, 생리학상 액부(額部)에 속하고 해부학상으로는 전두부(前頭部)이다. 반드시 높게 올라와 있고 평평하며, 오목하게 들어가거나 점·주름이 없으며, 발제가 가지런하고 뽀족하게 나오지 않은 것이 상학의 표준에 맞는다.

15~16세의 운세를 관찰하려면 본위의 상을 중시하는 외에도 대운위(구릉과 총묘)의 골법(骨法)이 일어나 있고, 소운위(중정)가 풍만하고 돌출되어 있으며, 구집위(이마와 오른쪽 눈썹)가 결함이 없이 높게 올라와 받쳐주고, 다시 천양(天陽: 머리끝)이 돌출해 있고, 화양(華陽)의 기세가 약하지 않으며, 두 귀가 높이 솟아 이마를 비추고, 일월각이 풍만하고 둥근지를 보아야 한다. 이런 사람은 15~16세의 운세가 좋다고 할 수 있다. 총명하고 진보적이며 건강하고 담력과 식견이 있다.

어느 한 부위라도 상이 좋지 않으면 모두 불길한 것으로 여기며, 십이궁 상의 우열에 따라 어떤 불행이 닥칠 것인가를 판별할 수 있다. 만일 천양·화양·중정 삼위의 골이 함몰되어 있고, 눈썹이 인당을 침범하며, 두 귀가 낮고 약하면 크게 불길한 것으로, 가난하지 않으면 요절하고, 혹은 조상의 명예를 훼손시키고 고향을 떠나며, 재난이 많다.

17~18세 : 본위의 좌명(左名)은 일각(日角), 우명(右名)은 월각(月角)이며, 십이궁명은 부모궁이다. 일각의 위치는 왼쪽 이마 눈썹머리의 위이고, 월각의 위치는 오른쪽 이마 눈썹머리의 위인데, 남자는 왼쪽, 여자는 오른쪽을 본다. 생리학상으로는 액부에 속하고, 해부학상으로는 전두엽결절(前頭葉結節)이다. 이마는 높이 솟고 해맑아야 하며, 반점이나 점이 없고, 낮게 함몰되거나 비뚤어지지 않은 것을 표준으로 삼는다.

17~18세의 운세를 관찰하려면 본위의 상을 중시하는 외에도 대운위(구릉과 총묘)의 골법이 일어나 있고, 소운위(화양) 골의 기세가 일어나 있으며, 구집위(오른쪽 눈과 오른쪽 귀)에 결함이 없고, 두 눈에 神이 있으며, 두 귀가 받쳐주고, 두 눈썹의 모양이 수려하며, 발제가 일월각을 닫지 않고, 천창이 풍만한지를 보아야 한다. 이런 사람은 17~18세의 운세가 좋다고 할 수 있다. 공부를 잘하고, 웃어른과 선생님의 사랑을 받는다.

어느 한 부위라도 좋지 않으면 모두 불길한 것으로 여기며, 십이궁상의 우열에 따라 어떤 불행이 닥칠 것인가를 판별할 수 있다. 만일 두 눈에 빛과 神이 없고, 두 귀가 금목상극(金木相剋)이며, 화양골의 氣가 약하고, 양 눈썹의 형이 나쁘면 불길한데, 가난하지 않으면 요절하거나 관액이 있을 수 있다.

19세 : 본위의 이름은 천정(天庭)으로 위치는 천중의 아래, 사공의 위에 있다. 생리학상으로는 액부에 속하고, 해부학상으로는 전두부이다. 반드시 평평하고 넓어야 하고, 골이 일어나 있어야 하며, 기색이 밝아야 상학의 표준에 부합한다.

19세의 운세를 관찰하려면 본위의 상을 중시하는 외에도 대운위(구릉과 총묘)의 골법이 일어나 있고, 소운위(준두)가 원만하고 콧구멍을 감추고 있으며, 구집위(왼쪽 눈썹)에 결함이 없고, 눈썹과 눈에 기세가 있으며, 일월 양각이 밝고 둥글고 수려하고, 코의 氣가 정수리까지 관통하며, 발각(髮脚)이 두 눈썹을 침범하지 않는지를 보아야 한다. 이런 사람은 19세의 운세가 좋다고 할 수 있다. 시험에 급제하고 인생의 큰 전환기를 맞는다.

어느 한 부위라도 상이 좋지 않으면 모두 불길한 것으로 여기며, 십이궁 상의 우열에 따라 어떤 불행이 닥칠 것인가를 판별할 수 있다. 만일 눈과 눈썹(특히 왼쪽)에 기세가 없고, 일월각에 결함이 있거나 비뚤어지고, 코의 준두가 납작하게 내려앉아 있고 기세가 약하면 설령 천정 본위의 상이 좋더라도 운이 트이지 않는다. 만일 천정이 좁거나 결함이 있고, 나쁜 점과 복잡한 주름이 있으면 부모를 극하거나 화난(火難)이 있으며, 또는 미혹되어 학업을 마치지 못하고 중도에 나쁜 길로 들어선다.

20~21세: 본위의 이름은 좌보골(左輔骨)·우보골(右輔骨)으로서 보각(輔角)이라고도 한다. 위치는 좌우 이마 일각과 월각의 옆이다. 십이궁에서는 복덕궁이고, 육부에서는 상2부(上二府)이며, 생리학상으로는 액부에 속하고, 해부학상으로는 상정부양측(上頂部兩側)이다. 골이 일어나 있고, 형세가 충실하며, 기색이 엷은 황색으로 밝아야 상학의 표준에 부합한다.

20~21세의 운세를 관찰하려면 본위의 상을 중시하는 외에도 대운위(구릉과 총묘)의 골법이 일어나 있고, 소운위(천창)가 기세가 있고 풍만하며, 구집위(코와 입)에 결함이 없고, 다시 연수가 풍만하게 돌

출해 있으며, 입이 받쳐주고, 화성이 함몰되지 않았는지를 보아야 한다. 이런 사람은 20~21세의 운세가 좋다고 할 수 있다. 귀인을 만나 많은 일들이 전화위복될 수 있다.

어느 한 부위라도 상이 좋지 않으면 모두 불길한 것으로 여기며, 십이궁 상의 우열에 따라 어떤 불행이 닥칠 것인가를 판별할 수 있다. 만일 연수가 내려앉았거나 울퉁불퉁 비뚤어졌고, 수성의 형이 나빠 받쳐주지 못하며, 천창이 오목하게 함몰되었거나 골이 드러나 있으면 운세가 침체되어 방해를 받거나 관액을 당할 수 있다.

22세 : 본위명은 사공(司空) 또는 사도(司徒)로서, 위치는 앞이마 천정의 아래이고 중정의 위이다. 생리학상으로는 액부에 속하고, 해부학상으로는 전두부이다. 기골이 평평하며 반듯하고, 색이 밝고 광택이 나며, 나쁜 주름이나 점이 없으면 상의 표준에 맞는다.

22세의 운세를 관찰하려면 본위의 상을 중시하는 외에도 대운위(구릉과 총묘)의 골법이 일어나 있고, 소운위(인중)의 사수(四水)가 통하며, 구집위(왼쪽 귀)에 결함이 없고, 양 귀가 눈썹과 이마를 비추며, 산근이 풍만하게 돌출해 있는지를 보아야 한다. 이런 사람은 22세의 운세가 좋다고 할 수 있는데, 특히 시험운이 좋다.

어느 한 부위라도 상이 좋지 않으면 모두 불길한 것으로 여기며, 십이궁 상의 우열에 따라 어떤 불행이 닥칠 것인가를 판별할 수 있다. 만일 금성과 목성이 상극이고, 두 귀가 낮고 추하고 어두우며, 산근이 끊어져 있고, 인중이 얇고 좁거나 짧고 얕으면 22세에 큰 흉사가 있으므로 특별히 질병과 사고에 주의해야 한다. 그러나 눈썹이 수려하고 광채가 있으며, 눈에 빛이 있으면 흉이 반감되어 설령 사고를 당하더라도 생명을 잃지는 않는다.

인창운유년부위도

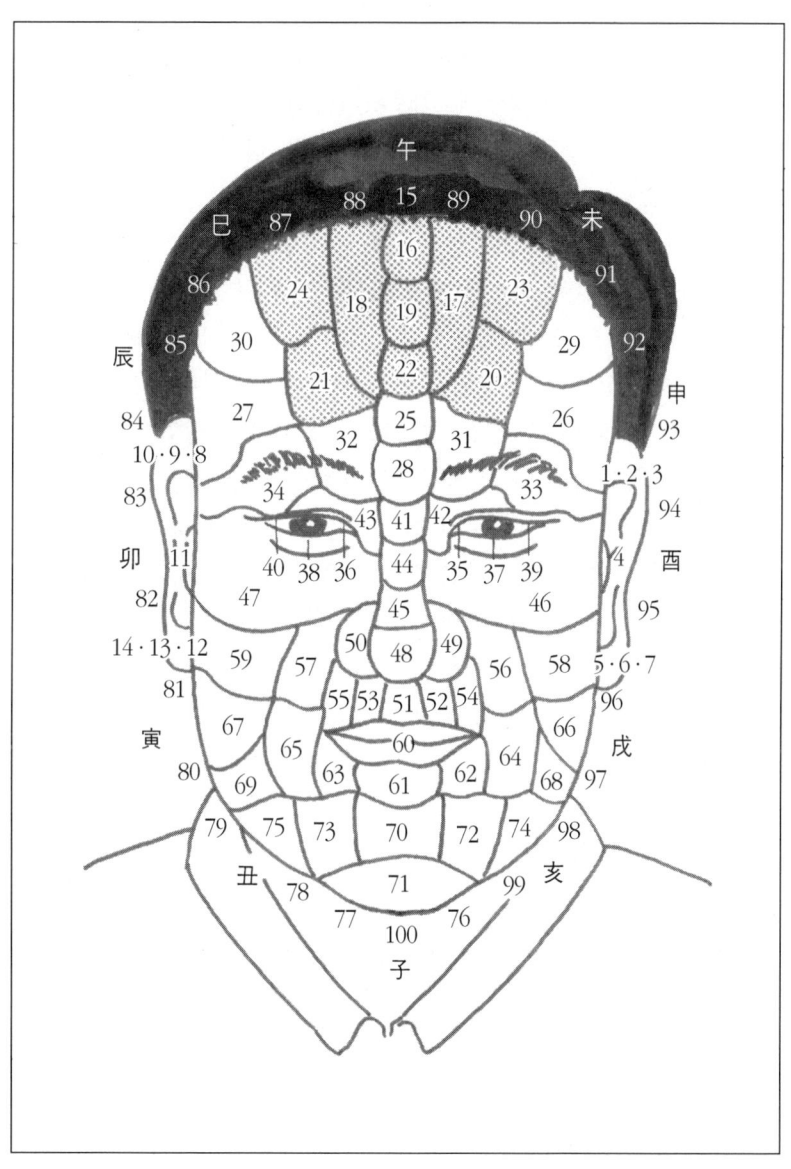

제3장 면상과 유년 443

23~24세 : 본위명은 좌변성(左邊城) · 우변성(右邊城)으로서 변지(邊地)라고도 한다. 위치는 발제선의 양측이다. 생리학상으로는 액부에 속하고, 해부학상으로는 전두부섭유선(前頭部顳顬線)이다. 골이 돌출할수록 좋은 것이며, 치우치거나 오목하게 함몰되지 않고, 나쁜 점이나 주름이 없고, 발제가 가지런하면 상학의 표준에 부합한다고 할 수 있다.

23~24세의 운세를 관찰하려면 본위의 상을 중시하는 외에도 대운위(구릉과 총묘)의 골법이 일어나 있고, 소운위(이마)가 복간 같으며, 구집위(왼쪽 눈과 이마)에 결함이 없고, 다시 두 눈에 神이 있고, 화양이 기세가 있으며, 천정이 풍만한지를 보아야 한다. 이런 사람은 23~24세의 운세가 좋다고 할 수 있다. 특히 취업과 창업에서 노력이 적어도 수확은 많아 일이 뜻대로 되고 진급을 할 수 있다.

어느 한 부위라도 상이 좋지 않으면 모두 불길한 것으로 여기며, 십이궁 상의 우열에 따라 어떤 불행이 닥칠 것인가를 판별할 수 있다. 만일 두 눈이 혼탁하고 神이 없거나 양 눈에 살기를 띠고 있고, 화양골의 氣가 약하고, 이마가 좁고 함몰되어 있으며, 본위의 골의 기세가 일어나 있지 않고, 발제가 가지런하지 않으면 23~24세의 운세가 대단히 좋지 않다고 할 수 있다. 흉사가 많고 질병이 있거나 육친을 극한다.

3) 미창운

미창운(眉倉運)은 25~34세까지를 본다. 대운위는 미창(眉倉) 즉 130부위의 빈문(嬪門)에서 항로(巷路)까지이고, 소운위는 목성(木星) · 경양(景陽) · 후양(後陽) · 구형(口形) · 연수(年壽) · 법령(法令)이다.

25세 : 본위명은 중정(中正)이고, 위치는 사공의 아래, 인당의 위이며, 십이궁에서는 관록궁이 된다. 생리학상으로는 액부에 속하고, 해부학상으로는 전두부이다. 풍만하게 골이 올라와 있고, 광택이 나며, 오목하게 함몰되어 구멍을 이루지 않고, 나쁜 주름이나 점이 없으면 상학의 표준에 부합한다.

25세의 운세를 관찰하려면 본위의 상을 중시하는 외에도 대운위(미창)가 풍만하고 기세가 있으며, 소운위(목성)가 높이 솟아 눈썹을 비추고, 구집위(오른쪽 눈썹)에 결함이 없으며, 다시 양 눈썹이 기세가 있고 인당을 침범하지 않고 광채가 있으며, 산근이 풍만하게 돌출하여 끊어지지 않고, 두 귀의 형상이 일치하고 윤곽이 드러나지 않으며, 수주가 입을 향하고 있는지를 관찰해야 한다. 이런 사람은 25세의 운세가 좋다고 할 수 있다. 결혼과 창업을 할 수 있고 직업을 바꾸는 등 모든 일이 순조롭다.

어느 한 부위라도 상이 좋지 않으면 모두 불길한 것으로 여기며, 십이궁 상의 우열에 따라 어떤 불행이 닥칠 것인가를 판별할 수 있다. 만일 두 눈썹의 형상이 같지 않고, 특히 오른쪽 눈썹에 살기를 띠고 있으며, 산근이 끊어져 있고, 금성이 목성을 극하며, 양 귀의 형상이 나쁘고 귓불이 없으면 크게 불길하다. 더구나 본위의 골이 함몰되어 있으면 대흉(大凶)이라고 할 수 있는데 15세, 22세, 25세, 35세가 관문의 해이기 때문이다.

26~27세 : 본위의 좌명은 구릉, 우명은 총묘이며, 위치는 좌우 이마 눈썹 끝의 위이다. 생리학상으로는 액부에 속하고, 해부학상으로는 전두부이다. 또 인창운의 대운위가 된다. 골이 일어나 높고 클수록 좋으며, 동시에 기색이 밝고, 낮게 함몰되거나 색깔이 나쁘지 않으면 상학의 표준에 부합한다.

26~27세의 운세를 알려면 본위의 상을 중시하는 외에도 대운위(미창)가 풍만하고 기세가 있으며, 소운위(경양) 천정골이 돌출해 있고 넓으며, 구집위(오른쪽 눈과 오른쪽 귀)에 결함이 없으며, 눈에 神이 있고 모양이 수려하며, 두 귀가 눈썹과 이마를 비추며, 인당이 넓고 평평하며, 산근이 끊어져 있지 않고, 발각이 눈썹을 침범하지 않는지를 봐야 한다. 이런 사람은 26~27세의 운세가 좋다고 할 수 있는데, 몇 년 동안 좋은 운이 계속된다.

어느 한 부위라도 상이 좋지 않으면 모두 불길한 것으로 여기며, 십이궁 상의 우열에 따라 어떤 불행이 닥칠 것인가를 판별할 수 있다. 만일 천정골이 함몰되어 있고, 눈의 형이 나쁘며, 눈빛이 흐리고, 두 귀가 얇고 귓불이 없으며, 윤이 밖으로 넘어가 있고 곽이 뒤집어져 있으며, 산근이 끊어져 있으면 26~27세의 운세가 크게 불길하다. 여기에 만일 본위의 골까지 함몰되어 있으면 반드시 흉액과 관액이 있다.

28세: 본위명은 인당(印堂) 또는 명당(明堂)이고, 육요명은 자기성(紫氣星), 십이궁명은 명궁(命宮), 한의학적 명칭은 미심(眉心)이며, 위치는 양 눈썹의 중앙이다. 생리학상으로는 미부(眉部)에 속하고, 해부학상으로는 섬유부미간(纖顬部眉間)이다. 골이 네모지게 일어나 있거나 둥글고 평평하기가 거울 같고, 복잡한 주름이나 나쁜 점이 없으면 상학의 표준에 부합한다.

28세의 운세를 관찰하려면 본위의 상을 중시하는 외에도 대운위(미창)가 풍만하고 기세가 있으며, 소운위(후양)의 골법이 높게 돌출했거나 가로로 강하게 일어나 있으며, 구집위(왼쪽 눈썹)에 결함이 없으며, 두 눈썹이 인당을 침범하지 않고 이마에 있으며, 두 눈썹꼬리가 흩어지지도 어지럽지도 역류하지도 소용돌이치지도 않으며, 천창이 풍만하고 함몰되거나 드러나지 않았으며, 준두가 둥글고 두툼하게 융기되어 있으며, 지고가 함몰되지도 마르지도 않았는지를 봐야 한다. 이런 사람은 28세의 운세가 크게 길하다. 관직에 있는 사람은 관성(官星)이 크게 성하여 반드시 승진하거나 선거에 당선되며, 상업에 종사하는 사람은 투자·창업 등으로 크게 성공할 수 있다.

어느 한 부위라도 상이 좋지 않으면 모두 불길한 것으로 여기며, 십이궁 상의 우열에 따라 어떤 불행이 닥칠 것인가를 판별할 수 있다. 만일 왼쪽 눈썹꼬리가 어지럽고 거꾸로 소용돌이치는 듯하거나 눈썹형이 육해(六害)이며 천창의 氣가 약하고 골이 드러나 있으면 본위가 비록 좋아도 운이 트이지 않는다. 게다가 본위가 파손되고 점이나 주름이 있으며 후양이 평평하면 반드시 크게 불리하여 흉액과 관액이 있고, 시비에 말려들어 큰 손해를 본다.

29~30세 : 본위의 이름은 좌산림(左山林)·우산림(右山林)이며 역마(驛馬)라고도 한다. 육부에서는 상2부(上二府), 십이궁에서는 천이궁이 된다. 위치는 변성의 옆이고, 구릉과 총묘의 위이다. 생리학상으로는 액부에 속하고, 해부학상으로는 정측부섭유엽(頂側部顳顬葉)이다. 골과 살이 풍만하고, 색깔과 광택이 밝으며, 좌우 산림이 높고 낮음이 없고 비뚤어지거나 함몰되지 않았으며, 나쁜 점이 없으면 상학의 표준에 부합한다.

29~30세의 운세를 관찰하려면 본위의 상을 중시하는 외에도 대운위(미창)가 풍만하고 기세가 있으며, 소운위(입)와 위아래 입술이 가지런하고 색깔이 선명하며, 구집위(코와 입)에 결함이 없으며, 인당이 함몰되어 있지 않고, 산근이 끊어져 있지 않은지를 봐야 한다. 이런 사람은 29~30세의 운세가 좋아 재물을 모으고 결혼을 할 수 있다. 외국으로 나가 사업을 하면 더욱 좋다.

어느 한 부위라도 상이 좋지 않으면 모두 불길한 것으로 여기며, 십이궁 상의 우열에 따라 어떤 불행이 닥칠 것인가를 판별할 수 있다. 만일 코의 모양이 나쁘고 氣가 약하며, 인당이 파손·함몰되어 있거나 나쁜 점이나 주름이 있고, 산근이 낮게 함몰되어 있거나 입 모양이 나쁘면 사업에 실패하고 흉재가 있거나 육친을 극한다.

31~32세 : 본위의 좌명은 능운(凌雲), 우명은 자기(紫氣)이고, 오관명은 보수궁(保壽宮), 육요명은 왼쪽 눈썹은 나후성(羅睺星), 오른쪽 눈썹은 계도성(計都星)이며, 십이궁명은 형제궁이다. 생리학상으로는 미부에 속하고, 해부학상으로는 전두부섭유선이다. 두 눈썹이 가늘고 길며, 두 개가 갈라져 살쩍으로 들어가거나 초승달 같고, 머리와 꼬리가 풍만하고, 높이는 이마 가운데 있고, 육해미(六害眉) 등의 각종 결함이 없으며, 눈썹 위에 복잡한 주름이 없으면 상학의 표준에 부합한다.

31~32세의 운세를 관찰하려면 본위의 상을 중시하는 외에도 대운위(미창)가 풍만하고 기세가 있으며, 소운위(연수)의 골이 일어나 기세가 있으며, 구집위(왼쪽 귀와 왼쪽 눈)에 결함이 없으며, 양쪽 귀의 모양이 수려하고 윤곽이 분명하며, 金·木이 상극하지 않으며, 눈빛이 맑고 눈의 흑백이 분명한지를 봐야 한다. 이런 사람은 31~32세의 운세가 좋다고 할 수 있다. 관직에 있을 경우 새 직위로 이동하고, 상업에 종사할 경우 새 사업을 발전시켜 나갈 수 있다. 또한 귀인을 만나고 친구를 사귀어 이익을 얻으며 재운이 좋다.

어느 한 부위라도 상이 좋지 않으면 모두 불길한 것으로 여기며, 십이궁 상의 우열에 따라 어떤 불행이 닥칠 것인가를 판별할 수 있다. 만일 金·木 두 성(특히 왼쪽 귀)의 모양이 나쁘고, 연수가 오목하게 함몰되었거나 튀어나왔고, 눈의 형이 나쁘고 神이 없으면 비록

미창운유년부위도

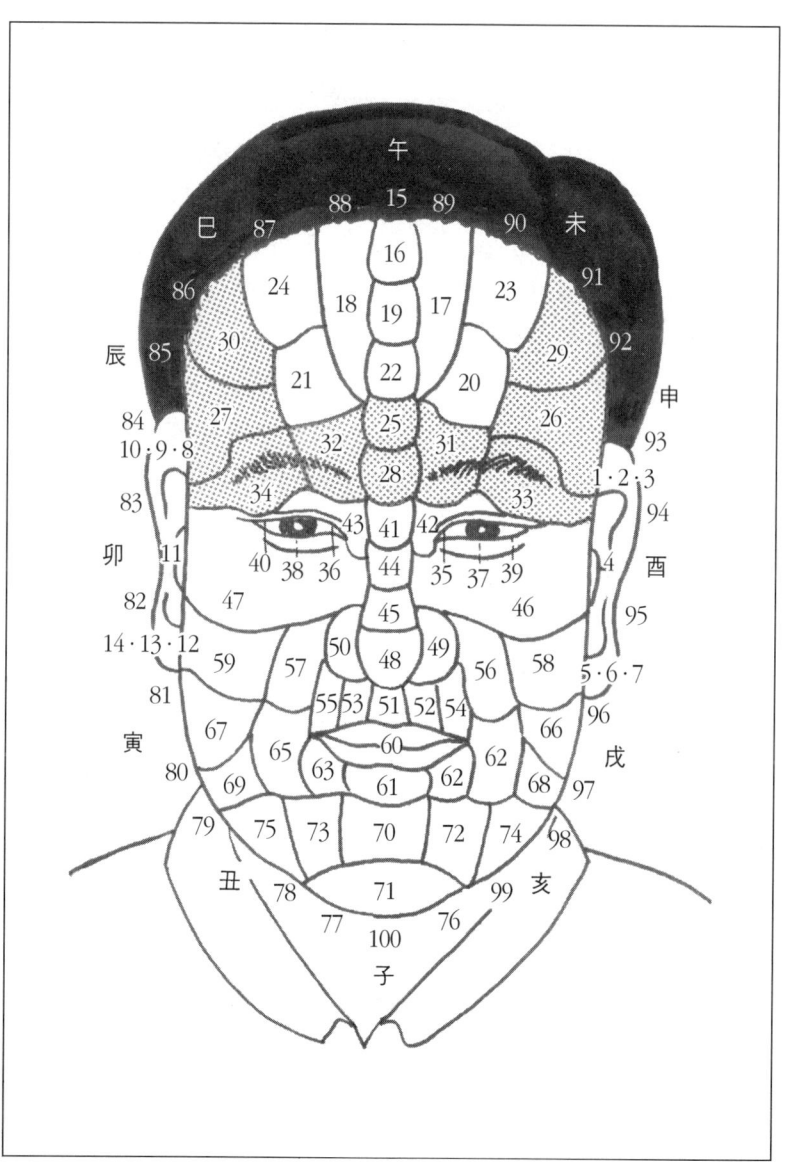

제3장 면상과 유년

본위의 상이 좋아도 운이 트이지 않으며, 심지어는 사업에 실패하거나 흉재를 당하거나 육친을 극한다.

33~34세: 본위의 좌명은 번하(繁霞), 우명은 채하(彩霞)이고, 위치는 양 눈썹의 꼬리 부분이다. 생리학상으로는 미부에 속하고, 해부학상으로는 전두부섭유선이다. 성기고 수려하며, 길고 눈을 넘어가며, 눈썹꼬리에 점이 없으며, 육해미 등의 각종 결함이 없으면 상학의 표준에 부합한다.

33~34세의 운세를 관찰하려면 본위의 상을 중시하는 외에도 대운위(미창)가 풍만하고 기세가 있으며, 소운위(법령)가 은은하게 아래로 흐르며, 구집위(이마와 오른쪽 눈썹)에 결함이 없으며, 다시 산근이 융기되어 있고, 코가 곧고 기세가 있으며, 눈의 모양이 수려하고 神이 있는지를 봐야 한다. 이런 사람은 33~34세의 운세가 좋다고 할 수 있는데, 관직에 있든 상업에 종사하든 모든 일마다 순조롭고, 노력이 적어도 수확은 많다.

어느 한 부위라도 상이 좋지 않으면 모두 불길한 것으로 여기며, 십이궁 상의 우열에 따라 어떤 불행이 닥칠 것인가를 판별할 수 있다. 만일 법령이 없고 코의 모양이 좋지 않으면, 설령 눈썹의 형이 수려해도 운이 트이지 않는다. 만일 육해미이면 사업에 실패하고 재산의 손해를 보며, 흉재와 관액이 있다.

4) 안창운

안창운(眼倉運)은 35~40세까지를 본다. 대운위는 안창 즉 130부위의 간문(奸門)에서 천문(天門)까지이고, 소운위는 화양·관골·눈초리이다.

35~36세 : 본위의 좌명은 태양(太陽), 우명은 태음(太陰)이며 전자(前眥)라고도 한다. 오관에서는 감찰관(監察官), 사독에서는 하독(河瀆), 사학당에서는 관학당(官學堂), 십이궁에서는 전택궁(田宅宮 : 위 눈꺼풀)이다. 또 눈초리는 처첩궁(妻妾宮), 눈 아래 누당은 남녀궁(男女宮)· 용궁(龍宮)· 음즐궁(陰騭宮)이라고 한다. 생리학상으로는 안부(眼部)에 속하고, 해부학상으로는 전두엽하부(前頭葉下部)이다. 전자가 갈고리 같으며, 눈동자가 감추어져 있고 드러나지 않으며, 흑백이 분명하고 단정하고 광채가 나며, 눈 모양은 얇고 길고 수려하며, 두 눈의 크기와 모양이 서로 다른 음양안(陰陽眼)이 아니면 상학의 표준에 부합한다고 할 수 있다.

35~36세의 운세를 관찰하려면 본위의 상을 중시하는 외에도 대운위(안창)가 풍만하고 기세가 있으며, 소운위(화양)의 골이 일어나 있고 기세가 있으며, 구집위(오른쪽 눈과 오른쪽 귀)에 결함이 없으며, 다시 두 귀(특히 오른쪽)의 형이 바르고 눈썹과 이마를 비추며, 눈썹이 길어 눈을 넘어가며, 노육(努肉)이 지나치게 많지도 지나치게 드러나지도 않으며, 산근이 풍만하게 융기되어 있으며, 일각이 서로 밝음을 다투지 않는지를 봐야 한다. 이런 사람은 35~36세의 운세가 좋다고 할 수 있다. 사업이 순조롭게 뜻대로 이루어진다.

어느 한 부위라도 상이 좋지 않으면 모두 불길한 것으로 여기며, 십이궁 상의 우열에 따라 어떤 불행이 닥칠 것인가를 판별할 수 있다. 만일 눈이 음양으로 나뉘어 하나는 크고 하나는 작거나, 두 귀가 수려하지 않고 金· 木이 상극하며, 눈썹에 육해가 있고 화양골에 기세가 없으면 설령 본위가 좋더라도 운이 트이지 않으며, 심지어는 사업에 실패하고 흉재를 당하거나 육친을 극한다.

37~38세 : 본위의 좌명은 중양(中陽), 우명은 중음(中陰)이고,

육요로는 왼쪽 눈은 태양성(太陽星), 오른쪽 눈은 태음성(太陰星)이다. 생리학상으로는 안부에 속하고, 해부학상으로는 전두엽하부이다. 눈빛이 맑고 흐르지 않으며, 고정되어 있고 두려움이 없으며, 희로애락을 드러내지 않으며, 온화하고 노기를 띠지 않는지를 본다. 대체로 남자는 눈빛을 강하게 발해야 하고, 여자는 온화해야 한다. 또한 검은자위가 많고 흰자위가 적으면 상학의 표준에 부합하는 것이다.

37~38세의 운세를 관찰하려면 본위의 상을 중시하는 외에도 대운위(안창)가 풍만하고 기세가 있으며, 소운위(관골)가 풍만하게 일어나 있으며, 구집위(왼쪽 눈썹과 코)에 결함이 없으며, 양 눈썹의 형태가 수려하고 광채가 있으며, 연수의 골이 풍만하게 융기되어 있으며, 후양 침골이 높게 융기되어 있거나 가로로 강하게 일어나 있는지를 봐야 한다. 이런 사람은 37~38세의 운세가 좋다고 할 수 있는데, 관운과 재운이 모두 좋거나 부동산을 사들여 이익을 얻는다.

어느 한 부위라도 상이 좋지 않으면 모두 불길한 것으로 여기며, 십이궁 상의 우열에 따라 어떤 불행이 닥칠 것인가를 판별할 수 있다. 만일 눈썹형이 육해이고, 양 관골이 함몰되어 받쳐주지 않으며, 연수가 오목하게 들어가 일어나지 않았고, 난대와 정위에 구멍이 드러나며, 후양이 평평하고 함몰되어 氣가 없으면 설령 눈의 형이 좋아도 운이 트이지 않는다. 게다가 눈의 형이 수려하지 않고 살기까지 띠고 있으면 사업에 실패하고 흉재를 당하거나 육친을 극한다.

39~40세: 본위의 좌명은 소양(少陽), 우명은 소음(少陰)으로서 후초(後梢)·어미(魚尾)라고도 한다. 어미 옆을 간문(奸門) 또는 부처궁(夫妻宮)이라고 한다. 생리학상으로는 안부에 속하고, 해부학상으로는 전두엽하부이다. 눈이 얇고 길며, 후초는 칼로 자른 듯이 평

안창운유년부위도

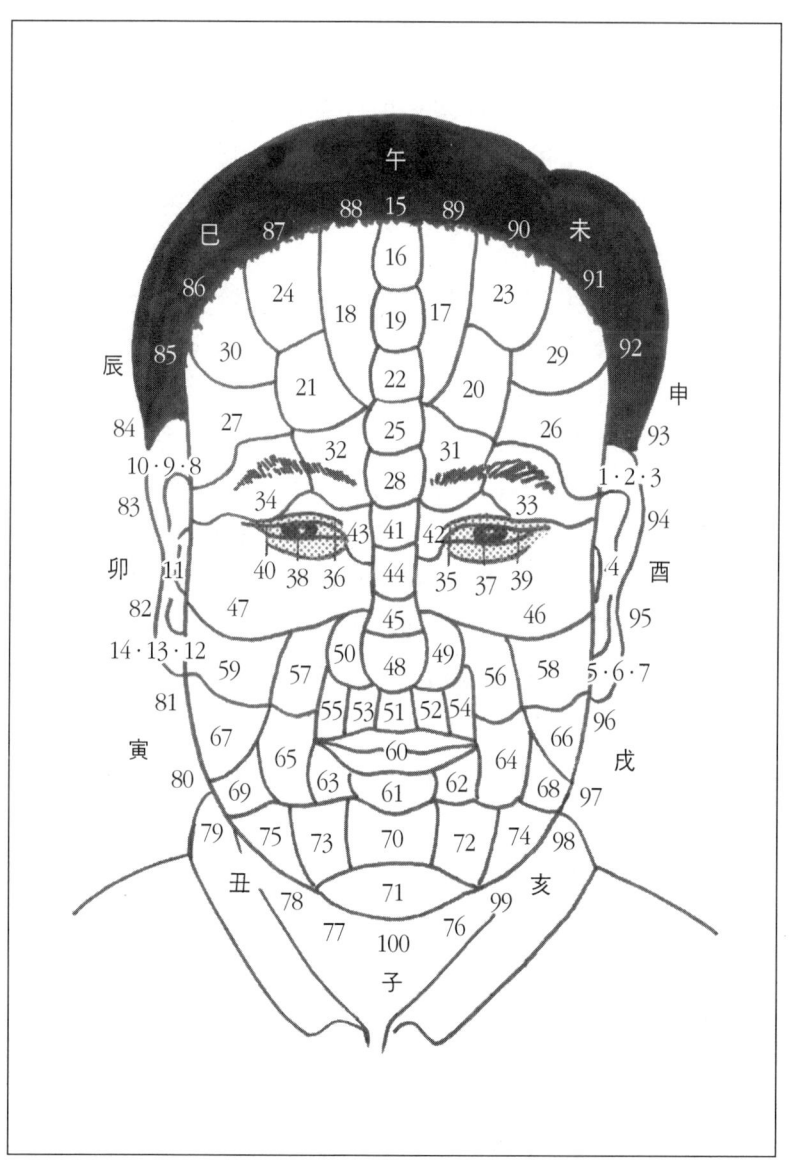

평하며, 눈초리가 늘어지지 않고 위로 치켜세워지지 않았으면 상학의 표준에 부합한다.

39~40세의 운세를 관찰하려면 본위의 상을 중시하는 외에도 대운위(안창)가 풍만하고 기세가 있으며, 소운위(어미)가 평평하고 풍만하며, 눈썹꼬리 주름이 위로 올라가 있으며, 구집위(입과 왼쪽 귀)에 결함이 없으며, 입술이 빨갛고 두툼하고 주름이 있으며, 두 귀가 밝고 깨끗하고 눈썹을 높이 비추며, 두 귓불이 입을 향하며, 눈썹형이 수려하고 눈을 넘어가며, 눈의 흑백이 분명하고 神이 있으며, 간문이 넓고 평평하여 들어가지도 드러나지도 않았는지를 봐야 한다. 이런 사람은 39~40세의 운세가 좋다고 할 수 있다. 사업이 순조롭고, 적게 노력하고 많이 얻는다.

어느 한 부위라도 상이 좋지 않으면 모두 불길한 것으로 여기며, 십이궁 상의 우열에 따라 어떤 불행이 닥칠 것인가를 판별할 수 있다. 만일 입 모양이 나쁘고, 왼쪽이 비뚤어지고 오른쪽이 함몰되어 있으며, 두 귀의 모양이 나쁘고 색이 어두우며, 눈초리 아래가 함몰되어 골이 드러나며, 또 주름이 많고 복잡하며 아래로 향해 있으면 39~40세의 운세가 좋지 않다. 설령 본위가 좋아도 운이 트이지 않고, 심지어는 사업에 실패하는 등 흉재를 당하거나 육친을 극한다.

5) 천창운

천창운(天倉運)은 41~43세까지를 본다. 대운위는 천창 즉 130부위의 천창위이고, 소운위는 왼쪽 눈과 인당이다.

41세: 본위명은 산근(山根), 육요명은 월패성(月孛星), 삼정명은 중정(中停), 십이궁명은 질액궁(疾厄宮)이며, 위치는 인당의 아래, 연수의 위이다. 생리학상으로는 비부(鼻部), 해부학상으로는 섬유부

미간이다. 풍성하게 융기되어 있고 광택이 나며, 단정하고 살이 있어야 한다. 또한 낮게 함몰되거나 절단되지 않고, 나쁜 주름이나 점이 없으면 상학의 표준에 부합한다고 할 수 있다.

41세의 운세를 관찰하려면 본위의 상을 중시하는 외에도 대운위(천창)의 포만선이 일어나 있으며, 소운위(왼쪽 눈)가 맑고 수려할 뿐만 아니라 神이 있으며, 구집위에 결함이 없으며, 주양골(柱陽骨)이 일어나 있고 살이 두툼하며, 지각이 풍만하며, 주걱턱이거나 오목하게 들어가거나 짧거나 작지 않은지를 보아야 한다. 이런 사람은 41세의 운세가 좋다고 할 수 있다. 사업상 획기적인 발전이 있거나 전업에 성공한다.

어느 한 부위라도 상이 좋지 않으면 모두 불길한 것으로 여기며, 십이궁 상의 우열에 따라 어떤 불행이 닥칠 것인가를 판별할 수 있다. 만일 눈이 튀어나오고(특히 왼쪽) 흐릿하며, 지각에 점 또는 주름이 있거나 뾰족하고 마른데다 비뚤어졌으며, 또 오목하고 짧고 작거나 주걱턱이거나 뒤로 뒤집어졌으며, 주양이 함몰되었거나 드러나 있으면 41세에 반드시 사업에 실패하고 흉재를 당하거나 육친을 극한다. 41세, 51세, 61세, 71세는 사애(四隘)의 해로 불길하지 않으면 흉하다.

42~43세: 본위명은 좌정사(左精舍)·우광전(右光殿) 또는 왼쪽은 선사(仙舍), 오른쪽은 향전(香田)이라고 한다. 위치는 산근의 좌우 양옆 눈썹머리 하단이다. 생리학상으로는 비부, 해부학상으로는 노정부비배(顱頂部鼻背)이다. 밝고 윤기가 나고 깨끗하며, 氣가 이마까지 관통하며, 나쁜 점이 없으면 상학의 표준에 부합한다.

42~43세의 운세를 관찰하려면 본위의 상을 중시하는 외에도 대운위(천창)의 선이 포만하게 일어나 있으며, 소운위(인당)가 평평하기가

천창운유년부위도

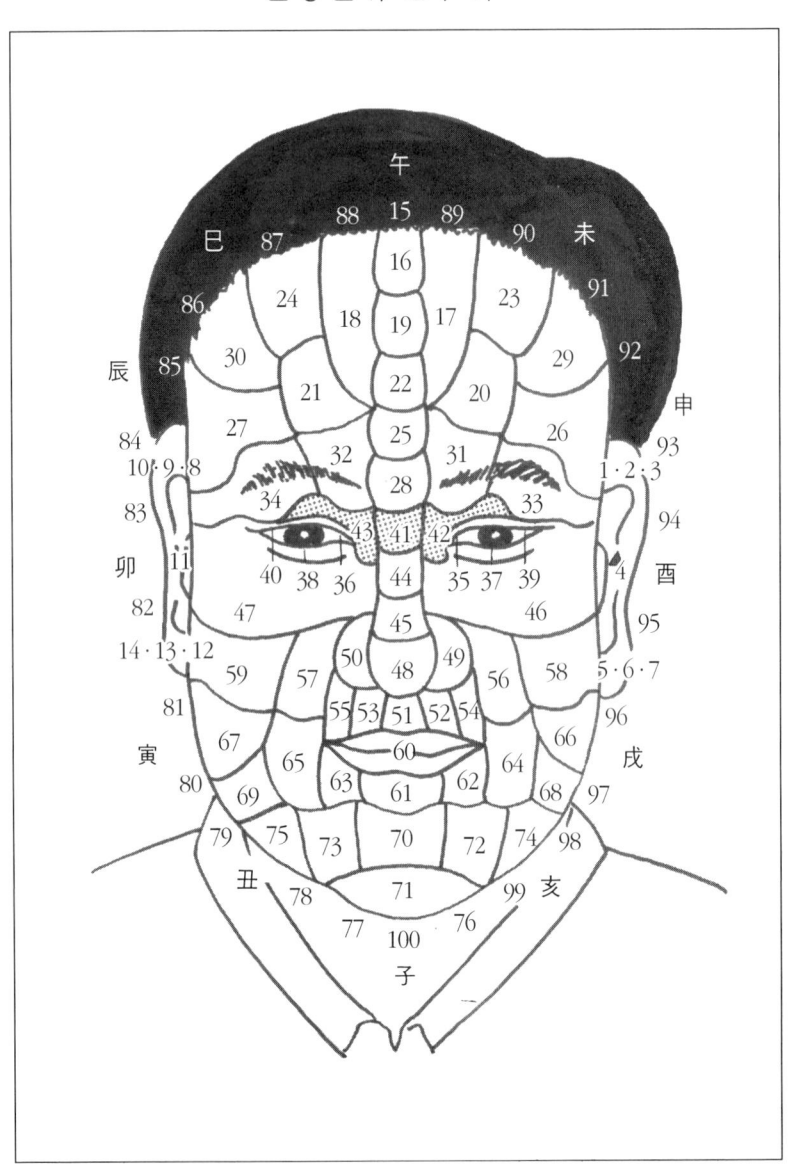

거울 같으며, 구집위(이마와 오른쪽 눈썹)에 결함이 없고, 눈빛이 광채를 띠며, 두 눈썹이 인당을 침범하지 않고 이마에 있고, 눈썹이 눈을 누르지 않고, 산근을 침범하지 않는지를 봐야 한다. 이런 사람은 42~43세의 운세가 좋다고 할 수 있다.

어느 한 부위라도 상이 좋지 않으면 모두 불길한 것으로 여기며, 십이궁 상의 우열에 따라 어떤 불행이 닥칠 것인가를 판별할 수 있다. 만일 본위의 피부가 검고, 이마가 좁거나 드러나거나 함몰되었으며, 발제가 가지런하지 않으며, 두 눈썹이 진하고 혼탁하여 눈을 누르며, 눈썹(특히 오른쪽)이 육해이며, 인당과 산근이 파손·함몰되어 있거나 점이나 주름이 있으면 42~43세에 반드시 사업에 실패하고 흉재를 당하거나 육친을 극한다.

6) 화창운

화창운(禾倉運)은 44~47세까지를 본다. 대운위는 화창 즉 130부위의 정면위(正面位)이고, 소운위는 두 눈썹과 후양이다.

44~45세 : 본위명은 연상(年上)과 수상(壽上)으로, 둘을 합쳐 괴부(怪部)라고 한다. 위치는 산근 아래 준두의 위이다. 생리학상으로는 비부, 해부학상으로는 노정부비근(顱頂部鼻根)이다. 풍만하게 융기되어 있고 곧으며, 강하고 골이 있으며, 비뚤어지거나 울퉁불퉁하거나 점 또는 주름이 있거나 색이 검지 않으면 상학의 표준에 부합한다.

44~45세의 운세를 관찰하려면 본위의 상을 중시하는 외에도 대운위(정면)의 근육이 풍만하게 일어나 있고, 소운위(두 눈썹)가 성기고 수려하게 털이 나 있을 뿐만 아니라 인당을 침범하지 않고 이마에 있으며, 구집위(오른쪽 눈과 오른쪽 귀)에 결함이 없으며, 귀가 높게 솟

아 있고 귓불이 있고 윤곽이 분명하며, 인당에 나쁜 점이나 주름이 없는지를 봐야 한다. 이런 사람은 44~45세의 운세가 좋다고 할 수 있다.

어느 한 부위라도 상이 좋지 않으면 모두 불길한 것으로 여기며, 십이궁 상의 우열에 따라 어떤 불행이 닥칠 것인가를 판별할 수 있다. 만일 눈에 나쁜 빛을 띠고 있고, 살쩍이 지나치게 길고 진한데다 명문을 닫고 있으며, 귀가 얇고 귓불이 없으며, 귀가 나쁘고 곽이 드러나 있으며, 두 눈썹이 인당을 둘러싸고 있고, 눈썹에 육해를 띠고 있으며, 본위에 나쁜 주름이나 점이 있거나 비뚤어지고 울퉁불퉁하면 44~45세에 사업에 실패하고 흉재를 당하거나 육친을 극한다.

46~47세 : 본위명은 좌관(左顴)과 우관(右顴), 오악명은 서악(西嶽)과 동악(東嶽), 육부명은 중2부(中二府)이며, 위치는 눈초리 아래이다. 생리학상으로는 관부(顴部)에 속하고, 해부학상으로는 노정부(顱頂部)이다. 풍만하게 일어나 있고 충실하며, 기울어지거나 훼손 또는 함몰되지 않았으며, 나쁜 점이나 주름이 없으면 상학의 표준에 부합한다.

46~47세의 운세를 관찰하려면 본위의 상을 중시하는 외에도 대운위(정면)의 근육이 풍만하게 일어나 있고, 소운위(후양 침골)의 기세가 강하게 일어나 있으며, 구집위(왼쪽 눈썹과 코)에 결함이 없으며, 눈의 형태가 수려하고 눈빛이 맑은지를 봐야 한다. 이런 사람은 46~47세의 운이 좋다고 할 수 있다. 공직에 몸담고 있는 사람은 권력을 쥐게 되고, 상업에 종사하는 사람은 재성(財星)이 크게 왕성하게 된다.

어느 한 부위라도 상이 좋지 않으면 모두 불길한 것으로 여기며, 십이궁 상의 우열에 따라 어떤 불행이 닥칠 것인가를 판별할 수 있

화창운유년부위도

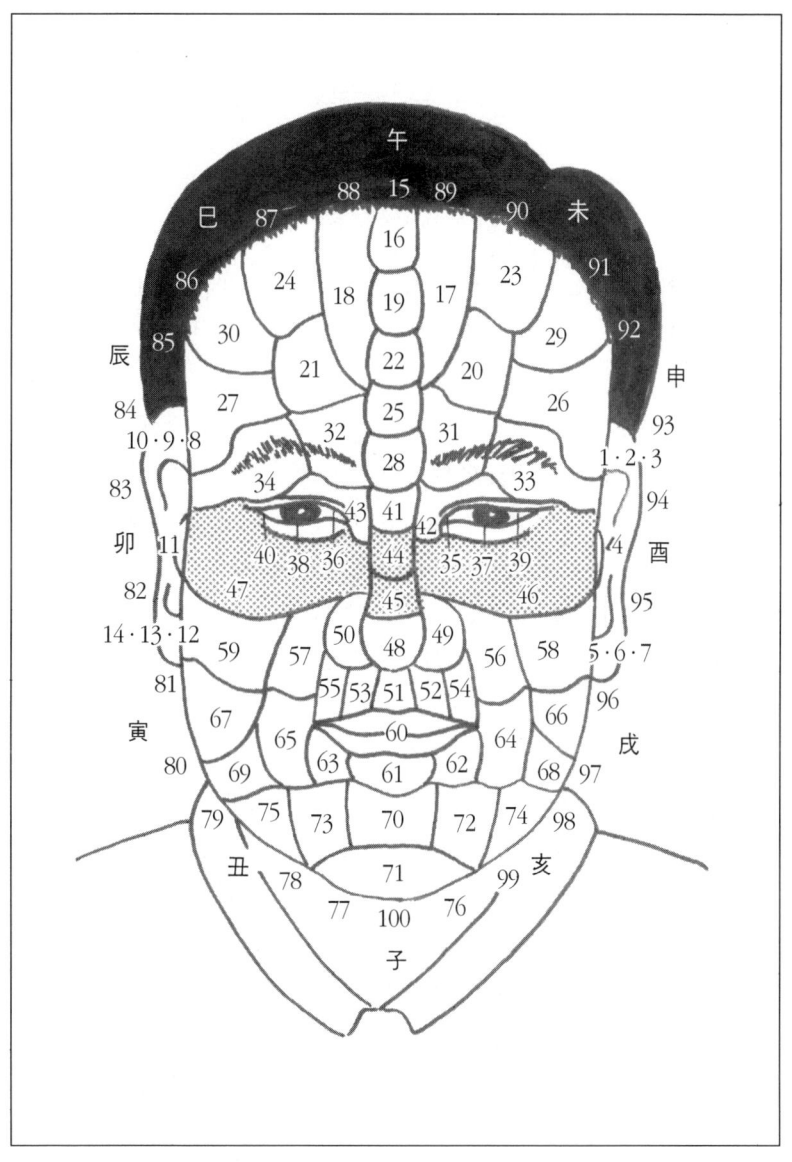

제3장 면상과 유년 459

다. 만일 두 눈썹이 수려하지 않고 털이 나지 않았으며, 코가 나쁘고 氣가 없으며, 연수가 울퉁불퉁하며, 살쩍이 명문을 닫고 후양이 함몰되어 있으면 설령 관골이 좋아도 운이 트이지 않거나 심지어는 사업에 실패하고 흉재를 당하거나 육친을 극한다. 단 삼농격(三濃格)은 예외이다.

7) 돈창운

돈창운(囤倉運)은 48~50세까지를 본다. 대운위는 돈창 즉 130부위의 돈창위이고, 소운위는 수성(水星) 즉 구부(口部)이다.

48세 : 본위의 이름은 준두(準頭), 오관에서는 심변관(審辨官), 삼재에서는 인재(人才), 오성에서는 토성(土星), 오악에서는 중악(中嶽), 사독에서는 제독(濟瀆), 십이궁에서는 재백궁(財帛宮)이 되며, 위치는 연수의 아래, 인중의 위이다. 생리학상으로는 비부, 해부학상으로는 노정부비첨(顱頂部鼻尖)이다. 둥글고 두툼하고 풍성하게 융기되어 있으며, 뾰족하지도 떨어지지도 않았으며, 나쁜 점이나 주름이 없으며, 기색이 노랗고 윤이 나는 가운데 흰빛을 띠고 있으면 상학의 표준에 부합한다.

48세의 운세를 관찰하려면 본위의 상을 중시하는 외에도 대운위(돈창)가 포만하고 풍만하게 일어나 있으며, 소운위(수성)인 입 가장자리가 위로 올라가 있고, 입술과 치아가 서로 대칭을 이루며, 구집위(입)에 결함이 없으며, 눈의 모양이 수려하고 빛이 있으며, 두 관골이 둥글게 솟아 기세가 있고 함몰되지도 드러나지도 않았으며, 영양골(靈陽骨)이 일어나 기세가 있는지를 봐야 한다. 이런 사람은 48세의 운세가 좋다고 할 수 있으며, 재운이 끊임없이 이어진다.

어느 한 부위라도 상이 좋지 않으면 모두 불길한 것으로 여기며,

십이궁 상의 우열에 따라 어떤 불행이 닥칠 것인가를 판별할 수 있다. 만일 두 눈의 형이 나쁘고 神이 없으며, 코가 고봉(孤峰)처럼 홀로 솟아 있으며, 입이 작고 코가 크거나 입 가장자리가 아래로 처져 있으면 설령 본위가 좋아도 운이 트이기 어렵다. 만일 본위가 매부리코로 아래로 휘어져 있거나 土가 水를 제압하면 48세에 크게 파산하고 대재난이 있거나 육친을 극한다.

49~50세 : 본위의 좌명은 난대(蘭臺), 우명은 정위(廷尉)이며, 또는 창고(倉庫) · 정조(井竈) · 금궤(金櫃) · 갑궤(甲櫃)라고도 한다. 위치는 준두의 좌우 양 날개이고, 생리학상으로는 비부, 해부학상으로는 노정부비익(顱頂部鼻翼)이다. 준두가 높고 둥글며, 콧날개가 네모지고 크며, 콧날개의 좌우 및 고저 · 대소가 일치하며, 나쁜 점이나 흠이 없으면 상학의 표준에 부합한다.

49~50세의 운세를 관찰하려면 본위의 상을 중시하는 외에도 대운위(돈창)가 포만하고 풍만하게 일어나 있으며, 소운위(수성)인 입 가장자리가 위로 올라가 있고, 입술과 치아가 서로 대칭을 이루며, 구집위(왼쪽 귀와 왼쪽 눈)에 결함이 없으며, 눈의 형태가 수려하고 흑백이 분명하며, 두 귀가 똑같이 희고 귓불이 있으며, 영양골이 일어나 기세가 있는지를 봐야 한다. 이런 사람은 49~50세의 운세가 좋다고 할 수 있으며, 재물을 모을 수 있다.

어느 한 부위라도 상이 좋지 않으면 모두 불길한 것으로 여기며, 십이궁 상의 우열에 따라 어떤 불행이 닥칠 것인가를 판별할 수 있다. 만일 귀(특히 왼쪽)와 눈(특히 왼쪽)이 나쁘고, 입이 코를 받쳐주지 못하면 49~50세에 대흉재와 큰 파산이 있다. 또는 요절하거나 관액이 있을 수 있다.

돈창운유년부위도

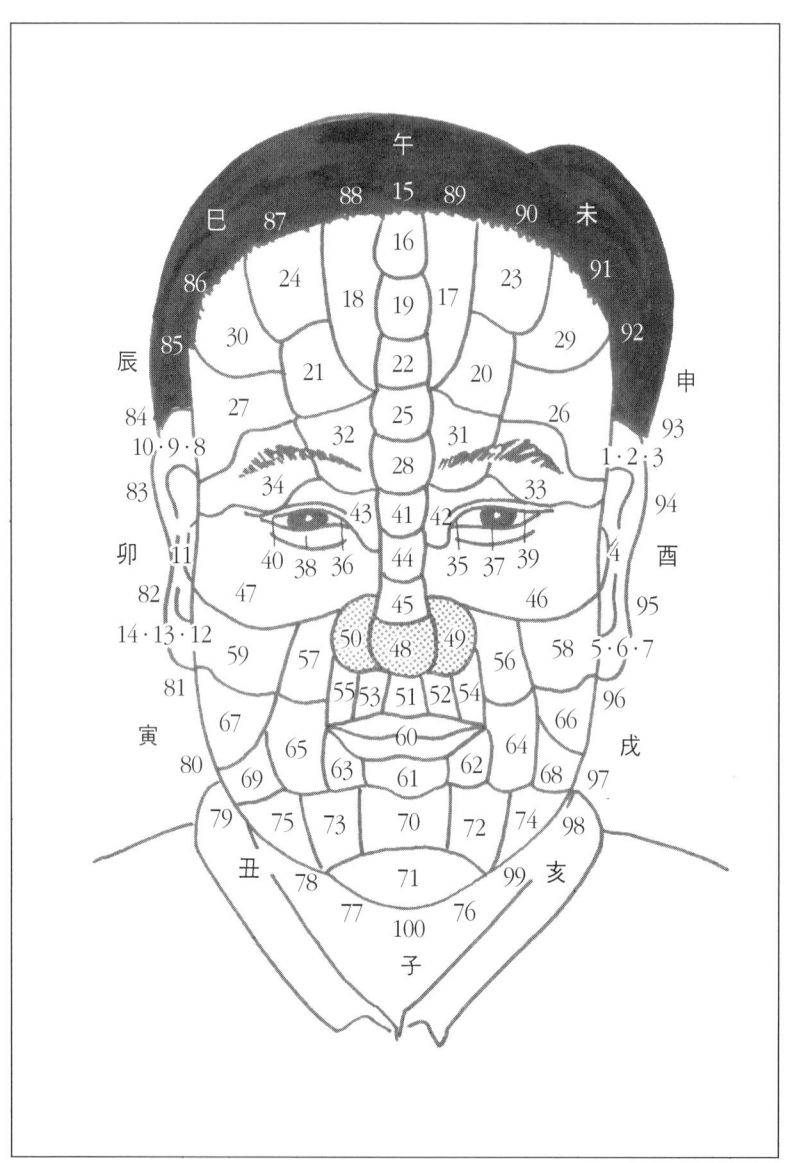

8) 식록창운

식록창운(食祿倉運)은 51~55세까지를 본다. 대운위는 식록창 즉 75부위의 식창(食倉)과 녹창(祿倉)이고, 소운위는 이마·인당·법령이다.

51세 : 본위명은 인중(人中)이며, 인충(人沖)·구혁(溝洫)·수당(壽堂), 자정(子庭), 심성지궁(心性之宮)이라고도 한다. 삼정에서는 하정(下停), 삼재에서는 지재(地才)가 된다. 위치는 코 중격(中鬲)의 아래, 입의 위이며, 생리학상으로는 순부(脣部)에 속하고, 해부학상으로는 후두부구순구(後頭部口脣溝)이다. 깊고 길고 넓으며, 소수성(小水星)이 이루어져 있으며[인중의 밑부분이 검(劍) 모양인 것], 나쁜 점이나 주름 또는 흠집이 없으면 상학의 표준에 부합한다.

51세의 운세를 관찰하려면 본위의 상을 중시하는 외에도 대운위(식록창)가 넓고 두껍고 평평하며, 소운위(이마)가 풍성하게 융기되어 있는데다 높고 넓으며, 기색이 온화하고 윤기가 돌며, 구집위에 결함이 없으며, 土가 水에 제압되지 않으며, 귀가 얼굴보다 하얗고 귓불이 입을 향하며, 법령이 은은하게 내려와 입을 지나는지를 봐야 한다. 이런 사람은 51세의 운세가 좋다고 할 수 있다. 관직과 재운이 모두 왕성하다.

어느 한 부위라도 상이 좋지 않으면 모두 불길한 것으로 여기며, 십이궁 상의 우열에 따라 어떤 불행이 닥칠 것인가를 판별할 수 있다. 만일 이마가 함몰되고, 귀가 나쁘고 귓불이 없으며, 토성이 水를 제압하며, 법령이 없거나 입을 잠그거나 좁아서 올챙이 같으면 설령 본위가 좋아도 파산하는 등 흉재가 있거나 육친을 극하고, 심지어는 요절한다.

52~53세 : 본위의 이름은 좌선고(左仙庫) · 우선고(右仙庫)이며, 선창(仙倉)이라고도 한다. 위치는 콧구멍의 아래, 인중 양쪽의 능선이 일어난 곳이다. 생리학상으로는 순부에 속하고, 해부학상으로는 후두섭유선(後頭顳顬線)이다. 능선이 분명하면 상학의 표준에 부합한다. 만일 능선이 없거나 있어도 잘 드러나지 않고 얇고 작으면 선고가 성립이 되지 않는데, 이것은 또한 사수(四水)가 범람하여 선고가 재난을 당하는 것을 나타낸다.

52~53세의 운세를 관찰하려면 본위의 상을 중시하는 외에도 대운위(식록창)가 넓고 두툼하고 평평하며, 소운위(인당)가 넓고 평평하고 보라색 광선이 밖으로 비치며, 구집위(오른쪽 눈썹과 오른쪽 눈)에 결함이 없으며, 눈에 神과 빛이 있으며, 콧구멍이 둥글고 두툼하고 숨겨져 있으며, 눈썹꼬리(특히 오른쪽)에 털이 단정하게 나 있으며, 인중이 넓고 치우치거나 비뚤어지지 않았으며, 수염이 성기고 수려하며 까맣게 빛이 나는지를 봐야 한다. 이런 사람은 52~53세의 운세가 좋다고 할 수 있다. 관직에 있는 사람은 관운이 통달하며, 상업에 종사하는 사람은 재성(財星)이 높게 비춘다.

어느 한 부위라도 상이 좋지 않으면 모두 불길한 것으로 여기며, 십이궁 상의 우열에 따라 어떤 불행이 닥칠 것인가를 판별할 수 있다. 만일 눈썹이 떨어져나가고, 눈썹털의 형과 눈의 형이 나쁘며, 눈빛이 없으며, 특히 인당에 생기가 없고 빛이 없으며, 인당에 점이나 주름이 있고 훼손되거나 함몰되었으면 52~53세의 운세가 불리하여 관운이 순조롭지 못하며, 사업은 손해를 본다. 만일 인중까지 휘어졌으면 파산하는 흉재를 당하거나 육친을 극한다.

54~55세 : 본위의 이름은 좌식창(左食倉) · 우록창(右祿倉)이며, 위치는 선고의 옆 법령에 가까운 곳이다. 생리학상으로는 순부에 속

식록창운유년부위도

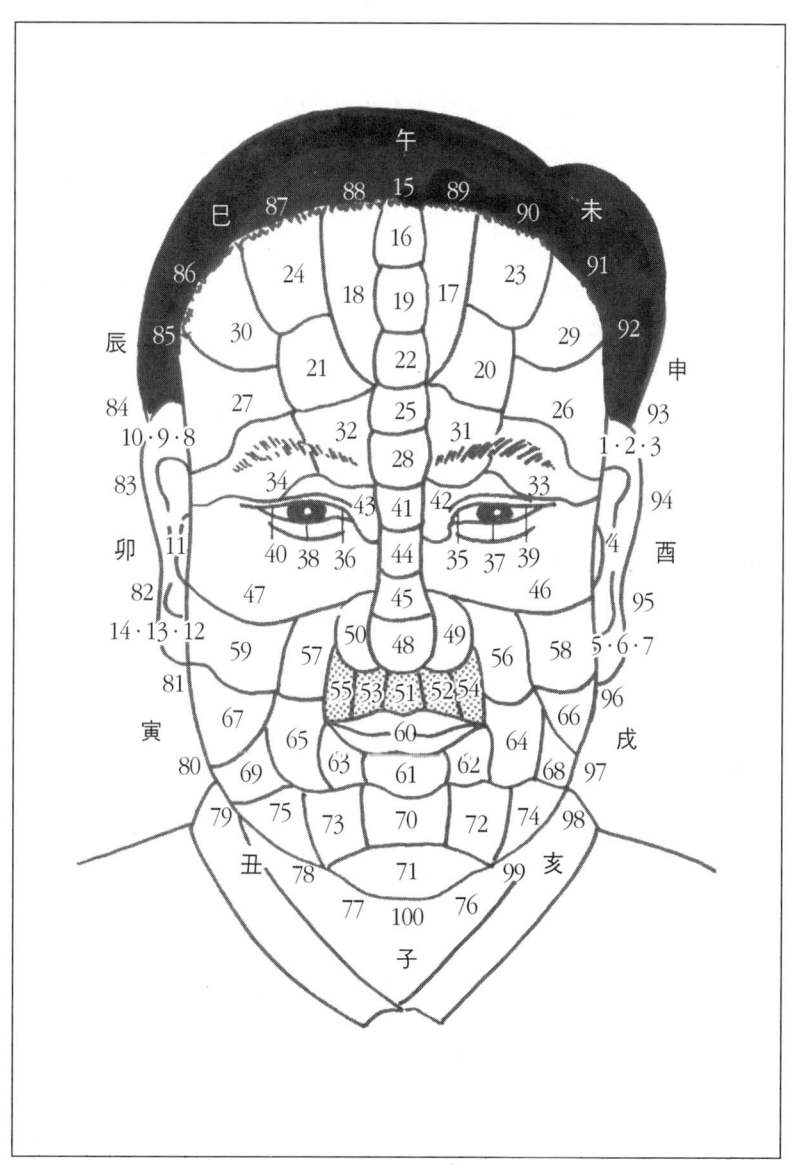

하고, 해부학상으로는 후두부섭유선하부(後頭部顳顬線下部)이다. 단정하고 두툼하고 당당하며, 얇고 약한 느낌이 없으면 상학의 표준에 부합한다.

54~55세의 운세를 관찰하려면 본위의 상을 중시하는 외에도 대운위(식록창)가 넓고 두툼하고 평평하며, 소운위의 법령 주름이 아래로 흘러 입을 지나고, 주름의 형이 종(鐘) 같고, 기색이 빛과 윤이 나며, 구집위(오른쪽 귀와 왼쪽 눈썹)에 결함이 없으며, 두 귀의 윤곽이 분명하고 귓불이 입을 향하며, 두 눈썹이 비취색으로 윤이 나고 털에 광채가 나며, 살쩍이 성기고 수려하고 까맣게 빛이 나며, 영양골에 기세가 있는지를 봐야 한다. 이런 사람은 54~55세의 운세가 좋다고 할 수 있다. 관직이나 상업 어느쪽에 종사하든 모두 대길(大吉)하고, 적은 노력으로도 소득이 많다.

어느 한 부위라도 상이 좋지 않으면 모두 불길한 것으로 여기며, 십이궁 상의 우열에 따라 어떤 불행이 닥칠 것인가를 판별할 수 있다. 만일 귀가 함몰되고 눈썹이 나쁘며, 영양골에 기세가 없으며, 법령이 끊어지고 복잡하고 형이 나쁘면 운세가 크게 불리하다. 특별히 건강에 주의를 기울여야 한다. 또한 파산하는 흉재를 당하거나 관액이 있다.

9) 가고운

가고운(家庫運)은 56~65세까지를 본다. 대운위는 가고 즉 130부위의 가고위이고, 소운위는 인당 · 영양 · 수주 · 법령 · 주양 · 인중이다.

56~57세: 본위의 이름은 좌법령(左法令) · 우법령(右法令)으로, 수부(壽部) · 주사(酒舍)라고도 한다. 위치는 콧날 양쪽에서 수직으

로 내려와 입 양쪽의 주름까지이다. 생리학상으로는 순부에 속하고, 해부학상으로는 후두부섬유선하부이다. 주름이 분명하고 아래로 흘러 입을 지나며, 그 형상이 종과 같으며, 좌우로 치우치거나 끊어지고 복잡하지 않으면 상학의 표준에 부합한다.

 56~57세의 운세를 관찰하려면 본위의 상을 중시하는 외에도 대운위(가고)가 풍만하게 일어나 있으며, 소운위(인당)가 넓고 평평하고 보랏빛을 띠고 있으며, 구집위(코와 입)에 결함이 없으며, 연수가 풍만하게 융기되어 있으며, 준두가 둥글고 두툼하며, 기색이 밝고 윤기가 나며, 입 모양이 단정하고 네모지고 도톰하고 색이 선명하며, 인중이 깊고 길고 넓은지를 봐야 한다. 이런 사람은 56~57세의 운세가 좋다고 할 수 있다. 건강하며 적게 노력해도 소득이 많다.

 어느 한 부위라도 상이 좋지 않으면 모두 불길한 것으로 여기며, 십이궁 상의 우열에 따라 어떤 불행이 닥칠 것인가를 판별할 수 있다. 만일 인당에 생기가 없고 빛이 없으며, 연수가 일어나 있지 않으며, 土가 水를 제압하며, 입 모양이 나쁘며, 입술이 어두운 검은색이면 설령 본위가 좋아도 파산하는 등의 흉재가 있거나 육친을 극한다.

 58~59세 : 본위의 이름은 좌부이(左附耳) · 우부이(右附耳)로서, 호이(虎耳)라고도 한다. 위치가 두 귀 귓불의 옆이므로 부이(附耳)라고 한다. 생리학상으로는 협부(頰部)에 속하고, 해부학상으로는 후두부섬유선하부이다. 풍성하게 일어나 있으며, 빛이 나고 윤기가 흐르며, 좁고 마르거나 어두운 색을 띠고 있지 않으면 상학의 표준에 부합한다.

 58~59세의 운세를 관찰하려면 본위의 상을 중시하는 외에도 대운위(가고)가 풍만하게 일어나 있으며, 소운위(영양골)가 일어나고 기세가 있으며, 구집위(왼쪽 귀와 왼쪽 눈)에 결함이 없으며, 귀(특히

왼쪽)의 색이 얼굴보다 희며, 눈빛(특히 왼쪽)이 맑으며, 귓불이 기세가 있고 입을 향해 있는지를 봐야 한다. 이런 사람은 58~59세의 운세가 좋다고 할 수 있다. 공직에 종사하는 사람은 요직으로 승진하고, 상업에 종사하는 사람은 재성이 크게 성한다.

어느 한 부위라도 상이 좋지 않으면 모두 불길한 것으로 여기며, 십이궁 상의 우열에 따라 어떤 불행이 닥칠 것인가를 판별할 수 있다. 만일 왼쪽 눈빛이 흐릿하고 생기가 없으며, 왼쪽 귀의 기색이 어두우며, 영양골이 낮게 함몰되어 기세가 없으면 58~59세에 기이한 재난을 당하고 중병에 걸리거나 크게 실패하고 육친을 극한다.

60세 : 본위명은 정구(正口)로서 해구(海口) 또는 대해(大海)라고도 한다. 삼재명은 지재(地財), 오관명은 출납관(出納官), 오성명은 수성(水星), 사독명은 회독(淮瀆), 사학당명은 내학당(內學堂)이다. 위치는 인중의 아래, 승장의 위로 생리학상으로는 구부(口部)에 속하고, 해부학상으로는 후두부섭유선하부이다. 위아래 입술을 다물고 있는 것이 서로 대칭을 이루며, 치아가 고르고 입술이 붉으며, 또 얇거나 비뚤어지지 않고 뾰족하거나 뒤집혀지지 않았으면 상학의 표준에 부합한다.

60세의 운세를 관찰하려면 본위의 상을 중시하는 외에도 대운위(가고)가 풍만하게 일어나 있으며, 소운위(수주)인 귓불이 입을 향해 있으며, 구집위(이마)에 결함이 없으며, 인당에 보랏빛이 밖으로 드러나며, 준두가 둥글고 바르고 색이 밝으며, 두 귀가 얼굴보다 흰지를 봐야 한다. 이런 사람은 60세의 운세가 좋다고 할 수 있으며, 이후 노년의 운에 두루 좋은 영향을 미친다.

어느 한 부위라도 상이 좋지 않으면 모두 불길한 것으로 여기며, 십이궁 상의 우열에 따라 어떤 불행이 닥칠 것인가를 판별할 수 있

다. 만일 이마의 기색이 어두우며, 두 귀의 모양이 나쁘고 색이 어두우며, 수성이 토성에게 제압당하면 60세의 운세가 크게 불길하고, 사업에 실패하거나 육친을 극한다.

61세 : 본위의 이름은 승장(承漿)으로, 주지(酒池)·주해(酒海)·약부(藥部)라고도 한다. 위치는 정구(正口)의 아래, 송당(訟堂)의 위이다. 생리학상으로는 악부(顎部)에 속하고, 해부학상으로는 섭유선 하부이다. 넓어서 손가락 하나가 들어갈 정도가 되고, 양쪽에 골이 있고, 중심이 구멍을 이루고 있으면 상학의 표준에 부합한다.
61세의 운세를 관찰하려면 본위의 상을 중시하는 외에도 대운위(가고)가 풍만하게 일어나 있으며, 소운위인 법령의 주름이 은은하게 아래로 흘러 입을 지나가며, 구집위(오른쪽 눈썹)에 결함이 없으며, 눈빛이 충만하고 눈썹털에 비췻빛 윤이 나며, 귀의 색이 얼굴보다 흰지를 봐야 한다. 이런 사람은 61세의 운세가 좋다고 할 수 있다. 노익장을 과시하고 사업도 한 단계 더 발전하게 된다.
어느 한 부위라도 상이 좋지 않으면 모두 불길한 것으로 여기며, 십이궁 상의 우열에 따라 어떤 불행이 닥칠 것인가를 판별할 수 있다. 만일 눈썹(특히 오른쪽)의 형이 나쁘고 색이 바래거나 털이 나 있지 않으며, 귀의 모양이 나쁘고 색이 어두우며, 법령이 입을 닫고 있으면 61세에 사업에 실패하는 흉재를 당하고, 육친을 극하게 된다. 게다가 두 눈빛이 흐리고 약하면 머지않아 세상을 하직하게 된다.

62~63세 : 본위의 이름은 좌지고(左地庫)·우지고(右地庫)이고, 위치는 입 모서리 아래쪽 승장의 좌우이다. 생리학상으로는 악부에 속하고, 해부학상으로는 후두부섭유선하부이다. 풍만하고 氣가 넘치며, 오목하게 함몰되지 않았거나 반점이 없으면 상학의 표준에 부합

한다.

62~63세의 운세를 관찰하려면 본위의 상을 중시하는 외에도 대운위(가고)가 풍만하게 일어나 있고, 소운위(주양)가 평평하게 살이 있으며, 구집위(오른쪽 눈과 오른쪽 귀)에 결함이 없고, 인당에서 빛과 윤이 나고 보랏빛이 드러나는지를 봐야 한다. 이런 사람은 62~63세의 운세가 좋다고 할 수 있다. 관운과 재운이 모두 좋고, 자손이 어질고 효도한다.

어느 한 부위라도 상이 좋지 않으면 모두 불길한 것으로 여기며, 십이궁 상의 우열에 따라 어떤 불행이 닥칠 것인가를 판별할 수 있다. 만일 귀(특히 오른쪽)의 氣가 말라 있고 색이 어두우며, 주양이 마르고 氣가 없으면 62~63세에 병을 앓거나 사업에 실패하는 흉재를 당하고, 육친을 극한다. 더구나 두 눈이 빛을 잃고 인당이 어두우면 곧 사망할 징조이다.

64~65세 : 본위의 좌명은 피지(陂池), 우명은 아압(鵝鴨) 또는 피당(陂塘)이라고 한다. 위치는 입가의 옆, 양 턱의 오목한 곳이다. 생리학상으로는 악부에 속하고, 해부학상으로는 후두부섭유선하부이다. 평평하고, 오목하게 함몰되거나 점이나 주름이 없으면 상학의 표준에 맞는다.

64~65세의 운세를 관찰하려면 본위의 상을 중시하는 외에도 대운위(가고)가 풍만하게 일어나 있으며, 소운위(인중)가 깊고 길고 넓으며, 구집위(왼쪽 눈썹과 코)에 결함이 없으며, 인당에서 빛과 윤이 나고 보랏빛이 나며, 입이 단정하고 색이 선명한지를 봐야 한다. 이런 사람은 64~65세의 운세가 좋다고 할 수 있다. 노년운이 좋고 자손이 모두 현명하고 효도한다.

어느 한 부위라도 상이 좋지 않으면 모두 불길한 것으로 여기며,

가고운유년부위도

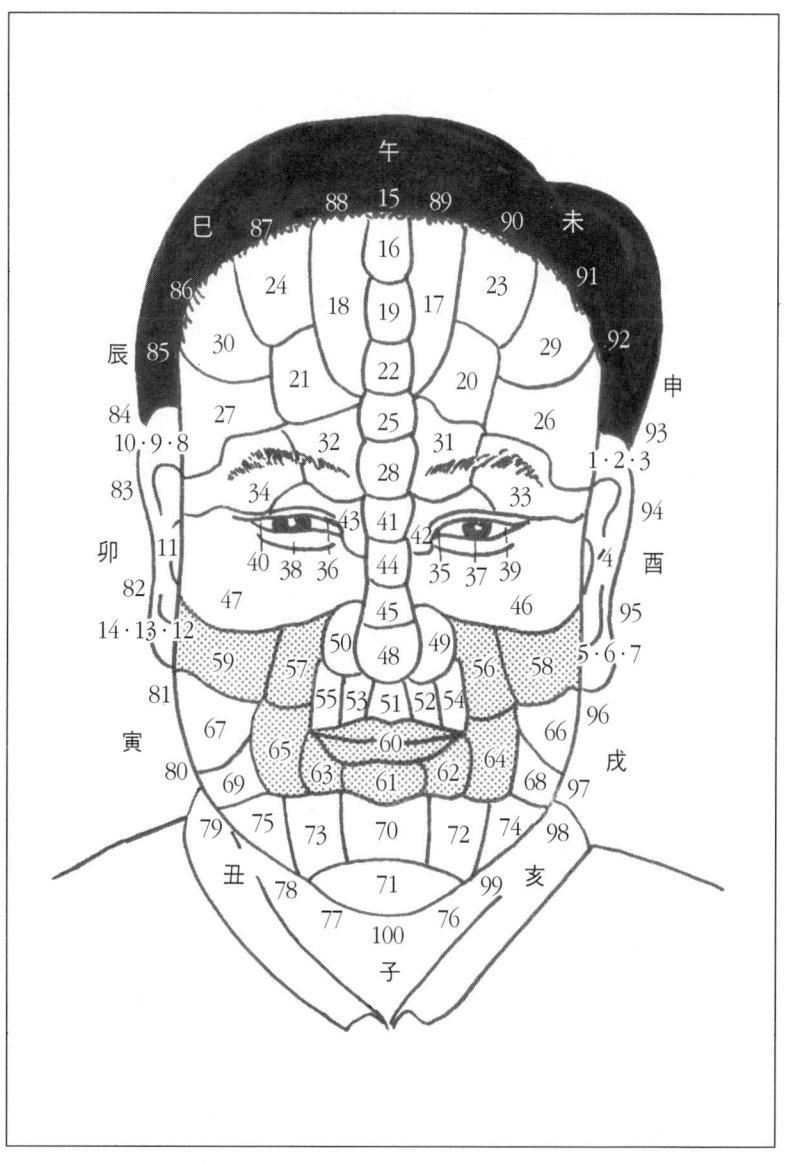

제3장 면상과 유년

십이궁 상의 우열에 따라 어떤 불행이 닥칠 것인가를 판별할 수 있다. 만일 귀가 마르고 눈썹이 빠지며, 인당이 어둡고 인중이 분명하지 않으며, 입가가 아래로 향하고 입술 색깔이 어두우면 비록 본위가 좋아도 운이 트이지 않으며, 사업에 실패하는 흉재를 당하고, 육친을 극한다. 게다가 눈빛을 잃으면 사망할 징조이다.

10) 지고운

지고운(地庫運)은 66~75세까지를 본다. 대운위는 지고 즉 130부위의 지고위이고, 소운위는 미심(眉心)·주양(柱陽)·구수〔口水: 침, 액조(液漕)라고도 한다〕·기색(氣色)이다.

66~67세: 본위의 이름은 좌금루(左金縷)·우금루(右金縷)이며, 위치는 부이(附耳)의 아래, 아압·피지의 옆이다. 생리학상으로는 악부에 속하고, 해부학상으로는 후두부섭유엽하부이다. 풍만하고 색이 윤택하며, 마르고 함몰되거나 색이 바래지 않았으며, 나쁜 점이나 주름이 없으면 상학의 표준에 부합한다.

66~67세의 운세를 관찰하려면 본위의 상을 중시하는 외에도 대운위(지고)가 넓고 네모나고 평평하며, 소운위(保壽官: 눈썹 안의 살)가 하얗고 윤이 나거나 붉고 윤이 나면서 비취빛을 띠고 있으며, 인당이 빛과 윤이 나고 보라색을 띠고 있으며, 구집위(입과 왼쪽 귀)에 결함이 없으며, 준두 및 연수의 기색이 밝은 황색으로 윤이 나며, 눈썹에 흰털이 생기고 털이 빛나고 깨끗하며, 눈빛이 충만하며, 목 아래에 줄 모양의 주름이 있으며, 두피가 넓고 넉넉한지를 봐야 한다. 이런 사람은 66~67세의 운이 원만하고 신체가 건강하다.

어느 한 부위라도 상이 좋지 않으면 모두 불길한 것으로 여기며, 십이궁 상의 우열에 따라 어떤 불행이 닥칠 것인가를 판별할 수 있

다. 만일 연수·준두의 색이 어두우며, 눈썹에 털이 없으며, 목 아래에 줄 모양의 주름이 없으면 비록 눈에 빛이 있어도 건강이 좋지 않거나 재물을 잃는 재액이 있다. 더구나 눈빛이 없고 인당 및 미심이 어두우면 수명이 다했다는 뜻이다.

68~69세 : 본위명은 좌귀래(左歸來)·우귀래(右歸來)로서, 육부명은 하2부(下二府)이다. 위치는 아압·피지의 옆, 좌우 금루의 아래이다. 생리학상으로는 악부에 속하고, 해부학상으로는 후두부섬유엽하부이다. 충만하고 튼실하며, 마르고 함몰되어 있지 않으며, 기색이 황색이고 윤기가 있으며, 푸르고 검고 시들시들하지 않고 반점이 없으면 상학의 표준에 부합한다.

68~69세의 운세를 관찰하려면 본위의 상을 중시하는 외에도 대운위(지고)가 넓고 네모나고 평평하며, 소운위(주양)가 평평하게 살이 올라 있으며, 구집위(왼쪽 눈과 이마)에 결함이 없으며, 인당의 색이 밝고 보랏빛을 띠고 있으며, 입이 단정하고 입술색이 선명하며, 수염이 빛이 나고 깨끗하고 바래지 않았으며, 눈빛이 충만한지를 봐야 한다. 이런 사람은 68~69세의 운세가 좋다고 할 수 있다. 나이가 들수록 건강해지며, 상업에 종사한다면 재성이 높이 비추고, 관직에 있다면 관운이 통달하게 된다.

어느 한 부위라도 상이 좋지 않으면 모두 불길한 것으로 여기며, 십이궁 상의 우열에 따라 어떤 불행이 닥칠 것인가를 판별할 수 있다. 만일 이마의 기색이 진흙 같고 인당이 어두우며, 입술색이 검고 수염이 말라 비틀어졌으며, 주양이 마르고 약하면 68~69세에 재물을 잃거나 관직을 잃는 재액을 당하게 된다. 눈빛을 잃었으면 수명이 얼마 남지 않았다는 뜻이다.

70세 : 본위명은 송당(訟堂)이며, 위치는 승장의 아래, 지각의 위이다. 생리학상으로는 악부에 속하고, 해부학상으로는 후두부섭유엽 하부이다. 평평하며, 나쁜 점이나 주름이 없으면 상학의 표준에 부합한다.

70세의 운세를 관찰하려면 본위의 상을 중시하는 외에도 대운위(지고)가 넓고 네모나고 평평하며, 소운위(구수)가 계속해서 흘러나오며, 구집위(오른쪽 눈썹)에 결함이 없으며, 눈썹에 흰털이 나며, 수염이 빛이 나고 밝은지를 봐야 한다. 이런 사람은 70세의 운세가 좋다고 할 수 있다. 노익장을 과시하고, 자손들이 현명하고 효도한다.

어느 한 부위라도 상이 좋지 않으면 모두 불길한 것으로 여기며, 십이궁 상의 우열에 따라 어떤 불행이 닥칠 것인가를 판별할 수 있다. 만일 수염이 마르고 눈썹이 떨어지며, 정신에 활기가 없고 늙어서 행동이 부자연스러우며, 목에 힘줄이 없으면 논할 노년운이 없다. 가난하지 않으면 죽을 사람이다.

71세 : 본위명은 지각(地閣), 오악명은 북악(北嶽), 십이궁명은 노복궁(奴僕宮)이며, 위치는 승장의 아래이다. 생리학상으로는 악부에 속하고, 해부학상으로는 후두부갑상연골부(後頭部甲狀軟骨部)이다. 풍만하고 두툼하며, 네모나고 둥글며, 오목하게 함몰되거나 비뚤어지거나 뾰족하고 마르지 않았으며, 점이나 주름이 없으면 상학의 표준에 부합한다.

71세의 운세를 관찰하려면 본위의 상을 중시하는 외에도 대운위(지고)가 넓고 네모나고 평평하며, 소운위(주양)가 평평하게 살이 올라와 있으며, 구집위(오른쪽 눈)에 결함이 없으며, 인당에 빛과 윤기가 나고 보랏빛을 띠며, 눈에 빛을 띠고 있으며, 입이 바르고 입술이 선명하며, 치아가 희고 가지런하며, 수염이 빛이 나며, 수성이 토성을 제압하는 주걱턱이 아닌지를 봐야 한다. 이런 사람은 71세의 운세가 좋다고 할 수 있다. 이후 전체 노년운에도 두루 좋은 영향을 미쳐, 관직에 있든지 상업에 종사하든지 한 단계 더 발전하게 된다.

어느 한 부위라도 상이 좋지 않으면 모두 불길한 것으로 여기며, 십이궁 상의 우열에 따라 어떤 불행이 닥칠 것인가를 판별할 수 있다. 만일 주걱턱으로 토성이 수성에게 제압당하는 형국이 되면 71세에 대재난이나 큰 병, 심지어는 사망에 대비해야 한다. 입술이 어둡고 수염이 혼탁하며, 준두와 인당의 氣가 침체되어 있고 빛이 없으며, 두 눈의 빛을 잃은 것은 수명이 다했다는 뜻이다.

72~73세: 본위명은 좌노복(左奴僕)·우노복(右奴僕)이며, 위치는 송당과 지각의 좌우 양쪽이다. 생리학상으로는 악부에 속하고, 해부학상으로는 후두부갑상연골부이다. 넓고 평평하며, 나쁜 점이나 주름이 없으면 상학의 표준에 부합한다.

72~73세의 운세를 관찰하려면 본위의 상을 중시하는 외에도 대운위(지고)가 넓고 네모나고 평평하며, 소운위(눈썹 안의 살)가 희고 윤기가 있거나 붉고 윤기가 있으면서 비취빛을 띠고 있으며, 구집위(오른쪽 귀와 왼쪽 눈썹)에 결함이 없으며, 인중이 깊고 긴데다 위가 좁고 아래가 넓으며, 두 관골에 국인기(國印氣) 즉 선명한 색깔이 무리를 이룬 광택이 있으며, 수염이 맑고 성기고 빛이 나며, 두 눈썹에 광채가 있고 또 털(특히 왼쪽 눈썹에 흰털이 있으면 좋다)이 있으며, 귀(특히 오른쪽)가 얼굴보다 희며, 목 주름이 분명한지를 봐야 한다. 이런 사람은 72~73세의 운세가 좋다고 할 수 있는데, 노년운이 두루 좋다.

어느 한 부위라도 상이 좋지 않으면 모두 불길한 것으로 여기며, 십이궁 상의 우열에 따라 어떤 불행이 닥칠 것인가를 판별할 수 있

지고운유년부위도

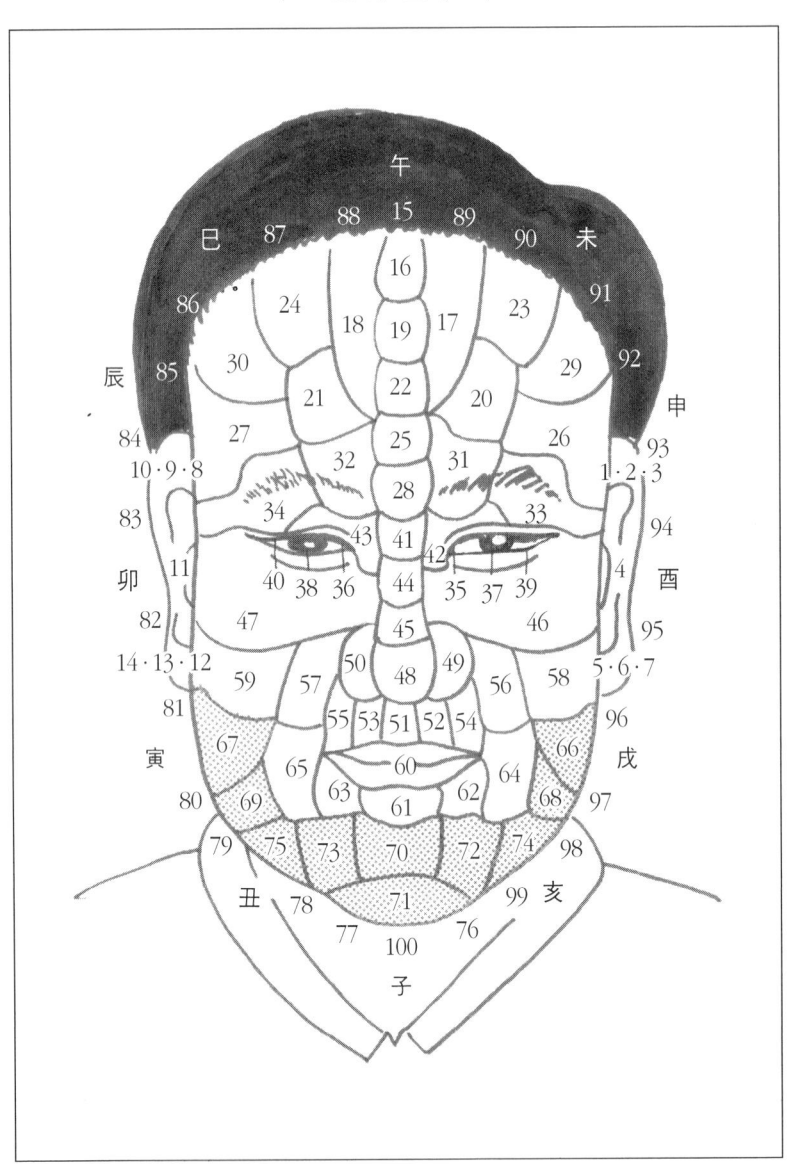

다. 신광(神光)을 이미 잃었고 인당 및 미심이 어두우며 사수(四水)가 통하지 않는 것은 수명이 다했다는 뜻이다.

74~75세 : 본위명은 좌시골(左腮骨) · 우시골(右腮骨)이며, 위치는 좌우 노복의 옆이다. 생리학상으로는 악부에 속하고, 해부학상으로는 후두부섭유엽하부이다. 풍성하고 바르고 평평하며, 뾰족하게 드러나거나 함몰되거나 마르지 않았으며, 나쁜 점이나 주름이 없으면 상학의 표준에 부합한다.

74~75세의 운세를 관찰하려면 본위의 상을 중시하는 외에도 대운위(지고)가 넓고 네모나고 평평하며, 소운위(神·氣·色)의 신광이 충분하고 빛이 깨끗하게 만면에 드러나며, 구집위(코와 입)에 결함이 없으며, 지각이 하늘을 향하고 있으며, 코의 색깔이 노랗게 밝으며, 입술이 선명하고 귀가 얼굴보다 희며, 얼굴의 볼에 검고 밝은 수반(壽斑)이 있는지를 봐야 한다. 이런 사람은 74~75세의 운세가 좋다고 할 수 있다. 노년에 복과 장수를 누리고, 자손이 어질고 효도한다.

어느 한 부위라도 상이 좋지 않으면 모두 불길한 것으로 여기며, 십이궁 상의 우열에 따라 어떤 불행이 닥칠 것인가를 판별할 수 있다. 수반이 노랗거나 희고 작으면 죽지 않으면 가난하며, 입이 비뚤어지고 귀가 시들하면 병이 많으며, 눈빛을 잃었으면 수명을 다했다는 뜻이다.

11) 지지운

지지운(地支運)은 원래 지고운에 포함되는 것으로, 76~99세까지를 본다. 유년위는 子·丑·寅·卯·辰·巳·午·未·申·酉·戌·亥이다. 특히 정(精)·신(神)·기(氣)·색(色)을 중시한다.

76~77세 : 본위명은 자위(子位)이다. 단정하고 네모나고 평평하고 그득하며, 제비턱이거나 이중턱이며, 이마가 넓으며, 귀의 색이 희고 윤이 나며, 精·神·氣·色이 모두 좋으면 복과 장수를 누린다. 그렇지 않으면 가난하거나 사망한다.

78~79세 : 본위명은 축위(丑位)이다. 시골과 지고의 양위(兩位)와 함께 관찰한다. 풍만하고 두툼하고 평평하며, 머리와 목이 경사지지 않았으며, 눈썹털이 떨어지지 않았으며, 精·神·氣·色이 모두 좋으면 복과 장수를 누린다. 그렇지 않으면 가난하거나 사망한다.

80~81세 : 본위명은 인위(寅位)이다. 시골·부이의 양위와 함께 관찰한다. 풍만하고 윤택하며, 후양에 기세가 있으며, 귀의 색이 희고 윤기가 있으며, 눈썹에 흰털이 있으며, 목에 줄이 있으며, 精·神·氣·色이 모두 좋으면 복과 장수를 누린다. 그렇지 않으면 가난하거나 사망한다.

82~83세 : 본위명은 묘위(卯位)이다. 관골과 부이의 양위와 함께 관찰한다. 풍만하고 윤택하며, 함몰되고 마르지 않았으며, 눈썹이 떨어지지 않았으며, 코의 색이 윤택하며, 精·神·氣·色이 모두 좋으면 복과 장수를 누린다. 그렇지 않으면 가난하거나 사망한다.

84~85세 : 본위명은 진위(辰位)이다. 천륜 및 구릉의 양위와 함께 관찰한다. 천륜이 눈썹과 이마를 비추며, 구릉골의 기세가 일어나 있으며, 입술색이 선명하며, 귀의 색이 희고 눈썹털이 모두 희며, 머리를 낮게 떨어뜨리지 않으며, 精·神·氣·色이 모두 좋으면 복과 장수를 누린다. 그렇지 않으면 가난하거나 사망한다.

86~87세 : 본위명은 사위(巳位)이다. 반드시 우변성과 좌변성의 양위와 함께 관찰해야 한다. 풍만하고 광택이 있으며, 흠이 없고 어둡지 않으며, 이마가 빛이 나고 깨끗하며, 精·神·氣·色이 모두 좋으면 복과 장수를 누린다. 그렇지 않으면 가난하거나 사망한다.

88~89세 : 본위명은 오위(午位)이다. 반드시 천중·천정·인중·지각위와 함께 관찰해야 한다. 평평하고 그득하게 일어나 있으며, 뒷목에 살이 있으며, 눈썹털이 떨어지지 않았으며, 精·神·氣·色이 모두 좋으면 복과 장수를 누린다. 그렇지 않으면 가난하거나 사망한다.

90~91세 : 본위명은 미위(未位)이다. 반드시 우변성과 좌변성의 양위를 함께 관찰해야 한다. 풍만하고 광택이 있으며, 눈빛이 충만하며, 눈썹이 말라 떨어지지 않았으며, 귀의 색이 희고 윤기가 있으며, 精·神·氣·色이 모두 좋으면 복과 장수를 누린다. 그렇지 않으면 가난하거나 사망한다.

92~93세 : 본위명은 신위(申位)이다. 반드시 좌우 천륜, 좌우 구릉·총묘의 네 위와 함께 관찰해야 한다. 좌우가 서로 대칭을 이루며, 만면에 수반이 가득하며, 코에 윤기가 있으며, 입술색이 선명하며, 精·神·氣·色이 모두 좋으면 복과 장수를 누린다. 그렇지 않으면 가난하거나 사망한다.

94~95세 : 본위명은 유위(酉位)이다. 반드시 좌우 관골, 좌우 부이의 네 위와 함께 관찰해야 한다. 좌우가 서로 대칭을 이루며, 두 귀의 색이 밝으며, 이마가 빛이 나고 깨끗하며, 精·神·氣·色이 모두

좋으면 복과 장수를 누린다. 그렇지 않으면 가난하거나 사망한다. 이때 이미 행동이 불편하면 심하면 반신불수가 될 수도 있다.

96~97세 : 본위명은 술위(戌位)이다. 반드시 좌우 시골, 좌우 부이의 네 위와 함께 관찰해야 한다. 풍만하고 두툼하고 평평하며, 이마가 빛이 나고 깨끗하며, 눈썹이 떨어지지 않았으며, 머리가 옆으로 기울어지지 않으며, 머리를 아래로 늘어뜨리지 않으며, 精·神·氣·色이 모두 좋으면 복과 장수를 누린다. 그렇지 않으면 가난하거나 사망한다.

98~99세 : 본위명은 해위(亥位)이다. 반드시 좌우 시골, 좌우 지고의 네 위와 함께 관찰해야 한다. 풍만하고 두툼하고 평평하며, 눈에 빛이 나며, 귀에 빛과 윤이 나며, 精·神·氣·色이 모두 좋으면 복과 장수를 누린다. 그렇지 않으면 가난하거나 사망한다.

팔장이고유년법

대운위 (大運位)	유년 (流年)	본위 (本位)	구점위 (九執位)	소운위 (小運位)	배관위 (配觀位)	길흉	
대운－ 외창(外倉)	1~7세	왼쪽 귀		산근 지고	얼부, 천창, 귀의 색	각 위가 모두 좋으면 총명하고 기르기 좋다. 만일 이마가 높고 윤기가 있으면 부조의 음덕이 약하다. 그와 반대이면 유년 시절에 재난과 병, 관액이 있겠다.	수주가 변지를 향해 있으면 유년 시절에 좋다.
	8~14세	오른쪽 귀			金·水이 상극인 것을 금기하고 나머지는 상동		
대운－ 인창(人倉)	15세	화성(火星)	이마	중정	천양, 천창, 두 귀, 발제, 일자, 월각	각 위가 모두 좋으면 총명하고 담력과 식견이 있다. 발제가 낮고 약한 것을 싫어한다. 이마가 귀가 낮고 약한 것을 싫어한다. 병과 재난, 관액, 조상을 멀리하고 고향을 떠나는 것을 방지해야 한다.	오관의 각 위가 모두 좋고, 변지이 함몰되어 있지 않으면 일찍 성취가 있다. 만일 눈썹이 우혜(六害)이면 그와 반대로 좋으니라.
	16세	천중(天中)	오른쪽 눈썹		천양, 화성, 두 귀, 발제, 일자, 월각		
	17세	일각(日角)	오른쪽 눈		두 눈, 두 귀, 두 눈썹, 일자, 월각, 천창		
	18세	월각(月角)	오른쪽 귀	화양		각 위가 모두 좋으면 웃어른의 발탁과 육성을 받는다. 화양이 함이 있으며, 발제가 일찍이을 단고 있는 것을 꺼린다. 재난, 병과 관액을 방지해야 한다.	
	19세	천정(天庭)	왼쪽 눈썹	순두	눈썹, 눈의 기세, 발자, 월자, 일자	순두가 비뚤어지고 약하며, 발자이 눈썹을 침범하는 것을 꺼리는데, 이는 액운과 재난, 병이 난다는 뜻이다.	
	20세	좌보각 (左輔角)	코	천창	화성, 연수, 수성	각 위가 모두 좋으면 웃어른의 발탁과 육성을 받는다. 연수와 천창이 함몰되어 있고,	

대운위	유년	본위	구집위	소운위	배판위	길흉
대운−인당	21세	우보각(右輔角)	입			수성이 바르지 못한 것을 꺼리므로, 흉액을 방지해야 한다.
	22세	사공(司空)	왼쪽 귀	인중	두 귀, 산근, 사마귀, 반점, 주름, 춘적	金·木이 상극이고 사수가 통하지 않는 것을 꺼리므로, 흉액을 방지해야 한다.
	23세	좌변성(左邊城)	왼쪽 눈	이마	인신, 화양, 발각, 천정	각 부위가 모두 좋으면 운이 나쁘며, 이마가 좁고 함몰되어 있는 것을 꺼리므로, 흉액을 방지해야 한다.
	24세	우변성(右邊城)	이마	이마		
	25세	중정(中正)	오른쪽 눈썹	목성	두 눈썹, 두 귀, 산근	왼쪽 눈에 살기를 띠고 있고, 산근이 끊어져 있으며, 金·木이 상극인 것을 꺼린다.
	26세	구릉(丘陵)	오른쪽 눈	경양	경양, 두 눈, 두 귀, 인당, 산근, 발각	본위에 반점이 있고, 발제가 인당을 침범하며, 눈과 귀의 형이 나쁘고, 경양골이 함몰되어 있는 것을 꺼리므로, 재난과 흉액을 방지해야 한다.
	27세	총묘(塚墓)	오른쪽 귀		인당, 산근, 발각	
	28세	인당(印堂)	왼쪽 눈썹	후양	천창, 순두, 두눈, 지고	눈썹이 나쁘고, 후양과 천창이 함몰되어 있으며, 인당이 주름으로 파괴되어 있는 것을 꺼린다.
대운−미창(眉倉)	29세	좌산림(左山林)	코	입 모양	인당, 산근	인당에 살기를 띠고, 입에 기색이 없으며, 산근이 끊어져 있고, 눈썹이 인당을 침범하는 것을 꺼리므로, 사업실패, 상복을 입을 것에 대해 주의해야 한다.
	30세	우산림(右山林)	입			육요가 가지런하고 분명하면 운이 크게 발한다.

나이	부위명		관련부위	설명
31세	능운(凌雲)	왼쪽 귀	두 눈, 두 귀	두 눈에 神이 없고, 두 귀의 모양이 나쁘며, 연수가 함몰되어 있는 것을 꺼리는데, 그것은 운이 트이지 않는다는 뜻이다. 사업에 실패하는 재액을 방지해야 한다.
32세	자기(紫氣)	왼쪽 눈	연수	
33세	번하(繁霞)	이마	산근, 천창, 발각, 코와 눈, 삼정, 삼농	눈썹이 욱해이고, 천창이 함몰되어 있으며, 산근이 낮고, 코가 내려앉거나 드러나고, 이마가 함몰되어 있으며 모양이 나쁜 것을 꺼린다. 소인의 시비, 재산의 손실, 사업실패, 관액 등을 방지해야 한다.
34세	채하(彩霞)	오른쪽 눈썹		
35세	태양(太陽)	오른쪽 눈	두 귀, 두 눈썹, 산근, 노악	눈썹이 욱해이고, 토성이 수려하지 않으며, 화야에 기색이 끼거나, 음양안(陰陽眼)인 것을 꺼리는데, 이는 운이 트이지 않고, 재난에 있을 것을 뜻한다.
36세	태음(太陰)	오른쪽 귀		
37세	중양(中陽)	두 관골	후양, 매위, 두 눈썹, 연수	두 관골이 氣가 강하고, 주양이 함몰되어 있으며, 욱해 눈썹이고, 코가 나쁘며, 이가 트이지 않는다. 만일 눈이 흉이 나쁘면 매 재난을 방지해야 한다.
38세	중음(中陰)	코		
39세	소양(少陽)	입	두 귀, 두 눈썹, 두 눈, 간문	수양이 함몰되어 있으며, 두 귀가 상구이고, 이마가 많으며 아래로 향해 있고, 간문이 울퉁불퉁한 것을 꺼린다. 실패와 관액을 방지해야 한다.
40세	소음(少陰)	왼쪽 귀		
41세	산근(山根)	왼쪽 눈	준양, 지각, 수주	주양에 氣가 함몰되어 있으며, 지각이 위로 눈을 꺼린다. 재액을 방지해야 한다. 눈썹이 단정하고 눈썹이 단단하면 운이 크게 발한다.

대운—
안장(眼倉): 35세~40세
대운—
천창(天倉): 41세

눈요가 가지런하고 명확하면 운이 크게 발한다.

눈썹이 단정하고 눈썹이 단단하면 운이 크게 발한다.

제3장 면상과 유년 483

대운위	유년	본위	구집위	소운위	배관위	길흉
대운-천창	42세	정사(精舍)	이마	인당	두 눈썹, 발제, 두 눈, 산근	이마가 함몰되어 있고, 눈썹이 우해이며, 인당이 점 및 주름이 있다. 분위의 피부가 시들시들 검은 것을 꺼린다. 실패와 관액을 방지해야 한다.
	43세	광전(光殿)	오른쪽 눈썹			
대운-화창(禾倉)	44세	연상(年上)	오른쪽 눈	두 눈썹	인당, 두 귀, 산적	눈이 함몰되어 있고, 귀가 나쁘고, 눈썹이 우해이며 눈을 압박하고, 인당이 울퉁불퉁 거나 꺼짐, 분위에 뼈가 드러나 있는 것을 꺼린다. 큰 홍사를 방지해야 한다.
	45세	수상(壽上)	오른쪽 귀			
	46세	왼쪽 관골	왼쪽 눈썹	후앙	두 눈, 두 귀, 산적 연수	눈썹이 우해이고, 코에 氣가 없고, 후양이 함몰되어 있고, 실위에 명운을 단고 있으면 관골이 좋아도 운이 트이지 않는다. 또한 분위가 시마켜 사마귀 등으로 파괴되는 것을 꺼리느비, 이는 권력과 재물을 잃음을 뜻한다.
	47세	오른쪽 관골	코			
대운-도창(圖倉)	48세	준두(準頭)	입	수성	두 눈, 두 관골, 입가, 영앙	눈에 빼이 없고 코가 약하거나 코봉입[孤峰] 모인 것을 꺼린다. 재난을 방지해야 한다.
	49세	난대(蘭臺)	왼쪽 귀		두 눈, 입 모양, 두 귀, 영앙	귀가 함몰되어 있고, 눈이 나쁘다. 입 모양이 반쳐주지 않는 것을 꺼린다. 재산의 손실, 재난, 병, 관액, 사업실패를 방지해야 한다.
	50세	정위(廷尉)	왼쪽 눈			
	51세	인중(人中)	이마	이마	귀, 것불, 토성, 명궁, 화성	이마와 귀가 함몰되어 있고, 土가 水를 제압하고, 병명이 나쁜 것을 꺼린다. 그것은 아들을 뜻한다.

		나이	부위	관련	설명
대운-식록창(食祿倉)	52세	좌선고(左仙庫)	오른쪽 눈썹	인당	눈썹털, 인당의 빛, 수염의 빛, 눈빛, 정조, 인중	눈썹이 떨어지고 형이 나쁘며, 눈이 나쁘고 눈빛이 흐리멍덩하며, 인당에 빛이 없으며, 인중이 비뚤어진 것을 꺼린다. 사엄실패를 방지해야 한다.
	53세	우선고(右仙庫)	오른쪽 눈		눈빛의 빛, 눈빛, 정조, 인중	눈썹과 수염이 단정하면 운이 크게 발한다.
	54세	식창(食倉)	오른쪽 귀	법령	귓불, 수염의 빛, 눈썹털, 영양	영양에 氣가 없고, 귀가 함몰되어 있고, 눈썹이 나쁘고, 법령이 뚱겨져 있는 것을 꺼린다. 사업실패와 관액을 방지해야 한다.
	55세	녹창(祿倉)	왼쪽 눈썹			
	56세	좌법령(左法令)	코	인당	연수, 인중, 준두, 인당의 빛	코가 함몰되어 있고, 입이 나쁘고, 인당이 어둡고, 코와 입이 서로 나쁜 것을 꺼린다. 가난과 관액을 방지해야 한다.
	57세	우법령(右法令)	입			
	58세	좌부이(左附耳)	왼쪽 귀	영양	눈빛, 수주	눈에 神이 없고, 영양골이 함몰되어 있고, 귀가 나쁘며 색이 침점하고, 본위의 氣가 어두운 것을 꺼린다. 기이한 재난과 사업에 크게 실패하는 것을 방지해야 한다.
	59세	우부이(右附耳)	왼쪽 귀			
대운-가고(家庫)	60세	수성(水星)	이마	수주	이마의 색, 인당의 빛, 귀의 색, 준두	이마가 어둡고, 귀가 뒤집어져 있고, 준구가 아래로 구부러져 있는 것을 꺼리고, 운이 막히는 것과 재난, 뼈 관액을 방지해야 한다.
	61세	승장(承漿)	오른쪽 눈썹	법령	눈썹털, 인당의 빛, 눈빛	법령이 입을 막고, 눈썹에 털이 나지 않고, 두 귀가 시들시들 말라 있는 것을 꺼린다.
	62세	좌지고(左地庫)	오른쪽 눈		인당의 빛, 눈빛, 귀의 색	귀에 氣가 없고, 눈빛이 약하고, 주양에 빛이 없는 것을 꺼린다. 수명이 다하는 것을 방지해야 한다.
	63세	우지고(右地庫)	오른쪽 귀	주양	인당의 빛, 귀의 색	눈썹에 털이 있고, 수염에 毫이 있고, 귀에 隆이 있고, 눈썹 사이에 사(四)자 형의 임에 오이가 둥그렇게 모여 있으면 노년운이 좋다.

제 3장 면상과 유년　485

대운위	유년	본위	구집위	소운위	배반위	길흉	
대운-가고	64세	파지(陂池)	왼쪽 눈썹	인중	인당의 빛, 눈썹, 귀의 색, 입술색	귀가 시들시들하고, 눈썹이 떨어지고, 인당이 시들시들 마르고, 인중이 분명하지 않고, 입술이 어두운 검은색이고, 눈빛이 약한 것을 꺼린다. 수명이 다하는 것을 방지해야 한다.	
	65세	아압(鵝鴨)	코				
	66세	좌금루(左金縷)	입	미심	인당의 빛, 연수, 준두, 눈빛, 혈딥, 목줄, 두귀, 입술색	연수의 준두가 어두운 색이고, 인당과 미심이 시들시들 어둡고, 분명하지 않는 것을 꺼린다. 못났던 병이나 사업폐, 수명이 다하는 것을 방지해야 한다.	
	67세	우금루(右金縷)	왼쪽 귀				
	68세	좌귀래(左歸來)	왼쪽 눈	주양	인당의 빛, 입술색 눈빛, 수양의 빛	인당이 시들시들 어둡고, 눈에 神이 없고, 수염이 神이 없고, 주양에 기세가 없고, 사업실패와 수명이 다하는 것을 방지해야 한다.	
	69세	우귀래(右歸來)	이마				
	70세	송당(訟堂)	오른쪽 눈썹	집	눈썹털, 목줄, 수염의 빛, 눈빛	수염이 시들시들하고, 눈썹이 떨어지고, 몸이 기울고, 목줄에 빛이 없는 것을 꺼린다.	
대운-지고(地庫)	71세	지각(地閣)	오른쪽 눈	주양	입술과 치아, 준두, 눈빛, 수양의 빛	水가 土를 제압하고, 눈에 神이 없고, 천지가 서로 조응하지 않는 것을 꺼린다. 수명이 다하는 것을 방지해야 한다.	천지가 서로 응하고, 턱이 네모나고 둥글며, 精・神・氣・色이 모두 좋으면 노년운이 아주 좋다.
	72세	좌노복(左奴僕)	오른쪽 귀	인당의 빛, 혈딥, 눈빛, 혈딥	精・神・氣・色이 좋지 않고, 사수가 통하지 않는 것을 꺼린다. 수명이 다하는 것을 방지해야 한다.	
	73세	우노복(右奴僕)	왼쪽 눈썹	미심	수양의 빛, 두 관골, 귀털, 목줄		

		기색	수반, 입술색, 눈빛, 지각, 귀의 색, 입술 색, 인당의 빛, 두피	精神·氣·色이 좋지 않고, 턱과 시골이 함몰되거나 드러나는 것을 꺼린다. 수명이 다하는 것을 방지해야 한다.
74세	좌시골 (左腮骨)	코		
75세	우시골 (右腮骨)	입		

(남자는 왼쪽, 여자는 오른쪽)

제3장 면상과 유년 487

영아와 소년의 관상

1. 영아, 소년상관법

『유장상법(柳莊相法)』에서는 "3세는 영아로서 상(相)·신(神)·기(氣)·색(色)을 보며, 상오관(相五官)을 보지 않는다. 12세 내외는 소년으로 상오관(相五官)·삼정(三停)·육부(六府)·십이궁(十二宮)을 위주로 상을 본다"라고 하였다. 그러나 오늘날에는 다소 상황이 바뀌었으므로 1세 전을 영아(嬰兒), 3세 전을 유아(幼兒), 6세 전을 소아(小兒), 12세 전을 아동(兒童), 만 12세 후를 소년, 만 15세 후를 청년이라 하는 것이 타당하다.

6세 전의 영아·유아·소아는 相·神·氣·色(특히 귀의 색이 중요하다)을 위주로 보며, 오관·삼정·육부·십이궁은 단지 참고로 삼는다. 만 6세 후부터 14세까지의 아동과 소년도 여전히 相·神·氣·色을 위주로 보되 상오관·삼정·육부·십이궁을 보충해서 관찰한다. 그리고 15세 후에는 성년의 상학을 표준으로 삼는다.

6세 전의 영아·유아·소아는 건강이 가장 중요하므로 단지 相·神·氣·色을 보면 되지만, 만 6세 이후의 아동은 건강 이외에도 총명한가 또한 배우기를 좋아하는가를 관찰해야 한다. 이때 귀는 15세 이전의 건강 여부와 총명함, 배우기를 좋아하는지의 여부를 보는 가장 좋은 관찰점이다. 귀의 기색과 상리를 표준으로 삼는 것은 15세 이전에는 유일하게 귀만이 발육을 다 끝냈고, 머리·얼굴·몸·사지 등은 아직 발육이 덜 된 상태이기 때문이다.

그러나 15세 이후에는 신체의 발육이 대부분 완성되고, 심리적으로도 독립·자주적인 의식을 형성하며, 사회에서도 많은 사람과 일·사물을 접촉하게 되므로 관상에서도 건강과 지혜 외에 다른 요소들을 포함해야 할 필요성 때문에 성인의 상학을 적용하다.

성인은 남자의 경우 16세 전후 고환에 음모가 무성하게 자라는 것을 표준으로 삼고, 여자는 14세 전후 월경을 시작하는 것을 표준으로 삼는다.

- 출생한 영아의 머리카락이 길고 두피가 느슨하며, 배꼽이 크고 피가 묻어 있지 않으면 키우기 쉽다.
- 출생한 영아의 얼굴과 신체의 피부 색깔이 붉고, 또 붉은 윤 중에 투명한 검은 윤이 있으면 키우기 쉽다. 만일 피부색이 엷은 흰색이면 심상치 않은 것으로 1개월 내에 요절할 우려가 있다.
- 출생한 영아의 배냇머리가 검으면 키우기 쉽고, 노란색이면 부모를 극하며, 배냇머리가 적으면 키우기 어렵다.
- 영아는 먼저 삼악(三嶽)을 보는데, 만일 남악(南嶽:이마)이 높으면 부모와 조상이 쌓은 음덕이 있어서 자신에게 복이 많고 재난이 적으며 또한 키우기 쉽다. 중악(中嶽:코)이 높으면 성장하여 큰 그릇이 되고 또한 키우기 쉽다. 북악(北嶽:턱)이 넓고 융

기되어 있고 원만하면 성장 후 귀하게 되지 않으면 부자가 되고, 또한 키우기도 쉽다. 그러나 동악(東嶽 : 오른쪽 광대뼈)과 서악(西嶽 : 왼쪽 광대뼈)은 보지 않는데, 그것은 아직 관골이 제대로 발육되지 않았기 때문이다. 만일 일악(一嶽)도 이루어지지 않았으면 키우기 힘들고, 남악이 생기지 않았으면 부모를 극한다.

- 출생한 영아의 두 귀가 높게 올라가 있거나 두툼하고 크고 모양이 수려하면 키우기 쉽고, 동시에 부모에게 15년 동안 행운을 가져다준다.
- 출생한 영아의 눈이 오목하게 함몰되었거나 두 눈이 사시이고 산근 또한 끊어져 있으면 일생 동안 사업에 실패하는 등 재난이 많고, 좋은 운이 있기 어렵다.
- 출생한 영아의 눈이 튀어나왔거나 머리카락이 노란색이면 반드시 부모를 다치게 한다.
- 출생한 영아의 두개골이 지나치게 돌출한 것은 좋지 않은데, 앞으로 돌출하면 아버지를 극하고, 뒤로 돌출하면 어머니를 극한다.
- 출생한 영아의 귀의 윤이 뒤집혀 있고 곽이 드러나 있으면 부모가 돌보지 못하고 부모와의 인연도 적다.
- 출생한 영아의 발제가 낮고 앞이마가 말랐으면 아버지를 극하고, 일월각과 눈썹에 소용돌이 털이 있으면 어머니를 극한다.
- 출생 후 영아가 잠잘 때 입을 다물어서 공기가 콧구멍에서 나오면 키우기 쉬우나, 산근에 푸른 기가 있으면 키우기 힘들고 요절을 방지해야 한다.
- 출생 후에 영아의 음낭이 검고 크며, 피부가 주름져 있고 위에 올라가 붙어 있으면 키우기 쉽다. 그러나 소변이 지방처럼 응결되어 있으면 키우기 힘들고, 요절을 방지해야 한다.
- 출생 후에 영아의 울음소리가 맑으면 키우기 쉬우며, 눈을 움직

일 수 있고 울어도 숨을 가쁘게 돌리지 않으면 부귀하게 된다. 만일 울음소리가 처음에는 크고 나중에 작으며, 목소리가 애절하면 1세 전에 키우기가 힘들고 요절을 방지해야 하며, 또한 부모를 극한다.

• 출생 3개월 후에 영아가 웃고 머리를 돌릴 수 있으면 성인이 된 후에 매우 지혜롭다.
• 출생 6개월 후에 영아가 낯을 가리지 않고 누구나 안아도 잘 놀면 성인이 된 후에 용감하다.
• 영아의 얼굴이 크고 콧대가 없으면 1세 전에 키우기가 힘들고 요절을 방지해야 한다.
• 영아의 눈이 작아서 마치 콩 같거나 눈이 동그랗기가 닭 눈동자 같으면 1세 전에 키우기가 힘들고 요절을 방지해야 한다.
• 영아의 머리가 크고 목이 가늘며 두 눈에 神이 없으면 1세 전에 키우기가 힘들고 요절을 방지해야 한다.
• 영아의 입술이 종이처럼 얇고 항문에 주름이 없으면 1세 전에 키우기가 힘들고 요절을 방지해야 한다.
• 영아가 손발을 지나치게 움직이면 커서 장난이 심하고, 또한 효심이 없다.
• 출생 6개월 내에 영아가 이가 나고 앉고 말을 할 줄 알면, 지나침은 모자라지 못한 것과 같아서 상서롭지 못한 징조로 보았다. 특히 말은 늦으면 늦을수록 좋다고 여겼다. 그러나 이는 우생학의 원리에 위배되므로 생각을 바꾸어야 할 것이다.
• 여자 영아는 천정이 높고 목소리가 크고 눈이 크고 눈썹이 진하고 성격이 급한 것을 꺼리는데, 만일 이와 같으면 부모를 방해하고 형제가 적으며 심할 때는 집안을 망친다.
• 여자 아이가 만 10세 후에 특히 목소리가 굵고 높은 것을 금한

다. 관상서에는 "살부(殺夫)하는 여자는 세 개의 관골이 있고, 남편을 방해하는 여자는 이마가 평평하지 못하며, 여러 번 결혼하는 여자는 장부의 목소리를 가지고 있다"고 하였다.

- 여자 영아는 머리카락이 검고 귀가 바르며, 눈이 수려하고 눈썹이 길며, 어깨가 둥글고 등이 두툼한 것을 가장 좋게 여긴다. 이러한 아이는 성장 후 귀한 남편을 맞는다. 목이 짧고, 머리카락이 많고, 귀가 뒤집어져 있고, 이마가 높고, 목소리가 걸걸한 것은 꺼리는데, 이런 아이는 성장 후 결혼생활이 순조롭지 못하거나 빈천하고 고생스럽다.
- 소아의 머리에 두 개의 가마가 있거나 머리카락이 지나치게 촘촘하면 부모를 극한다.
- 소아의 눈동자가 검고 크면 총명하나, 눈과 눈동자가 크면서 눈동자에 빛이 없으면 요절한다.
- 소아의 뼈가 튼튼하고 살이 많으면 일생 동안 병이 적다. 잠을 잘 때 입을 다물고 자고, 말할 때 이를 드러내지 않으며, 땀과 오줌에서 나쁜 냄새가 나지 않고, 목소리가 맑으며, 눈썹이 검고, 머리카락이 가늘며, 천정이 높고 귀가 높이 올라와 있으며, 입술이 선홍색이면 일생 동안 복과 장수를 누린다.
- 소아의 뼈가 튼튼하고 살이 많으면 정(精)이 강하고 신(神)이 충분하다는 증거이다. 잠을 잘 때 입을 다물고, 말할 때 이를 드러내지 않으면 소화기와 신수(腎水)가 건강하다는 증거이다. 땀과 오줌의 냄새가 나쁘지 않으면 비뇨기 계통이 건강하다는 증거이다. 목소리가 맑으면 원기가 풍족하다는 증거이다. 눈썹이 검고 머리카락이 가늘면 대사계·호흡계 및 혈액의 질이 양호하고 건강하다는 증거이다. 천정이 높고 귀가 올라가 있으면 총명하고 지혜가 많다는 증거이다. 입술이 선홍색이면 혈액순환이

양호하다는 증거이다. 또한 장난을 좋아하고 단정하고 깨끗한 것을 좋아하면 앞으로 반드시 대성을 하고 귀하지 않으면 부귀하게 된다.

• 젖을 뗀 소아가 발제가 낮게 압박하며, 눈썹이 두껍고 인당을 잠그며, 두 눈이 수려하지 않고 자주 큰소리로 울며, 손이 거칠고 손가락이 딱딱하며, 이부자리에 똥·오줌을 싸고 깨끗한 것을 좋아하지 않으면 성장 후에 성격이 고집스럽고 비열하며 머리가 좋지 않고 빈천하다.

• 소아의 두피가 팽팽하게 죄고, 귀 뒤에 근령골이 없으며, 눈썹에 털이 없고, 눈에 神이 없으며, 살이 칙칙하고 뼈가 무르기가 솜 같으며, 배가 크고 아랫배가 없으면 기르기가 힘들다. 또한 3세 전에 요절을 방지해야 한다.

• 소아의 이마가 뾰족하고 피부가 얇으며, 머리가 매우 크며, 목이 가늘고 작으며, 눈빛이 흐리멍덩하며, 엉덩이 사이에 살이 없으며, 음낭이 숨겨져 있거나 엷은 흰색 또는 홍적색이면 모두 기르기 어렵고 5세 전에 요절을 방지해야 한다.

• 소아의 이마 표면에 푸른 핏줄이 있으면 기르기 어렵고 8세 전에 요절을 방지해야 한다.

• 소아가 자주 침을 흘리면 큰 그릇이 되기 어렵고, 음낭이 지나치게 크면 지혜롭지 못하다.

• 소아의 귀 앞 명문골(命門骨)이 낮게 함몰되어 있고, 귀 뒤가 함몰된 것이 마치 구멍 같으며, 후뇌 침골이 이루어지지 않았고, 척추에 좌골이 없으며, 뺨 아래 귀밑 뼈가 맞지 않으며, 눈이 크고 눈동자가 어둡거나 눈이 크고 빛을 드러내면 모두 기르기 어렵고 8세 전에 요절을 방지해야 한다.

• 소아는 7세 후에 남아는 氣가 왕성해야 하고 여아는 氣를 숨겨야

하며, 남아는 눈이 수려해야 하고, 여아는 눈썹이 맑아야 한다
- 소아의 이마에 깊은 가로주름이 세 개 있으면 아버지를 극하고 평생 고독하게 산다.
- 소아에게 선홍색 또는 칠흑색의 좋은 점이 나기는 어렵지만 흑색·갈색이나 옅은 회색, 홍색의 나쁜 점이 생기기는 쉽다. 나쁜 점은 성년 후에 육친을 극하거나 자신이 사업에 실패하게 하는데, 반점이면 흉이 반감된다.
- 소아의 손은 10세 후에 비로소 완전해진다. 특히 손가락의 지문은 반드시 뇌조직의 발육이 완성된 후에야 완전해져 곧 생장의 완성을 나타낸다. 소아의 팔이 길면 귀한데, 만일 손이 무릎까지 내려오면 크게 귀하게 된다. 몸이 작고 손이 크며, 손이 부드럽기가 솜 같고 손바닥에 붉은 윤기가 있으며, 손이 뜨겁고 손 주름이 면화 같으며, 손등이 두꺼비 손 같으며, 피부가 널찍하고 살이 두툼하며, 뼈와 힘줄이 보이지 않으면 부하게 되거나 귀하게 된다. 얼굴은 맑지만 손이 탁하고, 몸은 큰데 손은 작으며, 발은 긴데 손이 짧고, 뼈의 관절이 드러나 있으며, 손금이 조잡하고 단절되고 틈이 있으면 성장 후에 성취가 적다. 만약 영아나 소아가 병이 났을 때 엄지손가락을 나머지 네 손가락 안으로 구부리면 남아는 죽고 여아는 살며, 엄지손가락을 나머지 네 손가락 밖으로 드러내면 남아는 살고 여아는 죽는다.

면상13부위총도명칭

	우 상	천 중	천 좌 내 고 척 무 군 보 변 악 상 부 광 양 고 문 각 지
	호각 일각	천 정	일 용 천 방 부 상 사 전 역 조 각 각 부 심 묘 묘 살 당 마 정
	진 서	사 공	액 상 소 교 도 교 중 산 성 각 경 부 우 중 액 미 림 현
번 하		중 정	액 호 우 보 원 부 화 복 채 교 각 미 각 골 각 월 개 당 하 외
	우목 형옥	인 당	교 좌 잠 임 주 정 빈 겁 항 청 쇄 목 실 중 준 사 문 로 로 로
	소음 중음 태음	산 근	태 중 소 외 어 간 신 천 천 천 원 양 양 양 양 미 문 광 창 정 문 무
	갑궤 소녀 중녀 장녀 처좌	연 상	부 장 중 소 금 금 도 유 서 옥 좌 남 남 남 궤 방 적 군 상 당
		수 상	갑 귀 당 정 고 자 형 외 학 명 궤 래 상 면 이 매 제 생 당 문
	정 위	준 두	난 법 조 궁 전 돈 후 수 병 인 대 령 상 실 어 창 각 문 졸 수
		인 중	정 장 세 내 소 복 기 앵 박 현 부 하 주 각 사 종 당 문 사 벽
		수 성	규 비 위 통 객 병 가 상 생 산 문 린 항 구 사 란 고 여 문 두
		승 장	조 손 외 임 하 장 주 교 황 도 택 택 원 원 묘 전 지 곽 구 로
		지 각	하 노 대 갱 지 피 아 대 주 사 복 마 참 고 지 압 해 거

* p.503의 〈십삼부위총요도〉 참고

면상75부위유년도

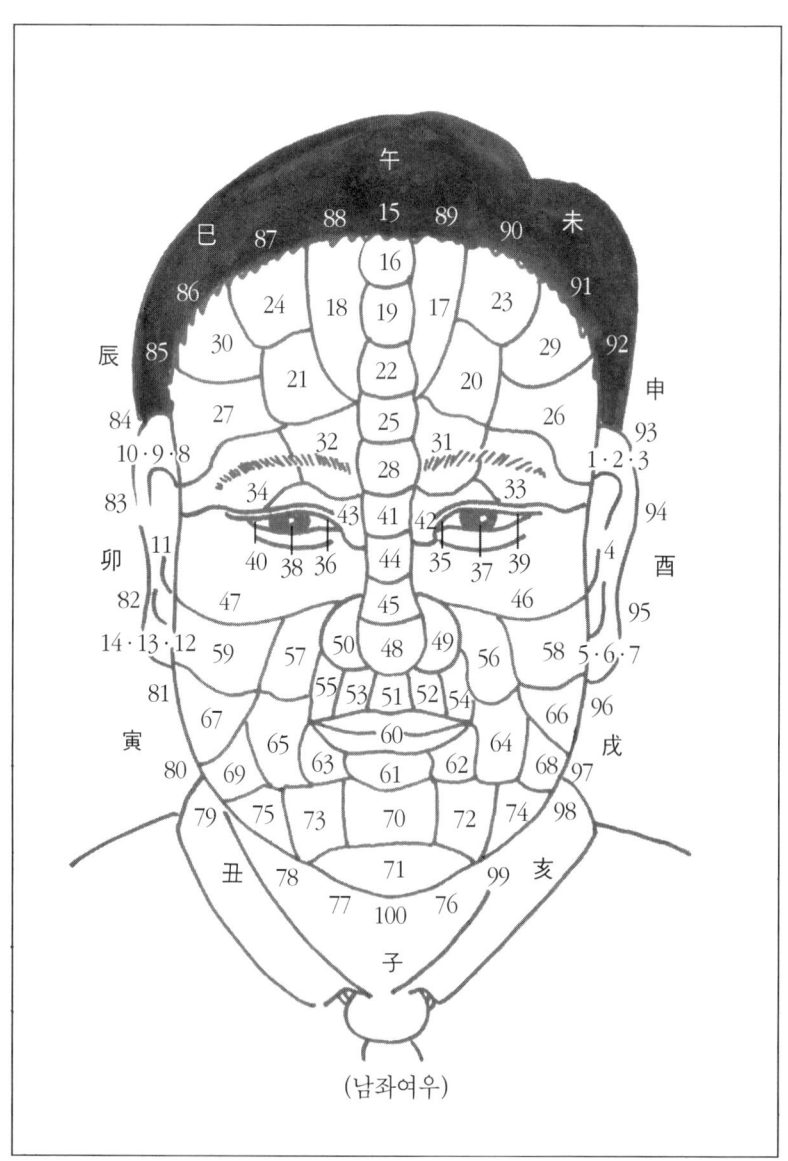

면상75부위명칭

1·2 천륜	3·4 인륜	5·6·7 지륜	8·9 천륜	10·11 인륜	12·13·14 지륜	15 화성	16 천중	17 일각	18 월각
19 천정	20·21 보각	22 사공	23·24 변성	25 중정	26 구릉	27 총묘	28 인당	29·30 산림	31 능운
32 자기	33 번하	34 채하	35 태양	36 태음	37 중앙	38 중음	39 소양	40 소음	41 산근
42 정사	43 광전	44 연상	45 수상	46·47 관골	48 준두	49 난대	50 정위	51 인중	52·53 선고
54 식창	55 녹창	56·57 법령	58·59 부이	60 수성	61 승장	62·63 지고	64 피지	65 아압	66·67 금루
68·69 귀래	70 송당	71 지각	72·73 노복	74·75 시골	76·77 자	78·79 축	80·81 인	82·83 묘	84·85 진
86·87 사	88·89 오	90·91 미	92·93 신	94·95 유	96·97 술	98·99 해			

면상내외오행연속도

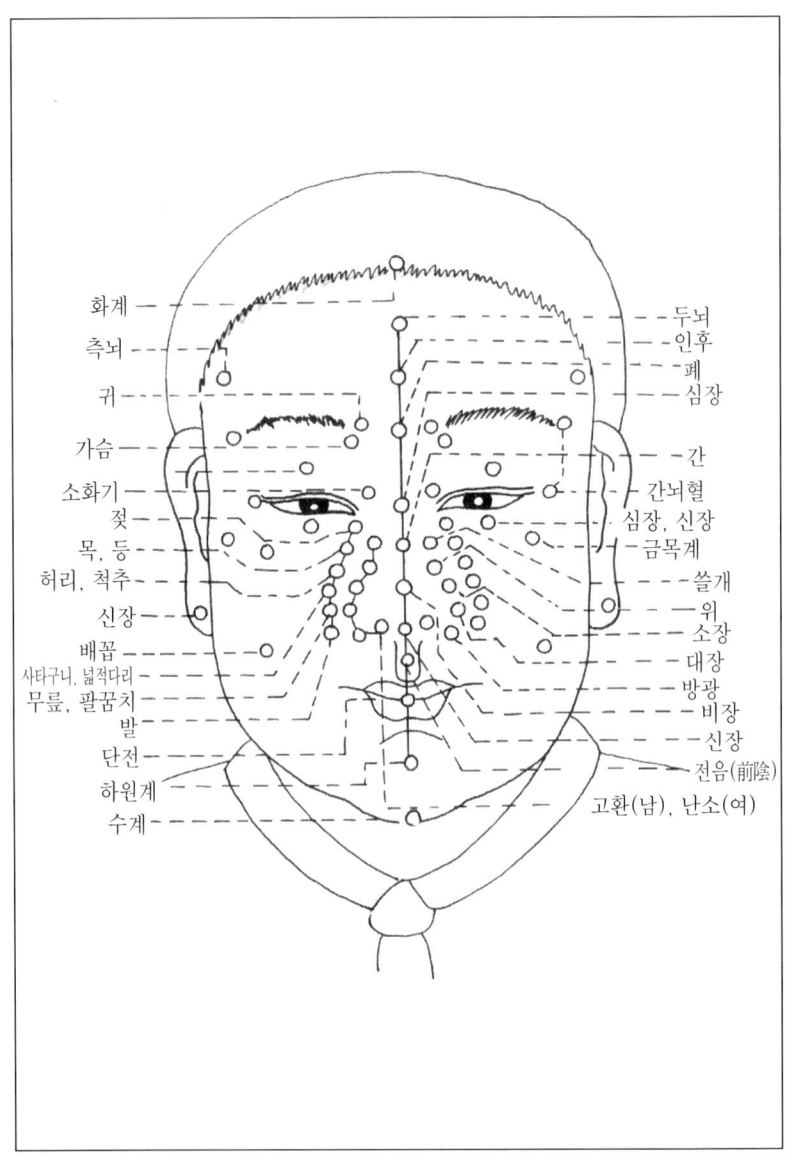

면상36궁도

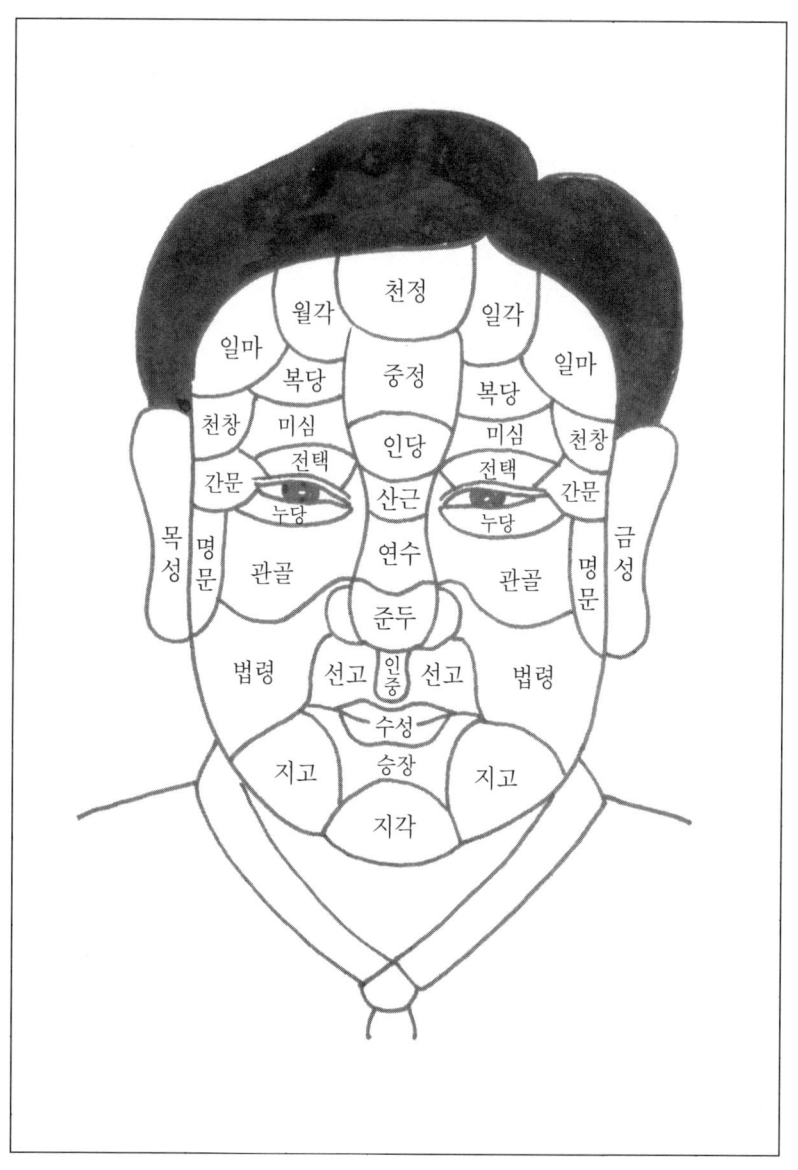

부록、마의상법

한 사람의 운명이나 빈부귀천을 가늠하고자 할 때 관상만큼
정확한 것은 없을 것이다. 사주추명(四柱推命)을 비롯한
수많은 역술이 보이지 않는 운로(運路)를 유추하는 데 반해,
관상은 드러난 것을 판단하기 때문이다.
여기에서 소개하는 『마의상법(麻衣相法)』은 마의 선생이
화산(華山)의 석실(石室)에서 제자인 진희이에게 전수한 비결로,
오늘날 전하는 관상학의 근본이라고 할 수 있는 것이다.
불행히도 마의 선생에 관한 기록은 거의 전해지는 것이 없으나,
중국에서 '마의'가 '관상가'를 지칭하는 말로 통용된다는 사실만으로도,
그 학문의 깊이와 효용을 미루어 짐작할 수 있다.
다만 워낙 오래 전부터 전해오던 비결이어서 어떤 것이 진본(眞本)인지
확실치 않고 오자(誤字)나 탈자(脫字)도 적지 않으며, 원리 및 용어가
오늘날 사용하는 것과는 다소 차이가 있다.
이러한 점을 보완하기 위한 노력으로 본편의 번역에는 중국의 원서와
우리 나라에 전하는 한문본을 두루 참조하였으나, 여전히 부족한 점이
많은 듯하여 아쉬움이 남는다.

십삼부위총요도(十三部位總要圖)

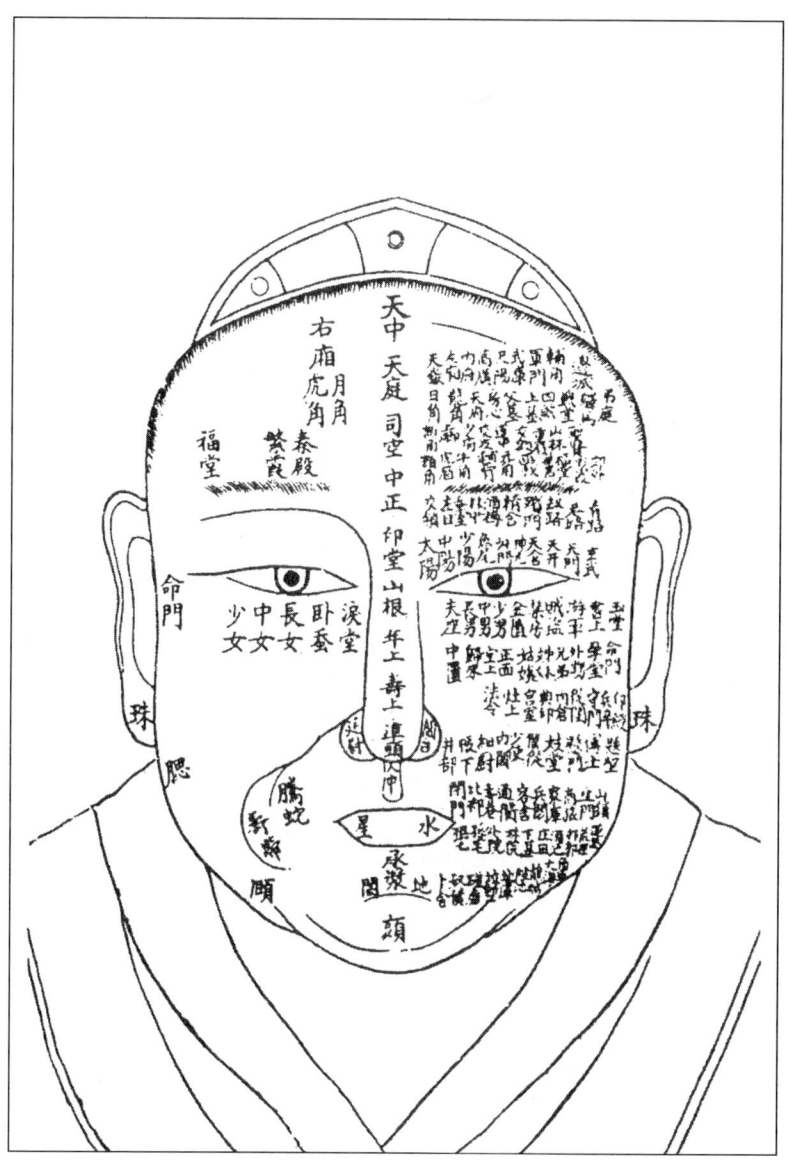

유년운기부위도(流年運氣部位圖)

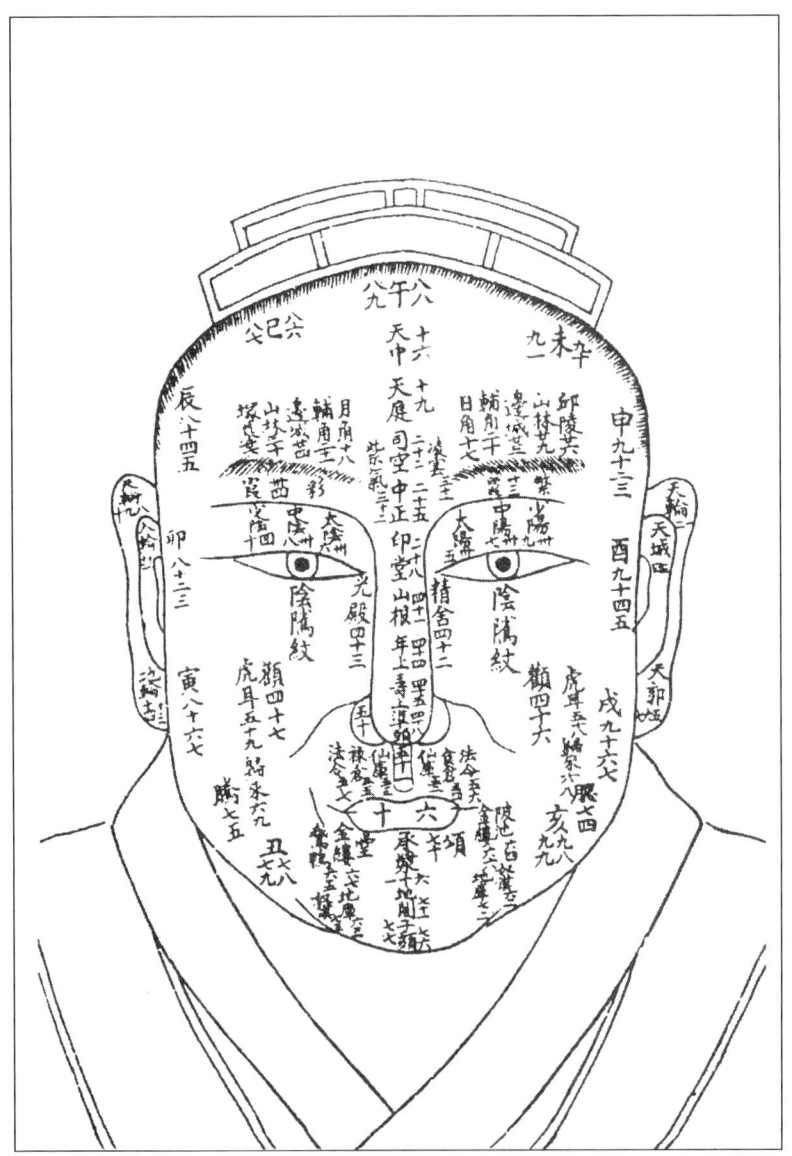

십이궁분지도(十二宮分之圖)

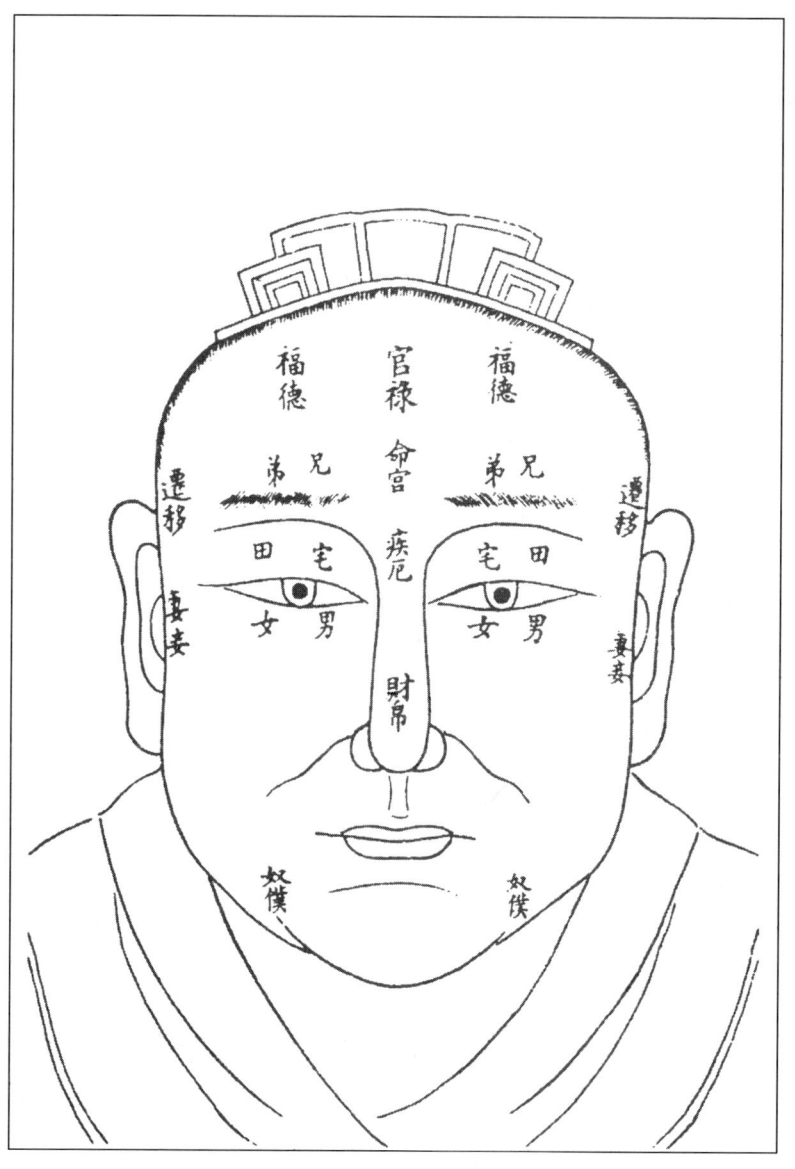

부록, 마의상법 505

오성육요오악사독지도(五星六曜五嶽四瀆之圖)

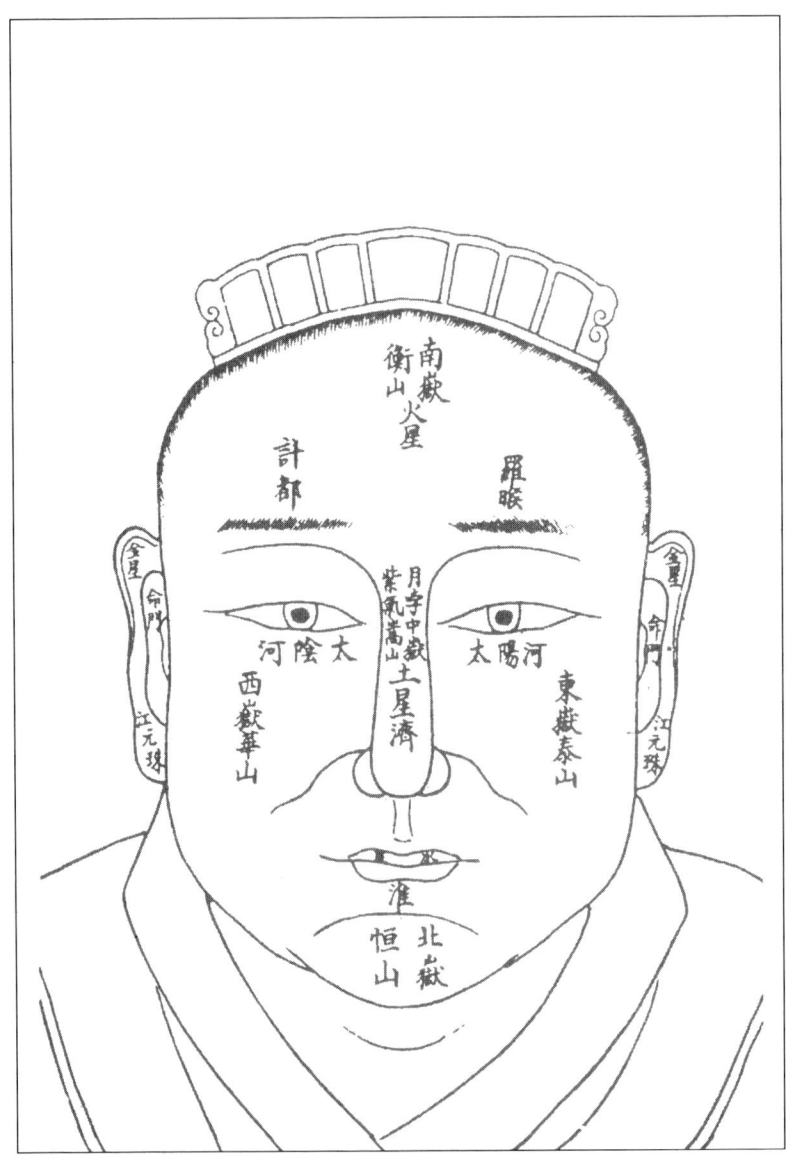

육부삼재삼정지도(六府三才三停之圖)

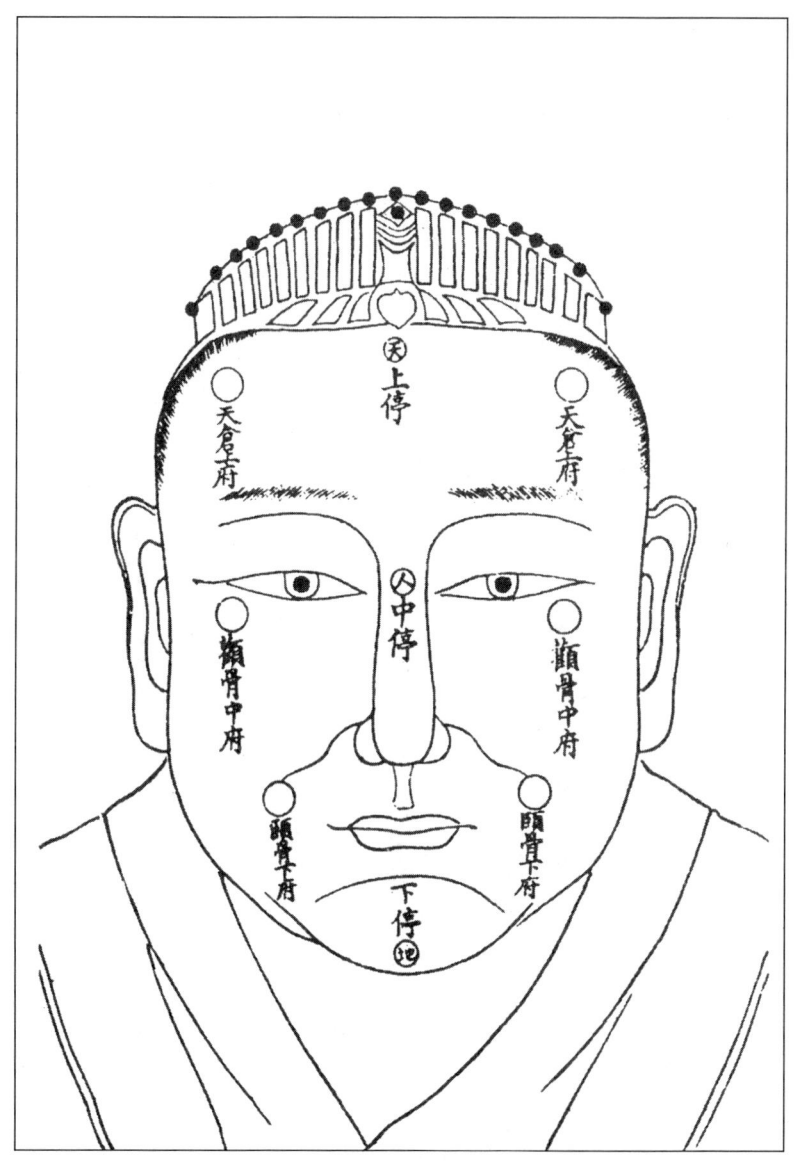

구주팔괘간지지도(九州八卦干支之圖)

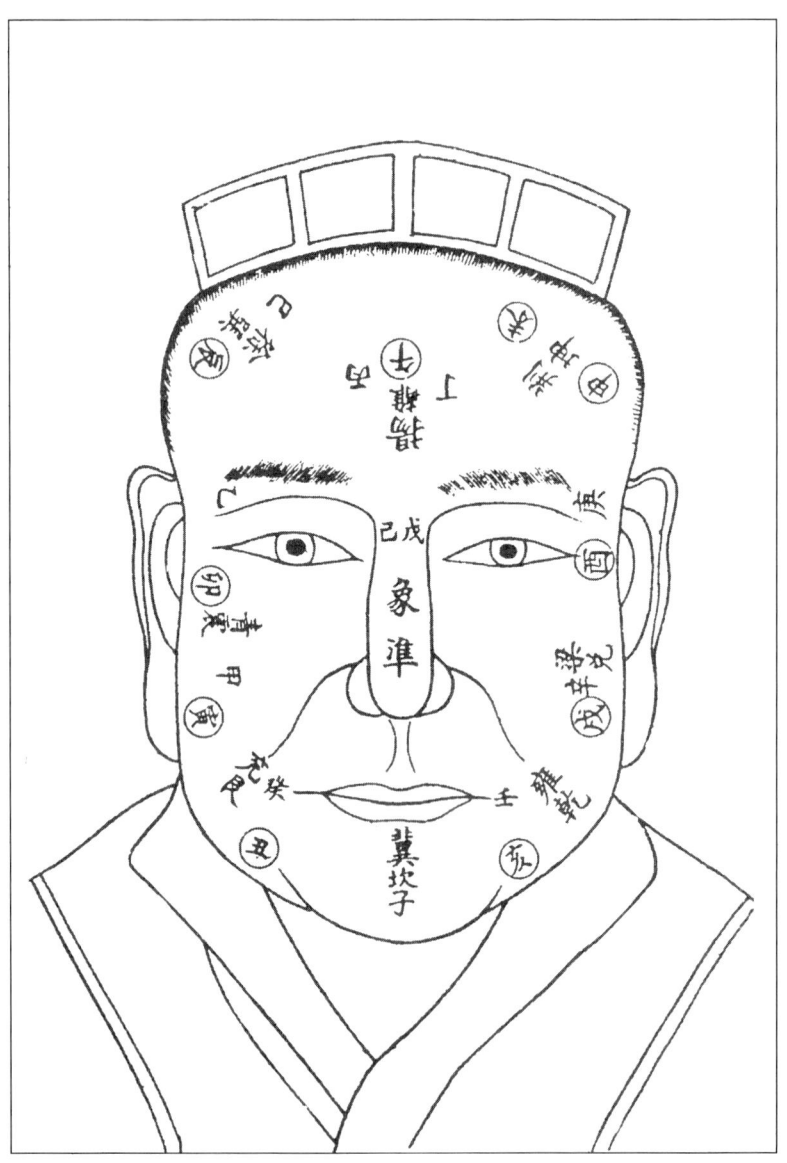

사학당팔학당지도(四學堂八學堂之圖)

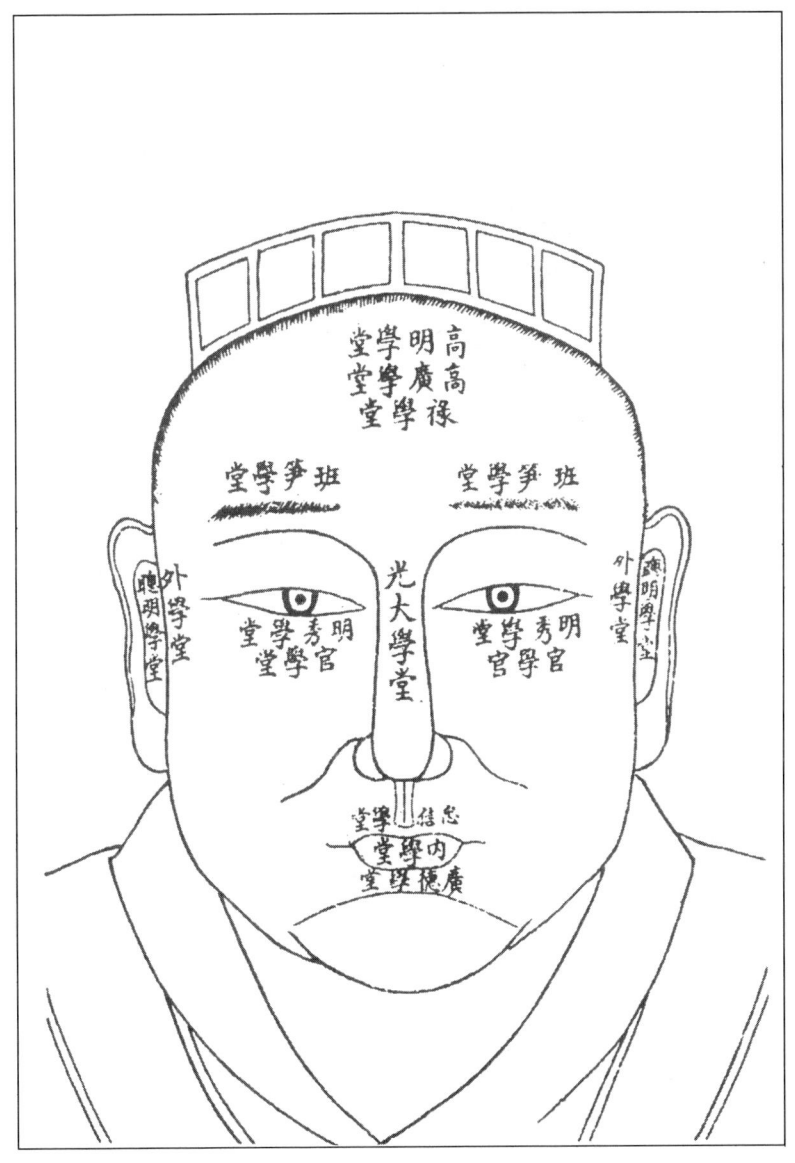

부록, 마의상법 509

오관지도(五官之圖)

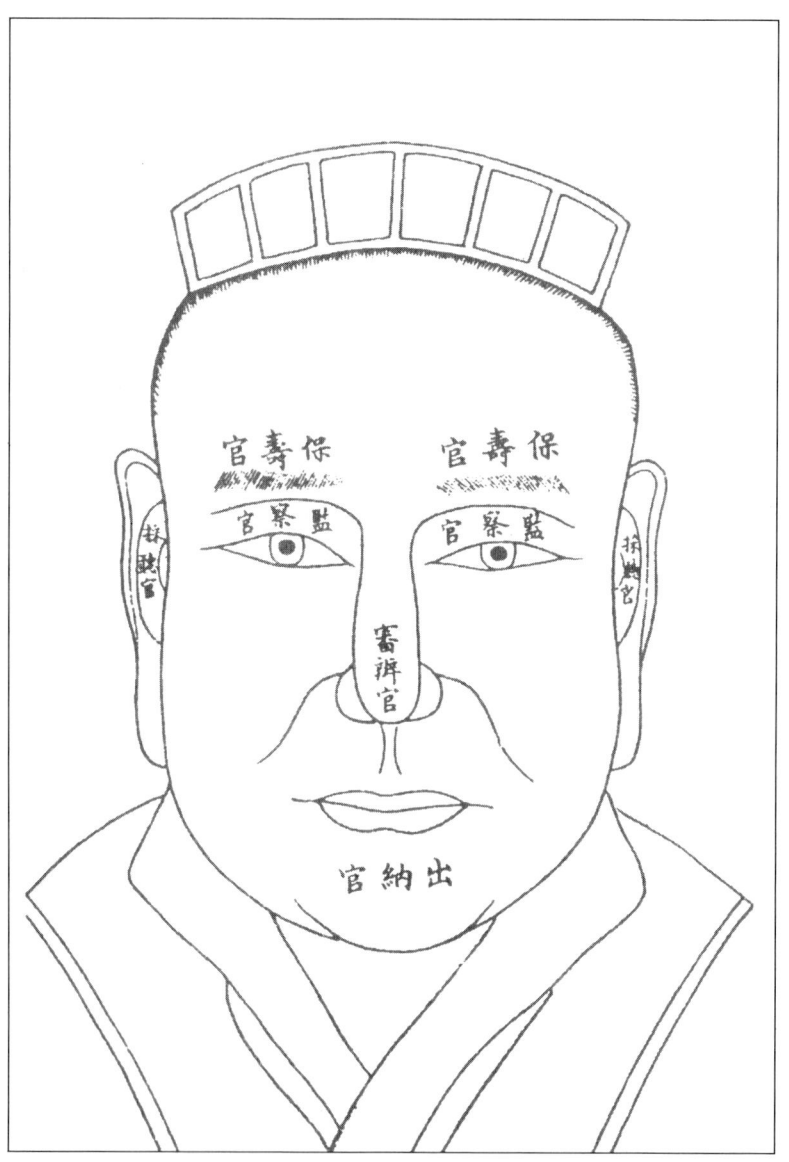

논인면지지도(論人面痣之圖)

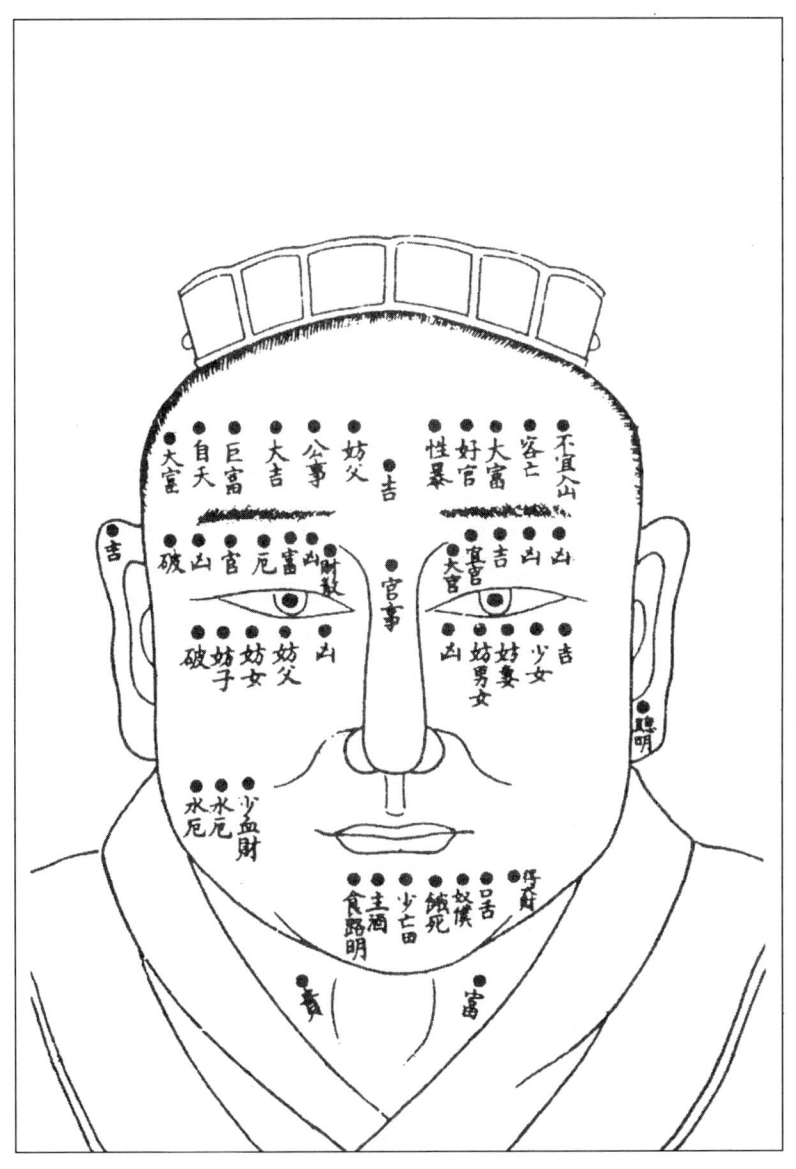

남인면지지도(男人面痣之圖)

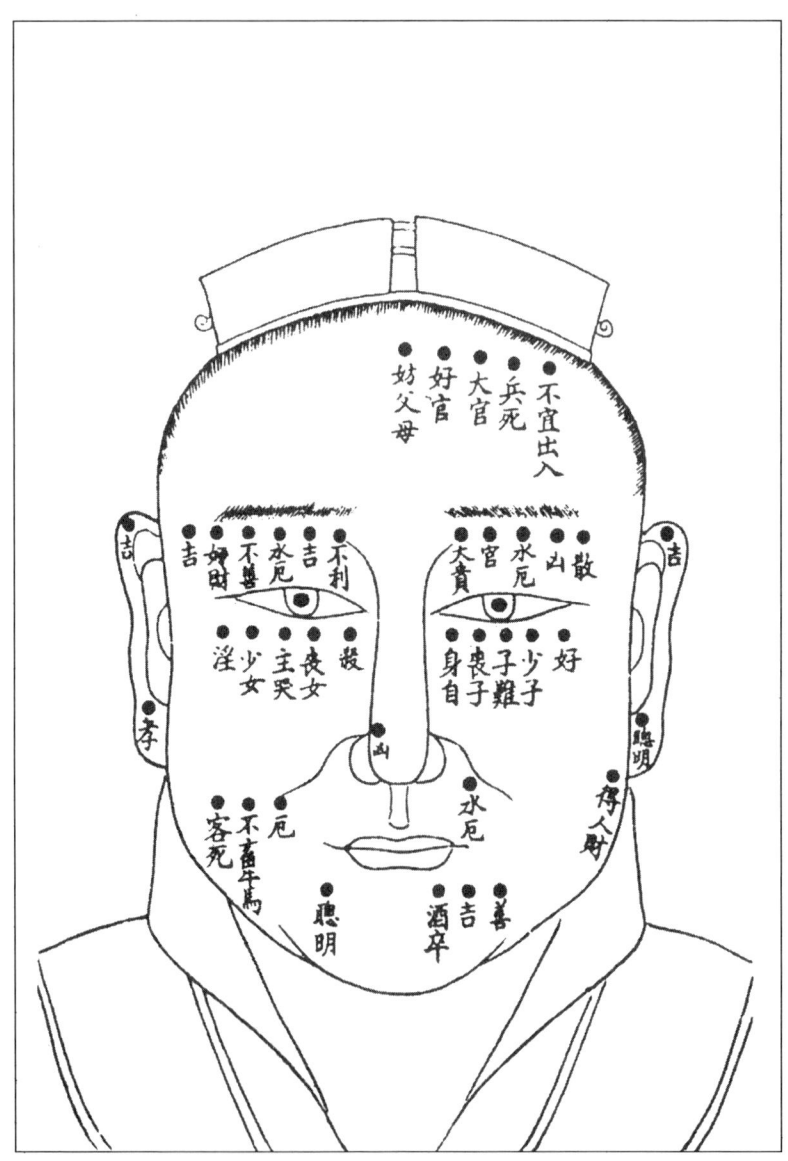

논흔문(論痕紋)

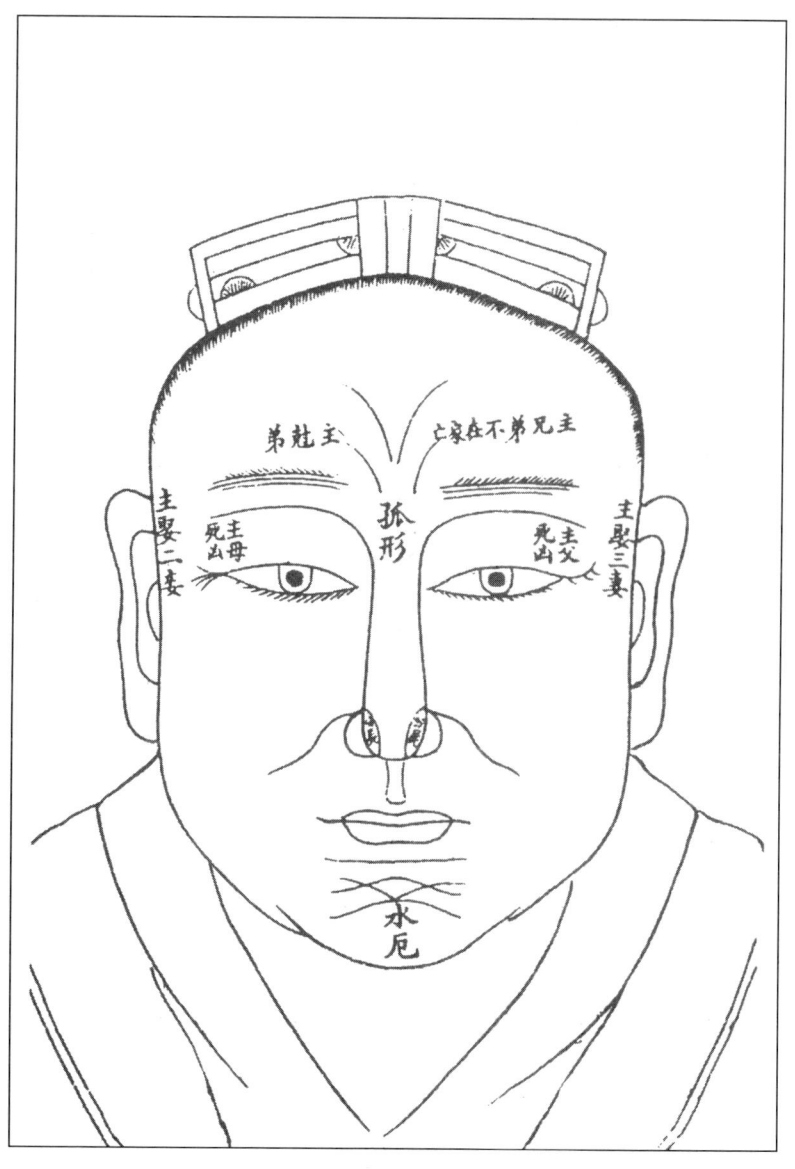

논흔문(論痕紋)

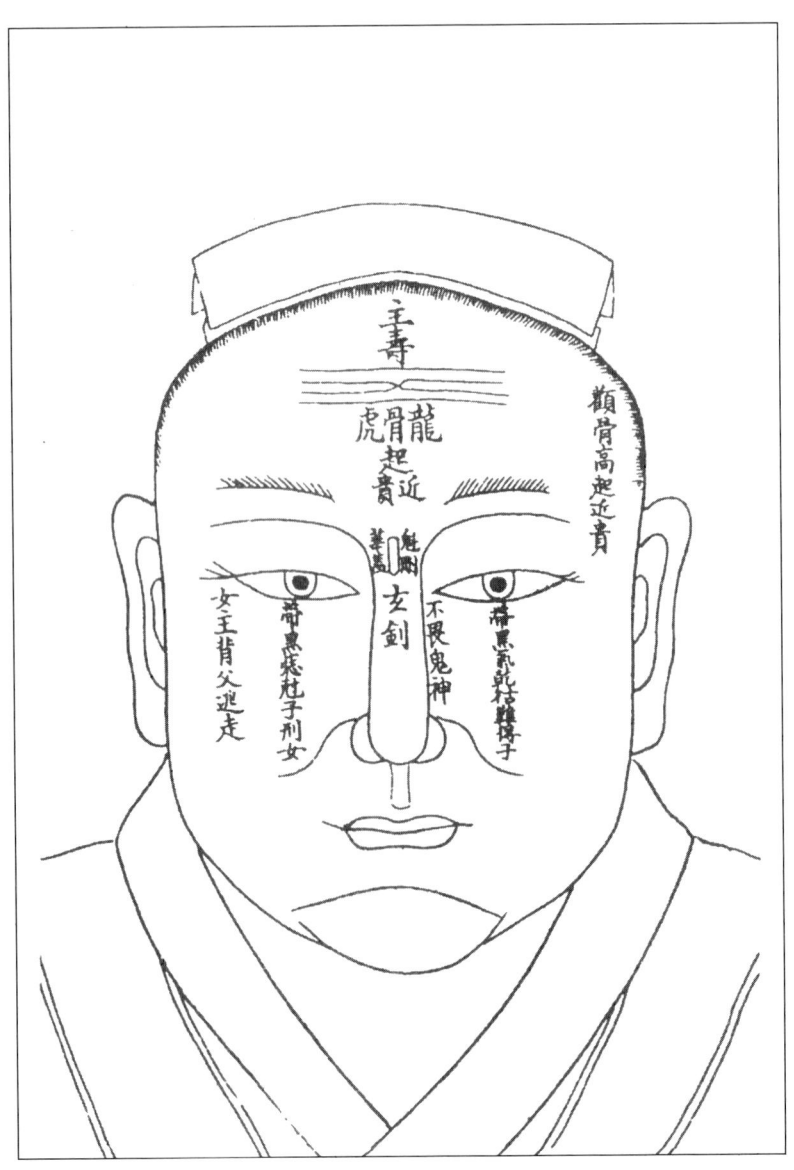

옥침지도(玉枕之圖)

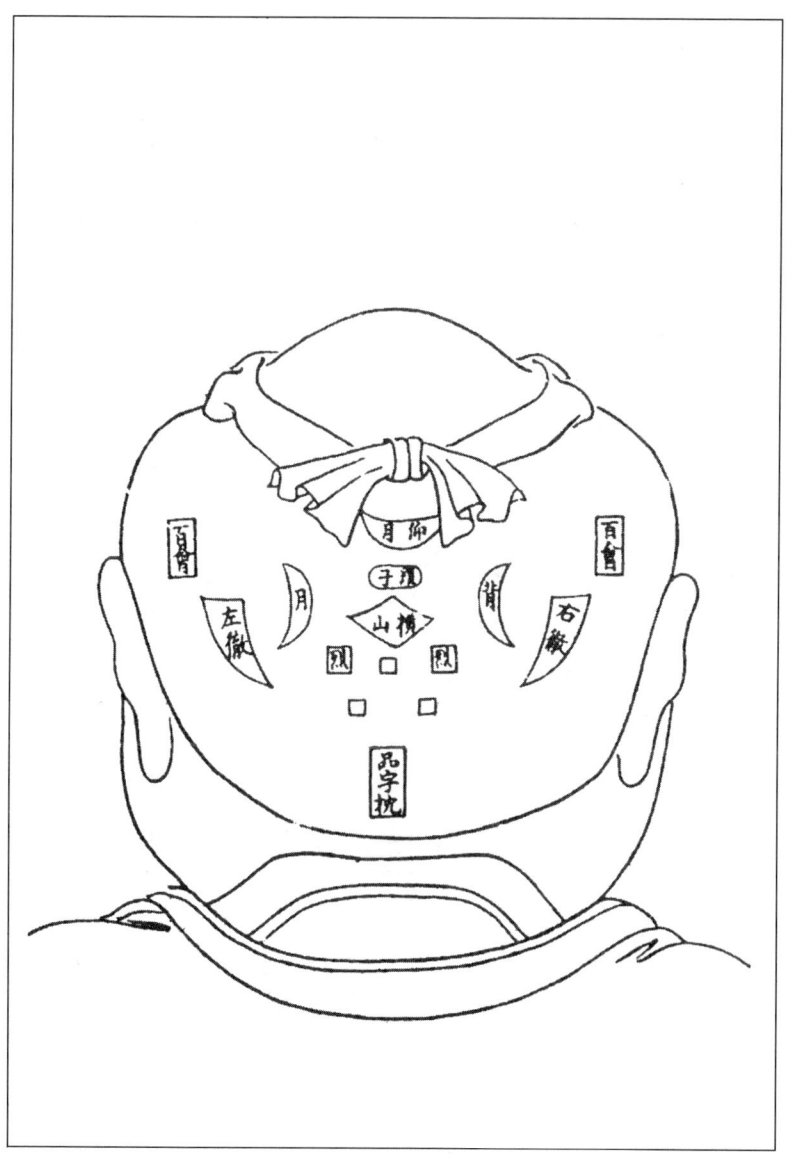

여인면지지도(女人面痣之圖)

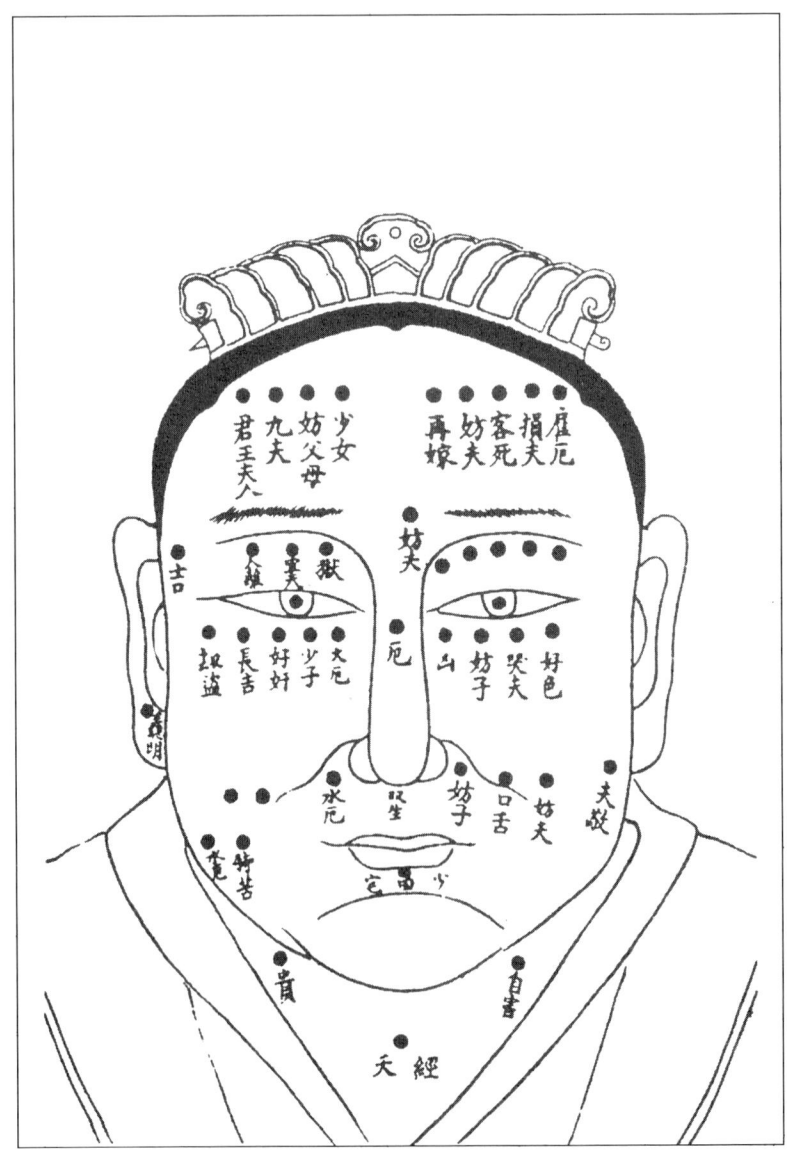

팔법도-1

위맹지상(威猛之相)
존엄한 것을 위(威)라고 한다. 이는 권세를 가진 것이다. 매가 토끼를 잡는 것을 보고 새가 놀라고, 성난 호랑이가 산림 중에 있으면 온갖 짐승들이 두려워 떠는 것처럼, 이런 사람은 신색(神色)이 엄숙하여 사람들이 절로 두려워한다.

후중지상(厚重之相)
체모(體貌)가 두텁고 무게가 있는 것을 후(厚)라고 한다. 이는 복록을 가진 것이다. 이런 사람은 바다처럼 넓은 도량과 더할 나위 없는 큰 그릇을 지녀 작은 일에 추호의 흔들림도 없다.

팔법도-2

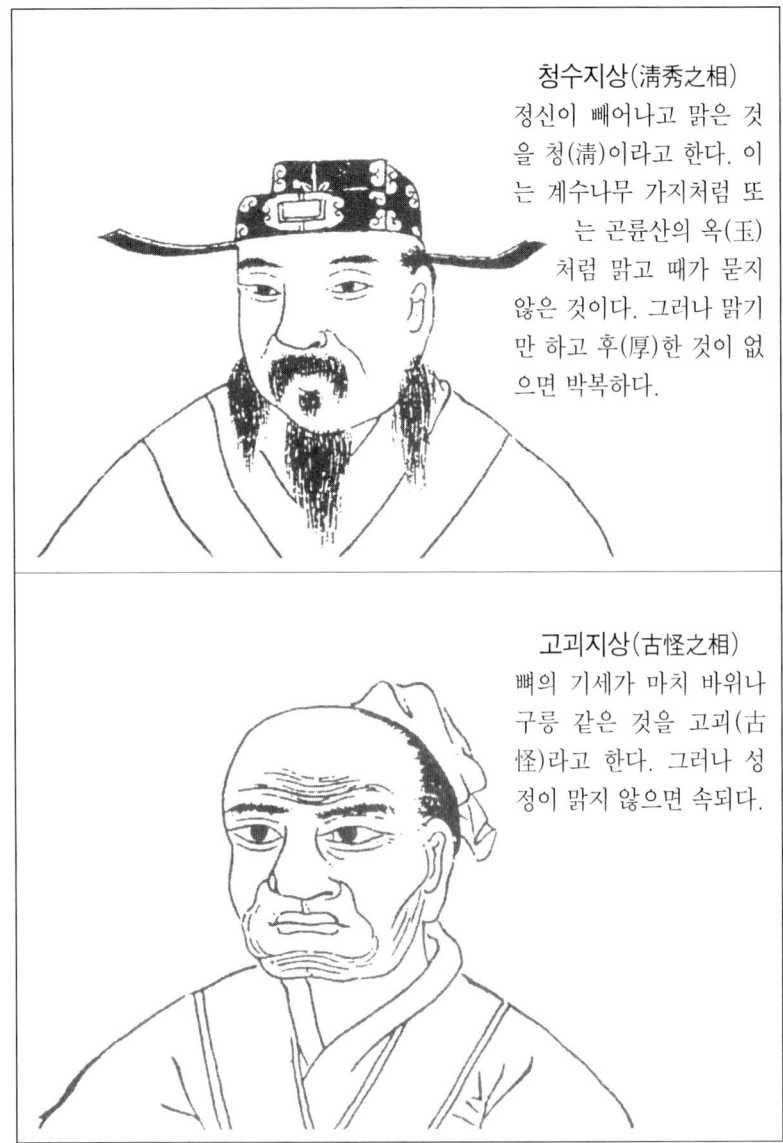

청수지상(淸秀之相)
정신이 빼어나고 맑은 것을 청(淸)이라고 한다. 이는 계수나무 가지처럼 또는 곤륜산의 옥(玉)처럼 맑고 때가 묻지 않은 것이다. 그러나 맑기만 하고 후(厚)한 것이 없으면 박복하다.

고괴지상(古怪之相)
뼈의 기세가 마치 바위나 구릉 같은 것을 고괴(古怪)라고 한다. 그러나 성정이 맑지 않으면 속되다.

팔법도—3

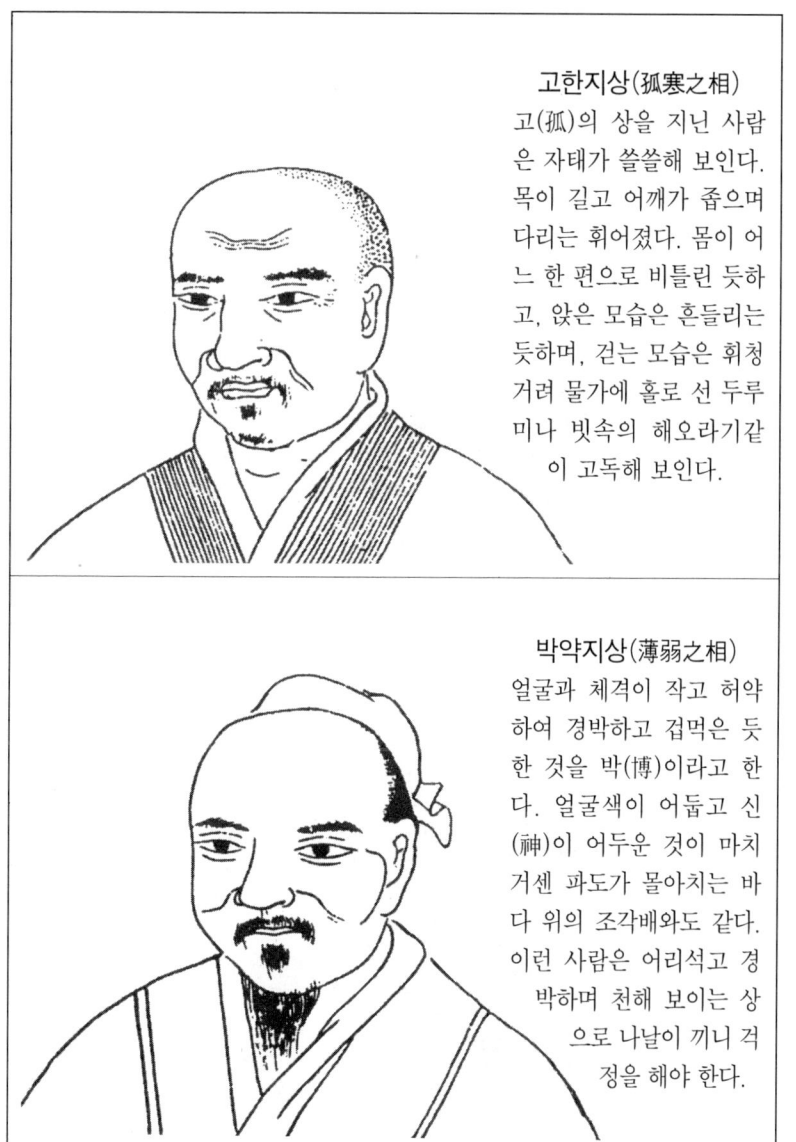

고한지상(孤寒之相)
고(孤)의 상을 지닌 사람은 자태가 쓸쓸해 보인다. 목이 길고 어깨가 좁으며 다리는 휘어졌다. 몸이 어느 한 편으로 비틀린 듯하고, 앉은 모습은 흔들리는 듯하며, 걷는 모습은 휘청거려 물가에 홀로 선 두루미나 빗속의 해오라기같이 고독해 보인다.

박약지상(薄弱之相)
얼굴과 체격이 작고 허약하여 경박하고 겁먹은 듯한 것을 박(博)이라고 한다. 얼굴색이 어둡고 신(神)이 어두운 것이 마치 거센 파도가 몰아치는 바다 위의 조각배와도 같다. 이런 사람은 어리석고 경박하며 천해 보이는 상으로 나날이 끼니 걱정을 해야 한다.

팔법도—4

악완지상(惡頑之相)
마치 뱀이나 쥐를 보는 것 같이 흉한 느낌이 드는 것을 악(惡)이라고 한다. 목소리는 승냥이 우는 소리와 같고 성질은 포악하며, 신(神)·정(精)·골(骨)이 훼손된 듯 부족하여 결코 좋다고 할 수 없다.

속탁지상(俗濁之相)
속(俗)이란 형상이 혼탁하여 마치 먼지 속에 놓인 물건과 같이 천박하고 속된 것이다. 이런 사람은 의식에 곤란을 겪는다.

신간교정증석합병마의선생신상편권지일
(新刊校正增釋合併麻衣先生神相編卷之一)

십삼부위총도가(十三部位總圖歌)

첫 번째는 천중(天中)이 천악(天嶽), 좌상(左廂), 내부(內府), 고광(高廣), 척양(尺陽), 무고(武庫), 군문(軍門), 보각(輔角), 변지(邊地)를 마주한다.

두 번째는 천정(天庭)에 이어 일각(日角), 용각(龍角), 천부(天府), 방심(房心), 상묘(上墓), 사살(四殺), 전당(戰堂), 역마(驛馬), 조정(弔庭)으로 선악을 판별한다.

세 번째는 사공(司空), 액각(額角), 상경(上卿), 소부(少府), 교우(交友), 도중(道中), 교액(交額), 중미(重眉), 산림(山林), 성현(聖賢)이 이어진다.

네 번째는 중정(中正)을 시작으로 액각(額角), 호미(虎眉), 우각(牛角), 보각(輔角), 원각(元角), 부극(斧戟), 화개(華蓋), 복당(福堂), 채하(彩霞), 교외(郊外)이다.

다섯 번째는 인당(印堂), 교쇄(交鎖), 좌목(左目), 잠실(蠶室), 임중(林中), 주준(酒樽), 정사(精舍), 빈문(殯門), 겁로(劫路), 항로(巷路), 마지막은 청로(菁路)이다.

여섯 번째는 산근(山根)에 태양(太陽), 중양(中陽), 소양(少陽), 외양(外陽), 어미(魚尾), 간문(奸門), 신광(神光), 천창(天倉), 천정(天井), 천문(天門), 현무(玄武)가 숨어 있다.

일곱 번째는 연상(年上)에 부좌(夫座), 장남(長男), 중남(中男), 소남(少男), 금궤(金櫃), 금방(禁房), 도적(盜賊), 유군(遊軍), 서상(書上), 옥당(玉堂)이 함께한다.

여덟 번째는 수상(壽上)에 갑궤(甲櫃), 귀래(歸來), 당상(堂上), 정면(正面), 고이(姑姨), 자매(姉妹), 형제(兄弟), 외생(外甥), 명문(命門), 학당(學堂)이 기대고 있다.

아홉 번째는 준두(準頭), 난대(蘭臺), 법령(法令), 조상(竈上), 궁실(宮室), 전어(典御), 균창(囷倉), 후각(後閣), 수문(守門), 병졸(兵卒), 인수(印綬)를 이른다.

열 번째는 인중(人中)으로, 정부(井部), 장하(帳下), 세주(細廚), 내각(內閣), 소사(小使), 복종(僕從), 기당(跂堂), 영문(嬰門), 박사(博士), 현벽(懸壁)이 붙어 있다.

열한 번째는 수성(水星), 각문(閣門), 비린(比鄰), 위항(委巷), 통구(通衢), 객사(客舍), 병란(兵蘭), 가고(家庫), 상려(商旅), 생문(生門), 산두(山頭)가 서로 의지한다.

열두 번째는 승장(承漿), 조택(祖宅), 손택(孫宅), 외원(外院), 임원(林苑), 하묘(下墓), 전장(田庄), 주지(酒池), 교곽(郊郭), 황구(荒邱), 도로(道路)가 이웃한다.

열세 번째는 지각(地閣)에 하함(下含), 노복(奴僕), 대마(碓磨), 갱참(坑塹), 지고(地庫), 피지(陂地), 아압(鵝鴨), 대해(大海), 주거

(舟車)가 따른다.

유년운기부위가(流年運氣部位歌)

유년(流年)의 운기(運氣)를 알려면 각 부분을 나누어 남자는 왼쪽, 여자는 오른쪽을 본다.

1~2세는 천륜(天輪)으로 초년운이며, 3~4세는 두루 흘러 천성(天城)에 이른다.

5~7세는 천랑(天廊)에 드리운 아름다운 주렴이고, 8~9세는 천륜 위에 있다.

10~11세는 인륜(人輪)으로 윤곽이 높아져 모양을 이루며, 12~14세는 지륜(地輪)으로 수명·건강·평안함을 본다.

15세는 화성(火星)으로 정액(正額)이고, 16세는 천중(天中)으로 뼈를 이룬다.

17~18세는 일월각(日月角)이며, 19세가 되면 운이 천정(天庭)에 응한다.

20~21세는 보각(輔角), 22세는 사공(司空)에 이른다.

23~24세는 변성(邊城)의 땅이고, 25세는 중정(中正)과 만난다.

26세는 구릉(邱陵)이 주관하고, 27세는 총묘(塚墓)를 본다.

28세는 인당(印堂)에서 만나고, 29~30세는 산림(山林)의 부위이다.

31세는 능운(凌雲)의 길이며, 32세는 자기(紫氣)가 일어난다.

33세는 번하(繁霞)의 위를 가며, 34세는 채하(彩霞)의 밝음에 나타난다.

35세는 태양(太陽)에 있고, 36세는 태음(太陰)에서 모인다.

37세는 중양(中陽)의 정위(正位)이고, 38세는 중음(中陰)으로 형

(亨)을 주관한다.

39세는 소양(少陽)의 해이며, 40세는 소음(少陰)으로 마땅히 참〔眞〕을 본다.

41세는 산근(山根)의 길이 멀고, 42세는 정사(精舍)의 궁을 이룬다.

43세는 광전(光殿)에 오르고, 44세는 연상(年上)에 더한다.

45세는 수상(壽上)을 만나고, 46~47세는 두 관골(顴骨)의 궁(宮)이다.

48세에는 준두(準頭)가 기쁘게 있으며, 49세에는 난대(蘭臺)로 들어간다.

50세는 정위(廷尉)와 서로 만나고, 51세에는 인중(人中)이 사람을 두렵게 한다.

52~53세는 선고(仙庫)에 있으며, 54세에는 식창(食倉)이 가득하다.

55세는 녹창(祿倉)의 쌀을 청해 얻고, 56~57세는 법령(法令)이 밝힌다.

58~59세는 호이(虎耳)에서 만나고, 60세에는 수성(水星)을 만난다.

61세는 승장(承漿)에 있고, 62~63세는 지고(地庫)에서 만난다.

64세는 피지(陂池) 안에 있고, 65세는 아압(鵝鴨)이 우는 곳에 있다.

66~67세는 금루(金縷)를 꿰뚫고, 68~69세는 귀래(歸來)와 응한다.

70세에는 송당(訟堂)을 만나고, 71세에는 지각(地閣)을 보탠다.

72~73세에는 노복(奴僕)이 많고, 74~75세에는 시골(腮骨)이 같다.

76~77세에는 자(子)의 위치에 있고, 78~79세에는 축(丑)으로 소가 밭을 가는 것이다.

80~81세이면 호랑이 인궁(寅宮)을 다스려 영(靈)에 치우친다.

82~83세는 묘(卯)로 토궁(兎宮)이다.

84~85세는 진(辰)으로 용(龍)처럼 나아가며, 86~87세는 사(巳)

로 사궁(蛇宮)에 든다.

88~89세는 오(午)로 말처럼 가볍고, 90~91세는 미(未)로 양(羊) 처럼 환하다.

92~93세는 신(申)으로 원숭이가 열매를 맺고, 94~95세는 유(酉) 로 닭소리를 듣는다.

96~97세는 술(戌)로 개가 달을 보고 짖으며, 98~99세는 해(亥) 로 돼지가 삼킨다.

만약 수명이 100세를 넘기면 밝은 도리를 따라야만 장생(長生)을 보전하며, 되돌아 다시 시작하는 것은 얼굴에 달려 있다.

주름[紋]이나 사마귀[痣] 같은 흠이 많으면 화가 가볍지 않다. 더불어 밝고 어두움을 분별해야 한다.

파패(破敗)를 만나는 것 역시 어둡고 밝음에 달려 있는데, 이것은 또한 기색이 형극하기 때문이다.

골육(骨肉)의 파패는 스스로 부르는 것이다. 혹시 운이 좋은 부위를 만나면 때가 순조로워 기색이 빛난다.

오악과 사독이 서로 조화를 이루면 이름을 만리에 떨치고 모든 일이 뜻대로 된다.

누가 신선의 참 묘결을 알겠는가? 서로 만나 딤소하니 세인이 놀라는도다.

운기구결(運氣口訣)

水형은 1세이고 金은 3세이며, 土는 마땅히 4세로 가름한다.

5세에 크게 일어나 순(順)과 역(逆)을 구하니, 木형이 2세라면 무슨 의심이 있겠는가?

金과 水가 겸해서 상하(上下)로 가니, 도리어 木이 火를 구한다고 이른다.

土는 준두(準頭)로부터 처음 한계를 주관하니, 돌아서 안위(安危)를 정하는 것을 다시 시작한다.

식한가(識限歌)

8세, 18세, 28세는 아래로 산근에 이르고 위로는 머리카락[髮]에 미치는데, 양두(兩頭)가 쇠(衰)하는 것에 살 수 있는 계책의 유무가 달려 있다. 30세에는 인당에 살(殺)을 띠지 않아야 한다.

32세, 42세, 52세는 산근의 아래위와 준두에 이르러 멈추고, 화가(禾稼)와 녹마(祿馬)는 서로 마땅함을 필요로 한다. 그러므로 알지 못하는 사람은 함부로 손가락질하지 말아야 한다.

53세, 63세, 73세에 사람의 얼굴은 지각의 문에 오므로, 하나를 자세히 살펴 화복을 가늠해야 한다. 화성은 100세에 인당을 더한다.

상하를 둘로 나누어 귀천을 가르고, 창고를 고르게 나눠 유무를 정한다. 이것이 신선의 참 비결이니, 턱밑이 어지러운 사람은 쓰지 말아야 한다.

십이궁(十二宮)

1) 명궁

명궁(命宮)은 양미간, 즉 산근의 위에 위치한다. 거울과 같이 맑고 빛나면 학문이 깊다. 여기에 산근이 평평하고 가득 찬 듯하면 복을 누리고 장수한다.

　토성(土星)이 바르게 솟으면 재성(財星)을 돕고, 눈이 분명하면 재백(財帛)이 풍부하며, 이마에 내 천(川) 자 같은 주름이 있으면 운이 역마(驛馬)를 만난 것이다. 관성(官星)이 이와 같으면 반드시 부귀를 함께 누리지만, 패이거나 다른 결점이 있으면 근심이 많고 가난하게 살며, 두 눈썹이 맞닿아 있으면 하천(下賤)하게 되어 고향을 떠나고 아내를 극한다. 또한 이마가 좁고 눈썹이 성기면 재물을 잃고 머뭇거리게 된다.

　시(詩)에 이르기를 "눈썹과 눈 사이는 명궁인데, 빛나고 밝고 맑으면 반드시 학문에 통하고, 만약 주름이 어지럽고 침체된 곳이 많으면 가재를 탕진하고 조상을 해친다"고 했다.

2) 재백궁

　코는 재성으로 토수[土宿: 천창, 지고, 금용, 이음, 정조를 재백궁(財帛宮)이라고 한다]에 있는데, 풍만하고 빛나고 윤택해야 재물이 넉넉하다. 갑자기 마르고 깎이거나 빛이 어둡고 검으면 재물을 잃는다.

　코가 대롱을 자른 것 같고 쓸개를 걸어놓은 것 같으면 수많은 창고와 재물을 가진 것과 같고, 곧게 솟아 풍성하면 평생 재운이 왕성하고 부귀를 누리며, 중정이 한쪽으로 치우치지 않으면 영원히 재물이 따른다. 그러나 매부리코는 재물을 잃고 빈한하게 된다. 또한 콧구멍이 들렸으면 날마다 끼니가 없고, 부엌이 비었으므로 쌓아둔 곡식도 없음이 분명하다.

　시에 이르기를 "코는 재성으로 솟아야 하고, 양쪽의 주조(廚竈)가 비어 있지 않아야 한다. 위를 향해 드러나면 집에 재산과 곡식이 없고, 지각과 서로 조화를 이루면 갑궤(甲櫃)가 가득하다"고 했다.

3) 형제궁

형제궁(兄弟宮)은 눈썹으로 나계(羅計)에 속한다. 눈썹이 길어 눈을 지나면 형제가 형(刑)을 당하지 않고, 눈썹이 아름답고 빽빽하지 않고 단정한 것이 마치 초승달처럼 생겼으면 영원히 화목하며 모두 재주가 출중하다.

만약 눈썹이 짧거나 거칠면 동기간에 이별할 수 있고, 고리[環]처럼 휘어져 눈을 감싸고 있으면 반드시 형제가 적다. 또 눈썹털이 두 가지이면 새어머니를 맞게 되고, 눈썹이 서로 이어진 듯하고 누렇고 성기면 타향에서 살게 되며, 소용돌이 모양이면 동기간에 사이가 나쁘다.

시에 이르기를 "눈썹으로 형제궁을 삼는다. 부드럽고 너무 빽빽하지 않고 길면 4~5명의 형제를 두며, 양끝이 가지런하지 못하면 반드시 새어머니를 맞는다. 눈썹이 서로 닿거나 옅은 황색이면 고향을 떠나 타향에서 산다"고 했다.

4) 전택궁

전택궁(田宅宮)은 좌우의 눈두덩에 있다. 이곳은 적맥(赤脈)이 침범하는 것을 꺼리는데, 초년에 재산을 탕진하고 늙어서도 끼니를 잇기 위해 일을 해야 한다.

눈동자가 옻칠을 한 것 같으면 평생 융성하고, 봉목(鳳目)인데다가 눈썹이 높으면 귀와 부를 같이 누린다. 음양(陰陽)이 말랐으면 전답을 보전할 수 없고, 눈동자가 붉게 충혈되거나 흰자위가 너무 많은 사람은 재산을 모두 잃게 된다.

시에 이르기를 "눈은 전택궁을 주관하는 것으로, 청수하고 분명함이 한결같아야 한다. 만일 음양이 메마르면 부모의 재산을 없앤다"고 했다.

5) 남녀궁

남녀궁(男女宮)은 두 눈 아래 누당(淚堂)과 삼양(三陽)에 있다. 이 곳이 평평하고 가득하면 자손과 복록이 융성하고, 와잠(臥蠶)이 은근히 드러나면 청귀(淸貴)하게 된다.

누당이 깊이 패이면 남녀의 인연이 없고, 검은 사마귀나 휘어진 주름이 있으면 나이가 들어 자녀를 극한다. 입이 불을 불어 끄는 듯하면 향기로운 방에 홀로 앉아 있는 것 같고, 인중이 평만하면 자식을 얻지 못하고 노년을 보낸다.

시에 이르기를 "남녀궁은 삼양이 와잠을 일으키니, 밝고 광채가 있음을 자손이 좋아한다. 만약 현침(懸針)이 어지러이 침범하면 묵은 빚을 일생 갚지 못한다"고 했다.

6) 노복궁

노복궁(奴僕宮)은 지각(地閣)과 중첩하고 수성(水星)에 접해 있다. 이마가 둥글고 풍만하면 사람들이 무리지어 보필하고, 별이 서로를 비추면 만인을 호령하는 위치에 선다.

입이 넉 사(四) 자 모양이면 사람을 모으고 흩어지게 할 수 있는 권세를 지닌다. 턱이 뾰족하거나 휘어지면 깊은 은혜를 받고도 도리어 원한을 갖게 되며, 패이거나 주름이 끊긴 것도 좋지 않고, 이곳이 낮고 비스듬하면 은인이 원수가 된다.

시에 이르기를 "노복궁은 모름지기 지각이 풍만해야 하고, 수성과 양각(兩角)은 서로 품으면 안 된다. 만일 이 세 도읍이 서로 조화되지 않으면 기울어지고 함몰되고 주름과 상흔이 있는 것만 못하다"고 했다.

7) 처첩궁

처첩궁(妻妾宮)은 어미(魚尾)에 있으며, 간문(奸門)이라고 한다. 이곳이 빛나고 윤기가 있으며 주름이 없으면 사덕(四德)을 갖춘 부인을 얻고, 풍성하게 솟아 있고 평평하며 패인 곳이 없으면 아내를 얻은 뒤 재백이 풍족하며, 관성이 하늘을 범하면 아내로 인하여 재록을 얻는다.

간문이 깊이 패이면 여러 번 결혼을 하고, 어미에 주름이 많으면 아내가 흉사한다. 간문이 어둡고 검푸른색이면 부부가 생이별하고, 검은 사마귀나 비스듬한 주름이 있으면 바깥으로 사통을 즐기고 음란하다.

시에 이르기를 "간문에 빛이 나고 윤기가 흘러 처궁을 지키면 늘 재물이 풍족하고, 간문이 어둡거나 비스듬한 주름 또는 검은 사마귀가 있으면 음란하다"고 했다.

8) 질액궁

질액궁(疾厄宮)은 인당(印堂) 아래 산근(山根)에 있다. 이곳이 솟아 있고 풍만하면 조상의 유산이 많고, 복서(伏犀)와 이어붙었으면 문장으로 성공하며, 빛나고 광채가 나면 오복(五福)을 두루 갖춘 것으로 장수하고 귀하며 평안하다.

그러나 흉터나 주름으로 패어 있으면 늘 병으로 고생하고, 마른 뼈가 솟아 뾰족하고 비스듬하면 평생 고생하며, 기색이 검은 연기나 안개 같으면 재액(災厄)을 입는다.

시에 이르기를 "산근은 질액궁이다. 산근이 평평하게 솟아 있으면 일생 동안 재난이 생기지 않으나, 어지러운 주름이 있거나 뼈만 남아 앙상하면 평생 고생만 하고 뜻을 이루기가 어렵다"고 했다.

9) 천이궁

천이궁(遷移宮)은 미각(眉角)에 위치하며, 천창(天倉)이라고 한다. 이곳이 우뚝 솟고 풍만하며, 넉넉히 차고 화려한 광채가 나면 근심이 없다. 어미가 평평하면 노년에 사람들의 존경과 사랑을 받게 되고, 역마궁(驛馬宮)이 솟았으면 귀한 신분이 되어 사방을 노닌다.

액각(額角)이 낮거나 푹 들어갔으면 늙어서까지 안주할 곳을 찾아야 하고, 두 눈썹이 서로 붙었거나 사이가 좁으면 조업(祖業)을 파하고 고향을 떠난다. 위아래가 치우치고 비뚤어진 사람은 늘 떠돌게 되어 집을 옮기지 않으면 개묘(改墓)를 한다.

시에 이르기를 "천이궁은 천창의 위치에 나뉘어 있는데, 낮고 패였으면 평생 한곳에 머물러 살지 못한다. 어미가 말년에 상응하지 않으면 벼슬을 하지 않는 것이 오히려 낫다"고 했다.

10) 관록궁

관록궁(官祿宮)은 중정(中正)에 있다. 이곳이 역마와 조응하면 퇴직 후에도 이름을 떨치고, 빛나고 밝고 청수하면 사람 중에 뛰어나며, 여기에 이마가 당당하면 높은 관직에 오르게 된다. 그러나 주름과 흠으로 훼손되어 있으면 횡사가 있고, 잉어처럼 눈이 붉으면 형액(刑厄)을 당한다.

시에 이르기를 "관록궁은 영화를 보는 곳이므로 자세히 살펴야 한다. 산근과 창고(倉庫)는 서로 어울려야 하며, 밝고 깨끗하며 흠이나 점이 없으면 영화가 길고 오래도록 귀하다"고 했다.

11) 복덕궁

복덕궁(福德宮)은 천창에 위치하여 지각까지 이어진다. 오성(五星)이 서로 조응하면 평생 복록을 누리고, 여기에 천지가 서로 조응하고 덕행을 하면 오복을 모두 누린다.

　턱이 둥글고 이마가 좁으면 초년에 고생하며, 이마가 넓고 턱이 뾰족하면 초년은 길하나 차츰 운이 막힌다. 눈썹이 높고 눈이 솟았으면 운이 더욱 평탄하며, 눈썹이 황색이고 귀가 들렸으면 복과 덕이 없다.

　시에 이르기를 "복덕궁은 천창이니, 지각이 둥글며 오성이 같이 환히 비추면 복록이 끊이지 않는다. 만일 이곳에 결함이 있거나 깎이거나 뾰족하면 운세가 평탄하다가 온전치 못하게 된다"고 했다.

12) 상모궁

　상모궁(相貌宮)은 우선 오악이 가득 차 있는지를 보는데, 이런 사람은 부귀와 영화를 누린다. 다음으로 삼정이 균등하면 평생 뜻을 펴고 발복(發福)한다. 오악이 관록궁과 조응(朝應)하면 영화롭고 위엄이 있으며 사람들이 존경한다.

　이마는 초년운, 코는 중년운, 지고와 수성은 만년운을 나타내는데, 만약 끊어지거나 흠이 있으면 흉하다.

• 십이궁비결(十二宮秘訣)

　부모궁은 일월각을 보는데, 일각은 아버지를, 월각은 어머니를 상징하며, 모름지기 높고 둥글어야 한다.

　부모궁이 밝고 선명하면 부모가 건강하고 편안하고 장수하며, 낮거나 패였으면 어려서 부모와 헤어진다. 부모궁에 어둡고 검은 기색이 있으면 부모에게 질병이 있을 수 있다. 또는 동부이모(同父異母)이거나 재혼한 모친을 따라 고향을 떠나 가정을 이루지만, 재난과 이변이 많으므로 잠시 양자 노릇을 해야 형상(刑傷)을 벗어난다.

　나후(羅睺)와 계도(計都)가 이중(二重)이면 두 부모를 섬길 운이며, 아버지가 방탕하고 어머니도 음란하여 다른 사람과 간통한다. 머리가 기울고 이마가 좁으면 대부분 서자이거나 간통으로 인해 태어난 사람이다.

왼쪽 눈썹은 높고 오른쪽 눈썹이 낮으면 어머니가 먼저 돌아가시고, 반대로 왼쪽 눈썹이 낮고 오른쪽 눈썹이 높으면 아버지가 먼저 돌아가시고 어머니는 개가한다. 이마가 깎인 듯하고 눈썹이 교차하는 것을 격각살(隔角殺)이라고 하는데, 부모가 무정(無情)할 뿐만 아니라 부모와 일찍 이별한다.

양각이 이마로 들어가면 부모가 모두 영화롭고 자신도 조상의 음덕을 받으며 이름을 떨친다. 기색이 청색이면 부모에게 우환이 있거나 구설 또는 상형(傷刑)의 액이 있고, 검거나 희면 부모가 모두 사망하며, 홍색 또는 황색을 띠면 경사가 있다.

오관(五官)

오관이란 채청관(採聽官)인 귀, 보수관(保壽官)인 눈썹, 감찰관(監擦官)인 눈, 심변관(審辨官)인 코, 출납관(出納官)인 입을 가리킨다.

『대총부(大總賦)』에 이르기를 "일관(一官)이 10년의 귀(貴)를 이루고, 일부(一府)가 역시 10년의 부(富)를 성취한다"고 하였다. 오관 가운데 일관의 길격(吉格)만 얻으면 10년의 귀를 누릴 수 있고, 오관이 모두 격을 이루면 평생토록 귀를 누리게 된다.

귀는 빛이 선명하고 높이 솟아 눈썹을 지나며, 윤곽(輪郭)이 뚜렷하고 살집이 두툼하며, 명문이 넓고 크면 채청관의 격을 이룬 것이다.

눈썹은 넓고 맑으며 길어서 두 눈썹 끝이 구레나룻에 닿을 듯하고, 쇠뿔을 단 듯하거나 초승달 같으며, 머리와 꼬리 부분의 살집이 많고 이마의 중간쯤에 높게 위치하면 보수관의 격을 이룬 것이다.

눈은 눈물이 있으나 드러나지 않으며, 흑백이 분명하고 눈동자가 단정하며, 광채가 사람을 쏘아보는 듯하고 눈의 모양이 가늘고 길면 감찰관의 격을 이룬 것이다.

코는 콧대가 단정하고 인당이 평평하고 넓으며, 산근이 인당 및 연수와 이어져 높게 우뚝하며, 콧방울이 둥글고 풍부할 뿐만 아니라 쓸개를 걸어 놓은 것 같으며, 가지런하기가 대롱을 쪼갠 듯하고 빛깔이 선명하여 밝은 황색이면 심변관의 격을 이룬 것이다.

입은 네모나고 크며, 입술은 붉고 단정하고 두툼하며, 활같이 생겨 벌리면 크게 보이고 오므리면 작게 보이면 출납관의 격을 이룬 것이다.

오악(五嶽)

이마를 남악 형산(衡山), 턱을 북악 항산(恒山), 코를 중악 숭산(嵩山)이라 하고, 왼편 관골을 서악 화산(華山), 오른편 관골을 동악 태산(泰山)이라고 한다.

중악은 높게 솟아야 하고 동악은 이에 조응해야 한다. 중악이 높이 솟아 있지 않으면 세(勢)가 없으므로 소인이며 수명도 길지 못하다. 중악의 세가 없으면 사악(四嶽)의 주인이 없는 것과 같아서 비록 다른 부위가 좋아도 대귀에는 미치지 못하고 위엄과 권세가 없으며 수명도 길지 않다.

또한 중악이 길게 미치지 못하면 보통의 수명에 그치며, 뾰족하고 얇으면 뜻대로 되는 일이 없고 만년에는 파산과 실패를 겪게 된다. 남악이 바르지 않고 비스듬하면 대를 잇지 못하고, 북악이 뾰족하거나 패였으면 귀하지 않고 성취가 없으며, 동·서악이 기울거나 세가 없으면 마음이 악독하고 자비심이 없다. 그러므로 오악은 서로 조화를 이루어야 한다.

사독(四瀆)

귀는 강과 같고, 눈은 하천과 같으며, 입은 회(淮 : 강 이름)와 같고, 코는 제(濟 : 나루)와 같다. 사독은 근원이 깊고 기슭이 급하지 않으면 오래도록 마르지 않고 모일 수 있어 재물과 곡식이 풍성하다.

귀, 즉 강독(江瀆)은 구멍이 넓고 깊으며 성곽이 두텁고 튼튼하면 총명하고 가업을 그르치지 않는다.

눈, 즉 하독(河瀆)은 깊으면 장수하고, 가늘고 길면 귀하게 되며, 빛이 나면 총명하고, 얕으면 단명하며, 흐리면 장애가 많고, 둥글면 요절하니, 크지도 작지도 않아야 귀하게 된다.

입, 즉 회독(淮瀆)은 네모나고 넓으며 입술이 겹쳐야 길하다. 아랫입술보다 윗입술이 지나치게 얇거나 윗입술보다 아랫입술이 많이 얇으면 명도 길지 않고 만년에 박복하다. 입술이 다물어지지 않는 사람은 재산의 손실이 많다.

코, 즉 제독(濟瀆)은 둥글고 풍성하게 솟고 빛이 나며, 훼손되지 않고 드러나지 않아야 부유하게 된다.

삼주삼주(三主三柱)

이마가 뾰족하면 주로 초년에 재앙이 있고, 코가 뾰족하면 중년에 운이 없다. 만년의 운은 지각을 보는데 네모지고 높으면 좋다.

머리는 수주(壽柱)라 하고, 코는 양주(梁柱)라 하며, 발(足)은 동주(棟柱)라 한다.

오성육요(五星六曜)

오성(五星)이란 木 · 火 · 土 · 金 · 水의 오행에 따른 부위를 가리키는 것이다. 오성의 위치는 이마 · 귀 · 코 · 입의 다섯 군데인데, 이마를 화성(火星), 오른쪽 귀를 목성(木星), 왼쪽 귀를 금성(金星), 코를 토성(土星), 입을 수성(水星)이라고 한다.

화성(이마)은 네모나야 문장이 뛰어나고, 자기(紫氣 : 인당)는 둥글어야 높은 벼슬을 한다. 토성(코)은 두터워야 장수한다. 목성(오른쪽 귀)은 다른 부위와 조응해야 오복을 모두 풍요하게 누리고, 금성(왼쪽 귀)은 희어야 벼슬을 얻을 수 있다. 나후(羅睺 : 왼쪽 눈썹)는 길어서 천창에 닿아야 하며, 계도(計都 : 오른쪽 눈썹)는 가지런해야 훌륭한 처자식을 얻는다. 월패(月孛 : 산근)는 곧아야 의식이 풍족하다. 태음(오른쪽 눈)은 검어야 관직을 얻고, 태양(왼쪽 눈)은 빛나야 복록을 얻는다. 수성(입)은 붉은 빛이 있어야 삼공(三公)의 지위에 오른다.

화성은 이마이다. 이마가 넓고 머리털이 많으며 깊은 사람은, 관직을 얻고 의식이 풍족하며 4~5명의 자녀를 둔다. 또한 재예가 있고 학문이 깊으며 부모가 존귀하다. 사람이 화성의 힘을 얻으면 전택이 풍족하고 수명은 99세에 이른다. 화성이 뾰족하고 못생긴데다 주름이 많은 사람은 귀하지 않고 자식도 없다. 설령 1~2명 있다 해도 노년에 힘이 되지 못한다. 또 의식은 보통이나 형제의 도움을 받지 못하며, 삼방(三方)에 주인이 없어 수명을 단축시키고 재산을 잃는다.

자기성(紫氣星)은 인당 아래이다. 인당이 곧고 분명하며 구슬처럼 둥글면 존귀하게 된다. 은같이 희면 크게 부귀하고, 황색이면 의식이 넉넉하다. 그러나 좁고 굴곡이 있거나 주름이 있으면 불길하여 자식이 2~3명이라도 도움을 주지 못하고 두터운 녹(綠)과 재산을 줄어들게 한다.

나후성(羅睺星)은 눈썹이다. 털이 촘촘하지 않고 검으며 길이가 눈을 지나 살쩍까지 닿으면 재산이 풍부하고 자식과 부모가 다 귀하게 된다. 이는 두 성, 즉 나후와 계도가 입명(入命)한 것이다. 그러나 눈썹이 서로 붙은 듯하고 황색 또는 적색을 띤데다 짧으면 골육과 자식에게 액이 미치는 상으로 형액을 당하고 흉사하기 쉽다.

태음과 태양은 눈이다. 눈동자의 흑백이 분명하고 빛이 나며, 눈 모양이 길고 가늘며, 눈초리가 살쩍에 가까우며, 검은자위가 많고 흰자위가 적은 사람은 음양을 명(命)에 갖춘 것으로 크게 귀하게 된다. 눈의 모양이 나쁘지 않고 착해 보이는 사람도 식구가 모두 귀하게 된다. 그러나 검은자위가 적고 흰자위가 많으며, 눈빛이 황색 또는 적색을 띠면 태양과 태음 두 성이 떨어진 것으로 부모를 극하고 처자를 해치며, 재산을 파하고 재난이 많고 단명한다.

월패성(月孛星)은 산근이다. 이곳이 인당으로부터 곧게 내려와 나뉘면 인당이 월패와 만나 命을 비추는 것이 된다. 산근이 패이면 주로 자손에게 불길하여 자손이 안정되지 않고 재액이 많으며 학문을 닦아도 얻음이 적고 조업을 파하며 처자를 극한다.

토성은 코이다. 준두가 풍만하고 두터우며, 콧구멍이 드러나지 않으며, 연상과 수상이 평만하고 곧고 바르면 토성이 입명한 것으로 복록을 누리고 장수한다. 그러나 코가 휘었거나 콧마루가 뾰족하고 콧구멍이 쳐들려 있으며 중악이 낮게 들어가 있으면 성품이 비뚤고 가업은 흥하지 못하며 빈천하다.

금성과 목성은 좌우 귀이다. 귀는 윤곽이 분명하고 홍백색을 띠어야 하며, 이문(耳門)은 귀의 크기를 불문하고 넓어야 한다. 모양은 뒤로 젖혀지거나 뾰족하지 않고 단정해야 하며, 눈썹 위에 높이 붙어 있고 은처럼 희어야 한다. 이러한 사람은 금성과 목성이 命을 비추는 좋은 상이 되어 일찍부터 복록을 누린다. 그러나 만일 귀가 뒤로 뒤집힌 듯하고 좁거나 양쪽의 크기가 다르면 재물의 손실이 많고 학식도 없다.

수성은 입으로, 내학당(內學堂)이라고도 한다. 입술이 붉고, 입을 벌리면 네모나며, 인중이 깊고, 이가 단정해야 길하다. 이러한 사람은 문장이 출중하고 관록과 식록이 좋다. 만약 입술과 이가 흉하고 입술이 처졌거나 황색이면 빈천하다.

오성육요결단(五星六曜決斷)

1) 귀〔耳〕

金·木이 쌍을 이루고 곽과 윤이 있으며, 풍문(風門)이 손가락이 들어갈 정도면 총명하다. 모양이 바르고 나후·계도와 어울리면 부귀와 영화가 날로 새롭다.

金·木이 활짝 핀 꽃 같으면 일생 동안 가난하고, 윤곽이 뒤집혀 있으면 어려움이 있다. 이와 같음에도 벼슬에 올랐다면 크게 출세하지 못한다.

2) 입〔口〕

입을 다물면 넉 사(四) 자 같고 입술이 붉으며 양각이 능선을 이루어 상궁(上宮)을 향하면 문장이 높은 총명한 선비로, 소년기에 급제하여 삼공의 지위에 오르게 된다.
　입술이 가냘프고 입꼬리가 처졌으며, 뾰족하고 엷고 두툼하지 않으면 매우 가난하다. 한쪽으로 치우치거나 좌우로 비스듬하면 간사하고 거짓되지 않으면 게으르다.

3) 이마〔額〕

　화성궁은 넓고 네모나고 평평하며, 윤택하고 주름이 없으면 기색이 새롭다. 뼈가 적당히 솟고 내 천(川) 자 모양의 주름이 있으면 소년기에 급제하여 매우 높은 지위에 오른다.
　화성이 뾰족하고 좁으면 늘 떠돌며, 주름이 종횡으로 어지러우면 감옥에 갈 수 있다. 두 줄기 적맥(赤脈)이 일월을 범하면 칼을 맞거나 전사하거나 형액을 당하거나 객사한다.

4) 코〔鼻〕

　토수(土宿)가 단정하고 둥글며 대롱을 쪼갠 듯하고 콧구멍이 숨어 있으면 삼공의 지위에 오른다. 난대와 정위가 서로 응하면 반드시 이름을 얻고 학문과 덕을 이룬다.
　토수가 휘거나 비스듬하면 어려움이 있고, 준두가 뾰족하면 외롭고 가난하다. 옆에서 보았을 때 굽었거나 매의 부리 같으면 간특한 꾀로 사람을 해친다.
　자기궁이 넓고 둥글며, 받쳐주고 조응하면 영웅이나 현명한 선비가 된다. 난대와 정위가 서로 조응하면 말년에 높은 벼슬을 하고 재물도 풍부하다.
　자기궁이 좁고 뾰족하고 짧으며 뺨이 없고 수염이 적으면 학식이 없고 의식이 곤란하여 점점 더 힘들어진다.
　월패궁은 높아야 하며 낮은 것은 좋지 않다. 게다가 유리처럼 광채가 영롱하면 벼슬을 얻어 반드시 충성된 신하가 되고 훌륭한 부인을 얻으며, 말년에는 지위가 오른다.

월패궁이 좁거나 뾰족하면 가산을 일찍 파하고 일이 이루어지지 않는다. 벼슬에 오른다 해도 영화와 녹을 얻지 못하며, 특히 패위(孛位)에 해당하는 해에 곤란이 있다.

나후와 계도가 아름답고 길고 분명하며 삼양과 응하면 관직을 얻을 뿐만 아니라 은혜로운 이름을 먼 곳까지 떨친다.

나후와 계도의 털이 성기고 뼈가 높게 솟으면 성격이 급하고 흉악하며, 털이 소용돌이치는 듯하고 버들가지처럼 드리워지면 간사하다.

일월이 태양처럼 뚜렷하고 정신과 광채 또한 강하면, 아주 높은 벼슬에는 오르지 못하더라도 적당한 지위에는 오를 수 있다.

일월이 비스듬하거나 눈동자가 붉으며, 홀로 드러나고 神이 없으며, 음양이 마르고 어두우면 장년이 되기 전에 흉사한다.

육부(六府)·삼재(三才)·삼정(三停)

육부란 양 보골(輔骨)·양 관골(顴骨)·양 경골(頸骨)을 지칭하는 것이다. 모두 충실해야 하며 서로 흩어지거나 낮게 드러나 있으면 좋지 않다.

『영대비결(靈臺秘訣)』에서는 "상2부(上二府)는 보각에서부터 천창에 이르는 곳이고, 중2부(中二府)는 명문에서부터 호이에 이르는 곳이며, 하2부(下二府)는 시골에서부터 지각에 이르는 곳이다. 육부가 충실하고 결함이 없으면 재운이 좋다. 천창이 높게 솟으면 재록이 많고, 지각이 방정하고 풍만하면 전지(田地)가 많은데, 이지러지면 그렇지 못하다"라고 했다.

삼재란 천(天)·지(地)·인(人)을 가리키는 것이다. 이마는 天으로 넓고 둥글어야 하고 귀(貴)를 알 수 있으며, 코는 人으로 바르고 가지런해야 하고 수(壽)를 알 수 있으며, 턱은 地로 네모지고 넓어야 하고 부(富)를 알 수 있다.

삼정이란 상정(上停)·중정(中停)·하정(下停)을 뜻한다. 발제에서부터 인당까지가 상정으로 주로 초년운을 보며, 산근에서부터 준두에 이르는 부위가 중정으로 중년운을 보며, 인중에서부터 지각까지가 하정으로 만년운을 본다. 또는 발제에서부터 눈썹까지를 상정이라 하고, 눈썹에서부터 준두까지를 중정이라 하며, 준두에서부터 지각까지를 하정이라 한다.

『영대비결』에서는 "상정이 다른 부위에 비해서 길면 길함이 적고, 중정이 길면 군왕에 가까운 귀가 있으며, 하정이 길면 늙어서 길상(吉祥)이 있다. 또 삼정이 균등하면 부귀영화를 누리지만, 균등하지 않으면 고독하고 단명하며 빈천하다"고 했다.

시에 이르기를 "얼굴의 삼정을 자세히 살펴야 한다. 이마는 마땅히 높아야 하고 이문은 넓어야 한다. 학당(學堂)과 삼부(三部)를 모두 살핀 뒤에 문장과 관록의 유무를 말할 수 있다"고 했다.

사학당(四學堂)

첫째, 눈을 관학당(官學堂)이라고 한다. 길고 맑아야 관직에 오를 수 있다.

둘째, 이마를 녹학당(祿學堂)이라고 한다. 넓고 길어야 관록과 수를 누린다.

셋째, 당문양치(當門兩齒)를 내학당(內學堂)이라고 한다. 모두 바르고 촘촘해야 충성되고 신의가 있으며 효도하고 공경한다. 틈새가 벌어졌거나 이가 작으면 분별력이 떨어지고 거짓되다.

넷째, 이문(耳門)의 바로 앞을 외학당(外學堂)이라고 한다. 풍만하고 광채가 나야 길하다. 만일 어둡거나 패였으면 어리석고 미련하다.

팔학당(八學堂)

첫째는 고명학당(高名學堂)으로, 머리가 둥글고 이골(異骨)이 솟아야 한다.

둘째는 고광학당(高廣學堂)으로, 액각(額角)이 밝고 윤택하며 뼈가 솟아야 한다.

셋째는 광대학당(光大學堂)으로, 인당이 평평하고 밝으며 흠이나 상처가 없어야 한다.

넷째는 명수학당(明秀學堂)으로, 눈빛이 검으며 神이 드러나지 않고 감추어져 있어야 한다.

다섯째는 총명학당(聰明學堂)으로, 귓바퀴가 홍·백·황색을 띠어야 한다.

여섯째는 충신학당(忠信學堂)으로, 이가 가지런하고 촘촘하며 서리처럼 희어야 한다.

일곱째는 광덕학당(廣德學堂)으로, 혀가 코끝에 닿을 듯 길고 붉은 주름이 있어야 한다.

여덟째는 반순학당(班笋學堂)으로, 눈썹이 분명하게 나뉘고 굽었으며 똑같이 짝을 이루어야 한다.

인면총론(人面總論)

천정은 솟고, 사공은 평평하며, 중정은 넓고, 인당은 맑아야 한다.

산근은 솟고 끊기지 않아야 하며, 연상과 수상은 넓어야 하고, 준두는 가지런하고 둥글어야 하며, 인중은 곧고 반듯해야 한다.

입은 넉 사(四) 자와 같고, 승장은 넓으며, 지각은 창고와 조응해야 한다.

산림은 둥글고 가득하며, 역마는 풍부하고, 일월각은 높으며, 변지는 고요해야 한다.

음양은 살이 많고, 어미는 길며, 관골은 정면에서 보아 신광이 빛나야 한다.

난대는 평평하고 가득 찬 듯하며, 법령은 바르고, 금궤(金櫃)와 해각(海角)은 밝은 황색이어야 한다.

삼음삼양(三陰三陽)이 메마르거나 끊어지지 않으면 용이 숨어 있고 호랑이가 엎드린 듯한 상이다. 오악과 사독이 서로 해치거나 무너뜨리지 않으면 높은 벼슬에 오를 것이다.

오행형(五行形)

木은 말랐고, 金은 네모나며, 水는 뚱뚱하고, 土는 두터워 거북의 등과 같으며, 火는 위가 뾰족하고 아래가 넓다. 다섯 가지 신체 모양을 자세히 살펴 사람을 짐작한다.

오행색(五行色)

木은 청색, 火는 적색, 土는 황색, 水는 흑색, 金은 백색이다. 안색(顔色)은 다섯 가지로 서로 같지 않다.

오행상설(五行象說)

水에서 정(精)을 받고 火에서 기(氣)를 받아 사람이 되며, 精이 합하여 신(神)이 생기고 神이 나타난 뒤에 형체가 온전하게 된다. 사람의 형태로는 金·木·水·火·土의 오행의 형상이 있고, 또는 날짐승이나 길짐승의 상이 있다.

금형은 네모난 것을 꺼리지 않고, 목형은 마른 것을 꺼리지 않으며, 수형은 뚱뚱한 것을 꺼리지 않고, 화형은 뾰족함을 꺼리지 않으며, 토형은 탁한 것을 꺼리지 않는다.

金과 비슷하면 金을 만나야 굳세고 의연하고 깊다. 木과 비슷하면 木을 만나야 재물이 풍족하다. 水와 비슷하면 水를 만나야 학문이 높아진다. 火와 비슷하면 火를 만나야 기회와 결과가 있다. 土와 비슷하면 土를 만나야 창고가 가득하다.

모습이 넉넉하고 두터우며 엄하고 부지런한 사람은 부자가 아니면 귀한 신분이 되고, 천박하고 가벼우며 메마른 사람은 빈궁하지 않으면 수명이 짧다.

자녀의 氣는 조화롭고 부드러워야 하며, 모습은 엄숙하고 단정해야 한다. 이런 사람은 부유하지 않으면 귀하게 된다.

금형은 맑고 단단하며 바르고 네모난 것이 바른 형인데, 키가 작으면 부족하고 살이 단단하면 여유가 있다. 시에 이르기를 "부위 가운데 중요한 곳은 중정이고, 삼정이 모두 바르게 생겨 금형인의 격을 이루면 이름을 떨친다"고 했다.

목형은 길쭉하고 마르고 곧고 키가 크며, 마디가 드러나 있고 머리가 높고 이마가 솟은 것이 바른 형이다. 뼈가 굵거나 살이 많이 쪘거나 허리와 등이 납작하고 얇으면 좋지 않다. 시에 이르기를 "서슬이 있고 뼈가 가늘며, 기상이 늠름하고 눈썹과 눈의 기색이 빼어나면 늦게 빛을 본다"고 했다.

수형은 氣가 일어나 뜨는 듯하고, 넓고 두터우며, 형체가 굽고 아래로 나아가는 것 같아야 참된 형이다. 시에 이르기를 "눈썹이 성기고 눈이 크며 성곽이 둥글게 모여야 참다운 수형이다. 그러면 평생 자연스럽게 복이 따른다"고 했다.

화형은 위가 뾰족하고 날카로운 반면 아래는 넓고 풍만하며, 성품이 급하고 피부가 붉어야 올바른 형이다. 시에 이르기를 "화형의 모습은 아래는 넓고 머리는 뾰족하며, 일어서고 멈춤이 정해진 바가 없으며, 구레나룻에 털이 적은 것이다"라고 했다.

토형은 몸이 뚱뚱하고 두터우며, 등은 솟아오르고 허리가 굵어 마치 거북과 같은 것이다. 시에 이르기를 "진정한 토형은 단정하고 두터우며 깊고 무게가 있어서 태산과 같이 안정되어 있고, 마음과 지혜가 헤아릴 수 없을 만큼 깊고 신의가 두텁다"고 했다.

논형(論形)

사람은 음양의 氣를 받아 천지의 형상을 이루었고, 오행의 도움을 받아 만물의 영장이 되었다. 그러므로 사람의 머리는 하늘의 모양이고, 발은 땅의 모양이며, 눈은 해와 달의 모양이고, 목소리는 우레를 닮았다. 혈맥(血脈)은 강하(江河)의 모양이고, 골절은 금석(金石)의 모양이며, 코와 이마는 산악의 모양이고, 터럭은 초목의 모양이다.

　하늘은 높고 멀어야 하고, 땅은 네모나고 두터워야 하며, 일월은 밝고 빛나야 하고, 소리는 울림이 퍼져야 한다. 강하는 윤택해야 하고, 금석은 튼튼해야 하며, 산악은 높이 솟아야 하고, 초목은 수려해야 한다.

　이것은 곽임종(郭林宗)의 팔상법(八相法)으로 사람을 보는 대략의 방법이다.

논신(論神)

　형(形)으로 혈(血)을 기르고, 血로 기(氣)를 기르며, 氣로 신(神)을 기른다. 形이 온전하면 血도 온전하고, 血이 온전하면 氣도 온전하며, 氣가 온전하면 神도 온전하다. 이처럼 形이 능히 神을 배양함을 알아야 한다. 神은 氣를 의지하여 안정된다. 氣가 불안하면 神이 손상을 받아 불안정하게 된다. 神을 능히 안정시켜 온전하게 머무는 사람을 군자라 일컫는다.

　神은 깨어 있을 때는 눈에서 노닐고, 잠들었을 때는 마음에 있다. 神은 마치 일월의 빛과 같아서 밖으로 만물을 비추면서 일월 안에 한결같이 존재한다.

　神이 맑으면 귀하게 되고 흐리면 천하게 된다. 神이 맑으면 잠이 적고 흐리면 많게 되니, 잠이 많고 적음에 따라 사람의 귀천을 알 수 있다.

　꿈이란 神이 마음 안에서 움직이는 것이다. 비록 꿈을 꾸며 멀리서 노닐지라도 그 내용은 사람의 오장육부와 귀와 눈으로 느끼고 듣고 보는 것을 벗어나지 않는다.

　백안선사(白眼禪師)가 말하기를 "꿈에는 다섯 가지의 경계가 있는데, 첫째는 영경(靈境), 둘째는 보경(寶境), 셋째는 과거경(過去境), 넷째는 현재경(現在境), 다섯째는 미래경(未來境)이다"라고 했다.

　神이 상하면 꿈이 생기고, 神이 안정되면 꿈의 경계가 사라지게 된다. 神이 있는 사람의 形을 보면 대개 상쾌하고 맑으며, 밝고 즐거우며, 견실하고 무게가 있다. 神이란 안에서 비롯되어 밖으로 드러나기 때문이다.

　神이 맑고 조화로우며 빛나는 사람은 귀하게 되고, 神이 어둡고 약하거나 흐리고 뭉친 사람은 단명하고 박복하다. 形이 실(實)하고 안정되면 神도 편안하고, 形이 허하고 급하면 神도 애처롭다.

　시에 이르기를 "神은 안에 있어 그 형상을 볼 수 없으나 氣와 神을 배양하는 것은 생명의 근본이다. 氣가 굳세고 血과 조화를 이루면 神도 편안하고, 血이 마르고 氣가 흩어지면 神도 빛처럼 달아난다. 형상이 우뚝하고 빼어나며 심신도 상쾌하면 氣와 血이 조화되어 神도 어둡지 않게 된다. 神의 청탁이 形의 표면에 나타나 능히 귀천을 정하는 것은 말로 표현할 수가 없다"라고 했다.

　神은 겉으로 나타나지 않아야 한다. 神이 드러나면 움직이는 상태라 반드시 흉함이 있다. 神이 귀하려면 안에 은은히 숨어 있어야 하고, 은근히 바라보면 두려워 복종하는 마음이 일어나게 해야 한다.

　神이 여유가 있고 形이 부족한 것은 괜찮지만 形이 여유가 있고 神이 부족하면 안 된다. 神이 여유가 있으면 귀하게 되고, 形이 여유가 있으면 부자가 된다. 神은 놀라지 말아야 하는데, 神이 놀라면 수명이 감소한다. 또한 神은 급하지 않아야 한다. 神이 급하면 잘못을 저지른다.

　사람의 상은 기식(器識)을 살피는 것이다. 그릇이 큰 사람은 능히 사람을 받아들일 줄 알고 덕이 크며, 학식이 높은 사람은 깨달음이 영(靈)에 임한 것이다. 그릇이 작고 학식이 부족하면 비록 재물은 있을지 모르나 군자의 행실을 배우더라도 소인을 면치 못한다.

논형유여(論形有餘)

형유여(形有餘), 즉 形이 여유가 있는 사람은 머리가 둥글고 두터우며, 배와 등은 넉넉히 솟았으며, 이마는 사방이 풍족하며, 입술은 붉고 이는 희며, 귀는 둥글고 윤을 이루었으며, 코는 곧고 쓸개 모양 같으며, 눈은 흑백이 분명하며, 눈썹은 빼어나고 성기고 길며, 어깨는 넓고 두터우며, 가슴은 평평하고 넓으며, 배는 둥글게 늘어졌으며, 걸을 때나 앉을 때나 단정하며, 오악이 솟아 조화를 이루고 삼정은 균형을 이루며, 살은 탄력 있고 뼈는 가늘며, 손은 길고 발은 네모난 듯하여 바라보면 그 모습이 높고 크며, 그 모양은 매우 기뻐하는 것 같다. 이런 사람은 무병장수하고 부귀를 누린다.

논신유여(論神有餘)

신유여(神有餘), 즉 神이 여유가 있는 사람은 눈빛이 맑고 빛나며, 흘겨보아도 사시 같지 않으며, 눈썹이 수려하고 길며, 얼굴빛이 맑으며, 행동이 바다처럼 풍족하고 의젓하며, 멀리서 보면 가을 해가 서리 내리는 하늘을 비추는 듯 의연하고, 가까이 보면 봄바람에 움직이는 봄의 꽃과도 같다. 일을 할 때는 강단 있고 의연하여 마치 맹호가 깊은 산속을 거니는 것과 같고, 붉은 봉황이 눈 위를 날아가는 듯하다. 앉으면 경계(境界)에 세운 돌과 같이 흔들림이 없고, 누우면 갈가마귀가 둥지에 깃들인 것 같으며, 걸으면 마치 잔잔한 물이 흐르는 것 같고, 서면 홀로 선 산봉우리처럼 우뚝하다. 성내며 말하지 않고, 성품은 거짓되거나 조급하지 않으며, 기쁘고 화가 나도 마음이 동요하지 않고, 영욕에 지조를 움직이지 않으며, 태도가 항상 차분하고 한결같이 변함이 없다. 이런 사람은 흉한 재난이 침범하기 어렵고, 오래도록 하늘이 주는 복을 누린다.

논형부족(論形不足)

形이 부족한 사람은 머리가 둥글지 않고 뾰족하고 얇으며, 어깨가 좁고 비스듬하며, 허리근육이 성기고 가늘며, 팔꿈치가 짧고 급하며, 손바닥은 얇고 손가락은 길고 크며, 입술이 뒤집히고 이마는 얻어맞은 듯하며, 코는 위로 들려 있고 귀는 뒤집어졌으며, 허리는 낮고 가슴은 들어갔으며, 한쪽 눈썹은 휘었고 한쪽 눈썹은 곧으며, 한 눈은 위에 있고 다른 눈은 아래로 처졌으며, 한쪽 눈동자는 크고 다른 한쪽은 작으며, 한쪽 관골은 높고 다른 한쪽은 낮으며, 한 손은 손금이 있는데 다른 손은 손금이 없으며, 잠잘 때도 눈을 뜨며, 남자가 여자 목소리를 내며, 이는 누렇고 밖으로 드러나며, 입술과 코가 뾰족하며, 정수리에 머리털이 없으며, 눈이 깊어 눈동자가 보이지 않으며, 걸음은 비뚤고 얼굴빛은 병이 난 것 같으며, 머리는 작은데 체격이 크며, 상체는 짧고 하체는 길다. 이런 사람은 병치레가 잦고 단명하며 박복하고 빈천하다.

논신부족(論神不足)

神이 부족한 사람은 술을 마시지 않아도 취한 것 같고, 늘 술병을 앓고 있는 것 같으며, 근심하지 않아도 근심하는 것 같으며, 졸리지 않아도 조는 것 같고 금방 잠에서 깨어난 듯하며, 울지 않아도 우는 것 같고 갑작스레 놀랐다 기뻐하는 것 같으며, 성나지 않아도 성난 것 같고 기쁘지 않아도 기쁜 것 같으며, 놀라지 않아도 놀란 것 같고 어리석지 않아도 어리석은 것 같으며, 두렵지 않아도 두려워하는 것 같고 모습이 혼란스러우며, 얼굴색이 혼탁하고 신색(神色)이 처량하며, 늘 큰일을 저지른 것 같고 제정신이 아닌 것 같고 항상 두려운 것 같으며, 말은 줄이거나 과장하여 무언가를 감추는 것 같으며, 몸은 작고 구부정하여 욕을 당한 것 같으며, 얼굴색은 밝았다가 어두워지고 말은 처음에는 쾌활했다가 나중에는 마치 외우는 듯하다. 이런 사람은 형액을 당하고 정신이상이 생기거나 사고가 따르며, 관직에 올라도 오래 있지 못하고 지위를 잃는다.

논성(論聲)

사람의 소리에도 종(鐘)이나 북과 같은 울림이 있다. 그릇이 큰 사람은 소리도 크고 그릇이 작은 사람은 소리도 작다. 정신이 맑으면 氣가 조화를 이루어 소리도 깊게 울려나와 화창하며, 정신이 흐리면 氣가 잘 이어지지 않아 소리도 초조하고 급하여 가볍고 쉰 듯한 소리가 나온다.

그러므로 귀인의 음성은 단전(丹田)에서 나와 심기(心氣)를 통해서 밖으로 드러난다. 단전은 소리의 근본이고 혀끝은 소리를 내는 곳이다. 근원이 깊으면 소리도 무겁게 들리고 근원이 얕으면 소리도 가벼운 만큼, 소리는 단전을 근원으로 일어나 혀끝에서 표현됨을 알 수 있다.

소리가 맑고 윤기가 있으며, 굳으면서도 밝으며, 느리면서도 강하고 급하면서도 조화로우며, 길면서도 힘이 있고 굳세면서 절도가 있으며, 종처럼 크게 울리고 높은 곳에 올라 악어가죽 북을 쳐서 진동하는 소리 같으며, 옥수(玉水)가 흐르는 듯하고 거문고를 연주하는 것 같으며, 급히 지르는 노성(怒聲)이 멀리까지 움직이고 그 말이 두루 응하면 귀인의 상이다.

소인의 소리는 모두 혀끝의 상단에서 나오며, 급하면서 트여 있지 않다. 또한 급박하고 쉰 것 같으며, 느리면서 거칠며, 깊은 듯하면서 막히고 얕으면서 메말라 있다. 대개 크면 흩어지고 흩어지면 깨지며, 경중이 고르지 않고, 멀리 들리나 절도가 없으며, 난폭하고 어지럽고 떠 있는 듯하다. 마치 깨진 종(鐘)이나 찢어진 북을 두드리는 것 같으며, 까마귀가 새끼에게 먹이를 주는 것 같고 거위가 울부짖는 것 같으며, 병든 원숭이가 짝을 찾는 것 같고 외기러기가 무리를 잃은 것 같으며, 가늘기가 지렁이 소리 같고 요란하기가 벌레들이 밤에 시끄럽게 우는 것 같으며, 개 짖는 소리 같고 양이 우는 듯한 것은 모두 천박한 상이다.

남자가 여자의 음성을 가지면 고단하고 빈천하며, 여자가 남자의 음성을 가진 것 역시 좋지 않다. 또한 몸집은 크면서 소리가 작으면 흉상이다.

소리가 메말랐으면서 고르지 못한 것을 나망성(羅網聲)이라 하고, 크고 작음이 고르지 않은 것을 자웅성(雌雄聲)이라 한다. 처음에는 느리다가 나중에는 급하고, 처음에는 급했다가 나중에는 느리며, 말소리가 끝나기 전에 氣가 이미 끊어지고, 마음은 일어나지 않았는데 얼굴색이 먼저 변하는 것은 모두 천박한 상이다.

　대개 神은 안에 있고 氣는 밖으로 드러나 사물을 접하게 된다. 그러므로 말은 헛되지 않고 선후의 차례와 조리가 있으며 안색은 변하지 않아야 한다. 神이 불안하고 氣가 조화롭지 못하며, 말이 순서를 잃고 말할 때 안색이 흔들리면 좋지 못한 상이다.

　사람은 오행의 형태를 받았으므로 소리도 또한 오행의 상(象)이 있다. 토성(土聲)은 심후(深厚)하고, 목성(木聲)은 높게 울리며, 화성(火聲)은 급하며 세차고, 수성(水聲)은 둥글고 급하며, 금성(金聲)은 부드럽고 윤기가 있다.

　소리가 가벼운 사람은 결단력이 부족하고, 깨진 듯한 소리가 나는 사람은 일의 성취를 이루지 못하며, 소리가 탁한 사람은 운영하는 일에 발전이 없고, 소리가 낮은 사람은 둔하여 학식이 없다. 그러나 시냇물이 흐르듯 소리가 맑고 똑똑한 사람은 귀하게 되고, 소리가 빼어나고 밝은 사람은 총명하여 스스로 깨달으며, 독에서 울려퍼지는 듯한 소리가 나는 사람은 오복을 두루 갖추게 된다.

　시에 이르기를 "목성은 높게 울리고, 화성은 급하며, 금성은 조화롭고 윤택하여 부요(富饒)한 상이다. 토성은 옹기에서 나오듯 깊고, 수성은 부드럽지만 급하다. 귀인의 소리는 반드시 단전에서부터 나오며, 목이 두텁고 울림 또한 건실하다. 빈천한 상은 말소리가 입술과 혀끝에서 떠나지 않아 일생 동안 매우 분주하다"고 했다.

　소리는 氣에 의지하는 것으로 형체가 없다. 천한 사람은 소리가 가볍고 탁하며, 귀한 사람은 맑고 넘친다. 너무 부드러우면 겁이 많고, 너무 강하면 요절한다. 소리가 둥글고 이지러지지 않아 바람의 한 자락 같아야 귀인의 음성이다.

　몸집은 작으나 소리가 웅장하면 삼공의 지위에 오르고, 몸집이 크지만 소리가 작으면 단명한다. 소리가 깨진 징과 같으면 재산이 없어지고, 소리가 불꽃처럼 급하면 파란이 많다. 남자가 여자의 목소리 같으면 가산을 없애고, 여자가 남자의 목소리 같으면 남편의 위치가 편안하지 않다.

논기(論氣)

흙 속에 묻힌 옥(玉)이 산을 빛내고, 모래 속에 묻힌 금(金)이 시내를 아름답게 하는 것처럼, 훌륭한 보물의 정수에서 색(色)을 발하게 하는 것이 바로 氣이다. 또한 形은 질(質)이라고 할 수 있는데, 氣로 인하여 質이 충실해진다. 神이 완전하면 氣가 부드럽고, 神이 편안하면 氣가 안정된다.

形은 재목과 같아서 구기자나무·가래나무·가시나무·녹나무·모형나무·멧대추나무처럼 서로 다르고, 神은 흙과 같아서 그 재목을 다스리고 氣를 쓰며, 소리는 그릇과 같아서 소리를 들은 후에 그것의 아름다움과 추함을 알 수 있다. 또한 氣는 말과 같아서 달리는 데 좋은 길과 나쁜 길이 있다.

군자는 재목을 잘 기르고, 덕을 높이고, 그릇을 잘 다루며, 말을 길들이지만 소인은 반대이다. 그릇은 가히 모든 것을 받아들일 만큼 넓어야 하고, 사물을 대할 때에 부드럽고 너그러우며 사랑하는 마음을 지녀야 하며, 밖을 제압할 수 있을 만큼 굳세야 한다. 나타남은 맑아야 하며, 다스림은 바르고 공정해야 한다. 기국(器局)이 너그럽지 못하면 사물에 막힘이 있고, 조화를 이루지 못하면 어지러워지며, 강하지 못하면 약해지고, 맑지 못하면 흐려지며, 바르지 못하면 치우치게 된다.

氣의 얕고 깊음을 보고, 色의 안정됨을 보면 군자와 소인을 구분할 수 있다. 氣가 오래도록 끊이지 않고 길면서 느리며, 조화롭고 사납지 않으면 복록과 장수를 누린다. 급하고 불안정하며 사나움이 겉으로 나타나면 소인으로 천박한 사람이다.

『의경(醫經)』에서는 "숨을 한 번 들이쉬고 내쉼을 일식(一息)이라고 하는데, 보통 사람은 하루에 1만 3,500회를 숨쉰다. 사람의 호흡을 살펴보면 빠르고 느린 것이 똑같지 않아서 급한 사람이 10회 숨쉬는 동안 느린 사람은 7~8회에 그친다. 나이가 들고 뚱뚱한 사람은 숨을 빠르게 쉬고, 병들거나 어리거나 마른 사람은 느리게 쉰다"라고 하였다.

사람의 호흡을 보면 길흉을 알 수 있다. 흩어지면 터럭과 같고 모이면 낱알 같으며, 바라보면 형체가 있으나 만질 수는 없다. 따라서 부정한 마음으로 살피면 화복을 알지 못한다. 氣는 나가고 들어오는 소리가 없으므로 귀로 들어도 살피지 못한다. 잠을 잘 때 숨소리가 들리지 않는 것을 구식(龜息)이라고 한다. 숨쉴 때 氣가 넘쳐 몸까지 흔드는 것은 곧 죽음을 당할 징조이다.

만종(萬鍾)의 녹(祿)도 마다한 맹자(孟子)는 氣를 기른 인물이다. 욕심에 어두워 이익을 탐하여 억지로 애쓰는 것은 色과 氣를 사납게 하는 것이다.

시에 이르기를 "氣는 形의 근본이다. 잘 살피면 밝고 어리석음이 나타난다. 소인은 급하고 방정맞으며 군자는 너그럽고 차분하다. 사납게 거슬리면 재앙이 있고, 氣가 깊고 무거우면 복록이 풍부하다. 수많은 선비 가운데 누가 공보(公輔)에 오를 것임을 헤아려 알 것인가"라고 했다.

신간교정증석합병마의선생신상편권지이
(新刊校正增釋合倂麻衣先生神相編卷之二)

상골(相骨)

골절(骨節)은 금석(金石)의 모양을 한 것이므로 높되 가로로 놓이지 않고 둥글되 거칠지 않아야 하며, 마른 사람은 뼈가 드러나지 않아야 하고 살찐 사람은 살이 드러나지 않아야 한다.

뼈와 살은 서로 부르고 氣와 血은 서로 응한다. 따라서 뼈만 앙상하거나 어깨가 처진 사람은 빈곤하거나 단명한다. 몸이 가로로 넓고 기울어졌으며 뼈가 앙상하고 어깨가 처진 것은 온전하지 못한 상으로, 가난하게 살면 명이 길고 부자로 살면 명이 짧으므로 불빈즉요(不貧則夭)라고 한다.

일각의 왼쪽과 월각의 오른쪽에 뼈가 곧게 솟아 있는 것을 금성골(金城骨)이라고 하는데 벼슬이 삼경(三卿)에 이른다. 인당의 뼈가 위로 천정에 이르면 천주골(天柱骨)이라고 하는데 공경(公卿)에 이른다. 아무리 골격이 좋다고 해도 기색이 방정해서 그릇을 이루어야 한다. 그렇지 않으면 비록 부귀할지라도 오래가지 않는다.

　얼굴의 좌우에 높게 솟은 관골(顴骨)은 권세를 주관한다. 관골이 귀에까지 이르는 것을 옥량골(玉梁骨)이라고 하는데, 사람의 수명을 주관한다. 어깨에서부터 팔꿈치까지 이르는 뼈는 용골(龍骨)이라고 하여 군왕을 상징하는데, 뼈가 길고 굵어야 한다. 팔꿈치에서 손목까지 연결된 뼈는 호골(虎骨)이라고 하여 신하를 상징하는데, 이 뼈는 짧으면서 가늘어야 한다.

　전체적으로 뼈는 높으면서 완만해야 하고, 둥글면서 튼튼해야 하고, 곧으면서 서로 응해야 하며, 뼈마디는 단단하면서 성기지 않아야 견실한 상이라고 할 수 있다.

　관골이 구레나룻까지 뻗은 것은 역마골(驛馬骨), 왼쪽 눈 위는 일각골(日角骨), 오른쪽 눈 위는 월각골(月角骨)이라고 한다. 뼈가 귀와 가지런하면 장군골(將軍骨)이고, 일각이 둥근 것은 용각골(龍角骨)이며, 도랑 밖은 거오골(巨鰲骨)이고, 이마 중정(中正)의 양변은 용골각(龍骨角)이다. 이들 뼈는 튀어나오지 않고 드러나지 않으며, 둥글고 맑으며, 氣가 빼어나야 한다.

　뼈는 양(陽)이고 살은 음(陰)이므로, 살은 너무 찌지 말아야 하고 뼈는 튀어나오지 말아야 한다. 만일 음양의 골육이 균형을 이루면 일찍 귀하게 되거나 평생을 부유하게 산다.

　뼈가 높이 솟은 사람은 단명하고, 튀어나오되 앙상하면 힘이 없으며, 연약하면 장수하지만 행복하지 못하고, 가로로 길게 뻗으면 흉하며, 얇은 사람은 빈천하고, 천박한 사람은 우둔하며, 앙상한 사람은 궁색하고, 둥근 사람은 복이 있으며, 어느 뼈만 외로이 튀어나왔으면 친척이 없다.

　목골(木骨)은 말랐으면서 검푸른빛을 띠는데, 양두(兩頭)가 성기고 크면 궁액(窮厄)이 많다. 수골(水骨)은 양두가 뾰족하면 부귀하지 않고, 화골(火骨)은 양두가 성기면 덕이 없고 노비와 같이 천하다. 토골(土骨)은 뼈가 굵고 피부가 거칠고 두꺼우면 자식이 많고 재복이 있으며, 살과 뼈가 굳세고 단단하면 수명은 길지만 행복하지는 않다. 금골(金骨)은 얼굴이 네모나고 근육이 발달하여 단단해야 하는데, 만약 뼈가 가늘면 병액이 있다.

만약 가마가 두각골(頭角骨)에 있으면 만년에 복록을 누리고, 이마턱[頤額]에 있으면 만년에 부자가 된다.

시에 이르기를 "귀인의 뼈마디는 가늘고 둥글고 길며, 뼈 위에 힘줄이 없고 살은 향기로워야 한다. 임금인 뼈와 신하인 살이 조화를 이루어 서로 도우면 근심이 없고 벼슬을 하지 않아도 천창(天倉)의 녹을 먹겠지만, 뼈가 성기면 의식이 풍족하지 못하고 벼슬에 인연이 없으므로 구하지 않는 것이 좋다. 모름지기 용호(龍虎)는 서로 극함이 없어야 하므로, 근육이 패이고 뼈가 어지러이 얽혔으면 천하고 근심이 많다"고 했다.

상육(相肉)

육(肉)은 혈(血)을 생(生)하고 뼈를 가리는 것으로 마치 흙과 같다. 흙은 만물을 生하고 키우므로 살은 풍만하되 지나치지 않아야 하고 말랐다 해도 뼈가 튀어나오면 안 된다. 살이 너무 찌면 음이 양을 이기는 것이고, 너무 마르면 양이 음을 이기는 형국이 되므로 모두 좋지 않다. 음이 양을 이기거나 양이 음을 이기는 것은 치우친 상이다. 살은 단단하고 튼실하고 곧고 높이 솟아야 한다. 살이 뼈 속으로 들어간 듯하면 음부족(陰不足)이고, 뼈가 살 밖으로 튀어나오면 음유여(陰有餘)가 된다.

옛사람이 말하기를 사람이 살찌면 기(氣)가 짧고, 말(馬)이 살찌면 숨을 헐떡인다고 했다. 따라서 살이 많아도 안 되고 뼈가 가늘어도 안 된다. 갑자기 살이 쪄서 숨이 가쁘면 빨리 죽을 조짐이고, 살이 가로로 늘어져 있으면 성질이 강하고 비뚤어진다. 또한 살이 축 처지고 느슨하면 성질이 유약하고 매사에 장애가 많으며, 살이 찌고 주름이 어지럽게 드러나면 죽음이 가까운 징조이다.

살은 향긋하고 따뜻하고 희고 윤택해야 하며, 피부는 곱고 매끄러워야 아름답다. 색이 검고 메말랐으며 냄새가 나고 피부병으로 뭉친 곳이 많으면 우두머리의 상이 아니다.

만약 신(神)이 체격과 조화를 이루지 못하고 힘줄이 뼈를 묶지 못하거나, 살이 몸에 붙어 있지 않고 피부가 살을 감싸지 못하면 곧 죽게 된다.

시에 이르기를 "살이 섬세하고 매끄럽기가 이끼와 같으며, 색이 희거나 붉으며 밝게 빛나고 단정하면 부귀가 찾아온다. 만져보면 솜처럼 부드럽고 따뜻하면 평생 동안 재앙이 적다. 살이 딱딱하고 피부가 거칠면 아주 좋지 않고, 꽉 졸라맨 북같이 긴장된 사람은 명이 길기 어렵다. 붉지 않고 검으면 침체가 많고, 온몸에 털이 난 사람은 성품이 급하고 강하다. 귀인 또는 높은 관직을 가질 사람의 상은 깨끗하고 자연히 향기가 날 것이다"라고 했다.

상두(相頭)

머리는 몸의 으뜸이자 모든 뼈의 주인이다. 또한 머리는 양(陽)이 모인 곳이며 오행의 근원으로, 가장 높은 곳에 있으면서 둥근 것은 하늘의 덕을 상징한다. 그 뼈는 넉넉하고 가득하며 볼록 솟아야 하고, 피부는 두터워야 하며, 이마는 넓어야 한다. 이마가 짧으면 두터워야 하고, 길면 네모나야 한다. 정수리가 솟은 사람은 고귀하고 움푹 패인 사람은 단명하며, 머리가죽이 얇으면 빈천하고, 육각(肉角)이 있으면 크게 귀하게 된다. 오른쪽이 꺼지면 어머니를 먼저 잃고, 왼쪽이 꺼지면 아버지를 먼저 잃는다.

귀 뒤에 있는 뼈를 수골(壽骨)이라고 하는데, 튀어나오면 장수하고 흠이 있거나 꺼졌으면 단명한다. 태양혈(太陽穴)에 있는 뼈를 부상골(扶桑骨)이라 하고, 귀 위에 있는 뼈를 옥루골(玉樓骨)이라 하는데, 모두 부귀를 주관한다.

걸을 때 머리를 흔들거나 앉았을 때 머리를 수그리는 것은 모두 빈천한 상이다.

시에 이르기를 "머리가 한쪽으로 치우치면 부모를 제대로 섬기지 못하고, 벼슬은 물론 천수를 누리기도 어렵다. 머리카락이 성기고 피부가 얇으면 빈천하다. 머리 위에 각골(角骨)이 있으면 무관(武官)으로 임명되고, 뒤가 산(山)을 이은 듯하면 부귀를 누리게 된다. 침골(枕骨)이 생기면 평생 동안 복이 있고, 위는 뾰족하고 아래가 짧은 것은 천한 사람의 두상이다"라고 했다.

상액(相額)

이마[額]는 화성(火星)으로서 천정·천중·사공 모두를 통칭하며, 귀천을 나타내는 부위이다.

이마의 뼈가 풍성하고 크며 우뚝 솟아 널찍하고 가지런하며, 액골(額骨)이 정수리까지 뻗으면 귀함이 천자(天子)의 위치에 이른다. 이마가 벽처럼 우뚝 솟고 간(肝)을 엎어놓은 것 같으며, 밝고 윤택하고 네모나고 길면 귀와 수를 같이 누린다.

이마가 왼편으로 치우치면 아버지를 먼저 잃고, 오른쪽으로 치우치면 어머니를 먼저 잃는다.

시에 이르기를 "이마가 솟아 일어났으며 두터우면 관작(官爵)에 오르고, 좌우가 치우치거나 오목하게 들어가면 천한 상으로 어려서 부모와 이별하게 된다. 발제가 풍성하게 솟아 뼈가 높이 나왔으면 언변이 뛰어나며 영웅호걸의 성품을 지닌다. 천창의 좌우가 넉넉하게 솟으면 귀하게 되고, 일월각이 서면 벼슬이 육조(六曹)에 오른다. 중정의 뼈가 솟으면 3천 석의 부를 누리고, 이마가 들어갔으면 자녀로 인한 근심이 있다. 여자라면 여러 번 시집갈 것이며, 남자라면 비록 녹이 있을지라도 벼슬에서 물러나게 된다. 인당이 윤택하고 뼈가 높이 솟으면 일찍 벼슬에 올라 녹을 먹고 육조에 이른다. 달을 쳐다보는 듯한 문성(文星)이 이마 위에 비추면 상등의 귀를 누리고, 얼굴이 둥글고 빛나고 윤택하면 용감한 영웅호걸의 상이다"라고 했다.

논면(論面)

얼굴은 몸의 모든 영(靈)이 가지런히 늘어서 있고, 오부(五腑)의 神을 통해 삼재(三才)를 이룬 모습으로 한 몸의 득실(得失)을 정하는 곳이다. 그러므로 오악(五嶽)과 사독(四瀆)은 서로 조화를 이루어야 하며, 삼정육부(三停六府)는 넉넉하고 여유로워야 한다. 용모가 단정하고 神이 안정되어 있으며 氣가 조화로운 것은 부귀의 바탕이다.

만일 얼굴의 여러 부분이 기울어져 바르지 않고 비뚤어지고 이지러지거나 패였으며, 빛이 침침하고 모양이 추하면 빈천한 상이다. 얼굴빛이 비계처럼 희고, 칠흑같이 검으며, 삶은 밤처럼 누렇고, 진홍

비단처럼 붉으면 큰 부귀를 누린다.

그러나 만일 얼굴빛이 타오르는 불꽃처럼 붉다면 갑자기 숨을 거두고, 터럭의 색이 탁하고 메마르고 윤기가 없으며 먼지처럼 더러우면 빈한하거나 일찍 죽는다. 화가 나면 얼굴이 남청색(藍靑色)으로 변하는 사람은 독한 성격으로 사람을 해치고, 얼굴이 주먹 세 개를 말아쥔 듯한 사람은 남자는 자식을 극하고 빈궁하며, 여자는 남편을 극하고 천박하다.

얼굴이 보름달처럼 맑고 깨끗하며 神의 광채가 사람을 쏘아보는 듯한 것을 조하지면(朝霞之面)이라고 한다. 남자는 높은 벼슬에 오르고, 여자는 귀한 남편을 만나 왕비처럼 존경을 받는다. 얼굴이 희고 몸이 검으면 성품이 경박하고 천하며, 얼굴이 검고 몸이 희면 성질이 까다롭지만 귀하다. 얼굴이 누런 오이 같으면 부귀영화를 누리고, 얼굴이 푸른 오이 같으면 현명하고 사리에 밝다.

시에 이르기를 "콧대가 높게 일어섰으면 범상한 인물이 아니고, 중년에 주름살이 갑자기 늘어나면 명이 길지 못하며, 지각이 넉넉하게 솟고 넓으면 자손이 창성한다. 정면에서 귀가 보이지 않으면 크게 부귀하고, 정면에서 뺨이 보이지 않으면 불길한 상이다. 또한 얼굴은 거친 듯하나 몸이 곱고 섬세한 사람은 복록이 따르고, 얼굴이 고와도 몸이 거칠면 일생 가난하다. 옥루골(玉樓骨)이 곧아도 머리털이 곧지 않으면 평생 의리 있는 측근이 없고 친척 또한 없다"고 했다.

논미(論眉)

눈썹[眉]이란 곱다[媚]라는 말과 같은 뜻으로 두 눈의 취개(翠蓋)를 일컬으며, 얼굴의 윤곽을 뚜렷하게 만드는 의표(儀表)이자 눈의 채화(彩華)이다.

눈썹으로는 주로 사람의 어질고 어리석음을 분별하는데, 눈썹이 맑고 섬세하며 수려하고 길며 양미간이 넓고 평평한 사람은 천성이 총명하다. 털이 거칠고 빽빽하며 거꾸로 나고 단정하지 못하며 짧고 갈라진 사람은 천성이 흉악하고 고집스럽다. 또 눈썹이 길어 눈을 지나면 부귀를 누리고, 눈썹이 짧아 눈을 덮지 못하면 재물이 궁하고 끼니를 걱정한다.

눈썹이 앞으로 뻗친 사람은 氣가 강하고, 털이 높이 붙은 사람은 호탕하다. 눈썹이 아래로 처진 사람은 나약하고, 눈썹이 맞닿은 듯 붙은 사람은 비천하고 박복하며 형제운이 좋지 않다. 눈썹털이 거꾸로 난 사람은 성질이 나쁘고 처자를 형극하며, 미골(眉骨)이 솟은 사람은 성질이 흉하고 매사에 장애가 많다. 눈썹 가운데에 검은 사마귀가 있는 사람은 총명하고 귀하고 어질며, 눈썹이 이마 위에 높이 난 사람은 대귀하고, 눈썹 가운데 흰 털이 있는 사람은 장수한다.

눈썹 위에 직문이 많으면 부귀를 누리고, 횡문이 많으면 빈곤하다. 눈썹 위에 결함이 있으면 간계가 많고, 눈썹이 성겨 마치 없는 것 같으면 성질이 교활하고 거짓되다. 눈썹이 높이 붙어 가지런하고 수려하면 권세를 얻고, 털이 길게 늘어진 사람은 장수하며, 털이 윤택하면 재물을 쉽게 얻는다. 눈썹이 서로 붙은 것 같거나 분명하지 않으면 요절하고, 눈썹이 활[弓]처럼 휘어진 사람은 성품은 선량하나 큰 뜻이 없다. 눈썹이 초승달처럼 아름다운 사람은 매우 총명하고, 눈썹이 실처럼 늘어진 사람은 음란하고 자식이 없다.

눈썹이 활과 같이 굽으면 음란하여 색을 밝히고, 눈썹이 길어 눈을 지나면 충직하고 녹을 받게 되며, 눈썹이 눈보다 짧으면 고독하고, 양미간이 마주 닿은 듯 좁으면 형제가 따로 살며, 눈썹이 섬세하고 곧추 서 있으면 어질거나 귀하게 된다. 눈썹 끝이 머리카락에 닿을 정도이면 영리하고 준수하며, 눈썹이 소용돌이 모양이면 형제가 많고, 눈썹털이 어지러우면 아들이 적고 딸이 많으며, 눈썹이 높게 붙고 곧으면 청직(淸職)에 종사하고, 눈썹머리의 주름이 어지러우면 모든 일에 장애가 많다.

  시에 이르기를 "눈썹은 인륜자기성(人倫紫氣星)이니 높고 성기며 수려하고 맑으면 일생을 명예롭게 높은 지위를 지키고 식록이 따르며 집안이 창성한다. 눈썹이 너무 짙거나 두터우면 천한 상이며, 눈썹이 거꾸로 났거나 거칠면 더욱 나쁘다. 만일 눈썹에 긴 털이 있으면 90세를 넘겨 살 것이며, 눈썹에 근심이 어렸거나 짧으면 수명도 짧고 재산도 적다"고 했다.

교가미(交加眉) 형제는 1~2명이다.	귀미(鬼眉) 형제는 3~4명이다.	소산미(疎散眉) 형제는 1~2명이나 함께 하기가 어렵다.	황도미(黃導眉) 형제가 서로 극하고 타지에서 객사한다.
교가미는 크게 흉하다. 중년에 형액(刑厄)을 면치 못하고 파산하여 빈천하게 된다. 그 해로움이 형과 함께 아우에게도 미치며 부모는 동서로 흩어진다.	귀미는 천한 사람이나 도적의 상으로 흉한 눈썹이다. 마음이 착하지 않고, 겉으로는 어질고 의리가 있는 것 같으나 속은 악독하다. 일이 항상 어긋나고, 도벽이 있어 남의 물건을 훔치려는 생각만 하며 일생을 지낸다.	소산미를 가진 사람은 평생 재산의 흥패(興敗)가 많으며, 써서 없애지 않아도 재물이 남지 않는다. 외모는 온화하나 속은 차갑고, 마음에 여유가 없고 변덕스럽다.	눈썹이 짧고 흩어졌으며 눈이 긴 것으로 일찍 재물을 잃는다. 게다가 神이 어둡고 氣가 흐리면 타향에 나가 객사할 염려가 있다.
용미(龍眉) 형제는 12명이다.	유엽미(柳葉眉) 형제는 3~5명이다.	검미(劍眉) 형제는 4~5명이다.	사자미(獅子眉) 형제는 4~5명이다.
눈썹이 수려하고 활시위를 당긴 듯하며 드문드문 난 것으로 대귀하는 상이다. 형제 가운데 6~7명이 벼슬을 하고, 부모는 귀하고 장수하며, 자신은 천하에 명성을 떨친다.	눈썹이 어지러운 가운데 맑으면 부모형제와 정이 없고 자식을 늦게 두지만 벗을 사귐에는 신의가 있고 충직하다. 눈자위가 또렷하면 반드시 발전을 이루어 이름을 날린다.	눈썹이 산림(山林) 같고 수려하고 길면 위엄과 권세가 높고 지혜가 많아 군왕을 보좌하는 신하가 된다. 일생 동안 가난하지 않고 청귀(淸貴)하고 자손도 많으며, 장수와 평안한 삶을 누린다.	눈썹털이 거칠고 탁해도 눈에 높이 붙은 것은 좋은 상으로 대기만성형이다. 배우자가 이런 눈썹을 가졌다면 일생 부귀영화를 누리게 된다.

소추미(掃箒眉) 형제는 7~8명이나 흩어진다.	첨도미(尖刀眉) 형제는 2~3명이다.	팔자미(八字眉) 형제는 없고, 재복은 있다.	나한미(羅漢眉) 3형제이다.
앞은 깨끗하나 뒤는 성기고 흩어져 있으면 형제간에 정이 없으며 서로 시기하고 속인다. 형제 가운데 반드시 자식이 없는 사람이 있고, 노년에는 가난하다.	눈썹이 몹시 거칠어 악살(惡煞)이라고 한다. 마음이 간악하고 음험하여 사람을 대할 때 정이 있는 듯 할 뿐이다. 성품이 집요하고 흉포하므로 형액을 받고 몸을 상한다.	눈썹이 성기고 꼬리가 흩어져 간문을 누르면 나이가 들도록 여러 번 결혼을 하나 인연이 없다. 재물은 일생 동안 풍족하나 자식이 없어 양자를 두게 된다.	가운데가 큰 것을 꺼리는데, 결혼이 늦고 자식 또한 늦게 두며 어려서는 갖은 고생을 한다. 만년에 이르러 첩에게서 자식을 얻을 수 있으나 정실에게서는 자식이 없어 쓸쓸하다.
전청후소미(前淸後疎眉) 형제는 3~4명이다.	경청미(輕淸眉) 형제는 5~6명이다.	단촉수미(短促秀眉) 형제는 1~2명이다.	선라미(旋螺眉) 형제는 1~2명이다.
앞은 청수하지만 꼬리는 흩어진 것으로, 비록 흩어졌더라도 맑으면 일찍 공명을 얻고 재물도 풍족하다. 중년과 말년에는 명예와 재물이 따르고, 뜻을 이루어 문정(門庭)에 깃발이 나부낀다.	깨끗하고 맑고 길고 활처럼 굽었으며 눈썹꼬리가 성기다. 이런 사람은 일찍 귀하게 되어 공명을 세우고 영화를 누린다. 형제간의 의도 좋고 모두 순하며 세월이 흘러도 한결같다.	청수하지만 짧은 눈썹으로, 이런 사람은 장수하며 높은 지위에 오른다. 또한 충성되고 효심이 깊으며 인자하고 청렴하며, 영웅호걸의 기상을 지녀 이름을 날린다. 자손도 귀하게 된다.	선라미를 가진 사람은 드문데, 위엄이 있고 권세가 높아 정승의 자리에 오른다. 보통 사람이 이런 눈썹을 가졌으면 좋지 않으나, 영웅이나 무관(武官)이라면 천기(天機)에 응한 것이다.

일자미(一字眉) 형제는 없다.	와잠미(臥蠶眉) 형제는 4~5명이다.	신월미(新月眉) 형제는 6~7명이다.	호미(虎眉) 형제는 3~4명이다.
눈썹털이 깨끗하고 눈썹머리와 꼬리가 모두 덮개와 같으면 부귀를 누리며 수명도 길다. 일찍 과거에 급제한다. 부부의 눈썹이 같으면 오래도록 복을 누린다.	눈썹이 굽고 수려한 것으로, 이런 눈썹을 가진 사람은 심중(心中)이 교묘하여 기회를 잘 잡는다. 일찍 벼슬길에 올라 이름을 떨치나 형제가 서로 뜻이 맞지 않는다.	눈썹이 맑고 눈이 수려한 것이 가장 좋으며, 눈썹꼬리가 천창 쪽으로 거스르는 것도 좋다. 이런 눈썹을 가진 사람은 형제가 화목하고 모두 부귀를 누리며 과거에 급제해서 벼슬을 하게 된다.	눈썹이 맑지만 거칠고 위엄을 갖춘 것으로, 담력이 크고 평생 품은 뜻을 이룬다. 이런 눈썹을 가지면 반드시 부자가 되거나 크게 귀하게 되며 타고난 수명도 길지만, 형제간에 정이 없다.
소소추미(小掃箒眉) 형제는 6~7명이다.	대단촉미(大短促眉) 형제는 8~9명이다.	청수미(淸秀眉) 형제는 3~4명이다.	간단미(間斷眉) 형제는 2~3명이다.
눈썹이 짙은 듯하고 터럭이 큰 것 같지만 거칠지 않으며, 꼬리가 가지런히 천창 쪽으로 치켜붙었고 메마르지 않은 것이다. 형제끼리 정이 없어 남북으로 떨어져 살거나 골육이 서로 다치게 하니 없느니만 못하다.	눈썹이 짧아도 아름답고 털이 맑고 깨끗하다. 꼬리는 황색이고 눈썹머리는 꼿꼿하게 서 있는 것이 가장 좋다. 이런 눈썹을 가지면 쌓아놓기 어려울 정도로 많은 재물이 생긴다. 자식은 준수하고, 아내와는 화목하며, 형제 모두가 운이 강하다.	눈썹이 수려하면서 부드럽게 천창을 지나고 눈을 덮으며, 구레나룻 또한 맑고 길다. 이런 사람은 총명하고 벼슬길에 올라 이름을 얻으며, 형제간에 우애가 깊다.	눈썹이 황색 같기도 하고 맑은 것도 같으며, 무늬가 있고 끊겨진 사람은 형제간에 인연이 없고 서로를 해친다. 재물의 성패가 많으며, 먼저 아버지를 여의고 나중에 어머니를 잃는다.

상목(相目)

하늘과 땅은 해와 달의 힘을 빌려 빛을 발하는 것으로, 일월은 천지만물의 거울이다. 눈은 사람에게 일월과 같다. 왼쪽 눈은 태양으로 아버지를 상징하고, 오른쪽 눈은 달로 어머니를 상징한다.

사람이 잠이 들면 神은 마음에 있고 깨어나면 눈에 의지하니, 눈은 神이 머물러 놀고 휴식하는 곳이라고 할 수 있다. 그러므로 눈의 좋고 나쁨을 보고 神의 청탁(淸濁)을 알 수 있다.

눈이 길고 깊고 빛나며 윤택한 사람은 크게 귀하게 되고, 칠흑같이 검은 점을 찍은 것 같은 사람은 문장이 뛰어나며, 불사르는 듯 광채가 나는 사람은 부귀하고, 가늘면서 깊은 사람은 장수한다. 눈동자가 한 편으로 치우쳤으며 드러난 사람은 요절하고, 눈동자가 크고 둥글며 튀어나와서 성난 것처럼 보이는 사람은 수명이 짧다.

눈이 볼록하여 째려보는 것 같으면 음란하며 도벽이 있고, 눈이 흐릿하고 눈빛이 성난 것 같으면 바르지 못하며, 적맥(赤脈)이 눈동자를 가로지르면 악사(惡死)하고, 눈에 겁이 없어 보이면 神이 튼튼하다. 양의 눈을 가진 사람은 고독하며 고집이 세고, 눈이 짧고 작으면 천하고 어리석으며, 눈을 위로 치켜뜨는 사람은 성질이 급하다.

여자가 눈 아래에 와잠(臥蠶)이 있으면 귀한 아들을 낳고, 흑백이 분명한 눈을 가졌으면 용모가 진중하며, 눈 밑에 붉은색을 띤 사람은 산액(産厄)의 염려가 있고, 훔쳐보듯 하는 사람은 음란하다.

神이 안정되어 똑바로 보는 사람은 복록이 온전하다. 눈은 튀어나오지 않아야 하고, 검은자위는 적지 않고 흰자위는 많지 않아야 하며, 눈자위에 붉은 선(赤脈)이 없어야 하고, 눈빛은 부드러워야 한다. 눈을 한쪽은 감고 한쪽만 뜨고 보지 말아야 하고, 눈에는 피로한 기색이 없어야 하며, 졸다가 갑자기 정신차리는 듯하지 않아야 하고,

흘겨보지 말아야 한다.

두 눈 사이를 자손궁(子孫宮)이라고 하는데, 넉넉하고 가득 찬 듯하며 주저앉지 않아야 길하다.

『비결』에는 다음과 같이 씌어 있다.

"눈이 수려하고 길면 군왕의 상에 가깝고, 눈이 붕어〔鯽魚〕모양이면 집안이 번성하며, 눈이 크고 빛나면 토지가 늘어난다. 눈머리에 흠이 있으면 재산이 줄어들고, 눈망울이 불거지고 흰자위가 많으면 전쟁에 나가 사망한다.

봉황이나 난새〔鸞〕의 눈 같은 사람은 높은 지위에 오르고, 눈이 세모진 사람은 반드시 흉악하며, 눈은 짧고 눈썹이 길면 토지와 식량이 넉넉하다. 눈 부위가 모두 솟은 듯하면 요절하며, 눈동자에 붉은 선이 있으면 관액을 당할 수 있고, 눈자위는 붉고 눈동자가 황색이면 어린 나이에 사망하며, 눈이 강하게 빛나는 사람은 매우 귀하다.

눈의 길이가 한 치이면 임금을 보좌하는 위치에 오르고, 용의 눈동자에 봉황의 눈을 가지면 반드시 넉넉한 녹을 받는 고관이 되며, 눈이 타는 듯하면 만인을 부리는 위엄이 있고, 눈이 활처럼 휘어지면 간웅(奸雄)이다.

눈이 양(羊)같이 생기면 가족을 극(剋)하고, 눈이 벌〔蜂〕처럼 생기면 악사(惡死)하거나 고독하며, 눈이 싸움닭 같아도 의심할 나위 없이 악사한다. 눈동자가 뱀같이 생기면 사납고 독하며 고독하고, 눈초리가 아래로 처진 사람은 부부간에 헤어지며, 눈초리가 위로 치켜진 사람은 복록이 끊이지 않는다.

여자의 눈이 양처럼 생겨 흰자위가 많으면 사통(私通)을 하고, 눈빛이 황색이면 인자하고 충직하다. 눈의 흑백이 분명하면 반드시 벼슬을 하는데, 여자가 이와 같으면 정숙하고 절개가 굳다.

눈자위가 희고 길며 가늘면 빈궁한 상이요, 눈 밑에 한 일(一) 자 모양의 주름이 있으면 사리에 밝다. 눈 밑에 주름이 많은 여자는 자손이 많고, 눈 아래 와잠이 있으면 아들 낳기가 힘들지만 낳으면 매우 귀하게 되며, 눈 밑에 물기가 가득하여 반짝이면 간음을 한다. 여자는 오른쪽 눈이 작으면 남편운이 좋지 않고, 남자는 왼쪽 눈이 작으면 아내운이 나쁘다.

눈이 한 치 5푼의 길이면 문무를 겸비하여 풍운(風雲)의 일으키는 인물이 되고, 눈이 붉고 눈동자가 금색이면 매우 불효하며, 까마귀처럼 눈이 작고 흰자위가 많으면 형액을 당하지 않으면 가난하다."

시에서는 다음과 같이 말한다.

"눈은 일월과 같이 밝아야 한다. 봉황의 눈에 용의 눈동자라도 맑음이 필요하다. 가장 두려운 것은 황색 눈에 붉은 힘줄이 나타난 것으로 일생 동안 흉액이 많아 도무지 성취를 이룰 수 없다. 양(羊)의 눈동자는 매우 흉하여 의지할 곳 없이 고독하며 재물도 없다. 가늘고 깊게 패인 눈을 가진 사람은 진정으로 따르는 사람이 없고, 흘겨보는 듯한 눈을 가진 사람과는 사귀지 말아야 한다.

눈동자와 눈은 몸의 주인으로 일월과 같다. 일월은 만물을 밝게 비추며, 하늘에서는 별들이 복종한다. 눈이 수려하고 고우면 관록으로 영화에 이르고, 눈빛이 항상 맑으면 부귀가 따르며, 눈이 둥글고 튀어나오면 자주 재난을 당한다.

흰자위가 많은 여자는 남편과 자식을 해친다. 여기에 눈동자가 황색이고 붉은 줄이 있으면 더욱 심하다. 눈이 깊이 들어간 여자는 반드시 재물이 부족하고 남편을 극하며 자녀들이 튼튼하지 못하다. 게다가 입 안에 백태(白苔)가 보이면 빈천하고 타향에서 객사한다. 눈에 검은자위만 있는 것같이 보이는 여자는 간사하고, 눈이 네모진 듯하면서도 둥글면 장수하며, 검은자위가 둥글면 현명하다.

눈꺼풀이 두꺼운 여자는 목소리가 크다.

눈꺼풀 밑에 사마귀가 분명하면 집에 먹을 것을 두고도 승려가 되며, 왼쪽 눈 바로 밑에 사마귀가 위를 향하고 있으면 높은 벼슬에 오른다.

눈 밑을 가로지른 살에 와잠이 있으면 오래지 않아 대가 끊길 징조이다. 게다가 주름이나 흠이 있으면 자식을 극하고 자손이 없다. 눈의 길이가 한 치이면 높은 지위를 얻고, 용의 눈썹에 봉황의 눈은 대귀하나 이런 눈을 가진 사람은 극히 드물다. 흑백이 분명하면 신의가 있다. 닭의 눈동자와 쥐의 눈은 전부 도둑의 상이다.

두 눈이 빛나고 맑으면 귀인이고, 호랑이나 사자 같으면 장군의 눈이며, 눈이 소처럼 생기면 인자하고, 거북 같으면 막힘이 많다. 뱀의 눈동자나 양의 눈을 가진 사람과는 가까이 하지 말아야 한다. 훔쳐보듯 하는 사람은 도벽이 있고 전쟁으로 사망하며, 쥐나 범 또는 고양이가 엿보는 것 같은 눈도 마찬가지다. 범의 눈동자를 가진 사람은 예로부터 인자하지 않다고 했고, 원숭이처럼 흰 눈을 가지면 미쳐서 죽는다. 왼쪽 눈이 작으면 아내를 두려워하고, 물고기 눈을 가진 사람은 전사 또는 옥사할 수 있다. 눈의 크기가 다르면 다른 부모에게서 낳은 형제가 있다."

용안(龍眼) 관거극품(官居極品)	봉안(鳳眼) 총명초월(聰明超越)	후안(猴眼) 일생다려(一生多慮)	귀안(龜眼) 시종향복(始終享福)
흑백이 분명하고, 눈꺼풀이 길고 눈은 크며, 氣와 神이 있다. 이런 사람은 큰 부귀를 누리며, 매우 높은 지위에 올라 녹을 받는다.	길고 스스로 광채를 발하며, 氣가 수려하고 神이 맑다. 이런 사람은 총명한 지혜로 공명을 성취하니, 수많은 사람 가운데 돋보이는 영웅이다.	검은자위가 위로 붙은 듯하고 주름이 겹쳐 있으며 눈동자를 매우 빠르게 돌린다. 이런 눈을 가진 사람은 진정한 부귀를 누린다. 먹는 것을 매우 즐기는데 특히 과일을 즐기며, 앉을 때는 머리를 숙인다.	눈동자가 둥글고 수려한 기운을 감추고 있으며, 위쪽 눈꺼풀에 주름이 여러 개 있다. 이런 눈을 가진 사람은 장수하며 일생 동안 복록을 누린다. 또한 건강하고 복이 끊이지 않아 영화가 자손에게까지 미친다.
우안(牛眼) 율진관오(栗陳貫朽)	공작안(孔雀眼) 부화부순(夫和婦順)	원앙안(鴛鴦眼) 부이차음(富而且淫)	명봉안(鳴鳳眼) 지고현달(志高顯達)
눈이 크고 눈동자가 둥글며 시선은 마치 바람을 보는 것처럼 원근(遠近)이 같지 않다. 이러한 눈을 가진 사람은 재물이 흥하여 많은 재화를 얻을 수 있으며, 수명이 길고 일생 동안 복록을 누린다.	눈꺼풀이 뚜렷하며 눈동자가 맑고 검게 빛나는 사람은 소박하고 부끄러워할 줄 알며, 부드럽고 따뜻하다. 초년부터 만년에 이르기까지 흥성하며, 이름을 세상에 드날리게 된다. 그러나 청색이 많고 흰 기운이 적으면 성품이 흉악하고 강하다.	눈이 수려하지만 눈동자가 붉고 기름지며 모래 같은 점이 있고, 눈이 둥글고 약간 튀어나온 듯하며 복숭아 빛을 띠고 있다. 부부간에 정이 두텁지만 자칫 지나친 색정에 흐를 수 있으니 주의해야 한다.	눈초리가 올라가 귀를 바라보는 듯하며, 눈동자에 神이 드러나지 않은 눈을 가진 사람은 중년에 결혼을 하며, 귀인을 만나 출세하여 집안을 일으킨다. 일찍 출세하지 않으면 만년에 크게 귀한 지위에 오르며, 부와 복을 누리고 장수한다.

상안(象眼) 복수연년(福壽延年)	작안(鵲眼) 발달부귀(發達富貴)	사안(獅眼) 충효정겸(忠孝貞兼)	호안(虎眼) 비상부귀(非常富貴)
눈 위아래에 주름이 있고 수려한 기운이 많으며 눈꺼풀이 길고 눈이 가늘다. 이런 눈을 가진 사람은 마음이 어질고 성품이 부드럽다. 기회를 놓치지 않고 부귀를 이루어 즐거운 세월을 보내며 또한 장수한다.	눈꺼풀에 주름이 있고 눈이 수려하며 길다. 신의가 있고 우애가 깊으며 충성스럽고 선량하다. 소년기에 발전하여 무난하게 지내다가 만년에 크게 발복한다.	눈이 크고 위엄이 있으며 약간 광기가 서린 듯하고 거친 눈썹이 눈을 따라 단아하고 장엄하게 나 있다. 이런 사람은 무엇을 탐내지도 않고 성정이 혹독하지도 않으며, 인정(仁政)을 베풀고 부귀영화와 수복(壽福)을 누린다.	눈이 크고 눈동자는 맑은 금색이며 보통 사람보다 짧고 둥글다. 이런 눈을 가진 사람은 성품이 강하고 침착하며 태도가 신중하여 일생 동안 별다른 근심이 없다. 또한 재복을 타고나 부귀하게 되나, 말년에 자손을 잃게 된다.
수봉안(睡鳳眼) 온유정대(溫柔正大)	서봉안(瑞鳳諺) 화이불류(和而不流)	안목(鴈目) 의기온옥(義氣蘊玉)	음양안(陰陽眼) 부이다사(富而多詐)
눈이 평평하고 쳐다볼 때 치우치거나 흘겨보는 듯하지 않으며, 웃음을 띤 온화한 얼굴에 기색이 수려하고 아름답다. 타고난 성품이 너그럽고 아량이 있으며, 넉넉한 부귀를 자랑한다.	일월이 분명하고 양각이 가지런하며, 위아래 주름이 길고 수려하며 웃음을 머금었다. 눈동자가 흐르는 듯하면서도 움직이지 않고 神이 광채가 있으면 학문으로 이름을 떨치고 오래도록 존경을 받는다.	눈동자가 칠흑처럼 검고 주위는 금색이며, 눈꺼풀 아래위로 주름이 길게 나타나 있는 눈을 가진 사람은 총명하여 높은 관직에 올라 부귀를 누린다. 또한 형제가 모두 출세해서 이름을 떨치게 된다.	눈동자가 하나는 크고 하나는 작다. 눈에서 광채가 나고 곁눈질하는 듯이 보며, 겉으로는 바른말을 하지만 성실하지 못하고 속마음은 비뚤다. 또 간계가 많고 술수에 능해 어려운 일이 닥쳐도 잘 대처하며, 부귀를 누리지만 사치하지 않는다.

관안(鸛眼) 중년현휘(中年顯輝)	아안(鵝眼) 자선유경(慈善有慶)	도화안(桃花眼) 희미무상(喜媚無常)	취안(醉眼) 백사무성(百事無成)
눈 위의 수려한 주름이 간문까지 이르고 흑백이 분명하며, 눈동자가 맑고 아름답다. 흘겨보듯 눈동자가 치우치지 않으면 마음이 넓고 바른 인격자로 특히 중년에 귀하게 되어 영화를 누리며 장수한다.	여러 개의 주름이 수려하게 천창을 겨눈 듯하고 사물을 볼 때 神이 분명하다. 눈이 길며 흰자위는 작고 검은자위가 크면 건강하며 오래도록 수복을 누린다.	눈웃음을 치고 눈에 물기가 있는 도화안은 남녀를 막론하고 좋지 않다. 눈꺼풀이 눈물이 젖은 듯 촉촉하고 곁눈질을 잘하는 사람은 노는 것을 좋아하며 음란하다.	눈에 붉은빛과 노란빛이 어지럽게 섞여 있고, 취했거나 졸린 듯 눈빛이 몽롱하면 여자는 음란하고 남자는 도둑이 된다. 비록 도를 닦은 승려나 학문을 익힌 선비라 해도 지조를 지키지 못하고 색정을 범해 귀하게 되지 못하며, 재물 또한 궁핍하다.
저안(猪眼) 사필분시(死必分屍)	사안(蛇眼) 무륜패의(無倫悖義)	합안(鴿眼) 총명소취(聰明小就)	난안(鸞眼) 광박대부(廣博大富)
흰자위가 어둡고 눈동자가 튀어나왔으며, 잠에 취한 듯 몽롱한 눈으로 주름이 굵게 잡히고 눈꺼풀이 두텁다. 이런 사람은 성질이 사납고 흉악하다. 일시적인 부귀를 누릴지라도 형액을 받아 악사한다.	눈이 작고 둥글며, 앞으로 튀어나온 듯하고, 눈동자가 붉고 눈자위에 적맥이 있는 사람은 마음이 독사와 같이 거짓말을 잘하고 간교하며, 늑대처럼 사납고 호랑이처럼 흉포하여 인륜을 어기고 의(義)를 버리는데, 자신의 아버지도 해칠 수 있다.	비둘기의 눈이란 눈동자가 누렇고 작으며 둥근 것이다. 이런 눈을 가진 사람은 앉은 자세가 바르지 않고 비스듬하며 머리와 무릎을 흔든다. 남녀를 막론하고 음란하고 게으르며 허영심과 탐욕이 많다.	준두가 둥글고 크며, 눈은 가늘고 길다. 걸음은 급하나 말씨가 고우며 마음이 선량하다. 이런 사람은 귀함이 군왕에 가까워 크게 쓰이며, 높은 벼슬에 올라 부귀를 누린다.

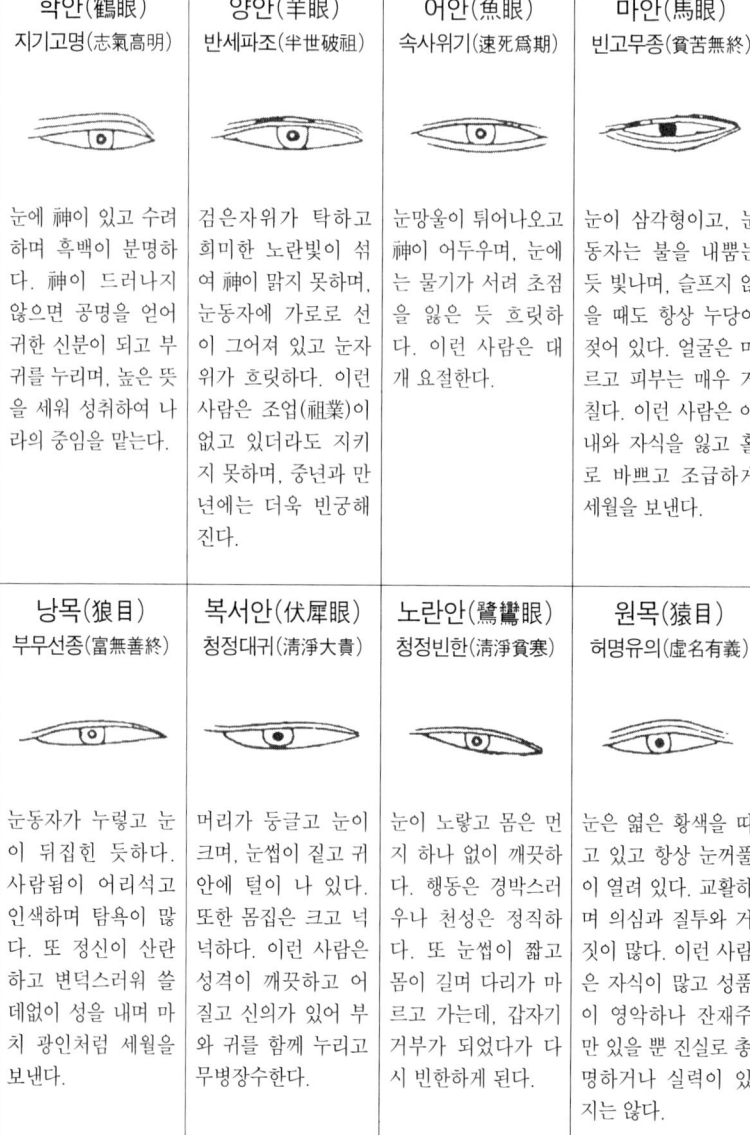

학안(鶴眼) 지기고명(志氣高明)	양안(羊眼) 반세파조(半世破祖)	어안(魚眼) 속사위기(速死爲期)	마안(馬眼) 빈고무종(貧苦無終)
눈에 神이 있고 수려하며 흑백이 분명하다. 神이 드러나지 않으면 공명을 얻어 귀한 신분이 되고 부귀를 누리며, 높은 뜻을 세워 성취하여 나라의 중임을 맡는다.	검은자위가 탁하고 희미한 노란빛이 섞여 神이 맑지 못하며, 눈동자에 가로로 선이 그어져 있고 눈자위가 흐릿하다. 이런 사람은 조업(祖業)이 없고 있더라도 지키지 못하며, 중년과 만년에는 더욱 빈궁해진다.	눈망울이 튀어나오고 神이 어두우며, 눈에는 물기가 서려 초점을 잃은 듯 흐릿하다. 이런 사람은 대개 요절한다.	눈이 삼각형이고, 눈동자는 불을 내뿜는 듯 빛나며, 슬프지 않을 때도 항상 누당이 젖어 있다. 얼굴은 마르고 피부는 매우 거칠다. 이런 사람은 아내와 자식을 잃고 홀로 바쁘고 조급하게 세월을 보낸다.
낭목(狼目) 부무선종(富無善終)	복서안(伏犀眼) 청정대귀(淸淨大貴)	노란안(鷺鸞眼) 청정빈한(淸淨貧寒)	원목(猿目) 허명유의(虛名有義)
눈동자가 누렇고 눈이 뒤집힌 듯하다. 사람됨이 어리석고 인색하며 탐욕이 많다. 또 정신이 산란하고 변덕스러워 쓸데없이 성을 내며 마치 광인처럼 세월을 보낸다.	머리가 둥글고 눈이 크며, 눈썹이 짙고 귀 안에 털이 나 있다. 또한 몸집은 크고 넉넉하다. 이런 사람은 성격이 깨끗하고 어질고 신의가 있어 부와 귀를 함께 누리고 무병장수한다.	눈이 노랗고 몸은 먼지 하나 없이 깨끗하다. 행동은 경박스러우나 천성은 정직하다. 또 눈썹이 짧고 몸이 길며 다리가 마르고 가는데, 갑자기 거부가 되었다가 다시 빈한하게 된다.	눈은 엷은 황색을 띠고 있고 항상 눈꺼풀이 열려 있다. 교활하며 의심과 질투와 거짓이 많다. 이런 사람은 자식이 많고 성품이 영악하나 잔재주만 있을 뿐 진실로 총명하거나 실력이 있지는 않다.

녹목(鹿目)	웅목(熊目)	하목(蝦目)	해목(蟹目)
성급소의(性急疎義)	필무선종(必無善終)	조심부성(操心富盛)	완포불효(頑暴不孝)
눈동자가 검고 위아래 눈꺼풀에 주름이 길게 잡혀 있다. 걸음은 나는 듯 빠르고 성격은 매우 강하다. 이런 사람은 의리가 없어 배신하기 쉬운데, 운은 좋아 가만히 있어도 복록이 따른다.	눈동자가 둥글지만 저안과는 다르다. 이런 눈을 가지면 힘이 세고 흉포하며 어리석다. 앉아서도 오래 견디지 못하고 숨결이 가쁘다. 일생 동안 빈들거리며 세월을 보낸다.	풍채가 뛰어나고 의연하며 영준한 기품과 바르고 곧은 성품을 지녔다. 불의 해 즉 사오년(巳午年)에는 장애가 많고, 물의 해 즉 해자년(亥子年)에는 뜻을 이루게 된다. 만년의 영화가 무궁하지만 수명은 길지 못하다.	눈동자가 튀어나온 것으로, 성격은 완고하고 어리석으며 나서기를 좋아한다. 자손이 있어도 제대로 키우지 못하며, 자식 또한 부모에게 효도를 하지 않는다.
연목(燕目)	자고목(鷓鴣目)	묘목(猫目)	
부득자력불풍금(不得子力不豊衾)	주불후부(主不厚富)	근귀은부(近貴隱富)	
입이 작고 입술은 붉으며, 늘 머리를 흔든다. 눈이 깊고 흑백이 분명하며 눈빛이 밝다. 또 말이 많고 빠르다. 이런 사람은 신용이 있고 재주는 뛰어나지만 노력이 헛수고로 돌아가 의식이 넉넉하지 못하다.	눈이 붉거나 노란색이며, 얼굴은 붉은빛을 띠고 머리를 흔들며, 걸을 때는 발을 높지 않게 뗀다. 또 몸이 작고 귀도 작으며 언제나 땅을 보고 걷는다. 일생 동안 고생이 많고 재물이 궁핍하다.	눈동자가 노랗고 모양은 둥글며, 천성적으로 절인 어물을 매우 즐긴다. 성품이 온화하고 순진하며 재주와 능력이 뛰어나고 책임감이 있어 사람들의 존경을 받으며 부귀를 누린다.	

상비(相鼻)

코〔鼻〕는 오악(五嶽) 가운데 중악(中嶽)으로 土에 속하며, 재백궁(財帛宮)이라고 한다. 코는 얼굴을 대표하는 부위이자 폐(肺)의 영묘(靈苗)이다. 폐가 허하면 코가 통하고 폐가 실하면 코가 막히므로, 코가 막히고 통하는 것을 보아 폐의 허실을 알 수 있다.

준두가 둥글고 콧구멍이 보이지 않으며, 난대와 정위가 서로 응하여 조화를 이루면 부귀를 누린다. 연상과 수상의 부위가 모두 코에 속하므로 코를 보고 명이 길고 짧음을 알 수 있다. 빛이 윤택하고 풍만하게 높이 솟은 사람은 귀하지 않으면 수와 부를 누리고, 색이 검거나 마디가 얇고 흠이 있으면 천하지 않으면 단명한다. 코가 넉넉하게 솟아 있고 콧대가 풍만하며 뼈가 단단하면 대개 장수하고, 쓸개를 달아맨 것같이 생기고 대롱을 자른 듯 곧으면 부귀하며, 준두가 풍부하고 크면 남에게 해를 끼치지 않는다.

준두가 뾰족하고 가늘면 간계를 잘 쓰고, 코에 검은 사마귀가 많으면 매사에 장애가 많아 머뭇거리게 되며, 가로 주름이 많으면 교통사고로 몸을 상할 수 있고, 세로 주름이 있으면 양자를 들이게 된다. 콧대가 둥글면서 인당을 꿰뚫은 것 같은 사람은 용모가 아름다운 아내를 얻고, 코가 대롱을 자른 것같이 생긴 사람은 의식이 풍족하며, 앞에서 콧구멍이 보이면 단명하고 빈한하다.

매부리코는 악랄한 성격으로 남을 잘 속인다. 코에 굽이가 세 개 있으면 고독하고 재산을 탕진하며, 세 군데가 오목하면 골육이 서로를 등진다. 준두가 둥글고 곧으면 타향에 나가 성공하고, 풍성하게 일어나면 부귀를 누리며, 홍색을 띠면 반드시 동서로 바쁘게 다닌다.

콧대에 살이 없어 뼈가 드러나면 일생 동안 장애와 곤란이 많고, 준두 끝의 살이 늘어진 사람은 음란하고 재산이 넉넉하지 못하며, 준두가 둥글고 살이 많으면 의식이 풍족하고, 뾰족하고 얇으면 고독하고 가난하다. 콧대가 천정까지 솟으면 이름을 사방에 떨치게 되고, 콧대에 뼈가 없으면 반드시 요절하며, 콧대와 준두가 뾰족하거나 비뚤어진 사람은 마음도 비뚤어져 있다.

준두는 항상 빛이 나고 윤택해야 하며, 산근은 끊기지 않아야 한다. 코와 준두가 서로 껴안은 듯하고 곧으면 부귀를 누리고, 콧대만 외롭게 높이 솟으면 형제의 덕이 없으며, 콧대가 곧지 못하면 끊임없이 남을 속인다. 콧구멍이 밖으로 보이면 비방을 받고 흉해(凶害)가 있으며, 코 위에 검은 사마귀가 있으면 음부(陰部)에 병이 있고, 코 위에 가로 주름이 있으면 근심과 곤란이 떠나지 않는다.

콧대가 평평하지 않으면 양자가 되기 쉽고, 콧대가 힘이 없고 얇으면 일이 제대로 이루어지지 않으며, 코가 줄어든 주머니 같으면 일생동안 길하다. 코끝이 짧고 작으면 성품이 천박하고, 콧대가 넓고 길면 재주가 많으며, 콧대가 곧고 두터우면 높은 벼슬에 오르고, 코에 결함이 있으면 고독하고 굶주리게 된다.

시에서는 다음과 같이 말한다.

"코가 쓸개를 걸어놓은 듯하면 귀한 신분이 되는데, 土가 빛나면 땅[地]을 얻어 생하기 때문이다. 산근에서부터 이마까지 뼈가 솟으면 영화롭고 귀하게 되어 높은 벼슬에 이른다. 코끝이 뾰족하고 작은 사람은 빈천하고, 콧구멍이 들여다보이면 집안에 재물이 없으며, 매부리코는 평생 간계로써 처세한다.

준두가 뾰족하고 얇으면 운이 나쁘고, 코 위에 가로로 된 주름이나 사마귀가 있으면 재난이 많다. 또한 콧구멍이 드러나면 가난하고 단명하나, 콧대가 길면 백년을 넘어 장수한다. 코가 왼쪽으로 휘면 아버지를 먼저 잃고, 오른쪽으로 휘면 어머니와 먼저 이별한다. 콧구멍이 크면 재물이 모이지 않고, 준두가 둥글고 두텁고 풍부하면 재물이 많고 장수한다. 산근이 푸른색을 띠면 요절할 수 있고, 법령에 주름이 깊으면 살생하려는 마음이 있다. 준두가 갈고리 같으면 재물도 있고 장수를 누리며, 코가 쓸개를 달아맨 것 같으면 해마다 재산이 늘어난다.

준두에 사마귀나 점이 있으면 음부에도 있는데, 상하나 좌우 사마귀 위치에 따라 음부에 있는 위치도 같다. 콧대에 사마귀가 있고 음부도 도톰한 것은 뛰어난 상으로 신의 걸작이다. 법령의 주름 가운데에 사마귀가 있으면 불효자로, 왼쪽에 있으면 아버지의 사망을 모르고 오른쪽에 있으면 어머니의 상을 치르지 못한다. 사악(四嶽)이 모두 평평하고 콧대만 홀로 우뚝 솟으면 빈한하고 재물이 흩어지며, 이와 목젖이 드러나고 콧구멍이 들여다보이면 아사하게 된다."

용비(龍鼻)	호비(虎鼻)	산비(蒜鼻)	성낭비(盛囊鼻)
백세유방(百世流芳)	부석치명(富碩馳名)	결과증영(結果增榮)	중년영요(中年榮耀)
콧대가 넉넉하게 솟고 준두가 가지런하며 산근이 곧게 솟아 마치 무소(犀)가 엎드린 듯하다. 콧날이 휘거나 기울지 않고 바르면 존귀한 지위를 얻는다.	코가 둥글고 다른 부분과 조화되며, 콧구멍이 보이지 않고 난대와 정위가 없는 듯하면 큰 부를 누린다. 또한 휘지 않고 어느 한쪽으로 치우치지도 않으며 산근이 크면 부귀를 얻고 이름을 일세에 떨치는 장부의 상이다.	산근과 연상·수상이 모두 평평하고 작으며, 준두와 난대·정위가 서로를 북돋우고 있다. 이런 사람은 형제의 정이 두텁고 마음이 온화하며, 중년부터 만년까지 집안이 융성한다.	코가 높고 평평하며 난대와 정위가 작으며 양쪽 콧방울이 가지런하고 둥글다. 이런 사람은 평생 재운이 따르고 융성하며 공명을 얻어 천하에 이름을 떨친다.

호양비(胡羊鼻)	사자비(獅子鼻)	현담비(懸膽鼻)	복서비(伏犀鼻)
재명쌍미(財名雙美)	전형달요(全形達耀)	복록공보(福祿拱輔)	반초영재(班超英才)
코가 크고 준두가 풍만하며 난대와 정위도 넉넉하고 산근과 연수의 뼈가 드러나지 않으면 석숭(石崇)에 견줄 만한 부귀를 누린다.	산근과 연수가 작고 낮고 평평하며, 준두가 크고 넉넉하게 솟아 난대와 정위를 돋보이게 하는 코이다. 만약 신체도 사자의 모양과 흡사하면 부귀를 누리나, 그렇지 않으면 재물이 있다가도 없다.	코가 걸어놓은 쓸개 모양이고 준두가 가지런하며, 산근이 끊어지지 않고 기울지 않았으며, 난대와 정위가 뚜렷하지 않고 작으면 장년이 되어 부귀영화를 얻는다.	콧대가 산근에서부터 인당을 거쳐 천정까지 곧게 솟은 것인데, 너무 살찌지도 않고 뼈만 앙상하지도 않으며 神이 맑으면 높은 벼슬을 한다.

후비(猴鼻)	응취비(鷹嘴鼻)	구비(狗鼻)	즉어비(鯽魚鼻)
의려비인(疑慮鄙吝)	거악간험(巨惡奸險)	절식회의(竊食懷義)	녹록용용(碌碌庸庸)
	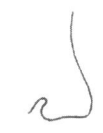		
산근과 연수가 평평하고 크며, 난대와 정위가 분명하며, 준두가 풍만하고 붉은 색을 띠며 콧구멍이 드러나지 않으면 부귀를 누리지만 사통을 할까 두렵다.	콧대의 뼈가 드러나고 준두는 뾰족하여 매부리코와 흡사하며, 난대와 정위가 모두 짧고 줄어든 듯하면 남을 괴롭히고 등쳐먹는 간악하고 편협한 인물이다.	연수 부위의 뼈가 봉우리처럼 솟고, 준두·난대·정위의 콧구멍 주위가 비어 있는 사람은 의리는 있을지 모르나 도둑질을 할 수 있고 곤궁하다.	연수가 높이 솟아 물고기 등뼈와 같으며, 산근이 가늘고 작으며, 준두가 늘어진 사람은 골육간의 정이 없다. 게다가 눈동자가 희고 튀어나오면 일생 동안 의식에 대해 걱정한다.

우비(牛鼻)	절통비(截筒鼻)	편요비(偏凹鼻)	고봉비(孤峯鼻)
용물용인(容物容人)	성직중화(性直中和)	불천즉요(不賤則夭)	영욕무종(榮辱無終)
	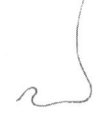	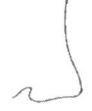	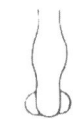
코가 넉넉하고 우뚝 솟은데다 가지런하며, 산근이 깊고 난대와 정위가 분명하다. 연수가 지나치게 높지도 않고 또 연약하지도 않고 적당하면 부를 누려 금은보화가 쌓이고 가세가 번창한다.	대롱을 쪼개어 엎어놓은 듯한 모양의 코를 지니면 부귀공명을 누린다. 준두가 가지런하고 곧고 휘지 않았으며, 산근이 희미하고 연수가 풍만하면 중년에 부귀가 이르고 집안을 크게 일으킨다.	연수가 낮고 오목하며, 산근이 가늘어 코와 얼굴이 조화롭지 못하며, 준두와 난대가 작고 흐르는 듯 보이면 단명하지 않으면 빈천하며 병치레가 잦다.	준두에 살이 없고 콧구멍이 활딱 열렸으며, 관골은 낮고 빈약한데 코만 뾰족하게 높이 솟은 사람은 고독하고 재물이 모이지 않는다. 만약 불도에 귀의하여 중이 되면 근심을 덜 수 있다.

| 삼만삼곡비(三彎三曲鼻) | 검봉비(劍鋒鼻) | 장비(獐鼻) | 성비(猩鼻) |
환과무계(鰥寡無繼)	위계악완(詭計惡頑)	빈투배의(貧妬背義)	부귀호락(富貴好樂)

코가 세 번 휘어진 것을 반음(反吟)이라 하고, 세 번 굽은 것을 복음(伏吟)이라 한다. 반음인 사람은 대(代)가 끊기고, 복음인 사람은 눈물이 그치지 않는다.	콧대의 뼈가 드러나 칼등처럼 생기고, 준두에는 살이 없이 콧구멍만 보이는 사람은 계책을 써서 남을 속이며 마음이 흉악하다. 또한 형제와 인연이 없으며 자식을 극하고 평생 고생하며 외롭다.	코가 작고 준두가 뾰족하며, 콧구멍이 드러나 보이고 금궤(金櫃)와 갑궤(甲櫃) 부위에 잔주름이 많으면 애를 써도 허사이며, 조업도 지키지 못하고 성패가 여러 번 반복된다.	성성이의 상은 콧대가 높고 눈썹과 눈이 서로 닿을 듯 가깝게 붙어 있으며 머리털과 수염이 많다. 얼굴이 넓고 입술이 들렸으며 체격이 크고 살이 찐 사람은 덕이 높고 귀하며 영웅이라고 할 수 있다.
노척비(露脊鼻)	노조비(露竈鼻)	녹비(鹿鼻)	원비(猿鼻)
간구하류(奸究下流)	구식불부(口食不敷)	부귀호의(富貴好義)	투기암기(妬忌暗欺)

코에 살이 없어 뼈가 드러나고 산근이 작으며, 얼굴이 거칠고 속되며 눈에 神이 없다. 土는 만물의 영락을 담고 있으니, 비록 평온하더라도 고독하고 빈천함을 면치 못한다.	코가 높고 콧구멍이 크며 구멍 또한 길면 집안에 의식이 궁핍하다. 이런 사람은 말 못할 괴로움을 받으며 고생 또한 많다. 타향에서 상처를 입고 객사할 수 있다.	코가 풍만하고 가지런하며, 준두가 둥글고 맑고 두터우며, 걸음이 빠르다. 인의를 두루 갖추었지만 자주 놀라고 의심이 많으며 행동이 진중하지 못하다. 그러나 복록이 많아 점차 가산이 늘어난다.	콧구멍이 작고 입은 뾰족하다. 꽃과 과실을 좋아한다. 성격은 미치광이처럼 경솔하고 조급하며 자존심이 없다. 또 걸핏하면 성내고 질투하며 근심이 많고 사람들을 속인다.

상인중(相人中)

　인중(人中)은 우리 몸의 도랑〔溝洫〕과도 같다. 도랑이 잘 통하면 물의 흐름이 막히지 않고, 도랑이 얕거나 좁고 깊으면 물이 막혀 흐르지 못한다. 인중이란 수명의 장단과 자녀의 수를 보는 곳인데, 인중의 길이로 수명의 길고 짧음을 보고, 인중의 넓고 좁음으로 자녀의 수가 많고 적음을 판정할 수 있다.
　인중이 짧지 않고 길며, 가운데가 깊고 외곽은 넓고 곧으며, 비뚤어지지 않고 위로부터 아래로 넓어지는 것이 좋은 상이다.
　인중이 가늘거나 좁으면 의식(衣食)에 대한 걱정을 하고, 가득하고 평평하면 재앙과 막힘이 많다. 인중이 위는 좁고 아래가 넓은 사람은 자손이 많고, 위는 넓고 아래가 좁은 사람은 자녀가 적다. 위아래가 좁고 가운데가 넓으면 질병으로 자녀가 제대로 자라지 못하고, 위아래가 곧고 깊으면 자식을 많이 두며, 상하가 평평하고 얕으면 자식을 낳지 못한다. 인중이 깊고 길면 장수하고, 얕고 짧으면 단명한다.
　인중이 굽은 사람은 신의가 없고, 인중 끝이 곧은 사람은 충의가 있다. 인중이 바르고 늘어진 사람은 부와 수를 모두 누리고, 뒤집어지고 짧은 사람은 빈천하고 단명한다. 인중이 대를 쪼갠 듯 맑으면 2천 석의 녹을 받고, 가늘기가 바늘을 매달은 것 같으면 자손이 없고 빈궁하다.
　인중의 위쪽에 검은 사마귀가 있으면 아들을 많이 두고, 아래쪽에 사마귀가 있으면 딸이 많으며, 중간에 사마귀가 있으면 여러 번 혼인하나 자식은 키우기 어렵고, 인중 양쪽에 사마귀가 있으면 쌍둥이를 낳는다. 인중에 가로 주름이 있으면 늙어서도 자식이 없고, 곧은 주름이 있으면 양자를 두며, 세로 주름이 있으면 자식을 낳아도 병치레가 잦다.

인중이 평평하여 도랑이 없는 듯 보이는 것을 경함(傾陷)이라고 하는데, 늙도록 자식을 두지 못하고 궁핍하다. 인중이 왼쪽으로 휘면 아버지를 먼저 잃고, 오른쪽으로 휘면 어머니를 먼저 잃는다.

시에 이르기를 "인중의 중앙에 가로 주름이 있으면 배를 타거나 강을 건널 때 조심해야 한다. 인중이 왼쪽으로 휘면 아들을 낳고, 오른쪽으로 휘면 딸을 낳으며, 인중의 위아래가 모두 평평하여 패이지 않았으면 자손을 낳지 못하고 설령 낳더라도 기르기가 어렵다. 준두 아래가 인중으로, 구혁(溝洫)이 모두 이곳을 통한다. 만일 어느 한쪽으로 치우치거나 빛이 윤택하지 못하거나 아주 좁으면 자손을 두지 못하고 고독하며 빈한하다. 인중이 평평하게 얕고 짧으면 무엇으로 채워야 하는가? 신의가 없고 자손도 없으니 보는 사람마다 싫어한다. 만일 인중이 곧고 깊으며 길이가 한 치 정도 되면 자손이 많음을 알 수 있다"고 했다.

상구(相口)

입은 음식을 먹는 기관이므로 만물을 조화하는 관문이다. 또한 입은 언어를 통해 마음을 표현하는 바깥문으로, 상벌이 나오고 시비가 모이는 곳이다. 입이 단정하고 두터우며 망령되지 않은 것을 구덕(口德)이라 하고, 남을 비방하거나 쓸데없이 말이 많은 것을 구적(口賊)이라 한다.

입이 네모지고 넓고 깊은 사람은 장수하고 귀를 누린다. 입이 활같이 생긴 사람은 관록(官祿)을 받으며, 입이 크고 입술이 두터운 사람은 부와 복을 누린다. 입이 반듯하고 비뚤지 않으며 얇지 않고 두터우면 의식이 풍족하고, 넉 사(四) 자 같으면 부자가 된다. 입이 뾰족하거나 치우치거나 뒤집힌 듯하고 입술이 얇으면 빈천하고, 말하지 않을 때도 입을 움직이고 입을 벌리면 치아가 드러나는 사람은 때를 만나지 못한다.

입에 검은 사마귀가 있으면 식복(食福)이 있고, 입이 붉으면 굶는 일이 없으며, 입을 한 일(一) 자로 다무는 사람은 빈천하고 박복하다. 입이 커서 주먹이 들어가면 높은 벼슬에 오르고, 입이 넓고 풍만하면 식록(食祿)이 있다. 사람이 없는데도 혼자말을 하는 사람은 천하다.

입술은 입과 혀의 성곽(城郭)이고, 혀는 입의 칼이다. 그러므로 성곽은 두터워야 하고 칼은 날카로워야 하는데, 성곽이 두터우면 무너지지 않고 칼이 날카로우면 무디지 않은 것으로 좋은 상이다. 혀는 크고 입이 작으면 빈천하고 박복하며 단명하고, 입이 작고 짧으면 가난하다. 입의 색깔은 붉어야 하고, 소리는 맑아야 하며, 구덕(口德)은 단정해야 하고, 입술은 두터워야 한다.

『비결』에는 다음과 같이 씌어 있다.

"입이 모래를 뿌린 것 같으면 식록과 영화를 누리고, 입이 단사(丹砂)를 바른 것 같으면 굶주림에 시달리지 않으며, 입이 주사(朱沙)와 같이 붉으면 부귀를 누리고, 소의 입술 같으면 현명한 사람으로 구덕이 없더라도 성품이 순수하다. 입이 각궁과 같으면 지위가 삼공(三公)에 이르고, 입의 양각이 아래로 처지면 의식이 궁핍하며, 입술이 잘 보이지 않으면 병권(兵權)을 가지게 된다. 구각(口角)이 높거나 낮으면 남을 속이기를 좋아하며, 구각이 입술과 같으면 걸식을 하게 된다.

입술이 보이지 않으면 위엄이 삼군(三軍)을 다스리는 정도가 되고, 입이 주머니를 졸라맨 것 같으면 먹을 것이 없어 아사하고 자식을 둔다 해도 반드시 별거하며, 입이 소라와 같으면 노래부르기를 좋아한다.

　용의 입술이나 봉황의 입처럼 생긴 사람과는 사귀지 말아야 한다. 이런 사람은 말은 번드르르하지만 마음이 악하여 항상 조잡하고 추한 생각을 품고 있다. 입이 검붉으면 여자 관계에 주의해야 하는데, 만일 여자라면 남편을 힘들게 할 수 있다. 입은 큰데 혀가 얇으면 마음씨가 좋고 노래를 즐기며 착한 사람이다. 입가가 자색을 띠면 재물의 욕심이 많으나 장애가 따르고, 말을 하기도 전에 입술이 열리면 간음하려는 마음을 품고 있으며, 입 안에 검은 점이 있으면 늘 좋은 음식을 먹는다."

　또한 시에서는 다음과 같이 말한다.

　"귀인은 입술이 주사를 뿌린 것같이 붉은데, 입의 모양까지 넉 사(四) 자처럼 생겼으면 부귀영화를 누린다. 입술이 늘 검푸른빛이면 빈천하기가 쥐와 같아 전답을 없애고 살집도 없다. 수성(水星)이 제 위치에 있고 입이 네모지면 부귀영화를 누리고 가정이 넉넉하며 자손은 창성한다. 입의 위아래가 치우치고 서슬이 박약하면 되지도 않는 소리를 하고 남의 탓을 잘 한다. 입 안이 네모지면 진실하고, 입 양끝이 아래로 처지면 소리가 곱지 않다.

　입술에 주름이 많은지 자세히 살펴야 한다. 색이 푸르고 얇으며 주름이 내 천(川) 자 같으면 피붙이가 아닌 자손을 두며, 혀 위가 항상 푸르면 동기간과 이별한다. 입이 붉고 네모반듯하면 토지와 재산이 많고, 입이 불을 불어 끄는 듯하면 만년에 고독하다. 입 위에 주름이 있으면 성패가 엇갈리며 입이 가볍고 입술이 헛된 말을 잘 한다."

사자구(四字口)	방구(方口)	앙월구(仰月口)	만궁구(彎弓口)
발췌출류(拔萃出類)	식록천종(食祿千鍾)	녹재기중(祿在其中)	특달명양(特達名揚)
입의 언저리가 빛나고 맑으며, 두 입술이 가지런하고 입의 양 끝이 위로 올라가고 아래로 처지지 않은 사람은 총명하고 재주가 많으며, 학문이 출중하여 부귀를 누리며 반드시 높은 벼슬을 하게 된다.	입이 네모반듯하고 입술은 가지런하며, 이가 드러나지 않고 입술이 주사를 뿌린 듯 붉고 빛나면 윤택하다. 웃을 때 이가 보이지 않고, 이가 희면 부귀영화를 누리며 천종(千鍾)의 식록을 얻는다.	입 모양이 반달처럼 양끝이 위로 올라가고 이가 희고 입술이 단사를 바른 듯 붉으면, 문장이 뛰어나고 명성을 얻어 마침내 부귀하고 벼슬을 하게 된다.	입이 활처럼 휘어지고 상현달 같으며, 두 입술이 넉넉히 두텁고 붉고 선명하며, 神이 맑고 氣가 상쾌하면 능력 있는 인물로, 중년에 부귀를 누리며 복록이 자연스럽게 따른다.

저구(猪口)	취화구(吹火口)	추문구(皺紋口)	앵도구(櫻桃口)
종어비명(終於非命)	허화무실(虛花無實)	부생녹록(浮生碌碌)	총명수학(聰明秀學)
윗입술은 길고 거칠고 넓지만 아랫입술은 뾰족하고 작으며 침을 흘리는 듯하다. 이런 입을 가진 사람은 술수를 잘 부리고 남을 비방하며, 마음이 간사하고 악하여 도무지 이루어지는 일이 없다.	입을 마치 불을 불어 끄는 듯한 모양으로 항상 벌리고 있으며 끝이 뾰족하면, 의식에 대한 걱정이 많고 빈천하고 요절하며 평생에 되는 일이 하나도 없다.	입술 위에 주름이 있고 말할 때는 우는 것 같으면 장수할 수는 있어도 고독함을 면치 못한다. 초년에는 안락하나 말년에 실패가 많으며, 외아들을 두더라도 사고로 일찍 잃게 된다.	입술이 두툼하고 연지를 찍은 듯 붉으며, 이는 석류 속처럼 촘촘하고 가지런하며, 웃는 모습은 연꽃이 핀 것같이 화창한 사람은 총명하여 벼슬을 하게 된다.

우구(牛口)	용구(龍口)	호구(虎口)	양구(羊口)
복수유원(福壽悠遠)	주리잠영(珠履簪纓)	덕위병제(德威竝濟)	유년허도(流年虛度)
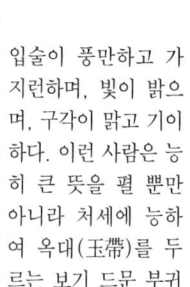			
위아래의 입술이 모두 두텁고 풍만하며 입이 매우 크다. 평생 의식이 족하고 집안이 융성한다. 또한 마음이 맑아 능히 부귀를 얻으며 몸은 사철 푸른 소나무와 같이 건강하고 평안하다.	입술이 풍만하고 가지런하며, 빛이 밝으며, 구각이 맑고 기이하다. 이런 사람은 능히 큰 뜻을 펼 뿐만 아니라 처세에 능하여 옥대(玉帶)를 두르는 보기 드문 부귀를 얻는다.	입이 넓고 커서 주먹이 들어갈 만하다. 만일 귀를 얻지 못하면 크게 부자가 되어 재물을 가득 쌓아놓고 여유를 즐긴다.	수염이 없고 입이 길고 뾰족하며 양쪽 입술은 얇아서 보기 흉하다. 입이 뾰족하여 음식을 먹는 것이 마치 개와 같아 천하고 흉하며 가난하고 장애가 많다.
후구(猴口)	포어구(鮑魚口)	즉어구(鯽魚口)	복선구(覆船口)
간이차린(慳而且吝)	광재부생(狂在浮生)	도연재세(徒然在世)	전패유리(顚沛流離)
 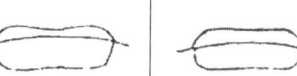		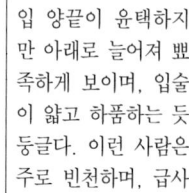 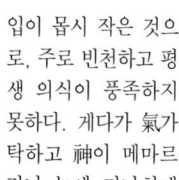	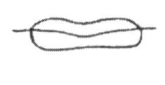
위아래 입술이 아름답고 길며, 입을 다문 모습이 대나무를 쪼갠 듯 반듯하다. 이런 사람은 평생 의록(衣祿)이 족하고 명이 길며, 건강과 복록을 누린다.	입 양끝이 윤택하지만 아래로 늘어져 뾰족하게 보이며, 입술이 얇고 하품하는 듯 둥글다. 이런 사람은 주로 빈천하며, 급사하게 된다.	입이 몹시 작은 것으로, 주로 빈천하고 평생 의식이 풍족하지 못하다. 게다가 氣가 탁하고 神이 메마르거나 눈에 지나치게 물기가 많으면 일생 동안 실패가 많고 떠돌며 운이 트이지 않는다.	입 언저리가 불룩하여 지저분하고, 두 입술이 쇠고기 빛깔과 같으면 걸인이 되어 일생 동안 빈곤하게 지낸다.

상순(相脣)

　입은 성곽이며 혀의 문으로, 한 번 벌리고 다무는 것에 영예와 치욕이 관련되어 있다. 그러므로 입술은 얇지 않고 두툼해야 하며, 밭이랑처럼 길고 작지 않아야 한다. 빛깔이 단사와 같이 붉으면 부귀를 누리고, 남전(藍靛)처럼 푸르면 재앙이 많고 요절하며, 빛이 어둡고 검으면 병으로 악사한다. 입술이 자색을 띠면 의식이 풍부하고 행복하며, 희고 모양이 아름다우면 귀한 아내를 얻고, 누렇고도 붉으면 귀한 아들을 낳는다.

　입술이 비뚤거나 지나치게 작으면 어려서 목숨을 잃고, 입술이 얇으면 빈천하며, 윗입술이 길면 아버지를 먼저 잃고, 아랫입술이 길면 어머니를 먼저 잃는다. 윗입술이 얇으면 말솜씨가 좋으나 사기성이 짙고, 아랫입술이 얇으면 빈한하고 일이 뜻대로 이루어지지 않는다. 위아래 입술이 모두 두툼하면 충성되고 신의가 있으나, 위아래가 모두 얇으면 어리석고 헛된 말을 많이 한다. 입술의 위아래가 서로 다물어지지 않는 사람은 빈한하고 도둑질을 하며, 위아래가 굳게 다물어지면 말과 행동이 정직하다.

　용의 입술을 한 사람은 부귀하고, 양의 입술을 한 사람은 빈천하며, 입술이 뾰족하고 오므린 듯하면 아사하고, 입술이 아래로 늘어지면 외롭고 쓸쓸하다. 입술에 주름이 있으면 자손이 많고, 주름이 없으면 고독하다. 입술이 닭의 간 같은 빛깔이면 늙도록 빈한하고, 입술이 검푸르면 거리에서 굶어죽으며, 입술이 붉고 빛나면 구하지 않아도 풍족하고, 입술이 담흑색(淡黑色)이면 독살을 당한다. 입술이 평평하여 솟지 않았으면 절대 굶지 않고, 입술이 일그러지거나 패이면 하천(下賤)하며, 입술이 길고 이가 짧으면 명이 길고, 입술이 바르지 못하고 비뚤어지면 말이 불안정하다.

상설(相舌)

　말은 단전으로부터 시작하여 입술을 통해 소리를 내는 것이다. 입 안에서 영액(靈液), 즉 침이 잘 나오면 몸과 조화를 이루어 마음속에 담은 뜻을 밖으로 전하게 되므로, 혀는 마음을 외면으로 나타내는 기틀이 된다. 이처럼 혀는 성명(性命)의 추기(樞機)이자 사람의 득실을 판가름하는 곳이므로 혀가 단정하고 추한 것을 살피며 망동됨을 경계한다.
　혀의 모양이 단정하고 날카로우며 길고 크면 가장 좋다. 혀가 좁고 길면 간사하고 도둑질을 하고, 추잡하고 짧으면 일의 성취가 없으며, 크고 얇으면 망령된 말을 많이 하고, 혀끝이 뾰족하고 작으면 탐욕스럽다.
　혀가 길어서 코에 닿을 정도이면 지위가 왕후에 이르고, 손바닥처럼 굳세면 높은 벼슬에 이른다. 혀의 빛깔이 주사(朱砂)처럼 붉으면 귀하고, 간장[醬]처럼 검으면 천하다. 빛깔이 피처럼 붉으면 녹을 얻고, 잿빛이면 가난하다. 혀 위에 곧은 주름이 있으면 벼슬이 경감(卿監)에 이르고, 세로 주름이 있으면 관전(館殿)을 맡으며, 주름이 혀를 둘러싸면 지극히 귀하게 된다. 혀가 풍만하고 예쁘며 입 안에 가득하면 매우 부하게 되고, 혀 위에 비단 같은 무늬가 있으면 벼슬을 하게 된다.
　혀 위에 검은 점이 있으면 거짓말을 잘하고, 혀가 뱀처럼 날름거리면 독하여 남에게 해를 끼친다. 혀가 끊어진 듯 움푹 패이면 일이 막혀 침체되고, 말하기도 전에 혀부터 내미는 사람은 망령된 말을 잘하며, 말하기 전에 혀로 입술에 침을 바르는 사람은 음란하다.
　혀가 크고 입이 작으면 말을 다 맺지 못하고, 혀는 작은데 입이 크면 말솜씨가 좋다. 혀가 작고 짧으면 빈한하고, 혀가 작고 길면 벼슬을 하게 된다. 혀에 엇갈린 주름이 있으면 매우 귀하게 되고, 혀에 주름이 없으면 보통 사람이다.

　대체로 혀는 붉어야 하고, 검은빛을 띠거나 희지 않아야 하며, 네모반듯하고 깊어야 한다.

논치(論齒)

　사람의 이는 백골(百骨)의 정화(精華)이고 입의 칼날이며, 만물을 움직이고 변화시키는 기관으로 턱의 육부(六府) 가운데 하나이다. 이는 희고 크고 촘촘해야 하고, 바르고 길어야 하며, 개수는 많아야 아름답다.

　이가 단단히 박혀 튼튼하고 틈이 없이 촘촘하면 장수하고, 이가 고르지 못하고 겹쳐 난 사람은 교활하고 흉포하다. 이가 드러나면 갑자기 망하고, 잇새가 뜨고 성기면 빈천하고 박복하며, 짧거나 결함이 있으면 어리석고, 윤기가 없이 어두우면 명대로 살지 못한다. 말할 때 이가 보이지 않으면 부귀하고, 늙기도 전에 이가 빠지면 단명한다.

　이가 38개면 왕후가 되고, 36개면 대신이 되거나 거부(巨富)가 되며, 32개면 중품(中品)의 복록을 누리고, 30개는 보통 사람이며, 28개는 하천하고 빈궁한 사람이다.

　이가 밝고 희면 모든 일이 순조롭고, 누런색이면 구하는 것을 얻지 못한다. 백옥같이 깨끗하면 고귀하고, 납이나 은처럼 빛나면 청직(淸職)에 종사하게 되며, 석류 같으면 복록이 따르고, 칼처럼 날카로우면 장수하는데, 쌀알같이 생기면 더욱 오래 산다. 이가 오디열매같이 생겼으면 단명하고, 위는 넓고 아래는 뾰족해서 마치 톱니처럼 생겼으면 성질이 거칠고 육식을 좋아하며, 위는 뾰족하고 아래는 넓어 뿔처럼 생겼으면 성품이 비루하고 나물을 좋아한다. 용 모양의 이를 가진 사람은 자손이 현달하고, 소 같은 이를 가진 사람은 자신이 영화롭게 된다. 이가 쥐처럼 생긴 사람은 빈천하고 단명하며, 개의 이 모양이면 성질이 독하다.

이가 옥을 머금은 것 같으면 하늘이 주는 복록을 누리고, 이가 은처럼 빛나면 부귀를 누린다. 이가 희고 촘촘하고 길면 벼슬을 하고 재앙이 없으며, 검고 성기면 일생 동안 재앙이 많고, 곧게 길어 한 치 정도 되면 말할 수 없을 정도의 귀를 얻고, 이가 가지런하지 못하면 간사하고 거짓을 행한다.

시에 이르기를 "이가 촘촘하고 네모반듯하면 군자나 선비이며, 치아가 성기면 소인의 무리이다. 이가 백옥같이 희고 크기가 고르면 일찍 벼슬길에 올라 이름을 드날리고, 입술이 붉고 이가 희면 문장이 뛰어난데 여기에 눈이 수려하고 눈썹이 높으면 귀인이다. 이가 가늘고 작으며 짧고 성기면 빈천하고 요절하며 아무리 공부해도 벼슬을 얻지 못한다"고 했다.

상이(相耳)

귀는 듣는 것을 주관하는 곳으로 신장(腎臟)과 연결되어 있다. 그러므로 신기(腎氣)가 왕성하면 귀가 밝고, 신기가 허약하면 귀가 어둡다. 귀가 두텁고 단단하며 위에 붙고 길면 장수하고, 윤곽이 분명하면 총명하며, 귀밑 살이 늘어지고 입과 조화를 이루면 재물이 많고 수를 누린다.

귓밥이 두터우면 재물이 풍족하고, 귓속에 털이 나면 장수한다. 귀에 사마귀가 있으면 귀한 아들을 낳고 총명하며, 귓구멍이 크면 지혜가 뛰어나고 포부가 원대하다. 귀가 붉고 윤택하면 벼슬을 하고, 희면 이름을 얻으며, 검붉은빛을 띠면 빈천하다. 귀가 얇고 앞을 향해 있으면 가산을 탕진하며, 뒤로 젖혀지거나 휘었으면 거처할 집이 없고, 양쪽의 크기가 다르면 매사에 장애가 많다. 귀가 밝고 맑으며 살결이 윤택하면 이름을 떨치고, 지저분하고 검으면 가난하고 박복하며 어리석다.

귀가 얼음처럼 단단하면 늙도록 집안에 흉사가 없으며, 길고 높이 솟으면 작록(爵祿)을 얻고, 두텁고 둥글면 의식이 풍족하다. 대체로 귀인은 귀는 비록 귀하지 않더라도 눈은 귀하고, 천한 사람은 설령 귀는 귀할지라도 눈이 귀하지는 않다. 그러므로 상을 잘 보는 이는 먼저 그 기색을 살핀 뒤에 형상을 살펴야 한다.

『비결』에서는 다음과 같이 말한다.

"귀가 크고 높이 붙은 사람은 이름을 사방에 떨치고, 두 귀가 어깨까지 늘어지면 말로 형언할 수 없는 귀(貴)를 누리며, 귀가 얼굴보다 희면 이름을 천하에 떨친다. 귀가 바둑돌 모양이면 스스로 뜻을 세워 자수성가하고, 귀가 검고 꽃잎같이 생기면 가산을 탕진하고 고향을 떠나며, 귀가 종이처럼 얇으면 어려서 사망하고, 윤곽이 복숭아처럼 붉으면 영리하다. 양쪽 귀가 토끼를 닮으면 빈궁함을 하소연할 데가 없고, 쥐처럼 생기면 빈천하고 단명하며, 귀가 뒤집히거나 윤곽이 흐리면 조상의 업을 잇지 못하고, 귀밑 살이 늘어지면 의식이 넉넉하다.

귀가 얇고 뿌리가 없으면 반드시 단명하고, 귓구멍이 넓으면 총명하고 활달하며, 귀에 골(骨)이 솟으면 수명이 짧고, 귀밑의 뼈가 둥글면 빈궁하다. 귀가 눈보다 높으면 학문으로 출세하고, 눈썹보다 두 치가 높으면 평생 빈곤을 모르며, 귀가 높고 윤곽이 분명하면 일생 동안 안락하게 산다. 귀에 칼 같은 고리〔環〕가 있으면 5품의 관직에 이르며, 귓밥이 두텁고 늘어지면 부귀장수한다. 귓구멍이 화살촉처럼 좁으면 가난하고 외롭다. 귀에 털이 생기면 부귀를 누리고 장수하며 재앙을 당하지 않는다. 귀가 짐승의 귀와 같으면 흉액이 많고, 귓구멍이 넓고 크면 총명하고 재물이 많으며, 귓구멍이 작고 귀가 얇으면 수명이 짧고 의식이 궁핍하다."

시에는 다음과 같이 씌어 있다.

"윤곽이 분명하고 귓밥이 늘어지면 어질고 의리가 있는 최상격의 상으로, 목성(木星)이 땅을 얻으니 학문이 밝아 이름을 만방에 떨친다. 귀가 뒤집어진 것은 정이 없고 가장 좋지 않은 것이며, 귓구멍이 좁고 화살깃 같으면 재물과 식량이 없다.

명문(命門)이 작으면 명이 짧고, 귀가 검푸른색이거나 거칠면 타향에 나가 고생하며, 귀에 살집이 두툼하고 윤곽이 뚜렷하며 붉은빛이 있으면 부귀와 영화를 누린다. 귀가 뒤집어져 있고 얇고 살이 없으면 가난하고 고생하며, 털이 귀 밖으로 나오면 장수한다. 귀가 얼굴보다 희면 이름을 떨치고, 앞에서 보이지 않으면 부귀와 영화를 누린다. 앞에서 볼 때 귀가 보이면 가난하며 고생이 많고, 귀 위에 사마귀가 있으면 청각장애가 있다.

귀밑의 살이 늘어지고 빛깔이 밝으며 입과 서로 조화를 이루면 일생 동안 부귀영화가 따른다. 귀 위가 뾰족하고 이는 이리 같으면 사람을 해치는데, 반대로 아래가 뾰족하고 빛깔이 곱지 못해도 좋지 않다. 귓바퀴가 분명하고 빛깔이 윤택하면 재물과 명예를 함께 얻고, 귀 안에 털이 있으면 장수한다. 귀가 솟고 입과 조화를 이루면 부귀장수하고, 귀에 검은 사마귀가 있으면 재앙이 많다."

금이(金耳) 노형처자(老刑妻子)	목이(木耳) 무륜숙수(無輪宿需)	수이(水耳) 명치해우(名馳海宇)	화이(火耳) 노무안일(老無安逸)
귀가 눈썹 위로 한 치 정도 솟고 천륜은 작으며, 귀의 색이 얼굴보다 희고 구슬을 드리운 듯한 것으로 부귀와 공명을 누리며 벼슬에 오른다. 다만 말년에 처자를 형극하여 고독하다.	윤곽이 뒤집어졌으며 귀가 좁고 길다. 육친과 정이 없고 재물이 부족하다. 만일 얼굴의 부위가 좋으면 운이 평탄하나, 그렇지 않으면 빈곤하고 자식복도 없다.	귀가 두텁고 둥글며 눈썹 위에 높이 붙고 살집이 있으며 구슬을 드리운 듯하다. 귀가 굳고 단단하며 붉고 윤택하고 높이 붙었으면 부귀를 누리고, 벼슬을 하여 이름을 멀리까지 떨친다.	귀가 눈썹 위로 높이 솟고 윤곽이 단단하나 뒤로 젖혀졌다. 비록 구슬이 드리웠다 해도 부족함이 많다. 산근과 와잠이 서로 조화로우면 명은 길지만 말년에 자식이 없어 고독하다.
토이(土耳) 서열조반(序列朝班)	저이(猪耳) 빈천흉망(貧賤凶亡)	저반이(低反耳) 모산산명(耗散山冥)	수견이(垂肩耳) 천하일인(天下一人)
귀가 단단하고 두터우며 크고 살찐 것이다. 빛이 붉고 윤택하며 모양이 바르면 부귀가 끊이지 않고 육친에게까지 이어지고 늙도록 건강하다. 여기에 머리가 희고 동안이면 관록이 높아 임금을 보좌하는 영화를 누린다.	돼지처럼 생긴 귀는 윤곽이 분명치 않고, 두텁지만 뒤로 젖혀지거나 앞으로 수그린 듯하며, 또는 구슬을 드리운 것 같다. 비록 한때 부귀를 누리지만 만년에 흉액이 많고 가난하며 외롭다.	귀가 낮게 붙고 뒤집히거나 젖혀진 것으로, 단명하고 고독하며 손재(損財)가 많다. 재물이 생겨도 곧 사라지며 요절할 수도 있다.	귀 뒤가 풍만하고, 귓밥이 길게 늘어졌으며, 귀가 눈썹 위로 높이 붙은 것으로, 살결이 윤택하고 빛깔이 선명하며, 머리가 둥글고 이마가 넓으며 모양이 기이하면 귀함이 제왕에 오르고, 부귀와 이름을 날려 추앙을 받는다.

첩뇌이(貼腦耳)	개화이(開花耳)	기자이(棋子耳)	호이(虎耳)
복록병진(福祿竝臻)	매진전원(賣盡田園)	흥창유원(興創流遠)	위엄막범(威嚴莫犯)
	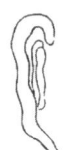		
두 귀가 머리에 닿고 윤곽이 단단하며, 눈과 눈썹을 누르는 듯한 모양을 한 것인데, 이런 사람은 고귀하고 현명하다. 육친이 모두 영화로우며 복록이 따라 오래도록 안락하게 지낸다.	귓바퀴가 꽃잎처럼 뒤집히고 얇고 늘어졌으며 뼈가 단단한 사람은, 많은 재산을 물려받더라도 모두 탕진하고 말년에는 빈곤하게 지낸다.	귀가 둥글고 윤곽이 뚜렷하며 두 귀의 모양이 같으면 자수성가하여 부귀를 누린다. 조업을 잇지 않더라도 스스로 성공을 이루어 중년에는 도주(陶朱)와 비교할 만한 부귀를 누린다.	귀가 작고 윤곽이 찌그러졌으며 얼굴을 보아도 기이함이 보이지 않는다. 이런 사람은 성질이 간사하고 거짓되지만 귀하게 되고 위엄이 있다.

전우이(箭羽耳)	선풍이(扇風耳)	서이(鼠耳)	여이(驢耳)
선영후군(先盈後窘)	패진객사(敗盡客死)	빈한흉패(貧寒凶敗)	분치도외(奔馳度外)
		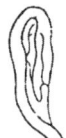	
귀 위쪽은 눈썹 위로 한 치나 높게 붙었으며, 아래쪽은 화살깃과 같이 귓밥이 없다. 초년은 길하고 말년은 흉하여 조상에게 많은 재산을 물려받게 되나, 모두 탕진하고 동서로 분주하게 뛰어다닌다.	두 귀가 앞을 향해 바람을 부치는 것 같다. 조종(祖宗)의 유산을 탕진하는 상으로 어린 시절에는 부조(父祖)의 음덕으로 행복을 누리나, 중년에 들어서면서 실패하기 시작하여 말년에는 빈곤하고 고독하며 객사할 수도 있다.	귀가 높고 뿌리가 날아갈 듯하며 뾰족하다. 비록 눈보다 높이 솟을지라도 현명하지 않다. 쥐처럼 도벽이 있고 개같이 싸움을 좋아하는 습성을 고치지 못하여 말년에 가산을 탕진하고 형액을 받을 수 있다.	윤곽이 있고 귀가 두터우며 귓밥이 있으나 연약하고 구슬이 드리워졌으면 빈곤하고 고생스럽다. 말년에 흉액이 따르고 일에 장애가 많다.

달마조사상결비전(達磨祖師相訣秘傳)

9년 동안 면벽하고 도를 닦아 모습은 어지러우나, 좁쌀 한 톨로 빛을 되찾으니 세상은 좁디좁다. 3천 번을 생각해 보니 뭇사람도 나도 모두가 공(空)이요, 색(色)이다.

황하의 물은 천상(天上)으로부터 흐르니 근원이 깊어 거센 바람이 불더라도 두렵지 않다.

내가 바다를 건너와 의발(衣鉢)을 모두 전하였으나, 다만 상가(相家)의 의발을 전할 사람이 없던 중 이제 그대를 만났으니 나의 사명은 다하였다. 이후에 망령되이 전하거나 사람들을 속인다면 하늘을 거스르는 것이니 경계하고 조심하라.

1) 제1법(第一法)

상은 神을 위주로 살피는데, 다음의 일곱 가지를 살펴야 한다.

첫째 장불회(藏不晦), 神은 드러나지 않아야 하나 어두우면 안 된다.

둘째 안불우(安不愚), 안정되어 요동하지 않아야 하나 어리석어 변통이 없으면 안 된다.

셋째 발불로(發不露), 활발하고 경쾌해야 하나 밖으로 노출되면 안 된다.

넷째 청불고(淸不枯), 맑아 위엄이 있되 메마르지 말아야 한다

다섯째 화불약(和不弱), 친근하지만 가볍게 보이면 안 된다.

여섯째 노부쟁(怒不爭), 엄숙해야 하고 어긋나지 말아야 한다.

일곱째 강불고(剛不孤), 씩씩해야 하지만 너무 자만하면 안 된다.

2) 제2법(第二法)

神은 주로 눈을 보고 판단하는데, 눈에는 일곱 가지의 상이 있다.

첫째 수이정(秀而正), 눈은 수려하고 빛이 나야 하며, 모양이 바르게 생겨야 한다.
둘째 세이장(細而長), 눈이 가늘고 길지 않으면 간교한 소인이며, 길고 가늘지 않으면 악하다.
셋째 정이출(定而出), 神이 안정되면 드러나지 않으나, 神이 나타나지 않으면 어리석은 사람이다.
넷째 출이입(出而入), 나타난다는 것은 神이 있다는 것이나, 너무 드러나면 방탕한 사람이다.
다섯째 상하불백(上下不白), 눈의 위쪽에 흰자위가 많으면 반드시 간사하고, 아래쪽에 흰자위가 많으면 반드시 형극한다.
여섯째 시구불탈(視久不脫), 오래 보아도 빠져나가지 않으면 神이 풍족한 것이다.
일곱째 우변불모(遇變不眊), 눈을 움직여도 흐려지지 않으면 神이 배양된 것이다.

3) 제3법(第三法)

사람의 얼굴은 육분(六分)을 할 수 있다. 얼굴이 바르고 평평하며 일그러지거나 훼손되지 않아야 제대로 육분된 것이다. 몸은 사분(四分)을 할 수 있다. 몸이 굳세고 단단해서 뜬 것처럼 약하지 않아야 제대로 사분된 것이다.

4) 제4법(第四法)

얼굴을 십분(十分)으로 나누면, 눈이 오분(五分)이다. 눈이 바르게 생겨야 마음도 바르며, 일을 할 때에 맺고 나아감이 분명하다. 눈이 바르고 마음이 그릇되지 않으려면 神이 있어야 하는데, 눈이 바르다고 해도 神이 없으면 헛되어 일을 하는 것이 올바르지 않다. 부귀한 사람은 한 가지 재주를 가지고 나아가는 사람이다.

　가장 꺼리는 것은 유(流)·여(麗)·사(思)인데, 이것은 비슷한 것 같지만 그렇지 않다. 유는 뛰어난 듯하지만 업(業)을 망치는 것이고, 여는 神이 있는 듯하지만 색을 밝히는 것이며, 사는 바른 듯하지만 악한 것이므로, 시비를 분별함에는 털끝만큼의 차이가 천리의 차이로 나타난다.

　이마는 삼분(三分)을 차지한다. 이마가 넓고 평평하며 주름이 없으면 눈을 도와 神을 배가시킨다. 활(闊)은 옆으로 넓은 것을 말하고, 평(平)은 곧은 것을 말하며, 주름이 없어야 한다는 것은 소년 같음을 일컫는 것이다. 만약 눈이 수려하지 않고 神이 없으면 이마가 평활하다고 해도 소득이 없다.

　눈썹·입·코·귀가 합쳐 이분(二分)인데, 눈썹은 굳게 얽혀〔緊〕 있어야 하고, 코는 단정하고〔端〕 곧아야〔平〕 하며, 귀는 높이 솟고〔聳〕 밝아야〔明〕 하고, 해구(海口) 즉 입은 당겨진 활처럼 생겨야 한다. 그러면 만년까지 운이 형통한다. 긴(緊)은 흩어지지 않은 것이고, 단(端)은 바른 것이며, 평(平)은 곧은 것이고, 용(聳)은 끌어 일으킨 듯한 것이고, 명(明)은 언저리가 분명하고 각진 것이다. 입은 모든 것이 거둬들여지는 바다와 같고, 입 양끝이 드러나지 않고 각궁 같으면 만년운이 뜻대로 된다.

5) 제5법(第五法)

　사람을 사귀는 것은 왼쪽 눈을 본다. 눈이 맑지 않은 사람은 정이 없으므로 사귀면 해롭다. 그러나 눈에 神이 드러나면 악한 마음이 없으므로, 자세히 살피기 전에는 함부로 말할 수 없다.

　귀(貴)는 눈에 있다. 눈에 神이 없으면 귀와 수를 누릴 수 없다. 부는 코에 있다. 코가 두툼하고 높이 솟았으면 토생금(土生金)하여 반

드시 부를 누린다. 수명은 神에 있다. 神이 부족하면 수와 귀를 누리
지 못하고 설령 귀하게 되더라도 요절을 면치 못한다. 온전함은 소리
에 있다. 사농공상(士農工商)을 막론하고 소리가 우렁차고 맑으면
반드시 성공하나 맑지 못하면 마무리를 하지 못한다.

제일 좋은 상이란 이 5법을 벗어나지 않으나, 입·귀·눈썹·이
마·손·발·등·배의 모든 관계도 살펴야 한다.

달마상법총결(達磨相法總訣)

1) 총결 제1(總訣第一)

시방세계 제자들아, 이귀(二歸:理入事行)에 융통하고 삼매에 이
르라. 이와 같아야 법륜(法輪)이 항시 돌아 세존의 성상(性相)을 보
고, 불법으로 번뇌와 색(色)과 신(身)을 태울 수 있다.

신상(身相)으로 어찌 여래를 볼 수 있겠는가? 무릇 상이라는 것은
모두 허망한 것이다. 중생에게 말하노니 무복아상(無復我相), 인상
(人相), 수자상(壽者相), 무법상(無法相) 모두가 법상(法相)이 아닌
것이 없다. 다시 중생에게 말하노니 먼저 심상(心相)을 알아야 상법
에 통달하여 여래의 상을 알 수 있다.

여래는 동신(動神)·정신(靜神)·출신(出神)·입신(入神)·궁신
(窮神)을 갖췄으니, 이 다섯 가지 신을 가져야 여래의 성상(聖相)을
볼 수 있다. 여래는 육안(肉眼)·천안(天眼)·혜안(慧眼)·법안(法
眼)·불안(佛眼)을 갖췄으니, 이 다섯 가지 눈을 가져야 여래를 볼
수 있다.

제자 감심(鑑心)이 이르기를 "나의 스승 달마 조사(祖師)께서 사
람을 보는 신묘한 법이 일절(一節)·이귀(二歸)·삼매(三昧)의 이치

에 있다고 하셨으나, 쉽게 알 수 없으므로 감히 망령되이 풀이하지 못하고 오직 마음으로 제2·제3·제4절의 뜻을 간단하게 풀이한다"고 했다.

신상귀절(身相句節)에 이르기를 "이목구비의 신상(身相)이 모두 좋을지라도 마음을 잘 쓰는 것만 못하므로 마음을 잘 다스려야 한다. 상(相)에 의존해야만 상이 있고, 무심(無心)이면 상도 마음을 따라 없는 것과 같다"고 했다.

신동귀절(神動句節)은 오로지 오행에 대하여 설명한 것이다. 동신(動神)은 水이니, 水형을 얻으면 움직이며 색은 검다. 정신(靜神)은 土이니, 土형을 얻으면 고요하며 색은 노랗다. 출신(出神)은 木이니, 木형을 얻으면 길고 맑고 튼튼하며 색은 푸르다. 입신(入神)은 金이니, 金형을 얻으면 작고 단단하며 색은 희다. 궁신(窮神)은 火이니, 火형을 얻으면 뾰족하게 깎은 듯하며 색은 붉다. 오행이 상생(相生)을 만나면 신기(神氣)가 조화를 이루고, 상극(相剋)을 만나면 신기가 어울리지 못한다. 먼저 그 형(形)을 정한 뒤에 기색(氣色)의 변화와 순역(順逆)을 따르면 효능이 있다. 만약 하나의 形을 얻고 늘 상생의 기색이 있어 도우면 이로운 것이다.

육안귀절(肉眼句節)은 눈의 상에 대하여 논한 것인데, 조사의 상법이 유독 눈을 중요시하므로 특별히 들추어 말하는 것이다. 육안(肉眼), 즉 눈 아래 자궁(子宮)에 살집이 풍만하고 편안하게 펼쳐졌으며 거슬리지 않아야 참된 격이다. 반드시 자식이 크게 귀하게 되며 복을 누리게 된다. 하늘은 본래 푸른색이다. 눈동자가 마치 하늘처럼 푸르면 천안(天眼)이라 하여 지극히 높은 신분이 된다. 혜(慧)란 총명하다는 뜻으로 눈이 수려한 것을 혜안(慧眼)이라고 부르는데, 문장이 탁월하고 지모가 뛰어나 반드시 과거에 급제한다. 법(法)은 율(律)이며 올바름을 뜻하는데, 눈이 단정하고 눈자위가 어긋나지 않으면 마음이 바르므로 가히 생사를 맡기고 처자를 의탁할 만하니, 선량한 군자로 부귀를 누리고 장수한다. 부처는 자비를 근본으로 여기므로 자애로운 눈을 불안(佛眼)이라고 하는데, 의리가 있고 인자하며 어려운 사람을 돕는 것을 좋아한다. 그러므로 그 음덕이 자손 대대에 미친다. 자안(慈眼)을 식별하기는 매우 어려운데 간단히 설명하자면, 눈동자가 솟지 않고 움직이지 않고 치켜뜨지 않으며, 시선이 사람을 쏘아보는 듯하면서도 친근감이 있으며, 엄하면서도 두렵게 보이지 않는 눈을 불안(佛眼)이라고 한다.

2) 총결 제2(總訣第二)

정(庭)이 반듯하고 각(閣)이 솟아 있으면 일찍 등과(登科)하여 귀하게 되지만, 인당이 밝아야 한다.

변(邊)과 역(驛)이 활짝 열려 밝으면 훌륭한 부모를 만나고, 문장으로 이름을 얻는다. 변성과 역마는 부모궁이다. 눈썹이 맑으며 살쩍까지 이르면 명망을 높이 얻게 되는데, 눈이 속되면 안 된다.

미각(眉角)에 두 줄기 주름이 생겨 간문에 이르면 처첩이 분쟁을 하며, 간문에 바로 선 주름이 미각을 침범하면 처로 인한 내변이 생긴다.

인당이 넉넉히 솟고 밝으며 좌우의 눈썹머리가 멀리 떨어지면 30대에 공명을 얻는다.

눈이 수려하고 봉황 또는 곰의 눈과 같으면 부귀를 누린다. 눈매가 아름답고 神이 눈동자에 드러나지만 미골이 높으면 과거에 급제는 하나 벼슬운이 길지 않다.

누당이 평평하고 가득하면 살이 안정되어야 하는데, 살이 급하면 자식끼리 서로를 해친다.

자궁(子宮)에 주름이 잡혀 위를 찌르면 조상을 해치는 형(刑)을 범하며, 산근이 끊기면 성취되는 일이 없고 죽을 수 있다.

연수와 준두는 높이 솟은 것이 좋으나 너무 솟으면 자식이 없으며, 콧구멍이 들여다보이면 재물의 출입이 잦아 늙도록 집안을 세울 수 없다.

양 관골이 높이 솟았어도 뼈가 드러나지 않으면 46세에 운이 피며, 관골과 턱·입이 모두 유정(有情)하면 말년에 중간 정도의 복록을 누린다.

윗수염이 깨끗하고 텁수룩하지 않으며 윤택하면 50세에 명리를 얻는다.

귀에는 유년에서부터 노년까지의 운이 있다. 어리건 늙건 귀가 메마르면 생명이 위태롭다.

오관(五官)이 모두 바르고 크면 만사를 취하고, 오관 모두가 드러나면 많은 사람 가운데 돋보인다.

살이 많고 피부가 팽팽하면 장수하고, 파리하면 급사한다. 뼈대가 성기고 살이 많으며 걸음이 경박하면 늙도록 편하지 않다.

氣가 강하고 머리를 들고 당당하게 행동하며 눈썹이 한 일(一) 자이면 문인이되 무사를 겸한다.

사람이 청수(淸秀)하다고 해서 모두 귀하게 되는 것은 아니다. 청수하나 박약하면 단명하고, 청수하고 神이 있으면 대귀하지만 고독하다.

사람이 탁하다고 어리석다 비웃지 말라. 부귀하는 사람은 후중(厚重)한 상이 많다.

3) 총결 제3(總訣第三)

두 눈동자가 늘 싸우는 듯하면 부유하여 곡식이 썩을 만큼 있으나 오히려 이로 인해 재앙이 생긴다. 싸운다는 것은 눈동자가 가지런하게 산근의 위치로 향한 것으로, 이런 사람은 성질이 급하고 마음이 악하며 예의가 없다.

쌍마(雙馬)에 가는 주름이 뜨면 노고는 따르나 숨겨진 이익이 많다. 역마 좌우에 은은한 황홍(黃紅)의 실주름이 있으면 분주하게 다니며 수고는 많아도 이익은 적다.

착한 사람이라도 눈이 조악하면 처자로 인하여 재앙이 많다. 형상이 귀신 같고 눈이 튀어나오고 눈동자가 노란색이지만 준두가 넉넉히 솟고 단정하면, 비록 처자로 해서 송사가 생기나 큰 해는 없다. 이런 사람은 성질이 좋지 못한 노비 또는 첩을 들이지 않아야 재앙을 면할 수 있다.

얼굴이 칠흑 같고 이가 은처럼 희면 기예(技藝)로 명예를 얻는다.

예기치 못한 화를 입는 것은 인당에 푸른 기운이 모인 때문이고, 갑자기 귀하게 되는 것은 연수에 밝은 황색의 기운이 뜬 때문이다. 작은 일은 순탄하지만 큰일이 안 되는 것은 생김새나 神이 좀스럽기 때문이다.

처음에는 막히지만 유유하게 인내하여 나중에는 성취한다. 이런 사람은 반드시 골격이 맑고 튼튼하나 연수와 산근에 항상 氣가 막혀 장애가 많은 것인데, 色이 한번 열리면 늦더라도 즉시 발복하게 된다.

사마귀가 옷깃 밖에 드러나면 말로 화근을 부르는데, 사마귀가 바지의 밖으로 드러나는 경우이다. 사마귀가 버선 안에 감춰져 있으면 가난한 가운데 절약으로 재물을 얻게 된다.

인당은 미간의 위치이다. 이곳에 청색과 백색이 혼합되어 일정한 기색이 아닌 것을 교가(交加)라고 하는데, 청·백색이 번갈아 드러나는 교가이면 매사에 실패가 없다. 식상(食上)에 쌀겨 같은 것이 쌓이면 가업을 깨뜨리고, 천창에 백색이 은은하게 나타나거나 갑자기 차가워지면 반드시 빈한하다.

눈썹과 눈이 청수하면 귀하지만 지나치게 아름답거나 맑은 것은 꺼린다. 눈썹이 지나치게 맑다가 갑자기 하얗게 변하거나 속기(俗氣)가 있으면 출가하거나 자식이 없다. 눈썹이 신상(神像)에 그려넣은 듯 아름답기만 하면 자식이 없거나 단명한다.

등이 넓고 두터우며 거위처럼 걸음을 걷는 사람은 부유하나, 육배시행(肉背屍行)과는 다르다. 육배(肉背)란 등에 각이 없는 것이고, 시행(屍行)이란 비대한 체구에 피부가 죽은 사람처럼 흰 것이다. 이런 사람은 반드시 횡사하거나 갑작스런 죽음을 맞는다.

사공(司空)이 황색이며 검은 기운이 은은하게 나타나면 재물로 인한 송사가 있다. 호이(虎耳)가 백색을 띠고 홍기(紅氣)가 희미하게 비치면 갑작스럽게 놀랄 일이 있으며 뜻밖의 재물이 생긴다.

이러한 것은 오직 기색으로만 단정하지 말고 황·백색 위주로 살펴야 하는데, 흑색과 홍색이 현재를 나타냄을 알아야 한다.

20세에 목이 굵으면 자식이 없고, 50세에 자궁(子宮)에 살이 높이 솟으면 역시 자식이 없다.

길을 걸으며 옷을 여몄다가 풀었다가 하는 사람은 함께하기 어려운데, 이는 궁상(窮相)으로 성질이 조급하고 변덕이 많다. 작별하고서도 뒤를 자주 돌아보는 사람은 의심이 많고 마음이 음험하므로 고락을 함께할 수 없다.

간문에 주름살이 어지러우면 아내와 2~3번 사별하며, 와잠이 두텁고 빛나고 윤택하면 자식을 5~6명 둔다.

神이 수시로 변하는 사람은 마음이 좁고 생각이 깊지 못하며 의심이 많고 담력이 약하다. 말을 들으면서 이미 끝난 것을 알지 못하는 사람은 마음으로 인한 병이 생기므로, 곧 고치지 않으면 위험하다.

준두의 홍색이 위로 연수를 침범하면 회록(回祿)을 예방해야 한다. 회록이란 화신(火神)을 말한다. 입술 위의 몇 가닥 청기(靑氣)가 입 안으로 들어가면 하백(河伯 : 물귀신)이 재촉한다.

준두의 밝고 노란빛이 천정에 이르고, 다시 천창과 역마가 밝아지면 이름을 드날린다. 천창과 역마가 노랗고 밝지 못하며 준두에서 천정의 부위까지만 노랗고 밝으면 우두머리가 되지는 못하고 중간 지위에 오른다.

인당이 붉고 윤택하여 그 빛이 눈썹과 살쩍까지 비치고 턱이 흰빛을 띠면 지위가 갑자기 오른다. 그러나 관골과 턱이 희지 않고, 인당·눈썹·살쩍만 붉고 윤이 나면 지위가 약간 오른다.

神이 맑고 氣가 밝으며 色이 윤택하면 험지(險地)와 만나더라도 승진할 수 있다. 험지란 유년(流年)의 연령이 눈에 해당되는 경우에 눈이 좋지 못하거나, 유년 연령이 관골에 이르렀을 때 관골이 지나치게 솟은 것을 말하는데, 비록 나쁜 운을 만나더라도 신색(神色)이 능히 그러한 악조건을 누른다는 것이다.

神이 부족하고 氣가 불안하며 色이 어두우면 비록 좋은 운을 만나도 갑작스런 액을 피하지 못한다. 한순간의 신기(神氣)가 생명을 빼앗으므로, 부위가 비록 좋더라도 신기를 되찾지 못하면 스스로 함정을 파는 형국이 되니 조심해야 한다. 배가 파손되어도 순풍을 만나면 능히 바다를 건널 수 있고, 진옥(眞玉)이라도 돌에 묻혀 나오지 못하면 아무 소용이 없다.

골격이 시원하지 않고 부족하더라도 좋은 기색을 만나면 복록을 얻고, 골격이 준수해도 얼굴의 氣가 막히면 공명을 얻지 못한다.

형상이 승려를 닮으면 반드시 고독하고, 신상(神像)같이 생겼으면 딸은 있어도 아들이 없다. 얼굴이 복숭아꽃처럼 붉으면 단명하고, 귤껍질 같으면 늦게 아들을 얻는다.

상대를 바라보지 않고 엉뚱한 곳을 보고 말하는 사람은 의심이 많아서 마음은 있어도 좀처럼 결단을 내리지 못한다. 음식에 입을 가까이 하고 먹지만 음식을 제대로 입에 넣지 않고 먹는 사람은 탐욕스러우며 반드시 가산을 탕진한다. 눈이 자애롭게 보이는 사람은 재물을 가벼이 여겨 재물을 모으지는 못해도 빈궁하지 않고, 눈동자가 누런 사람은 인색하여 재물은 많을지라도 재앙이 있다.

처자궁(妻子宮)이 황색을 띤 중에 검은 기운이 은은히 나타나면 재물을 얻는 중에 처자가 병이 생긴다. 옛날에 어떤 사람이 장인이 사망했으나 아들이 없어 천금가산(千金家産)을 얻었는데, 얼마 지나지 않아 처자가 모두 죽었다. 이는 바로 기색이 황색 가운데 흑색이 있었기 때문이다.

첩녀궁(妾女宮)이 백색을 띤 가운데 붉은 기운이 은은히 보이면 첩이나 딸이 사망한 중에 송사가 일어난다. 옛날 어떤 관리가 첩을 때리자, 그녀가 우물에 빠져죽었는데 얼마 후 벼슬을 잃었다. 그런데 첩이 우물에 빠져죽기 전에 관리 얼굴의 첩녀궁에 백중홍(白中紅)의 기색이 있었다고 한다.

상이 청수하면 크게 귀하게 되지만, 맑은 중에 고독무자(孤獨無子)한 사람이 많다. 큰 부자는 후중한 상이 많지만 살이 너무 찌면 좋지 않다.

발바닥이 땅에 닿지 않는 듯 걷고 얼굴 가죽이 몹시 얇으면 반드시 패망하고, 머리가 찌그러지고 말이 많으며 시선이 모이지 않고 흩어지면 형액을 당한다.

철면(鐵面)은 바른 금형이니, 음성이 크고 그릇이 넓으면 금국(金局)을 이룬 것이다. 떠가는 구름이나 흐르는 물과 같고 근원이 깊으면 수형이 수국(水局)을 이룬 것으로 대귀한다. 목형은 수려하고 골격이 튼튼하며, 말랐지만 발걸음에 무게가 있으면 동량지재(棟樑之材)로 목국(木局)을 이룬 것이다. 화형은 밝은 氣를 발하고 붉어도 건조하지 않으며 빛이 윤택하면 진양(眞陽)으로 화국(火局)을 이룬 것이다. 토형은 후중한 상으로 살이 풍만하고 기색이 윤택하며, 행동이 안정되고 활기차면 토국(土局)을 이루어 부귀를 누린다.

30세 이전의 운은 천정·일월각·인당을 주로 보는데, 가장 먼저 인당을 살펴야 한다. 40세 이전의 운은 천창·눈썹·눈을 주로 보는데, 그 가운데 눈이 가장 중요하다. 40~50세의 운은 코·관골·준두·인중을 보는데, 뼈가 솟고 피부가 얇은 것을 꺼린다. 50~70세의 운은 턱·입·이·뺨을 보는데, 반드시 구레나룻이 깨끗하고 코밑수염이 굳세야 한다.

부인은 덕(德)을 중요하게 여긴다. 요염하지 않고 경망스럽지 않아야 하며, 목소리는 거세지도 조급하지도 말아야 한다.

유아는 눈이 바르고 골격이 튼튼하며 목소리가 맑고 우렁차며 눈동자가 검으면 기르기 쉽다. 눈이 둥글고 관골이 높이 솟고 위세가 급박하며 기색이 붉고 푸르면 요절하는데, 상앙(商鞅)의 상이다.

코가 인중을 향하여 늘어지고 수염이 부드러우면 빈한하여 죽어서도 땅속에 묻히지 못하는데, 바로 등통(鄧通)의 상이다.

얼굴이 거칠지만 희고 수염이 있으며, 때때로 검어지거나 황색이 되면 운이 트인다. 金인 자신은 백색으로 흑색의 水를 생하고, 황색인 土는 나를 생하기 때문이다.

얼굴이 아름답고 수염이 때때로 검어지거나 황색이 되면 크게 이롭다. 이 같은 방법은 모두가 강(剛)을 유(柔)로 제압하는 것처럼 순리에 따르는 것이다.

자존심이 강하고 목소리가 크며 산근이 움푹 패이거나 좁으면 일생 동안 성취되는 일이 없다. 마음이 부드럽고 도량이 너그러우며 준두가 높고 풍만하면 일생 동안 재물이 풍족하다.

눈썹이 눈 위에 매우 가까이 붙어 있고 턱뼈가 관골보다 높이 솟아 있으면 아내가 남편의 권한을 빼앗는다. 왼쪽 간문의 기색이 검고 오른쪽 눈썹이 왼쪽보다 높으면 첩이 아내의 자리를 빼앗는다.

걸을 때 머리를 숙이고, 앉아서 발을 흔들며, 웃어도 우는 듯하고, 입을 벌리고 잠자는 사람은 간사하지 않으면 고독하거나 가난하다. 눈동자는 옅은 황색이고, 눈썹 부위의 뼈가 솟아 있으며, 입은 항상 벌리고, 말소리가 분명하지 않은 사람은 빈궁하지 않으면 단명한다.

노인의 왼쪽 관골에 갑자기 한 개의 주름이 잡히면 10년을 더 살며, 주름이 두 개이면 20년을 더 살고, 세 개이면 더욱 장수한다. 오른쪽 관골에 맑은 기운이 1개월을 머물러 있으면 손자를 얻고, 2개월을 머물면 조카를 얻으며, 3개월을 머물면 60세에 자식을 얻는다.

얼굴의 백색은 죽음의 그림자로 농담(濃淡)에 따라 사망시기가 가까워졌음을 알 수 있다. 병은 산근의 청흑색(靑黑色)으로 생사를 구분하는데, 눈의 神이 없어지면 결국 사망한다.

• 목광유삼탈(目光有三脫)

근심이 없는 사람은 눈빛의 깊고 얕음으로 병과 죽음을 알 수 있다. 근심이 없는데 눈빛이 사라지면 병을 얻는다. 그러므로 눈빛의 깊고 얕음으로 병사(病死)를 알 수 있다. 병을 얻은 후에 눈빛이 사라지면 눈동자가 움직이지 않으니 죽을 조짐이다.

사건이 있을 때는 음양으로 좋고 나쁨을 구별한다. 변고가 있은 후에 눈빛이 사라지거나 좌우로 나뉠 때 왼쪽이면 흉하고 오른쪽이면 길하다.

• 신색유삼의(神色有三疑)

재난은 예측할 수 없으므로 신중히 살펴야 한다. 괴이한 신색이 오래 지속되면 좋지 않은 것이고, 잠깐이면 병이 든 것이다. 마음의 병은 작은 것이지만 몸의 병이라면 사망에 이른다. 온몸의 색이 변해도 마찬가지로 죽음에 이른다.
　몸이 자신을 부리면 병이 나고, 일의 노예가 되면 실패하며, 神이 자신을 부리면 망하고, 마음이 부리면 가난하며, 마음이 몸을 움직이면 요절하고, 마음이 神을 부리면 간사하다.

4) 총결제4(總訣第四) / 전론여상(專論女相)
　화염(火焰)이 위로 치솟으면 과부가 되는데, 화성이 높고 발제가 높은 것을 말한다. 물이 가득 차서 흘러 넘치면 늙도록 혼자이며, 구혁(溝洫)이 평평하고 차 있으면 반드시 자식이 없다.
　일월이 높으면 태음이 내려다보므로 비참한 과부가 되고, 일월각이 높이 솟으면 반드시 남편을 극한다. 이곳은 36~38세까지의 운을 관장하는 부위이기 때문이다.
　산림과 총묘가 무성하고 실하며 중정이 용이 날아오르는 듯하다는 것은, 산림과 총묘가 높이 솟고 풍만하며 여기에 중정 부위가 응하는 것을 일컫는다. 반드시 귀한 남편에게 시집간다.
　인당이 붉고 누런 기색을 띠며 항상 밝으면 남편이 과거에 급제한다. 火는 붉고, 土는 누렇다. 누당과 정사(精舍) 부위에 청흑색(靑黑色)이 섞여 있으면 음란하여 간음을 범한다.
　귀가 뒤로 뒤집힌 듯 높이 솟으면 남편을 여러 번 바꾸고, 눈썹이 가지런하지 못하고 지저분하게 흩어졌으며 기울어졌거나 눈썹뼈가 툭 솟으면 가정을 파괴한다.
　간문이 들어가지 않았으면 아들을 많이 두고 또한 현명하다. 누당이 풍만하면 딸을 많이 두고 또한 귀하게 된다. 기품이 맑고 연수가 높이 솟지 않았으며 골격이 뚜렷하면 자식을 두는데, 행동이 편안하고 조용하며 코가 지나치게 높지 않으면 자식을 많이 둔다. 그러나 연수가 아주 높으면 남편을 속이며 자식운도 좋지 않다.

여자는 수줍음을 알아야 하고, 말수가 적어야 하며, 몸에서 향기로운 내음이 나고, 머리카락이 윤택해야 현숙함과 덕을 겸한 것이다. 목이 굵고 억세며 가슴이 솟으면 남편을 업신여기고 자식을 극하며 가난하고 단명한다.

눈이 약하고 손가락이 단단한 사람은 자식이 왕성하고 남편에게 복종한다. 눈이 약하다는 것은 눈이 바르고 빛이 밖으로 드러나지 않은 것을 말하며, 손가락이 단단하다는 것은 뼈가 드러나고 살이 적은 것을 말한다.

머리가 단단하고 가슴이 높이 솟으면 팔자가 드세어 자식을 극할 뿐 아니라 자신도 단명하고 빈궁하며 고독하다.

음부(陰部)가 도톰하지 않고 납작하며 털이 없으면 천하다.

양방(陽方)이 서쪽이나 중앙을 향하면 녹이 있고 질투가 없다. 양방은 얼굴인데, 여자는 살결이 희고 깨끗해야 한다. 얼굴이 희고 밝은 노란색이면 덕망이 있고 훌륭한 남편과 총명한 자식을 두지만, 너무 희고 붉은 기운이 적으면 음란하고 질투가 많다.

눈동자가 깊고 촉촉하며, 귀밑머리가 턱에 이르며, 잠꼬대가 심하면 좋지 않다. 눈이 깊은 것은 생각이 많은 것이고, 젖은 것은 흔들림이 많은 것으로 음란한 상이다.

목소리가 맑고 기색이 안정되어 있으며, 크게 웃지 않고, 걸음걸이는 단정하며, 기쁘거나 즐거워도 얼굴색이 변하지 않으면 현명하고 정숙하다.

눈썹과 눈이 팔자 모양으로 머리를 향해 인당으로 곧게 솟아 있으면 성질이 독하여 남편을 해치고 첩을 살해하고 법을 거스르며, 목을 매어 자살할 수 있다.

관골과 준두가 연수보다 높이 솟으면 성질이 사납고 질투가 강하여 남편과 헤어져 독수공방하게 된다. 양 관골과 준두가 연수보다 높으면 과부가 되기 쉽고, 덕이 없으며 가난하다.
불안한 때에도 얼굴이 평상시와 다름없으면 덕이 있다.

5) 총결 제5(總訣第五)

골상을 볼 때는 먼저 머리를 살피고 다음에 코를 살펴야 하는데, 거칠지 않고 드러나지 않아야 아름다운 것이다. 두골은 전후좌우를 막론하고 있어야 좋고, 비골(鼻骨)이 드러나면 파패(破敗)하게 된다. 일신의 골격은 대체로 거칠고 드러나지 않아야 하며, 뼈가 솟거나 살이 있으면 좋다.

육상(肉相)은 살이 곧으면 귀하고 옆으로 늘어지면 천상이다. 부풀어오르거나 팽팽히 조이는 것은 좋지 않다. 살은 바르면서 부드러워야 하는데, 가로로 늘어지면 요절하고, 살이 부풀어오른 듯하면 단명하며, 너무 팽팽해도 천한 것이다. 살결이 윤택하면 귀하게 되고, 살이 뼈가 드러나지 않을 정도로 너무 많으면 평범한 사람이다.

걷는 모습은 힘차고 무거워 흔들림이 없어야 귀하고, 머리를 들지 않거나 숨기는 듯하면 빈천하다. 걸음이 편안하고 조심스러우면 귀하게 되고, 기복이 있으면 오래 살지 못한다.

앉은 모습은 편안해야 한다. 오래 앉아 있어도 흔들림이 없으면 부귀를 누린다. 앉은 모습이 산악과 같고, 어깨·등·허리가 일직선으로 통하여 산봉우리처럼 굳세면 반드시 큰 부귀를 누린다.

어깨가 턱 위로 올라가거나 근골이 약하면 장수하지 못한다.

기뻐도 성난 듯한 모습을 하는 사람은 반드시 심한 고생을 하고, 성을 내야 하는데 오히려 웃으면 줏대는 있으나 마음에 새겨두는 늑대 같은 사람이다

사람을 대할 때 힐끔 보거나 훔쳐보듯 하는 사람과는 사귀지 말아야 한다. 사람이 없는데도 혼자말을 하는 사람은 원대한 뜻을 가지지

못한다.

앉아 있을 때 늘 머리를 숙이면 승냥이 같은 사람이고, 음식을 먹을 때 찌꺼기를 흘리는 사람은 줏대가 없이 건들거린다.

가래가 끓지 않아도 침 뱉는 버릇이 있으면 선부후빈(先富後貧)하고, 말을 제대로 끝맺지 못하면 유두무미(有頭無尾)하다.

말이 빠르고 입을 오므리는 사람은 가산을 탕진하고, 일이 없는데도 바쁜 것처럼 서두르는 사람은 고향을 떠나 풍상을 겪는다.

눈에 붉은 선이 얽히고 산근에 힘줄이 솟으면 죄를 짓고 중형을 받으며, 입술이 주사(朱砂)를 바른 것 같고 얼굴에 도화색이 가득하면 부랑방탕(浮浪放蕩)한 사람이나, 노인은 이와 달리 귀하다.

이처럼 상에 대해 크게 구분해 보았으나, 기색을 살펴 화복을 알기란 무척 어려운 일이다. 그러므로 말로만 전하기보다는 스스로 시험해 보아야 한다.

하늘의 도는 1년 중 24절기가 있어 돌아가고, 사람의 얼굴에도 24변(變)이 있으니 오행으로 배분하면 틀림이 없다.

상서로운 구름이 햇빛에 반사된 것처럼 기색이 온화하고 순수하고 밝으면 귀하게 된다. 그러나 기색이 메마르고 어둡고 혼탁하면 발전이 어렵고, 소화기 계통의 질병과 수재·소송의 액을 당한다.

기색이란 상을 볼 때 가장 살피기 어려운 것이다. 그러나 무릇 청명하고 새벽처럼 시원한 기색은 정기(精氣)가 어지럽지 않을 때 살피면 쉽게 알아볼 수 있다. 술에 취하거나 갑작스런 충격을 받거나 하여 얼굴색이 자주 바뀌는 것과 밝은 듯하면서 밝지 않고 어두운 듯하면서 어둡지 않은 것을 유산(流散)이라 하고, 취한 듯하나 취한 것이 아니고 조는 듯하나 졸지 않는 것을 기탁(氣濁)이라 한다. 이러한 기색은 분별하기 어려우니 신중히 살펴야 한다.

또한 기색은 보름마다 바뀌는데, 자시(子時)에 변하게 된다. 사시(四時)의 기색을 분별하려면 그것에 속하는 오행을 구분해야 한다.

봄은 청색, 여름은 홍색, 가을은 백색, 겨울은 흑색이다. 사계절은 황색이 사시의 정기이다. 이러한 오행색(五行色)이 피부의 바깥으로 나타나는 것을 色이라 하고, 피부 안에 있는 것을 氣라 한다. 氣는 마치 좁쌀이나 콩알 같고, 터럭처럼 생기고, 명주실처럼 가는 것으로 피부 속에서 은은히 나타난다.

오방(五方)의 바른 색을 설명하면, 목형인은 기색이 청색이고, 화형인은 홍색, 금형인은 백색, 수형인은 흑색, 토형인은 황색인데, 이를 사람 몸의 정기라 한다.

목형인은 청색이니 흑기(黑氣)를 필요로 하고 백기(白氣)를 꺼리며, 화형인은 홍색이니 청기(靑氣)를 필요로 하고 흑기를 꺼린다. 금형인은 백색이니 황기(黃氣)를 필요로 하고 홍기(紅氣)를 꺼리며, 수형인은 흑색이니 백기를 필요로 하고 황기를 꺼린다. 토형인은 황색이니 홍기를 필요로 하고 청기를 꺼린다. 이것이 오행생극(五行生剋)의 정기이다

氣는 본래 하나이지만 세 가지로 구별할 수 있다. 첫째는 자연지기(自然之氣)이고, 둘째는 소양지기(所養之氣)이며, 셋째는 소습지기(所襲之氣)이다. 자연지기란 오행의 으뜸으로 자신이 원래 지니고 있는 氣인데, 항상 맑게 머물러 있는 것이다. 소양지기는 자신이 덕을 닦아 氣를 기른 것이니 물(物)로 인하여 흔들리지 않는다. 소습지기는 사기(邪氣)인데, 자연지기가 두텁지 못하고 소양지기가 충분치 못하면 나쁜 기운이 침투되므로 이처럼 부르는 것이다.

신대(神大)란 神이 넉넉한 것이고, 신겁(神劫)이란 神이 부족한 것이다. 氣가 神보다 과하면 기유여(氣有餘)라 하고, 氣가 神에 미치지 못하면 기부족(氣不足)이라 한다. 氣는 오장(五臟)과 통하므로 氣의

상태를 살펴 오장의 허와 실을 알게 되는데, 희로애구(喜怒哀懼)의 감정이 마음에 이르면 氣가 변하게 된다. 그러므로 질병과 생사의 구별은 氣를 살핌으로써 알 수 있다.

청색은 木의 색인데, 맑은 하늘에 태양이 떠오르는 것처럼 맑고 윤택해야 올바르고 길한 기운이다. 만약 기색이 건조하고 응결되어 번쩍이며, 게다가 백기가 나타나면 금극목(金剋木)이 되어 불길하다. 재백궁에 이러한 기색이 있으면 재물을 잃고, 부모궁에 있으면 부모에게, 자녀궁에 있으면 자녀에게 질환이 생긴다. 또한 청기가 건조한 중에 적색을 띠면 목생화(木生火)가 되는데, 청기가 火에 기운을 빼앗기기 때문에 파재 및 송사와 구설이 있다. 황색을 띠면 목극토(木剋土)가 되어 木의 재(財)가 되기 때문에 봄철에 재운이 왕성하다. 흑색을 띠면 수생목(水生木)으로 좋지만 맑아야 길하고 짙으면 재화(災禍)가 있으며, 흑기가 과하면 사망한다.

홍색은 火의 색인데, 마치 구름에 반사되는 햇무리 같고 윤택해야 정기로서 길하다. 만일 건조하거나 타오르는 불처럼 맹렬하면 소송과 시비, 구설 등의 일이 생긴다. 게다가 흑기가 섞이면 큰 재화가 따르는데, 질액궁에 있으면 사망하고, 관록궁에 있으면 감금을 당하거나 관록과 직장을 잃는다. 백색을 띠면 홍색의 재성(財星)이므로 큰 재물을 얻고, 황색을 띠면 화생토(火生土)의 설기(泄氣)가 되어 손재와 우환이 따르며, 청색을 띠면 火가 木의 生을 받아 좋지만 너무 성하면 오히려 근심과 슬픔이 따른다.

백색은 金의 색인데, 옥처럼 맑고 윤택해야 정기이다. 만일 쌀가루나 눈[雪] 같거나 좁쌀처럼 돋아나면 불효하며, 게다가 흑색이 나타나면 금생수(金生水)로 기운을 빼앗겨 손재와 질병이 있다. 적색을 띠면 화극금(火剋金)이 되어 관재, 구설 및 놀랄 일이 생기고 뜻을 이루지 못한다. 청색이 보이면 금극목(金剋木)으로 재성이 되어 재물은 있되 근심이 따르고, 황색이 보이면 土와 金이 상생하여 매사가 순조롭고 복록이 있다.

흑색은 水의 색인데, 옻칠을 한 것같이 색이 고르고 윤택해야 정기라 할 수 있다. 만일 그을음이나 연기처럼 검고 어두우면 재앙이 따른다. 흑색이 정기를 띤 가운데 백색을 만나면 금생수(金生水)로 재록(財祿)이 따른다. 황색을 띠면 토극수(土剋水)가 되어 재앙이 있는데, 자녀궁이 그러하면 자녀에게 질병이 있고, 재백궁이 그러하면 크게 손해를 본다. 적색을 만나면 수극화(水剋火)로 흑색의 재성이 되어 재운이 있지만, 적기가 지나치게 강하면 오히려 관재가 있으나 큰 피해는 없다. 또 불은 쉽게 흩어지는 성질이 있어 동삼월(冬三月)이면 기운을 잃는다. 청색을 만나면 체기(滯氣)로 수생목(水生木)이 되는 까닭에 재물을 잃고 재앙이 따르며 뜻을 이루지 못한다. 특히 겨울에 청기를 띠면 우환이 떠나지 않는다.

황색은 土의 색인데, 사계절에 연수(年壽)가 밝은 황색을 띠면 크게 길하다. 백색이 나타나면 상복을 입게 되고, 홍색을 띠면 소송이나 피부병이 생기거나 재물을 잃는다. 적기가 성하면 화재를 만나고, 청색이 나타나면 질병에 주의해야 하고, 흑색이 침입하면 중병을 얻거나 사망한다.

십이궁극응결(十二宮剋應訣)

1) 명궁

인당은 바르고 평평해야 한다. 뼈가 천중까지 솟으면 부호이고, 중악이 밝고 좌우가 분명하며 용무늬가 있으면 소년에 급제하여 이름을 떨치고 5품의 벼슬에 오른다.

인당이 주저앉고 미간이 좁으며 눈썹이 교차되었으면 부친과 아내를 극한다. 눈썹이 굽고 주름이 생기면 재물을 잃고, 굽은 무늬가 있으면 상해를 입으며, 사마귀가 생기면 타향에서 죽게 된다. 게다가 종기가 나면 재앙이 따르고, 왼편으로 치우치면 평생 바쁘지만 빈천하거나 관직에서의 발전이 적다.

2) 재백궁
재백궁은 준두에서 시작되는데, 풍문이 평온하고 바르면 재물이 풍족하다. 만약 돌아서 오른쪽으로 굽었으면 처와 재물을 잃으며, 왼쪽으로 굽고 어두우면 늙도록 빈궁하다.
재백궁이 크나 비뚤어지면 의식이 부족하고, 준두가 메마르고 드러나면 많은 재산도 탕진한다. 준두가 천정을 꿰뚫는 듯 바르나 주름이 어지러이 교차되면 흉한 일이 있다.

3) 형제궁
눈썹이 길어 눈을 지나면 형제가 많고, 눈썹 양끝의 털이 고르고 아래를 향하면 마음이 착하다. 오른쪽 눈썹이 길면 장년에 이르러서도 안정되지 못하고, 근심어린 얼굴에 눈썹이 짧으면 빈궁하다.
눈썹이 서로 교차하면 타향에서 죽음을 맞으며, 눈썹이 성기고 드문드문하면 자수성가하게 된다. 이마 양쪽에 주름이 있으면 새어머니가 있고, 검은 기색이 있으며 주름이 어지러우면 망설임이 많다.

4) 부모궁
부모궁인 일월각과 좌우 보골이 분명하고 神이 밝으면 귀하고 영화를 누린다. 눈동자에 神이 드러나지 않으면 부귀를 누리며, 비뚤게 보거나 사시인 사람은 형액이 있다.

눈이 맑고 길며 봉황과 같으면 문장으로 이름을 얻고, 거북처럼 둥글고 작으면 지혜가 깊다. 눈동자에 적맥이 나타나면 비참하게 죽을 수 있다.

5) 남녀궁

남녀궁은 눈의 삼양(三陽) 즉 태양(太陽)·중양(中陽)·소양(少陽)을 보는데, 두텁고 얇거나 싸여지고 숨겨진 것으로 자식을 알 수 있다.

만약 와잠이 눈을 生하며 눈이 달처럼 휘었으면 문장이 뛰어나다. 검은 기색을 띠며 주름이 어지러우면 슬픔이 많고, 깊이 패이거나 메말랐으면 여자는 결혼이 힘들다. 붉은 기색을 띠고 얇으면 귀한 자식을 낳으며 부귀와 장수를 누린다.

6) 노복궁

노복궁은 양쪽 해문(海門)을 본다. 눈썹이 단정하고 맑으면 성품이 착하고, 어지러운 주름이 있으면 주위의 사람을 잃게 되며, 깊이 패이거나 한쪽으로 치우치면 재산의 손실이 있거나 아랫사람이 다치게 된다.

지고가 평만하고 승장이 패이지 않았으면 사람들이 절로 따르고, 오악이 천부와 조화를 이루면 으뜸가는 부귀와 영화를 누린다.

7) 처첩궁

처첩궁인 어미는 넓고 평평하면서 둥글고 빛나며, 간문과 가까워야 한다.

검은 기색이 있고 주름이 어지러우면 아내를 극하며, 주름이 끊기거나 패이면 아내에게 산액이 있다. 이곳이 윤택하면 외가의 재산이 많고, 흉한 주름이 있으면 자신이 형액을 당하게 된다. 간문이 칼처럼 뾰족하면 못된 부인을 얻어 흉한 일이 생기거나 명예를 더럽히게 된다.

8) 질액궁

사람의 병과 액운은 산근을 보면 알 수 있다. 이곳이 평평하며 충실하고 분명하면 화를 입어도 피해가 작고, 가로로 넓고 교차되어 있으면 병을 앓게 되며, 검은 기색이 생기면 죽을 징조이다.

만약 오목하게 패이면 슬픈 일이 많은데, 누당이 패여도 마찬가지이다. 산근에서 인당까지가 바르면 이름을 천고에 떨치게 된다.

9) 천이궁

천이궁은 어미의 가장자리로, 터럭이 풍성하면 복록이 따르고, 천창이 표갑(標甲)을 갖추면 빼어나게 총명하여 이름을 천하에 떨친다.

창문(倉門)이 패였으면 녹을 받지 못하고, 상처가 있으면 다치거나 죽음을 맞게 되며, 터럭이 메마르고 그을린 듯하면 재물이 없다.

10) 관록궁

관록은 이마의 넓고 평평함을 보는데, 천정이 네모지고 반듯하면 높은 벼슬에 오르고, 역마와 용궁이 발달하면 귀인의 도움을 얻는다.

이마가 깎인 듯 약하거나 패였으면 작은 벼슬도 하지 못하며, 뼈가 낮고 이마가 좁으면 앞길이 순탄치 못하다. 게다가 검은 주름이 생기면 관직을 맡아도 이름을 더럽힌다.

11) 복덕궁

복덕궁은 창고를 보는데, 명문과 관골 그리고 용당도 참고해야 한다. 이 모두가 단정하고 네모지고 바르면 벼슬에 올라 녹을 받고 높은 지위에 오르게 된다.

만약 이지러지거나 패이면 작은 벼슬도 하지 못하고, 반점이나 흠이 있으면 빈궁하다. 작위와 녹봉은 여기에 달렸으므로, 녹이 있으면 자연히 복을 누리고 장수한다.

12) 상모궁

상모궁은 가장 어려운 것으로 3방과 12궁을 나누어 살펴야 한다. 3방에서는 주로 성(星)이 결함이 없어야 일생의 의식이 풍족하다.

오성(五星)은 모두 서로 극함을 꺼리므로 부위를 정확히 나누어 길흉을 판단해야 한다. 이것이 신선의 묘결이다. 이렇게 하지 않으면 혼미하여 판단이 틀릴 것이다.

신간교정증석합병마의선생신상편권지삼
(新刊校正增釋合倂麻衣先生神相編卷之三)

논사지(論四肢)

두 손과 두 발을 합쳐 사지(四脂)라고 하는데, 이는 사계절을 상징한다. 여기에 머리〔首〕를 더하여 오체(五體)라고 하며, 金·木·水·火·土의 오행을 상징한다.

사시(四時)가 조화를 잃으면 만물이 자라서 열매를 맺지 못하는 것처럼, 사지가 단정치 않으면 일신이 괴롭게 된다. 또한 오행이 이롭지 못하면 만물이 생하지 못하는 것처럼, 오체가 균형을 잃으면 일생 동안 빈천하게 된다.

수족은 나무에 비유하면 가지와 줄기 같은 것이다. 곧게 뻗지 못하고 마디〔節〕가 많으면 재목이 되지 못한다. 수족은 부드럽고 매끄럽고 맑아야 하고, 그 근육과 뼈는 튀어나오지 말아야 한다. 만약 옥같이 희고 줄기처럼 곧으며, 이끼처럼 매끄럽고 솜같이 부드러우면 부귀한 사람이다.

수족이 뻣뻣하고 거칠고 크며, 힘줄이 뼈 위로 드러나 있으며, 살이 더러운 흙 같고 돌처럼 단단하며, 뼈가 잡목처럼 굽고 살에 부스럼이 있으면 빈천하다.

논수(論手)

손은 물건을 잡는 데 쓰는 것으로 취하고 버릴 때 사용하는 것이다. 그러므로 손은 섬세하고 길어야 한다. 이러한 사람은 성품이 너그럽고 은혜를 베푼다. 손이 짧고 두꺼우면 성품이 비열하고 이익을 탐한다.

손이 무릎을 넘으면 영웅호걸이고, 손이 허리에 닿지 않으면 빈천하다. 몸은 작지만 손이 크면 복록을 누리고, 몸은 크나 손이 작으면 청빈한 상이다.

손이 향기롭고 따뜻하면 기품이 맑으면서도 화려하고, 땀내가 나면 어리석고 천하다. 손가락이 섬세하고 길면 준수하며 총명하고, 손가락이 짧고 뼈가 굵으면 어리석고 악하며 고집이 세다.

손가락이 부드럽고 사이가 뜨지 않으면 재물이 모이고, 손가락이 뻣뻣하고 사이가 뜨면 파패가 많으며, 대나무 마디처럼 생기면 빈천하다.

손가락과 손가락이 거위처럼 물갈퀴로 연결되면 귀하게 되고, 손바닥이 길고 두툼해도 마찬가지이다. 그러나 손바닥이 짧고 얇으면 천하게 된다.

손바닥이 얇고 부드럽지 못하며 닭의 발처럼 생기면 지혜가 없고 빈궁하고 하천하며, 부드럽고 미끄러워 솜 같으면 큰 부를 누린다. 손바닥이 단단하고 둥글면 어리석은 사람이요, 손바닥이 부드럽고 반듯하면 부를 누린다. 손바닥의 모서리가 풍성하게 솟고 가운데가 오목하면 부하게 되고, 모서리가 얇고 가운데가 평평하면 재물이 흩어진다.

손바닥이 윤택하면 부귀를 누리고, 손바닥에 기름기가 없어 건조하면 빈궁하다. 손바닥의 붉기가 피를 머금은 듯하면 부귀영화를 누리고, 손이 거칠고 단단하면 하천하며, 손이 부드럽고 가늘면 청빈하다.

손바닥이 청색을 띠면 빈곤하고, 백색을 띠면 하천하다. 손바닥 한가운데에 검은 사마귀가 있으면 지혜로우며 부자로 살고, 손바닥 모서리에 가로로 금이 있으면 어리석고 빈한하다.

시에 이르기를 "귀인의 손이란 열 손가락이 모두 부드럽고 섬세한 것으로, 청한(淸閒)한 직위를 얻어 복록을 누린다. 손가락이 끊어지거나 다른 흠이 있으면 군자가 아니고 흉악하고 어리석은 사람이다"라고 했다.

손은 부드럽고 길어야 하며, 평평하여 뼈가 두텁게 묻혀야 하고, 둥글고 부드럽게 굽어져야 한다. 또한 팔꿈치 마디는 작고, 손가락 마디는 가늘어야 한다. 뼈가 솟고 거칠며, 근육이 무르고 단단하지 못하며, 실같이 가는 금이 있거나 살이 깎인 듯 마르면 좋지 않다.

왕극정(王克正)이라는 사람이 아들이 없이 죽자, 가족들이 죽은 영혼을 위하여 불공을 드리게 되었다. 그의 딸이 불전 향로 앞에 꿇어앉아 향을 피우는데, 문상 왔던 진박(陳搏)이 그녀의 뒷모습을 보고 밖에 나가서 말하기를 "왕씨 딸의 얼굴은 보지 못하였으나 향로 앞에 앉아 분향하는 손을 보니 그 상이 매우 귀하여 만일 남자로 태어났으면 백의(白衣)로 한림(翰林)의 벼슬에 오를 것이나, 여자이니 시집을 가면 남편이 그처럼 귀히 되리라"고 했다.

뒤에 진진공(陳晉公)이 참지정사(參知政事)의 벼슬에 올랐는데 마침 미혼이었다. 태종(太宗)이 "왕극정은 강남의 옛 일가인데, 그에게

딸 하나가 있어 숙덕(淑德)을 갖추었으니 경은 그와 혼인하라" 하며 재삼 권유했다. 진진공이 임금의 뜻을 받들어 아내를 삼았더니 불과 얼마 지나지 않아 마을에서 칭송이 자자했다.

손이 무릎을 넘는 예로는 촉나라의 선주(先主) 유비(劉備)가 있다. 그는 신장이 7척 5촌인데 손이 무릎을 지났으며, 눈으로 자신의 귀가 보였다고 한다.

손이 백옥처럼 맑고 흰 사람은 귀하게 되고, 손이 죽순같이 곧으면 수복(壽福)을 누리며, 이끼처럼 매끄러우면 다복하고 장수한다.

어깨에서 팔꿈치까지를 용골(龍骨)이라고 하는데, 이는 임금을 상징하므로 길고 굵어야 좋다. 팔꿈치에서 손목까지를 호골(虎骨)이라고 하는데, 이는 신하를 상징하므로 짧고 가늘어야 한다.

손금이 그물처럼 얽혀 있으면 복록이 따르고 평생 재앙이 없으며, 가로로 금이 어지럽게 있으면 흉액이 많고, 세로로 금이 있으면 지위가 삼공(三公)에 이른다.

손금이 세 개 있으면 반드시 노복을 부리게 되고, 금이 하나이면 자신이 종노릇을 하게 되며, 열 손가락에 모두 세 개씩의 금이 있으면 식록이 무궁하다.

손이 호랑이처럼 굽었으면 빈한함이 골육에게까지 미친다. 남자의 손이 솜결과 같이 부드러운데 선비이면 지위가 제왕이나 공후에 이르고, 보통 사람이면 부귀를 누린다. 여자의 손이 장대처럼 곧고 그릇 모양이면 지혜와 복록이 무궁하다.

손뼈가 넓고 한쪽이 높으면 천하고, 열 손가락이 섬세하고 윤택하면 지식이 많다. 손뼈가 균형이 잡히지 않고 비뚤어진 사람은 빈한하고 체격도 바르지 않다.

용골(龍骨)이 호골(虎骨)보다 크고 길면 반드시 영화가 있고, 호골이 강하고 용골이 약하면 어리석고 빈천하다.

논장문(論掌紋)

　손에 금이 있는 것은 나무에 무늬가 있는 것과 같은 이치이다. 무늬가 아름다운 나무를 기재(奇材)라 하고, 금이 아름다운 손을 귀질(貴質)이라 한다. 손에는 금이 없을 수 없는데 금이 있으면 좋고 금이 없으면 좋지 않다. 또한 금이 깊고 가늘면 길하고 금이 거칠고 얕으면 천하다.

　손바닥에는 세 줄의 금이 있다. 맨 위에 있는 금은 하늘에 응하여 임금 또는 아버지를 상징하고 귀천을 정한다. 가운데 있는 금은 사람에 응하여 어질고 어리석음을 상징하고 빈부를 알 수 있다. 맨 아래의 금은 땅에 응하여 신하와 어머니를 상징하고 수(壽)의 길고 짧음을 본다.

　손금 세 개가 모두 밝고 맑고 뚜렷하며 끊어진 데가 없으면 복록이 무궁하다. 금 위에 세로 주름이 어지럽게 있으면 성질이 나쁘고 재앙이 많으며, 가로 주름이 어지럽게 있으면 이루어지는 일이 없다.

　손금이 가늘어 마치 실이 얽힌 듯하면 총명하고 복록이 많으며, 손금이 거칠어 마치 조약돌같이 어수선하면 어리석고 천하다.

　손금이 어지럽게 얽히고 끊어진 곳이 많으면 일생 동안 빈궁하고, 겨[糠]가 흩어진 것 같으면 즐거움을 누리며, 구멍 뚫린 동전과 같으면 재물이 늘어나고, 단정하고 홀(笏)처럼 생겼으면 문관으로 출세한다.

　열 손가락 끝에 소용돌이 같은 금이 있으면 영화와 부귀를 누리고, 바구니를 엮은 것 같은 금이 있으면 가난하다. 열 손가락 끝에 가로지른 금이 세 개의 갈퀴 같으면 귀하게 되어 노복을 부리고, 가로지른 금이 하나의 갈퀴 같으면 하천하여 남에게 부림을 받는다.

　손에 거북 모양의 금이 있으면 장상(將相)의 지위에 오르고, 어문

(魚紋)이 있으면 귀하게 된다. 언월문(偃月紋)과 거륜문(車輪紋)은 경사가 있고, 음즐문(陰騭紋)과 연수문(延壽紋)은 복록이 따른다. 또한 인문(印紋)은 귀하고, 전문(田紋)은 부하며, 정문(井紋)은 다복하고, 십자문(十字紋)은 녹을 얻는다.

옥책문(玉策紋)이 손가락까지 뻗으면 이름을 천하에 떨치게 되고, 안검문(按劍紋)이 권인문(權印紋)과 같이 있으면 군졸을 사해에 거느린다. 결관문(結關紋)이 있으면 역적이고, 야차문(夜叉紋)이 있으면 하천하며 도둑질을 한다.

그러나 손금이 비록 좋다 해도 끊기거나 흠이 있으면 제대로 된 상이 아니어서 아무런 효능이 없다.

사계문(四季紋)	대인문(帶印紋)	병부문(兵符紋)	금화문(金花紋)
		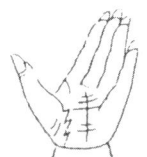	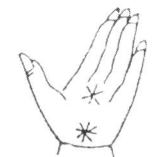
봄은 청색, 여름은 적색, 가을은 백색을 띠어야 하고 겨울은 검은색이어야 좋다. 가을에 적색, 겨울에 황색, 봄에 백색을 띠고 여름에 흑색을 띠면 흉하다.	손금이 도장 모양이면 앞길이 트여 공명을 얻는다. 부귀는 내가 바라는 바가 아니라고 말하지 말라. 스스로 이름을 맑게 하여 공경(公卿)이 될 것이다.	병부문이 손바닥 가운데 있으면 소년 시절에 등과하여 오래도록 벼슬을 한다. 또 절개가 쇠같이 굳고 권세는 요직에 오르며 변방의 적을 진압하여 깃발을 휘날린다.	손바닥에 금화문이 있으면 입신하여 부귀를 영구히 누린다. 남자는 제후에 봉함을 받거나 장상(將相)이 되고, 여자는 제후의 부인이 된다.
배상문(拜相紋)	안진문(鴈陣紋)	쌍어문(雙魚紋)	육화문(六花紋)
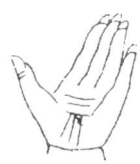			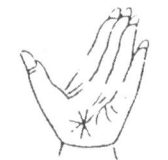
배상문은 건위(乾位)로부터 찾는 것으로, 옥요금(玉腰琴)과 같이 좋다. 이런 사람은 성정이 돈후하고 문장이 뛰어나 군왕을 보좌하는 위치에 선다.	안진문의 다른 이름은 조아문(朝衙紋)인데, 마치 기러기가 열을 맞춰 나는 것 같으니 하루아침에 공명을 얻어 가문을 빛낸다. 장상이 되어 임금이 내린 향로를 받아 돌아온다.	쌍어문이 손바닥 가운데 있으면 뛰어난 문장으로 조종(祖宗)을 빛낸다. 금이 천정(天庭)을 지나며 붉고 윤택하면 반드시 삼공(三公)의 지위에 오른다.	손에 육화문이 있으면 언젠가 큰 은혜를 입게 된다. 반드시 관직을 얻으며, 만년까지 경사가 있어 가문을 빛낸다.

현어문(懸魚紋)	사직문(四直紋)	천인문(天印紋)	기부문(奇扶紋)
		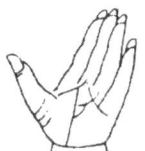	
현어문이 있으면 소년기에 부귀가 있어 한 번에 급제하여 임금을 섬기고, 옥으로 만든 채찍으로 말을 부린다.	사직문이 있으면 중년에 이르러 근심할 필요가 없다. 게다가 붉고 윤택하면 하루 아침에 제후로 봉해진다.	천인문이 건위에 있으면 문장에 재능이 있어 영화를 누린다. 벼슬에 오르면 평탄히 임금을 모시고, 보통 사람의 경우는 황금을 집에 가득 쌓아 두는 복을 누린다.	기부문이 무명지(無名指)에 나타나면 담력이 세다. 게다가 손이 붉고 빛깔이 윤택하면 재능이 많아 일생 동안 부귀를 누리게 된다.
보운문(寶暈紋)	삼일문(三日紋)	금구문(金龜紋)	필진문(筆陣紋)
	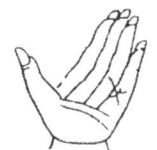	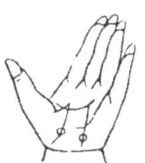	
보운문은 형상이 기이하여 손바닥 가운데 마치 햇무리 같은 금이 있는 것이다. 이렇게 고리 같은 모양이 있으면 제후의 상으로 부귀를 누린다.	삼일문의 정(精)이 장심(掌心)에 밝게 나타나면 소년기에 문장으로 유림(儒林)을 흔들고, 월궐(月闕)의 높은 계수나무에 올라 사해에 명성을 떨치고 만금을 얻는다.	태궁(兌宮) 즉 서악이 높고 손금이 거북과 같으면 영웅의 기상을 지녔으며 장수한다. 이런 손금을 가진 사람은 벼슬을 하지 않고 초야에 묻혀 지낼지라도 금은보화가 가득하다.	필진문이 여러 곳에 있으면 문장과 덕행이 맹자(孟子)를 능가하고, 중년에 뜻을 얻어 등과하며, 복록이 무량하여 몸에는 비단옷을 입는다.

옥주문(玉柱紋)	삼기문(三奇紋)	삼봉문(三峰紋)	미록문(美祿紋)

옥주문이 곧게 뻗으면 담이 크고 총명하며 지혜가 깊다. 게다가 학당(學堂)에 다시 문광(文光)이 나타나면 중년에 상공(相公)이 된다.	삼기문은 무명지에 나타나는 것으로 한 줄기가 셋으로 나뉜 것이다. 이런 손금이 학당에까지 이르면 과거에 급제하여 높은 지위에 오른다.	삼봉문이 손(巽)·이(離)·곤(坤) 궁에서 일어나고, 살이 가득하고 높고 둥글며, 빛나고 윤택하고 붉으면 집안에 재산이 가득하고 좋은 전답을 가진다.	미록문은 삼각형 같은 것으로 삼각대(三角帶)에 가로로 생긴다. 항상 의식이 풍족하며 도처에서 불어나 정(情)이 깊다.
입신문(立身紋)	옥정문(玉井紋)	학당문(學堂紋)	거륜문(車輪紋)
			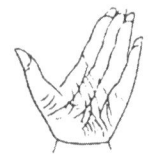
손에 입신문이 있고, 인당이 풍만하고 당당하며, 氣가 무지개 빛깔 같은 사람은 언젠가는 현달하여 귀하게 되고 마침내 상공의 지위에 오른다.	일정문(一井紋)만 있어도 복덕을 누린다. 2~3개가 거듭 있으면 청귀하고 과거에 급제하여 조정에 출입하면서 임금을 보좌하게 된다.	무지(拇指)와 산근 사이를 학당이라고 하는데, 마디가 부처의 눈과 같으면 문장이 높다. 과거에 급제하여 높은 이름이 멀리 퍼진다.	손금이 크고 원만한 것을 거륜문이라고 하는데, 반드시 임금이 거하는 대궐에 출입하는 사람이 된다. 다시 살펴 손금이 온전하면 이름을 떨쳐 제후로 봉해지거나 대신이 된다.

학당문(學堂紋)	이학문(異學紋)	소귀문(小貴紋)	천희문(天喜紋)
		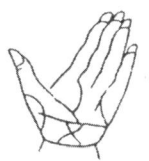	
학당문이 짧게 그치고 서로 응하면 청귀한 가운데 복록도 따른다. 넓게 열리면 기예가 뛰어나 대소사를 막론하고 모두에 능하다.	이학문이 있으면 특이하고 색다른 길을 가게 되어 남들이 부러워하는 귀한 이름을 얻는다. 승려가 되어 도를 닦으면 특별한 이름을 얻고, 속세로 돌아오면 큰 부자가 된다.	소귀문이 기이하면 작은 벼슬을 하고, 비록 관록을 얻지 못할지라도 재물은 풍족하다. 손바닥이 붉고 넓적하고 부드러우면 승려라도 환속하여 권세를 누린다.	천희문이 있으면 입신하여 평생 복록이 많다. 영화롭고 즐거우며 몸이 편하니 일마다 뜻과 같다.
복후문(福厚紋)	천자문(川字紋)	절계문(折桂紋)	삼재문(三才紋)

복후문이 학당을 향하면 평생 재앙을 겪지 않는다. 기쁜 마음으로 가난하고 어려운 사람을 도우니 음덕이 쌓여 오래도록 수복을 누린다.	다섯 손가락에 모두 내 천(川) 자 같은 금이 생기면 사람마다 수명을 더하여 오래 산다. 남자는 상산(商山)의 신선과 비길 만하고, 여자는 왕모선(王母仙)에 비할 만하다.	절계문이 있으면 장차 이름을 떨칠 큰 재목의 상으로 선비는 급제하여 높은 재간을 펼친다. 항아(嫦娥)와 달 속에서 약속을 하여 하루는 구름을 타고 올라 계수나무를 꺾어온다.	삼재문이 분명하면 운이 좋고 평생 평탄하게 지낸다. 수명 또한 길고 재물도 족하지만, 충파(沖破)를 만나면 무정(無情)하게 된다.

천금문(千金紋)	이괘문(離卦紋)	진괘문(震卦紋)	음덕문(陰德紋)
		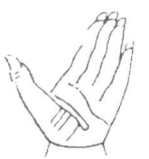	
천금문이 있으면 그지없는 영화를 누린다. 만약 소년에게 이런 손금이 있다면 당장에 부귀를 얻는다.	이괘문이 충파를 당하면 고생이 많다. 감위(坎位)가 풍만함은 만년을 가리키는 것이다. 만약 팔괘(八卦)가 가득하면 외롭고 천하며, 삼산(三山)이 두터우면 영화롭고 창성한다.	진궁(震宮)이 풍만하고 색이 윤택하면 아들이 있고, 금이 가늘고 흐리면 자식이 적다. 혹 이런 중에 살(殺)이 있으면 양자를 들이거나 자식과 이별하게 된다.	음덕문이 손에 생기면 항상 음덕을 잘 베풀고 총명하며 흉액이 범하지 않는다. 이런 사람은 마음이 독하지 않고 선을 베풀기를 좋아하며 불경(佛經)을 좋아한다.
은하문(銀河紋)	화개문(華蓋紋)	감어문(坎魚紋)	주산문(住山紋)
			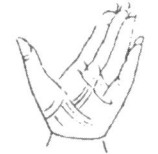
은하쇄가 천문(天紋) 위에 있으면 반드시 상처(喪妻)하고 재취하게 된다. 감궁(坎宮)과 이궁(離宮)이 어지럽거나 충파를 당하면 조상의 업을 지키지 못하고 자수성가하게 된다.	화개문은 청룡(靑龍) 또는 음즐문과 같다. 이런 손금이 있는 사람은 길하고 이로우며 음공(陰功)이 많다. 혹시 다른 흉한 손금이 있더라도 구원을 받아 흉이 사라진다.	물고기 같은 모양의 손금이 감위(坎位)에 길게 있으면 좋은 아내를 얻고 재산도 늘어난다. 건궁(乾宮)에 우물 정(井) 자가 있으면 자식이 벼슬에 오른다.	신위(身位)에 기울어진 것이 주산문이다. 고요하고 한적한 곳과 기쁨을 탐한다. 늙어서도 처세함에 항상 마음을 쓰게 되는데, 부부간의 해묵은 원한을 풀지 못하고 있는 것이다.

지혜문(智慧紋)	산광문(山光紋)	색욕문(色欲紋)	난화문(亂花紋)
		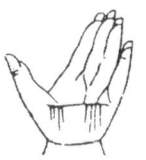	
손금이 길고 곧아 창(槍)의 모양과 같으면 지혜가 밝아 이름을 날린다. 평생 행동에 사려가 깊고 자선(慈善)을 겸하므로 재앙이 없다.	산광문이 있으면 맑고 한가로움을 즐긴다. 이런 사람은 승려가 되는 것이 가장 좋은데, 그렇지 않으면 고아이거나 홀아비가 된다.	색욕문이란 금이 풀이 난 듯 어지러운 것으로, 풍류와 색정을 좋아한다. 색을 탐함에 끝이 없어 여러 몸에서 자식을 많이 두게 된다.	난화문이 있으면 천성이 사치스럽고 화려한 것을 좋아한다. 한가로이 여색을 탐하고 늘 미인만 찾으며, 집안에는 애착이 없다.
은산문(隱山紋)	일야문(逸野紋)	화주문(花酒紋)	도색문(桃色紋)
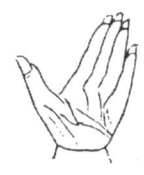		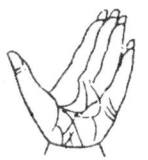	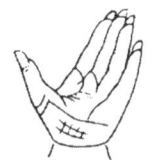
은산문이 장심(掌心)에 있으면 성품이 착하고 자비심이 많으며 운이 길하다. 또 고요하고 한가로움을 즐기며 시끄럽고 번거로움을 싫어하여 만년에 속세를 떠나 도를 구한다.	일야문을 명(命)을 따라 찾으면 장심 가운데 곧게 있다. 이런 사람은 성품이 조용하고 한적한 것을 좋아하여 일생 번잡한 곳과 사람이 많은 곳을 꺼리지만 계략이 깊다.	화주문이 장심으로 향하면 일생을 술에 취해 지낸다. 또 돈을 물쓰듯 하여 재물을 모을 수 없고, 젊고 아름다운 여인만 탐낸다.	도색문이 있으면 사치스럽고 화려함을 즐기며, 술을 좋아하고 색을 밝힌다. 이로 인해 일생을 그르쳐 중년에 이르러 반드시 집안에 곤란과 어려움이 있다.

색로문(色勞紋)	원앙문(鴛鴦紋)	화차문(花釵紋)	도화문(桃花紋)
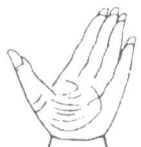			
손금이 버들잎 같으면 어디를 가도 풍류와 주색으로 세월을 보낸다. 색을 밝히며 방탕하게 보내 중년에 병을 얻는다.	원앙문이 있으면 음란하며, 술을 즐기는 것을 잠시도 쉬지 않는다. 맑으나 흐리나 아침이나 저녁이나 어리거나 나이가 들거나 변함이 없다.	화차문이 있는 사람은 색을 좋아하여 화류계에서 풍류를 즐긴다. 가는 곳마다 여성에게 인정을 베풀어 서시(西施)보다 아름다운 여자와 즐기게 된다.	도화문이 있으면 사통(私通)을 하여 화류계에서 살다시피 한다. 만일 중년에 이러한 금이 생기면 한 여인에서 정신을 빼앗기고 있는 것이다.

화류문(花柳紋)	투화문(偸花紋)	어문(魚紋)	화개문(華蓋紋)
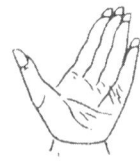			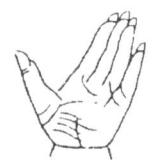
화류문이 있으면 집안에는 신경을 쓰지 않고 평생 풍류를 즐긴다. 비단옷을 입고 향내가 나는 환락가를 탐하여 대낮에도 헤어나지 못한다.	투화문이 있으면 거짓이 많아 은밀한 곳에서 남모르게 풍정(風情)을 즐긴다. 색을 밝히나 마음은 즐겁지 않고 일생 동안 남의 여자만을 사모한다.	처궁(妻宮)에 이런 금이 있으면 말할 필요도 없이 청귀하고 아내는 절개가 굳으나, 충파를 만나면 음란하고 어리석은 사람이다.	처궁에 화개문이 있으면 아내가 많은 재물을 지니고 온다. 그러나 손바닥에 오행이 모두 나타나면 언젠가 다른 사내와 정을 통한다.

조천문(朝天紋)	노복문(奴僕紋)	생지문(生枝紋)	극모문(剋母紋)
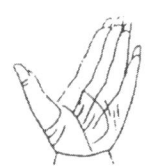			
처궁의 손금이 천문(天文)을 향하면 아내가 음란하여 체면이 깎인다. 늘 색을 탐하고 부정을 범하여 집안을 어지럽힌다.	노복문이 처궁을 향하면 반드시 아내가 음란하다. 아내가 머슴에게 음심이 있어 서로 간음하게 된다.	처위(妻位)에 생지문이 있으면 교활한 아내를 얻는다. 장부로서 일을 할 때에는 아들에게 의지하여 행하게 된다.	태음(太陰)이 금으로 충파되면 반드시 어머니에게 액이 있다. 일찍 어머니 곁을 떠나면 괜찮으나 그렇지 않으면 어머니에게 버림을 받아 헤어진다.

처첩문(妻妾紋)	일중문(一重紋)	극부문(剋父紋)	월각문(月角紋)
		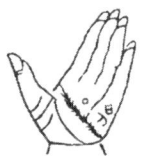	
노복궁에 처첩문이 있으면 아내가 음란하여 늘 사통할 마음을 가지고 있다.	처첩궁에 일중문이 있으면 처첩과 노비 또는 형제가 사망한다. 만일 금이 두 개이고 다시 네 갈래가 되면 후손이 없어 대를 잇지 못한다.	천문이 중지(中指)까지 이르는 것은 괴성(魁星)이라고 하여 아주 좋은 것이나, 다시 두 손가락에 있어 장심에 이르면 소년기에 아버지를 잃고 의지할 곳이 없다.	월각음문(月角陰紋)이 태궁(兌宮)에 이르면 평범한 인생 가운데 아내의 재산을 얻는다. 그러나 남의 일에 간섭하지 말고 여색을 멀리해야 하는데, 그렇지 않으면 늘 관액과 시비가 따른다.

과수문(過隨紋)	탐심문(耽心紋)	삼살문(三殺紋)	주작문(朱雀紋)
	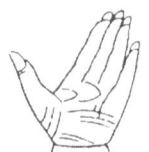		
손바닥의 법문(法紋)을 과수문이라고 하는데, 일찍 아버지를 여의고 의지할 곳이 없어서, 개가하는 어머니를 따라가 새아버지를 섬긴다.	천문이 흩어지면 욕심이 많아 자기 것만 아낀다. 좋은 것을 보면 마음이 움직여 안정하지 못하고 결국 속임수를 써서라도 자기 것으로 만든다.	삼살문이 처자궁을 범하면 아내와 헤어지고 자식을 잃어 홀로 눈물을 흘린다. 만일 삼살문이 짙지 않으면 한 번은 극(剋)하고 중년부터 고독을 면한다.	주작문이 손바닥에 나타나면 일생 관액이 끊이지 않는다. 만일 길문(吉紋)이 있으면 괜찮으나 금의 끝이 둘로 갈라지면 흉화가 더욱 크다.

칠신문(七神紋)	겁살문(劫煞紋)	주식문(酒食紋)	독조문(獨朝紋)
		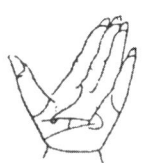	
손바닥에 금이 가로로 곧게 그어진 것을 칠신문이라고 한다. 재산을 모두 잃고 육친과도 헤어진다. 가는 곳마다 시비를 일으키고 험난한 일로 수명을 단축한다.	겁살금문(劫煞金紋)이 어지러이 충(沖)하면 성패가 빈번하고 흉액이 많다. 초·중년에 액운이 지나고 형해(刑害)가 없으면 만년에는 품은 뜻을 펴게 된다.	주식문은 곤궁(坤宮)에서 일어나 손궁(巽宮)으로 뻗은 금으로 마치 제비 세 마리가 비스듬히 나는 것 같다. 교우관계가 좋아 귀인과 사귀게 된다.	독조문이 있으면 벼슬에 오르고, 거기에 화홀문(靴忽紋)이 있으면 총명하다. 관록운이 좋고 사업운 또한 좋아 중년에 반드시 지위가 높아진다.

논족(論足)

발은 위로 몸을 받들고 아래로 백체(百體)를 움직이는 중요한 부위이다. 발은 땅을 상징하는데, 비록 몸의 제일 아래 있다 해도 쓰임이 무한히 크다. 그래서 발의 미추(美醜)를 분별하여 귀천을 알 수 있는 것이다.

발은 네모나고 넓으며, 바르고 둥글며, 매끄럽고 부드러워야 한다. 이런 발을 가진 사람은 부귀를 누린다. 발이 뾰족하고 좁고 얇으며, 가로로 넓고 짧으며, 거칠고 부드럽지 못하면 빈천한 상이다.

발바닥에 금이 없으면 하천하고, 검은 점이 있으면 식록(食祿)이 있다. 발이 크지만 얇으면 하천하고, 두텁기만 하고 옆으로 넓으면 빈고(貧苦)하다.

뒤꿈치가 바르면 복록이 자손에게까지 미치고, 발바닥에 소용돌이 같은 금이 있으면 명예가 천리 밖에 퍼진다. 발바닥이 평평하여 널빤지 같으면 빈천하고, 발바닥이 거북이가 들어갈 정도로 오목하면 부귀를 누린다.

발가락이 섬세하고 길면 착하고 충성스러워 귀하게 되고, 발가락이 단정하고 가지런하면 어질고 호걸이다. 발바닥 모서리가 두터우면 커다란 부를 누리며, 발바닥에 사마귀가 세 개 있으면 문무(文武)의 권세를 모두 잡는다.

대개 귀인의 발은 작고 두터우며, 천인(賤人)의 발은 크고 얇다.

시에 이르기를 "귀인의 발은 두툼하니 한가로이 즐거움을 누리고, 천인의 발은 얇아 쉴새없이 분주하다. 발바닥에 사마귀나 금이 있으면 참으로 좋고, 사마귀나 금이 없으면 수명을 단축한다"고 했다.

논족문(論足紋)

발바닥이 부드럽고 매끄러우며 금이 많으면 귀하고, 거칠고 단단하며 금이 없으면 천하다.

발바닥에 거북 모양의 금이 있으면 2천 석의 녹을 받고, 십자일책문(十字一策紋)이 위로 뻗으면 육조(六曹)의 시랑(侍郞) 정도의 지위에 오르게 되며, 세 줄의 금이 마치 비단무늬처럼 생겼으면 늦게라도 식록을 얻게 된다.

발바닥에 화수문(花樹紋)이 있으면 엄청난 재물을 가지게 되고, 금이 가위나 칼 같으면 백관(百官)을 압도하는 귀를 얻는다.

일책문(一策紋)이 있으면 복록을 누리고, 팔라문(八螺紋)이 있으면 부귀를 누린다. 금이 양쪽 새끼발가락을 제외한 모든 발가락에 있으면 팔라문이고, 모든 발가락에 있으면 십라문(十螺紋)이라 하여 오히려 성품이 비루하다.

발가락 모두에 금이 없으면 파패가 많고, 적당히 금이 있으면 자손운이 길하다. 발바닥에 귀문(龜紋)이 있으면 맑은 이름을 일세에 떨치고, 발바닥에 검은 사마귀가 있으면 부귀하고 현명한 선비이다.

마의선생석실신이부(麻衣先生石室神異賦)

　　오대간(五代間)에 진박(陳搏)이라는 인물이 있어 희이(希夷)라는 호를 하사받았다. 진박의 자는 도남(圖南)으로 상법에 정통하였다. 일찍이 송나라 태조의 상을 보았던 그가 말을 타고 변(汴)이라는 지방을 가는 길에 태조가 제위에 올랐다는 말을 들었는데, 크게 웃고 땅을 치며 말하기를 "천하의 일이 모두 정해진 대로이다"라고 했다. 뒤에 태종이 진박을 불러 벼슬하기를 권했으나, 그가 사양하자 희이라는 호를 지어 하사했다.

　　희이는 화산(華山)의 한 석실에서 마의(麻衣) 선생을 스승으로 상법을 배웠다. 마의는 선옹(仙翁)이요, 화산 석실은 마의가 수도하던 곳으로 뒤에 희이도 이곳에 은거하였다. 희이가 석실에서 상법을 배울 때 마의는 겨울이 깊어 화로를 끼고 앉아 가르쳤는데, 희이는 한마디 말도 듣지 못하고 선생이 화로 안에 있는 재 위에 쓰는 글씨를 보며 가르침을 받았다고 한다.

　　뒤에 부문(賦文)이 전해진 바, 희이는 마의 선생이 지은 『금쇄부(金鎖賦)』와 『은시가(銀匙歌)』를 모두 터득했다고 한다.

　　상은 미리 정해진 것을 알 수 있는 것이나, 세간(世間)에서는 이를 알지 못한다. 사람이 세상에 태어남과 부귀(富貴), 빈천(貧賤), 현우(賢愚), 수요(壽夭), 화복(禍福), 선악(善惡) 등은 한결같이 상의 형모(形貌), 피부(皮膚), 골격(骨格), 기색(氣色), 성음(聲音)에 의해 정해지는 것이다.

　　상으로 앞일을 미리 알려고 해도 신묘이상(神妙異常)한 선비라야 비전을 풀이할 수 있다. 어찌 속세의 평범한 인물이 능히 추리하고 풀이할 수 있겠는가.

　　순 임금 우제(虞帝)의 눈동자는 두 개로 보통 사람과 달라 요제(堯

帝)에게서 천하를 선위받았다.

　진나라 문공(文公)은 중이(重耳)였다. 이런 기골(奇骨)은 귀한 상으로 마침내 진나라 왕실의 패업(霸業)을 일으켜 그 기초를 세웠다.

　오늘 나 마의가 석실에 비장(秘藏)하던 단서(丹書)를 펴고, 옛날 신선의 비오지전(秘奧之典)을 풀이하여 희이에게 준다. 나의 상법은 말할 수 없이 참된 것이므로 마땅히 가슴속 깊이 간직하여 가르침을 잊지 말아야 할 것이다.

　골격이란 변함이 없으므로 상의 주체가 되어 일생의 영고를 알 수 있다. 기색은 자주 변하므로 행년(行年)의 길흉을 알 수 있다. 그래서 이 두 가지를 보고 사람의 귀천을 짐작하는 것이다.

　발제에서부터 인당에 이르는 곳이 상정이고, 산근에서 준두까지가 중정이며, 인중에서 지각까지가 하정인데, 이는 얼굴의 삼정이며, 머리〔頭〕·허리〔腰〕·발〔足〕은 몸의 삼정이다. 옛말에 "얼굴의 삼정은 이마·코·턱이고, 몸의 삼정은 발·머리·허리"라고 했다.

　삼정이 균형을 이루면 평생 의록(衣祿)이 풍족하고, 그 장단(長短)의 차이가 균등하면 복이 끊이지 않는다.

　오른쪽 관골은 동악이고, 왼쪽 관골은 서악이며, 이마는 남악이고, 지각은 북악이며, 코는 중악이라 한다. 오악은 넉넉하게 솟아 서로 조화를 이루어야 하고, 이지러지거나 패이거나 파상(破傷)을 당하지 않아야 재물이 자연히 따른다.

　『혼의(混儀)』에 이르기를 "오악이 바르지 못하면 일생 동안 박복하고 빈한하며, 팔괘(八卦)가 높이 솟으면 재물과 돈이 왕성하다"고 했다.

　지각은 턱이다. 이곳이 넉넉하고 두터운 사람은 부를 누리고, 뾰족하거나 깎인 듯하면 빈천하고 박복하다. 상법에서는 이 부위를 보고 말년의 길흉을 정한다. 지각은 수성(水星)으로 하정에 속한다. 금형인·수형인은 말년이 가장 길하다.

코가 오뚝하고 단정하면 귀하게 되고, 콧구멍이 보이거나 코가 기울고 휘면 하천하다. 코는 토성(土星)으로 중정에 속한다. 만일 토형인이라면 중년운이 가장 좋다.

이마는 화성(火星)으로 관록궁과 부모궁이며, 초년운을 지배한다. 이마가 네모반듯하고 시원하며 윤택하면 반드시 초년에 영화를 누린다. 그러나 이마의 골격이 뾰족하거나 비뚤어지거나 오목하면 조년(早年)에 불리하다.

눈썹은 나계(羅計)로 나뉘고 눈은 음양(陰陽)에 속한다. 눈썹은 수려해야 하며, 거칠고 흩어진 듯하고 낮게 늘어진 것은 좋지 않다. 눈은 맑아야 하며, 어둡거나 흘겨보는 듯〔斜視〕한 것은 좋지 않다. 눈과 눈썹이 좋으면 비록 부귀를 얻지는 못할지라도 총명하고 준수한 인물이다.

神과 氣에 대해 말이 많은 것은 神과 氣를 분별하기 어렵기 때문이다. 神과 氣는 백관(百關)이 으뜸으로 드러난 것이다. 양기(陽氣)가 퍼지면 산천이 아름답고 일월이 솟으면 천지가 맑고 밝아지는 것처럼 사람에게는 일신(一身)의 주체이며, 모든 상의 집합체라고 할 수 있다.

『청람(淸覽)』에 이르기를 "신기(神氣)는 사람에게 있어 기름 및 등불과도 같은 것으로 신기가 흐리지 않으면 자연히 부를 누린다. 기름이 맑아야 등불이 밝아진다"고 했다. 따라서 신기가 흐리고 메마르면 일생 동안 발전하지 못한다.

천정은 인당의 위에서 발제의 아래까지인데, 얼굴 높이 위치하여 이러한 이름이 붙었다. 천정은 높게 솟아 벽과 같거나 간(肝)을 엎어놓은 듯하고, 흠이나 사마귀가 없으며, 기울거나 패이지 않아야 한다. 여기에 오악이 조화를 이루면 소년기에 반드시 귀하게 된다.

지각은 승장의 아래와 턱의 사이인데, 전지(田地) 또는 노복궁이라고 한다. 지각이 네모지고 바르면 귀하고, 두터우면 부를 누리며, 깎인 듯하거나 얇으면 빈궁하고, 반듯하고 둥글면 말년에 영화를 누린다.

준두는 토성(土星)으로 믿음을 나타내는 곳이다. 준두가 크고 넉넉하여 사자와 같거나 대를 쪼갠 듯 바르면 마음이 선량하다. 매부리코는 성질이 독하다.

시선은 곁눈질하거나 흘겨보지 말아야 하는데, 흘겨보는 듯하면 사람됨이 간사하고 마음이 악독하다. 똑바로 바라보는 사람은 마음이 곧고 바르며 의지와 뜻이 굳세다.

일을 할 때 차가운 웃음을 띠고 말이 없이 무정하면 사람됨이 심지가 깊어 헤아리기 어렵고 중후하다.

얼굴의 살이 관골 옆으로 불거지거나 살집이 뭉쳐 옆으로 늘어지면 성품이 흉포하다.

피부가 섬세하고 부드럽고 맑으며, 털이 촘촘하지 않고 수려하고 윤택하면 반드시 지혜가 뛰어나다. 반대로 피부가 거칠고 두텁고 지저분하며, 털이 빽빽하고 윤택하지 못하면 어리석고 속되다.

손마디가 거칠고 크고 기름기가 없으며, 손등이 마르고 길고 기름기가 없이 메마르면 고생이 심하다. 손이 가늘고 부드럽고 윤택하며, 발의 골육이 둥글고 통통하면 반드시 편안하게 즐거움을 누린다.

손가락 마디가 죽순처럼 섬세하고 부드러우며, 발등에 풍만하게 살이 있으면 반드시 준수하고 우아한 사람이다.

발제가 오목하고 낮으며, 그 피부가 메마르고 거칠면 어리석고 고집이 센 사람이다.

몸이 넉넉하고 두터우면 부를 누리고, 형상이 맑고 골격이 범상치 않으면 귀한 사람이다.

남방(南方)은 천정이며, 천정은 이마로 화성(火星)이다. 남인(南人) 즉 화형인이 머리와 이마가 풍만하고 넓으며 비뚤어지거나 오목하지 않으면 관록성(官祿星)이 제 위치를 얻은 것으로, 청아하고 높은 벼슬에 이른다.

북방(北方)은 지각이며, 지각은 턱으로 수성(水星)이다. 수형인의 턱이 원만하고 풍성히 솟아 천정과 조화를 이루면 군신이 서로 만난 형상이 된다. 크게 귀하게 되어 벼슬이 공후(公侯)에 이른다.

턱이 비대하고 이중이며, 양 볼은 풍만하고 윤택해서 마치 제비와 같으면 귀하게 되고 운세 또한 강하다.

등이 넉넉하고 두터워 낙타와 같고, 얼굴은 네모진 듯 둥글어 밭 전(田) 자 같으면 남방인 즉 화형인이라야 부를 누린다. 시에 이르기를 "남방인으로서 벼슬이 귀하고 맑고 높으려면 천정이 길격을 이루어야 한다"고 했는데, 위의 말과 같은 뜻이다.

『광감(廣監)』에 이르기를 "절인(浙人)은 형상이 치우친 듯 맑지만 얼굴과 등이 풍만하고 두터워 앞에서 말한 상과 같으면 부귀하게 된다"고 했다.

눈은 사독 가운데 두 개의 강이고, 입은 모든 것이 들어오고 나가는 출납관(出納官)으로 바다를 상징한다. 눈이 밝고 솟아오르지 않았으며 입이 방정(方正)하고 뒤집어지지 않았으면 귀하여 식록을 얻게 된다. 하목해구(河目海口)란 말은 눈이 맑고 튀어나오지 않았으며, 입이 크면서 뒤집어지지 않은 것이다.

철면(鐵面)은 신기(神氣)가 철처럼 검은 것이고, 검미(劍眉)란 능골(稜骨)이 칼등과 같이 솟은 것이다. 이러한 상은 나계(羅計)가 천위(天位)를 향해 뻗고, 수기(水氣)가 화방(火方)에서 멀리 떨어져 있어야 한다. 이런 사람은 병권(兵權)을 만리에 떨치는데, 만약 신기가 갑자기 검게 변하면 흉하다.

여자의 얼굴 모양이 용의 형상과 같이 기이하고 목이 봉황을 닮으면 왕후가 된다.

턱의 뼈와 살이 풍만하고 우뚝하여 마치 제비 같으며, 이마가 바르고 둥글며, 입과 눈이 모두 크며, 눈빛에 위엄이 있는 것을 호두(虎頭)라고 한다. 남자가 이와 같으면 정승의 지위에 오른다.

상서의 비결 가운데 가장 알기 어려운 것이 수요(壽夭)이다. 곽임종의 팔상법이 수요에 대하여 말하지 않은 것은 이 때문이다.

인중으로 보수관(保壽官)을 삼는데, 인중이 대나무를 쪼갠 듯 바르면 장수한다. 수요는 신기를 기본으로 분별하는 것이므로, 공부하고자 하는 이는 참고해야 한다.

만약 눈이 가늘고 길며 神이 있고, 눈썹이 청수하고 광채가 있으면 총명하여 과거에 급제하게 된다. 목신(目神), 즉 눈의 신기가 짧아 광채가 없고 시력이 떨어지면 일찍 세상을 떠난다.

얼굴 가죽에 살이 없어 뼈를 감싸지 못하면 30세를 넘기지 못한다. 그러므로 경(經)에 이르기를 "얼굴 가죽이 천을 감싼 듯하거나 또는 북 가죽 같으면 35세를 넘기지 못한다"고 했다.

살은 뼈의 울타리로 몸의 기본이고, 色은 氣의 정화(精華)이며 神의 태식(胎息)이다. 살은 뼈를 잘 감싸야 하고 色은 氣가 있어 나타나는 것인데, 만약 피부가 경박하고 뜬 것 같으며 色이 어두우면 반드시 일찍 죽게 된다. 그래서 경에서는 "살결은 따뜻하고 근육은 부드럽고 색은 아름다워야 한다. 그렇지 않으면 36세 이전에 세상을 떠난다"고 했다.

노인의 목줄기 아래에 두 가닥 힘줄 같은 것이 생기면 수도(壽縚)라고 하여 장수를 의미한다. 수도가 있으면 일생 동안 건강하고 길하다. 그래서 경에 이르기를 "수미(壽眉)가 귀털 같지 못하고, 수도 같지 못하다"고 했다.

기골(奇骨)이 정수리에 생기면 비록 질병이 있더라도 위험한 지경에는 이르지 않는다. "얼굴에 있는 점 가운데 좋은 것이 없고, 머리에는 좋지 못한 골(骨)이 없다"는 옛말은 이를 두고 한 말이다.

사람이 귀하게 되기 전에도 골격은 있지만 벼슬에 오른 뒤에야 이골(異骨)이 생기고, 부를 얻기 전에도 형용이 있으나 부자가 된 뒤에야 갑자기 변하게 된다. 대개 이골은 귀함을 따라 생기고, 살은 재물을 모은 후에 오행을 분명히 갖추게 된다. 또한 병은 배부르고 따뜻하면 생기고, 근심은 즐거움이 지나치면 생기며, 氣는 오색의 변화에 따르는 것이다. 상법을 배우는 이는 이러한 이치를 따라 추리함으로써 길흉을 판단할 수 있다.

근(根)은 산근으로 인당의 아래를 가리키며 연수와 더불어 질병궁(疾病宮)이다. 이 부위의 신색(神色)이 밝고 어둡지 않아야 한다. 만약 그렇지 않으면 질액(疾厄)이 있다.

복당은 눈썹 위로 화개의 옆이다. 이곳이 항상 밝고 윤택하여 홍황색(紅黃色)을 띠면 늘 길하고 흉함이 없다.

누당은 아래 눈두덩인데, 풍만해야 좋고 깊이 패이면 좋지 않다. 눈두덩 가운데의 살이 허하여 부스럼처럼 생긴 것을 두육(蠹肉)이라고 하는데, 이런 것이 생기면 좋지 않다.

코끝을 준두라고 한다. 가지런하며 커야 하고, 뾰족하거나 늘어지면 좋지 않다.

준두의 아래, 입술의 위로 대나무를 쪼갠 것처럼 오목한 곳을 인중 또는 구혁(溝洫)이라 한다. 깊고 길어야 길하고 평평하고 오목하지 않으면 좋지 않다.

누당은 남녀궁 또는 자식궁이라고 하고, 준두와 인중은 궁실궁(宮室宮) 또는 노복궁이라고 하는데, 누당이 갈라지거나 가라앉으면 자손을 형극하게 된다. 울지 않을 때도 눈이 눈물에 젖어 있고, 근심이 없어도 눈썹을 찡그리면 일찍 부모와 헤어지거나 늙어서 처자를 극하고 고독하게 지낸다. 옛말에 "울지 않아도 항상 우는 것 같고, 근심을 하지 않아도 근심하는 것 같다. 근심하고 놀라며 神이 부족하면 영화가 있더라도 중도에서 그치게 된다"고 했다.

얼굴 전체에 털구멍이 있으면 때가 낀 것처럼 보이는데, 이러한 것을 귤껍질 같다고 한다. 가사(歌詞)에 이르기를 "얼굴이 귤껍질 같으면 육친을 극하고 반드시 고독하다. 아들 하나를 두지만 아내는 둘을 얻게 된다"고 했다.

얼굴빛이 복숭아꽃처럼 고우면 사음(邪淫)을 좋아하여 아들을 늦게 둔다. 귀곡(鬼谷)이 이르기를 "눈에 도화색이 짙게 비치면 주색을 매우 즐긴다"고 했는데 믿을 만하다.

어깨는 위로 높이 솟지 말고 빈약하지 않아야 하며, 소리는 흩어지거나 우는 듯하지 말아야 한다. 이런 사람은 빈천하고 고독하다.

비량(鼻梁)이란 연수를 말하는데, 낮거나 휘어지면 좋지 않다. 이런 사람은 반드시 재물을 잃고 수명이 짧아져 빈궁하지 않으면 단명한다. 옛 글에 이르기를 "산근이 끊어지고 준두가 높아 콧구멍이 드러나 보이면 늙도록 풍상이 많다"고 한 것은 이를 두고 한 말이다.

『광기(廣記)』에 이르기를 "중정이 길면 제후나 임금에 가깝고, 상정이 길면 어려서 상서(祥瑞)가 이르며, 하정이 길면 늙어서 길창(吉昌)하고, 삼정이 균등하면 부귀가 끊이지 않고 이어진다. 하정이 특별히 긴 사람은 말년에 부귀는 누리나 대개 고생이 많다"고 했다.

무릇 골격은 높이 솟고 맑으며 기와 살이 윤택해야 부귀를 얻어 편안함을 누린다. 만약 거칠거나 뼈만 솟아 살이 뼈를 감싸지 못하면 반드시 빈궁하고 고생하며 파란이 많다.

눈, 즉 일월이 밝지 못하고 토성이 넉넉하게 솟지 않은 것은 성신(星辰)이 실함(失陷)을 한 것이다. 이마는 하늘이므로 높아야 하는데 낮고, 턱은 땅이므로 두터워야 하는데 얇으면 이들 부위가 모두 이지러진 것이다. 이런 상을 가진 사람은 빈천하고 고독하며 고생이 많다. 평생 노고가 많고 늘 끼니를 근심하게 된다.

양쪽 복당과 준두를 삼광(三光)이라고 하는데, 이곳이 밝고 맑아서 어둡지 않으면 하늘이 주는 재물이 있어 대길하다. 오성(五星)은 곧 빛이다.

양쪽 관골, 턱 아래 양쪽, 좌우 액각을 육부(六府)라고 한다. 육부가 모두 넉넉하게 솟아 조화를 이루면 귀하지 않으면 부자가 된다.

오색에서 백색은 가을, 흑색은 겨울, 청색은 봄에 좋으나 오직 홍황색(紅黃色)만은 사철 모두 길하다. 얼굴 가득 홍황색을 띠면 재물이 왕성하고 집안이 태평하다.

저지(豬脂)란 얼굴에 기름을 바른 듯 살찐 모양이고, 연광(碾光)은 얼굴빛이 맷돌과 같은 것이다. 이것을 목욕천라(沐浴天羅)라 하는데 자식을 극하고 늙어도 덕을 보지 못한다.

얼굴의 살갗이 팽팽하게 당겨진 북 같으면 비록 인중이 길다 해도 수명이 길지 않다.

상을 볼 때는 눈이 가장 중요한 곳이므로 神을 위주로 하고, 다음에 뼈를 본다. 만일 눈에 신광(神光)이 없으면 비록 콧대가 높이 솟았다고 해도 수명이 길지 않다.

눈빛은 눈동자의 신광이므로 항상 밝고 맑아야 한다. 눈물로 촉촉하게 젖어 있는 것은 좋지 않다. 경(經)에 이르기를 "눈이 젖어 있는 사람은 음란하고, 흘겨보는 듯한 사람은 상서롭지 못하다. 눈빛은 쏘아보는 듯하지 말아야 하고, 신광은 유출(流出)되지 말아야 한다. 눈에 물기가 있고 쏘아보는 듯하면 사음(邪淫)하다"고 했다.

눈썹은 나계(羅計)이다. 골세(骨勢)가 곧게 서서 칼 모양이면 성질이 급하고 용맹하여 갑자기 죽게 된다.

눈썹 끝이 뿔처럼 생겨 살짝 튀어나온 듯하면 귀하게 되지 않으면 일생을 편안하게 지낸다.

눈이 가늘고 길어 마치 관(冠)을 쓴 듯하며 흑백이 분명하고 청수하면 중년에 현달한다.

황기(黃氣)란 수색(壽色)이고, 고광(高廣)은 척양(尺陽)과 변지(邊地) 가까운 부위이다. 이곳에 황색의 기운이 나타나면 관리는 반드시 가까운 시일에 승진하고, 서민이라면 경사가 있다.

삼양(三陽)은 왼쪽 눈 아래 부위인데, 만일 이곳에 검은 기운이 나타나면 머지않아 재앙이 있고 질병을 앓을 수 있다. 여자는 오른쪽 눈 아래를 본다.

간문의 위치는 어미의 뒤인데, 이곳을 처궁(妻宮)이라고 한다. 처궁에 청흑색(青黑色)이 있으면 주로 처첩에게 재앙이 있다.

연상과 수상은 준두 위와 산근 밑으로 질액궁이다. 만약 이곳에 적색이 나타나면 주로 부스럼이나 종기 등의 병을 앓는다.

흰 기운은 주로 상망(喪亡)을 뜻한다. 만약 부모궁에 이런 기색이 나타나면 반드시 부모를 형하거나 다치게 한다.

광대뼈에 푸른 기색이 나타나면 주로 형제간에 오가는 말이 시끄럽다.

산근이 청흑색을 띠면 49세 전후에 재앙과 질병이 많다.

난대의 옆을 법령, 금루(金縷) 또는 수대(壽帶)라고 한다. 부드럽고 오목해야 한다. 만일 형태가 급하고 부드럽지 않으며, 오목하지 않고 평평하며, 주름이 마치 뱀이 얽힌 듯 입술 밑에 침입하면 모두 수명을 해롭게 하는 것으로 역시 49세를 넘기기 어렵다.

여자의 눈은 가늘고 길며 청수해야 한다. 동그랗고 크거나 튀어나오면 반드시 남편을 형극한다.

목소리가 마치 징 깨지는 소리 같고, 얼굴 살갗이 옆으로 늘어지면 과부가 되어 혼자 살게 된다.

이마가 깎은 듯 뾰족하고 귀가 뒤로 뒤집힌 여성은 골육에게 해를 끼치고 여러 번 시집간다. "남편을 극하는 것은 관골이 튀어나오거나 이마가 평평하지 않고 비뚤어진 때문이다. 여자의 음성이 마치 남자 같으면 시집을 세 번 감을 알 수 있다"고 한 옛말은 바로 이를 두고 한 것이다.

머리와 이마는 양(陽)의 으뜸이다. 한쪽으로 치우치고 깎인 듯하면 좋지 않다. 만일 비뚤어져서 바르지 못하면 행동이 경박하거나 매우 음란하다.

걸음걸이가 바르지 못해서 마치 바람에 나부끼는 버들가지 같으면 뱀이 가는데 참새가 뛰는 상이다. 이런 사람은 겉으로는 좋은 척해도 속마음은 음험하고 악독하다.

뺨〔腮〕이란 아래턱을 가리키는 것이다. 옛말에 "귀 뒤에서 뺨이 보이면 평생 왕래가 없다"고 했다. 이런 사람은 반드시 마음이 교활하고 탐욕스럽다.

옛말에 "눈이 튀어나오면 인정이 없어 남과 화목하게 지내지 못하고, 매부리코는 사람의 골수를 빼먹는다"고 했다.

발꿈치가 땅에 닿지 않는 듯 걸으면 재물이 풍족하고, 걷는 모습이 차분하지 못하고 마치 참새가 뛰는 것 같으면 파도에 쓸려가듯 재물을 잃는다.

경에 이르기를 "코가 들리고 입술이 젖혀졌으며 결후가 크면 타향에서 방랑하다가 일찍 죽는다"고 했다.

입술이 이를 가리지 못하면 괜한 일로 남과 다투기를 좋아한다. 웃지 않아도 이가 드러나 보이는 사람은 남의 말 하기를 좋아하여 사람들과 화합하지 못한다. 경에 이르기를 "이가 성기고, 입술이 다물어지지 않아 이가 드러나고, 위아래 입술이 뾰족하고 얇으면 시비가 많이 따른다"고 했다.

구혁은 인중인데, 이곳에 수염이 없거나 아주 적으면 고생스럽고 무능력하다.

인당은 풍성하게 솟아야 한다. 그렇지 않으면 결혼을 늦게 하고 자식을 늦게 얻으며 관운(官運) 또한 없다.

현벽(懸壁)이란 노복궁으로 빛나고 윤택해야 좋다. 만일 기색이 어두우면 사망하거나 재물을 잃는다.

결후란 후골(喉骨)이 열매가 맺힌 것처럼 솟은 것이며, 노치(露齒)란 입술이 다물어지지 않아 이가 보이는 것이다. 이런 사람은 객사하거나 골육간에 이별하게 된다.

골격이 거칠고 크고 튀어나왔으며, 피부가 팽팽하고 얇은 것은 단명할 상이다.

자태가 계수나무의 가지처럼 당당하고, 곤륜산에 묻힌 옥처럼 맑고 아름다우면 반드시 고상한 선비이다.

정신이 깨끗하고 빼어난 것이 청(淸)이고 범상치 않은 것이 기(奇)이다. 청기격(淸奇格)인 사람은 마침내 귀하게 된다. 옛 글에 "아름답고 기이함은 한가로운 구름 같으니, 곤륜산의 옥을 얻어 닦음이라"고 했다.

와잠은 눈 밑에 있으며 자식궁이라고 하는데, 이 부위가 넉넉하고 크며 아래가 패이면 반드시 자식을 늦게 둔다.

누당이란 눈두덩의 눈물샘인데, 이곳이 풍만하고 패이지 않은 사람은 아들을 일찍 둔다.

용궁(龍宮)은 아래 눈두덩으로 남녀궁이라고 하는데, 이곳이 낮고 패였으며 빛이 어두우면 자식을 두기 어렵고, 설령 얻는다 해도 어리석거나 불효자이다.

음양이란 삼양삼음(三陽三陰)으로 역시 자식궁이다. 만일 밝고 윤택하며 메마르거나 패이지 않았으면 키우기 쉬운 아이를 얻으며 또한 총명하다.

정면에서 보아 얼굴이 크면서 코만 작으면 분주하고 파란이 많다. 『광기』에 이르기를 "코가 작은 것은 사극(四極)의 하나로서 고생을 많이 하고 쉴 틈이 없다"고 했다.

얼굴이 통통하고 코도 넉넉하게 솟으면 재물이 풍족하지만, 얼굴은 살이 쪘으나 코에는 살이 없어 뾰족하게 솟으면 비록 재물이 있다 해도 결국 흩어져 없어진다.

변지, 천정, 산림, 교외가 모두 높이 솟으면 만년에 영화롭고 식록이 풍부하다.

보골이란 양쪽 보각을 말한다. 이곳이 높이 솟으면 일찍 영달(榮達)하게 된다. 명주(明珠)란 귓밥이 구슬을 드리운 듯한 것으로 이주(耳珠)라고 하는데, 입과 어울리면 장수한다.

강태공은 80세에 문왕(文王)을 만났는데 말을 늦게 시작했고, 마주(馬周)는 30세에 당제(唐帝)를 만났는데 말을 일찍 시작했다. 화색(火色)이 어깨에 드리워진 마주 같은 사람은 염상(炎上)으로 연(鳶)이 날아가는 듯하여 일찍 발전함이 마땅하고, 강태공처럼 명주가 입까지 늘어졌으면 일단 의심해야 한다. 만약 눈빛이 흩어지고 입이 방자하면 수재(水災)를 입을 수 있으며, 입가에 검은빛이 덮이면 명주가 입까지 늘어진 것을 꺼리므로 일단 기색을 살펴야 한다. 화색은 적색이며 연은 솔개와 같은 새로 하늘을 날 때 날개가 위로 솟으니, 곧 얼굴이 적색을 띠고 어깨가 위로 솟았음을 뜻한다. 마주는 이러한 상을 지녔으므로 일찍 벼슬에 오른 것이다.

학은 모습이 맑고 특이하며 거북의 호흡은 보통과는 다르다. 여동빈(呂洞賓)이 이러한 상을 지녔는데, 그는 노산(盧山)에 이르러 우연히 종리진인(種離眞人)을 만나 선도(仙道)를 얻었다.

용의 뇌(腦)란 두골이 가파른 바위처럼 높이 솟은 것을 말하고, 봉황의 눈이란 눈동자가 가늘고 길며 흑백이 분명하고 광채가 나는 것을 말한다. 방현령(房玄齡)이 이러한 상을 지녔는데, 당(唐) 태종(太宗) 때 높은 벼슬을 했다.
　법령이란 입가의 주름을 말한다. 전한(前漢) 때 사람인 등통(鄧通)은 법령이 입으로 휘어졌는데, 문제(文帝)가 허부(許負)로 하여금 상을 보도록 하자 "언젠가 아사하리라"고 했다. 천자가 "그의 부귀는 짐(朕)에게 달려 있다"고 하며, 등통에게 촉도(蜀道)에 있는 동산(銅山)을 주어 동전을 만들도록 했다. 그러나 경제(景帝) 때에 이르러 법으로 동전을 쓰지 못하게 하니 등통은 먹을 것이 없어 아사하고 말았다.
　등사(螣蛇)는 법령의 주름이다. 양(梁) 무제(武帝)의 법령의 주름이 입을 향했다. 무제가 제후 경(景)이 다스리는 대성(臺城)에 머무를 때 경이 음식을 적게 대접했다. 그러자 화가 치민 무제는 병을 얻어 음식을 넘기지 못하고 아사했다고 한다.
　머리가 호랑이처럼 둥글고 크며, 턱은 제비와 같으면 크게 귀해져 제후에 오른다. 옛날 허부(許負)가 반초(班超)를 보고 "제비턱에 호랑이 머리를 하면 날아다니며 고기를 먹는데, 그대는 이러한 상을 지녔으니 만리의 제후가 될 것이다"라고 했다. 훗날 반초는 붓을 던지고 옥문관(玉門關) 싸움터에 나가 큰 공을 세우고 위엄을 만리에 떨쳐 정원후(定遠侯)라는 벼슬에 봉해졌다.
　범처럼 걷는다는 것은 걸음이 큰 것이고, 용처럼 간다는 것은 몸을 움직이지 않는 것이다. 경(經)에 이르기를 "범이 걷는 듯하고 용처럼 빠르면 지위가 제후나 군왕에 이른다"고 했다. 유유(劉裕)는 자가 덕흥(德興)으로 팽성(彭城) 사람인데, 이 같은 상을 가졌다. 원희(元熙) 2년에 진(晉)에게 선위받아 국호를 송(宋)이라 하고, 시호를 무제(武帝)라 했다.

  산림은 교외와 발제 사이인데, 이곳의 골(骨)이 높게 솟으면 신선이 된다. 귀골(貴骨)이 일월과 천정의 밖에 위치했기 때문이다.

  인당에 뼈가 높이 솟아 다섯 손가락처럼 나뉘어 발제까지 닿는 것을 금성골(金城骨)이라고 하는데, 대귀한 상으로서 장상의 지위에 이른다. 경에 이르기를 "금성골이 다섯 손가락처럼 나뉘면 낭묘(廊廟)의 극품 관직을 얻는다"고 했다.

  골격으로 귀천과 빈부를 구분하는 것은 쉬우나 기색의 생극(生剋)으로 시기를 아는 것은 참으로 어렵다.

  일신을 살필 때는 신기(神氣)를 위주로 하고 다음으로 형모(形貌)를 살핀다. 따라서 상을 볼 때는 정신과 기색을 중요시해야 한다. 정신은 쇠왕(衰旺)이 있고 기색은 생극의 이치가 있기 때문이다. 이러한 방법으로 자세히 살펴보면 길흉을 판별할 수 있고 죽고 사는 것을 알 수 있다.

  눈동자가 동그랗게 튀어나와 어리석게 보이는 것이 물고기 눈이다. 이러한 상은 광채가 없어 오래 살지 못한다.

  기색은 빛나고 맑아야 좋고, 어둡거나 흐리면 좋지 않다. 만일 연기나 먼지같이 흐릿하거나 어두우면 반드시 흉액과 재앙이 있다.

  형상이 메말라 흙과 같으면 오래지 않아 병들어 사망한다.

  천주(天柱)란 목을 말한다. 만일 목이 기울거나 비뚤어졌으면 허깨비와 같아 반드시 사망한다.

  누철(鏤鐵)이란 장식에 사용하는 쇠붙이로 성기고 가벼운 것이다. 일신의 기색이 이처럼 성기고 가벼우면 반드시 기운이 통하지 않는다.

  만약 기색이 밝고 윤택하며 상서로운 구름처럼 붉고 누런색이 돌면 앞길이 반드시 형통한다.

삼대궁(三臺宮)의 위치는 양쪽 보각과 액각이다. 이곳에 모두 황기가 비치면 이익이 따르고 이름을 얻는다.

눈썹머리는 보각이다. 이곳이 검푸른빛을 띠면 반드시 문장에 둔하고 배움이 더디다.

기색은 홍황색이 좋고, 청흑색이면 체기(滯氣) 즉 氣가 막힌 것이다. 만일 홍황색의 기운은 적고 청흑색 기운이 많이 나타나면 공명을 얻으려 해도 얻을 수 없다. 홍황색의 기운이 얼굴에 가득하면 재록이 쌓인다.

기색이 침체되었다가 갑자기 밝고 윤택하게 바뀌면 근심이 있는 중에 기쁨이 생긴다. 반면에 밝고 윤택한 가운데 청흑색이 나타나면 기쁜 가운데 흉액이 생긴다.

정면(正面)은 인당에서 한 치 3푼으로 관문(關門)의 사이 양쪽 부위이다. 정면에 홍·황·자색의 희기(喜氣)가 밝게 비치면 뜻을 이루지 못할 것이 없다.

연수는 산근의 바로 밑으로 질액궁이라고도 한다. 이곳이 밝고 윤택하여 기운이 막히지 않으면 그 해가 반드시 평안하고, 현벽(懸壁)이 밝지 못하면 재물이 점점 사라지며, 갑궤(甲櫃)가 윤택하면 길함이 있다.

금궤(金櫃)는 준두의 양쪽으로 난대와 정위이다. 이곳이 어둡지 않고 밝고 윤택하면 길하다.

일신(一身)의 부위가 비뚤지 않고 반듯하며 흠집이 없으면 흉한 일을 당하지 않으므로 일생을 평온하게 지낸다. 그러나 만약 기색이 어둡고 빛이 나지 않으면 종신토록 막히는 일이 많다.

형상이 고괴(古怪)하다고 해서 다 천한 것은 아니다. 만일 신기가 청수하고 거동이 범상치 않으면 탁한 가운데 맑음이 있는 것으로 이른바 흙 속에 묻힌 옥과 같으니, 배우는 이는 자세히 살펴야 한다.

용의 코와 얼굴, 호랑이의 머리와 눈동자를 가진 사람은 우뚝 솟은 바위 같은 인물이다. 바닷속에 있는 보석과도 같이 마침내는 귀함이 드러난다.

상을 볼 때는 네 가지를 살펴야 한다. 첫째 기색을 살피고, 둘째 소리를 들어보며, 셋째 神을 살피고, 마지막으로 살결을 보아 길흉을 판단해야 한다. 이에 하나라도 소홀함이 없어야 사람의 운명을 바르게 판단할 수 있다.

천창은 눈 근처로, 눈썹이 초승달처럼 생겨 이 부위까지 치켜붙으면 총명하고 귀한 사람이다.

인당이 부드럽고 넉넉하게 솟아 중정까지 뻗쳤으며 빛나고 윤택하면 평생토록 관록을 누린다.

동악과 서악, 즉 양 관골이 산봉우리처럼 높이 솟으면 한 번의 호령으로 사람을 모을 수도 있고 흩어버릴 수도 있는 위세를 지닌다.

입술이 이를 가리지 못하면 말하기를 좋아해서 스스로 시비를 불러일으킨다.

늑대처럼 머리를 숙이고 좌우를 돌아보며 걷거나, 이를 깨물고 성난 듯 웃지 않는 호랑이 입을 가진 사람은 성질이 맹수처럼 사나우며 심기(心機)가 깊어 헤아리기 어렵다.

음식을 먹을 때 괴로운 듯 조금씩 먹으며 두려운 것 같은 모습을 보이는 것을 쥐가 먹는 것 같다고 하며, 음식을 씹지도 않고 먹으며 먹어도 항상 부족한 것 같은 모습을 보이는 것을 원숭이가 먹는 듯하다고 한다. 이런 사람은 성격이 비루하고 몹시 인색하며 간계를 잘 부린다.

걸을 때 목을 앞으로 빼고 다리보다 머리가 앞서는 사람은 초년에는 넉넉한 삶을 누리지만 만년에는 빈궁하다.

정조(井竈), 즉 콧구멍이 드러나 하늘을 쳐다보는 듯하면 중년에 파패를 당한다.

  금성(金星)과 목성(木星), 즉 양쪽 귀가 뒤로 젖혀지면 주로 남편운이 좋지 않아 아홉 번 상을 당하고 과부가 된다.

  머리는 육양(六陽)의 으뜸이므로 둥글고 큰 것이 좋다. 만일 남자의 머리가 작고 뾰족하면 일생 동안 성공을 하지 못하고 부귀를 누릴 수 없다.

  귀인의 상은 한 부위만 보는 것이 아니다. 관직에 오르는 선비라면 사체(四體)가 모두 크고 좋아야 한다.

  허리와 배가 둥글고 등이 두터우면 녹을 받는 상이다. 관복을 입고 옥대를 두르게 된다.

  뼈마디가 바위처럼 높이 솟고, 눈의 神이 맑고 빛나 위엄이 있으면 벼슬을 하여 권세가 높으며 충성스런 신하가 된다.

  인당의 뼈가 머리까지 높이 솟은 것을 복서골이라고 한다. 이런 사람은 대귀하여 1품 관직에 오르거나 왕후가 된다.

  보골은 미각에 있는데, 보골이 높이 솟아 천창을 통하면 위엄과 권세가 있어 천군을 거느리는 용장의 지위에 오른다.

  비대하고 목이 짧으며, 아무 음식이나 잘 먹으며, 눈빛이 흐릿하여 흑백이 분명치 않은 것을 돼지상이라고 한다. 이런 사람은 비명횡사하게 된다.

  눈이 둥글고 크며 神이 있고 흘겨보지 않고 위엄이 있는 것을 호랑이 눈동자라고 한다. 이런 사람은 성품이 맹렬하다.

  수염이 누렇고 눈동자가 붉으면 일생 동안 재앙이 따른다. 옛 글에도 "눈동자가 붉으면 성질이 급하고, 수염이 노란빛이면 화를 잘 내어 마침내 재앙을 불러온다"고 했다.

  이가 드러나고 입술이 젖혀졌으며, 결후가 지나치게 튀어나오면 반드시 타향에서 객사한다.

입술에 주름이 잡힌 사람은 일생 동안 고단하다. 『통선록(通仙錄)』에 이르기를 "입가의 살갗이 마치 주름진 헝겊 같으면 타향에서 방랑한다"고 했다.

어미는 안각의 위인데, 이곳에 주름이 많으면 늙도록 편하지 않다. 경에 이르기를 "어미의 주름이 길어 눈까지 미치면 비록 눈이 좋다 해도 심신이 피곤하다"고 했다.

눈썹은 형제자매궁으로 재성(財星)을 주관하는 곳이다. 양 눈썹이 흩어져 어지럽고 맑지 못하면 골육과 헤어지고 재산을 탕진한다.

두 눈의 크기가 다른 것을 자웅안(雌雄眼)이라고 하는데, 이런 사람은 비록 의식은 풍부하지만 매우 간사하다.

검푸른 반점이 얼굴에 생기면 신기가 약해진 것으로 수를 누리지 못한다.

귀에 털이 있으면 장수한다. 경에 이르기를 "눈썹털이 좋아도 귀에 털이 있느니만 못하고, 귀의 털은 비록 좋으나 목에 수도가 있느니만 못하다"고 했으니, 모두 장수하는 상을 말한 것이다.

『대통부(大統賦)』에 이르기를 "발은 몸의 가지로 몸을 움직이는 기관이다. 만일 살이 없이 마르면 반드시 고독하고 빈한하며 풍상이 많은 사람이다"라고 했다.

가슴 위에 털이 난 사람은 성질이 급하고 관대하지 않다. 경에 이르기를 "가슴에 털이 나면 기국(器局)을 이루지 못한다"고 했다.

사반(四反)이란 입이 네모지지 않고, 눈에 神이 없으며, 콧구멍이 드러나 보이고, 귀에 윤곽이 없는 것이다. 이런 사람은 30세에 흉사한다. 게다가 신기가 어둡고 흐리면 비록 70여 세의 수를 누리더라도 일생 동안 뜻을 이루지 못하고 곤고하다.

옛 글에 "천정이 높이 솟으면 소년에 부귀하게 된다"고 했는데, 이는 천정이 높고 넓으면 반드시 높은 벼슬을 한다는 것이다.

지각이 각지고도 둥글면 반드시 재물이 넉넉하고, 얼굴에 푸른 광채가 거듭 나타나면 고독하고 빈궁하다

준두가 짙은 적색을 띠면 분주하여 파란이 있으며, 간교한 꾀가 많은 사람이다.

비록 오단(五短)의 형상을 지녔다고 해도 조화를 이루면 일생 동안 의식이 풍족하고 형통하다.

얼굴과 몸이 바르고 곧으며 신기가 있으면 부드러우면서 중후하고 인내력이 강한 사람으로 길함이 있다.

몸에 비해 손과 발이 크면 빈천하다. 게다가 손발에 살이 없고 힘줄만 튀어나와 거칠면 일생 동안 부귀를 얻기 어렵다.

이가 가지런하고 촘촘하며 코가 크고 넉넉하게 솟으면 전답을 널리 장만하여 안락하게 산다.

손이 솜처럼 부드러우면 한가로이 재복을 누리고, 손바닥이 피를 뿌린 듯 붉으면 부유하며 관록을 누린다. 경에 이르기를 "손이 솜같이 부드러우면 부하고, 그 빛이 피를 뿜은 듯하면 녹이 끊어지지 않는다"고 했다.

눈초리가 뿔처럼 위로 솟으면 일생 동안 환락을 누리며 산다. 눈초리가 뿔처럼 솟았다는 것은 눈썹이 청수하고 초승달처럼 생긴 모양을 말한다. 이런 사람은 평생 주색을 즐기며 호화롭게 산다.

산근이 세 줄기 주름으로 끊어지면 중년에 반드시 재산의 손해를 본다. 『광감』에 이르기를 "만약 가로진 주름이 산근을 끊으면 처자를 형극하고 동기간도 적다"고 했다.

귀가 얼굴보다 희면 벼슬을 하건 야인이건 명성을 떨친다. 『신농경(神農經)』에 이르기를 "귀가 얼굴보다 희면 마침내 명신(名臣)이 된다"고 했다. 옛날 구양공(歐陽公)이 벼슬을 하기 전에 한 승려가 그의 상을 보고 "귀가 얼굴보다 희니 이름을 천하에 떨치리라"고 했

는데, 훗날 재상이 되었다.

神이란 일생을 사는 근본이 되는 것으로, 形과 神이 더불어 같이 여유가 있어야 하고 부족하면 안 된다. 神과 形이 풍족하고 치우치지 않은 사람은 심신이 항상 태평하다.

발에 검은 사마귀가 있으면 영웅이 되어 만인을 위압한다. 남자는 왼발에 있으면 좋고, 여자는 오른발에 있으면 좋다. 옛날 안녹산(安祿山)이 소년 시절에 신분이 천하여 장수규(張守珪)를 섬기게 되었다. 장수규가 안녹산에게 자신의 발을 씻기도록 했는데, 안녹산이 잠시 멈칫하고 말이 없었다. 장수규가 까닭을 물으니 안녹산이 "절도(節度)의 발바닥에 검은 사마귀가 있기 때문입니다"라고 대답했다. 장수규는 "내가 귀하게 된 것은 모두 이 검은 사마귀 때문이다"라고 했다. 안녹산이 재배하고 말하기를 "불초는 검은 사마귀가 두 발에 모두 있습니다"라고 하자, 장수규가 이를 듣고 근심했다. 후에 안녹산은 세 고을을 통솔하는 절도사(節度使)가 되었다.

변정(邊庭)은 왼쪽 보각에서 발제 사이인데, 만일 관골이 이곳까지 높이 솟으면 권세를 얻고 귀하게 되어 무위(武威)를 사해에 떨친다. 『광감』에 이르기를 "역마골(驛馬骨)이 넉넉히 솟아 변지까지 이어지면 병권(兵權)이 한 지방을 떨친다"고 했다.

단전은 배꼽 밑을 말한다. 소리가 배꼽 아래에서부터 나오는 사람은 음운(音韻)이 깊은 까닭에 장수하고 복을 누린다. 희이(希夷)는 "보통 사람은 목구멍으로 숨을 쉬고, 귀한 사람은 배꼽으로 숨을 쉰다"고 말했다.

머리 뒤에 뼈가 가로질러 솟은 것을 옥침(玉枕)이라고 하는데, 이런 사람은 부를 누리고 장수한다. 『광감』에 이르기를 "골(骨)이 뇌후(腦後)에 있는 사람은 희귀하니, 만일 옥침골이 있으면 귀록(貴祿)이 끊이지 않고 수복을 누린다"고 했다.

지고는 턱의 양쪽인데, 이곳이 빛나고 윤택하며 풍만하면 만년에 쾌락을 누리게 된다.

현벽이란 귓불의 옆이다. 이곳의 기색이 밝고 윤택하면 집안에 근심이 없고 경사가 있다.

코가 작은 것을 토성(土星)이 박약하다고 하고, 수염이 많은 것을 산림중(山林重)이라고 한다. 여기에 氣가 막히면 재앙이 많다.

정면의 형상이 비록 좋다고 해도 뒤쪽이 박약하거나 기울어서 좋지 않으면 헛된 이름만 있을 뿐이고 수명도 길지 않다.

음즐은 누당인데, 이곳이 풍만하면 복록이 있고 심지가 영특하며 장수한다.

정면(正面)이란 양 관골이다. 이곳이 넓고 우뚝하여 한쪽으로 기울거나 패이지 않으면 재물과 곡식이 많다.

구레나룻이 털실로 짠 공처럼 어지럽고 지렁이가 몸을 감고 있는 듯하면 성품이 게을러서 비록 부를 얻더라도 빈궁함을 면치 못한다.

얼굴이나 손발에 푸른 힘줄이 지렁이가 꿈틀거리듯 어지럽게 솟으면 편한 날이 적고 재액이 많다.

눈썹과 이마가 우뚝 선 바위 같으면 고괴지상(古怪之相)이라 하여 귀하다. 그러나 만일 눈썹 모서리가 튀어나오면 비록 수는 누릴지라도 육친을 형극하고 고독하게 지낸다.

목에 결후가 있으면 자식이 없거나 객사의 염려가 있다. 경에 이르기를 "이가 드러나고 결후가 있으면 타향에서 죽는다"고 했다.

눈동자가 동그랗고 작으며 노란색인 것을 계목(鷄目)이라고 한다. 이런 사람은 성질이 조급하고 색을 좋아하지만 진실하고 믿을 만하다.

머리와 손발을 모두 따로 움직이며 걷는 모습을 뱀 같다고 하는데, 이런 사람은 행동이 경박하고 마음이 독하여 수를 누리지 못한다.

정면이라 함은 눈 아래의 관골인데, 만약 이곳에 푸른 기색이 가로질러 나타나면 재앙과 질병이 많아 걸어다니는 시체라 한다.

귀 앞은 명문인데, 만약 검고 어두운 기색이 있으면 병을 고치기 어려우므로 목숨을 빼앗긴다고 한다.

입은 사람의 목숨을 맡은 곳이다. 만약 입가에 검푸른빛이 돌면 옛날 편작 같은 명의(名醫)도 고치기 어려운 병에 걸린다.

검은빛이 두 눈을 가리면 이름난 의원이라 해도 고치기 힘든 병이 있는 징조다.

병든 사람의 기색이 메마른 뼈처럼 윤기가 없고 희기만 하면 몸에 생기가 없는 것으로 죽음을 피하기 어렵다. 또한 재처럼 검어도 수명이 단축된다.

근심이 있는 듯 늘 얼굴을 찌푸리고 있는 사람은 반드시 빈한하고 어려움이 많다. 경에 이르기를 "술에 취하지 않아도 취한 듯하고, 걱정이 없어도 근심스런 얼굴을 하며, 웃을 때도 겁먹은 듯하고, 어리석어 보이면 영화나 즐거움이 반이나 감소된다"고 했다.

요절하거나 재앙이 많은 것은 연수와 산근이 얇고 힘이 없거나 깎이고 패인 탓이다. 이런 사람은 질병이 많고 일찍 죽는다.

연수를 월패성이라고 한다. 평생 질병이 없이 건강한 것은 월패성이 빛나고 넉넉히 솟은 때문이며, 늙도록 재앙이 없는 것은 연상(年上)이 늘 윤택하기 때문이다.

피는 氣로써 만들어지고, 氣는 神에서 비롯되니, 피에 화려한 광채가 없으면 중심이 없어 일을 성취하기 어렵다.

걸을 때 몸이 흔들리지 않으면 용취(龍驟)라고 하는데 귀중지상(貴重之相)이다. 재물이 풍족하고 장수한다.

신광(神光)이란 기색이 붉거나 누런 광채가 나는 것이고, 귀색(鬼色)이란 기색이 검푸른빛을 띠어 어두운 것이다. 얼굴에 신광이 가득하면 명성과 재리(財利)가 따르고, 귀색이 보이면 가난하고 근심이 많다.

　병이 오래되어 눈이 감기고 기색이 없더라도 神이 있으면 살 수 있으나, 만일 눈에 신광이 없고 입이 벌어지고 목이 기울면 죽는다.

　오악이 반듯하면 장수하지만 이목구비(耳目口鼻) 일곱 개의 구멍이 너무 드러나고 기색이 밝지 못하면 오래 살지 못한다.

　화개는 복당의 바깥인데, 이곳을 검은 기운이 범하면 갑자기 질병을 얻게 된다. 또한 천정이 푸른빛을 띠면 염병에 걸릴 징조이니 조심해야 한다.

　지각은 노복궁 또는 우마궁(牛馬宮)이라고 한다. 이곳에 붉은 기운이 불꽃처럼 나타나 메마른 듯하면 가축의 손실이 있다.

　간문은 처첩궁이다. 이곳에 푸르거나 흰빛이 나타나면 처첩에게 재앙이 미친다.

　삼양(三陽)은 왼쪽 눈 아래이다. 이곳에 홍기가 가득하면 반드시 아들을 얻는다. 삼음(三陰)은 오른쪽 눈 아래이다. 이곳에 청기가 있으면 반드시 딸을 낳는다.

　유혼(流魂)과 유백(流魄)은 검은 기운이고, 대해(大海)는 입이다. 검은 기운이 입으로 들어가면 수액(水厄)을 조심해야 한다. 용궁은 눈자위인데, 이곳에 검은 기색이 생기면 사망할 수 있다.

　도로(道路)는 통구(通衢)와 위항(委巷)의 부위인데, 만약 이곳의 氣가 침체되면 객지에서 곤란한 일을 당한다.

　궁실(宮室)은 주조(廚竈)의 옆이다. 만약 이 부위가 적색을 띠면 탕화(湯火)의 액을 조심해야 한다.

　귀뿌리에 검은 사마귀가 생기면 객사할 우려가 있고, 승장에 깊은 주름이 생기면 수액이 있을 징조이다.

　안당(眼堂)은 넉넉하고 살이 있어야 하지만, 두텁기까지 하면 음란하다.

인중은 반듯하고 분명해야 하는데, 만약 휘거나 기울어지면 육친을 형극한다.

귀아(鬼牙)는 어금니가 길고 뾰족하여 입 밖으로 튀어나올 듯한 것으로, 이런 사람은 남을 잘 속이며 욕심이 많다.

눈썹 부위가 넉넉히 솟았으면 장수하지만, 만일 능골(稜骨)이 높이 솟아 뾰족하면 성질이 흉포하여 비명횡사할 수 있다.

형상이 고괴하면 귀상(貴相)이나, 모습이 귀신과 같으면 의식이 넉넉하지 못하다.

형모가 맑고 빼어나서 보통 사람과 달리 마치 신선처럼 보이는 사람은 귀하게 되지 않더라도 일생을 여유 있게 보낸다.

분문(糞門)에 털이 어지럽게 난 것은 방광의 氣가 매우 강하기 때문이다. 이런 사람은 반드시 음욕이 많다.

귀 뒤에 뼈가 솟은 것을 옥루골(玉樓骨) 또는 수당(壽堂)이라고 하는데, 옥루골이 있는 사람은 장수한다.

골격이 비록 말랐어도 기색에 神이 있으면 길상이나, 살과 피부는 비록 비대하더라도 탄력이 없고 윤택하지 않으면 흉상이다.

눈이 성난 듯하고 튀어나왔으며 흰자위가 많으면 육친을 형극하고 고독하며 흉사한다.

코의 세 곳이 오목하게 굽으면 반드시 가난하고 고독하며 고생이 많다.

삼첨(三尖)이란 머리·준두·지각이 모두 작고 뾰족한 것이며, 육삭(六削)이란 눈썹·눈·귀·입이 얇고 약한 것으로 육악(六惡)이라고도 한다. 삼첨육삭인 사람은 빈천하며 간교하다.

양쪽 천창과 지고가 우묵하지 않으며, 오악이 모두 단정하여 어느 한쪽으로 치우치지 않았으면 늙도록 부귀를 누린다.

다리가 가늘고 길며 정강이가 마른 사람은 안정되지 못하고 늘 분주하게 지낸다.

입이 뾰족하게 나오고 입술이 뒤집혔거나 얇으면 말하기를 좋아해서 시비가 떠나지 않는다.

부위가 분명하여 어긋나거나 뒤섞이지 않으면 자연히 재앙이 사라지고, 주름이나 사마귀로 어지러우면 흉액이 따른다.

눈썹이 높이 붙고 마치 쥐처럼 음식을 먹으면 인색하고 탐욕이 많으며 비루하여 흉하다.

콧대가 칼등처럼 뾰족하게 깎였거나 눈동자가 마치 벌처럼 튀어나온 사람은 성질이 난폭하고 하천하다.

남자의 허리가 가늘면 복이 없어 재산이 없으며, 여자의 어깨가 굽으면 고독한 상으로 남편을 형극하고 재가한다.

여자의 머리와 이마가 너무 크면 남편을 형극하고, 음성이 거칠고 탁하거나 뼈가 거칠고 굵으면 과부가 된다.

여자의 눈에 물기가 있어 빛나고 눈동자가 튀어나오고 입이 크면 색정을 탐하며, 손과 머리를 흔드는 버릇이 있고 경박하면 역시 음란하여 남편을 형극한다.

여자의 머리숱이 짙고 곁눈질하는 듯하면 음란하다.

여자의 음성이 맑고 눈의 神이 밝으면 반드시 남편을 영화롭게 하고 식록을 얻는다.

여자의 골격이 가늘지만 기름지면 부귀가 따라 깨끗하고 한가롭게 지내고, 터럭이 거칠고 짙으면 일생 동안 노고가 많고 하천하다.

여자의 피부가 맑고 향기롭고 매끄러우면 부귀한 집안의 딸이고, 얼굴이 단정하고 엄숙하며 윤택하고 깨끗하면 부호 집안의 덕성스런 며느리가 된다.

여자의 산근이 끊어지지 않으면 귀한 남편을 얻게 되고, 모든 부위가 고르게 균형을 이루면 자식운이 좋다.

여자의 머리털이 가늘고 빛이 윤택하면 氣가 조화를 이룬 것으로 성품이 부드럽고 착하며, 神이 오그라지고 눈이 둥글면 성미가 조급하다.

여자의 관골이 튀어나오면 남편과 여러 차례 헤어지고, 귀가 뒤집히거나 얇으면 자식을 잃는다.

손이 거칠고 발이 큰 여자는 무당이 아니면 매파이고, 코가 뾰족하고 머리가 숙여진 여자는 시녀나 첩이 된다.

여자의 와잠이 밝고 윤택하며 자색을 띠면 반드시 귀한 아들을 낳는다.

금갑이궤(金甲二櫃)는 콧구멍의 옆인데, 이곳이 풍만하고 황색을 띠며 밝고 맑으면 반드시 집안을 흥성하게 한다.

여자의 입이 크면 먹을 것을 탐하고 게으르다. 처음에는 풍족할지라도 나중에는 궁핍하게 된다.

여자의 등이 둥글고 두텁고 청수하면 반드시 어질고 선량한 대장부에게 시집가서 귀하게 된다.

몸에 살이 찌고 윤택하며 탄력이 있어 모습이 아름다운 여자는 영화를 누린다.

얼굴이 둥글고 허리와 배에 살이 쪄서 체격이 남자 같은 여자는 부귀영화를 누린다.

여자의 살결은 탄력 있고 매끄러워야 좋으며, 손과 손가락은 살이 있되 힘줄이 솟지 않아야 가정을 잘 꾸려간다.

남자의 손이 마치 솜처럼 부드러우면 자연히 부유해진다.

여자가 머리는 작고 배가 크면 과식하지 않는다. 여기에 만약 살집이 있으나 뼈가 작으면 단명한다.

눈썹이 성기고 지저분하며 눈이 튀어나온 여자는 여러 번 남편과 사별하고, 음성이 크고 氣가 탁한 여자는 박복하다.

여자의 눈빛이 술에 취한 듯 몽롱하면 음란하여 여러 사람과 정을 통한다.

웃을 때 애교가 있고 보조개가 패이면 천한 여자이다. 경에 이르기를 "보조개가 아양을 떠는 듯 생기면 정숙한 여자가 아닌즉 달빛 아래에서 다른 사람을 만난다"고 했다.

여자의 얼굴이 보름달처럼 밝고 윤택하면 집안을 일으키고, 입술이 붉은 연꽃같이 붉으며 뾰족하거나 이가 드러나지 않으면 의식이 풍족하다.

산근에 검은 사마귀가 있는 여자는 오랜 병이 있지 않으면 남편과 헤어진다.

눈 아래에 주름이 잡히면 고독하고 골육간에 인연이 없다.

이가 촘촘하고 빛나며 깨끗하여 석류알 같으면 의식이 넉넉하고, 콧구멍이 넓고 들여다보이면 재산을 모두 탕진하고 빈궁하게 된다.

모습이 고괴하여 마치 나한(羅漢)처럼 생기거나 판관(判官)같이 생기면 아주 늦게 자식을 둔다.

이마와 양 관골 부위가 우뚝하고 넓으며, 이목구비가 맑고 밝으면 일생 동안 복록을 누린다.

몸집은 작아도 목소리가 크고 우렁차며 맑으면 근본이 넓고 크기 때문에 마침내 발전한다.

머리가 둥글고 살갗이 두터우면 복을 누리며 장수한다.

앞에서 보아 신기가 맑고 깨끗하며 어둡지 않으면 명성과 재물이 함께 이른다. 하천하더라도 상이 이와 같으면 길하다.

얼굴의 피부가 얇고 뜬 것 같으며 거칠고 단단하면 단명하고, 골격이 넉넉히 솟고 오악이 분명하면 부귀를 누린다.

어려서 살이 찌며 氣가 짧고 급하면 36세를 넘기기 어렵다.

입술이 오므라져 어리석어 보이거나 뒤집혀서 이가 드러나 보이고, 눈에 神이 없어 먼지가 낀 듯하면 단명한다.

  체모가 굽었거나 오그라든 듯하면 너그럽지 못하고, 기국(器局)이 넓고 크면 일생을 즐겁게 지낸다.

  코가 박약하여 뼈가 칼등처럼 드러나면 조업을 깨뜨리고 가정을 지키지 못한다.

  척추는 듬직하고 솟아야 하는데, 만일 박약하고 패이거나 우묵하게 들어가면 명리를 얻더라도 성과가 없으며 장수하지 못한다.

  콧등에 세 군데 굴곡이 있으면 파패가 많아 가옥과 전답을 팔아 없앤다.

  얼굴은 양쪽이 튀어나와야 한다. 하늘과 땅이 조화를 이루고 태산(泰山)과 화산(華山)이 우뚝하면 집안과 사업을 일으킨다.

신간교정증석합병마의선생신상편권지사
(新刊校正增釋合併麻衣先生神相編卷之四)

　머리가 깎인 듯 뼈가 드러난 것을 노루머리라 하며, 눈동자가 튀어나오고 눈이 둥근 것을 쥐눈이라 하는데, 이런 사람은 절대로 벼슬을 하지 못한다.

　쉰 듯한 목소리에 얼굴이 긴 것을 말얼굴이라 하고, 눈망울이 튀어나오고 눈동자가 붉은 것을 뱀눈이라 하는데, 이런 사람은 성질이 포악하고 마음이 독해 형제간에도 의리가 없으며 횡사한다.

　눈동자가 점을 찍은 듯 맑고 입이 크고 붉으면 문장이 뛰어난 선비이며, 얼굴이 크고 네모지며 턱이 크고 넉넉히 솟으면 부잣집의 아들이다.

　말은 순서가 분명해야 귀하다. 말이 많아도 실마리가 없고 갈피를 잡을 수 없으면 마음을 알기가 어렵다.

　용모가 온화하고 윤택하여 아름다운 옥과 같고, 氣가 부드러워 화창한 봄바람 같으면 생각이 깊고 덕이 있다.

　뼈가 거칠고 드러나며, 머리카락이 버려놓은 밭처럼 어지럽고 촘촘하며 굵으면 빈한한 상이다.

몸은 두텁고 듬직해야 좋다. 몸이 가늘고 경박하여 걸을 때 마치 바람에 나부끼는 버들잎 같고 바다에 뜬 조각배처럼 흔들리면 단명하거나 빈궁하여 잠시도 안정된 삶을 누리지 못한다.

기뻐도 슬픈 표정을 짓는 사람은 처음에는 부유하더라도 나중에는 가난하게 된다. 그러나 좋지 않은 상황에 처해서도 말이 바르고 표정이 온화하게 보이는 사람은 처음에는 궁색할지라도 만년에는 반드시 복을 얻는다.

거오골(巨鰲骨) 즉 액각이 머리까지 솟으면 상서(尙書)의 지위에 오르고, 용골(龍骨) 즉 일월각이 천정까지 닿으면 재상의 벼슬에 오른다. 경에 이르기를 "액각이 천정에 들어가면 귀함이 재상의 지위를 얻는다"고 했다.

문무쌍전(文武雙全)이란 양 관골이 변지까지 이른 것인데, 이런 사람은 벼슬이 자사(刺史)의 지위에 오른다.

눈은 일월(日月)이므로 둥글고 밝아야 한다. 삼각형이면 좋지 않다. 만약 눈이 삼각형이면 마음이 독해서 여자는 남편을 형하고 남자는 처자를 극한다.

코는 토성으로, 연상과 수상 두 부위가 오목하게 끊어지면 재물을 파하고 질병을 앓는다.

골격이 마르고 경박하며 손가락이 거칠고 뻣뻣하면 속된 사람이다.

눈썹과 눈이 깨끗하고 맑으며 신기가 부드러우면 귀하게 되지 않으면 청한(淸閑)하고 빼어난 선비이다.

음성은 맑게 울려야 좋다. 만일 거칠고 깨진 나팔 소리와 같고 여운이 없으면 영화를 얻지 못하고 가난하다.

피부가 거칠고 껄끄럽고 광택이 없으면 일생 동안 고생이 심하다.

십악(十惡)의 흉죄를 범하는 여자는 모두가 눈에 붉은 줄이 있으며, 눈동자가 검지 않고 누렇다.

타향에 나가 객사하는 사람은 대개 잇몸이 드러나고 입술이 뒤집히거나 아주 얇다.

形은 여유가 있으나 神이 부족하거나 神은 여유가 있으나 形이 부족한 것을 불온(不蘊)하다고 하는데, 이런 사람은 빈천하고 단명한다.

힘줄 가운데 뼈가 드러나고, 뼈 가운데 힘줄이 솟으면 무기력하고 약하며 어리석고 무디다.

눈의 神이 드러나 빛나며, 입이 박약하고 입술이 뒤집힌 사람은 성질이 집요하고 불량하다.

이 가는 소리를 내고 머리를 흔드는 사람은 독하고 사나우며 간교하고 음란하다.

명리를 얻으면 마땅히 기쁜 기색이 있어야 한다. 좋아도 얼굴에 수심이 있는 듯 처량하게 보이는 사람은 처음에는 부유하더라도 나중에는 반드시 빈궁해진다.

궁색한 처지에 있더라도 근심이 없는 듯 얼굴이 온화한 사람은 처음에는 궁할지라도 만년에는 복을 얻는다.

금형인이 金을 얻어 금국(金局)을 이루면 굳세고 의연하며, 다시 토국(土局)의 氣를 얻으면 토생금(土生金)이 되어 재물이 풍부하다.

다음에는 주로 오행의 형상을 논하며 그 상모를 총괄적으로 풀이한다. 배우는 이는 마땅히 숙지하여 자세히 살펴야 한다.

목형인은 골격이 길어 나무와 같이 곧아야 하고, 기색은 청기를 띠며 수려해야 바른 격이다. 만일 허리가 휘거나 등이 좁으면 목형의 격을 잘 이루지 못한 것이다.

화형인은 마치 불꽃이 위로 타오르는 형상처럼 아래는 두텁고 위는 뾰족한 듯하며, 빛은 붉고 氣는 활발해야 올바른 격이다. 그러나 너무 드러나며 뜨고 메마른 듯하면 불길이 지나치게 센 것이다. 이를 『풍감(風鑑)』에서 이르기를 "국(局)이 솟구치는 듯하면 화형이다"라고 했다.

수형인은 등과 허리가 풍만하고 둥글며, 원기가 차분히 가라앉아 있으며, 살이 많고 뼈대는 가벼워야 올바른 격이다. 그러나 근육에 탄력이 없고 살이 늘어져 사지와 몸통을 감싸고 넘치게 되면 절도가 없어 형은 비슷해도 어긋난 것이다.

금형인은 형태가 방정하고 뼈가 튼튼하며, 살이 가득하여 뼈와 적당히 균형을 이루며, 빛이 희고 氣는 강해야 올바른 격을 갖춘 것이다. 기국이 끊기고 급하며 기울어졌거나 뼈는 작고 살만 많으면 튼튼하지 못하므로 올바른 격이라고 할 수 없다.

토형인은 얼굴이 깊고 두터우며, 허리와 등에 살이 있고 용모가 빼어나며, 살보다 뼈가 두텁고 황기를 띠어 밝은 것이 올바른 격이다. 골격이 두텁더라도 살이 박약하며 神이 어둡고 무력하면 土가 기국을 잃은 것이다.

이는 모두 오행의 형상을 말한 것이다. 가장 중요한 것은 土인데, 金·木·水·火는 모두 土에 의하여 생하기 때문이다. 土는 1월, 4월, 7월, 10월에 기운이 왕성하다. 만일 두 개의 형(形)을 겸했다면 더 가까운 쪽을 주로 하여 오행의 형을 정해야 한다.

토형인이 토형의 바른 격을 얻으면 진실로 土가 土를 얻은 것이어서 재물이 풍족하다. 여기에 다시 화국형(火局形)의 氣를 얻으면 화생토(火生土)가 되어 왕개(王愷)와 같이 더욱 부귀하게 된다.

금형인이 화국(火局)을 얻으면 화극금(火剋金)이 되고, 목형인이 금국(金局)을 만나면 금극목(金剋木)이 되어 형극지상(刑剋之相)이다. 『광감』에 이르기를 "상극(相剋)과 상형(相刑)은 귀쇠(鬼衰)로 재물이 흩어지는 것은 당연하다"고 했다.

　화형인이 광채(光彩)를 띠면 화국을 얻은 것이다. 火가 다시 火를 얻었으니 무위(武威)를 떨친다. 여기에 다시 붉고 활기찬 기색이 나타나면 순수한 화형(火刑)을 갖춘 것으로 서로 다투지 않아 크게 길하게 되고 재물이 늘어난다.

　수형인이 흑색을 띠고 살이 쪘으면 수국(水局)을 얻은 것이다. 수득수(水得水)가 되어 문장으로 귀하게 된다. 여기에 다시 체모가 둥글고 넉넉하면 순수한 수형(水形)을 갖춘 것으로 역시 다툼이 없어 귀는 물론 수복을 누린다.

　이마가 좁고 턱이 크며 소리가 급하고 맹렬하며 초년에 부유한 사람은 화형인이 분명하다. 여기에 만일 체모가 청수하고 곧고 마른 듯하며 뼈가 솟았으면 목형(木形)을 띤 것으로, 수생화(木生火)가 되어 영화가 무궁하다.

　형모가 살이 찌고 둥글며 등이 굽은 사람은 수형인이다. 여기에 골격이 바르고 곧으며 살빛이 희고 氣가 강하면 금국을 얻은 것으로, 금생수(金生水)가 되어 일생 동안 발전하고 매사에 막힘이 없다.

　토형인이 목국을 만나면 목극토(木剋土)가 되어 불길하나, 토국이 목국보다 훨씬 우세하고 기색이 윤택하면 土・木이 소통되어 흉하다고 할 수 없다.

　목형인이 금국을 만나면 금극목이 되어 길하지 못하나, 만일 木이 金보다 세력이 강하고 형모가 빼어나면 대길하다. 木은 金에 의해 쪼개지고 깎인 후에야 좋은 재목이 되기 때문이다.

　토극수(土剋水)이니, 수형인이 많은 土를 만나면 신기가 약화되므로 파재함이 당연하다.

　또한 화형인이 金을 만나면 화극금이 되어 불리한데, 거센 불이 작은 금을 만난 것이므로 재물이 모이기 어렵다.

기색의 왕래와 주름이나 사마귀의 길흉을 살펴 부귀빈천과 수명을 판별해야 한다. 이것은 모두 위에서 말한 오행의 생극관계를 참고하여 살펴보면 된다.

  이마는 화성(火星)으로 30세까지의 초년의 운세를 주관하는 곳이다. 이마가 넉넉히 솟고 두터우며 반듯하면 길하고, 이마가 좁고 끊어지고 패이면 흉액이 많다.

  코는 재성(財星)으로 중년운을 주관하여 30세 이후의 부귀빈천과 성쇠를 알 수 있다. 코가 넉넉하고 높이 솟으면 편하게 부귀를 누리고, 코가 깡마르고 뾰족하며 휘거나 오목하면 파패가 많다.

  승장과 지각은 말년의 길흉을 보는 곳이다. 승장과 지각이 넉넉하고 두터우며 조화로우면 길하나, 깎인 듯 뾰족하며 짧고 작으며 어두운 기색을 띠면 흉하다.

  또한 발제와 인당의 길흉으로 일생의 귀천을 본다.

  사강(四强)이란 子·午·卯·酉로 이마, 턱 및 양 관골의 뒤쪽을 가리킨다. 이곳이 넓고 두터우며 넉넉히 솟아 있으면 평생 대길하고, 좁거나 홈이 있거나 패인 듯하면 재앙이 있다. 일생의 조화는 먼저 이 네 부위를 보아야 알 수 있다.

  삼주(三主)란 이마·코·턱으로 초년·중년·말년의 운세를 주관한다. 일생의 대략적인 윤곽은 이곳의 형세를 보아 그 오행형(五行形)을 구분하여 운세를 살핀다.

  기색이 밝고 윤택하면 모든 일이 순조롭고, 氣가 끊기거나 막히면 운세가 막힌다.

  머리가 뾰족하고 이마가 좁으면 벼슬을 구할 수 없고, 기색이 어둡고 神이 부족하면 역시 뜻을 이루기 어렵다.

  눈이 쥐처럼 생기면 도둑이고, 눈동자가 노루처럼 생기면 제 명대로 살지 못한다.

눈동자가 벌처럼 튀어나오면 형벌과 살상의 액이 있고, 입이 메기처럼 생기면 일생 동안 궁핍하고 곤액이 많다.

머리가 둥근 승려는 귀하게 된다. 수도자는 형모가 맑고 빼어나야 진리를 깨달을 수 있다.

머리가 둥글면서도 정수리가 솟은 듯하고, 이마가 넓으며, 얼굴이 반듯하고 바른 사람이 승려가 되면 이름있는 사찰에서 주지가 된다.

승려가 눈에 神이 맑게 비치고 거북이나 학처럼 골격이 수려하면 반드시 큰스님이 되어 문하에 많은 제자를 거느린다.

승려의 턱이 이중이면 부를 누리고, 벽안(碧眼)이면 자애로우며 명성을 얻는다.

이마가 넓고 눈썹이 수려하면 문장이 탁월하다.

귀가 얼굴보다 희면 세상에 선을 베풀고, 광대뼈가 높이 솟고 인당이 평평하면 하늘이 내린 스승의 칭호를 얻는다.

골격이 거칠어 튀어나오거나 형모가 속되면 늙도록 산중에 묻혀 곤액을 당한다.

형상이 기이하고 神이 특이하면 천하를 주유하게 된다.

배와 등이 널찍하고 두터우면 의식이 넉넉하며, 코가 곧고 가지런하면 부귀를 얻는다.

눈썹이 높이 붙고 눈이 수려하면, 벼슬을 얻거나 아니면 재물을 얻는다.

이마가 넓고 턱이 풍만하여 천지가 서로 어울리면 범상한 사람이라도 관록을 얻는다.

비록 수염이 짙고 도(道)에 어울리는 체모라 해도 소리가 울리고 맑아야 비로소 영화를 누린다.

눈썹이 평평하고 수려하며 눈이 곧고 밝아서 승려의 상모를 갖추었다 해도 골격이 청수하고 고괴해야 귀하게 된다.

바라볼 때 곁눈질을 하거나 흘겨보는 듯하면 반드시 음란하고, 행동거지가 경망스러우면 빈천함을 면치 못한다. 승려는 말할 나위도 없다.

눈에 신광이 끓는 듯하며 도화색을 띠면 오로지 주색과 환락만을 꿈꾼다.

얼굴이 잿빛이거나 먼지가 묻은 듯하면 재산을 탕진하고 빈궁하게 지내게 된다. 승려가 되어도 빈곤함을 면치 못한다.

상으로 연운(年運)을 보는 것은 승려나 보통 사람이나 마찬가지이다. 부위와 골격과 기색에서 근본이 되는 요점을 자세히 살펴 묘한 이치를 깨달아야 한다.

인생의 부귀빈천은 대개 상모와 기색에 의하여 결정된다. 그러나 선행을 하면 길상이 이르고, 악행을 하면 재앙이 따르므로 마음의 바탕을 먼저 살핀 뒤에 상모로서 길흉을 논해야 한다. 당(唐)의 배도(裵度)가 자신의 화상(畵像)을 보고 스스로 말하기를 "키가 크지 않고 모습이 준수하지 못하거늘 어찌 장군이 되었으며 정승이 되었는가? 한 조각 영대(靈臺) 위에 형상을 전부 그리지 못한다"고 했다. 심상(心相)을 아는 것이 상법의 큰 비중을 차지한다.

사람의 상을 보아 전정(前程)을 미리 알고자 하면 기국(氣局)을 보아 사람의 윤곽을 안 뒤에 용모를 분별해야 한다. 우선 오악으로 상의 근본을 삼고, 다음에는 기색으로 화복을 정해야 한다.

전세(前世)에 음덕을 쌓지 못했더라도 선악의 결과는 내세(來世)에 미치는 영향이 크다. 상학을 공부하는 사람은 이 같은 이치를 통하여 사람에게 유익하면 알리고, 이미 흉운이 닥쳤으면 방지하도록 해야 한다.

마의가 말하기를 "출세지술(出世之術)을 통해야만 천기의 묘리와 합하는 것이다. 상법이란 진실로 신선의 술법이다"라고 했다.

인간의 수요(壽夭)와 궁통(窮通)이 상법을 벗어나지 못하여 부귀빈천이 모두 이 책에 담겨 있으니, 지혜로운 선비는 이에 정통한 스승을 얻으면 자연히 신선의 식견을 얻을 것이다.

나중에 배우는 이는 이 책을 범속한 사람에게 전하지 말고, 지혜롭고 덕망 있는 이에게 전하라. 풍감지술(風鑑之術)은 천변만화(千變萬化)하는 오묘함이 있다. 모든 것에 통하는 이치를 어찌 범상한 사람이 배울 수 있겠는가. 이 책은 고산유수(高山流水)의 거문고 곡과 같아서 알아듣는 이가 드물어 화산(華山) 석실(石室) 흰구름 깊은 곳에 숨겼으나, 이제 음곡(音曲)을 아는 희이를 만났으므로 말없이 주노라.

정성을 다해 묘한 이치를 연구하고 현묘한 관문을 뚫으면 깨달음이 눈에 응하여 한 번 보아 놓침이 없을 것이다. 또한 마음과 눈 사이에 남는 바가 없으면 바야흐로 신이부(神異賦)의 묘를 따라 속지 않을 것이다. 나중에 배우는 이는 이 글을 가벼이 여겨서는 안 된다.

금쇄부(金鎖賦) — 마의선생찬(麻衣先生撰)

육해미(六害眉)를 가진 사람은 육친과 정이 없고, 눈썹 주위가 검푸른빛을 띠거나 흠이 있으면 처자를 형극하고 늙어도 편안하지 않으며 하는 일이 치밀하지 못해 성과가 없다.

산근이 끊어지면 하는 일 모두가 공허하여 조업을 지키지 못하고 가산을 탕진한다. 또한 형제간에 인연이 없고 고향을 떠나며, 늙도록 이루어지는 일이 없다.

눈썹이 엇갈리고 얼굴이 검으며 神이 약하면 쓸데없이 남의 일을 참견하여 시비가 잦다.

사람을 볼 때 차갑게 웃는 사람은 악한 마음이 감추어져 있다.

얼굴에 精·神·氣가 잠시 동안 보이더라도 본래의 얼굴이 어두운 빛을 띠면 단명한다. 만약 장수하면 고독과 가난을 면치 못한다.

오성(五星)과 육요(六曜)는 모두 얼굴에 있다. 따라서 눈썹을 제외하고는 기울거나 비뚤어지지 말아야 한다. 귀가 기울고 입이 비뚤어지면 말년에 파패가 있고, 코가 휘어지고 정면에서 콧구멍이 보이면 40세에 갑작스런 재앙이 있다.

학문을 닦는 사람이 골격이 엉성하여 짜임새가 없으면 문장이 높아도 벼슬을 얻지 못하고, 하늘을 찌를 듯한 뜻이 있어도 결국은 펴지 못한다.

얼굴이 커도 눈썹이 수려하지 못하면 수재(秀才)에 불과하다. 여기에 입술이 뒤집히고 이가 드러나면 재앙이 많다. 아무리 바쁘게 뛰어다녀도 평생 부귀를 얻지 못한다.

상정이 짧고 하정이 길면 성패가 잦아 결국은 공망이 된다. 비록 한때 재물을 모으더라도 마치 뜨거운 태양이 얼음과 서리를 녹이는 것과 같다. 그러나 하정이 짧고 상정이 길면 반드시 재상이 되어 임금을 섬기게 된다. 보통 사람이라도 이와 같으면 금은보화가 창고에 가득하다.

몸집이 크고 넓은 것은 좋지만 살찐 것은 나쁘다. 몸집이 큼직하면 영화를 얻고, 비대하면 단명한다. 20세에 비대하면 죽음이 정해져 있고, 40세에 몸이 불어나면 부귀를 얻는다.

몸이 마른 것과 고한(孤寒)한 것은 서로 비슷한 것 같아도 다르다. 몸이 말랐더라도 神이 있으면 반드시 뜻을 이루나, 고한하면 비록 모습이 곱더라도 고단하다.

기색이 흐리고 여러 가지가 섞여 있는 것은 좋지 않다. 氣와 神이 아름다운 것 같지만 어지러우면 재물이 궁핍하다. 늙어서 빛이 흐려지면 고생이 따르고, 어릴 때 기색이 흐려지면 성공하지 못한다.

눈썹은 굽은 것이 좋고 곧으면 좋지 않은데, 보통 사람은 굽었는지 곧은지를 구분하지 못한다. 눈썹이 굽은 사람은 많이 배우고 총명하며 준수하지만, 눈썹이 곧은 사람은 아내와 자식을 잃는다.

수염은 검으면서 또한 짙지 말아야 한다. 수염이 성겨 살결이 보여야 기이(奇異)한 상이다. 수염이 짙고 맑지 못하며 털이 누런 것을 가장 꺼린다. 이런 사람은 부모와 처자가 동서로 흩어진다.

눈썹이 높이 붙고 맑고 수려하면 재주와 융통성이 있다. 이런 사람은 훗날 귀하게 되어 임금을 섬긴다.

이와 같은 상법의 이치를 아는 이가 드물어 금쇄부(金鎖賦)와 은시가(銀匙歌)를 첨부하노라.

은시가(銀匙歌)

팔과 다리에 살이 없어 뼈가 드러나는 것은 가장 흉상이다. 양두(兩頭)가 막대처럼 생긴 것도 마찬가지이다. 비록 조상의 유산과 부모의 음덕이 있다 해도 마침내는 파패를 당하여 빈궁하게 된다.

머리에 부스럼이 나거나 피부병이 생긴 것은 가장 흉한 형살로, 나망(羅網)의 흉성(凶星) 가운데 하나이다. 아내를 극하거나 자식을 잃지 않으면 집안에 우환이 많고 빈궁하며 고독하다.

상 중에 가장 꺼리는 것은 낭군면(郎君面)이다. 남자라면 명이 길지 못하고, 여자라면 음욕을 탐하여 중이 되거나 고독해진다.

눈썹이 끊기거나 눈썹이 관골 부위까지 굽어져 나오면 항상 관재와 시비가 따르고 전답을 팔아 없앤다. 이런 눈썹을 가진 사람은 처자와 두세 번 이별한 후에야 비로소 재앙과 근심이 떠난다.

색을 밝히는 것은 눈이 도화색을 띠었기 때문이다. 사람을 볼 때 곁눈질을 하지 말라. 악독한 사람과 그렇지 않은 사람의 구별은 오직 눈을 보아 알 수 있다. 뱀눈을 가지면 자식이 아비를 때리는 패륜아이다.

양(羊)의 눈동자를 가지면 머무를 집이 없어 남에게 애원하여 집을 빌려 산다. 게다가 눈썹이 화창(禾倉)의 부위에 한 치나 높이 붙으면 중년에 이르러 아내와 남편이 없다.

눈 밑이 오목하면 자식이 없어 고독하고, 좌우의 눈이 신광(神光)을 잃어도 역시 고독하다. 좌우의 관골이 계란처럼 솟지 않으면 자식이 없어 남의 자식으로 양자를 삼게 된다.

이마가 좁고 뾰족하면 재앙이 있어 재산과 토지를 모두 팔아 없앤다. 책사(策士) 장량처럼 계책을 잘 쓴다 해도 상이 이러하면 전복되어 낭패를 당한다.

눈이 툭 튀어나오면 성격이 포악하며 전답을 모두 팔아 없앤다. 게다가 흰자위가 검은자위보다 훨씬 많으면 침상에서 죽지 못하고 타관에서 객사한다.

아래턱이 풍만하여 이마와 조응하면 평생 운이 왕성하나, 좌우 관골이 넉넉히 솟지 않으면 재물이 없다. 오랜 흉년에도 식량이 떨어지지 않는 것은 상하의 창고가 서로 조화를 이루기 때문이다.

코에 살이 없고 뼈만 앙상하게 솟은 것을 반음(反吟)이라 하고, 코가 굽거나 콧구멍이 보이는 것을 복음(伏吟)이라 한다. 반음은 자손이 끊기고, 복음 역시 자녀의 액으로 눈물을 흘린다.

눈이 수려함을 띠면 마음이 아름다워 배우지 못했어도 사람 구실을 한다. 또한 손재주가 뛰어나 못하는 일이 없다. 거짓으로도 참을 만들어낸다.

이마와 준두, 관골에 적기가 있으면서 푸른 점이 나타나는 것을 박사염조(薄紗染조)라고 한다. 이런 사람은 아내를 때때로 바꾸거나 자녀를 잃는다. 게다가 산근이 높으며 끊어지면 5년 동안 세 차례 눈물을 흘리게 된다.

누당에 흠이 있고 깊게 패이거나 검은 사마귀가 있으며, 눈 아래 관골 앞에 뼈가 솟은 사람은 운세가 흉하다. 왼편 눈 아래가 이러하면 아들이 없고, 오른편이 이러하면 딸이 없다. 결과적으로 자녀를 형극한다.

발제 부위가 낮고 오목하면 아버지가 없고, 이곳의 터럭이 듬성하고 각(角)이 생기면 어려서 어머니를 이별한다. 왼쪽 관골에 흠이 있는 것을 부선망(父先亡)이라고 한다. 만약 아버지가 사망하지 않으면 자신에게 화가 있다.

선비가 애꾸이면 문성(文星)이 떨어진 것이다. 표범의 이와 같고 머리가 뾰족해도 명망을 얻지 못한다. 비록 뛰어난 문장을 지녔더라도 젖은 나막신에 못이 박힌 것처럼 항상 불안하다.

눈썹이 겹쳐서 나고 산근이 오목하게 들어가면 재물을 잃고 중년에 이르러 재앙이 있다. 토성이 단정하면 일생 동안 발전이 있으나 코가 좋지 않으면 실패를 회복하지 못한다.

한미(寒微)란 어깨가 목 위에 올라온 것이다. 복록을 누리려면 귀가 눈썹보다 높이 붙어야 한다. 가장 재복이 없고 육친의 덕이 박약한 상이란 비 맞은 닭과 같은 모습을 한 사람이다.

눈썹이 눈 위에 높이 붙었으면 그릇이 큰 사람이고, 눈썹과 눈이 서로 균형을 이루면 근심과 걱정이 없다. 눈썹이 거칠고 눈이 작아서 수려하지 못하면 해마다 먹을 것을 근심하게 된다.

인당에 세 가닥 가로 주름이 밑으로 길게 생기면 좋지 않다. 그러나 만약 수성(水星)에 좋은 기색이 나타나면 추위에 떨거나 굶주리지 않는다.

머리 위에 작은 횡골(橫骨)이 있어야 좋다. 그러나 하정이 균형을 이루지 못하면 아무런 효험이 없다.

다리가 학처럼 생기면 소인의 무리요, 발이 크고 굽은 여자는 잡인(雜人)이다.

8세, 18세, 28세의 운은 아래로 산근에서부터 위로 발제에 이르는 부위에 나타나는데, 재물의 유무는 이곳의 좋고 나쁨에 달려 있다. 30세에는 인당에 주름이나 사마귀가 있거나 기색이 어둡고 흐리지 않아야 한다.

32세, 42세, 52세의 운은 위로는 산근에서 아래로는 준두에 이르는 곳에 나타나는데, 화창과 녹마이다. 이곳은 풍만하고 윤택해야 한다. 상법을 올바르게 알지 못하고 길흉을 판단하지 말라.

53세, 63세, 73세의 운은 인중의 아래에서부터 지각에 이르는 곳에 나타난다. 모두 한결같은 방법으로 살펴서 화복을 구별해야 한다.

화성(火星)은 이마의 발제 부근으로 100세의 운을 보는데, 아울러 인당도 함께 살펴야 한다. 상정과 하정을 분리해서 귀천을 살피고, 창고 부위도 참고해서 재산의 유무를 정하는 것이 신선의 참다운 비결이다. 아무에게나 함부로 가르쳐주지 말아야 한다.

호승(胡僧)은 두 눈을 식각(識覺)이라고 했는데, 사람의 선악을 알 수 있기 때문이다. 학당이 수려하지 못하면 성격이 어질지 않다. 이러한 비법을 아무에게나 전하지 말라.

눈썹이 청수하면 가풍(家風)을 잘 다스리고, 지고에 주름이 있으면 국(偏)이 빠르다. 걸상을 들어보니 먼지가 한 치나 높이 쌓였으니, 눈썹 가장자리가 불에 탄 새와 같다.

준두가 마치 자루와 같고 코끝에 붉은 점이 나타나면 동서로 분주하여 바쁘기 한이 없다. 만일 눈썹 부위가 윤택해서 어둡거나 흐리지 않으면 눈썹이 수려하지 않더라도 크게 해를 입지 않는다.

천창과 지고가 오목하고 기울어지면 아무리 토지와 재산이 많다 해도 소용이 없다.

몸집에 비해 발이 크면 단명하고 재앙이 많으며, 준두가 끊어지면 생명이 위태롭다.

귀가 먹고 눈이 어두운 것은 양인(羊刃) 때문으로, 어려서 사망하지 않으면 재앙이 많다.

눈썹머리와 액각이 각각 용호(龍虎) 같으면, 용과 호랑이가 서로 싸우는 형국이 되어 매우 어리석다.

천창 부근이 오목하고 낮은 사람은 재앙이 있고, 코끝이 높이 들려 콧구멍이 보이면 편안하게 살기 어렵다.

미간이 넓어 손가락 두 개가 들어갈 만하면 재주가 뛰어나 못하는 일이 없다.

눈 아래에 흉성(凶星)이 없으면 중년에 관록을 얻지 못하면 재물이 풍족하다. 중년에는 창고로 재곡(財穀)을 살핀다. 창고와 눈썹에 결함이 없으면 곡식을 쌓아둔다.

전원과 창고는 채워져야 한다. 창고 부위가 넓고 풍만해야 재물과 곡식이 가득하다.

사람을 보고 무조건 즐거워하는 사람은 줏대가 없고, 까닭 없이 찡그리면 태양이 공망(空亡)된 것이다.

재물이 있어도 나가는 것은 창고 부위에 흠이 있거나 기색이 청색을 띠었기 때문이다.

이가 드러나고 콧구멍이 드러나 보여 온전하지 못하면 만년에 이르도록 뜬구름 같은 삶을 산다. 하지만 벼슬운이 없고 재물이 궁핍할 뿐 관액을 당하지는 않는다.

53세, 63세, 73세는 수성과 나계를 잘 살펴서 참고해야 한다. 하나의 이치를 좇아 밝게 살피면 화복을 알게 된다. 수성과 토성이 뒤집히지 말아야 한다.

이러한 이치를 자세히 적어 '금쇄부'라 하였다. 명확히 따져보면 길흉화복은 이 법에서 벗어나지 못한다.

뜻을 이루지 못하고 동분서주 방황하는 사람은 귀가 크고 윤곽이 없으며, 입에 각(角)이 없는 사람이다. 이러한 사람은 천한 직업에 종사한다.

상형기색부(相形氣色賦)

상을 보기 위해서는 얼굴의 삼정(三停)을 구분하여 부위에 따른 길흉을 살펴야 한다. 골격은 일생의 영고(榮枯)를 나타내고, 기색은 유년(流年)의 침체와 허물을 나타내는데, 골격이나 기색·형용(形容)은 일정한 것이 아니고 나이를 먹고 세월이 흐름에 따라 바뀌는 것임을 알아야 한다.

상정은 하늘을 상징한다. 천중의 아래에서부터 인당의 위까지를 말하는데, 사람의 귀천을 주관한다. 중정은 사람을 상징한다. 산근에서부터 준두까지인데, 주로 수명을 주관한다. 하정은 땅을 상징한다. 인중에서부터 지각까지인데, 주로 빈부를 나타낸다.

다시 말하면 상정은 천중, 천정, 사공, 중정, 인당이다. 이 부위들은 눈에서부터 발제까지 이마 전부를 차지한 곳으로 부모관계 및 신하관계를 보고, 운세로는 초년의 길흉관계를 살핀다.

중정은 산근, 연상, 수상, 준두의 부위이다. 눈 아래 양쪽 관골과 귀가 이에 속한다. 이곳은 수명, 재산, 처자 및 형제관계와 중년운을 주관한다.

하정은 인중, 수성, 승장, 지각이다. 입을 비롯하여 뺨과 이골(頤

骨)이 모두 속하고, 복록의 유무와 전택·노복·가축의 성패와 말년의 길흉을 나타낸다.

삼대(三臺)란 삼정(三停)으로 눈을 위주로 하여 태어나서 목숨이 다할 때까지의 운을 본다.

13부위는 그 부위마다 각각 맡은 바가 있으며, 십이궁의 부위 또한 자세히 살펴야 한다.

십이궁 부위를 간단히 설명하면, 명궁은 인당, 재백궁은 준두·천창·지고, 형제궁은 눈썹, 전택궁은 지각, 남녀궁은 눈의 상하와 인중, 노복궁은 턱과 입술, 처첩궁은 눈초리, 질액궁은 산근·연수, 천이궁은 양 태양(太陽), 관록궁은 이마, 복덕궁은 귀 앞과 광대뼈, 부모궁은 일월각이다.

땅은 남북이 같지 않아 남방인(南方人)은 氣가 맑으나 두텁지 않고, 북방인(北方人)은 氣가 두텁지만 맑지 않으며, 회인(淮人)은 氣가 무거워 진득하고, 진인(秦人)은 氣가 잠겨 여운(餘韻)이 적다.

상을 보는 데는 노소에 따라서도 차이가 있다. 예를 들어 노인은 기색이 엷으면 좋지 않고, 소년은 기색이 메마르면 흉하다.

기색은 밝은 가운데 막힘이 있으면 물이 바람을 만난 격이요, 어두운 가운데 밝은 빛을 띠면 구름이 개어 햇빛을 보는 격이다.

누렇고 밝은 빛이 얼굴에 있더라도 인당, 준두, 이마, 턱, 관골에 어두운 기색이 나타나면 좋은 일 가운데 근심이 생길 징조이다.

어두운 기색이 있더라도 인당과 준두가 밝은 황기를 띠며 윤택하면 근심이 변하여 기쁜 일이 생긴다.

한 푼의 정신(精神)이 있으면 한 푼의 복록이 있고, 하루의 기색에 하루의 길흉이 달려 있다. 상법으로 유명한 관로(管輅)같이 신통하지 않으면 이와 같이 신묘한 이치를 깨달을 수 없다. 모름지기 천강(天綱)을 통한 귀안(鬼眼)이라야 이를 전해 받을 수 있다.

논상정길기(論上停吉氣)

이(離)는 관록궁으로서 옆으로 곤(坤)와 손(巽)에 이어진다. 마땅히 높고 넓으며 각(角)이 있어야 길하다.

이마는 남방(南方) 이위(離位)에 속한다. 왼쪽을 손궁(巽宮)이라 하고, 오른쪽을 곤궁(坤宮)이라 한다. 위로는 천중에서 아래로는 인당에 이르고, 옆으로는 일각과 월각에 이어서 용각·호각·척양·무고·화개·복당이 이어지는 부위이다. 이러한 눈썹의 위를 상정이라고 하며 관록궁이라고도 하는데, 귀(貴)를 주관한다.

역마는 통칭 태양이라고 한다. 풍만하고 형살이 없어야 한다. 좌우의 태양이란 변지·역마·산림·교외로서, 천이궁이라고도 하며, 출입관계를 본다. 이 부위는 윤택하고 맑으며 홍황색을 띠어야 한다. 그럴 때 관록과 재물이 따르고 출입함에 늘 기쁜 일이 있다. 이 부위가 어둡거나 지저분하거나 검붉으면 좋지 않다. 적색은 구설과 송사로 인한 다툼이고, 백색은 다치거나 죽는 것이며, 청색은 우환과 불의의 사고이고, 흑색은 감옥에 가거나 사망의 징조이다.

경운(慶雲)이 관록궁에 나타나면 삼태팔좌(三台八座)의 존귀한 위치에 오른다. 황기(黃氣) 가운데 자기(紫氣)가 점점이 비치는 것을 경운이라고 한다. 이러한 기색이 이마 위에 보이고 다시 구주(九州)가 모두 황색으로 밝으면 반드시 대귀하여 공후장상(公侯將相)에 오른다. 이러한 기색이 짙게 나타나면 3개월 안으로 일이 이루어지며, 늦어도 6개월이나 1년이면 운이 트인다.

자기가 엽전 또는 달과 같이 둥글게 비치면 일주일 안으로 부귀를 얻지만, 만약 자기가 보이지 않고 홍황색만 나타나면 단지 재물만 생긴다. 그러므로 오직 자기만이 귀기(貴氣)라 할 수 있다. 자기가 나타나면 임금의 부름을 받고 벼슬을 하사받는데, 4품(四品) 이상이라야 임금을 직접 배알할 수 있다.

  천중에 위와 같은 기색이 있으면 왕후극품(王侯極品)에 오르고, 천정 부위에 있으면 2품에 오르며, 사공 부위에 있으면 3품, 중정 부위에 있으면 4품, 인당 부위에 있으면 5품의 벼슬에 오른다. 또 자기가 인당에 비치면 오마(五馬)나 제후의 벼슬에 오른다.

  황기 가운데 자기가 반달처럼 나타나 위로는 천부·눈썹 위·변역에 비치고, 아래로는 준두까지 비치면 6개월 안에 천자의 칙명을 받는 기쁨이 있거나 귀인의 천거로 높은 관직을 얻는다. 또한 귀한 아들을 낳고 토지와 재물이 늘어나며, 죄인이라면 특사의 은총을 입게 된다.

  만일 자기가 없고 홍황의 기색을 띠어 빛나고 윤택하면 다만 재산이 크게 늘어나는 데 그친다. 보통 사람이라면 횡재 또는 혼인하거나 자손에게 경사가 있다.

  천중에 황백기가 동전처럼 둥근 모양으로 비치며, 이마가 높고 넓으며, 삼태에 밝은 황색이 비치면 70일 내로 벼슬이 오르거나 급제한다.

  액각에 올바른 색이 비치면 3년 내로 대귀한다.

  일월각과 용호각이 황기를 띠고 있으면 3년 안으로 장군이 되거나 재상에 오르고, 다시 자기와 상운(祥雲)이 서로 조화하면 반드시 천자의 부름을 받는다.

  누렇고 밝은 기색이 이마 위에 높고 넓게 나타나면 3개월 내로 벼슬이 오르고 재물이 늘어나며, 상운이 명궁에 비치면 10일 내로 임금의 총애를 받는다.

  무릇 황기가 동전과 같거나 달처럼 둥글거나 또는 일촌(一寸)이며, 실이 엉킨 듯하여 천정과 고광에서부터 인당과 눈썹에 이르며, 이것이 태양과 준두·현벽과 서로 조화를 이루면 반드시 벼슬이 오르고, 선비는 등과하며, 보통 사람은 재물을 얻는다. 이러한 기색이 짙게 나타나면 1개월 내로 응하고, 흐리면 2개월 내에 응한다.

　기색이 계화(桂花)나 고기 비늘 같고, 그 가운데 자홍색이 얇은 금이나 콩알 모양으로 나타나는 것을 상운이라고 한다. 인당에 이러한 기색이 보이면 벼슬이 높이 오르는데, 크게 되면 제후나 정승이 되고 작게 되면 과거에 급제한다. 또한 관직에 있는 사람은 크게 등용되고, 선비는 벼슬을 얻으며, 승려는 명성이 높아지고, 군인은 싸움에서 이기며, 보통 사람은 귀한 보물과 큰 재산을 얻는다. 상운이 짙게 나타나면 7일 이내로 응하고, 작고 흐리면 1개월 내로 응한다.

　인당에 자기가 보이면 비록 근심이 있을지라도 해롭지 않으며, 자기가 없으면 다만 재산이 늘어날 뿐이다.

　이마 위에 홍황색의 가는 주름이 생기면 1개월 내로 벼슬이 영전되고 보통 사람은 대길하다. 또한 홍황색이 모든 부위에 나타나면 많은 재물이 들어온다.

　주서(朱書) 부위에 상운이 짙게 비치면 길상이다. 눈썹의 머리 부분을 주서라고 하는데, 이곳에 누렇고 밝은 빛이 나타나고 준두와 서로 응하면 매사에 창성하나, 적색이 나타나면 좋지 않다.

　왼쪽 눈썹을 나후, 오른쪽 눈썹을 계도라고 한다. 나후에 황기가 밝게 나타나면 식솔과 재산이 늘고, 계도에 황색이 밝게 비치면 아내와 재물을 얻는다. 그러나 눈썹 위에 적기가 나타나면 시비와 소송이 있고, 백기가 나타나면 부모의 상복을 입게 되며, 청기가 나타나면 우환과 질병이 있다. 또한 흑기를 띠면 형옥(刑獄)이 있고, 형제를 형극하거나 사망하게 된다.

　구주(九州)가 모두 황색을 띠면 기쁨이 따른다. 구주는 양주(楊洲)·기주(冀州)·예주(豫州)·형주(荊州)·서주(徐州)·청주(青州)·양주(揚州)·연주(兗州)·옹주(雍州)로, 각각 이마·턱·준두·왼쪽 태양·오른쪽 태양·왼쪽 관골·오른쪽 관골·입 왼쪽·

입 오른쪽을 가리키는 말이다. 이곳에 황기가 밝게 나타나면 관인은 벼슬이 오르고, 선비는 급제하며, 보통 사람은 재물이 생긴다.

만일 황색의 점이 계화 또는 콩처럼 생기고, 상운이 비치는 가운데 옥문(玉紋)이 있으면 관인은 대신(大臣)의 지위에 오르고, 선비는 대과에 급제하며, 보통 사람은 귀한 보배와 큰 재물을 얻고, 승려는 높은 명성을 얻는다.

자화(紫花)가 얼굴 가득히 나타나면 복록이 날로 이른다.

자기가 콩이나 달처럼 둥글거나 실이 엉킨 것 같고 옥문(玉紋)처럼 생겨 위로는 천중에 이어지고 아래로는 준두에 이르며, 아울러 좌우의 관골과 변지·역마의 모든 부위에 나타나면 재상의 지위에 오르거나 재록이 많아지며 선비는 과거에 급제한다.

자기는 동남서방(東南西方) 즉 이마와 양 관골에 있는 것이 좋고, 북방(北方)인 지각에 나타나면 좋지 않다.

『자기결(紫氣訣)』에 이르기를 "자기가 천중에 내 천(川) 자 모양으로 나타나면 장군의 녹을 받고, 천정 부위에 동전 모양으로 나타나면 부귀영화를 누린다. 또한 갑자기 산근에 보이면 벼슬이 오르고, 중정에 있으면 임금의 부름을 받으며, 현벽에 있으면 복록이 따르고, 간문과 어미에 나타나면 처가 임신하며, 법령에 동전처럼 보이면 벼슬이 높아지고, 지각에 나타나면 재산이 늘어난다"고 했다.

삼대(三臺)의 기색이 수려하면 삼장(三場)에 응하게 되는데, 만일 기름을 바른 것같이 생기면 좋지 않다. 삼대란 삼정으로 선비가 삼장에 들어감에 위는 두장(頭場)을 주관하고, 가운데는 이장(二場)을 주관하며, 아래로는 삼장(三場)을 주관한다.

선비가 과거를 볼 즈음 이 부위에 황기가 꽃처럼 피어나고 구주 모두가 누렇고 밝으면 반드시 중간 성적으로 급제하게 된다. 그러나 만일 황기가 기름을 바른 듯하면 하위로 오르게 되며, 붉은빛이 나고 백염(白鹽)이 과갑(科甲)·인당·준두·관골에 나타나면 합격하기 어렵다. 일부 즉 상정에 누렇고 밝은 빛이 있으면 1등을 하지만, 불꽃이나 연지 같은 붉은 기운이 점점이 있는 것은 좋지 않다.

선비가 과거를 치를 때 삼대가 밝은 황색이며 인당에 홍사(紅絲)나 홍점(紅點)을 띠었으며, 천중에 둥근 광채가 있으면 반드시 수석으로 합격한다. 만일 눈썹 밑이 누렇고 준두가 누렇고 밝으며 인당에 붉은 선이 있으면 중간 성적으로 합격하고, 눈썹 위만 누렇고 밝은 빛을 띠고 인당에 홍기가 있으며 눈두덩에 화기(火氣)가 있으면 하위로 간신히 합격한다.

얼굴에 황기가 없고, 눈썹머리와 이마 위에 홍점이 보이며, 관골과 준두에 분가루 같은 홍점이 있고, 장벽(墻壁)이 어두우며, 구진(句陳)·등사(螣蛇)·현무(玄武)에 청기가 보이는 것은 하등(下等)의 기색이다. 관인은 파직당하고, 보통 사람은 송사가 있어 큰 손해를 본다.

구주에 계화 같은 황기가 있으면 학문이 높고, 다시 인당에 홍자색의 점선이 있으면 부귀가 따른다. 용호각(龍虎角)에 자기가 나타나면 더욱 길하다.

밀랍 같은 황색이 삼대에 비치면 상등의 지위에 오른다. 선비가 과거를 치를 때 눈썹·인당·관골·절두·천중·지각에 모두 누렇고 밝은 기색이 보이면 수석으로 합격한다.

과갑(科甲)의 부위가 자황색(紫黃色)을 띠면 이름이 천부(天府)에 오르고, 과명(科名)의 부위가 맑고 윤택하면 문과에 장원으로 급제한다. 과갑은 눈썹 위, 과명은 눈썹 아래를 말하는데, 이 부위에 황자색(黃紫色)이 인당을 따라 가로로 퍼져 있으면 큰 이익이 있다.

황기는 적고 체기(滯氣)가 많으면 공명이 이르지 않는다. 얼굴에 비록 황기가 있더라도 인당, 준두, 변지, 역마 부위의 기색이 흐리고 어두우면 명중유체(明中有滯)라 하여 매사에 발전이 없고 궁핍하며 건강하지 못하다.

　조는 듯 취한 듯 고민과 수심이 있는 것 같으면 신체(神滯)라 하고, 말에 박력이 없고 거동이 병자 같으면 기체(氣滯)라 하며, 밝은 것 같으나 밝지 않고 어두운 것 같으나 어둡지 않으면 색체(色滯)라고 한다. 형체(形滯)는 10년, 신체는 8년, 기체는 5년, 색체는 3년을 주관한다.

　체기가 열리면 운기(運氣)도 통하여 길경(吉慶)이 이르나, 체기가 걷히지 않으면 되는 일이 없어 곤고하다. 따라서 기색과 형상을 함께 보아 길흉을 판단해야 한다.

　청기가 적으며 밝고 맑은 기색이 많으면 경사가 있고 재물이 따른다. 현무(玄武)와 구진(句陳)의 부위에 비록 청기가 있더라도 삼합(三合)의 부위인 준두와 인당이 밝고 윤택하면 체기 가운데 밝은 기색이 있는 것으로, 재앙이 변하여 길상이 된다.

논중정길기(論中停吉氣)

　중정 부위는 주관하는 바가 매우 많다. 인당은 명궁이니 넓고 매끄러워야 하고, 연상과 산근은 질액궁이니 넉넉히 솟아야 하며, 토성은 재록궁이니 곧고 커야 아름답고, 나계는 형제궁이니 길고 가지런해야 하며, 용궁은 자녀궁이니 눈두덩이 평평하며 살이 있어야 하고, 어미는 처첩궁이니 메마르거나 오목하면 안 된다. 이처럼 중정은 모양도 좋아야 하지만 기색도 맑고 밝아야 길하고, 어둡거나 흐리거나 체기를 띠면 모양이 좋더라도 올바른 길격이 아니다.

　귀가 높이 붙어 입과 조화를 이루면 수복을 누리며, 관골이 솟고 상운이 비치면 위엄이 있고 권세가 높다.

천창과 지고의 골육이 풍만하면 의돈(猗頓)과 견줄 만한 부를 누린다. 천창은 일월각의 뒤고 지고는 지각의 옆인데, 이곳이 풍만하고 탄력이 있으면 토지와 재물이 풍부하다.

인수(印綬)와 명문이 적당히 솟고 기색이 밝으면 복록이 도주(陶朱)와 견줄 만하다. 명문은 이주(耳珠)의 앞이고, 인수는 명문의 아래인데, 이곳이 도톰하게 살이 있고 살결이 밝으며 윤택하면 수복을 누린다.

월패(月孛)의 빛이 융성하면 일생 동안 질병이 적고, 연상이 윤택하면 일생 동안 평안하다. 월패는 산근으로 질액궁을 가리키는데, 연상과 더불어 밝고 윤택하며 높이 솟으면 일생 동안 건강하고 재앙이 없다.

인당에 노란 점이 구슬 모양으로 나타나면 상서로운 일이 거듭하여 생기며, 자기에 상서로운 빛이 콩처럼 생기면 귀록(貴祿)이 따른다. 자기란 인당을 가리키는데, 누렇고 밝으면 뜻한 대로 재물을 구한다. 또한 병자는 쾌유되고 송사는 해결되며 모두가 길하다.

인당에 황기가 구슬이나 동전 모양으로 나타나면 벼슬이 높아지고 선비는 급제하며, 보통 사람은 재물이 생기는데 10일 내로 응한다.

만약 황색의 밝은 기색이 있는 가운데 가는 실이나 점 같은 자기가 은은하게 보이면 관인은 1품의 직위에 오르고, 선비는 대과에 급제하며, 보통 사람은 귀한 아들을 얻거나 큰 재물을 얻는다. 이러한 기색은 남방이 더욱 길한데, 근심이 있더라도 쉽게 해결되어 해를 입지 않는다.

인당에 홀연히 반달 같은 자기가 나타나면 문장을 크게 떨치고, 콧대에 버들잎 같은 황기가 가로로 있으면 횡재한다.

누렇고 밝은 빛이 인당에서 일어나 산근과 연수로 번지고, 옆으로는 눈의 상하에서부터 발제까지 이르며, 준두로부터 양쪽 관골과 명문에 이르러 버들잎을 가로지른 듯 보이면 크게 귀하게 되거나 큰 재물을 얻게 된다.

주서(奏書)의 부위에 황기가 나타나 역마에까지 이르면 반드시 직위가 높아진다. 눈썹머리를 주서라고 하는데, 이곳에 황기가 생겨 옆으로 변지와 역마의 부위까지 이르면 3개월 내로 벼슬이 높아지거나 재물을 얻는다.

중악에 금빛 광채가 비추어 사공에까지 이르면 임금의 부름을 받는다. 준두에 금빛 같은 황기가 나타나 위로 사공에까지 뻗치면 반드시 윗사람의 부름을 받아 벼슬을 얻는다.

여럿이 경쟁을 할 때는 상정과 중정의 황점(黃點)을 자세히 살펴야 한다. 인당의 누렇고 밝은 기색이 변지와 역마에까지 미치고, 준두도 밝고 윤택하면 좋은 관직에 오른다. 만일 상중 이대(二臺)와 변지와 역마, 인당, 관골에 황색이 쌀알처럼 돋아난 가운데 자색이 점점이 나타나면 경쟁자를 물리치고 요직에 오른다.

인당 위가 홍황색을 띠고, 산근에는 푸른 점이 있으며, 준두와 관골이 적색을 띨 때 지방에 부임하면 좋지 않다. 현벽에 암흑색이 나타나면 관인에게는 액이 있고 보통 사람은 타향에 나가 병을 얻는다.

바르게 관직을 얻고자 하면 인당과 토성의 기색을 살펴야 한다. 준두·법령·정위에 황기가 나타나 코와 이어지고 위로는 인당에까지 이르면 벼슬을 정당하게 얻지만, 그렇지 않으면 비록 벼슬에 오른다 해도 한직(閑職)이거나 잡직(雜織)일 뿐이다.

삼양(三陽)에 짙은 황색의 기쁜 기색이 있으면 재물도 늘고 벼슬도 높아지며, 박사(博士)에 자색의 상서로운 빛이 비치면 아들과 손자를 얻는다. 눈썹 아래를 태양(太陽)·중양(中陽)·소양(少陽)이라 하고, 외양(外陽)을 일러 박사라고 하는데, 밝고 정결해야 한다. 이곳이 항상 황색이면 재물도 있고 신혼의 기쁨도 있으며, 홀연히 빛이 짙어지며 홍색과 자색의 氣를 띠면 반드시 아들을 낳고 벼슬도 올라간다. 그러나 암흑색은 흉하여 꺼린다. 인당, 준두, 광대뼈가 모두 어두우면 반드시 실직하고 재물을 잃거나 집안이 편치 못하다.

황기가 산요(山腰)에 나타나 월각과 가까이 붙으면 재주가 있어 이름을 크게 떨치고, 자금색(紫金色)이 산근 위에 나타나 위로 천중에 이르면 벼슬이 높이 오른다.

산근과 연수가 늘 빛나고 윤택하면 재앙과 질병이 없고, 누렇고 밝은 빛을 띠면 안락하며 병자는 쾌유한다. 만약 이곳이 어둡고 흐릿하면 일을 이루지 못하고, 적기를 띠면 혈광지액(血光之厄)이 있으며, 백기를 띠면 상액(喪厄), 청기를 띠면 우환(憂患), 흑기를 띠면 재액(災厄)이 있다.

만약 황색이 눈썹의 위아래에 나타나면 100일 내로 재물이 생기거나 벼슬이 오른다. 위로는 황기가 액각을 뚫고 중간으로는 코에 자금색이 보이면 관인은 직위가 오르고 선비는 벼슬을 얻는다.

준두 위에 금광(金光)이 나타나 인당에까지 이르면 관록과 아내를 얻으며 귀한 자식을 낳는다. 준두에서부터 인당에 이르기까지 누렇고 밝은 빛이 나타나 위로 천정에까지 비치면 빠른 시일에 재록을 얻거나 아내를 맞고 귀한 자식을 낳는다. 여기에 다시 삼양 부위도 황색을 띠면 대귀하거나 대부를 누린다.

준두에 자기가 반달처럼 나타나면 50일 내에 재마(財馬)와 전장(田庄)을 얻는다.

화창은 관골의 아래인데, 이곳에 누렇고 밝은 기색이 나타나면 기쁜 소식이 들리거나 좋은 자리로 옮길 징조이다. 학문을 닦은 선비는 과거에 급제한다. 만약 자기가 점점이 비치면 발복이 더욱 빠르다.

난대와 정위가 자색을 띠면 귀인이 나타난다. 난대와 정위는 준두의 양옆인데, 이곳에 자색이 나타나면 반드시 신분이 매우 높은 사람이 나타나 도움을 준다.

명당에 한 점의 밝은 빛이 나타나 구름을 걷고 햇빛을 보는 것 같고, 갑궤(甲櫃)의 좌우 부위가 누런빛을 띠고 윤택하면 재물을 얻고 매사가 뜻대로 이루어진다.

얼굴에 체기가 있어 걷히지 않더라도 준두에 한 점 밝은 빛이 생기면 점차 운이 형통한다.

코를 명당이라고 하는데 얼굴의 주장이 되는 곳이다. 코의 상하좌우에서 오장육부로부터 발생한 병근(病根)을 살피므로, 코는 매우 중요한 부위이다.

『영추경(靈樞經)』에서는 다음과 같이 말한다.

"명당은 코, 궐(闕)은 미간, 정(庭)은 얼굴, 번(藩)은 뺨, 폐(蔽)는 귀이다. 이 부위는 모두 네모진 것이 좋은 상인데, 열 발자국을 떨어져서도 부위가 선명하게 보이면 반드시 수를 누린다. 명당은 뼈가 솟고 평평하며 곧아야 하는데, 오장(五臟)이 코의 중앙과 통하고 육부(六腑)가 코의 양측에 연결되었기 때문이다.

정(庭)은 머리, 궐(闕)의 위는 인후, 궐의 중앙은 폐, 인당은 심장, 그 아래는 간, 간의 왼쪽은 담, 인당 아래의 밑은 비장, 준두는 위장, 중앙은 대장, 대장과 붙은 것은 신장, 인당의 위는 소장, 인당의 아래는 방광과 자장이다. 청·황·적·백·흑의 다섯 가지 빛은 각각 그 부위에서 나오는 것이다. 이러한 부위에 따른 골격이 파묻히면 반드시 병액을 면하기 어려우나, 다만 겉으로 밝은 기색이 나타나면 병이 무겁더라도 죽지는 않는다.

적기는 풍병(風病)이고, 청·흑기는 중병(重病)이며, 백기는 氣가 허한(虛寒)한 것이다. 기색의 부침(浮沈)을 살펴 병의 깊고 얕음을 알 수 있다. 그러므로 신안(神眼)으로 살핀다면 기색으로 사람의 성패와 재산의 유무, 신분의 상하와 병의 근원까지도 알 수 있다. 기색이 외부에서 내부로 들어가면 병이 외부에서 생겨 안으로 침입한 것이고, 기색이 안에서 밖으로 나타나면 병도 내부의 원인으로 생긴 것이다. 얼굴에 병색이 깊고 아래에서 위로 번지면 병이 더욱 심하게 되고, 병색이 위에서 생겨 아래로 내려오며 구름같이 흩어지면 병이 낫는다. 또한 병색의 위가 뾰족하면 위로 향하는 것이요, 아래가 뾰족하면 아래로 향하는 것이다.

갑궤(甲櫃)는 코의 양쪽 옆이다. 이곳이 누렇고 밝으며 윤택하면 10일 내로 재물이 생긴다.

금궤(金櫃)가 밝고 빛나면 길경(吉慶)이 따르고, 금신(金神)이 황자(黃紫)하면 백복(百福)이 있다. 금궤의 위치는 어미의 아래인데, 이곳이 누렇고 밝은 기색을 띠면 경사가 겹친다. 금신이란 안각·천창·신광·천문·현무의 부위를 총칭한 것으로, 이곳에 자황색이 나타나면 복록이 이른다.

어미와 도적(盜賊)의 부위에 홍색이 은은하게 비치면 도둑을 잡는 데 공을 세운다. 그러므로 무관 또는 포도관(捕盜官)이 이러한 기색을 띠면 가장 좋다. 이곳에 간문·도적·유군(遊軍)의 모든 부위가 포함되어 도적을 소탕해서 공을 세우게 된다."

삼양·인당·준두·변지·역마가 모두 밝고 빛나면 2주일 내로 발복하나 실수가 없어야 하고, 어미와 도적의 부위가 청흑색을 띠고 현무가 움직여 인당과 준두가 흐리고 어두우면 반드시 과실을 범해 실직하게 된다.

여자의 천중에 자기가 비치면 재상의 부인이 되어 복록을 누린다.

여자의 이마 중앙에 자색의 점이 꽃잎처럼 나타나면 반드시 귀한 남편을 만나 봉작(封爵)을 받게 되며, 자기가 항상 머물러 있으면 일생 동안 건강하고 장수를 누린다.

여자의 어미에 밝은 홍색이 동전 반쪽 모양으로 나타나고 윤택하면 좋은 남편과 혼인하고, 와잠에 한 점 금색(金色)이 뚜렷하게 보이면 귀한 아들을 낳는다.

용혈(龍穴)이 황색으로 둘러싸이면 귀한 아들을 낳고, 봉지(鳳池)에 홍색이 얽혀 있으면 예쁜 딸을 낳는다. 왼쪽 눈을 용혈이라 하고 오른쪽 눈을 봉지라고 한다. 이 부위가 홍황색을 띠고 윤택하며, 자색이 위아래 눈꺼풀에 둘러 있고, 인당과 준두에도 홍황색이 보이면 반드시 귀한 아들을 낳는다.

눈 밑 와잠이 청황색을 띠면 딸을 낳는데, 남자는 재물이 늘어나고 벼슬이 올라간다. 그러나 인당에 홍황색이 없으면 자녀를 낳더라도 기르기 어렵고, 와잠과 인당이 모두 청색을 띠면 우환과 질병이 많으며, 눈 밑에 흑색이 비치면 자녀를 잃는다.

눈 아래에 음즐문이 생기고 아름다운 기색이 둘러 있으면 음덕이 두텁고, 자손궁에 무늬가 생기고 인당에도 있으면 자손이 창성한다. 눈 아래에 생긴 홍황의 기색을 음즐문이라고 하는데, 이것이 위로 복당·변지·역마·삼양에 이르면 귀한 자식을 낳는다. 왼쪽이면 아들이고 오른쪽이면 딸이다.

시에 이르기를 "눈 밑이 자기를 띠면 자녀가 귀하게 되는데, 인당에 은은하고 곧게 그어진 금 하나에 자식을 하나씩 둔다"고 했다.

논하정길기(論下停吉氣)

하정 부위는 만년의 운을 주관한다.

지각은 전택을 주관하는 부위로 코와 조화를 이루어야 하며, 입술과 턱은 노복과 우마(牛馬)를 맡은 곳으로 천창과 어울려야 길하다.

입이 각궁(角弓) 같고 수염이 창 같으면 의록(衣祿)이 무궁하다.

인중이 대를 쪼갠 듯하고 입술이 붉은 칠을 한 것 같으면 수복을 함께 누린다.

난대와 정위를 자기가 둘러싸면 1개월 내로 임금의 칙명을 받아 귀하게 된다.

식창은 법령의 안쪽이며 난대의 바깥이다. 이곳에 홀연히 자기가 벌레가 기어가듯 나타나면 임금의 칙명이 내린다. 그러나 준두와 이마의 기색을 함께 살펴야 한다.

양도(兩道)의 황광(黃光)이 구각에 오면 100일 내에 관직을 옮기고 선비는 반드시 과거에 급제하는데, 이마·인당·준두·눈썹을 함께 살펴야 한다.

장하(帳下)에 자기가 동전 크기로 나타나면 음덕으로 명성을 얻으며, 준두가 거울처럼 맑으면 신선을 만날 인연이 있다. 장하는 난대의 아래이며 인중의 옆인데, 여기에 자기가 있으면 20일 내에 음공(陰功)으로 명성을 떨치고 재앙을 당해도 해가 없다. 또한 준두가 마치 거울처럼 밝고 깨끗하면 35세에 반드시 신선을 만나게 된다.

내주(來廚)에 반달 같은 황색이 있으면 반드시 진수성찬을 대접받는다. 내주란 법령의 아래인데, 밝은 황색이 나타나면 반드시 귀인에게 대접을 받는다.

법령에 동전 반쪽만한 자기가 보이면 혼인의 경사가 있다. 대개 3개월 내로 응하는데 혼인을 하지 않으면 임금의 칙명을 받게 된다. 만일 자색이 아니고 황색이 나타나면 식구가 늘어난다. 왼쪽에 있으면 아들을 얻고 오른쪽에 있으면 딸을 낳는다.

지각이 홍황색을 띠면 주로 전답과 노비·우마가 늘고, 학당이 밝고 맑으면 반드시 귀인의 천거를 얻어 뜻을 성취한다. 학당에는 사학당과 팔학당이 있다. 눈을 관학당(官學堂), 이마를 녹학당(祿學堂),

이를 내학당(內學堂), 명문을 외학당(外學堂)이라고 하여 사학당이 된다. 천중을 고명학당(高明學堂), 사공을 고광학당(高廣學堂), 인당을 광대학당(光大學堂), 눈썹을 반순학당(班笋學堂), 눈을 명수학당(明秀學堂), 귀를 총명학당(聰明學堂), 입을 충신학당(忠信學堂), 턱을 광덕학당(廣德學堂)이라고 하여 팔학당이 된다. 이들을 모두 합쳐 십이학당이라 부른다. 십이학당이 모두 밝고 깨끗하면 귀인의 도움을 얻어 출세길이 무난히 열린다.

현벽(懸壁)에 빛이 밝으면 집안이 편안하고 길하며, 지각이 붉고 빛나면 늦게 태평하고 편안하다. 현벽은 귓밥의 아래, 인당의 밑을 가리키는 것으로 빛이 밝아야 좋다. 지각은 턱과 입의 중간인데 붉게 빛나야 편안하다.

논상정흉기(論上停凶氣)

광풍(光風)이 청명하면 태허(太虛)가 밝게 비치고, 흐린 안개가 몽롱하고 어두우면 세상이 어지럽다. 神이 맑으면 밝은 달이 가을의 물에 비친 것 같고, 氣가 어두우면 짙은 구름과 안개가 천지를 덮은 것 같다.

취해도 취하지 않은 것 같고, 졸려도 졸리지 않은 것 같은 것은 발전할 수 있는 상이 아니다. 어두워도 어둡지 않으며 밝아도 밝지 않은 듯하면 발전할 수 없다.

神은 숨겨져 있어야 한다. 드러나면 수명을 단축하게 된다. 神은 광채를 발해야 길하고, 짧고 성급하면 단명한다.

눈을 위로 치켜뜨는 버릇이 있으면 거만하고, 아래로 내리깔면 어리석으며, 곁눈질하면 간사하고, 성난 듯하면 흉악하다.

눈이 물기가 젖은 듯하면 남녀를 막론하고 음란하고, 눈빛이 횃불처럼 생기면 간웅(奸雄)으로 살생을 즐긴다. 눈동자에 붉은 점이 있거나 붉은 금이 침입하면 비명횡사하고, 눈동자가 송골매나 뱀처럼 생기면 성질이 악독하다.

눈동자가 맑지 못하거나 흰자위가 많으면 성품이 간사하고 죽을 때에는 악사한다. 붉은 눈자위에 누런 눈동자는 성품이 포악하고 또 흉사한다.

눈꼬리가 아래로 처지면 부부가 생이별하고, 눈시울이 삼각형이면 골육을 형상(刑傷)하며 마음이 독하다.

머리카락이 짙으면 건강하고, 머리가 작으면 귀하지 않다.

걸을 때 머리를 흔들거나 앉을 때 고개를 기울이면 빈한하고, 잠잘 때 눈을 뜨거나 먹을 때 이가 보이면 천박하다.

형상이 흙으로 빚은 인형 같으면 단명하고, 모습이 청수하지 못해 지저분하고 더럽게 보이면 이루어지는 일이 없다.

얼굴빛이 항상 우울하면 고생이 많고, 혈색이 밝지 못하고 어두우면 가난하다. 화낼 때 얼굴이 푸르게 변하면 간사하고 음침하고 독하며, 웃을 때 얼굴을 붉히고 요염한 빛을 띠면 단명한다. 혈색이 창백하여 백골처럼 희면 얼마 가지 않아 생명을 잃고, 기색이 젖은 잿빛이면 황천객이나 다를 바 없다.

청색이란 근심과 질액을 뜻하며, 구슬처럼 점점이 나타난다. 만일 천중에 청기가 보이고 빛이 윤택하면 반드시 임금의 칙명이 있으나, 청기가 나타나도 메마르거나 빛이 없으면 소용없다. 단 가을은 금왕절(金旺節)이라고 하여 무관하다.

이마에 청기가 보이면 60일 내로 근심이나 놀랄 일이 생기고, 눈썹 밑에 청기가 보이면 10일 내로 손재나 놀랄 일이 있으며, 인당에 청점(靑點)이 나타나면 재액과 손재가 있고, 산근과 연수가 푸르면 병을 앓게 되며, 준두가 푸른빛을 띠면 목극토(木剋土)가 되어 일이 뜻대로 되지 않고, 인중이 푸르면 재물을 잃게 되며, 지각이 푸르면 수액(水厄)이 있고, 구진(句陳)·등사(螣蛇)·현무가 푸르면 도둑을 맞는다.

 흑기가 얼굴을 가리면 흉액이 날로 이른다. 흑기는 주로 사망·뇌옥(牢獄)·파재(破財)를 뜻한다.

 이마에 흑기가 안개같이 서리면 100일 안으로 중병에 걸려 사망하고, 뺨 위에 흑기가 안개같이 서리면 일주일 내로 사망하며, 인당이 검고 어두우며 귀의 흑기가 입으로 번져도 역시 사망한다.

 산근과 연수가 검으면 큰 병에 걸리고, 준두가 검으면 실직·질병·형액이 있거나 감옥에서 사망하는데, 대개 일주일 내로 응한다.

 인중에 흑기가 나타나면 급병이 나고, 인중과 입술 모두가 검으면 일주일 내에 사망하며, 승장이 검으면 술에 취하여 익사한다. 지각이 검으면 수액이나 형액을 당하고 노복과 육축을 손실하며 만사가 불리한데, 겨울에는 흉이 감소된다.

 분색(粉色)이 얼굴에 나타나면 상액(喪厄)이 반드시 응한다. 둥글둥글한 백점(白點)이 각 궁에 있으면 그 부위에 따라 액이 이른다.

 얼굴이 분을 바른 듯 희고 빛이 윤택하지 않으면 반드시 상액이 있다. 만일 백점이 매화 또는 배꽃처럼 생겨 둥글게 보이면 그 부위에 따라 상액이 생긴다. 그러므로 이마에 백기가 나타나면 2개월 내로 부모로 인한 근심이 있고, 인당에 실 같은 백기가 서리고 코·입·귀에도 있으면 부모를 잃게 되는데, 만약 부모가 없으면 자신이 사망한다.

 산근에 백기가 있으면 120일 내에 실직하게 되고, 눈 아래에 백기가 보이면 자녀를 잃으며, 어미에 나타나면 21일 만에 처첩을 잃게 된다. 관골 위에 있으면 가족 중의 남자에게 액이 있고, 귀 아래와 변지에 있으면 가족 중의 여자에게 화가 미친다.

연상의 백기는 상을 연거푸 당하거나 조부모를 잃게 되고, 수상의 백기는 1년 동안 상복을 입게 되며, 준두의 백기는 부모를 잃게 되나 심하면 자신도 사망하고 가벼워도 재물을 잃는다. 인중의 백기는 중독되거나 산액이 있고, 지각의 백기는 노복과 육축의 손실이 있다.

화광(火光)이 얼굴에 비치면 송사가 생기는데, 적기가 점점이 나타나거나 실낱같이 엉키면 그 부위에 따라 액이 응한다. 무릇 사람이 얼굴 가득히 불빛 같은 기색을 띠면 주로 송사가 있음을 뜻한다.

만일 얼굴에 붉은 점이나 가는 금이 나타나면 관재, 화재, 악병 및 살상이 생긴다. 천중과 천정에 붉은 점이 나타나면 화재 및 병란을 만날 징조이고, 사공과 중정에 붉은 점이 있으면 횡액과 파재가 있을 징조이다. 인당과 눈썹머리에 적기가 있으면 투쟁과 신액이 있고, 산근·연상·수상에 적기가 있으면 혈광지액(血光之厄)·화재·손재·노복과 우마에 손실이 있다. 절두에 적기가 있으면 형액과 쟁송(爭訟)이 있고, 준두에 적색이 벌레 모양으로 나타나면 혈광(血光)과 파재의 액이 있으며, 인중에 있으면 물건을 잃고, 입술 위아래로 적기가 얽히면 구설이 따른다. 승장에 있으면 술에 의한 화액(禍厄)을 당하고, 지각에 있으면 토지문제로 인한 소송이 있다. 눈 위의 적기는 형액을 나타내고, 눈 밑의 적기는 산증(疝症) 또는 산액이 있음을 뜻한다.

얼굴 전체가 화색(火色)을 띠고, 모공마다 청색이나 적사(赤絲)가 바늘로 찍은 듯 나타나는 것을 염이점연(焰裏點烟)이라고 하는데, 형액과 화액이 일어날 징조이다.

이마와 준두, 관골에 화기(火氣)가 있으면서 푸른 점이 섞여 나타나는 것을 박사염조라고 하는데, 여기에 인당과 눈썹 밑·현벽이 붉은 기색을 띠면 살찐 사람은 등창과 악창이 생기고 마른 사람은 중독으로 인한 병이 생긴다.

인당과 준두가 적기를 띤 중에 눈썹 부위에 적색이 옆으로 넓게 번지면 3개월 내로 흉사하고, 만일 화점(火點)이 이마 위에 나타나면 1개월 내로 사망한다.

이마 전체에 붉은 노을이 드리운 듯하면 송사가 생기고, 천정에 청기가 나타나면 우환이 있다. 청기가 천정을 뚫으면 90일 내로 감당할 수 없는 우환이 있다.

옛말에 "청기가 발제에서부터 나타나 인당에까지 이어지면 질병의 여하를 막론하고 2개월 내로 사망한다. 이것이 코에까지 이르면 1개월 내로 죽고, 인중까지 비치면 일주일 안으로 죽으며, 얼굴 전체에 가득하면 그날 죽는다"고 했다.

천정에 푸른 점이 번지면 온질(瘟疾)의 걱정이 있고, 화개에 흑기가 흐릿하게 서리면 죽을 병을 막아야 한다.

연상의 검은빛이 천악(天岳)에 이르면 감옥에 갈 수 있다. 천악은 천중의 양옆을 말하는데, 검은 기색이 심하면 죽을 수도 있다.

비량(鼻梁)의 검은 기운이 천정까지 이르면 반드시 염라대왕을 만난다. 그러나 빛이 윤택하면 목숨은 부지할 수 있다.

태세(太歲)가 명문에 임하고 이마 위가 어두우면 매사에 장애가 많고, 변지와 천정에 검은빛이 서리고 귓가에 어두운 빛이 있으면 역시 발전이 느리다.

태양·변지·역마의 아래와 귀 앞쪽, 현벽 일대의 기색이 밝지 않으면 되는 일이 없다. 만약 흑기가 있으면 파재·실물(失物)·형옥을 당한다.

이마에 검은 반점이 생기면 병을 고치기 어렵다.

적기가 변지에 생기면 타향에서 사망한다.

사살(四殺)의 위치에 검푸른빛이 나타나면 위태한 곳에 이르러 생명을 잃는다. 눈썹 위 한 치가 사살인데, 이곳이 황색을 띠고 윤택하면 전쟁에 나가 승리하고, 흑기가 있으면 흉하다.

역마에 흰 무지개 같은 기운이 머리까지 이르면 도중(道中)에서 회정(回程)한다. 역마 부위는 기색이 누렇고 윤택해야 하는데, 만일 이곳이 검푸르면 윤화(輪禍)가 있고, 적색을 띠면 주로 구설이 있으며, 백기가 천정을 꿰뚫으면 여행하는 중에 부음을 듣는다.

천정에 매화 모양의 점이 나타나면 부모로 인한 근심이 있고, 정면에 백기가 점점이 나타나면 반드시 형제를 사별한다. 눈썹 위에 명주 같은 백광(白光)이 나타나면 부모를 잃는데, 왼쪽이면 아버지를 잃고 오른쪽이면 어머니를 잃는다.

인중에 분 같은 흰빛이 서려 있으면, 부모를 잃지 않으면 자신이 액을 당한다.

얼굴에 주근깨나 백랍이 가득하면 부모의 상을 당하고, 천창에 눈처럼 흰빛이 나타나 변지까지 이르면 생명이 위태롭다.

천창이 백기를 띠어 태양과 역마, 변지까지 이어지면 역시 사망의 액이 있다.

상문(喪門)에 주석 같은 백기가 보이면 자녀에게 슬픈 일이 있다. 누당의 기색이 주석처럼 빛나며 나타나는 것을 상문이라고 한다.

귀 앞에 백기가 나타나 입 언저리까지 이르면 백호기(白虎氣)라고 하는데, 입술을 둘러싸면 사망한다.

논중하이정흉기(論中下二停凶氣)

인당이 오목하게 패이고 질액궁에 주름이 어지러우면 형상을 면치 못하며, 눈썹이 맞닿은 듯하거나 미간에 큰 흠집이나 검은 사마귀가 있으면 객사한다.

눈썹이 거꾸로 나면 형제간에 화목하지 못하고, 눈썹 부위가 네모지고 솟았으면 성정이 몹시 강하다.

산근이 끊기거나 치우치면 고독하고 빈한하며 질액이 따르고, 콧대가 휘거나 굽으면 성격이 간교하며 탐욕스럽다.

귀에 주름이 어지럽게 잡히면 가산을 파패하고, 콧잔등에 뼈마디가 솟으면 처첩과 이별한다.

코끝이 매부리처럼 굽은 사람은 가슴에 독기를 감추고 있으며, 콧구멍이 침통처럼 좁은 사람은 매우 인색하다.

코가 휘거나 굽고 오목하게 끊긴 듯하면 육친을 극하는 고독한 운명이고, 콧구멍이 들여다보이면 재물이 모이기 어렵다

입이 메기처럼 생기면 제사 음식을 얻어먹으며 연명하는 거지가 되고, 까마귀 부리를 닮은 입을 가진 사람은 육친과의 인연이 박하다.

목에 결후가 튀어나오거나 이가 입술 밖으로 튀어나온 사람은 타향에서 객사한다. 혀를 날름거리며 입술에 침을 바르는 버릇이 있으면 음욕과 독기를 감추고 있는 사람이다.

머리털이 마치 풀처럼 우거지면 천성이 어리석고, 목소리가 깨진 나팔소리와 같으면 대살(大殺)이라고 하여 가족을 형극한다.

인당이 적색이면 관재가 따르고, 주작(朱雀)이 인당에 임하면 흉재와 형옥이 있다.

동전 모양의 적색이 인당에 나타난 것을 적부파인(赤符破印)이라 하고, 적색이 인당에 보이는 것을 주작임인(朱雀臨印)이라고 한다. 같은 일로 관송(官訟), 시비(是非), 화액(火厄), 실혈(失血), 실직(失職), 구금(拘禁) 등의 재난이 있다.

연수에 붉은 광채가 나타나면 농혈병(膿血病)이 생기고, 눈썹머리에 붉은 기색이 생기면 비명의 횡액이 있다.

산근이 적색을 띠어 빰까지 이어지면 혈광지액과 화재(火災)가 있

고, 명문의 홍기가 산근에까지 번지면 중죄를 범해 감옥에 간다.

명문에 적색이 눈썹 밑으로 나타나고 아울러 산근에 이르면 형장에서 사망한다.

준두가 적색을 띠면 폐병에 걸리거나 바빠도 소득이 없다. 코를 자주 훌쩍거리는 사람은 술 먹고 싸움이나 하는 무리이다.

준두에 적색이 벌레 모양으로 생기면 관액과 화재수가 있다.

붉은 점이 벌레 또는 풀뿌리 모양으로 코끝에 나타나면 관재와 화재를 당한다. 만약 붉은 실금이 절두 밑에서부터 법령의 위치에 얽히면 노비가 없으며, 있으면 노비에게 해를 입는다.

난대의 옆에 붉은 금이 얽힌 듯 나타나면 몽정이 잦아 양기가 부족하며, 노복의 덕이 없다.

연수와 안당에 붉은 기운이 짙게 나타나 옆으로 퍼지면 산증(疝症)과 장(腸)의 질환이 있다. 좌우의 관골을 안당이라고 하고, 연수와 양쪽 관골에 붉은 점이 불빛처럼 나타나는 것을 비렴살(飛廉殺)이라고 한다. 비렴살이 좌우 관골 및 질액궁에 나타나면 남자는 치질과 창병(瘡病)이 발생하고, 여자는 산액을 당한다.

주작(朱雀)이 준두 및 관골에 생기면 강등되고 싸움이 일어난다. 준두와 관골이 연지처럼 붉은 것을 주작이 발동되었다고 하는데, 아울러 구진(句陳)과 현무가 발동한 가운데 인당과 삼양이 황기를 띠면 벼슬이 좌천되기만 하나, 황기가 없으면 파면을 당하거나 소송이 발생한다.

도화색이 뺨에 나타나면 중병에 걸려 살기가 어렵고, 소아는 폐결핵에 걸린다.

좌우 관골이 붉은 가루를 뿌린 듯하면 요통이 있다.

태양 즉 두 눈의 위쪽이 검붉고 얼굴에 도화색을 띠면 독한 이질에 걸려 고생한다.

관골 부위가 홍기를 띠고 푸른 점이 나타나며, 입술이 희고 눈동자가 노란색이면 중풍으로 인해 생명이 위험하다.

눈 아래에 붉은색이 벌레 모양으로 나타나면 여자의 경우 산액과 관액(官厄)이 있다.

여자가 얼굴 전체에 홍염(紅艶)을 띤 것을 도화살(桃花殺)이라고 하는데, 특히 눈두덩 위아래에 나타나면 반드시 음욕이 많고 질투가 강하다.

임산부가 준두와 관골에 적기를 띠면 산액을 피하기 어려우며, 눈두덩 위아래에 청황기(靑黃氣)가 있고 인중도 같은 빛을 띠면 쌍둥이를 가진 것이다.

여자의 얼굴이 희미한 누런색이면 월경이 불순하고, 눈두덩이 젖은 잿빛 같으면 대하증이 있다.

얼굴에 청기가 화장한 것처럼 골고루 번져 있는 여자는 사통을 하고, 콧대에 푸른 힘줄이 곧게 뻗쳐 있는 여자는 간부(奸夫)를 두어 본남편을 살해한다. 여자의 콧대에 푸른 힘줄이 솟아 이마에까지 곧게 뻗으면 반드시 간부를 얻어 본남편을 살해하고, 얼굴 전체에 푸른 기색이 가득하면 음란하고 간특하다.

어미에 황색이 흐릿하게 보이면 간통하여 이익을 얻고, 청색이 흐릿하면 처첩에게 재앙이 있다.

간문에 붉은 기색이 나타나면 색정으로 인한 흉이 있고, 검은 기색이 서리면 60일 내에 남자는 아내를 잃고 여자는 남편을 잃는다.

태양이 푸른 기색을 띠면 늘 부부싸움을 하고, 뺨 아래에 구슬 같은 붉은 점이 생기면 부부간의 금실이 좋지 않다. 태양은 눈의 위쪽으로 이곳에 푸른 기색이 있거나 소남(少男)의 부위에 붉은 점이 있으면 항상 아내와 다툰다. 연상과 수상에 콩만한 붉은 기색이 비쳐도 마찬가지이다.

간문의 청백색이 외양(外陽)까지 이어지면 비첩(婢妾)이 도망가고, 중앙에 청기가 나타나 연상까지 이르면 수액이 있다.

인당에 청기가 점을 찍은 것처럼 선명하면 관직 또는 재물을 잃고, 주서(奏書)에 청기가 나타나면 문서상의 손해를 보고 매사에 장애가 많다.

산근에 청색이 어린 것을 구진살(句陳殺)이라고 하는데, 작은 우환이 있다.

현무는 눈꼬리의 주름으로 이것이 발동함에는 여러 가지가 있다. 청색이 어미에서 나타나 둘로 나뉘어 빈문(嬪門)을 향해 올라가면 아내에게 병이 있고, 어미가 흑색 또는 백기를 띠면 아내를 극하며, 흑기가 어미에서 나타나 역마로 올라가면 윤화(輪禍)로 놀라고, 흑·백기가 어미에 나타나 우각(牛角)으로 올라가면 우마를 손실한다.

등사가 발동하면 근심과 놀랄 일이 많으며, 혹 색정으로 몸을 상하게 된다.

눈 밑에 청색이 있는 것을 등사살(螣蛇殺)이라고 하는데, 의혹과 우환과 놀랄 일이 생긴다. 주로 색욕을 탐한 뒤에 이러한 기색이 나타난다.

구진(句陳)이 대자(大眥)에 동하고 현무(玄武)가 소자(小眥)에 동한 가운데 준두가 적기를 띠면 관재가 있고 재물을 파한다. 사살(四殺)이 안당에 발동하고 이마 중간에 어두운 빛이 나타나면 감옥에 갇힌다.

좌우의 눈 밑에 청기가 서리고 붉거나 푸른 점이 준두에 나타나 눈썹까지 번지며, 인당과 연수에 청기가 서리면 반드시 감옥에 갇힌다. 만일 적색이 나타나지 않고 인당에 청기가 없으면 다만 면직과 손재만으로 그치고 관액을 당하지는 않는다.

눈 밑이 늘 푸른색을 띠면 35세에 재물을 모두 탕진하고, 토성에 청기가 침입하면 10년 동안 재산을 낭비한다. 코는 토성으로 木의 극을 받는 것을 가장 두려워한다. 토성이 청색을 만나면 천라(天羅)라고 하는데, 그것이 오랫동안 사라지지 않으면 10년 동안 재물을 낭비하고 매사에 실패한다. 만일 청기가 다시 검고 어두운 빛과 섞이면 반드시 신명(身命)이 위태롭다.

토성이 약한 가운데 산근에 체기가 무겁게 드리우면 재앙이 많고, 월패가 어두운 푸른빛을 띠면 질병으로 수명이 길지 못하다. 산근은 바로 월패인데, 이곳이 어둡고 청흑색이 무겁게 드리워 흩어지지 않으면 병이 많을 뿐 아니라 49세를 넘기기 어렵다.

청기가 코를 중심으로 좌우 관골에 번져 있는 것을 행시(行屍)라고 하고, 이 부위가 검고 어두우며 귀 앞까지 번진 것을 탈명(奪命)이라고 한다. 청기는 대개 준두에서 시작되고 흑기는 귀 앞에서 나타나는데, 귀 앞은 명문으로 신장(腎臟)에 속한 부위이다. 그러므로 그 기색은 마땅히 희고 밝아야 길하다. 금생수(金生水)가 되는 까닭이다. 흑색은 신장의 색으로, 이곳에 흑기가 나타나는 것은 신장에 병이 있기 때문이다. 만일 흑기가 명문에서 시작되어 코와 입까지 연결되면 반드시 죽는다.

명문에 검은 주름이 귀뚜라미 다리처럼 얽혀 있는 것을 귀서(鬼書)라고 하는데, 흑기가 인중까지 번지면 반드시 죽는다.

준두에 흑점이 거미줄처럼 얽힌 것을 파패살(破敗殺)이라고 하는데, 주로 패가망신한다.

흑색이 귓가에서 비롯되어 어미까지 이르면 수액이 두려우므로 강을 건너지 말아야 하고, 검은빛이 수상과 절두에서부터 귀래(歸來) 부위까지 내려오면 관직과 수명에 이상이 있을 수 있다. 귀래의 위치는 법령의 옆인데, 흑기가 연수·준두로부터 귀래까지 이르면 술과 색욕으로 인한 액을 당하고, 흑기가 난대에서 발생하여 귀래에 이르면 벼슬과 재물을 잃는다.

　산근에 검은 연기와 같은 빛이 서리면 30일 내에 관직과 재산을 잃거나 도둑을 만난다. 만약 중병을 앓고 있다면 생명이 위태롭다.

　연상과 수상에 흑색이 손가락만큼 크게 나타난 것을 귀인(鬼印)이라고 하는데, 만일 콧구멍에서 냉기가 나오면 즉사한다. 연상에 흑기가 처음 생겨날 때 돼지비계처럼 생기면 죽지 않으나, 차츰 빛이 짙어지면서 6개월이 지나도록 흩어지지 않으면 반드시 죽는다.

　삼양(三陽)을 가(家)라 하고, 삼음(三陰)을 택(宅)이라 하며, 눈썹 아래를 청룡(靑龍)이라 한다. 그러므로 삼양, 삼음과 청룡의 부위에 흑색이 어둠침침하게 나타나거나 가는 선이 생기면 집안이 불안하고 노복에게 재앙이 있다. 이와 함께 인당, 준두, 관골이 밝지 못하면 관직과 재물을 잃고 횡액을 당한다.

　눈 아래 자녀궁이 연기 같은 검푸른빛을 띠면 자녀에게 액이 미친다. 왼쪽이면 아들에게, 오른쪽이면 딸에게 액이 있다.

　눈자위가 그을린 것 같거나 숯처럼 검으면 담질(痰疾)과 다른 재앙이 있다. 눈자위는 土에 속하니, 이곳에 그을음이나 숯처럼 검은빛이 나타나면 토극수(土剋水)하여 가래가 끓고 숨이 찬 병이 생기고, 천중·연상·준두에까지 흑기가 나타나면 죽음에 이른다. 금궤에 이와 같은 기색이 나타나면 90일 안으로 재물을 파한다.

　관골의 위를 역사(力士)라고 한다. 이곳이 검푸르고 인당에 어두운 기색이 서리면 반드시 귀양살이를 가게 된다. 여자의 경우는 산액을 당한다.

　황번(黃旛)에 흑기가 덮이면 큰 재앙이 있다. 콧대의 왼쪽을 황번, 오른쪽을 표미(豹尾)라고 하는데, 이곳은 항상 깨끗하고 맑아야 한다. 만일 이곳에 흑기가 침입하면 화재 등의 재난을 만난다.

　안각(眼角)에서 푸른 힘줄이 생겨 입까지 이어지는 것을 등사라고 하는데, 타향에 나가서 객사한다. 눈꼬리 부위에서 푸르고 불그레한 힘줄이 솟아 턱과 입을 엮는 듯한 것을 등사라고 하는데 힘줄이 입술에 닿으면 객사 또는 아사한다.

하정에 적색과 흑색이 섞여 있는 것을 대모살(大耗殺)이라고 한다. 손재수와 도난의 액이 있을 수 있다. 하정의 일부가 메마르고 적색과 흑색이 섞여 있는 것을 대모(大耗)라고 하는데, 만약 인당과 준두의 기색이 흐리고 어두우면 반드시 도난을 당해 손재하거나 노복과 우마의 손실이 있다.

지각에서부터 뺨에 이르기까지 흑기가 있는 것을 오귀(五鬼)라고 한다. 재앙과 질병과 신액이 따른다. 검은 기운이 귀밑으로부터 입까지 이어진 것을 유혼(流魂)이라고 한다.

흑기가 명문에서 생겨나 입가에 이르면 수액이 있고, 7일 내로 액이 응한다.

흐릿한 기운이 장벽(牆壁)을 덮으면 인정(人丁)과 노비(奴俾)가 왕성하지 못하다.

창고가 검고 낮으면 전택을 보전하기 어렵다. 천창과 지고는 재백을 주관하는 부위인데, 그 빛이 검고 어두우며 오목하게 들어가면 토지와 재산을 지키기 어렵다.

주조(廚竈)는 법령의 옆인데, 이곳이 불꽃처럼 붉으면 반드시 신체와 재산상의 손실이 있다.

비문(鼻門)과 그 부근이 검고 메말라 있으면 모사를 성취하기 어렵고, 입술 부근에 적기가 드리우면 시비를 면하지 못한다.

입술의 상하좌우에 적기 또는 붉은 점이 나타나면 구설로 인한 시비가 있다.

구각(口角)이 백기를 띠고 윤기가 없이 건조하면 병을 앓고 있는 것이다. 이륜(耳輪)이 메마르고 흑색을 띠면 죽음이 눈앞에 있다.

귀는 신장(腎臟)에 속하므로 신(腎)이 극히 약하거나 이상이 있으면 그을린 듯 검어진다. 명문과 연수 모두 검으면 살지 못한다.

입술이 검붉으면 오랜 병을 고치기 어렵고, 병든 소아의 얼굴색이 자주 바뀌면 생명이 위험하다.

법령의 주름이 입 안으로 들어간 듯하면 목이 잠겨 음식을 먹지 못하거나 아사할 수 있다. 양(梁) 무제(武帝)와 주(周) 아부(亞夫) 같은 사람은 지극한 귀를 누렸으나 먹지 못하고 굶어죽었다.

입술에 주름이 어지럽게 있으면 자식이 없다. 등유(鄧油)는 이러한 상을 가져 대가 끊겼다.

어미에 짧은 주름이 있으면 아내를 극하는데, 주름이 한 가닥이면 아내를 한 번 극하고, 두 가닥이면 두 번 극한다. 그러나 만약 주름이 아주 길면 고생은 많으나 아내를 극하지는 않는다. 또한 눈초리 밑에 주름이 여러 가닥 어지럽게 잡히면 불효자를 두게 된다.

간문에 긴 주름이 구레나룻까지 이어지면 타향에서 객사한다.

골격으로 귀천을 알아내고, 소리를 듣고 길흉을 분별하므로, 형용(形容)까지 살필 필요가 없다. 원기지사(圓機之士)는 글에만 의존하여 법을 흐리지 말고, 선현의 통변지재(通變之才)를 스스로 터득하며, 유장(柳莊)의 찬부(撰賦)를 본받아 마의(麻衣)를 좇고, 허부(許負)가 남긴 글을 따라 당거(唐擧)의 법을 알려야 한다.

정통관상대백과

글쓴이 | 오현리
펴낸이 | 유재영
펴낸곳 | 주식회사 동학사

1판 1쇄 | 2001년 2월 15일
2판 8쇄 | 2020년 10월 30일
출판등록 | 1987년 11월 27일 제 10-149

주소 | 04083 서울 마포구 토정로 53(합정동)
전화 | 324-6130, 324-6131 · 팩스 | 324-6135
E-메일 | dhsbook@hanmail.net
홈페이지 | www.donghaksa.co.kr
　　　　　www.green-home.co.kr

ⓒ 오현리, 2001

ISBN 89-7190-090-3 03180

※ 저자와의 협의에 의해 인지를 생략합니다.
※ 잘못된 책은 구매처에서 교환하시고, 출판사 교환이 필요할 경우에는
　사유를 적어 도서와 함께 위의 주소로 보내주세요.